新訂朱子全書

附外編

8

[宋]朱熹 撰
朱傑人 嚴佐之 劉永翔 主編

上海古籍出版社

本册書目

資治通鑑綱目（一）

嚴文儒　顧宏義　校點

校點説明

資治通鑑綱目（以下簡稱綱目）五十九卷，記載了上起周威烈王二十三年（公元前四〇三年），下迄周世宗顯德六年（九五九年）共一千三百六十二年的史事，是朱熹著作中惟一的一部綱目體史書。

自司馬光資治通鑑問世後，因其卷帙浩大，讀者寥寥。以後司馬光撮其精要之語，編成目録三十卷。晚年又因通鑑本書太詳，目録太簡，更著通鑑舉要曆以適厥中，書未成而卒。南宋紹興初，胡安國因司馬光之遺稿，修成資治通鑑舉要補遺一百卷。是書雖有「文約事備」之稱，然而讀者尤有「不能領其要而及其評」之憾。有鑒於此，孝宗乾道年間，朱熹因司馬光通鑑、通鑑目録、舉要曆及胡安國舉要補遺四書，别爲義例，在門生弟子協助下，兼采他書，增損隱括，歷時三十餘載，草成綱目五十九卷。

是書綱仿春秋，即以大字簡叙總括提要，寓褒貶於筆墨之中，從義理上糾通鑑之失。目效左傳，以分注方式逐條詳叙細節，即朱熹所説的「大書以提要，分注以備言」。所謂分注，内容廣泛，朱熹謂「有追原其始者，有遂言其終者，有詳陳其事者，有備載其言者，有因始終而見者，有因拜罷而見者，有因事類而見者，有因家世而見者，有温公所立之言、所取之論，有胡氏所收之説、所著之評。而兩公所遺，與夫近世大儒先生折衷之語，今亦頗采以附於其間」。實際上是融編年體、紀傳體、紀事本末體、史評等書法，發展了編年體，形成了史書編撰學上的一種新體裁「綱目體」。

盡管朱熹在綱目序例中説編修綱目，「姑以私便檢閲，自備遺忘而已」，然而他的真實用意却是要達到「歲周於上而天道明，統正於下而人道定；大綱概舉而鑒戒昭，衆目畢張而幾微著」的目的。這種將義理加於史實之上的義法與朱熹一貫主張的直書無隱的史法便産生了難以調和的矛盾。朱熹自己也感覺到陷入這樣的兩難境地而難以自拔，便企圖通過綱目的一再修訂以彌合這一矛盾。朱熹生前修訂工作一直未能完成，直至朱熹去世，綱目仍是一部未定稿（參見束景南先生朱子大傳，福建教育出版社一九九二年版）。

寧宗慶元六年（一二〇〇年）朱熹去世，綱目書稿藏於家。寧宗嘉定三年（一二一〇年），李方子得之於朱熹之子朱在。嘉定九年，真德秀知泉州，時李方子任泉州觀察推官，遂以此書呈真德秀。真德秀讀後，極爲贊賞，認爲是「萬世史筆之凖繩規矩」。遂復求朱在新校之本，參稽考定，於嘉定十一年刻於泉州。閲歲而書成，是爲嘉定己卯（十二年）泉州刻本。因泉州别稱温陵，陳振孫直齋書録解題稱之爲温陵本。此爲綱目之初刻本。是年真德秀易帥江右，臨行前上書朝廷，請求將綱目書板移送國子監，「以給四方之求」。朝廷允準真德秀之請，嘉定己卯温陵本書板遂移送臨安，置於國子監中。

温陵嘉定己卯初印本今已不存，北京國家圖書館所藏宋刻本，據王重民先生中國善本書提要史部通鑑綱目條引潘氏寶禮堂宋本書録，可推知此本即據嘉定己卯温陵書板印刷。因其卷末無陳孔碩、李方子兩人之綱目後序，當是温陵書板移送南宋國子監後之印本。

臺灣中央圖書館亦藏有宋印本一部，其著録作「嘉定十二年真德秀温陵郡刻本」。然而該書多有補板，非嘉定十二年温陵之初印本明矣。

宋亡，國子監廢，而國子監中板庫固存。元至元二十八年（一二九一年）就其故址改建爲西湖書院。西湖書院錢糧富足，至正二十一年十月至二十二年七月重刻修補南宋國子監書板約一百二十種，嘉定己卯温陵所刻綱目書板亦列其中。今北京國家圖書館藏有綱目宋刻元修本，即西湖書院修補後之印本。

明初，西湖書院所藏宋元書板移交南京國子監，嘉定己卯温陵所刻綱目書板亦列其中。明初諸帝對於監板均較重視，洪武十五年因國子監藏板殘缺，命諸儒考補，工部督修。

後又頒國子監印本書籍於北方學校。永樂二年命工部修補國子監經籍板，宣德六年九月，命南京工部修補國子監闕板。今北京國家圖書館所藏綱目宋刻明印本，即宋嘉定己卯温陵書板由杭州西湖書院移入南京國子監，又經修補後所印。

明中葉後，南邕管理松懈，書板每爲刷匠竊去，刻他書以取利，故旋補旋亡，至成化初，合計諸書亡數已逾二萬板。弘治初始作庫樓貯藏板片，至嘉靖二十三年，亡缺者視成化初又過半矣。綱目嘉定己卯温陵所刻書板亦散亂不復存。

自嘉定己卯綱目刻於泉州後，遂流行於天下。據直齋書録解題、郡齋讀書志附志記載，其後又有廬陵本（吉本）及夔本。夔本今不復存，廬陵本尚有殘卷分藏於北京國家圖書館及上海圖書館，廬陵刻本之風貌，於此得見。

因西湖書院存有南宋嘉定己卯温陵書板，故元代官方未將綱目重新刻板。但坊間爲謀利，屢有刻印者。現存世較爲完整的有元至元丁亥（一二八七年）建安詹光祖月崖書堂本。建安乃宋元刻書的重要地區，詹氏自南宋以來即以刻書爲業，且月崖書堂重刻綱目時距宋亡不遠，故此本中摻有宋時舊板，頗爲後世藏書家所重視。

入明，朱熹與孔子并重，地位至高無上。被奉爲「萬世之準繩」的綱目，乃士子科舉必讀之書，故内府、藩王、各地官署、書坊均據宋元舊本紛紛翻刻，以應四方之求、科舉之需。

其中較爲引人注目的有明初劉寬裕刊本、景泰元年魏氏仁實書堂刊本、成化九年内府刻本、弘治九年黄仲昭刻本、弘治十一年劉洪慎獨齋本、嘉靖十三年江西按察司刻十四年張鯤重修刻本、嘉靖三十五年趙府居敬堂刻本、萬曆二十一年蜀藩刻本、崇禎三年陳仁錫評定本等十餘種。其中成化九年内府刻本，乃明憲宗命儒臣對綱目重加考訂，集諸善本，證以凡例，并盡去原本考異、考證，繕録定本，附以朱熹手撰綱目凡例，於成化九年刻梓而成。因此本爲明憲宗欽定，遂成爲以後藩府、官署翻刻綱目之祖本。此本是現存綱目諸本中首次將凡例置於卷首。朱熹綱目凡例撰於乾道年間，其後五十餘年湮没不傳。宋末，魯齋王柏得之於趙與巒，遂於度宗咸淳元年（一二六五年）鋟梓於稽古堂以廣其傳，凡例賴此而得存。但自宋末降至明初，凡刻印綱目者均未將朱熹綱目凡例録於卷首，而成化本能將凡例録於卷首，爲後人了解朱熹編撰綱目之體例及其所反映的史學思想提供了便利。此本版面寬大，字體端正，刻印精美，實爲明刻本中之精品。

清初，清聖祖因明崇禎三年陳仁錫刊本親加評定，又命吏部侍郎宋犖校刊，於康熙四十七年（一七〇八年）刻印於武英殿。因此本爲清聖祖所評定，加之康熙時期學風嚴謹，故而校勘精湛，糾正前朝各本之誤甚多。此本刊刻行世，其後歷朝皆有刻印，依此爲祖本者居多，影響之廣，無過於此本。

鑒於上述版本情況，又得到臺灣朱熹裔孫及臺灣中央圖書館的鼎力相助，惠寄臺灣中央圖書館所藏綱目宋刻本之膠卷，今綱目校點本即以北京國家圖書館館藏宋温陵初刻印本爲底本，臺灣中央圖書館所藏宋刻本爲工作本，對校以元至元丁亥建安詹光祖月崖書堂本（簡稱月崖本）、明成化九年内府刊本（簡稱成化本）、清康熙四十七年武英殿本（簡稱殿本），并參之以司馬光資治通鑑（中華書局點校本，簡稱通鑑）。

在標點過程中，爲方便讀者，對宋刻本之版式略作改動，説明如下：

一、朱熹綱目凡例謂：「凡歲不用歲陽名，只用甲子，大書於横行之上。」現將横框上之干支移入正文，在歲首另行頂格單排，并括注公元紀年。

二、綱目中之綱一年涉及數事者遂用○相隔以示區别。今每事均另行以示眉目清楚。

三、綱目中之目接排於綱目之綱下。朱熹在綱目中所引用之諸家評説文字均另行空四格，一事中不再分段。

宋刻本卷首原載有宋神宗御制資治通鑑序、司馬光上資治通鑑表、宋神宗獎諭詔書、司馬光與范夢得論書帖、司馬光資治通鑑目録序、謝克家資治通鑑舉要曆序、胡安國資治通鑑舉要補遺序、朱熹資治通鑑綱目序例、朱熹資治通鑑綱目目録，現除將朱熹綱目序例、綱目目録仍載於卷首外，其餘均删削不録。

宋刻本原不載朱熹手撰之綱目凡例、朱熹與訥齋趙師淵論綱目手書，因訥齋集散佚不存，今不易得見。現將清康熙四十七年武英殿本卷首所載之綱目凡例及朱子與訥齋趙師淵論綱目手書作爲附録置於卷末，以供研究之用。諸本序跋及諸家著録是研究綱目版刻流傳的重要資料，今亦一并作爲附録附於卷末。

全書卷首、卷一至三十、附録由嚴文儒校點整理，卷三十一至五十九由顧宏義校點。

點校過程中得到裴汝誠師、劉永翔、嚴佐之、朱傑人、李偉國諸先生的指導及幫助，在此一并表示謝意。

一九九九年五月　嚴文儒

目録

第二册

第三册

第四册

資治通鑑綱目序例

先正温國司馬文正公受詔編集資治通鑑，既成，撮其精要之語，别爲目録三十卷，并上之。晚病本書太詳，目録太簡，更著舉要曆八十卷以適厥中，而未成也。紹興初，故侍讀南陽胡文定公始復因公遺稾，修成舉要補遺若干卷，則其文愈約而事愈備矣。然往者得於其家而伏讀之，猶竊自病記識之弗强，不能有以領其要而及其詳也。故嘗過不自料，輒與同志因兩公四書，别爲義例，增損檃括，以就此編。蓋表歲以首年，逐年之上，行外書某甲子。遇「甲」字、「子」字，則朱書以别之。雖無事，依舉要亦備歲年。而因年以着統，凡正統之年歲下大書，非正統者兩行分注。大書以提要，凡大書有正例，有變例。正例，如始終、興廢、災祥、沿革，及號令、征伐、殺生、除拜之大者；變例，如不在此例，而善可爲法，惡可爲戒者，皆特書之也。而分注以備言，凡分注，有追原其始者，有遂言其終者，有詳陳其事者，有備載其言者，有因始終而見者，有因拜罷而見者，有因事類而見者，有因家世而見者，有温公所立之言、所取之論，有胡氏所收之説、所著之評。而兩公所遺，與夫近世大儒先生折衷之語，今亦頗采以附於其間云。使夫歲年之久近，國統之離合，事辭之詳略，議論之同異，通貫曉析，如指諸掌，名曰資治通鑑綱目，凡若干卷，藏之巾笥，姑以私便檢閲，自備遺忘而已。若兩公述作之本意，則有非區區所敢及者。雖然，歲周於上而天道明矣，統正於下而人道定矣。大綱概舉，而鑒戒昭矣；衆目畢張，而幾微著矣。是則凡爲致知格物之學者，亦將慨然有感於斯，而兩公之志，或庶乎其可以默識矣。因述其指意條例如此，列於篇端，以俟後之君子云。乾道壬辰夏四月甲子新安朱熹謹書。

資治通鑑綱目卷一

起戊寅周威烈王二十三年〔一〕，盡乙巳周赧王五十九年，凡百四十八年。

戊寅（前四〇三）

周威烈王午二十三年。秦簡公十二年、晉烈公止十七年、齊康公貸二年、楚聲王當五年、燕閔公三十一年。〇魏文侯斯二十二年、趙烈侯籍六年、韓景侯虔六年，皆始爲侯。〇統舊國五，新國三，凡八大國。

初命晉大夫魏斯、趙籍、韓虔爲諸侯。

司馬公曰：天子之職，莫大於禮，禮莫大於分，分莫大於名。何謂禮？紀綱是也。何謂分？君臣是也。何謂名？公、侯、卿、大夫是也。夫以四海之廣，兆民之衆，受制於一人，雖有絶倫之力，高世之智，莫不奔走而服役者，豈非以禮爲之紀綱哉！故天子統三公，三公率諸侯，諸侯制卿大夫，卿大夫治士庶人。貴以臨賤，賤以承貴，而君臣之分猶天地之不可易，然後上下相保，而國家治安。然禮非名不著，非器不形，名以命之，器以别之，然後上下粲然有倫。名器既亡，則禮安得獨在哉。故繁纓，小物也，而孔子惜之。正名，細務也，而孔子先之。蓋事未有不始於微而成於著，聖人之慮遠，故能謹其微而治之。衆人之識近，故必待其著然後救之。治其微，則用力寡而功多；救其著，則竭力而不能及也。嗚呼！周道之衰，綱紀散壞，禮之大體，什喪七八，然猶歷數百年，宗主天下，徒以名分尚存故也。今晉大夫暴蔑其君，剖分其地，天子既不能討，又寵秩之，使得列於諸侯，是區區之名分復不能守，而并棄之也。先王之禮，於斯盡矣。或者以爲當是之時，周室微弱，三晉强盛，雖欲勿許，其可得乎！是大不然。夫三晉苟不顧天下之誅，則不請命而自立矣。不請命而自立，則爲悖逆之臣。天下苟有桓、文之君，必奉禮義而征之。今請於天子，而天子許之，是受天子之命而爲諸侯也，誰得而討之！故三晉之列於諸侯，非三晉之壞禮，乃天子自壞之也。嗚呼！君臣之禮既壞，則天下以智力相雄長，遂使聖賢之後，無不泯絶，生民之類，糜滅幾盡，豈不哀哉！

胡氏曰：陰陽之運，天地之化，物理人事之始終，皆自芒忽毫釐，至不可禦。故修德者矜細行，圖治者憂未然，君子所以貴於見幾而作也。夫三晉之欲剖分宗國舊矣。自悼公以來，陰凝冰堅，垂及百載。王之命之，蓋亦不得已焉。是故善爲天下國家者，每謹於微而已矣。卑宫惡服，慮侈汰也。不遑暇食，防逸豫也。慄慄危懼，戒驕溢也。動守憲度，虞禍亂也。不爲嗜欲，則娱樂之言無自進；不好功利，則興作之計無自生。誠如是，雖使六卿復起，三家輩出，莽、操、懿、温接跡於朝，方且效忠宣力之不暇，而何有於他志。是故韓、趙、魏之爲諸侯，孔子所謂「吾末如之何」者。人君監此，亦謹於微而已矣。

初，智宣子將以瑶爲後，智果曰：「不如宵也。瑶之賢於人者五，其不逮者一也。美鬢長大則賢，射御足力則賢，伎藝畢給則賢，巧文辯慧則賢，强毅果敢則賢，如是而甚不仁。夫以其五賢陵人，而以不仁行之，其誰能待之？若果立瑶也，智宗必滅。」弗聽。智果別族於太史，爲輔氏。

趙簡子之子，長曰伯魯，幼曰無恤。將置後，不知所立，乃書訓戒之辭於二簡，以授二子，曰：「謹識之。」三年而問之，伯魯不能舉其辭，求其簡，已失之矣。問無恤，誦其辭甚習，求其簡，出諸袖中而奏之。於是簡子以無恤爲賢，立以爲後。

簡子使尹鐸爲晉陽，請曰：「以爲繭絲乎？抑爲保障乎？」簡子曰：「保障哉。」尹鐸損其户數。簡子謂無恤曰：「晉國有難，而無以尹鐸爲少，無以晉陽爲遠，必以爲歸。」

智宣子卒，智襄子爲政，與韓康子、魏桓子宴於藍臺。智伯戲康子而侮段規。智國聞之，諫曰：「主不備，難必至矣。」智伯曰：「難將由我。我不爲難，誰敢興之。」對曰：「不然。夏書有之曰：『一人三失，怨豈在明，不見是圖。』夫君子能勤小物，故無大患。今主一宴而耻人之君相，又不備，曰『不敢興難』，無乃不可乎。蚋、蟻、蜂、蠆，皆能害人，況君相乎？」弗聽。

智伯請地於韓康子，康子欲弗與，段規曰：「智伯好利而愎，不與，將伐我，不如與之。彼狃於得地，必請於他人。他人不與，必嚮之以兵，然則我得免於患，而待事之變矣。」康子曰：「善。」乃與之。智伯悦。又求地於魏桓子，桓子欲弗與。任章問焉，桓子曰：「無故。」任章曰：「無故請地，諸大夫必懼，吾與之地，智伯必驕。彼驕而輕敵，此懼而相親，以相親之兵待輕敵之人，智氏之命必不長矣。不如與之，以驕智伯，然後可以擇交而圖之，奈何獨以吾爲智氏質乎。」桓子曰：「善。」亦與之。智伯又求蔡、皋狼之地於趙襄子，襄子弗與。智伯怒，帥韓、魏之甲以攻之。襄子將出，曰：「吾何走乎？」從者曰：「長子近，且城厚完。」襄子曰：「民罷力以完之，又斃死以守之，其誰與我。」從者曰：「邯鄲之倉庫實。」襄子曰：「浚民之膏澤以實之，又因而殺之，其誰與我。其晉陽乎？先主之所屬也，尹鐸之所寬也，民必和矣。」乃走晉陽。三家圍而灌之，城不浸者三版，沈竈產鼃，民無叛意。智伯行水，魏桓子御，韓康子驂乘。智伯曰：「吾乃今知水可以亡人國也。」桓子肘康子，康子履桓子之跗，以汾水可以灌安邑，絳水可以灌平陽也。絺疵謂智伯曰：「韓、魏必反矣。」智伯曰：「子何以知之？」對曰：「以人事知之。夫從韓、魏而攻趙，趙亡，難必及韓、魏矣。今約勝趙而三分其地，城降有日，而二子無喜志，有憂色，是非反而何？」明日，智伯以其言告二子，二子曰：「此讒臣欲爲趙氏游說，使主疑二家，而懈於攻趙也。不然，二家豈不利朝夕分趙氏之田，而欲爲此危難不可成之事乎！」二子出，絺疵入曰：「主何以臣之言告二子也？」智伯曰：「子何以知之？」對曰：「臣見其視臣端而趨疾，知臣得其情故也。」智伯不悛。趙襄子使張孟談潛出見二子，曰：「臣聞脣亡則齒寒。趙亡，則韓、魏爲之次矣。」二子乃陰與約，爲之期日而遣之。襄子夜使人殺守隄之吏，而決水灌智伯軍。智伯軍亂，韓、魏翼而擊之，襄子將卒犯其前，大敗其衆，遂殺智伯，滅其族而分其地，唯輔果在。

司馬公曰：智伯之亡也，才勝德也。聰察强毅之謂才，正直中和之謂德。才者，德之資；德者，才之帥也。是故才德全盡，謂之「聖人」；才德兼亡，謂之「愚人」。德勝才，謂之「君子」；才勝德，謂之「小人」。凡取人之術，苟不得聖人、君子而與之，與其得小人，不若得愚人。然德者人之所嚴，才者人之所愛。愛者易親，嚴者易疏，是以察者多蔽於才而遺於德。自古以來，國之亂臣，家之敗子，才有餘而德不足，以至於顛覆者多矣，豈特智伯哉！

趙襄子漆智伯之頭，以爲飲器。智伯之臣豫讓欲爲之報仇，乃詐爲刑人，挾匕首入襄子宮中塗厠。左右欲殺之，襄子曰：「智伯死無後，而此人欲爲報仇，真義士也。吾謹避之耳。」讓又漆身爲癩，吞炭爲啞，行乞於市，其妻不識也。其友識之，爲之泣曰：「以子之才，臣事趙孟，必得近幸。子乃爲所欲爲，顧不易耶？何乃自苦如此？」讓曰：「委質爲臣，而求殺之，是二心也。吾所以爲此者，將以愧天下後世之爲人臣而懷二心者也。」後又伏於橋下，欲殺襄子。襄子殺之。

胡氏曰：君子爲名譽而爲善，則其善必不誠。人臣爲利禄而效忠，則其忠必不盡。使智伯有後，而豫子爲之報仇，其心未可知也。智伯無後矣，而讓也不忘國士之遇，以死許之，至再三而愈篤，則無所爲而爲之者，其可謂義士矣〔二〕。然襄子知其如此，而終殺之，何以爲人臣之勸哉！

襄子以伯魯之不立也，有子五人，不肯置後。立伯魯之孫浣，是爲獻子。獻子生籍，是爲烈侯。魏斯者，桓子之孫，是爲文侯。韓虔者，康子之孫，是爲景侯。蓋自三家之滅智伯，至是五十一年矣。

魏文侯以卜子夏、田子方爲師。每過段干木之廬必式。四方賢士多歸之。

文侯與羣臣飲酒，樂，而天雨，命駕將適野。左右曰：「今日飲酒樂，天又雨，君將安之？」文侯曰：「吾與虞人期獵，雖樂，豈可無一會期哉。」乃往，身自罷之。

韓借師於魏以伐趙，文侯曰：「趙，兄弟也，不敢聞命。」趙借師以伐韓，對亦如之。二國皆怒。已而知文侯以講於己也，皆朝於魏。魏由是始大於三晉。

文侯使樂羊伐中山，克之，以封其子擊。他日問於羣臣：「我何如主？」皆曰：「仁君。」任座曰：「君得中山，不以封君之弟，而以封君之子，何謂仁君！」文侯怒，座趨出。次問翟璜，對曰：「仁君也。」文侯曰：「何以知之？」對曰：「君仁則臣直。嚮者任座之言直，是以知之。」文侯悦，使璜召座而反之，親下堂迎之，以爲上客。

文侯與田子方飲，文侯曰：「鍾聲不比乎？左高。」田子方笑。文侯曰：「何笑？」子方曰：「臣聞之，君明樂官，不明樂音。今君審於音，臣恐其聾於官也。」文侯曰：「善。」

子擊出，遭田子方於道，下車伏謁。子方不爲禮。擊怒，謂子方曰：「富貴者驕人乎？貧賤者驕人乎？」子方曰：「亦貧賤者驕人耳，富貴者安敢驕人。國君而驕人，則失其國；大夫而驕人，則失其家。失其國家者，未聞有以國家待之者也。夫士貧賤，言不用，行不合，則納履而去，安往而不得貧賤哉。」擊乃謝之。

文侯謂李克曰：「先生有言：『家貧思良妻，國亂思良相。』今所置非成則璜，二子何如？」對曰：「卑不謀尊，賤不謀貴〔三〕。臣在闕門之外，不敢當命。」文侯曰：「先生臨事勿讓。」克曰：「居視其所親，富視其所與，達視其所舉，窮視其所不爲，貧視其所不取，五者足以定之矣。」文侯曰：「先生就舍，吾之相定矣。」李克出，翟璜曰：「聞君召先生而卜相，果誰爲之？」克曰：「魏成。」璜忿然曰：「西河守吴起，臣所進也。君内以鄴爲憂，臣進西門豹。君欲伐中山，臣進樂羊。中山已拔，無使守之，臣進先生。君之子無傅，臣進屈侯鮒。以耳目之所睹記，臣何負於魏成。」克曰：「子之言克於君者，豈將比周以求大官哉？君問相於克，克之對如是。所以知君之必相魏成者，成食祿千鍾，什九在外，是以東得卜子夏、田子方、段干木。此三人，君皆師之。子所進五人者，君皆臣之。子惡得與成比也。」璜再拜謝曰：「鄙人失對，願卒爲弟子。」

吳起者，衛人，仕於魯。齊人伐魯，魯人欲以爲將，起取齊女，魯人疑之，起殺妻以求將，大破齊師。或譖之曰：「起始事曾參，母死不奔喪，曾參絶之。又殺妻以求爲將。起，殘忍薄行人也。」起恐得罪，聞魏文侯賢，乃往歸之。文侯問諸李克，克曰：「起貪而好色，然用兵，司馬穰苴弗能過也。」於是文侯以爲將，擊秦，拔五城。起爲將，臥不設席，行不騎乘，親裹贏糧，與士卒最下者同衣食，分勞苦。卒有病疽者，起爲吮之。卒母聞而哭之。或問之，對曰：「往年吳公吮其父，其父戰不還踵，遂死於敵。吳公今又吮其子，妾不知其死所矣。」

趙烈侯好音，謂相國公仲連曰：「寡人有愛，可以貴之乎？」連曰：「富之可，貴之則否。」君曰：「然鄭歌者槍、石二人，吾賜之田，人萬畝。」連諾而不與。烈侯屢問，連乃稱疾不朝。番吾君謂連曰：「君實好善，而未知所持。公仲亦有進士乎？」連曰：「未也。」曰：「牛畜、荀欣、徐越皆可。」連進之。畜侍以仁義，烈侯逌然。明日，欣侍以舉賢使能。明日，越侍以節財儉用，察度功德，所與無不充。君説，乃謂連曰：「歌者之田且止。」以畜爲師，欣爲中尉，越爲內史，賜連衣二襲。

己卯(前四〇二)

二十四年。燕僖公元年。

王崩，子驕立。是爲安王。

盜殺楚君當。

庚辰（前四〇一）

安王元年。楚悼王類元年。

秦伐魏。

辛巳（前四〇〇）

二年。

魏、韓、趙伐楚。

鄭圍韓陽翟。

壬午（前三九九）

三年。秦惠公、趙武侯、韓烈侯取元年。

虢山崩，壅河。

癸未（前三九八）

四年。

楚圍鄭。

甲申（前三九七）

五年。

日食。

盜殺韓相俠累。俠累與濮陽嚴仲子有惡。仲子聞軹人聶政之勇，以黄金百溢爲政母壽，欲因以報仇。政不受，曰：「老母在，政身未敢以許人也。」及母卒，仲子乃使政刺俠累。俠累方坐府上，兵衛甚衆，聶政直入刺之，因自皮面決眼，自屠出腸。韓人暴其尸於市，購問，莫能識。其姊嫈聞而往，哭之曰：「是軹深井里聶政也。以妾在之故，重自刑以絶從。妾奈何畏没身之誅，終滅賢弟之名。」遂死政尸之旁。

乙酉（前三九六）

六年。

鄭弑其君駘。

丙戌（前三九五）

七年。

丁亥（前三九四）

八年。

齊伐魯。

戊子(前三九三)

九年。

魏伐鄭。

己丑(前三九二)

十年。晉孝公傾元年〔四〕。

庚寅(前三九一)

十一年。

秦伐韓宜陽，取六邑。

齊田和遷其君貸於海上，食一城。和，田恒之曾孫也。

辛卯(前三九〇)

十二年。

秦、晉戰于武城。

齊伐魏。

魯敗齊師于平陸。

壬辰（前三八九）

十三年。

秦侵晉。

齊田和會魏侯、楚人、衛人於濁澤，求爲諸侯。田和求爲諸侯，魏文侯爲之請於王及諸侯，王許之。

癸巳（前三八八）

十四年。

甲午（前三八七）

十五年。

秦伐蜀，取南鄭。

魏侯斯卒。

魏吳起奔楚，楚以爲相。魏武侯浮西河而下，顧謂吳起曰：「美哉山河之固，此魏國之寶也。」對曰：「在德不在險。昔三苗氏，左洞庭，右彭蠡，德義不修，禹滅之。夏桀之居，左河、濟，右泰、華，伊闕在其南，羊腸在其北，修政不仁，湯放之。商紂之國，左孟門，右太行，常山在其北，大河經其南，修政不德，武王殺之。由此觀之，在德不在險。君若不修德，舟中之人，皆敵國也。」武侯曰：「善。」

魏相田文，起不悦，謂文曰：「請與子論功可乎？」文曰：「可。」起曰：「將三軍，使士卒樂死，敵國不敢謀，子孰與起？」文曰：「不如子。」起曰：「治百官，親萬民，實府庫，子孰與起？」文曰：「不如子。」起曰：「守西河，而秦兵不敢東鄉，韓、趙賓從，子孰與起？」文曰：「不如子。」起曰：「此三者，子皆出吾下，而位加吾上，何也？」文曰：「主少國疑，大臣未附，百姓不信，方是之時，屬之子乎？屬之我乎？」起默然良久，曰：「屬之子矣。」

久之，魏相公叔，害起，譖之，武侯疑之。起懼誅，遂奔楚。楚悼王素聞其賢，至則任之爲相。起明法審令，捐不急之官，廢公族疏遠者，以養戰士，要在强兵，破游説之言從横者。於是南平百越，北却三晉，西伐秦，諸侯皆患楚之强，而楚之貴戚大臣，多怨起者。

乙未（前三八六）

十六年。秦出公、魏武侯擊、趙敬侯章、韓文侯元年。○齊太公和元年。○統秦、晉、齊、楚、燕、魏、趙、韓舊國八，田齊新國一，凡九大國。

初命齊田和爲諸侯。

魏襲趙邯鄲，不克。

丙申（前三八五）

十七年。

秦庶長改弑其君及其君母。庶長改迎靈公之子於河西而立之，是爲獻公。遂殺出子及其母，沈之淵旁。

韓伐鄭，遂伐宋。

丁酉（前三八四）

十八年。秦獻公、齊桓公午元年。

戊戌（前三八三）

十九年。

魏敗趙師于兔臺。

己亥（前三八二）

二十年。

日食，晝晦。

庚子（前三八一）

二十一年。

楚君類卒。楚人殺吴起。悼王薨，貴戚大臣作亂，攻吴起，殺之。因射刺起，并中王尸。太子臧即位，討爲亂者，夷七十餘家。

辛丑（前三八〇）

二十二年。楚肅王臧元年。

齊伐燕。

魏、韓、趙伐齊。

壬寅(前三七九)

二十三年。是歲齊亡。統秦、晉、楚、燕、魏、趙、韓、田齊凡八大國。

趙襲衛,不克。

齊侯貸卒,無子,田氏遂并齊。

癸卯(前三七八)

二十四年。齊威王因齊元年。

狄敗魏師于澮。

魏、韓、趙伐齊。

甲辰(前三七七)

二十五年。晉靖公俱酒元年。

蜀伐楚。

乙巳(前三七六)

二十六年。韓哀侯元年。○是歲晉亡。統秦、楚、燕、魏、趙、韓、齊凡七大國。

王崩，子喜立。是爲烈王。

三晉共廢其君俱酒爲家人，而分其地。

丙午（前三七五）

烈王元年。

日食。

韓滅鄭，自陽翟徙都之。

丁未（前三七四）

二年。趙成侯種元年。

戊申（前三七三）

三年。

燕敗齊師於林狐。

魯、魏伐齊。

己酉（前三七二）

四年。燕桓公元年。

趙伐衛，取都鄙七十三。

魏敗趙師於北藺。

庚戌（前三七一）

五年。

魏伐楚。

韓嚴遂弑其君。哀侯以韓廆爲相，而愛嚴遂。二人相害，遂刺廆於朝，而并中哀侯。

魏侯擊卒。武侯不立太子。至是，子罃與公中緩爭立，國内亂。

辛亥（前三七〇）

六年。魏惠王罃、韓懿侯元年。

齊侯來朝。時周室微弱，諸侯莫朝，而齊獨朝之，天下以此賢威王。

趙伐齊。

魏敗趙師于懷。

齊侯封即墨大夫，烹阿大夫。齊威王召即墨大夫，語之曰：「自子之居即墨也，毁言日至。然吾使人視即墨，田野辟，人民給，官無事，東方以寧。是子不事吾左右以求助也。」封之萬家。召阿大夫，語之曰：「自子守阿，譽言日至。吾使人視阿，田野不辟，人民貧餒。趙攻鄄，子不救；衛取薛陵，子不知。是子厚幣事吾左右以求譽也。」是日，烹阿大夫及左右嘗譽者。於是羣臣聳懼，莫敢飾詐，務盡其情，齊國大治，强於天下。

壬子(前三六九)

七年。楚宣王良夫元年。

日食。

王崩，弟扁立。是爲顯王。

韓、趙伐魏，圍安邑。韓公孫頎謂懿侯曰：「魏亂，可取也。」懿侯乃與趙成侯合兵伐魏，大破其兵，遂圍安邑。成侯曰：「殺罃，立公中緩，割地而退，我兩國之利也。」懿侯曰：「殺魏君，暴也；割地，貪也。不如兩分之。魏分爲兩，不强於宋、衛，則我終無魏患矣。」趙人不聽，乃解而去。

太史公曰：魏惠王之所以身不死，國不分者，二國之謀不和也。若從一家之謀，魏必分矣。故曰：「君終，無適子，其國可破也。」

癸丑(前三六八)

顯王元年。

齊伐魏。

趙侵齊。

甲寅（前三六七）

二年。

乙卯（前三六六）

三年。

秦敗魏、韓之師於洛陽。

丙辰（前三六五）

四年。

魏伐宋。

丁巳（前三六四）

五年。

秦敗三晉之師于石門。賜以黼黻之服。斬首六萬。

戊午（前三六三）

六年。

己未（前三六二）

七年。

魏敗韓、趙之師于澮。

秦敗魏師于少梁。

秦伯卒。秦獻公薨，子孝公立。生二十有一年矣。是時河、山以東强國六，淮、泗之間小國十餘，楚、魏與秦接界。魏築長城，自鄭濱洛以北有上郡；楚自漢中，南有巴、黔中，皆以夷翟遇秦，擯斥之，不得與中國之會盟。於是孝公發憤修政，欲以强秦。

庚申（前三六一）

八年。秦孝公、燕文公元年。

彗星見西方。

衛公孫鞅入秦。秦孝公令國中曰：「昔我穆公，自岐、雍之間，修德行武，東平晉亂，以河爲界，西霸戎翟，廣地千里，天子致伯，諸侯畢賀，爲後世開業甚光美。會往者厲、躁、簡公、出子之不寧，國家内憂，未遑外事。三晉攻奪我先君河西地，醜莫大焉。獻公即位，鎮撫邊境，徙治櫟陽，且欲東伐，復穆公之故地，修穆公之政令。寡人思念先君之意，常痛於心。賓客羣臣，有能出奇計强秦者，吾且尊官，與之分土。」於是衛公孫鞅聞之，乃西入秦。鞅，衛之庶孫也，好刑名之學。事魏相公叔痤，痤知其賢，未及進。會病，魏惠王往問之曰：「公叔病如有不可諱，將奈社稷何？」公叔曰：「痤之中庶子衛鞅，年雖少，有奇才，願君舉國而聽之。」王嘿然。公叔曰：「君即不聽用鞅，必殺之，無令出境。」王許諾而去。公叔召鞅謝曰：「吾先君而後臣，故先爲君謀，後以告子。子必速行矣。」鞅曰：「君不能用子之言任臣，又安能用子之言殺臣乎！」卒不去。王出，謂左右曰：「公叔病甚，悲乎，欲令寡人以國聽衛鞅也，既又勸寡人殺之，豈不悖哉！」鞅既至秦，因嬖臣景監以求見，説以富國强兵之術，孝公大悦，與議國事。

辛酉（前三六〇）

九年。

壬戌（前三五九）

十年。

秦以衛鞅爲左庶長，定變法之令。衛鞅欲變法，秦人不悦。鞅言於孝公曰：「夫民，不可與慮始，而可與樂成。論至德者，不和於俗；成大功者，不謀於衆。是以聖人苟可以强國，不法其故。」甘龍曰：「不然，因民而教者，不勞而成功；緣法而治者，吏習而民安之。」衛鞅曰：「常人安於故俗，學者溺於所聞，以此兩者，居官守法可也，非所與論於法之外也。智者作法，愚者制焉；賢者更禮，不肖者拘焉。」公曰：「善。」乃以鞅爲左庶長，卒定變法之令。令民爲什伍，而相收司連坐，不告姦者要斬，告姦者與斬敵首同賞，匿姦者與降敵同罰。民有二男以上，不分異者，倍其賦。有軍功者，各以率受爵。爲私鬬者，各以輕重被刑大小。僇力本業，耕織致粟帛多者，復其身。事末利及怠而貧者，舉以爲收孥。宗室非有軍功論，不得爲屬籍。明尊卑爵秩等級，各以差次名田宅、臣妾、衣服。有功者顯榮，無功者雖富無所芬華。令既具，未布，恐民之不信，乃立三丈之木於國都南門，募民能徙置北門者予十金〔五〕。民怪之，莫敢徙。復曰：「能徙者予五十金。」有一人徙之，輒予五十金。乃下令。令行期年，民之國都，言新令之不便者以千數。於是太子犯法。衛鞅曰：「法之不行，自上犯之。」太子，君嗣，不可施刑，刑其傅公子虔，黥其師公孫賈。明日，秦人皆趨令。行之十年，道不拾遺，山無盜賊。民勇於公戰，怯於私鬭，鄉邑大治。秦民初言令不便者，有來言令便。鞅曰：「此亂法之民也。」盡遷之於邊。其後民莫敢議令。

司馬公曰：夫信者，人君之大寶也。國保於民，民保於信。故古之王者，不欺四海；霸者，不欺四鄰。善爲國者，不欺其民；善爲家者，不欺其親。不善者反之，是以上下離心，以至於敗。所利不能藥其所傷，所獲不能補其所亡，豈不哀哉！商君以刻薄之資，處攻戰之世，猶且不敢忘信以畜其民，況爲四海治平之政者哉！

癸亥（前三五八）

十一年。韓昭侯元年。

秦敗韓師於西山。

甲子（前三五七）

十二年。

乙丑（前三五六）

十三年。

丙寅（前三五五）

十四年。

齊、魏會田于郊。魏惠王問齊威王曰：「齊亦有寶乎？」威王曰：「無有。」惠王曰：「寡人國雖小，尚有徑寸之珠，照車前後各十二乘者十枚。豈以齊大國而無寶乎？」威王曰：「寡人之所以爲寶者與王異。吾臣有檀子者，使守南城，則楚人不敢爲寇。有盼子者，使守高唐，則趙人不敢東漁於河。有黔夫者，使守徐州，則燕、趙之人，徙而從者七千餘家〔六〕。有種首者，使備盜賊，則道不拾遺。此四臣者，將照千里，豈特十二乘哉！」惠王有慚色。

丁卯（前三五四）

十五年。

秦敗魏師于元里，取少梁。

魏伐趙，圍邯鄲。

戊辰（前三五三）

十六年。

齊伐魏以救趙。魏克邯鄲，還戰，敗績。初，孫臏與龐涓俱學兵法，涓仕魏爲將軍，自以能不及臏，乃召之。至，則斷其足而黥之，欲使終身廢棄。齊使者至魏，臏陰見之，使者竊載以歸。田忌客之，進之威王。威王問兵法，遂以爲師。至是謀救趙，以臏爲將，辭以刑餘之人不可，乃使田忌爲將，而孫子爲師，居輜車中，坐爲計謀。忌欲引兵之趙，孫子曰：「夫解雜亂糾紛者，不控拳；救鬬者，不搏撠，批亢擣虛，形格勢禁，則自爲解耳。今梁之輕兵鋭卒竭於外，而老弱疲於内，若引兵疾走其都，彼必釋趙而自救，是我一舉解趙之圍而收弊於魏也。」忌從之。十月，邯鄲降魏。魏師還，與齊戰於桂陵，魏師大敗。

韓伐東周，取陵觀、廩丘。

己巳（前三五二）

十七年。

秦伐魏。

諸侯圍魏襄陵。

庚午（前三五一）

十八年。

秦伐魏。

韓以申不害爲相。申不害者，鄭之賤臣也，學黄老刑名，以干韓昭侯。昭侯用以爲相，内修政教，外應諸侯，十五年，終申子之身，國治兵强。申子嘗請仕其從兄，昭侯不許，申子有怨色。昭侯曰：「所爲學於子者，欲以治國也。今將聽子之謁，而廢子之術乎？已其行子之術，而廢子之請乎？子嘗教寡人修功勞，視次第，今有所私請，將奚聽乎？」申子乃辟舍請罪曰：「君真其人也！」昭侯有弊袴，命藏之。侍者曰：「君亦不仁者矣，不賜左右而藏之。」昭侯曰：「吾聞明主愛一嚬一笑，嚬有爲嚬，笑有爲笑。今袴豈特嚬笑哉！吾必待有功者。」

辛未（前三五〇）

十九年。

秦徙都咸陽，始廢井田。衛鞅築冀闕宫庭於咸陽，徙都之。令民父子、兄弟同室内息者爲禁。并諸小鄉聚集爲一縣，縣置令、丞，凡三十一縣。廢井田，開阡陌，平斗、桶、權、衡、丈、尺。

壬申（前三四九）

二十年。趙肅侯元年。

癸酉（前三四八）

二十一年。

秦更賦税法。

甲戌（前三四七）

二十二年。

乙亥（前三四六）

二十三年。

衛貶號曰侯，服屬三晉。初，子思言苟變於衛侯曰：「其材可將五百乘。」公曰：「吾知其可將。然變嘗爲吏，賦於民而食人二雞子，故弗用也。」子思曰：「夫聖人之官人，猶匠之用木也。取其所長，棄其所短，故杞梓連抱，而有數尺之朽，良工不棄。今君處戰國之世，選爪牙之士，而以二卵棄干城之將，此不可使聞於鄰國也。」

衛侯言計非是，而羣臣和者，如出一口。子思曰：「以吾觀衛，所謂君不君、臣不臣者也。」公丘懿子曰：「何乃若是？」子思曰：「人主自臧，則衆謀不進。事是而臧之，猶却衆謀，況和非以長惡乎？夫不察事之是非，而悦人讚己，闇莫甚焉。不度理之所在，而阿諛求容，諂莫甚焉。君闇臣諂，以居百姓之上，民不與也。若此不已，國無類矣。」

子思言於衛侯曰：「君之國事，將日非矣。」公曰：「何故？」子思曰：「有由然焉。君出言自以爲是，而卿大夫莫敢矯其非；卿大夫出言亦自以爲是，而士庶人莫敢矯其非。君臣既自賢矣，而羣下同聲賢之。賢之則順而有福，矯之則逆而有禍。如此，則善安從生。詩曰：『具曰予聖，誰知烏之雌雄。』抑亦似君之君臣乎？」

丙子（前三四五）

二十四年。

丁丑（前三四四）

二十五年。

戊寅（前三四三）

諸侯會于京師。

二十六年。

致伯于秦，諸侯皆賀。秦使公子少官帥師會諸侯來朝。

己卯（前三四二）

二十七年。按史記是年齊宣王元年，通鑑與史記不同，而考異不載其説，未詳所據。後閔王元年放此。

庚辰（前三四一）

二十八年。

魏伐韓。齊伐魏以救韓，殺其將龐涓，虜太子申。魏使龐涓伐韓，韓請救於齊。齊威王召大臣而謀之。成侯鄒忌曰：「不如勿救。」田忌曰：「不救，則韓且折而入於魏矣。不如蚤救之。」孫臏曰：「夫韓、魏之兵未弊而救之，是吾代韓受魏之兵，顧反聽命於韓也。且魏有破國之志，韓見亡，必東面而愬於齊。吾因深結韓之親，而晚承魏之弊，則可以受重利而得尊名也。」王曰：「善。」乃陰許韓使而遣之。韓因恃齊，五戰不勝，而東委國於齊。齊因起兵，使田忌將，孫子爲師，而救韓，直走魏都。龐涓聞之，去韓而歸。魏人亦大發兵，使太子申將，以禦齊師。孫子曰：「彼三晉之兵，素悍勇而輕齊，齊號爲怯。善戰者因其勢而利導之。兵法：『百里而趣利者，蹶上將；五十里而趣利者，軍半至。』」乃使齊軍入魏地爲十萬竈，明日爲五萬竈，又明日爲二萬竈。龐涓行三日，大喜曰：「我固知齊軍怯，入吾地三日，士卒亡者過半矣。」乃棄其步軍，率輕鋭倍日并行逐之。孫子度其暮當至馬陵。馬陵道陿，而旁多阻隘，可伏兵。乃斫大樹，白而書之曰：「龐涓死此樹下。」令萬弩夾道而伏，期日暮見火舉而俱發。涓果夜至，見白書，以火燭之，讀未畢，萬弩俱發，魏師大亂。涓乃自剄，曰：「遂成豎子之名。」齊因乘勝大敗魏師，虜太子申。

辛巳（前三四〇）

二十九年。

秦衛鞅伐魏，誘執其將公子卬而敗之。魏獻河西地於秦，徙都大梁。秦封鞅爲商君。

衛鞅言於孝公曰：「秦之與魏，譬若人有腹心之疾，非魏并秦，即秦并魏。何者？魏居嶺阨之西，都安邑，與秦界河，而獨擅山東之利，利則西侵秦，病則東收地。今以君之賢聖，國賴以盛，而魏往年大破於齊，諸侯叛之，可因此時伐魏。魏不支秦，必東徙，然後秦據河山之固，東鄉以制諸侯，此帝王之業也。」公從之，使鞅將兵伐魏。魏使公子卬將而禦之。軍既相距，鞅遺卬書曰：「吾始與公子驩，今俱爲兩國將，不忍相攻，欲與公子面相見盟，樂飲而罷兵，以安秦、魏之民。」卬以爲然，乃與會盟而飲。鞅伏甲襲卬，虜之，因大破魏師。魏惠王恐，獻河西地於秦以和。因去安邑，徙大梁，乃嘆曰：「吾恨不用公叔之言。」秦封鞅商、於十五邑，號曰商君。

胡氏曰：使鞅而可殺，殺鞅而魏長無患，未害爲。殺無罪以利己，仁者不爲也。況天下不止一鞅，可勝殺乎？惠王不恨不用孟子之言，而以不用公叔之言爲恨，其亦可謂愚矣。

壬午（前三三九）

齊、趙伐魏。

三十年。楚威王商元年。

癸未(前三三八)

三十一年。

秦伯卒。秦人誅衛鞅，滅其家。孝公薨，太子立，是爲惠文王。公子虔之徒告商君欲反，發吏捕之。商君出亡，欲止客舍。舍人曰：「商君之法，舍人無驗者坐之。」商君嘆曰：「爲法之弊，一至此哉。」去之魏。魏人不受。内之秦，秦人攻殺之，車裂以徇，盡滅其家。初，商君用法嚴酷，步過六尺者有罰，棄灰於道者被刑。嘗臨渭論囚，渭水盡赤。爲相十年，人多怨之。嘗問趙良曰：「我治秦，孰與五羖大夫賢？」良曰：「千人之諾諾，不如一士之諤諤。僕請終日正言而無誅，可乎？」商君曰：「諾。」良曰：「五羖大夫，荆之鄙人也。穆公舉之牛口之下，而加之百姓之上，秦國莫敢望焉。相秦六七年，而東伐鄭，三置晉君，一救荆禍。巴人致貢，犬戎來服。其爲相也，勞不坐乘，暑不張蓋。行於國中，不從車乘，不操干戈。及其死也，男女流涕，童子不歌謡，舂者不相杵。今君之見也，因景監以爲主；其從政也，凌轢公族，傷殘百姓。公子虔杜門不出已八年矣。詩曰：『得人者興，失人者崩。』此數者，非所以得人也。君之出也，後車載甲，多力而駢脇者爲驂乘，持矛而操闟戟者旁車而趨。書曰：『恃德者昌，恃力者亡。』此數者，非恃德也。君之危若朝露，而尚貪商、於之富，寵秦國之政，畜百姓之怨，而無變計。秦王一旦捐賓客而不立朝，秦國之所以收君者，豈其微哉？」商君不聽。居五月而難作。

胡氏曰：鞅至是雖有變計，亦無所施矣。何則？百姓者，其讎也；六國者，其敵也。惠文王之憾不可乎，公子虔之刑不可補，商、於蕞爾之地，不足以自蔽也。欲圖善後之策，亦無所爲而可矣。嗚呼！刑名之學，刻薄之徒，亦可以少戒哉。

甲申（前三三七）

三十二年。秦惠文王元年。

韓申不害卒。

乙酉（前三三六）

三十三年。

宋太丘社亡。

孟軻至魏。孟子，鄒人，名軻，受業於孔子之孫子思。是歲，魏惠王卑詞厚禮以招賢者。於是孟子至梁，見惠王。王曰：「叟，不遠千里而來，亦有以利吾國乎？」孟子曰：「君何必曰利，亦有仁義而已矣。君曰何以利吾國，大夫曰何以利吾家，士庶人曰何以利吾身，上下交征利而國危矣。未有仁而遺其親者也，未有義而後其君者也。」惠王以爲迂遠而闊於事情，不能用也。

丙戌（前三三五）

三十四年。

秦伐韓，拔宜陽。

丁亥（前三三四）

三十五年。魏惠王一年。司馬公曰：史記六國表，魏惠王三十六年薨，襄王十六年薨，哀王二十三年薨。汲冢竹書記年：惠王三十六年，改元稱一年，後十六年薨。杜預、和嶠皆以爲史記誤分惠王之世爲二王之年。蓋世本，惠王生襄王，而無哀王。且竹書，魏史所書，必得其真，故今從之。

齊、魏會于徐州以相王。

楚滅越。越王無彊伐齊。齊説之使伐楚。楚人大敗之，盡取吴故地，東至浙江。越以此散，諸公族爭立，或爲王，或爲君，濱於海上，而朝服於楚。

戊子(前三三三)

三十六年。

楚伐齊。

韓侯卒。韓昭侯作高門，屈宜臼曰：「君必不出此門。何也？不時。吾所謂時者，非時日也。夫人固有利、不利時。往者，君嘗利矣，不作高門。前年秦拔宜陽，今年旱，君不以此時恤民之急，而顧益奢，此所謂時詘舉贏者也。故曰不時。」至是門成，而昭侯薨。

秦大敗魏師，獲其將龍賈，取雕陰。

燕、趙、韓、魏、齊、楚合從以擯秦，以蘇秦爲從約長，并相六國。初，洛陽人蘇秦説秦王以兼天下之術，不用，乃去。説燕文公曰：「燕之所以不被兵者，以趙之爲蔽其南也。且秦攻燕，戰於千里之外；趙攻燕，戰於百里之內。夫不憂百里之內，而重千里之外，計無過於此者。願王與趙從親，天下爲一，則燕必無患矣。」文公從之，資秦車馬，以說趙肅侯曰：「當今之時，山東之國，莫强於趙。秦之所害，亦莫如趙。而秦不敢舉兵伐趙者，畏韓、魏之議其後也。秦攻韓、魏，無名山大川之限，稍蠶食之，傅國都而止。韓、魏不能支秦，必入臣於秦。秦無韓、魏之規，則禍必中於趙矣。臣以天下之圖，按諸侯之地五倍於秦，度諸侯之卒十倍於秦。而衡人日夜務以秦權恐愒諸侯，使之割地以事秦。秦成，則其身富榮，國被秦患而不與其憂。故臣竊爲大王計，莫如一韓、魏、齊、楚、燕、趙爲從親，以擯秦。令其將相會盟洹水之上，約曰：『秦攻一國，則五國各出鋭師，或撓秦，或救之。有不如約者，五國共伐之。』則秦甲必不敢出於函谷以害山東矣。」肅侯大說，厚賜賚之，以約於諸侯。秦乃說韓宣惠王曰：「韓，地方九百餘里，帶甲數十萬，天下之强弓、勁弩、利劍，皆從韓出。以韓卒之勇，被堅甲，蹠勁弩，帶利劍，一人當百，不足言也。大王事秦，秦必求宜陽、成皋。今茲效之，明年又復求割地。與則無地以給之，不與則棄前功，受後禍。且韓地有盡而秦求無已，以有盡之地逆無已之求，此所謂市怨結禍者也，不戰而地已削矣。鄙諺曰：『寧爲雞口，無爲牛後。』夫以大王之賢，挾强韓之兵，而有牛後之名，臣竊爲大王羞之。」韓王從其言。秦說魏惠王曰：「大王之地方千里，地名雖小，而人民甚衆，武士、蒼頭、奮擊各二十萬，廝徒十萬，車六百乘，騎五千匹，乃聽於羣臣之說，而欲臣事秦。臣願大王熟計之也。」魏王聽之。秦說齊威王曰〔七〕：「齊四塞之國，地方二千餘里，帶甲數十萬，粟如丘山。即有軍役，不待發於遠縣，而臨菑之卒已二十一萬矣。夫韓、魏之所以重畏秦者，爲與秦接境也。兵出而相當，不十日而存亡之機決矣。幸而勝，則兵半折，四境不守。不勝，則國已危亡隨其後。此韓、魏所以重與秦戰，而輕爲之臣也。秦之攻齊則不然，倍韓、魏，過陽晉，經亢父之險，車不得方軌，騎不得比行，百人守險，千人不敢過也。秦欲深入，則狼顧，恐韓、魏之議其後。是故恫疑虚喝，驕矜而不敢進，則秦之不能害齊亦明矣。不深料此，而欲西面事之，是羣臣之計過也。願大王少留意計之。」齊王許之。乃説楚威王曰：「楚，天下之强國也。地方六千餘里，帶甲百萬，車千乘，騎萬匹，粟支十年，此霸王之資也。故秦之所害莫如楚。楚之與秦，其勢不兩立。從親，則諸侯割地以事楚；衡合，則楚割地以事秦。此兩策者，相去遠矣，大王何居焉？」楚王亦許之。於是蘇秦爲從約長，并相六國，北報趙，車馬輜重，擬於王者。

己丑（前三三二）

三十七年。燕易王、韓宣惠王、齊宣王辟彊元年。

秦以齊、魏之師伐趙。蘇秦去趙適燕，從約皆解。秦使公孫衍欺齊、魏以伐趙。趙肅侯讓蘇秦，秦恐，請使燕，必報齊。乃去趙，而從約皆解。

魏以陰晉爲和於秦。寔華陰。

齊伐燕。

庚寅（前三三一）

三十八年。

辛卯（前三三〇）

三十九年。

秦伐魏，魏獻少梁、河西地於秦。

壬辰（前三二九）

四十年。

秦伐魏，取汾陰、皮氏，拔焦。

宋公弟偃逐其君剔成而自立。

癸巳（前三二八）

四十一年。楚懷王槐元年。

秦客卿張儀伐魏，取蒲陽。既而歸之，魏盡入上郡以謝。秦以儀爲相。張儀者，魏人。與蘇秦俱事鬼谷先生，學縱横之術。游諸侯無所遇，蘇秦召而辱之。儀怒入秦，秦王説之，以爲客卿。至是，將兵伐魏，取蒲陽。言於秦王，請復以與魏，而使公子繇質焉。儀因説魏王曰：「秦之遇魏甚厚，魏不可以無禮於秦。」魏因盡入上郡十五縣以謝焉。儀歸而相秦。

甲午（前三二七）

四十二年。

秦縣義渠。

秦歸焦、曲沃於魏。

乙未(前三二六)

四十三年。

趙侯卒。肅侯嘗遊大陵,大戊午諫曰:「耕事方急,一日不作,百日不食。」肅侯下車謝。是歲薨,子武靈王立。置博聞師及左、右司過各三人。先問先君貴臣肥義,加其秩。

丙申(前三二五)

四十四年。趙武靈王元年。

夏,四月,秦初稱王。

丁酉(前三二四)

四十五年。

秦張儀伐魏,取陝。

蘇秦自燕奔齊。蘇秦通於燕文公之夫人,恐得罪,説易王曰〔八〕:「臣居燕,不能使燕重。而在齊,則燕重。」王許之。乃僞得罪於燕而奔齊,齊王以爲客卿。秦説齊王高宫室、大苑囿,以明得意。欲以敝齊而爲燕。

戊戌(前三二三)

四十六年。按史記，是年齊閔王元年。

秦、齊、楚會于齧桑。秦相張儀免，出相魏[九]。

韓、燕稱王。時諸侯皆稱王，趙武靈王獨不肯，曰：「無其實，敢處其名乎？」令國人謂己曰君。

己亥（前三二二）

四十七年。

秦伐魏，取曲沃、平周。儀相魏，欲令魏事秦而諸侯效之。魏王不聽。秦伐魏，取二邑，而陰厚儀益甚。

庚子（前三二一）

四十八年。

王崩，子定立。是爲慎靚王。

齊號薛公田文爲孟嘗君。初，齊王封田嬰於薛，號曰靖郭君。嬰言於齊王曰：「五官之計，不可不日聽而數覽也。」王從之，已而厭之，悉以委嬰。嬰由是得專齊權。嬰有子四十餘人，其賤妾之子曰文，通儻饒智略，説靖郭君以散財養士。靖郭君使文主家，待賓客，賓客爭譽其美，請以文爲嗣。嬰卒，文嗣立，號孟嘗君。招致諸侯遊士及有罪亡人，食客常數千人，名重天下。

司馬公曰：君子之養士，以爲民也。今田文盜君之禄，以立私黨，張虚譽，上侮其君，下蠹其民，是姦人之雄耳。書所謂「逋逃主、萃淵藪」，此之謂也。

孟嘗君聘於楚，楚王遺之象牀。登徒直送之，不欲行，謂公孫戌曰：「足下能使僕無行者，有先人之寶劍，願獻之。」戌許諾，入見曰：「小國所以皆致相印於君者，悦君之義，慕君之廉也。今始至楚而受象牀，則未至之國何以待君哉？」孟嘗君曰：「善。」遂不受。戌趨出，未至中閨，孟嘗君召而反之，曰：「子何足之高、志之揚也？」戌以實對。孟嘗君乃書門版曰：「有能揚文之名，止文之過，私得寶於外者，疾入諫。」

司馬公曰：孟嘗君可謂能用諫矣。苟其言之善也，雖懷詐諼之心，猶將用之，况盡忠無私以事其上者乎。詩曰：「采葑采菲，無以下體。」孟嘗君有焉。

辛丑(前三二〇)

慎靚王元年。燕王噲元年。

衛更貶號曰君。

壬寅(前三一九)

二年。

魏君罃卒。孟軻去魏適齊。魏惠王薨，子襄王立。孟子入見，出，語人曰：「望之不似人君，就之而不見所畏焉。卒然問曰：『天下惡乎定？』吾對曰：『定于一。』『孰能一之？』對曰：『不嗜殺人者能一之。』『孰能與之？』對曰：『天下莫不與也。今夫天下之人牧，未有不嗜殺人者也。如有不嗜殺人者，則天下之民皆引領而望之矣。』」至齊。宣王問齊桓、晉文之事。孟子曰：「仲尼之徒，無道桓、文之事者。臣未之聞也，無已，則王乎？」王曰：「德何如，則可以王矣？」曰：「保民而王，莫之能禦也。」曰：「若寡人者，可以保民乎哉？」曰：「可。」曰：「何由知吾可也？」曰：「臣聞之胡齕曰，王坐於堂上，有牽牛而過堂下者，王見之曰：『牛何之？』對曰：『將以釁鍾。』王曰：『舍之。吾不忍其觳觫，若無罪而就死地。』不識有諸？」曰：「有之。」曰：「是心足以王矣。詩云：『刑于寡妻，至于兄弟，以御於家邦。』言舉斯心，加之彼而已。故推恩，足以保四海；不推恩，無以保妻子。古之人所以大過人者，無佗焉，善推其所爲而已矣。五畝之宅，樹之以桑，五十者可以衣帛矣。雞豚狗彘之畜，無失其時，七十者可以食肉矣。百畝之田，勿奪其時，八口之家，可以無飢矣。謹庠序之教，申之以孝悌之義，頒白者不負戴於道路矣。老者衣帛食肉，黎民不飢不寒，然而不王者，未之有也。」

癸卯(前三一八)

三年。魏襄王元年。

楚、趙、魏、韓、燕伐秦，攻函谷關。秦出兵逆之，五國皆敗走。

宋稱王。

甲辰(前三一七)

四年。

秦大敗韓師于脩魚，虜其將鯁、申差。斬首八萬，諸侯振恐。

齊大夫殺蘇秦。

魏請成于秦。張儀歸，復相秦。張儀説魏王曰：「梁地方不至千里，卒不過三十萬，地四平，無名山大川之限，卒戍四境者不下十萬，梁之地勢，固戰場也。夫諸侯之約從，盟洹水之上，結爲兄弟以相堅也。今親兄弟同父母，尚有爭錢財相殺傷，而欲恃反覆蘇秦之餘謀，其不可成亦明矣。大王不事秦，秦下兵攻河外，據卷、衍、酸棗，劫衛取陽晉，則趙不南，梁不北，而從道絶矣。大王之國，雖欲毋危，不可得也。」魏王乃倍從約，而因儀以請成於秦。儀歸，復相秦。

乙巳(前三一六)

五年。

秦伐蜀，取之。巴、蜀相攻，俱告急於秦。秦惠王欲伐蜀，韓又來侵，司馬錯請伐蜀。張儀曰：「不如伐韓。」王曰：「請聞其説。」儀曰：「親魏，善楚，下兵三川，攻新城、宜陽，以臨二周之郊，據九鼎，按圖籍，挾天子以令天下，天下莫敢不聽，此王業也。臣聞爭名者於朝，爭利者於市。今三川、周室，天下之朝市也，而王不爭焉，顧爭於戎翟，去王業遠矣。」錯曰：「不然。臣聞之欲富國者，務廣其地；欲强兵者，務富其民；欲王者，務博其德。三資者備，而王隨之矣。今王地小民貧，故臣願先從事於易。夫蜀，西僻之國，而戎翟之長也。有桀紂之亂，以秦攻之，譬如使豺狼逐羣羊。得其地，足以廣國；取其財，足以富民繕兵。不傷衆，而彼已服焉。拔一國，而天下不以爲暴；利盡西海，而天下不以爲貪；而又有禁暴止亂之名，是我一舉而名實附也。今攻韓，劫天子，惡名也。而攻天下之所不欲，又未必利也。

不如伐蜀。」惠王從之，起兵伐蜀。十月，取之。秦以益强，富厚輕諸侯。

燕君噲以國讓其相子之。燕相子之與蘇秦之弟代昏，欲得燕權。蘇代使齊而歸，燕王問曰：「齊王其霸乎？」對曰：「不能。」王曰：「何故？」對曰：「不信其臣。」於是燕王專任子之。鹿毛壽謂燕王曰：「人謂堯賢者，以其能讓天下也。今王以國讓子之，是王與堯同名也。」燕王因屬國於子之。或曰：「禹薦益，而以啓人爲吏，及老，傳天下於益，而啓與其黨攻益奪之。天下謂禹名傳天下於益，而實令啓自取之。今王言屬國於子之，而吏無非太子人者，是名屬子之，而實太子用事也。」王因收印綬，自三百石吏以上而效之子之。子之南面行王事，而噲老不聽政，顧爲臣。

丙午（前三一五）

六年。

王崩，子延立。是爲赧王。

丁未（前三一四）

赧王元年。

秦侵義渠，得二十五城。

秦伐魏，取曲沃。又敗韓師於岸門，質其太子倉以和。

齊伐燕，取之，醢子之，殺故燕君噲。燕子之爲王三年，國内大亂。將軍市被與太子平謀攻子之。齊王又使人誘之，且許爲助。平使市被攻子之，不克。被反攻平。國中連戰數月，死者數萬。齊王使章子伐燕。燕士卒不戰，城門不閉。齊人取子之，醢之，遂殺王噲。於是齊王問於孟子曰：「或謂寡人勿取，或謂寡人取之，何如？」孟子對曰：「取之而燕民悦，則取之；取之而燕民不悦，則勿取也。」諸侯將謀救燕。王又問於孟子，孟子對曰：「臣聞七十里爲政於天下者，湯是也，未聞以千里畏人者也。天下固畏齊之强也。今又倍地而不行仁政，是動天下之兵也。王速出令，反其耄倪，止其重器，謀於燕衆，置君而後去之，則猶可及止也。」王不能用。既而燕人畔。王曰：「吾甚慚於孟子。」陳賈曰：「王無患焉。」乃見孟子問曰：「周公使管叔監商，管叔以商畔。聖人亦有過乎？」孟子曰：「周公，弟也。管叔，兄也。周公之過，不亦宜乎！且古之君子，過則改之〔一〇〕。今之君子，過則順之，又從而爲之辭。」

孟軻去齊。是時天下方務於合從連衡，以攻伐爲賢，而處士楊朱、墨翟之言盈天下。孟子乃述唐虞三代之德，推明孔子之道，以正人心、息邪説爲己任。是以所如者不合，遂致爲臣於齊而歸，喟然歎曰：「夫天未欲平治天下也。如欲平治天下，當今之世，舍我其誰哉？」及卒，門人公孫丑、萬章之徒，相與記其所言，爲書七篇。

韓愈曰：斯道也，堯以是傳之舜，舜以是傳之禹，禹以是傳之湯，湯以是傳之文、武、周公，周公傳之孔子，孔子傳之孟軻，軻之没，不得其傳焉。荀與楊也，擇焉而不精，語焉而不詳。又曰：孟軻師子思，子思之學出於曾子。自孔子没，獨孟軻氏之傳得其宗。故求觀聖人之道者，必自孟子始。又曰：孟子之功，不在禹下。

戊申（前三一三）

二年。齊閔王地元年。

秦伐趙。

楚屈匄伐秦。秦欲伐齊，患其與楚從親，乃使張儀説楚王曰：「大王誠能閉關絶約於齊，臣請獻商、於之地六百里，使秦女得爲大王箕帚之妾。」楚王説而許之。羣臣皆賀，陳軫獨弔。王怒曰：「何弔也？」對曰：「夫秦之所以重楚，以其有齊也。今絶齊，則楚孤，秦奚貪夫孤國，與之商、於之地六百里哉！儀至秦，必負王。是王北絶齊交，而西生患於秦也。兩國之兵，必俱至矣。」王曰：「願子閉口毋復言，以待寡人得地。」乃厚賜張儀，而閉關絶約於齊。使一將軍隨張儀至秦。儀佯墮車，不朝三月。楚王聞之曰：「儀以寡人絶齊未甚耶？」乃使勇士宋遺借宋之符，北罵齊王。齊王大怒，折節而事秦，齊、秦之交合。儀乃朝，見楚使者曰：「子何不受地？自某至某，廣袤六里。」使者還報，楚王大怒，欲發兵攻秦。陳軫曰：「軫可發口言乎？攻之，不如賂以一名都，與之并兵而攻齊。是我亡地於秦，而取償於齊也。今已絶齊，而又責欺於秦，是我合齊、秦之交，而來天下之兵也，國必大傷矣。」王不聽，使屈匄帥師伐秦。秦亦發兵，使庶長章擊之。

己酉(前三一二)

三年。

秦大敗楚師于丹陽，虜屈匄，遂取漢中。楚復襲秦，又大敗于藍田。韓、魏襲楚。楚割兩城以和于秦。丹陽之戰，斬首八萬。

燕人立太子平爲君。昭王即位於破燕之後，弔死問孤，與百姓同甘苦，卑身厚幣，以招賢者。問郭隗曰：「齊因孤之國亂而襲破燕，孤極知燕小，不足以報。然誠得賢士與之共國，以雪先王之耻，孤之願也。先生視可者，得身事之。」隗曰：「古之人君，有以千金使涓人求千里馬者。馬已死，買其骨五百金而返。君怒，涓人曰：『死馬且買之，況生者乎？馬今至矣。』不期年，而千里馬至者三。今王必欲致士，先從隗始，況賢於隗者，豈遠千里哉。」於是昭王爲隗改築宮而師事之。於是士争趣燕，樂毅自魏往，王以爲亞卿，任以國政。

韓君卒。韓宣惠王嘗欲兩用公仲、公叔爲政，繆留曰：「不可。晉任六卿而國分，齊簡公用陳恒〔一一〕、闞止而見殺，魏用犀首、張儀而西河之外亡。今君兩用之，其多力者内樹黨，其寡力者藉外權。羣臣有内樹黨以驕主，有外爲交以削地，君之國危矣。」

胡氏曰：繆留之論，似是而非，不可遂以爲法也。使所用而賢，則一人而足，不虞其專擅；左右參副，不虞其比黨。使其不賢，則一人足以喪國，又況二三其衆乎。意者繆留於仲、叔陰有所附，欲國柄歸一而不分，故危言以動其君耳。

庚戌（前三一一）

四年。燕昭王平、韓襄王倉元年。

蜀相殺蜀侯。

秦使張儀説楚、韓、齊、趙、燕連衡以事秦。秦君卒，諸侯復合從。秦惠王使告楚懷王，請以武關之外易黔中地。楚王曰：「不願得地，願得張儀而獻黔中。」儀請行。秦王曰：「楚將甘心於子，奈何？」儀曰：「秦强而楚弱，大王在，楚不宜敢取臣〔一二〕。且臣善其嬖臣靳尚，尚得事幸姬鄭袖。袖言，王無不聽者。」遂往。楚王囚，將殺之。尚謂袖曰：「秦王甚愛張儀，將以六縣及美女贖之。王重地尊秦，秦女必貴，而夫人斥矣。」於是袖日夜泣於王曰：「臣各爲其主耳。今殺張儀，秦必大怒。妾請子母俱遷江南，毋爲秦所魚肉也。」王乃赦儀而厚禮之。儀因説曰：「夫爲從者，無異於驅羣羊而攻猛虎，不格明矣。今王不事秦，秦劫韓驅梁而攻楚，則楚危矣。又自巴蜀治船積粟，浮岷江而下，一日行三百餘里，不十日而距扞關。扞關驚，則黔中、巫郡非王之有。又舉甲而出武關，則北地絕。夫秦之攻楚，危難在三月之内，而楚待諸侯之救在半歲之外，此臣所爲大王患也。大王誠聽臣，請令秦、楚長爲兄弟之國。」楚王已得儀而重出地，乃許之。儀遂説韓王曰：「韓地險惡山居，國無二歲之食，見卒不過二十萬。而秦兵百餘萬。山東之士，被甲蒙胄而會戰，秦人捐甲徒裼以趨敵，此無異垂千鈞於鳥卵之上，必無幸矣。大王不事秦，秦下甲據宜陽，塞成皋，則王之國分矣。爲大王計，莫如事秦而攻楚，以轉禍而悦秦。」韓王許之。儀歸報秦，封以六邑，號武信君。復使東説齊王曰：「從人説大王者，必曰『齊蔽於三晉，地廣民衆，兵强士勇，雖有百秦，將無奈齊何。』大王賢其説而不計其實。今秦、楚嫁娶，韓獻宜陽，梁效河外，趙割河間。大王不事秦，秦驅韓、梁攻南地，悉趙兵指博關，臨菑、即墨，非王有也。」齊王許之。儀西説趙王曰：「大王收率天下以擯秦，秦兵不敢出函谷關者十五年。唯大王有意督過之也。今以大王之力，舉巴蜀，并漢中，包兩周，守白馬之津。秦雖僻遠，然而心含忿怒之日久矣。今有敝甲凋兵，軍於澠池，願渡河踰漳，據番吾，會邯鄲之下，願以甲子合戰，正殷紂之事。謹使使臣先聞左右。今楚與秦爲昆弟，韓、梁稱藩臣，齊獻魚鹽之地，此斷趙之右肩也。夫斷右肩而與人鬭，失其黨而孤居，求欲毋危得乎！今秦發三將軍，塞午道，軍成皐、澠池，約四國爲一以攻趙，趙服，必四分其地。臣竊爲大王計，莫若與秦約爲兄弟之國也。」趙王許之。儀北說燕王曰：「趙已事秦。大王不事秦，秦下甲雲中、九原，驅趙攻燕，則易水、長城，非王之有矣。」燕王請獻常山之尾五城以和。儀歸報未至，而惠王薨，子武王立。武王自爲太子時，不說儀，諸侯聞之，皆畔衡，復合從。

辛亥（前三一〇）

五年。秦武王元年。

秦張儀復出相魏。張儀詭說秦武王而相魏，一歲卒。儀與蘇秦皆以從横之術遊諸侯，致位富貴，天下爭慕效之。又有魏人公孫衍者，號犀首，及秦弟代、厲，及周最、樓緩之徒，紛紜偏於天下，務以辯詐相高，不可勝載，而儀、秦、衍最著。

景春曰：公孫衍、張儀，豈不誠大丈夫哉！一怒而諸侯懼，安居而天下息。孟子曰：「是妾婦之道而已，惡得爲大丈夫乎。居天下之廣居，立天下之正位，行天下之大道。得志，與民由之；不得志，獨行其道。富貴不能淫，貧賤不能移，威武不能屈，此之謂大丈夫。」

秦誅蜀相莊。

秦、魏會于臨晉。

壬子（前三〇九）

六年。

秦初置丞相。

癸丑（前三〇八）

七年。

秦、魏會於應。

秦甘茂伐韓宜陽。秦王使甘茂約魏以伐韓。茂至魏，使人還謂王曰：「魏聽臣矣，然願王勿伐。」王迎茂息壤而問其故。對曰：「宜陽大縣，其實郡也。今倍數險，行千里，攻之難。魯人有與曾參同姓名者殺人，人告其母，母織自若也。及三人告之，則其母投杼下機，踰墻而走。臣之賢不若曾參，王之信臣不如其母，疑臣者非特三人，臣恐大王之投杼也。魏文侯令樂羊攻中山，三年拔之。反而論功，文侯示之謗書一篋。樂羊再拜稽首曰：『此非臣之功，君之力也。』今臣，羈旅之臣也。樗里子、公孫奭挾韓而議之，王必聽之，是王欺魏王，而臣受公仲侈之怨也。故臣願王之勿伐也。」王曰：「寡人弗聽也，請與子盟。」乃盟於息壤。

甲寅（前三〇七）

八年。

秦拔宜陽。甘茂攻宜陽，五月而不拔。樗里子、公孫奭果爭之。秦王欲罷兵，茂曰：「息壤在彼。」王乃悉起兵佐茂，斬首六萬，遂拔宜陽。

秦君卒，弟稷立。母芈氏治國事，以舅魏冉爲將軍。秦武王好以力戲，力士多至大官。與孟説舉鼎，絶脉而薨。無子，諸弟爭立。異母弟稷質於燕，其母芈八子之異父弟魏冉，自惠王、武王時任職用事，與國人迎而立之。稷年少，太后治事，以冉爲將軍，衛咸陽。

趙始胡服，招騎射。趙武靈王北略中山之地，至房子，遂之代，北至無窮，西至河，登黄華之上。與肥義謀胡服騎射以教百姓，曰：「愚者所笑，賢者察焉。雖驅世以笑我，胡地、中山，吾必有之。」遂胡服。國人皆不欲，公子成稱疾不朝。王使人請之曰：「家聽於親，國聽於君。今寡人作教易服，而公叔不服，吾恐天下議之也。制國有常，利民爲本；從政有經，令行爲上。明德先論於賤，而從政先信於貴，故願慕公叔之義，以成胡服之功也。」公子成再拜稽首曰：「中國者，聖賢之所教，禮樂之所用，遠方之所觀赴，蠻夷之所則效也。今王舍此而襲遠方之服，變古道，逆人心，臣願王熟圖之也。」使者以報。王自往請之，曰：「吾國東有齊、中山，北有燕、東胡，西有樓煩、秦、韓之邊。無騎射之備，則何以守之哉？先時，中山負齊之强，侵暴吾地，引水圍鄗，微社稷之神靈，則鄗幾於不守也。先君醜之。故寡人變服騎射，欲以備四境之難，報中山之怨。而叔順中國之俗，惡變服之名，以忘鄗事之醜，非寡人之所望也。」公子成聽命，乃賜胡服以朝，而始出令焉。

乙卯（前三〇六）

九年。秦昭襄王稷元年。

趙君略中山及胡地。遣使約秦、韓、楚、魏、齊，并致胡兵。

楚、齊、韓合從。

丙辰（前三〇五）

十年。

彗星見。

趙伐中山，取數邑。中山復獻四邑以和。

秦魏冉弑其君之嫡母，出其故君之妃歸于魏。秦庶長壯及大臣、諸公子作亂，魏冉誅之，及惠文后皆不得良死，而悼武后出歸于魏，王兄弟不善者，皆滅之。冉遂爲政，威震秦國。

丁巳（前三〇四）

十一年。

秦、楚盟于黄棘。秦復與楚上庸。

戊午（前三〇三）

十二年。

彗星見。

秦取魏蒲阪、晉陽、封陵，取韓武遂。

齊、韓、魏伐楚。楚使太子横質於秦，秦救之。初，楚與齊、韓合從，至是齊、韓、魏以楚負約，合兵伐之。楚王使其太子横爲質，以請救於秦。秦人救之，三國引去。

己未（前三〇二）

十三年。

秦、魏、韓會于臨晉，秦復與魏蒲阪。

楚太子横殺秦大夫亡歸。

庚申（前三〇一）

十四年。

日食，晝晦。

秦取韓穰。

蜀守叛秦，秦誅之。

秦、韓、魏、齊伐楚，殺其將唐昧，取重丘。

趙伐中山，中山君奔齊。

辛酉（前三〇〇）

十五年。

秦公子悝質于齊。

秦芊戎大敗楚師，殺其將景缺，取襄城。楚使太子横質於齊，以請平。

壬戌（前二九九）

十六年。

趙君廢其太子章，而傳國於少子何，自號主父。初，武靈王以長子章爲太子。後納吴廣之女孟姚，有寵。生子何，愛之，欲及其生而立之，乃廢章而傳國焉。使肥義爲相國傅王，而自號主父。將士大夫西北略胡地，將自雲中、九原南襲咸陽。於是詐爲使者入秦，欲以觀秦地形及秦王之爲人。秦王不知，已而怪其狀甚偉，非人臣之度，使人逐之，主父行已脱關矣。秦人大驚。

齊、魏會于韓。

秦伐楚，取八城。遂誘楚君槐于武關，執之以歸。楚人立太子横。秦伐楚，取八城。秦王乃遺楚王書曰：「始寡人與王約爲弟兄，盟於黄棘，太子入質，至驩也。太子陵殺寡人之重臣，不謝而亡去。寡人誠不勝怒，使兵侵君王之邊。今聞君王乃令太子質於齊以求平。寡人與楚接境，婚姻相親，而今不驩，則無以令諸侯。寡人願與君王會武關，面相約結盟而去，寡人之願也。」楚王欲往，恐見欺；欲不往，恐秦怒。昭睢、屈平曰：「毋行，而發兵自守耳。秦，虎狼也，有并諸侯之心，不可信也。」王稚子子蘭勸王行，王乃入秦。秦王令一將軍詐爲王，伏兵武關，劫之與西，至咸陽，朝章臺，如藩臣禮，要以割巫、黔中郡。楚王怒不許。遂留之。時，楚太子横方質於齊。楚大臣相與謀曰：「吾王不得還，而太子在齊，齊、秦合謀則楚無國矣。」欲立王子之在國者。昭雎曰：「王與太子俱困於諸侯，今又倍王命而立其庶子，不宜。」乃詐赴於齊。齊人或欲留太子，以求楚之淮北。其相曰：「不可。郢中立王，是吾抱空質而行不義於天下也。」其人曰：「郢中立王，吾因與其新王市曰：『予我下東國，吾爲王殺太子；不然，將與三國共立之。』」齊王卒用其相計，歸楚太子。楚人立之。初，屈平爲懷王左徒，志潔行廉，明於治體，王甚任之。後以讒見疏，而睠顧不忘，作離騷之辭以自怨，尚冀王之一寤。而王終不寤也。其後子蘭又譖之於頃襄王。王怒，遷之於江南。原遂懷石自投汨羅以死。

秦以齊田文爲丞相。秦王聞文賢，使請於齊以爲相。

癸亥(前二九八)

十七年。楚頃襄王横、趙惠文王何元年。

田文自秦逃歸。或謂秦王曰：「文相秦，必先齊而後秦，秦其危哉。」王囚文欲殺之。文使人求解於王之幸姬，姬欲得其狐白裘〔一三〕，而文先已獻於秦王矣。文客有善爲狗盜者，盜裘以獻。姬言於王而遣之。王後悔，使追之。文至關，關法，雞鳴乃出客。時尚蚤，追者將至，客有善爲雞鳴者，野雞皆應之。文乃得脱歸。

秦伐楚，取十六城。楚人告于秦曰：「賴社稷神靈，國有王矣！」秦王怒，伐之，取十六城。

齊、韓、魏伐秦，敗其軍於函谷關。河、渭絶一日。秦割河東三城以和，三國乃退。孟嘗君怨秦，與韓、魏攻之，入函谷關。秦昭王謂丞相樓緩、公子池曰：「三國之兵深矣，寡人欲割河東而講。」對曰：「講亦悔，不講亦悔。」王曰：「何也？」對曰：「王割河東而講，三國雖去，王必曰：『惜矣。三國且去，吾特以三城從之。』此講之悔也。王不講，三國入函谷，咸陽必危。王又曰：『惜矣。吾愛三城而不講。』此不講之悔也。」王曰：「鈞吾悔也，寧亡三城而悔，無危咸陽而悔也。」乃使公子池以三城講於三國。初，孟嘗君欲借兵食於西周。蘇代爲西周謂孟嘗君曰：「君攻楚九年，取宛、葉以北，以强韓、魏，今復攻秦以益之。韓、魏南無楚憂，西無秦患，則齊危矣。君不如令敝邑深合於秦，而君無攻，又無借兵食。君臨函谷而無攻，令敝邑以君之情謂秦王曰：『薛公必不破秦以强韓、魏。其攻秦也，欲王之令楚王割東國以與齊，而秦出楚王以爲和。』秦得無破，而以東國自免也，秦必欲之。楚王得出，必德齊。齊得東國益强，而薛世世無患矣。」孟嘗君從其計。會公子池求講解，遂罷兵，而秦卒不出楚懷王。

蘇氏曰：戰國以詐力相侵伐二百餘年，兵出未嘗有名。秦昭王欺楚懷王而囚之，要之割地，諸侯熟視，無敢以一言問秦者。惟田文免相於秦，幾不得脱，歸而怨之，借楚爲名，兵至函谷。秦人震恐，割地講解，僅乃得免。自山東難秦，未有若此其壯者也。夫兵直爲壯，曲爲老。有名之兵，誰能禦之。使田文能奮其威，則是役也齊可以霸。惜其聽蘇代之計，臨函谷而無攻，以求楚東國，而出師之名索然以盡。東國既不可得，而懷王卒死於秦。由此觀之，秦惟不遇桓、文，是以横行而莫之制耳。世豈以大義而屈於不義哉。

趙君封弟勝爲平原君。平原君好士，食客常數千人。有公孫龍者，善爲堅白異同之辯，平原君客之。孔子之玄孫穿，自魯適趙，與龍論臧三耳，龍甚辯析。穿弗應，平原君問之，穿曰：「幾能令臧三耳矣。然謂三耳甚難，而實非也；謂兩耳甚易，而實是也。不知君將從易而是者乎，其亦從難而非者乎？」平原君謂龍曰：「公無復與孔子高辯事也。其人理勝於辭，公辭勝於理。辭勝於理，終必受詘。」

甲子（前二九七）

十八年。

楚君槐自秦走趙，不納。秦追及之以歸。

乙丑（前二九六）

十九年。

楚君槐卒于秦。懷王發病，薨于秦。秦人歸其喪，楚人憐之，如悲親戚。諸侯由是不直秦。

丙寅（前二九五）

二十年魏昭王、韓僖王咎元年。

趙主父以燕、齊之師滅中山，歸，大赦，酺五日。

趙故太子章作亂，公子成、李兑誅之，遂弑主父於沙丘。趙主父封長子章於代，使田不禮相之。李兑謂肥義曰：「章黨衆而欲大，不禮忍殺而驕，二人相得，必有陰謀。子任重而勢大，亂之所始，而禍之所集也。子何不稱疾不出，毋爲禍梯，不亦可乎？」義曰：「昔主父以王屬義也，曰：『毋變而度，毋易而慮，堅守一心，以殁而世。』義再拜受命而籍之。今畏不禮之難，而忘吾籍，變孰大焉。諺曰：『死者復生，生者不愧。』吾欲全吾言，安得全吾身乎！」李兑涕泣而出。肥義謂信期曰：「公子章、田不禮〔一四〕，內得主而外爲暴，矯令以擅一旦之命，不難爲也。自今有召王者，必見吾面，我將以身先之，無故而後王可入也。」時吴娃死，王愛弛。嘗朝羣臣，主父從旁窺之，見故太子僇然也，反北面詘於其弟，心憐之，欲分趙而王章於代。計未決。主父及王游沙丘，異宫。公子章、田不禮作亂，詐以主父令召王。肥義先入，殺之。公子成、李兑起兵距難，章敗，走主父。成、兑因圍主父宫，殺章及不禮而滅其黨。成、兑相與謀曰：「以章故，圍主父，即解兵，吾屬夷矣。」乃遂圍之，令宫中人後出者夷。主父欲出不得，探雀鷇食之，三月餘餓死。

丁卯（前二九四）

二十一年。

秦以魏冉爲丞相。

戊辰（前二九三）

二十二年。

秦敗魏師于解。

魏、韓伐秦。秦左更白起敗之，拔五城。韓、魏伐秦。魏冉薦左更白起將兵，敗之于伊闕，殺虜其將，斬首二十四萬，拔五城。以起爲國尉。

己巳（前二九二）

二十三年。

楚君迎婦于秦。秦王遺楚王書曰：「楚倍秦，秦且率諸侯伐楚，願飭士卒，得一樂戰。」楚王患之，乃復與秦和親。

司馬公曰：甚哉秦之無道也，殺其父而劫其子。楚之不競也，忍其父而婚其讎。烏呼！楚之君誠得其道，臣誠得其人，秦雖強，烏得陵之哉！故荀卿論之曰：「夫道，善用之，則百里之地可以獨立；不善用之，則楚以六千里而爲讎人役。」信哉。

庚午（前二九一）

二十四年。

秦伐韓，拔宛。

秦君封魏冉爲穰侯，公子市爲宛侯，公子悝爲鄧侯。

辛未（前二九〇）

二十五年。

東周君如秦。

秦魏冉伐魏。魏入河東、韓入武遂于秦。魏地四百里，韓地二百里。

壬申（前二八九）

二十六年。

秦大良造白起伐魏，取六十一城。

癸酉（前二八八）

二十七年。

冬，十月，秦君稱西帝，遣使立齊君爲東帝。已而皆去之。齊王問於蘇代：「秦使致帝何如？」對曰：「願王受之而勿稱，以收天下之望，所謂以卑爲尊也。」齊王從之，稱帝二日而復歸之。秦亦去帝號。

秦攻趙，拔梗陽〔一五〕。

甲戌（前二八七）

二十八年。

秦攻魏，拔新垣、曲陽。

乙亥（前二八六）

二十九年。

秦擊魏，魏獻安邑以和。秦出其人，募民徙之。

秦敗韓師于夏山。

齊滅宋。宋有雀生鸇，史占之曰：「吉。小而生巨，必霸天下。」康王喜，起兵滅滕，敗齊、楚、魏，取地數百里。乃愈自信其霸。欲霸之亟成，射天笞地，斬社稷而焚滅之。爲長夜之飲於室中，室中人呼萬歲，則堂上之人應之，堂下之人應之，門外之人又應之，至於國中無敢不呼者。天下謂之「桀宋」。齊伐之，民散，城不守。王走死温。

丙子(前二八五)

三十年。

秦會楚于宛，會趙于中陽。

秦蒙武擊齊，拔九城。

齊殺狐咺、陳舉。燕使亞卿樂毅如趙。齊湣王滅宋而驕，乃侵楚及三晉，欲并二周爲天子。狐咺正議，斮之檀衢。陳舉直言，殺之東閭。燕昭王日夜撫循其人，益以富實，乃謀伐齊。樂毅曰：「齊，霸國之餘業，地大人衆，未易獨攻也。王必欲伐之，莫若約趙及楚、魏。」於是使樂毅約趙，嚪秦，連楚及魏。諸侯害齊王之驕暴，皆許之。

丁丑(前二八四)

三十一年。

燕上將軍樂毅以秦、魏、韓、趙之師伐齊，入臨菑。齊君地出走，其相淖齒殺之。毅下齊七十餘城。燕封毅爲昌國君。燕悉起兵，使樂毅爲上將軍，并將秦、魏、韓、趙之師以伐齊。戰于濟西，齊師大敗。毅還秦、韓之師，分魏師以略宋地，部趙師以收河間，身率燕師，長驅逐北。劇辛曰：

「齊大燕小，賴諸侯之助以破其軍。宜及時收取其邊城以自益，此長久之利也。今過而不攻，以深入爲名，無損於齊，無益於我，而結深怨，後必悔之。」毅曰：「齊王伐功矜能，謀不逮下，廢黜賢良，信任諂諛，政令戾虐，百姓怨懟。今因其軍破而乘之，則其民必叛，而齊可圖也。若不遂乘之，待彼悔前之非，改過而撫其民，則難慮矣。」遂進軍。齊果大亂，湣王出走。毅入臨菑，取寶物、祭器，輸之於燕。燕王親至濟上，勞軍行賞，封毅爲昌國君，留徇齊城未下者。齊王之衛，衛君辟宫舍之，稱臣共具。王不遜，衛人侵之。去奔鄒、魯，又有驕色，鄒、魯不納。遂走莒。楚使淖齒將兵救齊，因爲齊相。齒欲與燕分齊地，乃執湣王而數之曰：「千乘、博昌之間，方數百里，雨血沾衣，王知之乎？」曰：「知之。」「嬴、博之間，地坼及泉，王知之乎？」曰：「知之。」「有人當闕而哭者，求之不得，去則聞其聲，王知之乎？」曰：「知之。」齒曰：「雨血者，天以告也；地坼者，地以告也；當闕而哭者，人以告也，而王不戒焉，何得無誅？」遂擢王筋，懸之廟梁，宿昔而死。樂毅聞畫邑人王蠋賢，令軍中環畫三十里無入。使人請蠋，蠋不往。燕人曰：「不來，吾且屠畫。」蠋曰：「吾聞忠臣不事二君，烈女不更二夫。齊王不用吾諫，吾退耕於野。國破君亡，吾不能存，而又欲劫之以兵。與其不義而生，不若死。」遂自經死。毅整軍，禁侵掠，禮逸民，寬賦斂，除暴令，修舊政，齊民喜悦。乃遣左軍渡膠東、東萊，前軍循太山，東至海，略瑯邪。右軍循河、濟，屯阿、鄄，以連魏師。後軍旁北海而撫千乘。以中軍據臨菑而鎮齊都〔一六〕。祀桓公、管仲於郊，表王蠋之墓〔一七〕。六月之間，下齊七十餘城，皆爲郡縣。

荀子曰：國者，天下之利勢也。得道以持之，則大安也，大榮也，積美之源也。不得道以持之，則大危也，大累也，有之不如無之。及其綦也，索爲匹夫不可得也。齊湣、宋獻是也。

秦、韓、魏會於京師。

戊寅（前二八三）

三十二年。齊襄王法章元年。

秦、趙會於穰。

秦拔魏安城，兵至大梁而還。

齊人討殺淖齒，而立其君之子法章，保莒城。淖齒之亂，湣王子法章變名姓爲莒太史敫家傭〔一八〕。敫女奇法章狀貌，憐而竊衣食之，因與私通。湣王從者王孫賈失王處而歸，其母曰：「汝朝出而晚來，則吾倚門而望；汝暮出而不還，則吾倚閭而望。汝今事王，王走汝不知其處，汝尚何歸焉？」賈乃入市呼曰：「淖齒亂齊國，殺湣王，欲與我誅之者袒右。」市人從者四百人，與攻淖齒，殺之。於是齊亡臣相與求湣王子，欲立之。法章疑懼，久之乃敢自言。遂立以爲齊王，保莒城以拒燕。布告國中曰：「王已立在莒矣。」

趙使藺相如獻璧于秦。趙得楚和氏璧，秦王請以十五城易之。趙欲勿與，畏秦强；欲與之，恐見欺。藺相如曰：「以城求璧而不與，曲在我矣。與之璧而不與我城，則曲在秦。臣願奉璧而往，城不入，則臣請完璧而歸。」王遣之。相如至秦，既獻璧，視秦王無意償城，乃紿取璧。遣從者懷之，間行歸趙，而以身待命於秦。秦王賢而歸之。趙王以爲上大夫。

衛君卒。嗣君好察微隱，縣令有發褥而席弊者，嗣君聞之，乃賜之席，令大驚以爲神。又使人過關市，賂之以金。既而召關市，問有客過與汝金，汝回遣之，關市大恐。又愛泄姬，重如耳，而恐其因愛重以壅己也，乃貴薄疑以敵如耳，尊魏妃以偶泄姬，曰：「以是相參也。」衛有胥靡亡之魏，嗣君使以五十金買之，不得，乃以左氏易之。左右曰：「以一都買一胥靡，可乎？」嗣君曰：「治無小，亂無大，法不立，誅不必，雖有十左氏無益也。法立誅必，雖失十左氏，無害也。」

荀子曰：嗣君，聚斂計數之君也，未及取民也。子産，取民者也，未及爲政也。管仲，爲政者也，未及修禮也。故修禮者王，爲政者强，取民者安，聚斂者亡。

己卯（前二八二）

三十三年。

秦伐趙，拔兩城。

庚辰（前二八一）

三十四年。

秦伐趙，拔石城。

楚謀入寇，王使東周公喻止之。楚欲圖周，王使東周武公謂楚令尹昭子曰：「西周之地，不過百里，而名爲天下共主。裂其地，不足以肥國；得其衆，不足以勁兵，而攻之者名爲弒君。然而猶有欲攻之者，見祭器在焉故也。夫虎肉臊而兵利身，人猶攻之，若使澤中之麋，蒙虎之皮，人之攻之，必萬倍矣。裂楚之地，足以肥國；詘楚之名，足以尊主。今子欲誅殘天下之共主，居三代之傳器，器南，則兵至矣。」於是楚計不行。

辛巳（前二八〇）

三十五年。

秦白起伐趙，取代光狼城。司馬錯因蜀伐楚，拔黔中。楚獻漢北、上庸於秦。

壬午（前二七九）

三十六年。

秦白起伐楚，取鄢、鄧、西陵。

秦、趙會于澠池。秦王告趙王，願爲好會於河外澠池。廉頗、藺相如曰：「王不行，示趙弱且怯也。」趙王乃行，相如從。頗送至境，與王訣曰：「王行，度道里會遇之禮畢，不過三十日〔一九〕。過此不還，則請立太子以絶秦望。」王許之。及會，飲酒，秦王請趙王鼓瑟，趙王鼓之。相如請秦王擊缶，秦王不肯。相如曰：「五步之内，臣請得以頸血濺大王矣。」左右欲刃相如，相如張目叱之，左右皆靡。秦王乃一擊缶。罷酒，秦終不能有加於趙，趙人亦盛爲之備，秦不敢動。趙王歸，以相如爲上卿，位在廉頗之右。頗曰：「我爲將，有攻城野戰之功。相如素賤，徒以口舌而位加我上，見必辱之。」相如聞之，不肯與會。每朝常稱病，出而望見，輒引車避匿。其舍人皆以爲耻。相如曰：「子視廉將軍孰與秦王？」曰：「不若。」相如曰：「夫以秦王之威，而相如廷叱之。相如雖駑，獨畏廉將軍哉。顧吾念之，秦所以不敢加兵於趙，徒以吾兩人在也。今兩虎共鬭，其勢不俱生。吾所以爲此者，先國家之急，而後私讎也。」頗聞之，肉袒負荆，至門謝罪，遂爲刎頸交。

楊氏曰：古之智者，以小事大，有以皮幣、犬馬、珠玉而不得免者，至乃棄國而逃之，況一璧乎？雖與之可也。相如計不出此，而欲以身死之，可謂失義而傷勇矣。及其完璧而歸，於趙亦何益哉。至於澠池之會，則其危又甚矣，雖勿往可也。相如爲國卿相，挾萬乘之君以蹈危事，其智勇又不足重趙，使秦不敢惴焉，乃欲以頸血濺之，豈孔子所謂「暴虎馮河，死而無悔」者歟！而或者謂相如非戰國之士，使居平世，可爲大臣，則吾不知其說也。

燕君平卒，樂毅奔趙。齊田單襲破燕軍，盡復齊地。齊君入臨菑，封單爲安平君。趙封樂毅爲望諸君。

初，燕人攻安平，臨菑市掾田單使其宗人以鐵籠傅車轊。及城潰，人爭門出，皆以軸折被禽，獨單宗人得免，遂奔即墨。時齊地皆已屬燕，獨莒、即墨未下。樂毅并軍圍之，即墨大夫戰死。即墨人曰：「安平之戰，田單宗人以鐵籠得全，是多智習兵。」立以爲將。樂毅圍二邑，期年不尅，乃令解圍，去城九里而爲壘，令曰：「城中民出者勿獲，困者賑之，使即舊業。」三年而猶未下。或讒之於昭王曰：「樂毅智謀過人，呼吸之間，尅七十餘城。今不下者兩城耳，非其力不能拔。所以三年不攻者，欲久仗兵威以服齊人，遂南面而王耳。」昭王於是置酒大會，引言者讓之曰：「先王不貪土地，而舉國以禮賢者。遭所傳德薄，不能堪命，國人不順。齊爲無道，以害先王。寡人統位，痛之入骨，故延羣臣，招賓客，以求報讎。有成功者，尚欲與共燕國。今樂君親爲寡人破齊，夷其宗廟，報塞先仇，齊固樂君之有，非燕所得也。汝何敢言若此。」乃斬之。遣國相立毅爲齊王。毅皇恐不受，拜書以死自誓。由是齊人服其義，諸侯畏其信，莫敢復有謀者。頃之，昭王薨，惠王自爲太子時，不快於樂毅。田單乃縱反間曰：「樂毅與燕新王有隙，畏誅，欲連兵王齊。齊人未附，故且緩攻即墨，以待其事。齊人所懼，唯恐他將之來，即墨殘矣。」惠王聞之，即使騎劫代將，毅遂奔趙。將士由是憤惋不和。田單乃令城中人食必祭先祖於庭，飛鳥皆翔舞而下。燕人怪之，單因宣言曰：「當有神師下教我。」有一卒曰：「臣可以爲師乎？」單遂師之。每出約束，必稱神師。又宣言曰：「吾唯懼燕人劓所得齊卒，置之前行，即墨敗矣。」燕人如其言，城中皆怒，堅守，唯恐見得。單又言：「吾懼燕人掘吾城外冢墓，可爲寒心。」燕軍掘燒之，齊人望見，皆涕泣，共欲出戰，怒自十倍。單知其可用，乃身操版鍤，與士卒分功。妻妾編於行伍之間，盡散飲食饗士。令甲卒皆伏，使老弱女子乘城，遣使約降。燕軍益懈，單收城中，得牛千餘，爲絳繒衣，畫以五采龍文，束兵刃於其角，灌脂束葦於其尾，鑿城數十穴。夜縱牛，燒葦端，壯士五千人隨之。牛熱，怒犇燕軍，所觸盡死傷。燕軍大驚，而城中鼓譟從之，燕軍敗走。齊人殺騎劫，追亡逐北，至河上，七十餘城皆復爲齊。乃迎王自莒入臨菑。王以太史敫之女爲后，是爲君王后，生太子建。以單爲相，封安平君。太史敫曰：「女不取媒，因自嫁，汚吾世。」終身不見君王后，君王后亦不以不見故，失人子之禮。

田單嘗出，見老人涉淄而寒，不能行，解裘衣之。襄王惡之，曰：「單將欲以是取吾國乎？」巖下有貫珠者聞之，言於王曰：「王不如因以爲己善。下令曰：『寡人憂民之飢也，單收而食之。寡人憂民之寒也，單收而衣之。寡人憂勞百姓，而單亦憂之。稱寡人之意。』單有是善，而王嘉之，單之善亦王之善也。」王曰：「善。」乃賜單牛酒。後數日，貫珠者復見王曰：「王朝日，宣召田單而揖之於庭，口勞之。乃布令，求百姓之飢寒者，收穀之。」乃使人聽於閭里，聞丈夫之相與言曰：「田單之愛人，嗟，乃王之教也。」王有所幸臣九人，語王曰：「安平君與王君臣無異，而内撫百姓，外懷戎翟，禮天下之賢士，其志欲有爲也。」異日，王曰：「召相單來。」單所任貂勃聞之，稽首於王曰：「周文王得呂尚以爲太公，齊桓公得管夷吾以爲仲父，今王得安平君，而獨曰單，安得此亡國之言乎？夫安平君以惴惴即墨三里之城，五里之郭，而反千里之齊。當是時而自王，天下莫之能止。然計之於道，歸之於義，以爲不可。故棧道木閣，而迎王於城陽。今國已定，民已安矣，王乃曰『單』，嬰兒之計，不爲此也。」王乃殺九人，而益封安平君萬户。

田單將攻狄，往見魯仲連。仲連曰：「將軍攻狄，不能下也。」單曰：「單以即墨餘卒，破燕復齊。今攻狄而不下，何也？」弗謝而去。遂攻狄，三月不克。單乃懼，問仲連。仲連曰：「將軍在即墨，織蕢仗鍤，爲士卒倡，曰：『無可往矣。宗廟亡矣。今日尚矣。歸於何黨矣！』當此之時，將軍有死之心，士卒無生之氣，莫不揮泣奮臂而欲戰，此所以破燕也。今將軍東有夜邑之奉，西有淄上之娛，黄金横帶，騁乎淄、澠之間。有生之樂，無死之心，所以不勝也。」單明日厲氣循城，立於矢石之所，援枹鼓之，狄人乃下。

趙王欲與樂毅謀伐燕。毅泣曰：「臣疇昔之事昭王，猶今日之事大王也。若復得罪在它國，終身不敢謀趙之奴隸，況子孫乎？」趙王乃止，而封毅於觀津，號望諸君，尊寵之以警動於燕、齊。燕惠王恐趙用之以乘其敝，乃使人讓毅，且謝之曰：「將軍捐燕歸趙，自爲計則可矣，而何以報先王所以遇將軍之意乎？」毅報書曰：「免身立功，以明先王之迹，臣之上計也。離毁辱之謗，墮先王之名，臣之所大恐也。臨不測之罪，以幸爲利，義之所不敢出也。古之君子，交絶不出惡聲。忠臣去國，不潔其名。臣雖不佞，數奉教於君子矣。」燕乃復以毅子間爲昌國君，而毅往來復通燕，竟卒於趙。

薛公田文卒。初，齊湣王既滅宋，欲去孟嘗君。孟嘗君奔魏，魏以爲相，與諸侯共伐破齊。襄王復國，而孟嘗君中立爲諸侯，無所屬。襄王畏之，與連和。至是卒，諸子爭立，齊、魏共滅之。

癸未（前二七八）

三十七年。燕惠王元年。

秦白起伐楚，拔郢，燒夷陵。楚徙都陳。秦置南郡，封起爲武安君。

甲申（前二七七）

三十八年。

秦置黔中郡。

乙酉（前二七六）

三十九年。魏安僖王元年。

秦白起伐魏，拔兩城。

楚復取江南十五邑。楚王收東地兵，復取秦所拔江南十五邑爲郡以距秦。

魏封公子無忌爲信陵君。

丙戌(前二七五)

四十年。

秦魏冉伐魏。韓救之，大敗。魏納八城於秦。秦復伐魏，圍大梁。魏又割温以和。秦敗韓救兵，斬首四萬。

丁亥(前二七四)

四十一年。

魏復與齊合從。秦魏冉伐魏，拔四城。斬首四萬。

戊子(前二七三)

四十二年。

趙、魏伐韓，秦救之，大破其軍。魏割南陽以和。秦救韓，敗趙、魏之師，斬首、沈卒十五萬。魏段干子請割南陽予秦以和。蘇代謂魏王曰：「欲璽者，段干子也。欲地者，秦也。今王使欲璽者制地，欲地者制璽，魏地盡矣。夫以地事秦，猶抱薪救火。薪不盡，火不滅。」王曰：「是則然也。然事始已行，不可更矣。」對曰：「夫博之所以貴梟者，便則食，不便則止。今何王之用智，不如用梟也？」王不聽。卒以南陽爲和。寔修武。

己丑(前二七二)

四十三年。韓桓惠王元年。

楚太子完質於秦。秦王將使武安君與韓、魏伐楚。楚使者黄歇至秦，聞之，恐其一舉而滅楚也，乃上書曰：「臣聞物至則反，冬夏是也；致至則危，累棊是也。今大國之地，徧天下有其二垂，此從生民以來，萬乘之地，未嘗有也。王又兼韓，服魏，割濮磨之北，注秦、齊之要，絶楚、趙之脊，天下五合六聚而不敢救，王之威亦單矣。王若能保功守威，絀攻取之心，而肥仁義之地，使無後患，則三王不足四，五伯不足六也。王若負人徒之衆，仗兵革之强，而欲以力臣天下之主，臣恐其有後患也。易曰：『狐涉水，濡其尾。』此言始之易，終之難也。且楚國，援也；鄰國，敵也。今王妬楚之不毁，而忘毁楚之强韓、魏也，臣爲王慮而不取也。夫韓、魏，父子兄弟接踵而死於秦者將十世矣。故韓、魏之不亡，秦社稷之憂也。今王信韓、魏之善王，而欲資之與攻楚，此正吴之信越也。臣爲王慮，莫若善楚，秦、楚合而爲一，則韓、魏必爲關内之侯。注地於齊，則齊右壤可拱手而取也。王之地，一經兩海，要約天下，是燕、趙無齊、楚，齊、楚無燕、趙也。然後危動燕、趙，直摇齊、楚，此四國者，不待痛而服矣。」王從之，使歇歸，約親於楚。楚復使歇侍太子完爲質於秦。

秦置南陽郡。

秦、魏、楚伐燕。

庚寅（前二七一）

四十四年。燕武成王元年。

趙伐齊。

辛卯（前二七〇）

四十五年。

秦伐趙，圍閼與。趙奢擊却之。趙封奢爲馬服君。初，趙奢爲田部吏，收租稅，平原君家不肯出，奢以法殺其用事者九人。平原君怒，將殺之。奢曰：「君於趙爲貴公子，今縱君家而不奉公〔二〇〕，則法削，法削則國弱，國弱則諸侯加兵，是無趙也，君安得有此富乎？以君之貴，奉公如法則上下平，上下平則國强，國强則趙固，而君爲貴戚，豈輕於天下耶？」平原君賢之，言於王。使治國賦，國賦大平，民富而庫實。及秦圍閼與，王召羣臣問之，廉頗、樂乘皆曰：「道遠險陿，難救。」奢曰：「道遠險陿，如兩鼠鬭於穴中，將勇者勝。」王乃令奢將兵救之。去邯鄲三十里而止，令軍中曰：「有以軍事諫者死。」秦師軍武安西，鼓譟勒兵，武安屋瓦盡振。有言急救武安者，奢立斬之。堅壁二十八日不行，復益增壘。秦間入趙軍，奢善食而遣之。間還報，秦將大喜。奢既遣間，卷甲而趨，一日一夜〔二一〕，距閼與五十里而軍。軍壘成，秦師聞之，悉甲而往。趙軍士許歷請諫，奢進之。歷曰：「秦不意趙至此，其來氣盛，將軍必厚集其陳以待之，不然必敗。」奢曰：「請受教。」歷請刑，不許。歷復請曰：「先據北山者勝。」奢即發萬人趨之。秦師後至，爭山不得上。奢縱兵擊之，秦師大敗，解閼與而還。趙封奢爲馬服君，以許歷爲國尉。

秦伐齊，取剛、壽。穰侯言於秦王，使客卿竈伐齊，取剛、壽，以廣其陶邑。

秦滅義渠。義渠戎王與秦太后亂，有二子。太后詐殺戎王於甘泉，遂起兵滅義渠。

秦以范雎爲客卿。初，魏人范雎從中大夫須賈使於齊。齊王聞其辯口，私賜之金。賈以爲雎以國陰事告齊也，歸告其相魏齊。齊怒，笞擊雎，折脇摺齒，置厠中。雎佯死得出。魏人鄭安平操雎亡匿，更姓名曰張禄。秦謁者王稽使魏，載與俱歸，薦之王。王見之離宮，雎佯爲不知永巷而入其中。王來而宦者怒，逐之，曰：「王至！」雎謬曰：「秦安得王？獨有太后、穰侯耳。」王微聞其言，乃屏左右，跽而請曰：「先生何以幸教寡人。」對曰：「唯唯。」如是者三。王曰：「先生卒不幸教寡人耶？」雎曰：「非敢然也。臣，羇旅之臣也，交疏於王，而所願陳者，皆匡君之事，處人骨肉之間，願效愚忠，而未知王之心也。此所以王三問而不敢對也。臣知今日言之於前，明日伏誅於後，然苟可以少有補於秦而死，臣不敢避也。獨恐臣死之後，天下杜口裹足，莫肯鄉秦耳。」王跽曰：「是何言也！寡人得見先生，是天以寡人溷先生，而存先王之宗廟也。事無大小，上及太后，下至大臣，願先生悉以教寡人，無疑寡人也。」雎見左右多竊聽者，未敢言内，先言外事，以觀秦王之俯仰。因進曰：「穰侯越韓、魏而攻齊剛、壽，非計也。齊湣王攻楚，再闢地千里，而尺寸無得焉者，豈不欲得地哉？形勢不能有也。諸侯見其罷敝而伐之，齊幾於亡。今王不如遠交而近攻，得寸則王之寸也，得尺亦王之尺也。今夫韓、魏，中國之處，而天下之樞也。王若欲霸，必親中國以爲天下樞，而威楚、趙，則齊附，而韓、魏因可虜矣。」王曰：「善。」乃以雎爲客卿，與謀兵事。

壬辰（前二六九）

四十六年。

秦攻趙閼與，不拔。

癸巳(前二六八)

四十七年。

秦伐魏，拔懷。始用范雎之謀也。

甲午(前二六七)

四十八年。

秦太子質於魏而卒。

乙未(前二六六)

四十九年。

秦拔魏邢丘。

秦君廢其母不治事，逐魏冉、芊戎、公子市、公子悝，以范雎爲丞相，封應侯。范雎日益親用事，因說秦王曰：「臣居山東時，聞齊之有孟嘗君，不聞有王。聞秦有太后、穰侯，不聞有王。夫擅國之謂王，能利害之謂王，制殺生之謂王。今太后擅行不顧，穰侯出使不報，華陽、涇陽擊斷無諱，高陵進退不請。四貴備而國不危，未之有也。爲此四貴者下，乃所謂無王也。穰侯使者操王之重，決制於諸侯，剖符於天下，征敵伐國，莫敢不聽。戰勝攻取，則利歸於陶；戰敗則怨結於百姓，而禍歸於社稷。臣又聞之，木實繁者披其枝，披其枝者傷其心；大其都者危其國，尊其臣者卑其主。淖齒管齊，而弑湣王；李兑管趙，而囚主父。今臣觀四貴之用事，此亦齒、兑之類也。且三代之所以亡國者，君專授政於臣，縱酒弋獵。其所授者，妬賢疾能，御下蔽上，以成其私，不爲主計，而主不覺悟，故失其國。今自有秩以上至諸大吏，下及王左右，無非相國之人者。臣見王獨立於朝，竊恐萬世之後，有秦國者，非王子孫也。」王以爲然。於是廢太后，逐穰侯、華陽君芈戎、高陵君市、涇陽君悝於關外。以雎爲丞相，封應侯。魏須賈聘於秦，雎困辱之，使歸告魏王曰：「速持魏齊頭來！不然，且屠大梁。」齊走趙，匿平原君家。

趙以公子勝爲相。

丙申（前二六五）

五十年。趙孝成王丹元年。

秦君母芈氏以憂卒。

司馬公曰：穰侯援立昭王，除其災害，薦用白起，南取鄢、郢，東屬地於齊，功亦大矣。雖其專恣驕貪，足以賈禍，亦未至如雎之言也。雎亦非能爲秦忠謀，直欲得穰侯之處耳。遂使秦王絶母子之義，失甥舅之恩。雎真傾危之士哉。

秦伐趙，取三城。齊救却之。遂以趙師伐燕，取中陽。伐韓，取注人。秦攻趙。趙王新立，太后用事，求救於齊。齊人曰：「必以長安君爲質。」太后不可。齊師不出。大臣强諫，太后明謂左右曰：「有復言者，老婦必唾其面。」左師觸龍請見，太后盛氣而胥之入。左師公徐趨而坐，謝曰：「老臣病足，不得見久矣，而恐太后體之有所苦也，故願望見太后。」太后曰：「老婦恃輦而行。」曰：「食得毋衰乎？」曰：「恃粥耳。」太后不和之色稍解。左師曰：「賤息舒祺，最少，不肖，而臣衰，竊愛之，願得補黑衣之缺，以衛王宮。」太后曰：「諾。年幾何矣？」對曰：「十五歲矣。雖少，願及臣未填溝壑而託之。」太后曰：「丈夫亦愛少子乎？」對曰：「甚於婦人。」太后笑曰：「婦人異甚。」對曰：「老臣竊以爲媪之愛燕后賢於長安君。」太后曰：「君過矣！不如長安君之甚。」左師曰：「父母愛其子，則爲之計深遠。媪之送燕后也，持其踵而哭，念其遠也，亦哀之矣。已行，非不思也，祭祀則祝之曰：『必勿使反！』豈非爲之計長久，爲子孫相繼爲王也哉。」太后曰：「然。」左師曰：「今三世以前，至於趙王之子孫爲侯者，其繼有在者乎？」曰：「無有。」曰：「此其近者，禍及身；遠者，及其子孫，豈人主之子，侯則不善哉？位尊而無功，奉厚而無勞，而挾重器多也。今媪尊長安君之位，封以膏腴之地，多與之重器，而不及今令有功於趙。一旦山陵崩，長安君何以自託於趙哉？」太后曰：「諾，恣君之所使之。」於是爲長安君約車百乘質於齊，齊師乃出，秦師退。

齊君法章卒，子建立，國事皆決於其母太史氏。建年少，國事皆決於君王后。

丁酉（前二六四）

五十一年。齊王建元年。

秦白起伐韓，拔九城。斬首五萬。

戊戌（前二六三）

五十二年。

秦白起伐韓，取南陽，攻絶太行道。

楚太子完自秦逃歸。楚君横卒，完立，以黄歇爲相，封春申君。楚頃襄王疾病。黄歇侍太子於秦，聞之，言於應侯曰：「楚王疾，恐不起。秦若歸其太子，則是親與國，而得儲萬乘也；不歸，則咸陽布衣耳，楚更立君，必不事秦。」應侯以告王。王曰：「令太子傅先往問疾，反而後圖之。」歇與太子謀曰：「王疾病，而陽文君之子二人在中。王若卒大命，陽文君之子必立爲後，太子不得奉宗廟矣。」乃教太子變服爲楚使者御以出關，而自爲守舍謝病。度已遠，乃自言請死。王怒，欲聽之。應侯曰：「歇出身以徇其主，太子立，必用歇。不如歸之以親楚。」王從之。歇至三月，而楚王薨。太子即位，以歇爲相，封之淮北。

己亥(前二六二)

五十三年。楚考烈王完元年。

楚納州于秦。

秦白起伐韓，拔野王。上黨降趙。秦武安君伐韓，拔野王。上黨路絶。上黨守馮亭與其民謀曰：「鄭道已絶，不如歸趙。趙受我，秦必攻之。趙被秦兵，必親韓。韓、趙爲一，則可以當秦矣。」乃告於趙曰：「韓不能守上黨，入之秦，其吏民皆安爲趙，不樂爲秦。有城市邑十七，願再拜獻之大王。」趙王以問平陽君豹。對曰：「聖人甚禍無故之利。」王曰：「人樂吾德，何謂無故？」豹曰：「秦蠶食韓地，中絶，不令相通，固自以爲坐而受上黨也。韓氏所以不入之秦者，欲嫁其禍於趙也。秦服其勞而趙受其利，雖强大不能得之於弱小，弱小顧能得之於强大乎？豈得謂之非無故哉？不如勿受。」平原君請受之。王乃使平原君往受地，封馮亭爲華陽君。亭垂涕不見使者，曰：「吾不忍賣主之地而食之也。」

庚子（前二六一）

五十四年。

辛丑（前二六〇）

五十五年。

秦王齕攻趙上黨，拔之。白起代將，大破趙軍，殺其將趙括，坑降卒四十萬。秦王齕攻上黨，拔之。上黨民走趙。趙廉頗軍長平以按據之。齕遂攻趙。趙軍數敗，樓昌請發重使爲媾。虞卿曰：「今制媾者在秦，秦必欲破王之軍矣。雖往請，將不聽。不如以重寶附楚、魏，則秦疑天下之合從，媾乃可成也。」王不聽，使鄭朱媾於秦。虞卿曰：「天下之賀戰勝者，皆在秦矣。鄭朱，貴人也。秦必顯重之以示天下，天下見王之媾於秦，必不救王。秦知天下之不救王，則媾不可成矣。」既而果然。廉頗堅壁不出，又失亡多，趙王怒，數讓之。應侯又使人行千金爲反間曰：「秦獨畏馬服君之子括爲將耳。廉頗易與，且降矣。」趙王遂以括代頗將。藺相如曰：「括徒能讀其父書傳，不知合變也。」王不聽。括自少時學兵法，以天下莫能當。與奢言之，奢不能難，然不謂善也。括母問其故，奢曰：「兵，死地也，而括易言之。使趙將之，破趙軍者，必括也。」及括將行，母上書言括不可使。王問之，對曰：「括父爲將，身所奉飯而進食者以十數，所友者以百數，得賞賜盡以與軍吏士大夫。受命之日，不問家事。今括一旦爲將，東鄉而朝，軍吏無敢仰視之者。王所賜金帛，歸藏於家，而日視利便田宅可買者買之。父子異心，願王勿遣。」王曰：「母置之，吾已決矣。」母因曰：「即如有不稱，妾請無隨坐。」王許之。秦王聞括已將，乃陰使武安君爲上將軍，而齕爲裨將，令軍中敢泄者斬。括至軍，悉更約束，易置軍吏，出擊秦軍。武安君佯敗走，張二奇兵以劫之。括乘勝追造秦壁，壁堅拒不得入，而秦奇兵絶其後，軍分爲二，糧道絶。武安君出輕兵擊之，趙戰不利，因築壁堅守，以待救至。秦王聞之，自如河内，發民十五以上悉詣長平，遮絶趙救兵及糧食。趙請粟於齊，齊王弗許。周子曰：「夫趙之於齊、楚，猶齒之有脣也，脣亡則齒寒。今日亡趙，則明日患及齊、楚矣。救趙之務，宜若奉漏甕沃焦釜然。且救趙，高義也；却秦，顯名也。不務此而愛粟，爲國計者過矣。」弗聽。趙軍食絶四十六日，人相食。急攻秦壘，欲出不得。括自出搏戰，秦射殺之。卒四十萬人皆降。武安君曰：「秦已拔上黨，其民不樂爲秦而歸趙。趙卒反覆，恐爲亂。」乃挾詐盡坑之，遺其小者二百餘人歸趙。前後斬首虜凡四十五萬人，趙人大震。

壬寅(前二五九)

五十六年。

秦攻趙，拔武安、皮牢，定太原、上黨。韓、趙又割地以和。武安君分軍爲三：王齕攻趙，拔武安、皮牢；司馬梗北定太原，盡有上黨地。韓、魏恐，使蘇代説應侯曰：「趙亡，則秦王王，而武安君爲三公矣。君能爲之下乎？不如因而割之，毋以爲武安君功也。」應侯言：「秦兵勞，請許韓、趙割地以和。」王聽之，割韓垣雍、趙六城而罷兵。武安君由是與應侯有隙。

趙王之約割地也，虞卿曰：「秦之攻王也，倦而歸乎？其力尚能進，愛王而弗攻乎？」王曰：「秦不遺餘力矣，必以倦而歸也。」虞卿曰：「秦以其力攻其所不能取，倦而歸，王又以其力之所不能取以送之，是助秦自攻也。來年秦攻王，王無救矣。」樓緩曰：「卿得其一，不得其二。秦、趙構難而天下說，今不割地求和，以疑天下，慰秦之心，則天下將因秦之怒，乘趙之弊，而瓜分之矣。」虞卿曰：「危哉，樓子之計，是愈疑天下，而何慰秦之心哉？且臣言勿與者，非固勿與而已。秦索六城於王，而王以六城賂齊，則是王失之於齊，取償於秦也。以此發聲，臣見秦之重賂至趙，而反媾於王矣。」趙王曰：「善。」使卿如齊，未返，而秦使者已在趙矣。

魏以孔斌爲相，尋以病免。

初，魏王聞子順賢，聘以爲相。子順謂使者曰：「若王能信用吾道，吾道固爲治世也。雖疏食飲水，吾猶爲之。若徒欲制服吾身，委以重祿，吾猶一夫耳。魏王奚少於一夫？」使者固請，子順乃之魏。改嬖寵之官，以事賢才；奪無任之祿，以賜有功。諸喪職秩者咸不悅。陳大計又不用，乃以病致仕。人謂之曰：「子其行乎？」答曰：「行將安之？山東之國，將并於秦。秦爲不義，義所不入。」遂寢於家，喟然歎曰：「死病無良醫。不出二十年，天下其盡爲秦乎！」秦之始伐趙也，魏王問於諸大夫，皆曰：「秦若不勝，則可承敝而擊之，勝則因而服焉，於我何損。」斌曰：「不然。秦，貪暴之國也。勝趙，必復它求，吾恐於時魏受其師也。先人有言：燕雀處屋，子母相哺，呴呴相樂，自以爲安矣。竈突炎上，棟宇將焚，燕雀顔不變，不知禍之將及己也。今子不悟趙破而患將及己，可以人而同於燕雀乎！」斌，穿之子也。

秦誘執趙公子勝，既而歸之。秦王欲爲應侯必報其仇，乃誘平原君至而執之〔二二〕。使謂趙王曰：「不得齊首，吾不出王弟於關。」齊窮，抵虞卿。卿棄相印，與偕亡。走魏，信陵君意難見之，齊怒自殺。趙王取其首與秦，秦乃歸平原君。雎言王稽，王以爲河東守。又任鄭安平，王以爲將軍。雎散家財物，以報所嘗困厄者。一飯之德必償，睚眦之雠必報云。

癸卯（前二五八）

五十七年。

秦伐趙，圍邯鄲。秦武安君病，使王陵伐趙，攻邯鄲，少利。武安君病愈，王欲使代之。武安君曰：「邯鄲實未易攻也。且諸侯之救日至。秦雖勝於長平，然士卒死者過半，國内空。遠絶河山而爭人國都，趙應其内，諸侯攻其外，破秦軍必矣。」王又使應侯請之，終辭不行。乃以王齕代陵。

趙公子勝如楚乞師。楚黄歇帥師救趙。趙王使平原君求救於楚，約其門下文武備具者二十人與俱，得十九人，餘無可取者。毛遂自薦，平原君曰：「夫賢士之處世，如錐處囊中，其末立見。今先生處勝門下三年於此矣，勝未有所聞，是先生無所有也。」遂曰：「臣乃今日請處囊中耳。使臣得蚤處囊中，乃穎脱而出〔二三〕，非特其末見而已。」平原君乃與之俱。至楚，與楚王言合從之利，久而不決。毛遂按劍歷階而上，曰：「從之利害，兩言而決耳。今日出而言，日中不決，何也？」王怒叱之。遂按劍而前曰：「王之所以叱遂者，以楚國之衆也。今十步之内，王不得恃楚國之衆也。王之命懸於遂手。吾君在前，叱者何也？且遂聞湯以七十里而王天下，文王以百里而臣諸侯。今楚地方五千里，持戟百萬，此霸王之資也。白起，小豎子耳。率數萬之衆，一戰而舉鄢、郢，再戰而燒夷陵，三戰而辱王之先人。此百世之怨，趙之所羞，而王不知惡焉。合從者，爲楚，非爲趙也。」王曰：「唯唯。」乃與楚王歃血定從而歸。平原君曰：「勝不敢復相天下士矣。」因以毛遂爲上客。而楚使春申君將兵救趙。

魏晉鄙帥師救趙，次于鄴。公子無忌襲殺鄙，奪其軍以進。

魏王使晉鄙救趙。秦王使謂魏曰：「吾攻趙，旦暮且下。諸侯敢救者，必移兵先擊之。」魏王恐，止晉鄙，壁鄴。又使新垣衍入邯鄲説趙，欲共尊秦爲帝，以却其兵。魯仲連聞之，往見衍曰：「彼秦者，棄禮義而上首功之國也。彼即肆然而爲帝於天下，則連有蹈東海而死耳，不願爲之民也。且梁未睹秦稱帝之害故耳。昔者九侯、鄂侯、文王，紂之三公也。紂醢九侯，鄂侯爭之强，故脯鄂侯。文王聞之，喟然而歎，故拘之牖里之庫，欲令之死。今秦、梁俱據萬乘之國，各有稱王之名，奈何睹其一戰而勝，欲從而帝之，卒就脯醢之地乎？且秦無已而帝，則將行其天子之禮，以號令天下。變易諸侯之大臣，奪其所憎，而與其所愛，又使子女讒妾爲諸侯妃姬，梁王安得晏然而已乎？而將軍又何以得故寵乎？」衍起再拜曰：「吾乃今知先生天下士也。吾請出，不敢復言帝秦矣。」初，魏公子無忌愛人下士，致食客三千人。有隱士侯嬴，家貧，爲夷門監者。公子置酒，大會賓客。坐定，從車騎虛左自迎侯生。生直上載不讓，公子執轡愈恭。生又謂公子曰：「臣有客在市屠中，願枉車騎過之。」公子引車入市，生下見其客朱亥，睥睨，故久立，與其客語，微察公子。公子色愈和。乃謝客就車，至公子家。公子引侯生坐上坐，賓客皆驚。及秦圍趙，趙平原君夫人，無忌姊也。使者冠蓋相屬於魏，讓公子，公子患之。數請魏王敕晉鄙救趙，及賓客辯士遊説萬端，王終不聽。

公子乃屬賓客，約車騎百餘乘，欲赴鬭以死於趙。過見侯生。生曰：「公子無他端而欲赴秦軍，如以肉投餒虎，何功之有？」公子再拜問計。生曰：「吾聞晉鄙兵符在王卧内，而如姬最幸，力能竊之。且公子嘗爲報其父仇，如姬欲爲公子死無所辭。誠一開口，則得虎符，奪鄙兵，北救趙，西却秦，此五伯之功也。」公子如其言，得兵符。侯生曰：「將在外，君令有所不受。有如鄙疑而復請之，則事危矣。臣客朱亥，力士，可與俱。鄙不聽，使擊之。」公子至鄴，晉鄙合符，果疑之，舉手視公子曰：「吾擁十萬之衆，屯於境上，國之重任，今單車來代之，何如哉？」亥袖四十斤鐵椎，椎殺鄙。公子勒兵下令曰：「父子俱在軍中者，父歸；兄弟俱在軍中者，兄歸；獨子無兄弟者，歸養。」得選兵八萬人，將之而進。

甲辰(前二五七)

五十八年。燕孝王元年。

秦殺白起。王齕戰不利，武安君曰：「不聽吾計今何如矣？」王聞之怒，强起之。武安君稱病篤，乃免爲士伍，遷之陰密。行至杜郵，應侯曰：「起之遷，意尚怏怏有餘言。」王乃使賜之劍，武安君遂自殺。秦人憐之。應侯乃任鄭安平，使將擊趙。

魏公子無忌大破秦軍邯鄲下。信陵君大破秦軍於邯鄲下，王齕解圍走，鄭安平以二萬人降趙。信陵君不敢歸魏，使將將其軍以還。趙王欲以五城封公子，公子聞之，有自功之色。客有説公子曰：「物有不可忘，有不可不忘。人有德於公子，公子不可忘也。公子有德於人，願公子忘之也。且矯令奪兵以救趙，於趙則有功矣；於魏則未爲忠臣也。公子乃自驕而功之，竊爲公子不取也。」於是公子立自責，若無所容。趙王自迎，執主人之禮，引公子就西階。公子側行辭讓，從東階上，自言罪過，以負於魏，無功於趙。趙王與公子飲至暮，以公子退讓，竟不忍言獻五城。平原君欲封魯仲連，仲連亦不受。乃以千金爲壽，連笑曰：「所貴於天下之士者，爲人排患難，解紛亂，而無取也。即有取者，是商賈之事，連不忍爲也。」遂辭去，終身不復見。

秦太子之子異人自趙逃歸。

秦太子妃曰華陽夫人，無子。夏姬生子異人，質於趙。秦數伐趙，趙不禮之，困不得意。陽翟大賈呂不韋適邯鄲，見之，曰：「此奇貨可居。」乃説之曰：「秦王老矣，太子愛華陽夫人而無子。子之兄弟二十餘人，子居中不甚見幸。太子即位，子不得爭爲嗣矣。」異人曰：「奈何？」不韋曰：「能立適嗣者，獨華陽夫人耳。不韋雖貧，請以千金爲子西游，立子爲嗣。」異人曰：「必如君策，秦國與子共之。」不韋乃與五百金令結賓客。復以五百金買奇物玩好，自奉而西。見夫人姊，而以獻於夫人。因譽異人之賢，賓客遍天下，日夜泣思太子及夫人，曰：「異人也，以夫人爲天。」夫人喜。不韋因使其姊説曰：「夫人愛而無子，不以繁華時蚤自結於諸子中賢孝者，舉以爲適，即色衰愛弛，雖欲開一言，尚可得乎？今異人賢，而自知中子不得爲適，誠以此時拔之，是異人無國而有國，夫人無子而有子也，則終身有寵於秦矣。」夫人以爲然，承間言之。太子與夫人乃刻玉符，約以爲嗣，因請不韋傅之。不韋娶邯鄲姬絶美者與居，知其有娠，異人見而請之。不韋佯怒，既而獻之，期年而生子政。異人遂以爲夫人。邯鄲之圍，趙人欲殺之。不韋賂守者，得脱，亡赴秦軍，遂歸。異人楚服而見夫人，夫人曰：「吾楚人也，當自子之。」更名曰楚。

乙巳(前二五六)

五十九年。

秦伐韓、趙,王命諸侯討之。秦遂入寇,王入秦,盡獻其地,歸而卒。秦伐韓,取陽城、負黍,斬首四萬。伐趙,取二十餘縣,斬首九萬。赧王恐,倍秦,與諸侯約從,欲伐秦。秦使將軍摎攻西周,赧王入秦,頓首受罪,盡獻其邑三十六,口三萬。秦受其獻,而歸赧王於周。是歲卒。

校勘記

〔一〕起戊寅周威烈王二十三年　「周威烈王二十三年」八字原脱,據月崖本、成化本、殿本補。

〔二〕其可謂義士矣　「矣」原作「夫」,據月崖本、成化本、殿本改。

〔三〕賤不謀貴　殿本、通鑑卷一周紀一周威烈王二十三年作「疏不謀戚」。

〔四〕晉孝公傾元年　「傾」原作「頃」,據月崖本、成化本、殿本、史記卷十五六國年表三及通鑑卷一周紀一周安王九年改。

〔五〕募民能徙置北門者予十金　「置北門」三字原脱,據月崖本、成化本、殿本及通鑑卷二周紀二周顯王十年補。

〔六〕徙而從者七千餘家　「徙而從者」,月崖本、成化本、殿本作「從而徙者」。

〔七〕秦説齊威王曰　殿本、通鑑卷二周紀二周顯王三十六年無「威」字。史記卷十五六國年表三作「齊宣王」。

〔八〕説易王曰　「曰」字原脱，據殿本及通鑑卷二周紀二周顯王四十五年補。

〔九〕秦相張儀免出相魏　按史記卷十五六國年表三、通鑑卷二周紀二此事繫於周顯王四十七年。

〔一〇〕過則改之　「過」字下原有「也」字，據殿本及通鑑卷三周紀三周赧王元年删。

〔一一〕齊簡公用陳恒　「恒」原作「常」，據殿本改。

〔一二〕楚不宜敢取臣　「取」原作「求」，據殿本及通鑑卷三周紀三周赧王四年改。

〔一三〕姬欲得其狐白裘　「其」原作「楚」，據月崖本、成化本、殿本及通鑑卷三周紀三周赧王十六年、史記卷七五孟嘗君列傳改。

〔一四〕田不禮　殿本、通鑑卷四周紀四周赧王二十年「禮」字下有「聲善而實惡」五字。

〔一五〕拔梗陽　「梗」原作「杜」，據殿本及史記卷四三趙世家改。

〔一六〕以中軍據臨菑而鎮齊都　「據臨菑而鎮齊都」原作「鎮臨菑而據齊都」，據殿本及通鑑卷四周紀四周赧王三十二年改。

〔一七〕表王蠋之墓　「表」，殿本、通鑑卷四周紀四周赧王三十二年作「封」。

〔一八〕湣王子法章變名姓爲莒太史敫家傭　「敫」原作「激」，據殿本及通鑑卷四周紀四周赧王三十二年、史記卷四六田敬仲完世家改。

〔一九〕不過三十日　「三」原作「二」，據月崖本、成化本、殿本及通鑑卷四周紀四周赧王三十六年、史記卷八一廉頗藺相如列傳改。

〔二〇〕今縱君家而不奉公　「公」原作「法」，據月崖本、成化本、殿本及史記卷八一廉頗藺相如列傳改。

〔二一〕一日一夜　史記卷八一廉頗藺相如列傳作「二日一夜」。

〔二二〕乃誘平原君至而執之　「誘」原作「請」，據成化本、殿本及通鑑卷五周紀五周赧王五十六年改。

〔二三〕乃穎脱而出　「穎脱」，殿本、通鑑卷五周紀五周赧王五十七年作「脱穎」。

資治通鑑綱目卷二

起丙午，盡戊戌漢王四年〔一〕，凡五十三年。

丙午（前二五五）

秦昭襄王稷五十二、楚考烈王八、燕孝王三、魏安僖王二十二、趙孝成王十一、韓桓惠王十八、齊王建十年。○凡七國。

秦丞相范雎免。秦河東守王稽坐與諸侯通，棄市。王臨朝而歎，應侯請其故，王曰：「武安君死，而鄭安平、王稽等皆畔，内無良將，外多敵國，吾是以憂。」應侯懼，不知所出。燕客蔡澤聞之，西入秦。先使人宣言於應侯曰：「蔡澤見王，必奪君位。」應侯召澤讓之，澤曰：「吁，君何見之晚也！夫四時之序，成功者去。商君、吴起、大夫種，何足願與？」應侯謬曰：「何爲不可！君子有殺身以成名，死無所恨。」澤曰：「身名俱全者，上也；名可法而身死者，次也。三子之可願，孰與閎夭、周公哉？語曰：『日中則移，月滿則虧。』進退嬴縮，與時變化。今君怨已讎而德已報，意欲至矣而無變計，竊爲君危之！」應侯曰：「善。」遂薦澤於王，因謝病免。王悦澤計，以爲相，數月免。

楚以荀況爲蘭陵令。荀卿，趙人，春申君以爲蘭陵令。

卿嘗與臨武君論兵於趙孝成王前。王曰：「請問兵要。」卿對曰：「要在附民。夫仁人之兵，上下一心，三軍同力；臣之於君也，下之於上也，若子弟之事父兄，若手臂之捍頭目而覆胸腹也。故兵要在乎附民而已。齊人隆技擊，得一首者賜贖錙金，無本賞矣。事小敵毳，則偷可用也；事大敵堅，則渙然離耳，是亡國之兵也。其去賃市傭而戰之幾矣。魏氏之武卒，以度取之。衣三屬之甲，操十二石之弩，負矢五十，置戈其上，冠胄帶劍，嬴三日糧，日中而趨百里。中試則復其户，利其田宅。氣力數年而衰，而復利未可奪也，改造則不易周也，故地雖大，其稅必寡，是危國之兵也。秦人，其生民也陿隘，其使民也酷烈，忸之以慶賞，鰌之以刑罰，使民所以要利於上者，非鬬無由也。使以功賞相長，五甲首而隸五家，是最爲衆强長久之道。然皆干賞蹈利之兵，未有安制綦節之理也。故齊之技擊不可以遇魏之武卒，魏之武卒不可以遇秦之鋭士，秦之鋭士不可以當桓、文之節制，桓、文之節制不可以敵湯、武之仁義。故招延募選，隆勢詐，上功利，是漸之也。禮義教化，是齊之也。故兵大齊則制天下，小齊則治鄰敵。若夫招延選募，隆勢詐，尚功利之兵，則勝不勝無常，相爲雌雄耳。夫是之謂盗兵，君子不由也。」王曰：「善。請問爲將。」卿曰：「號令欲嚴以威，賞罰欲必以信，處舍欲周以固，舉徙進退欲安以重，欲疾以速，窺敵觀變，欲潛以深，欲伍以參，遇敵決戰，必行吾所明，無行吾所疑，夫是之謂六術。無欲將而惡廢，無怠勝而忘敗，無威内而輕外，無見利而不顧其害，凡慮事欲熟而用財欲泰，夫是之謂五權。可殺而不可使處不完，可殺而不可使擊不勝，可殺而不可使欺百姓，夫是之謂三至。凡百事之成也必在敬之，其敗也必在慢之。故敬勝怠則吉，怠勝敬則滅；計勝欲則從，欲勝計則凶。戰如守，行如戰，有功如幸。慎行此六術、五權、三至，而處之以恭敬、無曠，夫是之謂天下之將。」臨武君曰：「善。請問王者之兵制。」卿曰：「將死鼓，御死轡，百吏死職，士大夫死行列。聞鼓聲而進，金聲而退。順命爲上，有功次之。不殺老弱，不獵禾稼，服者不禽，格者不赦，犇命者不獲。凡誅，非誅百姓也，誅其亂百姓者也。百姓有捍其賊者，是亦賊也。故順刃者生，傃刃者死，犇命者貢。有誅而無戰，不屠城，不潛軍，不留衆，師不越時，故亂者樂其政，不安其上者，欲其至也。」臨武君曰：「善。」陳囂問曰：「先生議兵，常以仁義爲本，然則又何以兵爲哉？」卿曰：「仁者愛人，故惡人之害之也；義者循理，故惡人之亂之也。故兵者所以禁暴除害也，非爭奪也。」

周民東亡，秦取其寶器，遷西周公于𢷎狐之聚。

楚人遷魯于莒而取其地。

丁未（前二五四）

秦五十三、楚九、燕王喜元、魏二十三、趙十二、韓十九、齊十一年。

秦伐魏，取吳城。

韓王入朝于秦。

魏舉國聽令于秦。

戊申（前二五三）

秦五十四、楚十、燕二、魏二十四、趙十三、韓二十、齊十二年。

秦王郊見上帝于雍。

楚遷于鉅陽。

己酉（前二五二）

秦五十五、楚十一、燕三、魏二十五、趙十四、韓二十一、齊十三年。

魏人殺衛君而立其弟。弟，魏婿也。

庚戌（前二五一）

秦五十六、楚十二、燕四、魏二十六、趙十五、韓二十二、齊十四年。

秋，秦王稷薨，太子立。韓王衰絰入吊祠。

燕伐趙，趙敗之，遂圍燕。燕王使栗腹約歡於趙〔二〕，反而言曰：「趙壯者死長平，其孤未壯，可伐也。」王使腹將而攻鄗。將渠曰：「與人通關約交，使者報而攻之，不祥；師必無功。」王不聽，自將偏軍隨之。將渠引王之綬，王以足蹴之。將渠泣曰：「臣非自爲，爲王也。」王終不聽，遂行。趙使廉頗擊之，敗其兩軍，逐北五百里，遂圍燕。燕人請和，趙人曰：「必令將渠處和。」燕王以將渠爲相而處和，趙師乃解。

趙公子勝卒。

辛亥（前二五〇）

秦孝文王柱元、楚十三、燕五、魏二十七、趙十六、韓二十三、齊十五年。

冬，十月，秦王薨，子楚立。孝文王即位，三日而薨，子楚立，尊華陽夫人爲華陽太后，夏姬爲夏太后。

燕伐齊，拔聊城。齊伐取之。燕將攻齊聊城，拔之。或譖之燕王，燕將保聊城，不敢歸。齊田單攻之，歲餘不下。魯仲連乃爲書，約之矢以射城中，遺燕將曰：「爲公計者，不歸燕則歸齊。今獨守孤城，齊兵日益而燕救不至，將何爲乎？」燕將見書，泣三日，猶豫不能決，遂自殺。聊城亂，田單克之。歸，言仲連於齊王，欲爵之。仲連逃之海上，曰：「吾與富貴而詘於人，寧貧賤而輕世肆志焉！」魏王問天下之高士於子順，子順曰：「世無其人也，抑可以爲次，其魯仲連乎！」

壬子(前二四九)

秦莊襄王楚元、楚十四、燕六、魏二十八、趙十七、韓二十四、齊十六年。

秦以吕不韋爲相國，封文信侯。

秦滅東周，遷其君于陽人聚。東周君與諸侯謀伐秦，王使相國帥師滅之，遷東周君於陽人聚，周遂不祀。周比亡，凡有七邑。

秦伐韓，取滎陽、成皋，置三川郡。

楚滅魯，遷其君于卞，爲家人。是爲頃公。

癸丑(前二四八)

秦二、楚十五、燕七、魏二十九、趙十八、韓二十五、齊十七年。

日食。

秦伐趙，定太原，取三十七城。

楚黄歇徙封于吴。春申君言於楚王曰：「淮北邊于齊，其事急，請以爲郡而封於江東。」許之。春申君因城故吴墟而居之，宫室極盛。

甲寅(前二四七)

秦三、楚十六、燕八、魏三十、趙十九、韓二十六、齊十八年。

秦悉拔上黨諸城，置太原郡。

秦伐魏。魏公子無忌率五國之師敗之，追至函谷而還。蒙驁伐魏，取高都、汲。魏王患之，使人請信陵君。信陵君不肯還，其客毛公、薛公見曰：「公子所以重於諸侯者，徒以有魏也。今魏急而公子不恤，一旦秦克大梁，夷先王之宗廟，公子當何面目立天下乎？」語未卒，信陵君色變，趣駕還魏。魏王持信陵君而泣，以爲上將軍。求援於諸侯，諸侯聞之，皆遣兵救魏。信陵君遂率五國之師敗蒙驁於河外，追至函谷關而還。

安陵人縮高之子仕於秦，守管。信陵君攻之不下，使人召高，將以爲五大夫、執節尉，而使攻管。高對曰：「父攻子守，人之笑也；見臣而下，是倍主也。父教子倍，亦非君之所喜，敢辭。」信陵君怒，使謂安陵君：「生束縮高而致之，不然，無忌將率十萬之師以造城下。」安陵君曰：「吾先君成侯受詔襄王以守此城也，手受太府之憲，其上篇曰：『子弑父，臣弑君，有常不赦。國雖大赦，降城亡子不得與焉。』今縮高辭大位以全父子之義，而君曰『必生致之』，是使我負襄王之詔而廢太府之憲也。」縮高聞之曰：「信陵君爲人，悍猛而自用，此辭反必爲國禍。吾已全己，無違人臣之義矣，豈可使吾君有魏患乎！」乃之使者舍，刎頸而死。信陵君聞之，縞素辟舍，而遣使謝安陵君。

五月，秦王楚薨，子政立。政生十三年矣，國事皆委於文信侯，號仲父。

胡氏曰：孝文、莊襄二王之死，蓋皆不韋之所爲也。

乙卯（前二四六）

秦王政元、楚十七、燕九、魏三十一、趙二十、韓二十七、齊十九年。

秦鑿涇水爲渠。韓欲疲秦，使無東伐，乃使水工鄭國爲間於秦，鑿涇水自仲山爲渠，並北山，東注洛。中作而覺，欲殺之。國曰：「臣爲韓延數年之命，然渠成，亦秦萬世之利也。」乃使卒爲之。注填閼之水溉舄鹵之地四萬餘頃，收皆畝一鍾，由是秦益富饒。

丙辰（前二四五）

秦二、楚十八、燕十、魏三十二、趙二十一、韓二十八、齊二十年。

趙王薨，廉頗奔魏。趙使廉頗伐魏，取繁陽。孝成王薨，悼襄王立，使樂乘代頗。頗怒，攻之，遂出奔魏，魏不能用。趙師數困，王復思之，使視頗尚可用否。頗之仇郭開多與使者金，令毀之。頗見使者，一飯斗米，肉十斤，被甲上馬，以示可用。使者還報曰：「廉將軍老，尚善飯。然與臣坐，頃之三遺矢矣。」王遂不召。楚人迎之。頗一爲楚將，無功，曰：「我思用趙人！」遂卒於楚。

丁巳(前二四四)

秦三、楚十九、燕十一、魏三十三、趙悼襄王偃元、韓二十九、齊二十一年。

大饑。秦伐韓,取十二城。

趙李牧伐燕,取武遂、方城。李牧者,趙北邊之良將也。嘗居代、雁門備匈奴,以便宜置吏,市租皆輸莫府,爲士卒費,日擊數牛饗士。習騎射,謹烽火,多間諜,爲約曰:「匈奴入盗,則急收保。有敢捕虜者斬。」如是數歲無所亡失。匈奴皆以爲怯,雖趙邊兵亦以爲吾將怯也。趙王使人讓之,牧如故。王怒,使人代之。屢出戰,不利,邊不得田畜。王復請李牧,牧稱病不出。王强起之,牧曰:「必用臣,臣如前,乃敢奉令。」王許之。牧至邊,如約。匈奴數歲無所得,終以爲怯。士日得賞賜而不用,皆願一戰。乃選車騎習戰,大縱畜牧、人民滿野。匈奴小入,佯北,以數十人委之。單于聞之,大率衆入。牧乃多爲奇陳,張左右翼擊之,大破殺匈奴十餘萬騎。滅襜襤,破東胡,降林胡。單于奔走,十餘歲不敢近趙邊。先是時,天下冠帶之國七,而秦、趙、燕邊於夷狄,諸戎亦各分散,自有君長,莫能相一。其後義渠築城郭以自守,而秦滅之,始於隴西、北地、上郡築長城以拒胡。趙破林胡、樓煩,築長城,自代並陰山下,至高闕爲塞,而置雲中、雁門、代郡。燕破東胡,却地千里,亦築長城,自造陽至襄平,置上谷、漁陽、右北平、遼東郡。及戰國之末,而匈奴始大。

魏公子無忌卒。秦既敗於河外,使人行萬金以間信陵君,求得晉鄙客,令説魏王曰:「公子亡在外十年矣,今復爲將,諸侯皆屬,天下徒聞信陵君,不聞魏王矣。」秦王又數使人賀信陵君:「得爲魏王未也？」魏王信之，使人代將。於是信陵君謝病不朝，日夜以酒色自娛，四歲而卒。韓王往吊，其子榮之，以告子順。子順曰：「禮，鄰國君弔，君爲之主。今君不命子，則子無所受韓君矣。」其子辭之。

戊午(前二四三)

秦四、楚二十、燕十二、魏三十四、趙二、韓三十、齊二十二年。

春，秦伐魏，取暘、有詭。

秋，七月，秦蝗，疫。令民納粟拜爵。

己未(前二四二)

秦五、楚二十一、燕十三、魏景閔王增元、趙三、韓三十一、齊二十三年。

秦伐魏，取二十城，置東郡。

庚申(前二四一)

秦六、楚二十二、燕十四、魏二、趙四、韓三十二、齊二十四年。

楚、趙、魏、韓、衛合從以伐秦，至函谷，皆敗走。諸侯患秦攻伐無已時，故五國合從以伐之，楚王爲從長，春申君用事，取壽陵。至函谷，秦師出，五國兵皆敗走。

楚遷于壽春。朱英謂春申君曰：「先君時，秦善楚，二十年不攻者，踰黽阨而攻楚，不便；假道兩周，背韓、魏而攻楚，不可。今則不然，魏旦暮亡，不能愛許、鄢陵，割以與秦，秦兵去陳百六十里。臣見秦、楚之日鬭也。」楚於是去陳，徙壽春，命曰郢。春申君就封於吳，行相事。

秦拔魏朝歌及衛濮陽。衛徙居野王。

辛酉(前二四〇)

秦七、楚二十三、燕十五、魏三、趙五、韓三十三、齊二十五年。

秦伐魏，取汲。

壬戌(前二三九)

秦八、楚二十四、燕十六、魏四、趙六、韓三十四、齊二十六年。

魏與趙鄴。

癸亥(前二三八)

秦九、楚二十五、燕十七、魏五、趙七、韓王安元、齊二十七年。

秦伐魏，取垣、蒲。

夏，四月，秦大寒，民有凍死者。

秦王冠，帶劍。

秦伐魏，取衍氏。

秋，九月，秦嫪毐作亂，伏誅，夷三族。秦王遷其太后于雍。初，秦王即位，年少，太后時時與文信侯私通。王益壯，文信侯恐事覺及禍，乃以舍人嫪毐詐爲宦者進之，生二子，封毐爲長信侯，政事皆決於毐。至是，有告毐實非宦者，王下吏治毐。毐懼，矯王御璽，發兵爲亂，王使相國昌平君、昌文君攻之，毐戰敗走，獲之，夷三族。遷太后於雍萯陽宮，殺其二子。下令：「敢諫者死。」諫而死者二十七人，斷其四支，積之闕下。齊客茅焦請諫，王大怒，按劍而坐，口正沫出，趣召鑊欲烹之。焦徐行至前，再拜謁起，稱曰：「臣聞有生者不諱死，有國者不諱亡；諱死者不可以得生，諱亡者不可以得存。死生存亡，聖主所欲急聞也，陛下欲聞之乎？」王曰：「何謂也？」焦曰：「陛下有狂悖之行，不自知耶？車裂假父，囊撲二弟，遷母於雍，殘戮諫士，桀紂之行不至於是矣。令天下聞之，盡瓦解，無嚮秦者，臣竊爲陛下危之。臣言已矣。」乃解衣伏質。王下殿，手接之，爵以上卿。自駕，虛左方，迎太后歸，復爲母子如初。

楚王完薨，盜殺黃歇。楚考烈王無子，春申君求婦人宜子者進之甚衆，卒無子。趙人李園進其妹於春申君，既有娠，園使妹説春申君曰：「楚王無子，即百歲後將更立兄弟，彼亦各貴其故所親，君又安得常保此寵乎？且君貴用事久，多失禮於王之兄弟，兄弟立，禍且及身矣。今妾有娠而人莫知，誠以君之重，進妾於王，賴天而有男，則是君之子爲王也。楚國可盡得，孰與身臨不測之禍哉！」春申君乃出之，謹舍而言諸王。王召幸之，遂生男，立爲太子。園妹爲后，園亦貴用事，恐春申君泄其語，陰養死士，欲殺春申君以滅口，國人頗有知之者。王病，朱英謂春申君曰：「李園，君之仇也。不爲兵而養死士之日久矣，王薨，必先入據權，殺君以滅口。君若置臣郎中，王薨，園入，臣爲君殺之。」春申君曰：「園，弱人也，僕又善之，且何至此。」英知言不用，懼而亡去。後十七日，王薨，園果先入，伏死士於棘門之内〔三〕，刺殺春申君，滅其家。太子立，是爲幽王。

甲子(前二三七)

秦十、楚幽王悍元、燕十八、魏六、趙八、韓二、齊二十八年。

冬，十月，秦相國呂不韋以罪免，出就國。秦王以不韋奉先王功大，不忍誅，免就國。

秦大索，逐客。客卿李斯上書，召復故官，遂除其令。秦宗室大臣議曰：「諸侯人來仕者，皆爲其主游間耳，請一切逐之。」於是大索，逐客。客卿楚人李斯亦在逐中，行，且上書曰：「昔穆公取由余於戎，得百里奚於宛，迎蹇叔於宋，求丕豹、公孫支於晉，并國二十，遂霸西戎。孝公用商鞅，諸侯親服，至今治强。惠王用張儀，散六國從，使之事秦。昭王得范雎，强公室，杜私門。由此觀之，客何負於秦哉！今乃不問可否，不論曲直，非秦者去，爲客者逐。棄黔首以資敵國，却賓客以業諸侯，此所謂藉寇兵而齎盜糧者也。臣聞太山不讓土壤，故能成其大；河海不擇細流，故能就其深；王者不却衆庶，故能明其德，此五帝、三王之所以無敵也。惟大王圖之。」王乃召李斯，復其官，除逐客之令。卒用斯謀，陰遣辯士齎金玉游説諸侯，厚遺結其名士，不可下者刺之，離其君臣之計，然後使良將將兵隨其後，數年之中，卒兼天下。

齊、趙入秦置酒。

乙丑(前二三六)

秦十一、楚二、燕十九、魏七、趙九、韓三、齊二十九年。

趙伐燕，取貍陽。秦伐趙，取九城。

趙王偃薨。子遷立，其母倡也，嬖於悼襄王，王廢嫡子嘉而立之。遷素以無行聞於國。

丙寅（前二三五）

秦十二、楚三、燕二十、魏八、趙幽穆王遷元、韓四、齊三十年。

秦呂不韋徙蜀，自殺。不韋就國歲餘，諸侯使者請之，相望於道。王恐其爲變，賜不韋書曰：「君何功於秦，封河南十萬户？何親於秦，號稱仲父？其徙處蜀。」不韋恐誅，飲酖死。

自六月不雨，至于八月。

秦助魏伐楚。

丁卯（前二三四）

秦十三、楚四、燕二十一、魏九、趙二、韓五、齊三十一年。

秦伐趙，殺其將扈輒。趙以李牧爲大將軍，復戰宜安，秦師敗績。

戊辰（前二三三）

秦十四、楚五、燕二十二、魏十、趙三、韓六、齊三十二年。

秦伐趙，取宜安、平陽、武城。

韓遣使稱藩於秦。初，韓諸公子非善刑名法術之學，見韓削弱，數以書干韓王，王不能用。非疾治國不務求人任賢，反用浮淫之蠹加之功實之上，寬則寵名譽之人，急則用介胄之士，所養非所用，所用非所養。作孤憤、五蠹、説難等篇，十餘萬言。至是，王使納地效璽於秦，請爲藩臣。非因説秦王曰：「大王誠聽臣説，一舉而天下之從不破，趙不舉，韓不亡，荆、魏不臣，齊、燕不親，則斬臣徇國，以戒爲王謀不忠者。」王悦之，未用。李斯譖之，下吏自殺。

揚子曰：「韓非作説難而卒死乎説難，何也？曰：説難蓋其所以死也。君子以禮動，以義止，合則進，否則退，確乎不憂其不合也。夫説人而憂其不合，則亦無所不至矣。」

司馬公曰：君子親其親以及人之親，愛其國以及人之國，非爲秦謀，而首欲覆其宗國，罪固不容於死矣，烏足愍哉！

己巳（前二三二）

秦十五、楚六、燕二十三、魏十一、趙四、韓七、齊三十三年。

秦伐趙，取狼孟、番吾，遇李牧而還。

燕太子丹自秦亡歸。初，丹嘗質於趙，與秦王善。及秦王即位，丹質於秦，秦王不禮焉。丹怒，亡歸。

庚午（前二三一）

秦十六、楚七、燕二十四、魏十二、趙五、韓八、齊三十四年。

秋，九月，韓獻南陽地于秦。

代地震坼。東西百三十步。

辛未(前二三〇)

秦十七、楚八、燕二十五、魏十三、趙六、韓九、齊三十五年。是歲韓亡，凡六國。

秦内史勝滅韓，虜王安，置潁川郡。

趙大饑。

壬申(前二二九)

秦十八、楚九、燕二十六、魏十四、趙七、齊三十六年。

秦王翦伐趙，下井陘。趙殺其大將軍李牧。秦王翦伐趙，趙使李牧禦之。秦多與趙嬖臣郭開金，使言牧欲反。趙王使趙葱、顔聚代之，牧不受命，遂殺之。

癸酉(前二二八)

秦十九、楚十、燕二十七、魏十五、趙八、齊三十七年。是歲趙亡，凡五國。

秦滅趙，虜王遷。秦王如邯鄲。故與母家有仇者皆殺之。

秦軍屯中山以臨燕。趙公子嘉自立爲代王，與燕合兵軍上谷。

楚王薨，弟郝立。三月，郝庶兄負芻殺之，自立。

甲戌(前二二七)

秦二十、楚王負芻元、燕二十八、魏王假元、齊三十八年。代王嘉元年。舊國五，新國一，凡六。

燕太子丹使盜劫秦王，不克。秦遂擊破燕、代兵，進圍薊。初，丹既亡歸，怨秦王，欲報之，以問其傅鞠武。武請約三晉，連齊、楚，媾匈奴以圖之。太子曰：「太傅之計，曠日彌久，令人心惛然，恐不能須也。」頃之，秦將軍樊於期得罪，亡之燕，太子受而舍之。鞠武諫，不聽。太子聞衞人荆軻勇，卑辭厚禮而請見之。謂曰：「秦已虜韓臨趙，禍且至燕。燕小，不足以當秦；諸侯又皆服秦，莫敢合從，丹以爲誠得天下之勇士使於秦，劫秦王，使悉反諸侯侵地，若曹沫之與齊桓公盟，則善矣。不可，則因而刺殺之。彼大將擅兵於外而內有亂，則君臣相疑，以其間，諸侯得合從，破秦必矣。唯荆卿留意焉！」軻許之。乃舍軻上舍，丹日造門，所以奉養軻無不至。會秦滅趙，丹懼，欲遣軻。軻曰：「行而無信，則秦未可親也。願得樊將軍首及燕督亢地圖以獻秦王，秦王必説見臣，臣乃有以報。」丹曰：「樊將軍窮困來歸丹，丹不忍也。」軻乃私見於期曰：「秦之遇將軍，可謂深矣，父母宗族皆爲戮没。今聞購將軍首，金千斤，邑萬户，將奈何？」於期太息流涕曰：「計將安出？」軻曰：「願得將軍之首以獻秦王，秦王必喜而見臣，臣左手把其袖，右手揕其胸，則將軍之仇報而燕見陵之愧除矣。」於期曰：「此臣之日夜切齒腐心者也。」遂自刎。丹奔往伏哭，然已無可奈何，乃函盛其首。又嘗豫求天下之利匕首，以藥焠之，以試人，血濡縷，無不立死者。乃裝遣軻。至咸陽，見秦王奉圖以進，圖窮而匕首見，把王袖而揕之，未至身，王驚起，軻逐，王環柱而走。秦法，羣臣侍殿上者不得操尺寸之兵，左右以手共搏之，且曰：「王負劍！」王遂拔以擊軻，斷其左股。軻引匕首擿王，不中，自知事不就，罵曰：「事所以不成者，欲生劫之，必得約契以報太子也。」遂體解以徇。王大怒，益發兵就王翦於中山，與燕、代戰易水西，大破之，遂圍薊。

乙亥（前二二六）

秦二十一、楚二、燕二十九、魏二、齊三十九、代二年。

冬，十月，秦拔薊，燕王走遼東，斬其太子丹以獻於秦。

秦李信伐楚。

秦王問於李信曰：「吾欲取荆，度用幾何人？」對曰：「不過二十萬。」問王翦，翦曰：「非六十萬人不可。」王曰：「將軍老矣，何怯也！」乃使信及蒙恬將二十萬人伐楚，翦謝病歸頻陽。

丙子（前二二五）

秦二十二、楚三、燕三十、魏三、齊四十、代三年。是歲魏亡，凡五國。

秦王賁伐魏，引河溝以灌其城。魏王假降，殺之，遂滅魏。

楚人大敗秦軍，李信奔還，秦使王翦代之。

李信大敗楚軍，引兵西，與蒙恬會城父。楚人因隨之，三日不頓舍，大敗之，入兩壁，殺七都尉。信奔還，王怒，自至頻陽謝王翦，强起之。翦曰：「老臣罷病悖亂，大王必不得已用臣，非六十萬人不可。」王許之。於是翦將六十萬人伐楚。王自送至霸上，翦請美田宅甚衆。王曰：「將軍行矣，何憂貧！」翦曰：「爲大王將，有功，終不得封侯，故及大王之嚮臣，請田宅爲子孫業耳。」王大笑。既行，又數使使者歸請之。或曰：「將軍之乞貸亦已甚矣。」翦曰：「王怚中而不信人，今空國而委我，不有以自堅，顧令王坐而疑我矣。」

丁丑（前二二四）

秦二十三、楚四、燕三十一、齊四十一、代四年。

秦王翦大敗楚軍，殺其將項燕。王翦取陳以南至平輿，楚人悉國中兵以禦之。翦堅壁不戰，日休士洗沐，而善飲食，撫循之，親與士卒同食。久之，問：「軍中戲乎？」對曰：「方投石、超距。」翦曰：「可矣。」楚既不得戰，引而東。翦追擊，大破之，至蘄南，殺其將軍項燕，楚師遂敗走。翦乘勝略定城邑。

戊寅（前二二三）

秦二十四、楚五、燕三十二、齊四十二、代五年。是歲楚亡，凡四國。

秦滅楚，虜王負芻，置楚郡。

己卯（前二二二）

秦二十五、燕三十三、齊四十三、代六年。是歲燕、代亡，凡二國。

秦王賁滅燕，虜王喜。還滅代，虜王嘉。秦王翦遂定江南，降百越，置會稽郡。

五月，天下大酺。

庚辰（前二二一）

秦始皇帝二十六年。

王賁襲齊，王建降，遂滅齊。初，齊君王后事秦謹，與諸侯信，齊亦東邊海上。秦日夜攻五國，五國各自救，以故王建立四十餘年不受兵。君王后且死，戒建曰：「群臣之可用者某。」王取筆牘受言。后曰：「已忘之矣。」君王后死，后勝相齊，與賓客多受秦間金，勸王朝秦，不修戰備，不助五國攻秦，秦以故得滅五國。齊王將入秦，雍門司馬前曰：「所爲立王者，爲社稷耶，爲王耶？」王曰：「爲社稷。」司馬曰：「爲社稷而立王，則王何以去社稷而入秦？」王乃還。即墨大夫聞之，見王曰：「齊地方數千里，帶甲數百萬。今三晉大夫不便秦，而在阿、甄之間者百數，王收而與之數萬之衆，使收晉故地，即臨晉之關可入矣。鄢郢大夫不欲爲秦，而在城南下者百數，王收而與之數萬之衆，使收楚故地，即武關可入矣。如此，則齊威可立，秦國可亡，豈特保其國家而已哉！」王不聽。至是，王賁自燕南攻齊，猝入臨菑，民莫敢格者。建遂降，秦遷之共，處之松柏之間，餓而死。齊人怨建聽姦人賓客，不蚤與諸侯合從，以亡其國，歌之曰：「松耶，柏耶，住建共者客耶！」疾建用客之不詳也。

司馬公曰：從衡之説雖反覆百端，然合從者，六國之利也。曏使六國能以信義相結，則秦雖强暴，烏得而亡之哉！蓋以三晉而攻齊、楚，是自絶其根柢也；以齊、楚而攻三晉，是自撤其藩蔽也。烏有撤其藩蔽以媚盜，曰「盜將愛我而不攻」，豈不悖哉！

王初并天下，更號皇帝。王初并天下，自以爲德兼三皇，功過五帝，乃更號曰「皇帝」，命爲「制」，令爲「詔」，自稱曰「朕」。追尊莊襄王爲太上皇。

胡氏曰：古之聖人，應時稱號，非帝貶於皇，王貶於帝也。後世不知此義，遂以皇帝自居，而以王封其臣子，失之甚矣。王之爲名，繼天撫世之謂，曾是而可使臣子稱之乎？孔子作春秋，尊周立號，繫王於天，其禮隆矣。有天下者，以是爲法。而列爵自公以降，則名正言順，百世以俟而不惑矣。

除謚法。制曰：「死而以行爲謚，則是子議父，臣議君也，甚無謂。自今以來，除謚法。朕爲始皇帝，後世以計數，二世、三世至于萬世，傳之無窮。」

胡氏曰：子議父，臣議君，而非禮，罪不容誅矣。考德行之實，而稱天以誄之，臣子亦安得而私之哉！然後世謚法雖存，而公道不暢，爲臣子者，往往加美謚於君親，使死者受所不當得，取世訕笑，則又不若不謚之爲愈矣。

定爲水德，以十月爲歲首。初，齊人鄒衍論著終始五德之運，始皇采用其說，以爲周得火德，秦代周，從所不勝，爲水德。始改朝賀，皆自十月朔。衣服、旌旄、節旗皆尚黑，數以六爲紀。以爲水德之始，剛毅戾深，事皆決於法。刻削毋仁恩和義，然後合五德之數。於是急法，久者不赦。

分天下爲三十六郡，銷兵器，一法度，徙豪桀於咸陽。丞相綰等言：「燕、齊、荆地遠，請立諸子爲王以填之。」始皇下其議。廷尉斯曰：「周封子弟同姓甚衆，然後屬疏遠，相攻擊如仇讎，天子弗能禁。今海内賴陛下神靈一統，皆爲郡縣，諸子功臣以公稅賦重賞賜之，甚足易制，天下無異意，則安寧之術也。置諸侯不便。」始皇曰：「天下共苦戰鬭不休，以有侯王。賴宗廟，天下初定，又復立國，是樹兵也；而求其寧息，豈不難哉！廷尉議是。」分天下爲三十六郡，郡置守、尉、監。收天下兵，銷以爲鐘鐻、金人，置宫廷中。一法度、衡、石、丈尺。徙天下豪桀於咸陽十二萬户。

胡氏曰：聖人理天下，以萬物各得其所爲極至。封建也者，帝王所以順天理，承天心，公天下之大端大本也。郡縣也者，霸世暴主之所以縱人慾，悖天道，私一身之大孽大賊也。分天下有德有功者以地，而不敢以天下自私。於是有百里、七十里、五十里、不能五十里邦國之制焉。於是有君朝卿大聘，大夫小聘，王巡守，侯述職之禮樂法度焉。於是有千雉、百雉、三之一、五之一高城深池焉。於是有井、邑、丘、甸、縣、都之夫數焉。於是有十乘、百乘、千乘、萬乘之車數焉。於是有伍、兩、卒、旅、師、軍之制焉。於是有卿、大夫、司徒、樂正取士之法焉。邦國之制廢，而郡縣之制作矣。郡縣之制作，而世襲之制亡矣。世襲之制亡，而數易之弊生矣。數易之弊生，而民無定志矣。巡守述職之禮廢，則上下之情不通。考文案而不究事實，信文案而不任仁賢，其弊有不可勝言者矣。城池之制廢，而禁禦暴客威服四夷之法亡矣。夫家之法廢，則民數不可詳矣。民數不可詳，而車乘不可出矣。車乘不可出，而軍師不隱於農矣。軍師不隱於農，坐食者衆，而公私困窮矣。世儒不知王政之本，反以亡秦爲可法，所謂明君良臣者，亦未免以天下自私，無意於裁成輔相，使萬物各得其所。所以歷千五百餘歲，未有能復之者也。聖人制四海之命，法天而不私，盡制而不曲防，分天下之地以爲萬國，而舉英才共焉。非後世擅天下者，以大制小，以强制弱之謀也。誠盡制而已矣。是以虞、夏、商、周，傳於長久，皆千餘載，論興廢，則均有焉，語絶滅，則至暴秦，郡縣天下，然後極也。自秦滅先王之制，海内蕩然，無有根本之固，有今世王天下，而繼世無置錐之地者；有今年貴爲天子，而明年欲爲匹夫不可得者。天子尚然〔四〕，況其下者乎？物有其根，則常而静，安而久。常静安久，則理得其終，物遂其性。封建者，政之有根者也。故上下辨，民志定，教化行，風俗美，理之易治，亂之難亡；扶之易興，亡之難滅。郡縣反是。

築宫咸陽北阪上。初，諸廟及章臺、上林皆在渭南。及破諸侯，寫放其宫室，作之於咸陽北阪上，南臨渭，自雍門以東，殿屋、複道、周閣相屬，所得諸侯美人、鍾鼓以充入之。

辛巳（前二二〇）

二十七年。

帝巡隴西、北地，至雞頭山，過回中。作信宫及甘泉前殿，治馳道于天下。

壬午（前二一九）

二十八年。

帝東巡，上鄒嶧山，立石頌功業，封太山，立石，下禪梁父。遂登琅邪，立石，遣徐市入海求神僊。渡淮，浮江，至南郡而還。始皇東行郡縣，上鄒嶧山，立石頌功業。集魯儒生議封禪，或曰：「古者封禪，爲蒲車，惡傷山之土石、草木；埽地而祭，席用葅稭。」議各乖異。始皇以其難施用，遂絀儒生。而除車道，上自山陽至顛，立石頌德。從陰道下，禪於梁父。封藏皆祕之，世不得而記也。遂東游海上，祠山川、八神。南登琅邪，作臺刻石。初，燕人宋毋忌、羨門子高之徒稱有僊道、形解、銷化之術，自齊威、宣、燕昭王皆信之，使人入海求蓬萊、方丈、瀛洲，云此三神山在勃海中，去人不遠。患且至，則風引船去。嘗有至者，諸僊人、不死藥皆在焉。至是，方士徐市等上書言之，請得齋戒與童男女求之。於是遣市發童男女數千人求之。船交海中，皆以風爲解，曰：「未能至，望見之焉。」始皇還，過彭城，齋戒禱祠，欲出周鼎泗水，使千人没水求之，弗得。乃西南渡淮，浮江至湘山祠，逢大風，幾不能渡。

上問：「湘君何神？」博士對曰：「堯女，舜妻，葬此。」始皇大怒，伐赭其山，遂自南郡由武關歸。

癸未(前二一八)

二十九年。

帝東游至陽武，韓人張良狙擊，誤中副車。令天下大索十日，不得。遂登之罘，刻石而還。

初，韓人張良五世相韓，及韓亡，良散千金之産，弟死不葬，欲爲韓報仇。始皇東游，至陽武博浪沙中，良令力士操鐵椎狙擊始皇，誤中副車。始皇驚，求，弗得。令天下大索十日。

或曰：「張良之計不亦疏乎？」程子曰：欲報君仇之急，何假自爲謀耶？

甲申(前二一七)

三十年。

乙酉(前二一六)

三十一年。

使黔首自實田。

丙戌(前二一五)

三十二年。

帝東巡，刻碣石門。壞城郭，決隄防。

巡北邊，遣將軍蒙恬伐匈奴。初，始皇之碣石，使盧生求羡門子高。還，奏得録圖書曰：「亡秦者胡也。」始皇乃巡北邊，遣將軍蒙恬兵三十萬人，北伐匈奴。

丁亥（前二一四）

三十三年。

略取南越地，置桂林、南海、象郡，謫徙民五十萬戍之。發諸嘗逋亡人及贅婿、賈人爲兵，略取南越陸梁地，置三郡，以謫徙民五十萬戍五嶺。

蒙恬收河南地築長城。蒙恬斥逐匈奴，收河南地爲四十四縣。築長城，起臨洮至遼東，延袤萬餘里。暴師於外十餘年，恬常居上郡統治之。

彗星見。

戊子（前二一三）

三十四年。

燒詩、書、百家語。始皇置酒咸陽宫，僕射周青臣進頌曰：「陛下神聖，平定海内，以諸侯爲郡縣，無戰爭之患，上古所不及。」始皇悦。博士淳于越曰：「殷周之王千餘歲，封子弟功臣，自爲枝輔。今陛下有四海，而子弟爲匹夫，卒有田常、六卿之臣，何以相救？事不師古而能長久，非所聞也。今青臣又面諛以重陛下之過，非忠臣也。」始皇下其議。丞相李斯言：「五帝不相復，三代不相襲。今陛下創大業，建萬世之功，固非愚儒所知。且越言乃三代之事，何足法也？異時諸侯並爭，厚招遊學。今天下已定，法令出一，百姓當家則力農工，士則習法令。今諸生不師今而學古，以非當世，惑亂黔首。人聞令下，則各以其學議之，入則心非，出則巷議，誇主以爲名，異趣以爲高，率羣下以造謗。如此弗禁，則主勢降乎上，黨與成乎下。禁之便。臣請史官非秦記皆燒之。非博士官所職，天下有藏詩、書、百家語者，皆詣守、尉雜燒之。偶語詩、書者棄市。以古非今者族。吏見知不舉與同罪。令下三十日不燒，黥爲城旦。所不去者，醫藥、卜筮、種樹之書。欲學法令者，以吏爲師。」制曰：「可。」

己丑(前二一二)

三十五年。

除直道。使蒙恬除直道，通九原，抵雲陽，塹山堙谷，千八百里，數年不就。

營朝宫，作前殿阿房。始皇以咸陽人多，先王宫廷小，乃營朝宫渭南上林苑中，先作前殿阿房，東西五百步，南北五十丈，上可以坐萬人，下可以建五丈旗，周馳爲閣道，自殿下直抵南山，表山顛以爲闕。爲複道，渡渭，屬之咸陽。隱宫、徒刑者七十餘萬人，分作阿房、驪山。關中計宫三百，關外四百餘。因徙三萬家驪邑，五萬家雲陽。盧生説始皇爲微行以辟惡鬼，所居宫毋令人知，然後不死之藥殆可得也。始皇乃令咸陽旁二百里内宫觀複道相連，帷帳、鍾鼓、美人充之，各案署不移徙。所行幸，有言其處者死。嘗從梁山宫望見丞相車騎衆，弗善也。或告丞相，丞相損之。始皇怒曰：「此中人泄吾語。」捕時在旁者，盡殺之。是後，莫知行之所在。群臣受決事者，悉於咸陽宫。

阬諸生四百六十餘人，使長子扶蘇監蒙恬軍。侯生、盧生相與譏議始皇，因亡去。始皇聞之，大怒曰：「諸生或爲妖言以亂黔首。」使御史案問之。諸生傳相告引，乃自除犯禁者四百六十餘人，皆阬之咸陽。長子扶蘇諫曰：「諸生皆誦法孔子。今以重法繩之，臣恐天下不安。」始皇怒，使北監蒙恬軍於上郡。

三十六年。

庚寅（前二一一）

隕石東郡。有隕石于東郡。或刻之曰：「始皇死而地分。」使御史逐問，莫服，盡誅石旁居人，燔其石。

三十七年。

辛卯（前二一〇）

冬，十月，帝東巡。至雲夢，祀虞舜；上會稽，祭大禹，立石頌德。秋，七月，至沙丘崩。丞相李斯、宦者趙高矯遺詔，立少子胡亥爲太子，殺扶蘇、蒙恬。還至咸陽，胡亥襲位。九月，葬驪山。十月，始皇東巡，少子胡亥、丞相李斯從。至雲夢，望祀虞舜于九疑山。浮江下，渡海渚，過丹陽，至錢塘，渡浙江，上會稽，祭大禹，望于南海，立石頌德。北至琅邪、之罘。西至平原津而病。始皇惡言死，羣臣莫敢言死事。病益甚，乃令中車府令行符璽事趙高爲書賜扶蘇曰：「與喪，會咸陽而葬。」未付使者。七月，始皇崩於沙丘。祕不發喪，棺載轀涼車中，所至，上食奏事如故，獨胡亥、趙高與幸宦者五六人知之。初，始皇尊寵蒙氏，恬任外將，毅常居中參謀議，名爲忠信。趙高者，生而隱宫，始皇聞其強力，通獄法，以爲中車府令，使教胡亥決獄。嘗有罪，使毅治之，當死，始皇赦之。高既雅得幸於胡亥，又怨蒙氏，乃與胡亥謀，詐以始皇命誅扶蘇而立胡亥爲太子。胡亥然之。高曰：「不與丞相謀，恐事不成。」乃見李斯曰：「上賜長子書及符璽，皆在胡亥所。定太子，在君侯與高之口耳。事將何如？」斯曰：「安得亡國之言！此非人臣所當議也。」高曰：「君侯材能、謀慮、功高、無怨、長子信之，孰與蒙恬？」斯曰：「皆不及也。」高曰：「長子即位，必用恬爲丞相，君侯終不懷通侯之印歸鄉里明矣。胡亥慈仁篤厚，可以爲嗣。願君審計而定之。」斯以爲然，乃相與矯詔，立胡亥爲太子。更爲書賜扶蘇，數以不能立功，數上書誹謗怨望；而恬不矯正，皆賜死。扶蘇發書，泣，欲自殺。恬曰：「陛下使臣將三十萬衆守邊，公子爲監，此天下重任也。今一使者來，安知其非詐！復請而死，未暮也。」扶蘇曰：「父賜子死，尚安復請！」即自殺。恬不肯死，繫諸陽周，更置李斯舍人爲護軍。還報，胡亥欲釋恬，會毅出禱山川還，高曰：「先帝欲立太子久矣，而毅以爲不可。」乃繫諸代。遂從井陘、九原直道至咸陽，發喪，胡亥襲位，是爲二世皇帝。九月，葬始皇帝於驪山，下錮三泉，奇器珍怪，徙藏滿之。令匠作機弩，有穿近者輒射之。上具天文，下具地理。後宮無子者，皆令從死。工匠爲機者，皆閉之墓中。二世欲遂殺蒙恬兄弟，兄子子嬰諫曰：「蒙氏，秦之大臣謀士也，一旦棄之，而立無節行之人，是使羣臣不相信，而鬬士之意離也。」弗聽。恬曰：「吾積功信於秦三世矣。今將兵三十餘萬，其勢足以倍畔。然自知必死而守義者，不敢辱先人之教以不忘先帝也。」乃吞藥自殺。

司馬公曰：秦始皇方毒天下而蒙恬爲之使，其不仁可知矣。然明於爲人臣之義，雖無罪見誅，能守死不貳，斯亦足稱也。

壬辰（前二〇九）

二世皇帝元年。楚隱王陳勝元、趙王武臣元、齊王田儋元、燕王韓廣元、魏王咎元年。是歲建國凡五。

冬，十月，大赦。

春，帝東行到碣石，並海，南至會稽而還。

夏，四月，殺諸公子、公主。二世謂趙高曰：「吾已臨天下矣，欲悉耳目之所好，窮心志之所樂，以終吾年壽，可乎？」高曰：「此賢主之所能行而昏亂主之所禁也。然沙丘之謀，諸公子及大臣皆疑焉。今陛下初立，此其屬意怏怏皆不服，恐爲變，陛下安得爲此樂乎？」二世曰：「爲之奈何？」高曰：「嚴法刻刑，誅滅大臣宗室，收舉遺民，貧者富之，賤者貴之。盡除故臣，更置所親信，陛下則高枕肆志寵樂矣。」二世乃更爲法律，益務刻深，大臣、諸公子有罪，輒下高鞫治之。公子十二人僇死咸陽市，十公主矺死於杜，囚公子將閭於内宫，將殺之。將閭仰而呼天，拔劍自殺。宗室振恐，公子高欲犇，不敢，乃上書請從死先帝，得葬驪山之足。二世大説，以示趙高。高曰：「人臣當憂死而不暇，何變之得謀！」二世可之，賜錢以葬。

復作阿房宫。復作阿房宫。徵材士五萬人爲衛。狗馬禽獸當食者多，調郡縣轉輸菽粟、芻稾，皆令自賫糧食。咸陽三百里内不得食其穀。

秋，七月，楚人陳勝、吳廣起兵於蘄，勝自立爲楚王，以廣爲假王，擊滎陽。是時，發閭左戍漁陽者九百人屯大澤鄉，陽城人陳勝、陽夏人吳廣爲屯長。會天大雨，道不通，度已失期，法皆斬。勝、廣因天下之愁怨，乃殺將尉。令徒屬曰：「公等皆失期當斬，假令毋斬，而戍死者固什六七。且壯士不死則已，死則舉大名耳。王侯將相，寧有種乎？」衆皆從之。乃詐稱公子扶蘇、項燕，爲壇而盟，稱大楚。攻大澤鄉，拔之；攻蘄，蘄下。徇蘄以東，行收兵，比至陳，卒數萬人，入據之。大梁張耳、陳餘詣門上謁，勝素聞其賢，大喜。豪桀父老請立勝爲楚王，勝以問耳、餘。耳、餘對曰：「秦爲無道，滅人社稷，暴虐百姓，將軍出萬死之計，爲天下除殘也。今始至陳而王之，示天下私。願將軍毋王，急引兵而西，遣人立六國後，自爲樹黨，爲秦益敵，敵多則力分，與衆則兵强。如此，野無交兵，縣無守城，誅暴秦，據咸陽，以令諸侯，則帝業成矣。」不聽，遂自立爲王，號張楚。郡縣苦秦法，爭殺長吏以應之。使從東方來，以反者聞。二世怒，下之吏。後至者曰：「羣盜鼠竊狗偷，郡守、尉方逐捕，今盡得，不足憂也。」乃悅。勝以廣爲假王，監諸將擊滎陽。

楚遣諸將徇趙、魏，以周文爲將軍，將兵伐秦。至戲，秦遣少府章邯拒之，楚軍敗走。張耳、陳餘復請奇兵略趙地，勝以所善陳人武臣爲將軍，耳、餘爲校尉，予卒三千人，徇趙。又令魏人周市徇魏。聞周文，陳之賢人，習兵，使西擊秦。武臣等從白馬渡河，收兵得數萬人，號武信君。下趙十餘城，餘皆城守，乃引兵擊范陽。蒯徹説曰：「范陽令徐公，畏死欲降，君毋以爲秦所置吏誅殺，而以侯印授之，則燕、趙諸城可毋戰而降矣。」從之。不戰而下者三十餘城。涉既遣周文，有輕秦之意，不復設備。

博士孔鮒曰：「臣聞兵法：『不恃敵之不我攻，恃吾之不可攻。』今王恃敵而不自恃，若跌而不振，悔無及也。」不聽。文行收兵，車千乘，卒數十萬，至戲，軍焉。二世乃大驚，少府章邯請赦驪山徒，悉發以擊楚軍，大敗之。文走。鮒，子順之子也。

八月，楚將武臣至趙，自立爲趙王。張耳、陳餘聞諸將爲陳王徇地者多以讒毀誅，乃説武信君自立爲趙王。勝大怒，欲族其家。柱國房君諫曰：「秦未亡而誅武信君等家，此生一秦也。不如因而賀之，使急引兵西擊秦。」勝從其計。耳、餘曰：「楚特以計賀王，已滅秦，必加兵於趙。願王毋西兵，而北徇燕、代，南收河内以自廣。楚雖勝秦，必不敢制趙；不勝秦，必重趙。趙乘秦、楚之弊，可以得志於天下。」趙王從之，因不西兵，而使韓廣略燕，李良略常山，張黶略上黨。

九月，楚人劉邦起兵於沛，自立爲沛公。沛人劉邦，字季，隆準，龍顔，愛人喜施，意豁如也。有大度，不事家人生産作業。初爲泗上亭長，單父人呂公，奇其狀貌，以女妻之。爲縣送徒驪山，徒多道亡，自度比至皆亡之，到豐西止飲，夜乃解縱所送徒曰：「公等皆去，吾亦從此逝矣！」徒中壯士願從者十餘人。季被酒，夜徑澤中，有大蛇當徑，季拔劍斬之。有老嫗哭曰：「吾子，白帝子也，今爲赤帝子所殺。」因忽不見。季亡匿芒、碭山中。沛令欲應陳涉，主吏蕭何、曹參曰：「君爲秦吏，今背之，恐子弟不聽。願召諸亡在外者，以劫衆。」乃召劉季。季之衆已數十百人矣。令悔，閉城，季乃書帛射城上，遺沛父老，爲陳利害。父老乃率子弟殺令，迎季，立以爲沛公。蕭、曹爲收子弟，得二三千人，以應諸侯，旗幟皆赤。

楚人項梁起兵於吳。項梁者，下相人，楚將項燕子也。嘗殺人，與兄子籍避仇吳中。吳中賢士大夫皆出其下。籍字羽，少時學書不成，去，學劍又不成。梁怒，籍曰：「書，足以記名姓而已。劍，一人敵，不足學。學萬人敵。」於是梁乃教籍兵法。籍大喜，略知其意，又不肯竟學。長八尺餘，力能扛鼎，才器過人。會稽守殷通欲應陳涉，使梁將。梁使籍斬通，乃召故所知豪吏，喻以所爲起大事，舉吳中兵，收下縣，得精兵八千人，梁自爲會稽守，以籍爲裨將。籍時年二十四。

齊人田儋自立爲齊王。儋，故齊王族也。與從弟榮、橫皆豪健，宗强，能得人。周市徇地至狄，狄城守。儋詳縛奴，從少年至廷，欲謁殺之，因殺狄令，而召豪吏子弟曰：「諸侯皆反秦自立。齊，古之建國也。儋，田氏，當王。」遂自立，擊市走之，東略定齊地。

趙將韓廣略燕地，自立爲燕王。韓廣至燕，燕豪桀欲立以爲王。廣曰：「廣母在趙，不可。」燕人曰：「趙方西憂秦，南憂楚，其力不能禁我。且以楚之强，不敢害趙王將相之家，趙又安敢害將軍家乎！」廣乃立。居數月，趙奉其母歸之。

燕軍獲趙王，既而歸之。趙王與張耳、陳餘略地，王間出，爲燕軍所得。囚之，以求割地。使者往請，燕輒殺之。有廝養卒，往見燕將曰：「君知張耳、陳餘何如人也？」曰：「賢人也。」曰：「知其志何欲？」曰：「欲得其王耳。」養卒笑曰：「君未知此兩人所欲也。夫武臣、張耳、陳餘，杖馬箠下趙數十城，此亦各欲南面而王。顧其勢初定，且以少長先立武臣。今趙地已服，此兩人亦欲分趙而王。今君乃囚趙王，此兩人名爲求之，實欲燕殺之，而分趙自立。夫以一趙尚易燕，況以兩賢王左提右挈而責殺王之罪，滅燕易矣。」燕將乃歸趙王，養卒爲御而歸。

楚將周市立魏公子咎爲魏王而相之。周市定魏地，諸侯欲立之。市曰：「天下昏亂，忠臣乃見。必立魏王後乃可。」諸侯固請，市終辭。乃迎魏公子寧陵君咎於陳，五反，而後楚王遣之，乃立以爲王而相之。

秦廢衛君角爲庶人。初，秦并天下而衛獨存。至是，二世廢之，衛遂絶祀。

癸巳(前二〇八)

二年。楚懷王心元、趙王歇元、齊王田市元、燕王韓廣二、魏王豹元、韓王成元年。是歲，楚王勝、趙王武臣、齊王儋、魏王咎皆亡。舊國一，新國五，凡六。

冬，十月，秦兵圍沛公於豐，沛公出戰，破之。沛公既破秦軍，令雍齒守豐而之薛，齒降魏。

十一月，章邯追敗楚軍於澠池，周文走死。

楚田臧殺其假王吴廣，進與秦戰，敗死。吴廣圍滎陽，三川守李由拒之，廣不能下。裨將田臧等矯王令誅之，獻其首於王。王以臧爲上將，西迎秦軍，戰死。

趙將李良殺其君武臣。李良已定常山，還報。後使略太原，良還請益兵。道逢趙王姊，良以爲王，伏謁道旁。王姊醉，不知其將，使騎謝之。良慚怒，殺王姊，遂襲邯鄲，殺趙王。趙人多爲張耳、陳餘耳目者，故二人獨得脱。

秦嘉起兵於郯。

秦益遣兵擊楚。臘月，楚莊賈弒其君勝以降於秦。呂臣討賈，殺之。復以陳爲楚。

二世益遣長史司馬欣、董翳佐章邯，擊楚柱國房君，殺之。又進擊張賀，賀死。臘月，楚王至下城父，其御莊賈殺之以降。勝故涓人呂臣爲蒼頭軍，起攻陳，殺賈。復以陳爲楚，葬勝於碭，謚曰隱王。初，勝既稱王，故人皆往依之，妻之父亦往焉。勝以衆賓待之，長揖不拜。妻之父怒而去。客出入愈益發舒，言勝故情。或曰：「客愚無知，顓妄言，輕威。」勝斬之。諸故人皆引去。勝以朱防爲中正，胡武爲司過，主司羣臣。以苛察爲忠，諸將不親附，以及於敗。

春，正月，趙將張耳、陳餘立趙歇爲王。

張耳、陳餘收散兵，得數萬人，擊李良，良敗走。客有説之者曰：「兩君羇旅，難可獨立。立趙後，輔以誼，可就功。」乃求得歇，立之，居信都。

秦嘉立景駒爲楚王。

秦攻陳，下之。呂臣走，得英布軍，還復取陳。

布，六人也，嘗坐法黥，論輸驪山。驪山之徒數十萬人，布皆與其徒長豪桀交通，迺亡之江中爲羣盜。番陽令吴芮甚得江湖間心，號曰番君。布往見之，其衆已數千人。番君以女妻之，使將其兵擊秦。

沛公得張良，以爲廄將。

楚王景駒在留，沛公往從之。張良亦聚少年百餘人，欲從駒，道遇沛公遂屬焉。公以良爲廄將，良數以太公兵法説沛公，公善之，常用其策。良爲他人言，輒不省。良曰：「沛公殆天授。」遂從不去。駒使沛公與秦兵戰，不利。攻碭，拔之，得其兵六千人，與故合九千人。擊豐，不下。

項梁擊楚王駒，殺之。夏，六月，立楚懷王孫心爲楚懷王，韓公子成爲韓王。

廣陵人召

平爲楚徇廣陵，未下。聞陳王敗，迺渡江，矯王令，拜項梁爲上柱國，曰：「江東已定，急引兵西擊秦。」梁乃以八千人渡江而西。東陽少年殺令，相聚得二萬人，以故令史陳嬰，素謹信長者，欲立以爲王。嬰母曰：「暴得大名，不祥。不如有所屬。事成，猶得封侯；事敗，易以亡，非世所指名也。」嬰乃謂軍吏曰：「項氏世世將家，有名於楚，今欲舉大事，將非其人不可。我倚名族，亡秦必矣。」衆從之，於是嬰及英布、蒲將軍皆以兵屬梁，衆遂六七萬。梁曰：「陳王首事，戰不利，未聞所在。今秦嘉立景駒，大逆無道。」乃進擊，殺嘉。駒走死。至薛，沛公往見之，梁予兵，還拔豐。使項羽攻襄城，不下。已拔，皆阬之。居鄛人范增，年七十，好奇計，往說梁曰：「陳勝敗，固當。夫秦滅六國，楚最無罪。自懷王入秦不反，楚人憐之至今。故楚南公曰：『楚雖三户，亡秦必楚。』今勝首事，不立楚後而自立，其勢不長。今君起江東，楚蠭起之將皆爭附君者，以君世世楚將，爲能復立楚之後也。」梁然其言，乃求得懷王孫心於民間，爲人牧羊。六月，立以爲楚懷王，從民望也。都盱眙，以陳嬰爲上柱國，梁自號武信君。張良說梁曰：「君已立楚後，韓諸公子横陽君成最賢，可立爲王，益樹黨。」梁從之，立爲韓王。以良爲司徒，西略韓地，往來爲游兵潁川。

章邯擊魏，齊、楚救之。齊王儋、魏相市敗死，魏王咎自殺。章邯擊魏王於臨濟。魏使周市求救於齊、楚。齊王及楚將項它皆將兵隨市救魏。章邯夜銜枚擊，大破之，殺齊王及周市。魏王爲其民約降，約定，自燒殺。其弟豹亡走楚，楚予兵復徇魏地。

齊人立田假爲王。假，王建弟也，齊人立以爲王，而以田角、田間爲將相。

秋，七月，大霖雨。

齊王儋弟榮逐王假，立儋子市爲王而相之。

秦下右丞相馮去疾、左丞相李斯吏。去疾自殺，要斬斯，夷三族。以趙高爲中丞相。

二世數誚讓左丞相李斯，居三公位，如何令盜如此。斯恐懼，重爵禄，乃阿二世意，以書對曰：「夫賢主者，必能行督責之術者也。故申子曰：『有天下而不恣睢，命之曰以天下爲桎梏。』夫不能行督責之術，專以天下自適，而徒務苦形勞神，以身徇百姓，若堯、禹然，則是黔首之役，非畜天下者也，故謂之桎梏也。唯明主能行督責以獨斷於上，則權不在臣下，然後能滅仁義之塗，絶諫説之辯，犖然行恣睢之心而莫之敢逆。如此，羣臣百姓救過不給，何變之敢圖？」二世説。於是行督責益嚴，税民深者爲明吏，殺人衆者爲忠臣。刑者相半於道，而死人日成積於市。秦民益駭懼思亂。郎中令趙高恃恩專恣，多以私怨殺人，恐大臣言之，乃説二世曰：「夫子所以貴者，但以聞聲，羣臣莫得見其面也。今坐朝廷，譴舉有不當，則見短於大臣，非所以示神明於天下也。不如深拱禁中，與臣及侍中習法者待事，事來有以揆之。則大臣不敢奏疑事，天下稱聖主矣。」二世乃不坐朝廷，事皆決於高。李斯以爲言，高乃見斯曰：「關東羣盜多，而上益發繇治阿房宫。臣欲諫，爲位賤。此真君侯之事，君何不諫？」斯曰：「上居深宫，欲見無間。」高曰：「請候上間語君。」於是待二世方燕樂，婦女居前，使人告斯可奏事矣。斯至上謁，如此者三。二世怒。高因曰：「沙丘之謀，丞相與焉。今陛下爲帝，而丞相貴不益，其意亦望裂地而王矣。且其長男由守三川，楚盜皆其傍縣子，以故公行過三川，聞其文書相往來，未得其審，故未敢以聞。且丞相居外，權重於陛下。」二世乃使人案驗三川守與盜通狀。斯聞之，乃上書言高罪。二世曰：「趙君爲人，精廉强力，下知人情，上能適朕，朕實賢之。而君疑之，何也？且朕非屬趙君，當誰任哉！」斯又與右丞相馮去疾、將軍馮劫進諫曰：「羣盜並起，皆以戍漕轉作事苦，賦稅大也。請且止阿房宫作者，減四邊戍轉。」二世曰：「君不能禁盜，又欲罷先帝所爲，是上無以報先帝，次不爲朕盡忠力，何以在位！」下吏案罪。去疾、劫自殺，斯自負其辯，有功，無反心，乃就獄。二世屬高治之，責與由反狀，收捕宗族、賓客。榜掠千餘，斯自誣服，而從獄中上書自陳前功，幸二世寤而赦之。高使棄去不奏，又使其客十餘輩詐爲御史、謁者、侍中，更往來覆訊斯。斯更以實對，輒復榜之。後二世使人驗斯，斯以爲如前，終不敢更言。所使案三川守由者至，則楚兵已擊殺之矣。高皆妄爲反辭以相傳，遂具斯五刑，論腰斬咸陽市。斯顧謂其中子曰：「吾欲與若復牽黄犬，俱出上蔡東門逐狡兔，豈可得乎？」遂父子相哭而夷三族。二世乃以高爲中丞相，事皆決焉。

章邯擊破楚軍於定陶，項梁死。項梁再破秦軍，益輕秦，有驕色。宋義諫曰：「戰勝而將驕卒惰者敗。今卒少惰矣，秦兵日益，臣爲君畏之。」弗聽。二世悉起兵益章邯擊楚軍，大破之定陶，梁死。懷王徙都彭城，并項羽、呂臣軍，自將之，號羽爲魯公。

楚立魏豹爲魏王。

章邯擊趙，圍趙王於鉅鹿。楚以宋義爲上將軍救之。章邯以楚地兵不足憂，乃北擊趙，破邯鄲。張耳以趙王走鉅鹿，王離圍之。陳餘北收兵，得數萬人，軍其北，章邯軍其南。趙數請救於楚，楚王聞宋義先策武信君必敗，召與計事，大説之，因以爲上將軍，項羽爲次將，范增爲末將，以救趙，義號「卿子冠軍」，諸别將皆屬焉。

楚遣沛公伐秦。初，楚懷王與諸將約：「先入定關中者王之。」是時，秦兵尚强，諸將莫利先入關，獨項羽怨秦，奮勢願與沛公西。諸老將曰：「羽慓悍猾賊，嘗攻襄城，襄城無遺類，所過無不殘滅。且楚數進取，皆敗，不如更遣長者，扶義而西，告喻秦父兄。秦父兄苦其主久矣，今誠得長者往，無侵暴，宜可下。羽不可遣，獨沛公素寬大長者，可遣。」王乃遣沛公收陳王、項梁散卒以伐秦。

甲午(前二〇七)

三年。楚二、趙二、齊二、燕三、魏二、韓二年。

冬，十一月，楚次將項籍矯殺宋義而代之，大破秦軍，虜其將王離。宋義至安陽，留四十六日不進。項羽曰：「秦圍趙急，宜疾引兵渡河。楚擊其外，趙應其内，破秦軍必矣。」宋義曰：「今秦攻趙，戰勝則兵罷，我承其敝；不勝，則我鼓行而西，必舉秦矣。」因下令曰：「有猛如虎，狠如羊，貪如狼，强不可使者，皆斬之。」遣其子襄相齊，送之無鹽，飲酒高會。天寒大雨，士卒凍飢。項羽曰：「今歲饑民貧，卒食半菽，而飲酒高會，不引兵渡河因趙食，并力攻秦，乃曰『承其敝』。夫以秦之强，攻新造之趙，其勢必舉，何敝之承。且國兵新破，王坐不安席，掃境内而屬將軍，國家安危，在此一舉。今不恤士卒而徇其私，非社稷之臣也。」十一月，羽晨朝義，即其帳中斬之。出令軍中曰：「宋義與齊謀反，王陰令籍誅之。」諸將莫敢枝梧，共立羽爲假上將軍。遣使報命於王，王因以羽爲上將軍。鉅鹿兵少食盡，張耳數召陳餘，餘不敢前。耳又使張黶、陳澤讓之，要與俱死，餘使二人將五千人先嘗秦軍，皆沒。齊師、燕師及耳子敖來救，亦未敢擊秦。羽乃使蒲將軍將二萬人渡河，絶秦餉道，餘復請兵，羽乃悉引兵渡河，已渡，皆沈船破甑，燒廬舍，持三日糧，以示士卒必死無還心。與秦軍遇，九戰皆破之。章邯引却，遂虜王離。時諸侯軍救鉅鹿者十餘壁，莫敢縱兵。及楚擊秦，皆從壁上觀。楚戰士無不一當十，呼聲動天地，觀者人人惴恐。既破秦軍，諸侯將入轅門，膝行而前，莫敢仰視。羽由是始爲諸侯上將軍，諸侯兵皆屬焉。趙王既得出，張耳責讓陳餘，問黶、澤所在，疑餘殺之。餘怒，解印綬予耳，耳不受。餘起如厠，客有説耳者曰：「天予不取，反受其咎。君急取之。」耳乃佩其印綬，收其麾下。餘遂與數百人去之河上澤中漁獵。

春，二月，沛公擊昌邑，彭越以兵從。越，昌邑人，常漁鉅野澤中，爲羣盗。楚兵起，澤間少年相聚百餘人，請越爲長。越謝曰：「臣不願也。」强請，乃許之。與期旦日日出會，後期者斬。至期多後，或至日中。於是越謝曰：「臣老，諸君强以爲長。今期多後，不可盡誅，誅最後者一人。」皆笑曰：「何至是！請後不敢。」越竟斬之，徒屬皆驚，莫敢仰視。乃略地，收散卒，得千餘人。至是，以其兵歸沛公。

沛公使酈食其説陳留，下之。沛公過高陽，高陽人酈食其家貧落魄，爲里監門。其里人有爲沛公騎士者，食其謂曰：「諸侯將過此者，吾問之，皆握齪自用，不能聽大度之言。今聞沛公慢而易人，多大略，此真吾所願從遊。若見沛公，謂曰：『臣里中有酈生，年六十餘，長八尺，人皆謂之狂生。生自謂非狂。』」騎士曰：「公不好儒，客冠儒冠來者，輒解而溺其中，與人言，常大駡，未可以儒生説也。」酈生曰：「第言之。」騎士從容言之，沛公至傳舍，則使人召酈生。生至，入謁。沛公方踞牀，使兩女子洗足而見生。生長揖不拜，曰：「足下欲助秦攻諸侯乎，且欲率諸侯破秦也？」沛公罵曰：「豎儒！天下同苦秦久矣，故諸侯相率而攻秦，何謂助秦攻諸侯乎！」生曰：「必聚徒合義兵，誅無道秦，不宜踞見長者。」公乃輟洗而起，延生上坐問計。生曰：「足下兵不滿萬，欲以徑入强秦，此所謂探虎口者也。夫陳留，天下之衝，又多積粟。臣善其令，請得使之令下。」於是遣生行，而引兵隨之，遂下陳留。號生爲廣野君，爲説客使諸侯，其弟商亦聚衆四千人來屬沛公。

夏，四月，沛公攻潁川，略南陽。秋，七月，南陽守齮降。四月，沛公攻潁川，因張良略韓地。聞趙將司馬卬欲渡河入關，公乃攻平陰，絶河津，南出轘轅。六月，略南陽，郡守齮戰，敗，走保宛。沛公引兵過之，張良曰：「今不下宛，宛從後擊，强秦在前，此危道也。」公乃夜從他道還，圍宛。七月，齮降，封殷侯。引兵而西，無不下者。所過亡得鹵掠，秦民皆喜。

章邯以軍降楚。章邯軍棘原，項羽軍漳南，相持未戰。秦軍數却，二世使人讓邯。邯恐，使長史欣請事。留司馬門三日，趙高不見。欣恐，走還報曰：「趙高用事於中，下無可爲者。今戰勝，高疾吾功；不勝，不免於死。願熟計之。」陳餘亦遺邯書曰：「將軍居外久，多内郤，有功亦誅，無功亦誅。且天之亡秦，無愚智皆知之。將軍何不與諸侯爲從約，分王其地，孰與身伏鈇質，妻子爲戮乎？」邯狐疑，陰使羽，約未成。羽引兵連戰，大破之。邯復請降，乃與盟于洹水上，立以爲雍王，置楚軍中，而使欣將其軍爲前行。

八月，沛公入武關。趙高弑帝于望夷宮，立子嬰爲王。九月，子嬰討殺高，夷三族。

初，中丞相趙高欲專秦權，恐羣臣不聽，乃持鹿獻於二世曰：「馬也。」二世笑曰：「丞相誤邪，謂鹿爲馬。」問左右，或默或言鹿。高因陰中諸言鹿者以法，後羣臣皆畏之，莫敢言其過。八月，沛公攻屠武關。高前數言關東盜無能爲，至是，二世使責讓高。高懼，乃與其婿咸陽令閻樂謀，詐爲有大賊，召吏發卒，使樂將之。至望夷宫殿門，縛衛令僕射，曰：「賊入此，何不止？」遂殺之。射郎、宦者或走或格，格者輒死。入射上幄坐幃。二世怒，召左右，皆惶擾不鬬。旁有宦者一人，侍不去，二世謂曰：「公何不早告我，乃至於此。」對曰：「使臣早言，皆已誅，安得至今。」樂前數二世曰：「足下驕恣，誅殺無道，天下皆畔，其自爲計。」二世曰：「吾願得一郡爲王。」弗許。「願爲萬户侯。」又弗許。「願與妻子爲黔首。」樂曰：「臣受命丞相，爲天下誅足下，足下雖多言，臣不敢報。」麾其兵進。二世自殺。趙高曰：「秦故王國，始皇君天下，故稱帝。今六國復立，宜爲王如故便。」乃立子嬰爲秦王，以黔首葬二世苑中。九月，高令子嬰廟見，受璽。子嬰稱疾不行，高自往請，子嬰遂刺殺高，三族其家以徇。

沛公擊嶢關，破之。秦遣兵拒嶢關，沛公欲擊之，張良曰：「未可，願益張旗幟爲疑兵，而使酈生、陸賈往説秦將，啗以利。」秦將果欲連和，沛公欲許之，良又曰：「不如因其怠而擊之。」沛公遂引兵擊秦軍，大破之。

乙未（前二〇六）

楚義帝心元、西楚霸王項籍元、漢王劉邦元、韓三年。雍王章邯、塞王司馬欣、翟王董翳、西魏王豹、河南王申陽、殷王司馬卬、代王趙歇、常山王張耳、九江王英布、衡山王吴芮、臨江王共敖、遼東王韓廣、燕王臧荼、膠東王田市、齊王田都、濟北王田安元年。是歲秦亡。新、舊大國三，小國十七，爲二十國。而韓、塞、翟、遼東、膠東、齊、濟北七國皆亡。又韓王鄭昌、齊王田榮元年，定十五國。

冬，十月，沛公至霸上，秦王子嬰奉璽符節以降。沛公至霸上，秦王子嬰素車白馬，係頸以組，封皇帝璽符節，降軹道旁。諸將請誅之。沛公曰：「始懷王遣我，固以能寬容。且人已降，殺之不祥。」乃以屬吏。

賈誼曰：秦以區區之地致萬乘之權，招八州而朝同列，百有餘年，然後以六合爲家，殽、函爲宫。一夫作難而七廟墮，身死人手，爲天下笑者，何也？仁義不施，而攻守之勢異也。

胡氏曰：攻守無異勢。秦以詐力得之，豈有能施仁義之理耶！

沛公入咸陽，還軍霸上，除秦苛法。沛公西入咸陽，諸將皆爭取金帛財物，蕭何獨先入收丞相府圖籍藏之，以此得具知天下阨塞、户口多少、强弱之處。沛公見秦宫室、帷帳、寶貨、婦女，欲留居之。樊噲諫曰：「凡此奢麗之物，皆秦所以亡也，公何用焉。願急還霸上，無留宫中。」不聽。張良曰：「秦爲無道，故公得至此。夫爲天下除殘賊，宜因縞素爲資。今始入秦即安其樂，此所謂『助桀爲虐』。且『忠言逆耳利於行，毒藥苦口利於病』，願聽噲言。」公乃還軍霸上。悉召父老豪桀，謂曰：「父老苦秦苛法久，諸侯約先入關者王之。吾當主關中，與父老約法三章耳：殺人者死，傷人及盗抵罪。餘悉除去。凡吾所以來，爲父老除害，非有所侵暴，毋恐。」乃使人與秦吏行縣鄉邑告喻之，秦民大喜，爭持牛羊酒食獻饗軍士。公讓不受，曰：「倉粟多，不欲費民。」民又益喜，唯恐沛公不爲秦王。

項籍詐阬秦降卒二十餘萬於新安。項羽率諸侯兵欲西入關。先是，諸侯吏卒、繇戍過秦中，秦人遇之多無狀。及秦軍降楚，諸侯吏卒乘勝折辱奴虜使之，秦吏卒多怨竊言。羽計衆心不服，至關必危，於是夜擊阬二十餘萬人新安城南，而獨與章邯及長史欣、都尉翳入秦。

沛公遣兵守函谷關，項籍攻破之。遂屠咸陽，殺子嬰，掘始皇帝冢，大掠而東。或説沛公急遣兵守函谷關，無内諸侯軍，沛公從之。項羽至，大怒，攻破之。進至戲，饗士卒欲擊沛公。時羽兵四十萬在鴻門，沛公兵十萬在霸上。范增曰：「沛公居山東時，貪財好色，今入關，財物無所取，婦女無所幸，此其志不在小，急擊勿失。」羽季父項伯素善張良，夜馳告之，欲與俱去。良曰：「良爲韓王送沛公，今有急，亡去不義。」因固要伯入見沛公。公奉巵酒爲壽，約爲婚姻，曰：「吾入關，秋毫不敢有所近，籍吏民，封府庫而待將軍。所以守關者，備他盜耳，日夜望將軍至，豈敢反乎！願伯具言臣之不敢倍德。」項伯許諾曰：「旦日不可不蚤自來謝。」去，具以告羽，且曰：「人有大功而擊之，不義，不如因善遇之。」羽曰：「諾。」沛公旦日從百餘騎來見羽謝，羽因留飲。范增數目羽，舉所佩玉玦示之者三，羽不應。增出，使項莊入前爲壽，請以劍舞，因擊沛公殺之。莊入爲壽畢，拔劍起舞，項伯亦拔劍起舞，常以身翼蔽沛公，莊不得擊。於是張良出見樊噲，告以事急。噲帶劍擁盾直入，瞋目視羽，頭髮上指，目眥盡裂。羽曰：「壯士！」賜斗巵酒，一生彘肩。噲立飲啗之。羽曰：「能復飲乎？」噲曰：「臣死且不避，巵酒安足辭？夫秦有虎狼之心，天下皆叛。懷王與諸將約曰：『先入咸陽者王之。』今沛公先破秦，入咸陽，勞苦功高，未有封爵之賞，而將軍聽細人之説，欲誅有功之人，此亡秦之續耳，竊爲將軍不取也。」羽無以應，命之坐。沛公遂起如厠，脱身獨騎，噲等步從，趣霸上。留張良使謝羽。羽問沛公安在，良曰：「聞將軍有意督過之，脱身獨去，已至軍矣。」因以白璧一雙獻羽，玉斗一雙與增。羽受璧，增拔劍撞破玉斗曰：「唉，豎子不足與謀！奪將軍天下者，必沛公也。吾屬今爲之虜矣！」居數日，羽引兵西，屠咸陽，殺秦降王子嬰，燒宫室，火三月不滅。掘始皇帝冢，收貨寶、婦女而東。秦民大失望。韓生説羽曰：「關中阻山帶河，四塞之地，肥饒，可都以霸。」羽見秦殘破，又思東歸，曰：「富貴不歸故鄉，如衣繡夜行耳。」韓生退曰：「人言楚人沐猴而冠，果然。」羽聞之，烹韓生。

春，正月，項籍尊楚懷王爲義帝。項羽既入關，使人致命懷王。王曰：「如約。」羽怒曰：「懷王者，吾家所立耳，非有功伐，何以得專主約。天下初發難時，假立諸侯後以伐秦，然被堅執鋭，暴露三年，滅秦定天下者，皆將相諸君與籍力也。懷王雖無功，固當分地而王之。」乃陽尊懷王爲義帝。又曰：「古之帝者，地方千里，必居上游。」乃徙義帝於江南，都郴。

二月，項籍自立爲西楚霸王。王梁、楚地九郡，都彭城。

立沛公爲漢王。項羽與范增疑沛公，而業已講解，又惡負約，以巴、蜀道險，秦之遷人居之。乃曰：「巴、蜀亦關中也。」立沛公爲漢王，王巴、蜀、漢中，都南鄭。而三分關中，王秦降將以距塞漢路。

章邯爲雍王。王咸陽以西，都廢丘。

司馬欣爲塞王。王咸陽以東，都櫟陽，以故嘗有德於項梁也。

董翳爲翟王。王上郡，都高奴，以勸章邯降楚也。

徙魏王豹爲西魏王。王河東，都平陽。項籍自欲取梁地也。

立申陽爲河南王。都洛陽，以先下河南迎楚也。

司馬卬爲殷王。王河内，都朝歌，以定河内有功也。

徙趙王歇爲代王。居代。

立張耳爲常山王。王趙地，治襄國，以從入關也。

英布爲九江王。都六，以爲楚將，常冠軍也。

吳芮爲衡山王。都邾，以率百粵從入關也。

共敖爲臨江王。都江陵，以擊南郡功多也。

徙燕王廣爲遼東王。都無終。

燕將臧荼爲燕王。都薊，以從楚救趙入關也。

徙齊王市爲膠東王。都即墨。

齊將田都爲齊王。都臨菑，以從楚救趙入關也。

田安爲濟北王。都博陽，以下濟北，引兵降是也。

夏，四月，諸侯罷兵就國。

漢以蕭何爲丞相，遣張良歸韓。初，漢王以項羽負約，怒欲攻之。蕭何曰：「雖王漢中之惡，不猶愈於死乎？」王曰：「何也？」何曰：「今衆不如，百戰百敗，不死何爲。夫能詘於一人之下而信於萬乘之上者，湯、武是也。臣願大王王漢中，養其民以致賢人，收用巴、蜀，還定三秦，天下可圖也。」王曰：「善。」乃就國，以何爲丞相。項王使卒三萬人從漢王之國。楚與諸侯之慕從者數萬人。張良送至褒中，王遣良歸韓，良因說王燒絶所過棧道，以備盜兵，且示羽無東意。

胡氏曰：人有常言，皆曰用賢所以養民也。蕭相國乃謂養民以致賢人，何也？曰此無所因襲，獨見之言也。夫天之立君，以爲民也。君之求臣，以行保民之政也。臣之事君，以行安民之術也。故世主無養民之心，則天下之賢人君子不爲之用。而上之所得者，莫非殘民害物之人。是以民心日離，君勢日孤，亡秦之轍，可以鑒矣。蕭何有見乎此，而高祖聞言即悟，漢業之興，不亦宜哉。

五月，齊田榮擊走齊王都，遂弑膠東王市，自立爲齊王。秋，七月，使彭越擊殺濟北王安，又擊破西楚軍。田榮聞項羽徙田市而立田都爲齊王，大怒，距擊都走之。因留市不令之膠東。市畏羽，竊亡之國。榮怒，追擊殺之。是時，彭越在鉅野，有衆萬餘人，無所屬。榮與越將軍印，使擊田安，殺之，遂并王三齊。又使越擊楚，大破其軍。

西楚殺韓王成，張良復歸漢。項王以張良從漢王，廢韓王成而殺之。良遂間行歸漢。良多病，未嘗特將，嘗爲畫策臣，時時從漢王。

漢王以韓信爲大將，留蕭何給軍食。八月，還定三秦。雍王邯迎戰，敗走廢丘。塞王欣、翟王翳降。初，淮陰人韓信，家貧，無行，不得推擇爲吏，又不能治生産業〔五〕。釣於城下，有漂母見其飢而飯之，信喜曰：「吾必有以重報母。」母怒曰：「大丈夫不能自食，吾哀王孫而進食，豈望報乎！」淮陰少年或衆辱之曰：「若雖長大，好帶刀劍，中情怯耳。能死，刺我；不能死，出我袴下。」於是信孰視之，俛出袴下，一市皆笑。及項梁渡淮，信杖劍從之。後又數以策干羽，不用，亡歸漢。未知名，坐法當斬，其輩皆已斬，次至信，信仰視，適見滕公，曰：「上不欲就天下乎，何爲斬壯士？」滕公奇其言，壯其貌，釋不斬，與語，説之，言於王。王亦未之奇也。信數與蕭何語，何奇之。王至南鄭，將士皆歌謳思歸，多道亡者。信度何等已數言，王不我用，即亡去。何不及以聞，自追之。人言於王曰：「丞相何亡。」王怒，如失左右手。居三日，何來謁，王罵曰：「若亡，何也？」曰：「臣不敢亡，追亡者耳。」王曰：「所追者誰？」曰：「韓信也。」王復罵曰：「諸將亡者以十數，公無所追；追信，詐也。」何曰：「諸將易得，如信，國士無雙。王必欲長王漢中，無所事信。必欲爭天下，非信無足與計事者。顧王策安決耳。」王曰：「吾亦欲東耳，安能鬱鬱久居此乎！」何曰：「計必東，能用信，信即留，不然，信終亡耳。」王曰：「吾爲公以爲將。」何曰：「信不留也。」王曰：「以爲大將。」何曰：「幸甚。」於是王欲召信拜之，何曰：「王素慢無禮。今拜大將，如呼小兒，此信之所以去也。必欲拜之，擇日齋戒，設壇具禮，乃可。」王許之。諸將皆喜，人人自以爲得大將。至拜，乃韓信也，一軍皆驚。禮畢，上坐。王曰：「丞相數言將軍，將軍何以教寡人乎？」信辭謝，因曰：「大王自料勇悍仁强孰與項王？」王默然良久，曰：「不如也。」信再拜賀曰：「惟信亦以爲大王不如也。然臣嘗事項王，請言項王之爲人也。項王喑噁叱咤，千人皆廢，然不能任屬賢將，此匹夫之勇耳。見人慈愛，言語嘔嘔，至人有功當封爵者，印刓敝，忍不能予，此婦人之仁也。雖霸天下，不居關中而都彭城。背約而以親愛王諸侯，不平。逐義帝置江南，所過殘滅，民不親附。名雖爲霸，實失天下心，故其强易弱。今大王誠能反其道，任天下武勇，何所不誅！以天下城邑封功臣，何所不服！以義兵從思東歸之士，何所不散！且三秦王將秦子弟數歲，所殺亡不可勝計，又欺其衆降諸侯，及項王阬秦卒，唯此三人得脱，秦父兄怨之，痛入骨髓，而楚强以威王之。大王入關，秋毫無所害，除秦苛法。於諸侯之約，又當王關中，而失職入漢中，秦民無不恨者。今舉而東，三秦可傳檄而定也。」王大喜，自以爲得信晚。遂部署諸將，留蕭何收巴、蜀租，給軍糧食。八月，從故道出，章邯迎戰，敗走廢丘。王至咸陽，欣、翳皆降。張良遺項王書曰：「漢王失職，欲得關中，如約即止，不敢東。」又以齊、梁反書遺之。羽以故無西意，而北擊齊。

西楚立鄭昌爲韓王。

燕王荼弑遼東王廣。

王陵以兵屬漢。陵，沛人，聚黨居南陽，至是始以兵屬漢。楚執其母以招之，其母因使者語陵曰：「漢王長者，終得天下，無以我故持二心。」遂伏劍而死。

丙申（前二〇五）

西楚二年、漢二年。是歲楚、常山、河南、韓、殷、雍、魏七國皆亡。凡二大國，及代、九江、衡山、臨江、燕、齊六小國，爲八國〔六〕。又趙王歇後元、代王陳餘、韓王信皆元年，而齊王假王，廣代立，定十二國〔七〕。

冬，十月，西楚霸王項籍弑義帝於江中。項籍使人趣義帝行，其大臣稍稍叛之。籍乃密使吳芮、黥布、共敖擊殺之江中。

陳餘以齊兵襲常山，王耳走漢。代王歇復爲趙王，立餘爲代王。初，田榮數負項梁，又不從楚擊秦，以故不封。陳餘不從入關，亦不封。客或説羽曰：「張耳、陳餘一體，今耳王，餘不可不封。」羽不得已，封之三縣。餘怒，使人説齊王榮曰：「項羽爲天下宰，不平，盡王諸將善地，徙故王於醜地。願大王資餘兵擊常山，復趙王。」齊王許之。共襲常山，耳亡走漢。餘迎代王歇，復王趙。歇立餘爲代王。餘留傅趙王而使夏説守代。

漢王如陜，鎮撫關外父老。

河南王陽、韓王昌降漢。

十一月，漢立韓王孫信爲韓王。

漢王還都櫟陽。

春，正月，楚擊齊王榮，敗走死。楚復立田假爲齊王。項羽所過，燒夷城郭、室屋，坑其降卒，係虜老弱婦女，多所殘滅，齊民相聚叛之。

三月，漢王渡河，魏王豹降，虜殷王卬。以陳平爲護軍中尉。陽武人陳平，家貧，好讀書。里中社，平爲宰，分肉食甚均，父老曰：「善，陳孺子之爲宰。」平曰：「嗟乎，使平得宰天下，亦如是肉矣。」事魏王咎爲太僕，不用，去事項羽。殷王反，羽使平擊降之，還拜都尉，賜金二十鎰。及漢下殷，羽怒，將誅定殷將吏。平懼，乃封其金與印，使使歸羽，而挺身杖劍，間行歸漢。因魏無知求見王，與語説之，問居楚何官，曰：「爲都尉。」即拜都尉，使參乘，典護軍。諸將盡讙，王聞之，益厚平。周勃等言於王曰：「陳平雖美如冠玉，其中未必有也。居家時嘗盜其嫂；今爲護軍，多受諸將金。平，反覆亂臣也，願王察之。」王召讓魏無知。無知曰：「臣所言者，能也；王所問者，行也。今有尾生、孝己之行而無益勝負之數，王何暇用之乎？」王召讓平曰：「先生事魏不中，事楚而去，今又從吾游，信者固多心乎？」平曰：「魏王不能用臣，故去。項王不能信人，所任愛非諸項即妻之兄弟。臣聞漢王能用人，故來歸。然裸身，不受金無以爲資。誠臣計畫有可采者，願大王用之；使無可用者，金具在，請封輸官，得乞骸骨。」王乃謝平，厚賜之，拜護軍中尉，盡護諸將。諸將乃不敢復言。

漢王至洛陽，爲義帝發喪，告諸侯討項籍。漢王至洛陽新城，三老董公遮說曰：「順德者昌，逆德者亡。兵出無名，事故不成。故曰：『明其爲賊，敵乃可服。』項羽無道，放殺其主，天下之賊也。夫仁不以勇，義不以力，大王宜率三軍爲之素服，以告諸侯而伐之，則四海之內莫不仰德，此三王之舉也。」於是漢王發喪，哀臨三日，告諸侯曰：「天下共立義帝，北面事之。今項羽殺之，大逆無道！寡人悉發關中兵，收三河士，願從諸侯王擊楚之殺義帝者。」

胡氏曰：天下苦秦，諸侯並起，名其師者，曰「誅無道秦」可矣。今秦已滅，諸侯各有分地，而漢又起兵，雖曰項羽爲政不平，顧亦伸己私忿耳，非義兵也。及董公獻言，漢王大臨，然後項羽弒君之罪，無所容於天地之間，而天下歸於漢王，可坐而策矣。故隨何陳此義而下九江，酈生陳此義而下全齊。於是楚人背無所倚，右斷其臂，雖欲不亡，不可得矣。

夏，四月，齊王榮弟横立榮子廣爲王，擊王假走之。

漢王率五諸侯兵伐楚，入彭城。項籍還破漢軍，以漢太公、呂后歸。項羽雖聞漢東，欲遂破齊，而後擊漢，以故漢王得率五諸侯兵凡五十六萬人伐楚。彭越收魏地，得十餘城，至是將其兵三萬人歸漢，請立魏後。漢王曰：「西魏王豹，真魏後。」乃以彭越爲魏相國，將其兵略梁地。遂入彭城，收其貨寶、美人，日置酒高會。羽聞之，自以精兵三萬，還擊破漢軍。漢軍入穀、泗及睢水，死者二十餘萬人，水爲不流。圍漢王三匝。會大風，晝晦，王乃得與數十騎遁去。欲過沛收家室，道逢子盈及女，載以行，而太公、呂后爲楚軍所獲。諸侯復背漢與楚。王間往從呂后兄周呂侯於下邑，收其兵。

胡氏曰：「盤水可奉而志難持，六馬可調而氣難御。使漢王於是時，兢兢業業，如初入關中，見羽鴻門，則亦何至於敗哉！今志不持而氣爲帥，狃於小勝而逸欲生焉，是以至於此耳。且是行也，直欲破羽之國都歟，則宜亟還滎陽，以主待客可也。若欲致羽而與戰歟，則宜分部諸將，據險邀擊可也。今乃淹留引日，肆志寵樂，而羣臣亦寂無諫者，豈良、平諸公不在行歟？嗚呼危哉！

漢王遣隨何使九江。初，項羽擊齊，徵兵九江，黥布稱疾，遣將將數千人往。及漢入彭城，布又不佐楚。羽由此怨之。至是，漢王西過梁地，問羣臣曰：「吾欲捐關以東等棄之，誰可與共功者？」張良曰：「九江與楚有隙；彭越與齊反梁地，此兩人可急使。而漢將獨韓信可屬大事，當一面。捐之此三人，則楚可破也。」王謂左右曰：「孰能爲我使九江，令倍楚，留項王數月，我取天下可以百全。」謁者隨何請使，王遣之。

五月，漢王至滎陽。王至滎陽，諸敗軍皆會，蕭何發關中老弱未傅者悉詣滎陽，漢軍復大振。楚以故不能過滎陽而西。漢遂築甬道屬之河，以取敖倉粟。

魏王豹叛漢。

漢王還櫟陽，立子盈爲太子。

漢兵圍廢丘，雍王邯自殺，盡定雍地。

關中饑，人相食。

秋，八月，漢王如滎陽，命蕭何守關中，立宗廟社稷。王如滎陽，命蕭何侍太子，守關中，爲法令約束，立宗廟社稷，事有不及奏決者，輒以便宜施行，上來以聞。計關中户口轉漕調兵以給軍，未嘗乏絶。

漢韓信擊魏，虜王豹，遂北擊趙、代。漢使酈生説魏王豹，且召之。豹不聽，曰：「漢王慢而侮人，駡諸侯羣臣如駡奴耳，吾不忍復見也。」於是漢王以韓信爲左丞相，與灌嬰、曹參俱擊魏。王問食其：「魏大將誰也？」對曰：「柏直。」王曰：「是口尚乳臭，安能當韓信！」「騎將誰也？」曰：「馮敬。」曰：「雖賢，不能當灌嬰。」「步卒將誰也？」曰：「項它。」曰：「不能當曹參，吾無患矣。」信亦問：「魏得無用周叔爲大將乎？」曰：「柏直也。」信曰：「豎子耳。」遂擊虜豹，定魏地。信請兵三萬人，願以北舉燕、趙，東擊齊，南絶楚糧道。王遣張耳與俱。九月，破代兵，禽夏説。

丁酉(前二〇四)

西楚三年、漢三年。是歲趙、代、九江三國亡，二大國并衡山、臨江、燕、齊、韓五小國，凡七國。

冬，十月，韓信大破趙軍，禽王歇，斬代王餘，遣使下燕。韓信、張耳擊趙。趙聚兵井陘口，號二十萬。廣武君李左車謂陳餘曰：「信、耳乘勝遠鬬，其鋒不可當。今井陘之道，車不得方軌，騎不得成列，其勢糧食必在後。願假臣奇兵三萬，從間道絶其輜重，足下深溝高壘勿與戰。彼前不得鬬，退不得還，野無所掠，不十日，而兩將之頭可致麾下。否則必爲二子所禽矣。」餘嘗自稱義兵，不用詐謀奇計，不用左車策。信間視知之，大喜，乃敢遂下。未至井陘口，止舍。夜半傳發，選輕騎二千人，人持一赤幟，從間道萆山而望趙軍。戒曰：「趙空壁逐我，即疾入趙壁，拔其幟而易之。」令裨將傳餐，曰：「今日破趙會食。」乃使萬人先行，出，背水陳，趙望見皆大笑。平旦，信建大將旗鼓，鼓行出井陘口。趙開壁擊之，大戰良久。於是信、耳佯棄鼓旗，走水上軍。趙果空壁逐之，信所遣騎馳入趙壁，拔趙幟，立漢幟。水上軍皆殊死戰。趙軍已失信等，欲歸壁，見幟大驚，遂亂遁走。漢兵夾擊，大破之，斬陳餘，禽趙王歇。諸將畢賀，因問曰：「兵法：『右倍山陵，前左水澤。』今背水而勝，何也？」信曰：「兵法不曰『陷之死地而後生，置之亡地而後存』乎？且信非得素拊循士大夫也，所謂『驅市人而戰之』，非置死地，使人自爲戰，彼將皆走，尚可得而用之乎？」諸將皆服。信以千金募生得李左車者，解其縛，東鄉坐，師事之。問曰：「僕欲北攻燕，東伐齊，何若而有功？」左車謝曰：「臣，敗亡之虜，何足以權大事。」信曰：「誠令成安君聽足下計，信亦已禽矣。今願委心歸計，足下勿辭。」左車曰：「將軍虜魏王，禽夏説，不終朝而破趙二十萬衆，威震天下，此將軍之所長也。然衆勞卒罷，其實難用。燕若不服，齊必自强，此將軍之所短也。善用兵者，不以短擊長，而以長擊短。爲將軍計，莫若按甲休兵，北首燕路，而遣辯士奉書於燕，暴其所長，燕必不敢不聽從。燕已從而東臨齊〔八〕，雖有智者，亦不知爲齊謀矣。兵固有先聲而後實者，此之謂也。」信從其策，燕從風而靡，遣使報漢，請以張耳王趙，漢王許之。

是月晦，日食。

十一月，晦，日食。

十二月，隨何以九江王布歸漢。隨何至九江，説黥布曰：「漢王使臣敬進書大王御者，竊怪大王與楚何親也？」布曰：「寡人北鄉而臣事之。」何曰：「大王與楚俱爲諸侯，而北鄉臣事之者，必以楚爲强，可託國也。項王伐齊，身負版築，爲士卒先。大王宜悉衆自將，爲楚前鋒，乃發四千人以助楚。漢入彭城，項王未出齊也，大王宜悉兵渡淮，日夜會戰彭城下，乃無一人渡淮者，垂拱而觀其孰勝。夫託國於人者，固若是乎？大王提空名以鄉楚而欲厚自託，臣竊爲大王不取也！然大王不倍楚者，以漢爲弱也。夫楚雖强，天下負之以不義之名，以其背盟約而殺義帝也。今漢王收諸侯，守滎陽，下蜀、漢之粟，堅守而不動。楚人深入敵國，老弱轉糧，進不得攻，退不能解，楚不如漢，其勢亦易見矣。大王不與萬全之漢而自託於危亡之楚，臣竊爲大王不取也。」布陰許之，未敢泄。楚使者在傳舍，方急責布發兵。何直入曰：「九江王已歸漢，楚何以得發兵？」因説布殺楚使而攻楚，楚擊破之，布乃間行與何歸漢。十二月，至漢，漢王方踞牀洗足，召布入見。布悔怒，欲自殺。及出就舍，帳御、食飲、從官皆如漢王居，布又大喜過望。漢益其兵，與俱屯成皋。

漢遣酈食其立六國後，未行而罷。楚數侵奪漢甬道，漢軍乏食。酈食其曰：「昔湯放桀，武王伐紂，皆封其後。秦伐諸侯，滅其社稷。今誠能立六國後，其君臣百姓必皆戴德慕義，願爲臣妾。大王南鄉稱霸，楚必斂衽而朝。」王曰：「善。趣刻印，先生因行佩之矣。」未行，張良來謁。王方食，具以告良。良曰：「臣請借前箸爲大王籌之。昔湯、武封桀、紂之後者，度能制其死生之命也；今大王能制項籍之死命乎？武王入殷，發粟散錢，偃革爲軒，休馬放牛，示不復用，今大王能之乎？且天下游士，離親戚，棄墳墓，從大王遊者，徒欲望咫尺之地。今復立六國後，游士各歸事其主，大王誰與取天下乎？且夫楚唯無疆，六國復撓而從之，大王焉得而臣之？誠用客謀，大事去矣。」漢王輟食吐哺，駡曰：「豎儒幾敗迺公事。」令趣銷印。

荀悅曰：夫立策決勝之術有三：一曰形，二曰勢，三曰情。形者，言其大體得失之數也；勢者，言其臨時進退之宜也；情者，言其心志可否之實也。策同事等而功殊者，三術不同而已矣。故立六國，於陳涉，所謂多己之黨而益秦之敵，取非其有而予人，行虛惠而獲實福也。立六國於漢王，所謂割己之有以資敵，設虛名而受實禍也。故耳、餘、食其所説同而得失異，此同事而異形者也。戰國相持，無臨時之急，一戰勝敗，未必存亡。故累力待時，承敵之斃，此「卞莊刺虎」之説也。楚、趙與秦，勢不並立，安危之機，呼吸成變，而宋義欲待秦、趙之斃，此同事而異勢者也。伐趙之役，韓信泜上孤軍，必死無二，而趙以内顧之士攻之。彭城之難，項羽喪其國都，士卒憤激，而漢以怠惰之卒應之，故俱在水上而勝敗不同，此同事而異情者也。故曰：權不可預議，變不可先圖；與時遷移，應物變化，此設策之機也。

夏，四月，楚圍漢王於滎陽。亞父范增死。漢王謂陳平曰：「天下紛紛，何時定乎？」平曰：「項王骨鯁之臣，亞父、鍾離昧之屬，不過數人耳。項王爲人，意忌信讒，誠能捐金行間，以疑其心，破楚必矣。」王乃與平黄金四萬斤，不問其出入。平多縱反間，言昧等功多不得裂地，欲與漢滅楚而分其地。羽果疑昧等。及楚圍滎陽急，漢王請和，羽使至漢，陳平爲大牢具，舉進而佯驚曰：「吾以爲亞父使也。」乃持去，而更以惡草具進。使歸以報，羽大疑亞父。亞父欲急攻下滎陽，羽不聽。亞父怒曰：「天下事大定矣，君王自爲之，願請骸骨歸。」未至彭城，疽發背死。

五月，漢王走入關。彭越擊楚，楚還兵擊之。漢王復軍成皐。楚圍滎陽益急，漢將軍紀信曰：「事急矣。臣請誑楚。」乃乘王車出東門，曰：「食盡，漢王出降。」楚皆之城東觀。王乃令周苛守滎陽，而與數十騎出西門去。羽燒殺信。王入關，收兵欲復東。轅生曰：「願君王出武關，羽必南走。王深壁勿戰，令滎陽、成皐間且得休息，而韓信等亦得安輯趙地，連燕、齊，王乃復還滎陽，則楚備多而力分，復與之戰，破之必矣。」王從之。羽果南，王不與戰。會彭越破楚軍，殺薛公。羽東擊越，漢王復軍成皐。

六月，楚破彭越，還拔滎陽及成皐。漢王走渡河，奪韓信軍，遣信擊齊。項羽既破彭越，還拔滎陽，烹周苛，遂圍成皐。漢王逃去，北渡河，宿小脩武。晨自稱漢使馳入趙壁。張耳、韓信未起，即卧内奪其印符以麾召諸將易置之。令耳守趙，信收趙兵未發者擊齊。楚遂拔成皐，欲西。王欲捐成皐以東，而屯鞏、洛以距楚。酈生曰：「王者以民爲天，而民以食爲天。夫敖倉，天下轉輸久矣，聞其下藏粟甚多。楚拔滎陽，不堅守敖倉，乃引而東，此天所以資漢也。願急進兵收取滎陽，據敖倉之粟，塞成皐之險，杜太行之道，距蜚狐之口，守白馬之津，以示諸侯形制之勢，則天下知所歸矣。」王乃復謀取敖倉。

楊氏曰：韓信之軍，禁防疏闊如此，使敵人投間竊發，則信可得而虜矣。豈古所謂有制之兵〔九〕，信亦有所未逮與。

秋，七月，有星孛于大角。

八月，漢王軍小脩武，遣人燒楚積聚。漢王得韓信軍，復大振。引兵臨河，南鄉欲復與楚戰。鄭忠説止。王乃使劉賈、盧綰度白馬津，入楚地，佐彭越，燒楚積聚，以破其業。

彭越下梁十七城，楚復擊取之。彭越下梁地十七城。項羽聞之，使曹咎守成皐，戒曰：「即漢欲戰，慎勿與戰。」而自引兵東擊越所下城，圍外黄，數日乃降。羽欲盡阬之。外黄令舍人兒，年十三，説羽曰：「彭越强劫外黄，外黄恐，故且降以待大王。今又阬之，百姓安所歸心哉？且如此，則從此以東十餘城，皆莫可下矣。」羽從之。梁復爲楚。

漢王遣酈食其説齊，下之。酈食其説漢王曰：「今燕、趙已定，唯齊未下。諸田宗强，近楚多詐，雖遣數萬之師，未可以歲月破也。臣請得奉明詔説齊王，使爲東藩。」王曰：「善。」酈生乃説齊王曰：「王知天下之所歸乎？」王曰：「不知也，請問之。」生曰：「歸漢王。」曰：「何也？」生曰：「漢王先入咸陽，收天下兵，以責義帝之處。立諸侯之後，與天下同其利，天下賢才樂爲之用。項王有倍約之名，有殺義帝之負，記人之罪，忘人之功，賢才怨之，莫爲之用。故天下之事，歸於漢王，可坐而策也。今又已據敖倉，塞成皐，守白馬，距蜚狐，天下後服者先亡矣。」齊王納之，遂與漢平而罷守備，日與生縱酒爲樂。韓信欲東兵，聞之而止。蒯徹説曰：「將軍受詔擊齊，而漢獨發間使下之，寧有詔止將軍乎？且酈生一士，伏軾掉三寸舌，下齊七十餘城。將軍以數萬衆，歲餘乃下趙五十城耳。爲將數歲，反不如一豎儒之功乎？」信遂渡河。

戊戌（前二〇三）

西楚四年，漢四年。

冬，十月，漢韓信襲破齊。齊王烹酈食其，走高密。

漢王復取成皐，與楚皆軍廣武。漢數挑楚戰，曹咎不出。使人辱之，咎怒，渡兵汜水。半渡，漢擊破之，咎自剄。漢王乃引兵渡河，復取成皐，軍廣武，就敖倉食。羽聞之，亦還軍廣武相守。楚食少，乃爲高俎，置太公其上，告漢王曰：「今不急下，吾烹太公。」王曰：「吾與若俱北面受命懷王，約爲兄弟，吾翁即若翁。必欲烹而翁，幸分我一杯羹。」羽怒，欲殺之。項伯曰：「爲天下者不顧家，殺之無益，祇益禍耳。」羽謂漢王曰：「天下匈匈數歲，徒以吾兩人。願與王挑戰決雌雄，毋徒苦天下父子爲也。」王笑謝曰：「吾寧鬭智，不能鬭力。」因數之曰：「羽負約，王我於漢，罪一；矯殺卿子冠軍，罪二；救趙不報，而擅劫諸侯入關，罪三；燒秦宮室，掘始皇帝冢，私其財，罪四；殺秦降王子嬰，罪五；詐阬秦子弟新安二十萬，罪六；王諸將善地而徙逐故主，罪七；出逐義帝〔一〇〕，自都彭城，奪韓、梁地，罪八；使人陰殺義帝江南，罪九；爲政不平，主約不信，天下所不容，大逆無道，罪十也。吾以義兵從諸侯誅殘賊，使刑餘罪人擊公，何苦乃與公挑戰。」羽大怒，伏弩射漢王，傷胸，王乃捫足曰：「虜中吾指。」因病創卧，張良强請起行勞軍，以安士卒，王從之。疾甚，因馳入成皋。

楚救齊。十一月，漢韓信擊破之，殺其將龍且，虜齊王廣。田横自立爲齊王，戰敗走。信遂定齊地。

楚使龍且將兵二十萬救齊。或曰：「漢兵遠鬬窮戰，其鋒不可當。齊、楚自居其地，兵易敗散。不如深壁，令齊王使其信臣招所亡城；亡城聞王在，楚來救，必反漢。漢兵客居，其勢無所得食，可不戰而降也。」且曰：「吾知韓信爲人，易與耳！寄食於漂母，無資身之策；受辱於袴下，無兼人之勇，不足畏也。且救齊不戰而降之，吾何功！今戰而勝，齊半可得也。」進與漢軍夾濰水而陳。信夜令人囊沙壅水上流，旦渡擊且，佯敗，還走。且喜曰：「吾固知信怯也！」遂追之。信使決壅囊，水大至，且軍大半不得渡。信急擊殺且，追至城陽，虜齊王廣。田横遂自立爲齊王，灌嬰擊走之，盡定齊地。

漢立張耳爲趙王。

漢王還櫟陽，留四日，復如廣武。

春，二月，漢立韓信爲齊王，徵其兵擊楚。

韓信使人言於漢王曰：「齊爲詐多變，反覆之國也。請爲假王以鎮之。」漢王大怒，罵曰：「吾困於此，旦暮望若來，乃自立耶！」張良、陳平躡王足，附耳語曰：「漢方不利，寧能禁信之自王乎！不如因而立之，使自爲守；不然，變生。」王悟，復罵曰：「大丈夫定諸侯，即爲真王，何以假爲！」二月，遣良操印立信爲齊王，徵其兵擊楚。項羽聞龍且死，大懼，使武涉説信，欲與連和，三分天下。信謝之曰：「臣事項王，官不過郎中，位不過執戟，言不聽，畫不用，故倍楚而歸漢。漢王授我上將軍印，予我數萬衆，解衣衣我，推食食我，言聽計用，故吾得至於此。夫人深親信我，我倍之不祥，雖死不易，幸爲信謝項王。」武涉已去，蒯徹知天下權在信，乃説之曰：「天下初發難也，憂在亡秦而已。今楚、漢分爭，使天下之人肝膽塗地，暴骸中野，不可勝數。楚人乘利席卷，威震天下，然迫西山而不得進者三年矣。漢王距鞏、洛，阻山河，一日數戰，無尺寸之功，此所謂智勇俱困者也。今兩主之命，縣於足下。莫若兩利而俱存之，三分天下，鼎足而居，其勢莫敢先動。足下據强齊，從燕、趙，因民之欲，西向爲百姓請命，則天下風走而響應矣。蓋聞『天與不取，反受其咎；時至不行，反受其殃』。願足下熟慮之。」信曰：「漢王遇我甚厚，吾豈可以鄉利而倍義乎？」徹曰：「始張耳、陳餘相與爲刎頸之交，及爭張黶、陳澤之事，耳遂殺餘泜水之南，頭足異處。今足下交於漢王，必不能固於二君之相與也，而事多大於張黶、陳澤者。故臣竊以爲足下必漢王之不危己，亦誤矣。野獸已盡而獵狗烹，願足下深慮之。且『勇略震主者身危，功蓋天下者不賞』。今足下戴震主之威，挾不賞之功，欲持是安歸乎？」信謝曰：「先生休矣，吾方念之。」數日，徹復説曰：「夫聽者，事之候也；計者，事之機也。聽過計失而能久安者鮮矣。故智者，決之斷也；疑者，事之害也。審毫釐之小計，遺天下之大數，智誠知之，決弗敢行者，百事之禍也。夫功者，難成而易敗；時者，難得而易失。時乎時，不再來。」信猶豫，不忍倍漢；又自以功多，漢終不奪我齊，遂謝徹。徹因去，佯狂爲巫。

秋，七月，漢立黥布爲淮南王。

八月，漢初爲算賦。民年十五以上，至五十六，出賦錢。人百二十爲一算，治庫兵車馬。

北貉燕人，致梟騎助漢。

漢王令：軍士死者，吏爲棺斂送其家。

漢以周昌爲御史大夫。

楚與漢約，中分天下。九月，歸太公、吕后於漢，解而東歸。項羽自知少助，食盡，韓信又進兵擊之。漢遣侯公説羽請太公。羽乃與漢約，中分天下，鴻溝以西爲漢，以東爲楚。九月，歸太公、吕后，解而東歸。漢王欲西歸，張良、陳平曰：「漢有天下太半，楚兵飢疲，今失弗擊，此『養虎自遺患』也。」王從之。

程子曰：張良才識高遠，有儒者氣象，而亦以此説漢王，則其不義甚矣。

校勘記

〔一〕盡戊戌漢王四年　成化本、殿本「戊戌」下有「西楚霸王」四字。

〔二〕燕王使栗腹約歡於趙　「歡」原作「親」，據殿本、通鑑卷六秦紀一昭襄王五十六年、史記卷三四燕召公世家改。

〔三〕伏死士於棘門之内　「内」原作「外」，據月崖本、成化本、殿本及通鑑卷六秦紀一始皇帝九年改。

〔四〕天子尚然　「子」原作「王」，據月崖本、成化本、殿本改。

〔五〕又不能治生産業　「産業」，殿本、通鑑卷九漢紀一高帝元年、史記卷九二淮陰侯列傳作「商賈」。

〔六〕爲八國　「八」原作「七」，據月崖本、成化本、殿本及上文改。

〔七〕定十二國　「二」字原脱，據月崖本、成化本、殿本補。

〔八〕燕已從而東臨齊　「已從」二字原脱，據殿本、通鑑卷一〇漢紀二高帝三年、史記卷九二淮陰侯列傳補。

〔九〕豈古所謂有制之兵　「有」，殿本作「節」。

〔一〇〕出逐義帝　「逐」字原脱，據殿本、通鑑卷一〇漢紀二高帝四年、史記卷八高祖本紀補。

資治通鑑綱目卷三

起己亥漢高祖五年，盡甲申漢文帝後七年，凡四十六年。

己亥(前二〇二)

漢太祖高皇帝五年。

冬，十月，王追項籍至固陵，齊王信、魏相國越，及劉賈誘楚周殷，迎黥布，皆會。十二月，圍籍垓下。籍走自殺，楚地悉定。十月，漢王追項羽至固陵，齊王信、魏相國越期會不至，楚擊漢軍，大破之。漢王復堅壁自守，謂張良曰：「諸侯不從，奈何？」對曰：「楚兵且破，二人未有分地，其不至固宜；君王能與共天下，可立致也。信之立，非君王意，不自堅；且其家在楚，欲得故邑。越本定梁地，亦望王，而君王不早定。今能出捐此地以許兩人，使各自爲戰，則楚易破也。」王從之。於是信、越皆引兵來。十一月，劉賈圍壽春，誘楚大司馬周殷。殷畔楚，舉九江兵迎黥布，皆會。十二月，羽至垓下，兵少食盡，信等以大軍乘之。羽敗入壁，漢及諸侯兵圍之數重。羽夜聞漢軍四面皆楚歌，乃大驚曰：「漢皆已得楚乎？是何楚人之多也！」起飲帳中，悲歌忼慨，泣數行下，左右皆泣，莫能仰視。於是羽乃乘其駿馬，從八百餘騎，直夜，潰圍南出馳走。渡淮至陰陵，迷失道，問一田父，田父紿曰：「左。」左，乃陷大澤中，漢騎將灌嬰追及之。至東城，乃有二十八騎。漢追者數千人。羽謂其騎曰：「吾起兵八歲，七十餘戰，未嘗敗北，遂霸天下。今卒困此，此天亡我，非戰之罪也！今日固決死，願爲諸君決戰，必潰圍，斬將，令諸君知之。」乃分其騎爲四隊，四鄉。漢軍圍之數重。羽令四面騎馳下，期山東爲三處。於是大呼馳下，斬漢一將，與其騎會爲三處。漢軍不知羽所在，乃分軍爲三，復圍之。羽復馳，斬漢一都尉，殺數十百人。復聚其騎，亡其兩騎耳。謂其騎曰：「何如？」皆曰：「如大王言。」於是羽欲東渡烏江，亭長檥船待曰：「江東雖小，地方千里，衆數十萬，亦足王也。今獨臣有船，願大王急渡。」羽笑曰：「籍與江東子弟八千人渡江而西，今無一人還，縱江東父兄憐而王我，我獨不愧於心乎？」乃刎而死。楚地悉定，獨魯不下，王欲屠之。至城下，猶聞絃誦之聲，爲其守禮義之國，爲主死節，乃持羽頭示之，乃降。以魯公禮葬羽於穀城，親爲發哀，哭之而去。諸項氏枝屬皆不誅。封項伯等四人爲列侯，賜姓劉氏，諸民略在楚者皆歸之。

太史公曰：羽放逐義帝而自立，怨王侯叛己，難矣。自矜功伐，奮其私智而不師古，欲以力征經營天下，國亡身死，尚不覺寤，乃引「天亡我，非戰之罪」，豈不謬哉！

揚子曰：漢屈羣策，羣策屈羣力。楚憞羣策，而自屈其力。屈人者克，自屈者負，天曷故焉。

王還至定陶，馳入齊王信壁，奪其軍。

遣劉賈擊臨江王共尉，虜之。

春，正月，更立齊王信爲楚王，魏相國越爲梁王。韓信至楚，召漂母，賜千金。召辱己少年，以爲中尉，曰：「此壯士也。」

赦。令曰：「兵不得休八年，萬民與苦甚。今天下事畢，其赦天下殊死已下。」

二月，王即皇帝位。諸侯王皆請尊漢王爲皇帝。二月甲午，即位于氾水之陽。

更王后曰皇后，王太子曰皇太子，追尊先媪曰昭靈夫人。

立故衡山王芮爲長沙王，故粵王無諸爲閩粵王。

帝西都洛陽。

夏，五月，兵罷歸家。詔：「民前或相聚保山澤，不書名數者，令各歸其縣，復故爵田宅，吏以文法教訓辨告，勿笞辱。軍吏卒爵及士大夫以上，皆令食邑，已下，皆復其身及户，勿事。」

置酒南宫。置酒洛陽南宫，上曰：「徹侯、諸將毋敢隱朕，皆言其情。吾所以有天下者何？項氏之所以失天下者何？」高起、王陵對曰：「陛下使人攻城略地，因以與之，與天下同其利。項羽不然，有功者害之，賢者疑之，戰勝而不予人功，得地而不予人利，此其所以失天下也。」上曰：「公知其一，未知其二。夫運籌帷幄之中，決勝千里之外，吾不如子房；填國家，撫百姓，給餉餽，不絶糧道，吾不如蕭何；連百萬之衆，戰必勝，攻必取，吾不如韓信。三者皆人傑，吾能用之，此吾所以取天下者也。項羽有一范增而不能用，此所以爲我禽也。」羣臣説服。

楊氏曰：「項籍無道，所過殘滅，民不親附。范增爲之謀主，曾無一言以救其敗，其得計不過數欲害沛公耳。嗚呼，籍誠不改其轍，則前日之亡秦是也。借令沛公死，天下其無沛公乎？然則籍雖用增，亦未必有益於敗亡也。」

召故齊王橫未至，自殺。田橫與其徒屬五百餘人入海，居島中。帝恐其爲亂，赦橫罪，召之曰：「橫來，大者王，小者乃侯耳。不來，且舉兵加誅焉。」橫乃與其客二人乘傳詣洛陽。至尸鄉廐置，謂其客曰：「橫始與漢王俱南面稱孤，今漢王爲天子，而橫乃爲亡虜，北面事之，其恥固已甚矣。且吾烹人之兄，與其弟併肩而事主，縱彼不動，我獨不媿於心乎？」遂自剄，令客奉其頭，從使者馳奏之。帝爲流涕，以王禮葬之。二客自剄。餘五百人在島中者聞之，亦皆自殺。

以季布爲郎中，斬丁公以徇。初，楚人季布爲項籍將，數窘辱帝。籍滅，帝購求布千金，敢有舍匿，罪三族。布乃髡鉗爲奴，自賣於魯朱家。朱家心知其季布也，買置田宅，身之洛陽見滕公，曰：「季布何罪？臣各爲其主用，職耳。項氏臣豈可盡誅邪？今上始得天下，而以私怨求一人，何示不廣也！且以布之賢，漢求之急，此不北走胡，南走越耳。夫忌壯士以資敵國，此伍子胥所以鞭荆平之墓也。」滕公言於上，上乃赦布，召拜郎中，朱家遂不復見之。布母弟丁公，亦爲項羽將，逐窘帝彭城西。短兵接，帝急，顧曰：「兩賢豈相戹哉！」丁公乃還。至是來謁，帝以徇軍中，曰：「丁公爲臣不忠，使項王失天下者也。」遂斬之，曰：「使後爲人臣無效丁公也。」

司馬公曰：「高祖起豐沛以來，罔羅豪桀，招亡納叛，亦已多矣。而丁公獨以不忠受戮，何哉？當羣雄角逐之際，民無定主，來者受之，固其宜也。及貴爲天子，海内爲臣，苟不明禮義以示人，使爲臣者，人懷二心以徼大利，則國家其能久安乎！故斷以大義，使天下曉然皆知爲臣不忠者，無所自容，懷私結恩者，雖至於活己，猶不與也。戮一人而千萬人懼，其慮事豈不深且遠哉！

帝西都關中，以婁敬爲郎中，賜姓劉氏。齊人婁敬戍隴西，過洛陽，求見上曰：「陛下都洛陽，豈欲與周室比隆哉？」上曰：「然。」敬曰：「陛下取天下與周異。周自后稷積德絫善，十有餘世，至于文、武而諸侯自歸之，遂滅殷爲天子。及成王即位，周公相焉，乃營洛邑，以爲此天下之中也，諸侯四方納貢職，道里均矣。有德則易以王，無德則易以亡。故周之盛時，諸侯四夷莫不賓服；及其衰也，天下莫朝，周不能制。非唯德薄，形勢弱也。今陛下起豐、沛，卷蜀、漢，定三秦，與項羽戰滎陽、成皋之間，大戰七十，小戰四十，使天下之民肝腦塗地，哭聲未絶，傷者未起，而欲比隆於成、康之時，臣竊以爲不侔也。夫秦地被山帶河，四塞以爲固，卒然有急，百萬之衆可立具也。夫與人鬭，不搤其亢，拊其背，未能全其勝也。今陛下案秦之故地，此亦搤天下之亢而拊其背也。」帝問羣臣，羣臣皆山東人，爭言：「周王數百年，秦二世即亡。洛陽東有成皋，西有殽、澠，倍河鄉洛，其固亦足恃也。」上問張良，良曰：「洛陽雖有此固，其中小不過數百里，田地薄，四面受敵，非用武之國也。關中左殽、函，右隴、蜀，沃野千里，南有巴蜀之饒，北有胡苑之利，阻三面而守，獨以一面東制諸侯。諸侯安定，河、渭漕輓天下，西給京師。諸侯有變，順流而下，足以委輸，此所謂金城千里，天府之國。敬説是也。」上即日西都關中，拜敬郎中，號奉春君，賜姓劉氏。

胡氏曰：高帝起兵八年，歲無寧居，至是天下平定，當亦少思安逸之時也。而敏於用言，不自遑暇如此，其成帝業宜哉。光武下隴，歸才六日，潁川盜起而往征之，可謂能繩祖武矣。

張良謝病，辟穀。良素多病，入關即杜門道引，不食穀，曰：「家世相韓，及韓滅，不愛萬金之資，爲韓報讎强秦，天下振動。今以三寸舌爲帝者師，封萬户侯，此布衣之極，於良足矣。願棄人間事，欲從赤松子遊耳。」

司馬公曰：夫生之有死，譬猶夜旦之必然，自古及今，固未嘗有超然而獨存者也。以子房之明辨達禮，足以知神仙之爲虛僞矣。然其欲從赤松子遊者，其智可知也。夫功名之際，人臣之所難處。淮陰誅夷，蕭何繫獄，非以履盛滿而不止邪。故子房托於神仙，遺棄外物，所謂明哲保身者與。

楊氏曰：子房之志，爲韓報仇而已。其事高祖非本心也。蓋自博浪之謀不遂，其心固未嘗一日而忘秦也。以爲奮匹夫之勇，以僥倖於一旦，不若陰求天下之豪桀而徐圖之。及得沛公，而知其足以濟吾事也。於是委身從之，教以滅秦之計。及事之濟，則去漢歸韓，而但教以燒絶棧道。至於定三秦，討項氏之策，則無一言及之，豈其智之不及哉？其心固將輔韓成以馳騁於中原，而不欲漢王之東也。及成爲項羽所殺，則韓之子孫無若成之賢者，而子房之志，無所復伸矣。然羽之讎不可以不報，而欲報羽，則非漢又不足資以成功也。於是不得已復西，以再致吾復讎之志。使漢事得成，而吾責亦塞。然後自託於神仙之説，以遂其不欲仕漢之本心焉。此子房之智謀節義，所以遠過於人。而自漢至今千有餘年，未有能窺之者，惟子程子蓋嘗言之。又以爲子房進退從容，有儒者之風。非高祖之能用子房，實子房能用高祖。其可謂知子房矣。抑高祖之任子房，蓋亦不足以盡子房之術云。

六月，赦。

秋，七月，燕王臧荼反。帝自將虜擊之。立盧綰爲燕王。綰家與上同里閈，綰生又與上同日，故特王之。

趙王張耳卒。子敖嗣。敖尚帝長女魯元公主爲后。

故楚將利幾反，帝自將擊破之。

後九月，治長樂宮。

庚子（前二〇一）

六年。

冬，十二月，帝會諸侯於陳，執楚王信以歸。至洛陽，赦爲淮陰侯。楚王信初之國，行縣邑，陳兵出入。人有上書告信反者。帝以問諸將，皆曰：「亟發兵坑豎子耳。」帝默然。又問陳平，平曰：「諸將用兵有能過信者乎？」上曰：「莫及也。」平曰：「人言信反，信知之乎？」上曰：「不知。」平曰：「陛下兵精孰與楚？」上曰：「不能過。」平曰：「如此而舉兵攻之，是趣之戰也，竊爲陛下危之。」上曰：「爲之奈何？」平曰：「古者天子有巡狩，會諸侯。陛下第出，僞遊雲夢，會諸侯於陳。陳，楚之西界，信聞天子以好出遊，其勢必無事而郊迎謁。謁而因擒之，此特一力士之事耳。」帝以爲然，乃告諸侯會陳，「吾將南遊雲夢」，因隨以行。信聞之疑懼。時項王故將鍾離昧亡歸信，漢詔信捕之。或説信斬昧以獻。及上至陳，信持昧首謁上，上令武士縛信，載後車。信曰：「果若人言：『狡兔死，走狗烹；高鳥盡，良弓藏；敵國破，謀臣亡。』天下已定，我固當烹。」遂械繫以歸，因赦天下。田肯賀曰：「陛下得韓信，又治秦中。秦，形勝之國也，帶河阻山，地勢便利，其以下兵於諸侯，譬猶於高屋之上建瓴水也。夫齊，東有瑯邪、即墨之饒，南有泰山之固，西有濁河之限，北有渤海之利，地方二千里，持戟百萬，此東西秦也，非親子弟，莫可使王齊者。」上曰：「善。」至洛陽，赦信，封淮陰侯。信知帝畏惡其能，多稱病，不朝從，居常鞅鞅，羞與絳、灌等列。上嘗從容與信言諸將能將兵多少。上問曰：「如我能將幾何？」信曰：「陛下不過能將十萬。」上曰：「於君何如？」曰：「臣多多而益善耳。」上笑曰：「多多益善，何爲爲我禽？」信曰：「陛下不能將兵，而善將將，此乃信之所以爲陛下禽也。且陛下所謂天授，非人力也。」

始剖符封功臣爲徹侯。

始封功臣，酇侯蕭何食邑獨多，功臣皆曰：「臣等身被堅執鋭，多者百餘戰，少者數十合。今蕭何未嘗有汗馬之勞，徒持文墨議論，顧反居臣等上，何也？」帝曰：「諸君知獵乎？追殺獸兔者，狗也；發縱指示者，人也。今諸君徒能得走獸耳，功狗也；至如蕭何，發縱指示，功人也。」羣臣皆莫敢言。張良亦無戰鬬功，帝使自擇齊三萬户。良曰：「臣始起下邳，與上會留，此天以臣授陛下。陛下用臣計，幸而時中。臣願封留足矣，不敢當三萬户。」乃封良爲留侯。封陳平爲户牖侯，平辭曰：「此非臣之功也。」上曰：「吾用先生謀，戰勝克敵，非功而何？」平曰：「非魏無知，臣安得進？」上曰：「子可謂不背本矣。」乃賞無知。

春，正月，立從兄賈爲荆王，弟交爲楚王，兄喜爲代王，子肥爲齊王。帝懲秦孤立而亡，欲大封同姓以鎮撫天下。分楚地爲二國：以淮東五十三縣立從兄將軍賈爲荆王，以薛郡、東海、彭城三十六縣立弟文信君交爲楚王，以雲中、雁門、代郡五十三縣立兄宜信侯喜爲代王，以膠東、膠西、臨菑、濟北、博陽、城陽郡七十三縣立微時外婦之子肥爲齊王。

胡氏曰：先王經世之法，至秦盡矣。漢祖勃興，既定四海，則宜命大臣求遺賢，講王制，首復井田之法。是時距秦未遠，經界溝洫，必尚可考。大本一正，於以分土而封國，則遠邇大小，各得其宜。而二帝三王公天下之心復傳矣。高帝不能稽古，割地無法，封三庶孽，分天下半，苟簡一時，流患於後。帝之智既不及此，而良、平諸臣亦無爲之謀者，豈王澤當熄，天不啓其衷耶？嗚呼惜哉！

以曹參爲齊相國。參之至齊，盡召諸先生問所以安集百姓。而齊故諸儒以百數，言人人殊。參聞膠西有蓋公，善治黄老言，使人請之。蓋公爲言治道貴清静而民自定，參乃避正堂以舍之。用其言，齊國安集，稱賢相焉。

更以太原郡爲韓國，徙韓王信王之。上以信材武，所王皆天下勁兵處，乃以太原郡三十一縣爲韓國，徙信王之以備胡，都晉陽。信以國被邊，晉陽去塞遠，請治馬邑。許之。

封雍齒爲什方侯。上已封大功臣二十餘人，其餘爭功不決，未得行封。上從複道望見諸將往往相與坐沙中語，曰：「此何語？」留侯曰：「陛下不知乎？謀反耳。」上曰：「何故？」留侯曰：「陛下起布衣，以此屬取天下，今所封皆故人所親愛，所誅皆平生所仇怨。此屬畏陛下不能盡封，又恐見疑平生過失及誅，故相聚謀反耳。」上乃憂曰：「爲之奈何？」留侯曰：「陛下平生所憎，羣臣所共知，誰最甚者？」上曰：「雍齒與我有故怨，數嘗窘辱我。」留侯曰：「今急先封雍齒，則羣臣人人自堅矣。」於是乃封雍齒爲什方侯，而急趣丞相、御史定功行封。羣臣皆喜曰：「雍齒尚爲侯，我屬無患矣。」

司馬公曰：張良爲高帝腹心，宜其知無不言，安有聞諸將謀反，待帝目見然後乃言之邪！蓋以高帝數用愛憎行誅賞，羣臣往往有觖望自危之心。故良因事納忠，以變移帝意，使上無阿私，下無猜懼，可謂善諫矣。

詔定元功位次。賜丞相何劍履上殿，入朝不趨。詔定元功十八人位次。皆曰：「曹參功最多，宜第一。」鄂千秋進曰：「參雖有野戰略地之功，此特一時之事耳。上與楚相距五歲，失軍亡衆，跳身遁者數矣。蕭何常從關中遣軍補其處。又軍無見糧，何轉漕關中，給食不乏。陛下雖數亡山東，何常全關中以待陛下。此萬世之功也。今奈何以一旦之功而加萬世之功哉！何第一，參次之。」上曰：「善。」於是乃賜何帶劍履上殿，入朝不趨。上曰：「吾聞『進賢受上賞』。」封千秋爲安平侯。

帝歸櫟陽。

夏，五月，尊太公爲太上皇。上五日一朝太公。太公家令説曰：「皇帝雖子，人主也；太公雖父，人臣也。奈何令人主拜人臣，而使威重不行乎？」後上朝，太公擁篲迎門却行，上大驚，下扶太公。太公曰：「帝人主，奈何以我亂天下法。」上乃詔尊太公爲太上皇，賜家令金五百斤。

秋，匈奴寇邊，圍馬邑，韓王信叛，與連兵。初，匈奴畏秦，北徙。及秦滅，復稍南渡河。單于頭曼有太子曰冒頓。後有少子，欲殺冒頓而立之。冒頓遂殺頭曼自立。東胡使謂冒頓〔一〕，欲得頭曼時千里馬。羣臣皆曰：「勿與。」冒頓曰：「奈何與人鄰國而愛一馬乎！」遂與之。東胡又欲得單于一閼氏。左右皆怒，請擊之。冒頓曰：「奈何與人鄰國愛一女子乎！」又予之。東胡王愈益驕。兩國中間有棄地莫居，千餘里，東胡欲有之。羣臣或曰：「此棄地，予之亦可，勿與亦可。」冒頓大怒曰：「地者，國之本也，奈何予人。」言予者皆斬之。即上馬，令：「國中後出者斬！」遂襲滅東胡。又走月氏，并樓煩、白羊河南王，遂侵燕、代，悉復蒙恬所奪故地，控弦之士三十餘萬。至是，圍韓王信於馬邑。信使使求和解。漢疑信有二心，使人讓之。信恐誅，遂以馬邑降之。匈奴遂攻太原，至晉陽。

命博士叔孫通起朝儀。帝悉去秦苛儀，法爲簡易。羣臣飲酒爭功，醉，或妄呼，拔劍擊柱，帝益厭之。叔孫通說上曰：「夫儒者難與進取，可與守成。臣願徵魯諸生，共起朝儀。」帝曰：「得無難乎？」通曰：「五帝異樂，三王不同禮。禮者，因時世、人情爲之節文者也。臣願頗采古禮，與秦儀雜就之。」上曰：「可試爲之，令易知，度吾所能行者爲之。」於是通使徵魯諸生，有兩生不肯行，曰：「公所事者且十主，皆面諛以得親貴。今死者未葬，傷者未起，又欲起禮樂。禮樂所由起，積德百年而後可興也。吾不忍爲公所爲，公去矣，無汙我。」通笑曰：「若真鄙儒，不知時變。」遂與所徵，及上左右，與其弟子百餘人，爲綿蕞，野外習之。月餘，言於上曰：「可試觀矣。」上使行禮，曰：「吾能爲此。」乃令羣臣習肄。

辛丑（前二〇〇）

七年。

冬，十月，長樂宮成，朝賀置酒。長樂宮成，諸侯羣臣皆朝賀。先平明，謁者治禮，以次引入殿門，陳東西鄉。衛官俠陛及羅立廷中，皆執兵，張旗幟。於是皇帝傳警出房，引諸侯王以下至吏六百石以次奉賀，莫不振恐肅敬。禮畢，置法酒。諸侍坐者皆伏，抑首，以次起上壽。觴九行，謁者言罷酒，御史執法舉不如儀者，輒引去。竟朝罷酒，無敢讙譁失禮者。於是帝曰：「吾乃今日知爲皇帝之貴也。」拜通太常。初，秦悉内六國禮儀，擇其尊君抑臣者存之。及通制禮，頗有所增損，大抵皆襲秦故。其書，後與律令同録，藏於理官。法家又復不傳，民臣莫有言者焉。

司馬公曰：禮之爲物大矣！用之於身，則動静有法而百行備焉；用之於家，則内外有别而九族睦焉；用之於鄉，則長幼有倫而俗化美焉；用之於國，則君臣有叙而政治成焉；用之於天下，則諸侯順服而紀綱正焉，豈直几席之上、户庭之間得之而不亂哉。夫以高祖之明達，誠得大儒而佐之，與之以禮爲天下，其功烈豈若是而止哉！惜夫，叔孫生之爲器小也。徒竊禮之糠粃，以諧俗取寵，遂使先王之禮淪没不振，以迄于今，豈不痛甚矣哉！是以揚子譏之曰：「昔者魯有大臣，史失其名，曰：『何如其大也！』曰：『叔孫通欲制君臣之儀，召先生於魯，所不能致者二人。』曰：『若是，則仲尼之開迹諸侯也，非邪？』曰：『仲尼開迹，將以自用也。如委己而從人，雖有規矩準繩，焉得而用之。』」夫大儒者，惡肯毁其規矩準繩以趨一時之功哉！

帝自將討韓王信。信及匈奴皆敗走，帝追擊之，被圍平城，七日乃解。上自將擊韓王信，破其軍。信亡走匈奴。白土人曼丘臣、王黄等立趙利，收信兵，謀攻漢。匈奴使左、右賢王將萬騎，與王黄等南至晉陽，漢擊之，輒敗走。已復屯聚，漢兵乘勝追之。會天大寒，雨雪，士卒墮指者什二三。上聞冒頓居代谷，使人覘之。冒頓匿其壯士、肥牛馬，但見老弱羸畜。使者十輩來，皆言匈奴可擊。上復使劉敬往使，未還，悉兵三十二萬北逐之。敬還報曰：「兩國相擊，此宜矜夸，見所長。今臣往，徒見羸瘠老弱，此必欲見短，伏奇兵以争利，愚以爲匈奴不可擊也。」時兵已業行，上怒駡曰：「齊虜以口舌得官，今乃妄言沮吾軍。」械繫敬廣武。遂先至平城，兵未盡到，冒頓縱精兵四十萬騎，圍帝於白登七日，漢兵中外不得相救餉。帝用陳平祕計，使使間厚遺閼氏。冒頓乃解圍去，漢亦罷兵歸。斬前使十輩，赦劉敬，曰：「吾不用公言，以困平城。」封爲建信侯。更封陳平爲曲逆侯。平從帝征伐，凡六出奇計，輒益封邑焉。

十二月，還至趙。上還過趙，趙王敖執子婿禮甚卑。上箕倨慢駡之。趙相貫高、趙午等皆怒，曰：「吾王，孱王也。」乃説王請殺之。敖齧其指出血，曰：「君何言之誤。先人亡國，賴帝得復。德流子孫，秋毫皆帝力也。願君無復出口。」高等相謂曰：「吾王長者，不倍德。且吾等義不辱，何洿王爲。事成歸王，事敗獨身坐耳。」

匈奴寇代。代王喜棄國自歸，立子如意爲代王。

春，令郎中有罪耏以上請之，民産子復，勿事二歲。

二月，帝至長安，始定徙都。蕭何治未央宮，上見其壯麗，甚怒，曰：「天下匈匈數歲，成敗未可知，是何治宮室過度也。」何曰：「天下方未定，故可因以就宮室。且天子以四海爲家，非壯麗無以重威，且無令後世有以加也。」上説，遂自櫟陽徙都之。

司馬公曰：王者以仁義爲麗，道德爲威，未聞其以宫室填服天下也。天下未定，當克己節用以趨民之急；而顧以宫室爲先，豈可謂之知所務哉！昔禹卑宫室而桀爲傾宫，創業垂統之君，躬行節儉以訓示子孫，其末流猶入於淫靡，況示之以侈乎！孝武卒以宫室罷敝天下，未必不由酇侯啓之也。

置宗正官。

夏，四月，帝如洛陽。

壬寅（前一九九）

八年。

冬，擊韓王信餘寇於東垣。上東擊韓王信餘寇過柏人。貫高等壁人於廁中，上欲宿，心動而去。

十二月，還宫。

春，三月，令賈人毋得衣錦、繡、綺、縠、絺、紵、罽，操兵、乘、馬。

癸卯（前一九八）

九年。

冬，遣劉敬使匈奴，結和親。匈奴數苦北邊，上患之。劉敬曰：「天下初定，士卒罷於兵，未可以武服也。冒頓殺父妻母，以力爲威，未可以仁義説也。獨可以計久遠，子孫爲臣耳。陛下誠以適長公主妻之，彼必慕，以爲閼氏，生子，必爲太子。歲時問遺，諭以禮節。冒頓在，固爲子婿，死則外孫爲單于，可無戰以漸臣也。」帝曰：「善。」欲遣長公主。呂后不可，乃取家人子名爲長公主，以妻單于。使劉敬往結和親約。

司馬公曰：劉敬謂冒頓殘賊，不可以仁義説，而欲與爲婚姻，何前後之相違也。帝王之御夷狄，服則懷之以德，叛則震之以威，未聞與爲婚姻也。

十一月，徙齊、楚大族豪桀於關中。劉敬言：「匈奴河南地，去長安近者七百里，輕騎一日一夜可以至秦中。且諸侯初起時，非齊諸田、楚昭、屈、景莫能興。今關中少民，北近匈奴，東有强族，一日有變，陛下未得高枕而卧也。願徙六國後及豪桀名家居關中，無事可以備胡，有變率以東伐，此强本弱末之術也。」於是徙昭、屈、景、懷、田氏及豪桀於關中，與利田宅，凡十餘萬口。

春，正月，趙王敖廢，徙代王如意爲趙王。貫高怨家知其謀，上變告之。於是逮捕趙王敖及諸反者。詔敢從者族。趙午等皆自剄，高獨怒駡曰：「公等皆死，誰白王不反者？」乃轞車膠致詣長安。郎中田叔、客孟舒亦自髡鉗爲王家奴以從。高對獄曰：「獨吾屬爲之，王實不知。」榜笞刺剟，身無可擊者，終不復言。廷尉以聞，上曰：「壯士！誰知者？」泄公曰：「臣素知之，此固趙國立義不侵，爲然諾者也。」上使泄公持節往問之，曰：「張王果有謀不？」高曰：「吾三族皆以論死，豈愛王過於吾親哉？顧爲王實不反。」其道所以王不知狀。泄公以報，乃赦敖，廢爲宣平侯，而徙如意王趙。上賢高，赦之。高曰：「所以不死者，白王不反也。今王已出，吾責已塞，死不恨矣。且人臣有篡弑之名，何面目復事上哉！」乃仰絶亢，遂死。上召叔等與語，漢廷臣無能出其右者。盡拜守相。

荀悦曰：貫高小亮不塞大逆，私行不贖公罪。春秋之義大居正，罪無赦可也。

司馬公曰：高帝驕以失臣，貫高狠以亡君。使高謀逆者，帝之過也；使敖失國者，高之罪也。

夏，六月晦，日食。

以蕭何爲相國。

甲辰(前一九七)

十年。

夏，五月，太上皇崩。秋，七月，葬萬年，令諸侯王國皆立廟。

以周昌爲趙相，趙堯爲御史大夫。定陶戚姬有寵，生趙王如意。吕后年長益疏。上以太子仁弱，謂如意類己，常留之長安，欲廢太子而立之，大臣爭之皆莫能得。御史大夫周昌廷爭之强，上問其説。昌爲人吃，又盛怒，曰：「臣口不能言，然臣期期知其不可！陛下欲廢太子，臣期期不奉詔！」上欣然而笑。吕后聞之，跪謝昌曰：「微君，太子幾廢。」時趙王年十歲，上憂萬歲之後不全也，符璽御史趙堯請爲趙王置貴强相，及吕后、太子、羣臣素所敬憚者。上問其人，堯以昌對。上乃以昌相趙，而以堯代爲御史大夫。

楊氏曰：以高帝之明，惓惓於趙王，其念深矣。然卒用趙堯之策，可謂以金注也。且吕氏以堅忍之資，濟之以深怨積怒，其欲甘心於如意也久矣，一貴强相何足以重趙哉！善爲高皇計者，盍亦反諸己而已矣。不以燕好之私，亂嫡妾之分，使貴者不陵，賤者不逼，則夫夫婦婦而家道正矣。豈特無毋禍而已哉。

上猶欲易太子，於是吕后使建成侯吕釋之强要留侯畫計，留侯曰：「此難以口舌爭也。顧上有所不能致者四人，曰東園公、綺里季、夏黄公、甪里先生，皆以上嫚侮士，故逃匿山中，義不爲漢臣。然上高此四人，今令太子爲書，卑詞安車，固請宜來。來，以爲客，時從入朝，令上見之，則一助也。」於是吕后使人奉太子書招之，四人至，客建成侯家。

九月，代相國陳豨反，帝自將擊之。初，上以陽夏侯陳豨爲代相國，監趙、代邊兵。豨常慕魏無忌之養士，及告歸，過趙，賓客隨之者千餘乘。周昌求見上，言豨賓客甚盛，擅兵數歲，恐有變。上令人覆案豨客諸不法事，多連引豨。豨恐，遂反。上自擊之。至邯鄲，喜曰：「豨不南據邯鄲而阻漳水，吾知其無能爲矣。」昌奏：「常山亡二十城，請誅守、尉。」上曰：「守、尉反乎？」對曰：「不。」上曰：「是力不足，亡罪。」令昌選趙壯士可將者，白見四人，封各千户以爲將。左右諫曰：「封此何功？」上曰：「非汝所知。趙、代地皆豨有，吾徵天下兵未至，今獨邯鄲中兵耳。吾何愛四千户，不以慰趙子弟。」又聞豨將皆故賈人，上曰：「吾知所以與之矣。」乃多以金購之，豨將多降。

乙巳（前一九六）

十一年。

冬，破豨軍。春，正月，皇后殺淮陰侯韓信，夷三族。冬，太尉周勃道太原入代地，陳豨軍敗。淮陰侯信舍人弟上變，告陳豨前適趙、代，過辭信，信辟左右，曰：「公之所居，天下精兵處也。而公，陛下之信幸臣也。人言公畔，陛下必不信；再至，乃疑矣；三至，必怒而自將。吾爲公從中起，天下可圖也。」豨曰：「謹奉教。」今信陰與豨通謀，欲與家臣夜詐赦諸官徒奴，發以襲呂后、太子。部署已定，待報未發。呂后與蕭何謀，詐言豨已得，死，紿信入賀，使武士縛信斬之。信曰：「吾悔不用蒯徹之計，乃爲兒女子所詐。」遂夷三族。

司馬公曰：韓信首建大策，與高祖起漢中，定三秦，遂分兵以北，禽魏取代，仆趙脅燕，擊齊滅楚，漢之所以得天下者，大抵皆其功也。觀其距蒯徹之説，迎高祖於陳，豈有反心哉！良由失職怏怏，遂陷悖逆。夫以盧綰王燕，而信乃爲列侯，豈非高祖亦有負於信哉？雖然，信滅齊，不報而自王，期共攻楚而不至，當是之時，高祖固有取信之心矣，顧力不能耳。及天下已定，則信復何恃哉！夫乘時以徼利者，市井之志也；醻功而報德者，士君子之心也。信以市井之志利其身，而以士君子之心望於人，不亦難哉！故太史公論之曰：「令信學道謙讓，不伐己功，不矜其能，則庶幾哉！於漢家勳，可以比周、召、太公之徒，後世血食矣。不務出此，而天下已集，乃謀畔逆，夷滅宗族，不亦宜乎！」

胡氏曰：功過當相準，信功不可忘也。迎陳之禮，可以贖自王之釁；拒徹之意，可以免失期之罪；未有反計，則當侯以次國。逆謀既露，猶當宥其子孫，如此，則漢祖於記信之功，討信之罪，各盡其道而無負矣。

韓王信伏誅。

帝還至洛陽。上還，聞韓信言「恨不用蒯徹計」，乃詔捕徹。至，上曰：「若教淮陰侯反乎？」對曰：「然。豎子不用臣計耳。如用臣計，陛下安得而夷之乎？」上怒曰：「烹之。」徹曰：「秦失其鹿，天下共逐之，高材疾足者先得。且當是時，臣獨知信，非知陛下也。且天下欲爲陛下所爲者甚衆，顧力不能耳。又可盡烹邪？」上曰：「置之。」

立子恒爲代王。

赦。

二月，立王侯朝獻郡國口賦法。詔曰：「欲省賦甚，今獻未有程。吏或多賦以爲獻，民疾之。令諸王侯常以十月朝獻，及郡各以其口數，率人歲六十三錢，以給獻費。」

詔郡國求遺賢。詔曰：「蓋聞王者莫高於周文，伯者莫高於齊桓，皆待賢人而成名。今天下賢者，智能豈待古之人乎？患在人主不交故也，士奚由進。今吾以天之靈，賢士大夫，定有天下以爲一家，欲其長久，世世奉宗廟亡絕也。賢人已與我共平之矣，而不與我共安利之，可乎？賢士大夫有肯從我遊者，諸侯王、郡守必身勸，爲之駕，遣詣相國府。有而弗言，覺，免。年老癃病勿遣。」

梁王越廢，徙蜀。三月，殺之，夷三族。上之擊陳豨也，徵兵於梁。梁王稱病，使將將兵詣邯鄲。上怒，讓之。梁王恐，欲自往謝。其將扈輒曰：「往則爲禽，不如遂反。」王不聽。梁太僕得罪，亡走漢，告之。上使使掩梁王，囚之洛陽。有司治：「反形已具，請論如法。」赦爲庶人，傳處蜀。至鄭，逢呂后從長安來。王爲呂后涕泣，自言無罪。后與俱至洛陽。白上曰：「彭王壯士，今徙之蜀，此自遺患；不如遂誅之。妾謹與俱來。」乃令人告越復謀反，夷三族，梟首洛陽，下詔：「收視者，捕之。」梁大夫欒布使於齊，還，奏事頭下，祠而哭之。吏捕以聞。上欲烹之。布曰：「方上之困彭城，敗滎陽也，王與楚，則漢破；與漢，則楚破。且垓下之會，微彭王，項氏不亡。天下已定，而陛下以苛小案誅滅之。臣恐功臣人人自危也。今彭王已死，臣生不如死，請就烹。」於是上乃釋布，拜爲都尉。

立子恢爲梁王，友爲淮陽王。

夏，四月，還宫。

五月，立故秦南海尉趙佗爲南粤王。初，秦南海尉任囂病且死，召龍川令趙佗，語曰：「秦爲無道，天下苦之。聞陳勝等作亂，天下未知所安。番禺負山險，阻南海，東西數千里，頗有中國人相輔，此亦一州之主也，可以立國。」即被佗書，行南海尉事。囂死，佗即移檄，絶道聚兵，誅秦吏，擊并桂林、象郡，自立爲南越武王。至是，詔立以爲南粤王，使陸賈即授璽綬，與剖符通使，使和集百越，無爲南邊患害。賈至，佗魋結箕倨見之。賈曰：「足下中國人，親戚、墳墓皆在真定。今反天性，棄冠帶，欲以區區之越與天子抗衡爲敵國，禍且及身矣。秦失其政，豪桀並起，唯漢王先入關。項羽倍約，王誅滅之。五年之間，海内平定。此非人力，天所建也。王不助天下誅暴逆，將相欲移兵而誅王。天子憐百姓新勞苦，故且休之，遣使授王印綬，剖符通使。王宜郊迎，北面稱臣。乃欲以新造未集之越，屈强於此。漢誠聞之，掘燒王先人冢，夷滅宗族，使一偏將將十萬衆臨越，則越殺王降漢如反覆手耳！」於是佗乃蹶然起坐，謝曰：「居蠻夷中久，殊失禮義。」留賈與飲，數月，曰：「越中無足與語，至生來，令我日聞所不聞。」賜橐中裝直千金，賈卒拜佗，令稱臣奉漢約。歸報，帝大悦，拜賈爲太中大夫。賈時時前説稱詩、書，帝罵之曰：「乃公居馬上而得之，安事詩、書。」賈曰：「居馬上得之，寧可以馬上治之乎？且湯、武逆取而以順守之，文武並用，長久之術也。鄉使秦已并天下，行仁義，法先聖，陛下安得而有之。」帝有慚色，曰：「試爲我著秦所以失天下、吾所以得之者及古成敗之國。」賈乃粗述存亡之徵，凡著十二篇。每奏一篇，帝未嘗不稱善，號其書曰新語。

帝有疾。帝有疾，惡人見，詔户者無得入羣臣。十餘日，舞陽侯樊噲排闥直入，大臣隨之。上獨枕一宦者卧。噲等流涕曰：「始陛下與臣等起豐、沛，定天下，何其壯也！今天下已定，又何憊也！且陛下病甚，大臣震恐，不見臣等計事，顧獨與一宦者絶，獨不見趙高之事乎？」帝笑而起。

秋，七月，淮南王布反。帝自將擊之。立子長爲淮南王。布擊殺荆王賈，又敗楚軍，遂引兵西。初，淮陰侯死，布已心恐。及彭越誅，醢其肉以賜諸侯。布見醢，大恐，陰令人部聚兵，候伺旁郡警急。中大夫賁赫得罪於布，乘傳詣長安上變，言布謀反有端。上繫赫，使人驗之。布遂族赫家，發兵反。上召故楚令尹薛公問之。令尹曰：「往年殺彭越，前年殺韓信。此三人者，同功一體之人也，自疑禍及身，故反耳。使布出於上計，山東非漢之有也；出於中計，勝敗之數未可知也；出於下計，陛下高枕而卧，漢無事矣。」上曰：「何謂也？」對曰：「東取吴，西取楚，并齊，取魯，傳檄燕、趙，固守其所，此上計也；東取吳，西取楚，并韓取魏，據敖倉之粟，塞成臯之口，此中計也；東取吳，西取下蔡，歸重於越，身歸長沙，此下計也。」上曰：「是計將安出？」對曰：「布以麗山之徒，自致萬乘，此皆爲身，不顧後慮者也。必出下計。」時上有疾，欲使太子擊布。留侯所招四人者説呂釋之曰：「太子將兵，有功則位不益，無功則從此受禍矣。君何不急請呂后承間爲上泣言：『黥布，猛將，善用兵。諸將皆陛下故等夷，乃令太子將此屬，無異使羊將狼。且使布聞之，則鼓行而西耳。』」后如其言，於是上自將而東，留侯病，自强起，見上曰：「臣宜從，病甚。楚人剽疾，願無與爭鋒。」因説上令太子爲將軍，監關中兵。上曰：「子房雖病，强卧而傅之。」時叔孫通已爲太傅，留侯行少傅事。發關中車騎、巴蜀材官及中尉卒三萬人爲皇太子衛，軍霸上。布之初反，謂其將曰：「上老，厭兵，必不能來。諸將獨患淮陰、彭越，今皆已死，餘不足畏也。」東擊荆，荆王賈走死。擊楚，楚與戰徐、僮間，爲三軍，欲以相救爲奇。或曰：「布善用兵，民素畏之。且兵法『諸侯自戰其地爲散地』，今别爲三，彼敗吾一軍，餘皆走，安能相救。」不聽。果敗，布遂引兵西。

丙午（前一九五）

十二年。

冬，十月，帝破布軍蘄西，布亡走，長沙王臣誘而誅之。上與布兵遇於蘄西，布兵精甚。上望其置陳如項籍軍，惡之，遥謂布曰：「何苦而反？」布曰：「欲爲帝耳。」上怒罵之，遂大戰。布軍敗走江南，長沙王臣使人誘與走越，殺之。

帝還過沛，復其民，世世無有所與。上還過沛，留，置酒沛宮，悉召故人父老諸母子弟佐酒，道舊故爲笑樂。酒酣，上擊筑自歌曰：「大風起兮雲飛揚，威加海内兮歸故鄉，安得猛士兮守四方。」於是起舞，忼慨傷懷，泣數行下，謂沛父兄曰：「游子悲故鄉。吾雖都關中，千秋萬歲後，吾魂魄猶思沛。且朕自沛公以誅暴逆，遂有天下。其以沛爲朕湯沐邑，復其民，世世無有所與。」

太尉周勃誅陳豨，定代地。

立兄子濞爲吳王。更以荆爲吳國。濞，喜之子也。

十一月，過魯，以大牢祠孔子。

遂還宫。上還長安，疾益甚，愈欲易太子。張良諫不聽，因辭疾不視事。叔孫通諫曰：「晉獻公以驪姬故，廢太子，國亂數十年。秦以不蚤定扶蘇，自使滅祀。此陛下所親見。今必欲廢適而立少，臣願先伏誅，以頸血汙地。」帝曰：「公罷矣，吾直戲耳。」通曰：「太子，天下本，本一搖，天下振動；奈何以天下爲戲乎？」上陽許而猶欲易之。後置酒，太子侍，留侯所招四人者從，年皆八十餘，須眉皓白，衣冠甚偉。上怪，問之。四人前對，各言姓名。上乃大驚，曰：「吾求公數歲，公避逃我，今何自從吾兒游乎？」四人曰：「陛下輕士善駡，臣等義不辱，故恐而亡匿。今聞太子爲人仁孝，恭敬愛士，天下莫不延頸願爲太子死者，故臣等來耳。」上曰：「煩公幸卒調護太子。」四人者出，上召戚夫人指視之，曰：「我欲易之，彼四人者輔之，羽翼已成，難動矣。」戚夫人泣，上起，罷酒。遂不易太子，留侯本招此四人之力也。

胡氏曰：善乎子房之能納説也。不先事而强聒，不後事而失幾，不問則不言，言則必當其可。故聽之易，而用之不難也。至於招致四人以安太子，則其績尤偉。而司馬公乃致疑焉，以爲若審有此，是子房爲子植黨以距父也。夫高祖之雄傑，豈四叟所能抗。而大臣力諫之强，豈不賢於四叟之助。嗚呼！是未知春秋深許首止之盟，而易有納約自牖之象也。故今特據舊史，復詳載其事云。

下相國何廷尉獄，數日，赦出之。蕭何以長安地陿，上林中多空地，棄，請令民得入田，毋收稾，爲禽獸食。上大怒，下何廷尉，械繫之。數日，王衛尉侍，前問曰：「相國何大罪，陛下繫之暴也？」上曰：「吾聞李斯相秦，有善歸主，有惡自與。今相國多受賈豎金，而爲之請吾苑以自媚於民，故繫治之。」王衛尉曰：「夫職事苟有便於民而請之，真宰相事；陛下奈何乃疑相國受賈人錢乎？且陛下距楚數歲，相國一搖足，則關以西非陛下有也！相國不以此時爲利，今乃利賈人之金乎？且秦以不聞其過亡天下，李斯之分過，又何足法哉！陛下何疑宰相之淺也。」帝不懌，即赦出之。何年老，素恭謹，入，徒跣謝。帝曰：「相國休矣！相國爲民請苑，吾不許，我不過爲桀紂主，而相國爲賢相。吾故繫相國，欲令百姓聞吾過也。」

燕王綰謀反。春，二月，遣樊噲以相國將兵討之，立子建爲燕王。陳豨之反，燕王綰發兵擊其東北。以豨求救於匈奴，亦使其臣張勝於匈奴，言豨軍破。故燕王臧荼子衍在胡，謂勝曰：「燕所以久存，以諸侯數反，兵連不決也。今公欲急滅豨，豨亡，次亦至燕矣。」勝以爲然，還以告綰。綰乃陰使勝爲間於匈奴，而使范齊通計謀於豨，欲令久亡，連兵勿決。至是豨裨將降，言之。帝召綰，綰恐，謂其幸臣曰：「非劉氏而王，獨我與長沙耳。往年春族淮陰，夏誅彭越，皆呂氏計。今上病，呂后專欲以事誅異姓王者及大功臣。」遂稱病不行，語頗泄。又得匈奴降者，言張勝爲燕使胡狀。於是上怒曰：「綰果反矣。」使樊噲將兵擊之。

立南武侯織爲南海王。

詔陳平斬樊噲，以周勃代將其軍。平傳噲詣長安。帝病甚，人或言樊噲黨於呂氏，即一日上晏駕，欲以兵誅趙王如意之屬。帝大怒，用陳平謀，召絳侯周勃受詔牀下，曰：「陳平馳傳載勃代噲將，至軍中即斬噲頭。」二人行計之曰：「噲，帝之故人也，功多，又呂后弟嬃之夫，有親且貴，今帝特以忿怒故，欲斬之，恐後悔。寧囚而致上，上自誅之。」未至軍，爲壇，以節召噲。反接載檻車，傳詣長安，令勃代將，定燕反縣。

夏，四月，帝崩。上擊黥布時，爲流矢所中，行道，疾甚。呂后迎良醫，入見曰：「疾可治。」上嫚罵之曰：「吾以布衣提三尺取天下，此非天命乎！命乃在天，雖扁鵲何益！」罷之。后問：「陛下百歲後，蕭相國死，誰令代之？」曰：「曹參。」其次曰：「王陵，然少戇，陳平可以助之。平知有餘，然難獨任。周勃重厚少文，然安劉氏者必勃也。」復問其次，上曰：「此後亦非乃所知也。」遂崩于長樂宮。呂后與審食其謀盡族諸將，以故不發喪。酈商謂食其曰：「誠如此，天下危矣。今陳平、灌嬰守滎陽；樊噲、周勃定燕、代，聞此必連兵還鄉。大臣内畔，諸將外反，亡可蹻足待也。」乃發喪。

盧綰亡入匈奴。

五月，葬長陵。初，高祖不修文學，而性明達，好謀，能聽，自監門、戍卒，見之如舊。初順民心作三章之約。天下既定，命蕭何次律令，韓信申軍法，張蒼定章程，叔孫通制禮儀。又與功臣剖符作誓，丹書鐵契，金匱石室，藏之宗廟。雖日不暇給，規摹弘遠矣。

太子盈即位，尊皇后曰皇太后。

赦樊噲，復爵邑。

令郡國立高廟。

丁未（前一九四）

孝惠皇帝元年。

冬，十二月，太后殺趙王如意。太后令永巷囚戚夫人，髡鉗，衣赭衣，令舂。召趙王如意。三反，相周昌曰：「高祖屬臣趙王，聞太后欲誅之，臣不敢遣。王亦病，不能奉詔。」太后怒，召昌至。復召趙王來。帝自迎入宮，挾與起居飲食。太后欲殺之，不得間。帝晨出射，趙王少，不能蚤起。太后使人持酖飲之。遂斷戚夫人手足，去眼，煇耳，飲瘖藥，使居廁中，命曰「人彘」。召帝觀，帝驚大哭，因病，歲餘不能起。使人謂太后曰：「此非人所爲。臣爲太后子，終不能治天下。」遂日飲爲淫樂，不聽政。

司馬公曰：爲人子者，父母有過則諫；諫而不聽，則號泣而隨之。若孝惠者，可謂篤於小仁而未知大誼也。

徙淮陽王友爲趙王。

春，正月，始城長安西北方。

戊申（前一九三）

二年。

冬，十月，齊王肥來朝。齊悼惠王來朝，飲太后前，帝以王兄也，置之上坐。太后怒，酌酖酒賜之。帝取欲飲，太后恐，自起泛之。齊王大恐，出獻城陽郡爲魯元公主湯沐邑。乃得歸。

春，正月，兩龍見蘭陵井中。

隴西地震。

夏，旱。

秋，七月，相國酇侯蕭何卒。以曹參爲相國。相國何病，上問曰：「君即百歲後，誰可代君？」對曰：「知臣莫如主。」帝曰：「曹參何如？」何頓首曰：「帝得之矣，臣死不恨。」七月，薨，謚曰文終。何置田宅，必居窮僻處，爲家，不治垣屋。曰：「後世賢，師吾儉；不賢，毋爲勢家所奪。」參聞何薨，告舍人趣治行。居無何，使者果召參。參去，屬其後相曰：「以齊獄市爲寄，慎勿擾也。」後相曰：「治無大於此者乎？」參曰：「獄市所以并容也。今擾之，姦人何所容乎？」始參微時，與何善。及爲將相，有隙。至何且死，所推賢唯參。參代何爲相，舉事無所變更，一遵何約束。擇吏木訥重厚長者，召爲丞相史。言文刻深，欲務聲名者，輒斥去之。日夜飲醇酒。賓客見參不事事，皆欲有言。參輒飲以醇酒，莫得關說。見人有細過，專掩匿覆蓋之，府中無事。參子窋爲中大夫。帝怪參不治事，使窋私問之。參怒笞窋曰：「趣入侍，天下事非若所當言也。」至朝時，帝讓參曰：「乃者我使諫君也。」參免冠謝曰：「陛下自察聖武孰與高帝？」上曰：「朕乃安敢望先帝。」「臣孰與蕭何賢？」上曰：「君似不及也。」參曰：「陛下言是也。高帝與蕭何定天下，法令既明，今陛下垂拱，參等守職，遵而勿失，不亦可乎？」帝曰：「善。」參爲相三年，百姓歌之曰：「蕭何爲法，較若畫一。曹參代之，守而勿失。載其清淨，民以寧壹。」

己酉（前一九二）

三年。

春，城長安。

與匈奴和親。匈奴冒頓方强，爲書遺高后，辭極褻嫚。后怒，議斬其使，發兵擊之。樊噲曰：「臣願得十萬衆横行匈奴中。」季布曰：「噲可斬也。前匈奴圍高帝於平城，漢兵三十二萬，噲爲上將軍，不能解圍。今歌吟未絶，傷夷甫起，而欲摇動天下，妄言以十萬衆横行，是面謾也。且夷狄譬如禽獸，得其善言不足喜，惡言不足怒也。」后曰：「善。」令報書遜謝，遺以車馬。冒頓復使來謝，曰：「未嘗聞中國禮義，陛下幸而赦之。」因獻馬，遂和親。

夏，五月，立閩越君摇爲東海王。都東甌。

庚戌（前一九一）

四年。

冬，十月，立皇后張氏。后，帝姊魯元公主女也，太后欲爲重親，故以配帝。

春，正月，舉民孝弟力田者，復其身。

夏，六月〔二〕，帝冠。

赦。

省法令妨民者。

除挾書律。

立原廟。帝以朝長樂宮，數蹕煩民，乃築複道武庫南。叔孫通諫曰：「此高帝月出遊衣冠之道也，子孫奈何乘宗廟道上行哉！」帝懼曰：「急壞之。」通曰：「人主無過舉。今已作，百姓皆知之矣。願陛下爲原廟於渭北，衣冠月出遊之，益廣宗廟，大孝之本。」乃詔有司立原廟。

司馬公曰：過者，人之所必不免也。古之聖王，患其不自知也，故設誹木，置諫鼓，豈畏百姓之聞其過哉！仲虺美成湯曰：「改過不吝。」傅説戒高宗曰：「無耻過作非。」是爲人君者，固不以無過爲賢，而以改過爲美也。今叔孫通乃教其君以文過遂非，豈不繆哉！

胡氏曰：天子七廟，致其誠敬足矣。又作原廟，則通之妄也。其曰：人主無過舉。作原廟，非過舉乎？使後世致隆於原廟而簡於太廟，則通説啓之矣。

宜陽雨血。

辛亥（前一九〇）

五年。

冬，雷。桃李華，棗實。

春，正月，城長安。

夏，大旱。江河水少，谿谷水絶。

秋，八月，相國平陽侯曹參卒。謚曰懿。

九月，長安城成。

壬子（前一八九）

六年。

冬，十月，以王陵爲右丞相，陳平爲左丞相。

夏，留侯張良卒。謚曰文成。以周勃爲太尉。

癸丑（前一八八）

七年。

春，正月，朔，日食。

夏，五月，日食，既。

秋，八月，帝崩。

太后使吕台、吕産將南、北軍。帝崩，太后哭泣不下。張良孫辟强謂陳平曰：「帝無壯子，太后畏君等。今請拜吕台、吕産爲將，居南、北軍，諸吕皆居中用事。如此，太后心安，君等脱禍矣。」從之。

諸呂權由此起。

九月，葬安陵。太子即位，太后臨朝稱制。初，太后命張皇后取他人子養之，而殺其母，以爲太子，至是即位。

高皇后呂氏元年。

甲寅(前一八七)

冬，十一月，太后以王陵爲帝太傅，陳平爲右丞相，審食其爲左丞相，任敖爲御史大夫。太后議欲立諸呂爲王，王陵曰：「高帝刑白馬盟曰：『非劉氏而王，天下共擊之。』」陳平、周勃曰：「高帝定天下，王子弟。今太后稱制，王諸呂，無所不可。」及退，陵讓平、勃曰：「始與高帝啑血盟，諸君不在邪！今欲阿意背約，何面目見高帝地下乎？」平、勃曰：「面折廷爭，臣不如君；全社稷，定劉氏之後，君亦不如臣。」於是太后以陵爲帝太傅，實奪之相權。陵遂病免歸。乃以平爲右丞相，審食其爲左丞相，不治事，令監宫中。食其故得幸於太后，公卿皆因而決事。太后怨趙堯，乃抵堯罪。任敖嘗爲沛獄吏，有德於太后，故以爲御史大夫。

胡氏曰：自已然論之，王陵之不如平、勃固也。使太后未崩，而平、勃先死，則如此言何哉？是亦僥幸而已矣。向使太后有議，而將相大臣皆以爲不可，太后亦安能獨行其意乎？平、勃許之，猶且數月，再遣張釋風喻大臣，而後乃王諸呂，則知向者平、勃阿意之罪大矣。故程子論之曰：「漢祖之與群臣，以力相勝而臣之耳。其臣之者，非心悦誠服而願爲之臣也。是以當此之時，無一人肯死節者。其後成功，亦幸而已。人臣之義，當以王陵爲正。」至哉言乎。

追尊父呂公爲宣王，兄澤爲悼武王。欲以王諸呂爲漸也。

春，正月，除三族罪、妖言令。

二月，置孝弟力田二千石者一人。

夏，四月，立張偃爲魯王。張敖子也。

封山、朝、武爲列侯，立彊爲淮陽王，不疑爲恒山王。皆太后所名孝惠子也。

立呂台爲呂王。太后使大謁者張釋風大臣。大臣乃請割齊之濟南郡爲呂國，立台爲王。

秋，桃李華。

乙卯（前一八六）

二年。

冬，十一月，呂王台卒。

春，正月，地震，武都山崩。

夏，五月，太后封齊王子章爲朱虚侯，令入宿衛。

六月，晦，日食。

恒山王不疑卒。

行八銖錢。

太后立山爲恒山王，更名義。

丙辰(前一八五)

三年。

夏，江、漢水溢。

秋，星晝見。

伊、洛、汝水溢。

丁巳(前一八四)

四年。

夏，四月，太后封女弟嬃爲臨光侯。

廢少帝，幽殺之。五月，立恒山王義爲帝，更名弘。以朝爲恒山王。少帝寖長，自知非皇后子，乃出言曰：「后殺吾母，我壯，即爲變。」太后幽之永巷中，謂羣臣曰：「帝病久，失惑昏亂，不能治天下，其代之。」羣臣頓首奉詔。遂廢，殺之。立義爲帝，不稱元年，以太后制天下事故也。

戊午(前一八三)

以曹窋爲御史大夫。

五年。

春，南越王佗反。有司請禁南越關市、鐵器。南越王曰：「此必長沙王計，欲倚中國擊滅南越而并王之，自爲功也。」遂自稱南越武帝，攻長沙，敗數縣而去。

秋，八月，淮陽王彊卒，太后立武爲淮陽王。

初令戍卒歲更。

己未(前一八二)

六年。

冬，十月，太后廢吕王嘉，立台弟産爲吕王。

春，星晝見。

匈奴寇狄道。

行五分錢。

庚申(前一八一)

七年。

冬，十二月，匈奴寇狄道。

春，正月，太后幽殺趙王友。友以諸吕女爲后，弗愛。女怒去，讒之太后曰：「王言『吕氏安得王。太后百歲後，吾必擊之。』」太后召至邸，餓死，以民禮葬之民冢次，是爲幽王。

日食，晝晦。太后見日食，惡之曰：「此爲我也。」

二月，太后徙梁王恢爲趙王，吕王産爲梁王。

秋，七月，立太爲濟川王。太后所名，孝惠子也。

封營陵侯澤爲琅邪王。將軍劉澤，高祖從祖昆弟，其妻吕顉女也。田生爲之説大謁者張卿曰：「諸吕之王也，大臣未服。今營陵侯澤，諸劉最長，王之，吕氏王益固矣。」張卿言之，乃割齊之琅邪郡封澤爲王。

趙王恢自殺，太后立吕禄爲趙王。趙王恢以吕産女爲后，王有愛姬，后酖殺之。王悲憤自殺。太后以爲用婦人棄宗廟禮，廢其嗣。使使告代王恒，欲徙王趙。代王謝，願守代邊。太后乃立兄子禄爲趙王。是時，諸吕擅權用事。朱虚侯章年二十，有氣力，忿劉氏不得職。嘗入侍燕飲，太后令爲酒吏。章自請曰：「臣將種也，請得以軍法行酒。」太后許之。酒酣，章爲耕田歌曰：「深耕穊種，立苗欲疏；非其種者，鉏而去之。」太后默然。頃之，諸吕有一人醉，亡酒，章追斬之，還報。左右皆大驚，業已許其軍法，無以罪也。自是諸吕憚之。

楊氏曰：余觀劉章言耕田事，及誅亡酒者，未嘗不爲之寒心也。使其由是以才見忌，而不得宿衛禁中，則後雖欲有爲，尚可得乎？然則其獲免而成功，亦幸而已。

陳平嘗燕居深念，陸賈往，直入坐，而平不見。陸生曰：「何念之深也！」平曰：「生揣我何念？」生曰：「足下極富貴，無欲矣。不過患諸呂、少主耳。」平曰：「然。奈何？」生曰：「天下安，注意相；天下危，注意將。將相和調，則士豫附；天下雖有變，權不分。爲社稷計，在兩君掌握耳。君何不交驩太尉。」因爲平畫呂氏數事。平用其計，兩人深相結，呂氏謀益衰。

九月，燕王建卒，太后殺其子，國除。

遣將軍周竈將兵擊南越。

辛酉（前一八〇）

八年。

冬，十月，太后立呂通爲燕王。

夏，江、漢水溢。

秋，七月，太后崩，遺詔産爲相國，禄女爲帝后，審食其爲帝太傅。初，太后祓，還過軹道，見物如蒼犬，來撠掖。卜之，云趙王如意爲祟。遂病掖傷。病甚，乃令禄爲上將軍，居北軍；産居南軍。誡曰：「我崩，大臣恐爲變。必據兵衛宫，慎毋送喪，爲人所制。」至是崩。

齊王襄發兵討諸呂。相國産使大將軍灌嬰擊之。嬰留屯滎陽，與齊連和。九月，太尉勃、丞相平、朱虚侯章誅産、禄及諸呂，齊王、灌嬰兵皆罷。諸呂欲爲亂，未敢發。朱虚侯以呂禄女爲婦，知其謀，陰告其兄齊王襄，令發兵西，己爲内應，以誅諸呂，立齊王爲帝。於是齊王發兵擊濟南，遣諸侯王書，陳諸呂罪。産等遣灌嬰將兵擊之。嬰至滎陽，謀曰：「諸呂欲危劉氏。今我破齊，是益其資也。」乃諭齊王與連和，以待吕氏變，共誅之。齊王乃還兵西界待約。時太尉勃不得主兵，酈商老病，其子寄與禄善。平、勃使人劫商，令寄紿説禄曰：「高帝與吕后共定天下，劉氏所立九王，吕氏所立三王，皆大臣之議，諸侯亦以爲宜。今太后崩，帝少，而足下不急之國，乃將兵留此，爲大臣諸侯所疑。何不歸將印，以兵屬太尉，請梁王歸相印，與大臣盟而之國。齊兵必罷，足下高枕而王千里，此萬世之利也。」禄然其計，諸吕老人或以爲不便，猶豫未決。九月，平陽侯窋見産，會郎中令賈壽使從齊來，且以灌嬰與齊、楚合從告産，且趣産急入宫。窋聞其語，馳告平、勃。勃欲入北軍，不得，乃令襄平侯紀通持節矯内勃北軍。復令寄説禄解印以兵授勃。勃入軍門，令曰：「爲吕氏右袒，爲劉氏左袒。」軍中皆左袒。然尚有南軍。平乃召朱虚侯章佐勃，勃令章監軍門，令窋告衛尉，毋入産殿門。産欲入宫爲亂，至殿門，弗得入，徘徊往來。勃尚恐不勝，未敢公言誅之，乃謂章曰：「急入宫衛帝。」予卒千餘人。入宫門，擊産殺之。帝遣謁者持節勞章。章欲奪其節，不得，則從與載，因節信馳斬長樂衛尉吕更始。還報勃，勃起拜賀。遂遣人分部悉捕諸吕男女，無少長皆斬之，而廢魯王張偃。遣章告齊王罷兵，灌嬰兵亦罷歸。

班固曰：孝文時，天下以酈寄爲賣友。夫賣友者，謂見利而忘義也。若寄父爲功臣而又執劫，雖摧吕禄以安社稷，誼存君親可也。

楊氏曰：諸吕擅兵，謀危劉氏，忠臣所共切齒。寄乃與之友善，而商亦莫之禁也。雖摧吕禄，乃以劫而後從，功亦不足以贖其罪矣。賣友與否，非所論也。

胡氏曰：太尉左袒之令非也。有如軍士不應，或皆右袒，或參半焉，則如之何？故程子謂是時直當驅之以義而已，不當問其從不從也。況將之於軍，如臂之於指，其爲劉氏與不爲劉氏，非惟不當問，亦不必問也。

諸大臣迎立代王恒。後九月，至，即位，誅呂后所名孝惠子弘等，赦。諸大臣謀曰：「少帝及諸王，皆非真孝惠子也，呂后詐名他人子而立之，以强呂氏。即長，用事，吾屬無類矣。」或言：「齊王，高帝長孫，可立。」大臣皆曰：「呂氏幾危宗廟，今齊王舅駟鈞，虎而冠，即立齊王，復爲呂氏矣。代王，高帝子最長，仁孝寬厚，太后家薄氏謹良。」乃召代王。代郎中令張武等曰：「漢大臣習兵，多詐，願稱疾毋往，以觀其變。」中尉宋昌曰：「秦失其政，豪桀並起，卒踐天子之位者，劉氏也，天下絶望，一矣；高帝封王子弟，地犬牙相制，此所謂磐石之宗也，天下服其强，二矣；除秦苛政，約法令，施德惠，人人自安，難動揺，三矣。夫以呂太后之嚴，立三王，擅權制，然而太尉以一節入北軍，一呼，士皆左袒，此乃天授，非人力也。今大臣雖欲爲變，百姓弗爲使，故因天下之心而欲迎立大王，大王勿疑也。」於是王遣太后弟昭往見勃，勃等具爲昭言所以迎立王意。昭還報，王乃命昌參乘，武等六人乘傳，從詣長安。至渭橋，羣臣拜謁稱臣，王下車答拜。太尉勃進曰：「願請間。」昌曰：「所言公，公言之；所言私，王者無私。」勃乃跪上天子璽、符。王謝曰：「至邸而議之。」後九月，晦。至邸，丞相平等皆再拜言曰：「子弘等皆非孝惠帝子，不當奉宗廟。大王，高帝長子，宜爲嗣。願大王即天子位。」王西鄉讓者三，南鄉讓者再，遂即位。章弟東牟侯興居請除宫。乃與太僕滕公入宫，載少帝出。奉法駕迎帝，即夕入未央宫。夜，拜宋昌爲衛將軍，鎮撫南、北軍；以張武爲郎中令，行殿中。有司分部誅少帝及諸王於邸。帝還坐前殿，夜，下詔書赦天下。

壬戌(前一七九)

太宗孝文皇帝元年。

冬，十月，徙琅邪王澤爲燕王，封趙幽王子遂爲趙王。

以陳平爲左丞相，周勃爲右丞相，灌嬰爲太尉，論功益户有差。陳平謝病曰：「高祖時，勃功不如臣；及誅諸吕，臣功不如勃，願以右丞相讓勃。」勃從之。勃朝罷趨出，意得甚，上禮之恭，常目送之。郎中袁盎進曰：「丞相何如人也？」上曰：「社稷臣。」盎曰：「丞相，功臣，非社稷臣。夫社稷臣，主在與在，主亡與亡。方吕后時，劉氏不絶如帶。時丞相本兵柄，不能正。吕后崩，大臣共誅諸吕，丞相適會其成功。今丞相如有驕主色，而陛下謙讓，臣主失禮，竊爲陛下弗取也。」後朝，上益莊，丞相益畏。

十二月，除收帑相坐律令。詔曰：「法者，治之正也。今犯法已論，而使無罪之父母、妻子、同産坐之，及爲收帑，朕甚不取。其除收帑諸相坐律令。」

春，正月，立子啓爲皇太子。有司請蚤建太子。上曰：「朕既不德，縱不能博求天下賢聖有德之人而禪天下焉，而曰豫建太子，是重吾不德也。其安之。」有司曰：「豫建太子，所以重宗廟、社稷，不忘天下也。」上曰：「楚王，季父也，春秋高，閲天下之義理多矣，明於治國家之體。吴王，兄也；淮南王，弟也；皆秉德以陪朕，豈不豫哉。今不選舉焉，而曰必子，人其以朕爲忘賢有德者而專於子，非所以憂天下也。」有司固請曰：「古者殷、周有國，治安皆千餘歲，用此道也。立嗣必子，所從來遠矣。高帝平天下爲太祖，子孫繼嗣，世世不絶。今釋宜建，而更選於諸侯及宗室，非高帝之志也。更議不宜。子啓最長，純厚慈仁，請建以爲太子。」上乃許之。

二月，立竇氏爲皇后。后，太子母也，故立之。后弟廣國，與兄長君厚賜田宅，家於長安。周勃、灌嬰等曰：「吾屬不死，命且縣此兩人。兩人所出微，不可不爲擇師傅、賓客。又復效呂氏，大事也。」於是乃選士之有節行者與居，兩人由此爲退讓君子，不敢以尊貴驕人。

詔定振窮養老之令。詔曰：「方春和時，草木羣生皆有以自樂，而吾百姓鰥寡孤獨或阽於危亡，而莫之省憂。爲民父母將何如？其議所以振貸之。」又曰：「老者非帛不煖，非肉不飽。今歲首，不時使人存問長老，又無布帛酒肉之賜，將何以佐天下子孫孝養其親哉？具爲令。」有司請八十已上，月賜米肉酒，九十已上，加帛絮。長吏閱視，丞若尉致。二千石遣都吏循行，不稱者督之。刑者及有罪耏以上，不用此令。

楚王交卒。謚曰元。

夏，四月，齊、楚地震，山崩，大水潰出。

令四方毋來獻。時有獻千里馬者。帝曰：「鸞旗在前，屬車在後，吉行日五十里，師行三十里。朕乘千里馬，獨先安之？」於是還其馬，與道里費。而下詔曰：「朕不受獻也。其令四方毋求來獻。」

封宋昌爲壯武侯。帝既施惠天下，諸侯四夷遠近驩洽，乃修代來功，封宋昌爲壯武侯。

胡氏曰：文帝修代來功，在三時之後。又所侯者，纔宋昌一人，此可以爲後法矣。後世有自藩王入繼大統者，汲汲施恩於其故邸之屬，每加隆焉，曾不知其示不廣於天下也。

秋，八月，右丞相勃免。帝益明習國家事。朝而問右丞相勃曰：「天下一歲決獄幾何？」勃謝不知。又問：「一歲錢穀入幾何？」勃又謝不知，惶愧，汗出沾背。上問左丞相平，平曰：「有主者。」上曰：「謂誰？」平曰：「陛下即問決獄，責廷尉；問錢穀，責治粟内史。」上曰：「然則君所主者何事也？」平謝曰：「陛下不知其駑下，使待罪宰相。宰相者，上佐天子，理陰陽，順四時；下遂萬物之宜。外鎮撫四夷諸侯；内親附百姓，使卿大夫各得任其職焉。」帝乃稱善。勃大慚，出讓平曰：「君獨不素教我對。」平笑曰：「君居其位，不知其任邪？且陛下即問長安中盗賊數，君欲强對邪？」於是勃自知其能不如平遠矣。人或説勃曰：「君既誅諸吕，立代王，威震天下。而久處尊位，禍及身矣。」勃亦自危，乃謝病免。平專爲丞相。

遣太中大夫陸賈使南越。南越王佗稱臣奉貢。初，隆慮侯竈擊南越，會暑濕，大疫，不能踰嶺。趙佗因此以兵威財物賂遺閩越、西甌、駱，役屬焉。東西萬餘里，乘黄屋左纛，稱制與中國侔。帝乃爲佗親冢在真定者置守邑，歲時奉祀；召其昆弟厚賜之。復使陸賈使南越，賜佗書曰：「朕，高皇帝側室子也，向棄外，奉北藩于代。道里遼遠，壅蔽樸愚，未嘗致書。高皇帝棄羣臣，孝惠皇帝即世；高后自臨事，不幸有疾，諸吕爲變，賴功臣之力，誅之已畢。朕以王侯吏不釋之故，不得不立。乃者，聞王遺將軍隆慮侯書，求親昆弟，請罷長沙兩將軍。朕以王書罷將軍博陽侯；親昆弟在真定者，已遣人存問，修治先人冢。前日聞王發兵於邊，爲寇不止。長沙苦之，南郡尤甚。雖王之國，庸獨利乎！必多殺士卒，傷良將吏，寡人之妻，孤人之子，獨人父母，得一亡十，朕不忍爲也。得王之地，不足以爲大；得王之財，不足以爲富。服領以南，王自治之。雖然，王之號爲帝。兩帝並立，亡一乘之使以通其道，是爭也。爭而不讓，仁者不爲也。願與王分棄前惡，終今以來，通使如故。」賈至南越。佗恐，頓首謝罪，願奉明詔，長爲藩臣，奉貢職。下令國中曰：「兩雄不俱立，兩賢不並世。漢皇帝，賢天子。今去帝制、黄屋、左纛。」因爲書，稱：「蠻夷大長、老夫臣佗昧死再拜上書皇帝陛下：老夫，故越吏也，高皇帝幸賜臣佗璽，以爲南越王。孝惠皇帝義不忍絶，所賜老夫者厚甚。高后用事，別異蠻夷，出令曰：『毋與蠻夷越金鐵、田器，馬牛羊。即予，予牡，毋與牝。』老夫處僻，馬牛羊齒已長。自以祭祀不修，有死罪。使内史藩、中尉高、御史平凡三輩上書謝過，皆不反。又風聞父母墳墓已壞削，兄弟宗族已誅論。吏相與議曰：『今内不得振於漢，外亡以自高異。』故更號爲帝，自帝其國，非敢有害於天下。高皇后聞之，大怒，削去南越之籍，使使不通。老夫竊疑長沙王讒臣，故發兵以伐其邊。老夫處越四十九年，于今抱孫焉。然夙興夜寐，寢不安席，食不甘味，目不視靡曼之色，耳不聽鍾鼓之音者，以不得事漢也。今陛下幸憐，復故號，通使漢如故。老夫死，骨不腐。改號，不敢爲帝矣。」

召河南守吳公爲廷尉，以賈誼爲太中大夫。上聞河南守吳公治平爲天下第一，召以爲廷尉。吳公薦洛陽人賈誼，帝召以爲博士。時年二十餘。一歲中，超遷至太中大夫。請改正朔，易服色，定官名，興禮樂，以立漢制，更秦法。帝謙讓未遑也。

癸亥（前一七八）

二年。

冬，十月，丞相曲逆侯陳平卒。謚曰獻。

詔列侯之國。上曰：「古者諸侯各守其地，民不勞苦。今列侯居長安，吏卒給輸費苦，而列侯亦無由教訓其民。其各之國。」

十一月，以周勃爲丞相。

是月晦，日食。詔舉賢良方正能直言極諫者。詔曰：「人主不德，天示之災以戒不治。朕下不能治育羣生，上以累三光之明，不德大矣。令至，其悉思朕之過失，及知見之所不及，匄以啓告朕。及舉賢良方正能直言極諫者，以匡朕之不逮。因各敕以職任，務省繇費以便民。罷衛將軍，太僕見馬遺財足，餘皆以給傳置。」

潁陰侯騎賈山上書曰：「臣聞雷霆之所擊，無不摧折者；萬鈞之所壓，無不糜滅者。今人主之威，非特雷霆也；勢重，非特萬鈞也。開道而求諫，和顔色而受之，用其言而顯其身，士猶恐懼而不敢自盡；又況於縱欲恣暴、惡聞其過乎！昔者周蓋千八百國，以九州之民養千八百國之君，君有餘財，民有餘力，而頌聲作。秦皇帝以千八百國之民自養，力罷不能勝其役，財盡不能勝其求。身死纔數月耳，天下四面而攻之，宗廟滅絶矣。秦皇帝居滅絶之中而不自知者，何也？亡養老之義，亡輔弼之臣；退誹謗之人，殺直諫之士。是以道諛媮合苟容，比其德則賢於堯舜，課其功則賢於湯武；天下已潰，而莫之告也。今陛下使天下舉賢良方正之士，天下之士莫不精白以承休德。乃直與之馳驅射獵，一日再三出。

臣恐朝廷之解弛，百官之墮於事也。陛下節用愛民，平獄緩刑，天下莫不説喜。臣聞山東吏布詔令，民雖老羸癃疾，扶杖而往聽之，願少須臾毋死，思見德化之成也。今功業方就，名聞方昭，四方鄉風而從，豪俊之臣，方正之士，直與之日日獵射，擊兔伐狐，以傷大業，絶天下之望，臣竊悼之。古者大臣不得與宴游，使皆務其方，以高其節，則羣臣莫敢不正身修行，盡心以稱大禮。夫士，修之於家而壞之於天子之廷，臣竊愍之。陛下與衆臣宴游，與大臣、方正朝廷論議，游不失樂，朝不失禮，議不失計，軌事之大者也。」上嘉納其言。

上每朝，郎、從官上書疏，未嘗不止輦受其言，言不可用，置之；言可用，采之，未嘗不稱善。

帝從霸陵上欲西馳下峻阪。中郎將袁盎騎，並車擥轡。上曰：「將軍怯邪？」盎曰：「臣聞『千金之子，坐不垂堂。』聖主不乘危，不徼幸。今陛下騁六飛馳下峻山，有如馬驚車敗，陛下縱自輕，奈高廟、太后何？」上乃止。上所幸慎夫人，在禁中常與皇后同席坐。及幸上林，布席，盎引却慎夫人坐。夫人怒，上亦怒。盎因前説曰：「臣聞尊卑有序則上下和。今已立后，夫人乃妾，妾主豈可與同坐哉！且陛下獨不見『人彘』乎！」上説，語夫人。賜盎金五十斤。

春，正月，親耕籍田。賈誼説上曰：「一夫不耕，或受之飢；一女不織，或受之寒。生之有時而用之亡度，則物力必屈〔三〕。古之治天下，至纖至悉，故其畜積足恃。今背本而趨末者甚衆，淫侈之俗，日日以長，生之者甚少而靡之者甚多，天下財産何得不蹷！即不幸有方二三千里之旱，國胡以相恤？卒然邊境有急，數十百萬之衆，國胡以餽之？兵旱相乘，天下大屈，有勇力者聚徒而衡擊，遠方之能僭擬者並舉而爭起矣。乃駭而圖之，豈將有及乎！夫積貯者，天下之大命也。苟粟多而財有餘，何爲而不成！以攻則取，以守則固，以戰則勝，懷敵附遠，何招而不至！今敺民而歸之農，皆著於本。使天下各食其力，末技游食之民轉而緣南畮，則畜積足而人樂其所矣。」上感誼言，詔曰：「夫農者，天下之本也。其開籍田，朕親率耕以給宗廟粢盛。」

三月，立趙幽王子辟强爲河間王，朱虚侯章爲城陽王，東牟侯興居爲濟北王，子武爲代王，參爲太原王，揖爲梁王。有司請立皇子爲諸侯王。詔先立河間、城陽、濟北王，然後立皇子。

除誹謗妖言法。詔曰：「古之治天下，朝有進善之旌，誹謗之木，所以通治道而來諫者也。今法有誹謗妖言之罪，是使衆臣不敢盡情，而上無由聞過失也。將何以來遠方之賢良！其除之。」

秋，九月，賜天下今年田租之半。詔曰：「農，天下之大本也，民所恃以生也。而民或不務本而事末，故生不遂。朕今親率羣臣農以勸之，其賜天下民今年田租之半。」

甲子（前一七七）

三年。

冬，十月，晦，日食。十一月，晦，又食。

丞相絳侯勃免就國。詔曰：「前遣列侯之國，或辭未行。丞相，朕之所重，其爲朕率列侯之國。」

以灌嬰爲丞相，罷太尉官。

淮南王長來朝，殺辟陽侯審食其。初，趙王敖獻美人於高祖，得幸，有娠。及貫高事發，美人亦坐繫。美人弟因審食其言呂后，呂后妒，弗肯白。美人已生子，恚，即自殺。吏奉其子詣上，上悔之，封以爲淮南王。王蚤失母，附呂后，故呂后時得無患。而常怨食其，以爲不强爭之，使其母恨而死也。及上即位，驕蹇不奉法，上常寬假之。是歲入朝，往見食其，自袖鐵椎椎殺之，馳走闕下，肉袒謝罪。帝傷其志爲親，故赦弗治。以此歸國益驕恣，警蹕稱制，擬於天子。袁盎諫曰：「諸侯太驕，必生患。」上不聽。

夏，五月，匈奴入寇。帝如甘泉，遣丞相嬰將兵擊走之。遂如太原。濟北王興居反，遣大將軍柴武擊之。秋，七月，還宮。八月，興居兵敗，自殺。初，誅諸呂，朱虛侯功尤大，大臣許以趙王章，以梁王興居。帝聞其初欲立齊王，故絀其功，割齊二郡以王之。興居自以失職奪功，頗怏怏。聞帝幸太原，以爲天子且自擊胡，遂發兵反。帝遣柴武擊之，兵敗，自殺。

胡氏曰：劉章忠勇，著於平、勃之前，而功亦不在平、勃之下。文帝以其欲立齊王而絀之，大臣又無開陳，使盛德之主終負疵議，惜哉！

以張釋之爲廷尉。釋之初爲騎郎，十年不得調。袁盎薦之，爲謁者。朝畢，因前言事，上曰：「卑之，毋甚高論，令今可行也。」釋之乃言秦、漢間得失，上説，拜謁者僕射。從行登虎圈，上問上林尉諸禽獸簿。尉不能對。虎圈嗇夫從旁代尉對，甚悉，欲以觀其能，口對響應無窮者。帝曰：「吏不當若是邪！」詔釋之拜嗇夫爲上林令。釋之久之前，曰：「陛下以周勃、張相如何如人也？」上曰：「長者。」釋之曰：「此兩人言事曾不能出口，豈效此嗇夫喋喋利口捷給哉！且秦以任刀筆之吏，爭以亟疾苛察相高，其敝徒文具而無實，不聞其過，陵遲至於土崩。今陛下以嗇夫口辯而超遷之，臣恐天下隨風而靡，爭爲口辯而無其實。夫下之化上，疾於景響，舉錯不可不審也。」帝曰：「善。」就車召使參乘。徐行，問秦之敝。拜公車令。頃之，太子與梁王共車入朝，不下司馬門，釋之追止之，劾不敬。薄太后聞之，帝免冠謝：「教兒子不謹。」后乃使使承詔赦太子、梁王，然后得入。帝由是奇釋之，拜爲中大夫。從至霸陵，上謂羣臣曰：「以北山石爲椁，用紵絮斮陳漆其間，豈可動哉！」左右皆曰：「善。」釋之曰：「使其中有可欲者，雖錮南山猶有隙；使其中無可欲者，雖無石椁又何戚焉？」帝稱善。是歲爲廷尉。上行出中渭橋，有一人從橋下走，乘輿馬驚。捕屬廷尉。釋之奏：「犯蹕，當罰金。」上怒。釋之曰：「法者，天子所與天下公共也。今法如是更重之，是法不信於民也。且方其時，上使使誅之則已。今已下廷尉，廷尉，天下之平也。壹傾，天下用法皆爲之輕重，民安所錯其手足！唯陛下察之。」上良久曰：「廷尉當是也。」其後人有盜高廟坐前玉環，得，下廷尉治。釋之奏當棄市。上大怒曰：「人無道，乃盜先帝器。吾欲致之族，而君以法奏之，非吾所以共承宗廟意也。」釋之免冠頓首謝曰：「法如是足也。今盜宗廟器而族之，有如萬分一，假令愚民取長陵一抔土，陛下且何以加其法乎？」帝乃白太后許之。

楊氏曰：釋之之論犯蹕，其意善矣。兼曰方其時上使人誅之則已，則是開人主妄殺人之端也。既曰法者，天子所與天下公共，則犯法者，天子必付之有司以法論之，安得越法而擅誅乎？

乙丑（前一七六）

四年。

冬，十二月，丞相嬰卒。以張蒼爲丞相。蒼好書，博聞，尤邃律曆。

召河東守季布至，罷歸郡。上召河東守季布，欲以爲御史大夫。有言其使酒難近者。至，留邸一月，見罷。布因進曰：「臣無功竊寵，待罪河東。陛下無故召臣，此人必有以臣欺陛下者。今臣至，無所受事罷去，此人必有毀臣者。夫以一人之譽而召臣，以一人之毀而去臣，臣恐天下有識聞之，有以闚陛下之淺深也。」上默然，慚，良久曰：「河東，吾股肱郡，故特召君耳。」

以賈誼爲長沙王太傅。上議以賈誼任公卿之位。大臣多短之曰：「年少初學，專欲擅權，紛亂諸事。」上於是疏之，不用其議，以爲長沙王太傅。

下絳侯周勃廷尉獄，既而赦之。周勃既就國，每河東守尉行縣至絳，勃恐誅，常被甲，令家人持兵以見之。人有告勃欲反，下廷尉，逮治。勃恐，不知置辭。吏稍侵辱之。勃以千金與吏，吏乃書牘背示之曰：「以公主爲證。」公主者，帝女也，勃太子勝之尚之。薄太后亦謂帝曰：「絳侯始誅諸吕，綰皇帝璽，居北軍，不以此時反，今居一小縣，顧欲反耶！」帝亦見勃獄辭，乃使使持節赦之，復爵邑。勃既出，曰：「吾嘗將百萬軍，然安知獄吏之貴乎！」

作顧成廟。

丙寅(前一七五)

五年。

春，二月，地震。

胡氏曰：文帝之時，有此大異，何也？曰：天地之變非一端也，盡以爲人事致之，則牽合附會，泥而不通；盡以爲氣數適然，則古人修德正事，反灾爲祥者，亦不少矣。要之爲天下主，父天母地，父母震怒，聲色異常，人子當祗栗恐懼，思所以平格。不當指爲情性所發而遂已也。文帝之時，雖有此異，然帝方躬修德化，節用愛人，此其所以雖有此異，而無其應歟！

夏，四月，更造四銖錢，除盜鑄令。初，秦用半兩錢，高祖嫌其重，更鑄莢錢。於是物價騰踊，米石萬錢。至是更造四銖錢，除盜鑄錢令。賈誼諫曰：「法使天下公得鑄錢，敢雜以鉛鐵者，其罪黥。然鑄錢非殽雜爲巧，則不可得贏；而殽之甚微，爲利甚厚。夫事有召禍而法有起姦。今令細民人操造幣之勢，各隱屏而鑄作，因欲禁其厚利微姦，雖黥罪日報，其勢不止。夫縣法以誘民，使入陷阱，孰多於此！又民用錢，郡縣不同，吏急而壹之乎？則大爲煩苛而力不能勝，縱而弗呵乎？則市肆異用，錢文大亂。苟非其術，何鄉而可哉！今農事棄捐，而采銅者日蕃，姦錢日多，善人怵而爲姦邪，愿民陷而之刑戮。國知患此，吏議必曰『禁之』。禁之，則錢必重，重則其利深，盜鑄如雲而起，棄市之罪又不足以禁矣。姦數不勝而法禁數潰，銅使之然也。不如收之。」賈山亦諫，以爲：「錢者，亡用器也，而可以易富貴。富貴者，人主之操柄也。令民爲之，是與人主共操柄，不可長也。」皆不聽。時太中大夫鄧通方寵幸，上欲其富，賜之蜀嚴道銅山，使鑄錢。吴王濞有豫章銅山，招致天下亡命者以鑄錢，東煑海水爲鹽，以故無賦而國用饒足。於是吴、鄧錢布天下。

徙代王武爲淮陽王。

丁卯（前一七四）

六年。

冬，十月，桃李華。

淮南王長謀反，廢，徙蜀，道死。淮南王長自作法令行於其國，逐漢所置吏，請自置相。帝曲意從之。又擅刑殺不辜及爵人至關内侯，數上書不遜順。帝重自切責之，乃令薄昭與書引管、蔡、興居以爲儆戒。王不説。謀反事覺，召至長安。丞相、御史、宗正、廷尉奏：「長罪當棄市。」赦，徙處蜀，載以輜車，縣次傳之。袁盎諫曰：「上素驕淮南王，弗爲置嚴傅、相，以故至此。今暴摧折之，臣恐卒逢霧露病死，陛下有殺弟之名，奈何？」上曰：「吾特苦之耳，今復之。」王果憤恚不食死。雍令發封，以死聞。上哭甚悲，逮考諸縣傳送不發封餽侍者，皆棄市。謚曰厲王，以列侯葬雍，置守冢三十户。

匈奴冒頓死，子老上單于立，復請和親。初，冒頓遺漢書曰：「前時，皇帝言和親事，稱書意，合歡。漢邊吏侵侮右賢王，王與相距。絶二主之約，離兄弟之親，故罰使西擊月氏。以天之福，盡夷滅降下之，及其旁二十六國，皆已爲匈奴，諸引弓之民并爲一家，北州以定。願休兵養馬，除前事，復故約，以安邊民。」帝報書曰：「單于欲復故約，朕甚嘉之。此古聖王之志也。漢與匈奴約爲兄弟，所以遺單于甚厚。倍約、離兄弟之親者，常在匈奴。然右賢王事已在赦前，單于勿深誅。單于若稱書意，明告諸吏，使無負約，有信，敬如單于書。」至是，冒頓死，子老上單于立，帝復遣宗室女翁主爲單于閼氏，使宦者中行説傅翁主。説不欲行，强使之。説至，降單于，甚親幸。説曰：「匈奴人衆不能當漢之一郡，然所以强者，以衣食異，無仰於漢也。今變俗，好漢物。漢物不過什二，則匈奴盡歸於漢矣。」其得繒絮，以馳草棘中，皆裂敝，以示不如旃裘之完善也；得漢食物，皆去之，以示不如湩酪之便美也。教單于左右疏記，以計課其人畜。遺漢書牘及印封，皆令長大，倨傲其辭，自稱「天地所生、日月所置、匈奴大單于。」

以賈誼爲梁王太傅。

誼上疏曰：「臣竊惟今之事勢，可爲痛哭者一，可爲流涕者二，可爲長太息者六，若其他背理而傷道者，難徧以疏舉。進言者皆曰天下已安已治矣，臣獨以爲未也。曰安且治者，非愚則諛，皆非事實知治亂之體者也。夫抱火厝之積薪之下而寢其上，火未及然，因謂之安；方今之勢，何以異此！夫樹國固必相疑之勢，下數被其殃，上數爽其憂，甚非所以安上而全下也。臣竊迹前事，大抵强者先反。長沙乃二萬五千户耳，功少而最完，勢疏而最忠，非獨性異人也，亦形勢然也。曩令樊、酈、絳、灌據數十城而王，今雖以殘亡可也；令信、越之倫列爲徹侯而居，雖至今存可也。然則天下之大計可知已：欲諸王之皆忠附，則莫若令如長沙王；欲臣子勿菹醢，則莫若令如樊、酈等；欲天下之治安，莫若衆建諸侯而少其力。力少則易使以義，國小則亡邪心。令海内之勢，如身之使臂，臂之使指，莫不制從，諸侯之君不敢有異心，輻湊並進而歸命天子。割地定制，令齊、趙、楚各爲若干國，使其子孫以次受之。分地衆而子孫少者，建以爲國，空而置之，須其子孫生者舉使君之。一寸之地，一人之衆，天子亡所利焉，誠以定治而已。天下之勢方病大瘇，一脛之大幾如要，一指之大幾如股，平居不可屈伸，失今不治，必爲錮疾。可痛哭者，此病是也。天下之勢方倒縣。凡天子者，天下之首也。蠻夷者，天下之足也。今匈奴嫚侮侵掠，而漢歲致金絮采繒以奉之。夷狄徵令，主上共貢，足反居上，首顧居下，倒縣如此，莫之能解，猶爲國有人乎？可爲流涕者此也。今不獵猛敵而獵田彘，不搏反寇而搏畜菟，翫細娛而不圖大患，德可遠施，威可遠加，而直數百里外，威令不伸。可爲流涕者此也。今帝之身自衣皁綈，而富民墻屋被文繡；天子之后以緣其領者，庶人孽妾以緣其履。此臣所謂舛也。夫百人作之不能衣一人，欲天下亡寒，胡可得也？一人耕之，十人聚而食之，欲天下亡飢，不可得也。飢寒切於民之肌膚，欲其亡爲姦邪，不可得也。可爲長太息者此也。商君遺禮義，棄仁恩，并心於進取。行之二歲，秦俗日敗。故家富子壯則出分，家貧子壯則出贅。借父耰鉏，慮有德色；母取箕箒，立而誶語；抱哺其子，與公併倨；婦姑不相說，則反脣而相稽。其慈子耆利，不同禽獸者亡幾耳。今其遺風餘俗，猶尚未改，棄禮義，捐廉耻，日甚月異而歲不同矣。今其甚者，殺父兄矣。而大臣特以簿書不報、期會之間以爲大故，至俗流失，世壞敗，因恬而不知怪，以爲是適然耳。夫移風易俗，使天下回心而鄉道，類非俗吏之所能爲也。俗吏之所務，在於刀筆筐篋而不知大體。陛下又不自憂，竊爲陛下惜之。筦子曰：『禮義廉耻，是謂四維。四維不張，國乃滅亡。』是豈可不爲寒心哉！豈如今定經制，令君君臣臣，上下有差；父子六親各得其宜。此業一定，世世常安，而後有所持循矣。若夫經制不定，是猶度江河亡維楫，中流而遇風波，船必覆矣。可爲長太息者此也。夏、殷、周爲天子，皆數十世。秦爲天子，二世而亡。人性不甚相遠也，何三代之君有道之長，而秦無道之暴也？古之王者，太子乃生，固舉以禮，有司齊肅端冕，見之南郊。過闕則下，過廟則趨。故自爲赤子而教固已行矣。孩提有識，三公、三少明孝仁禮義以道習之，逐去邪人，不使見惡行。選天下之端士，有道術者使與居處。故太子乃生而見正事，聞正言，行正道，左右前後皆正人也。夫習與正人居之，不能毋正，猶生長於齊不能不齊言也。習與不正人居之，不能毋不正，猶生長於楚不能不楚言也。孔子曰：『少成若天性，習貫如自然。』習與智長，故切而不愧；化與心成，故中道若性。夫三代之所以長久者，以其輔翼太子有此具也。秦使趙高傅胡亥而教之獄，所習者非斬、劓人，則夷人之三族也。故今日即位而明日射人，忠諫者謂之誹謗，深計者謂之妖言，其視殺人若艾草菅然。豈惟胡亥之性惡哉？彼其所以道之者，非其理故也。鄙諺曰：『前車覆，後車誡。』天下之命，縣於太子。太子之善，在於早諭教與選左右。夫心未濫而先諭教，則化易成也。教得而左右正，則太子正而天下定矣。凡人之智，能見已然，不能見將然。夫禮者禁於將然之前，而法者禁於已然之後，是故法之所爲用易見，而禮之所爲生難知也。若夫慶賞以勸善，刑罰以懲惡。先王執此之政，堅如金石；行此之令，信如四時；據此之公，無私如天地，豈顧不用哉？然而曰禮云禮云者，貴絶惡於未萌，而起教於微眇，使民日遷善遠罪而不自知也。蓋世主欲民之善同，而所以使民善者異。或道之以德教，或毆之以法令。道之以德教者，德教洽而民氣樂；毆之以法令者，法令極而民風哀。哀樂之感，禍福之應也。夫人之置器，置諸安處則安，置諸危處則危。天下，大器也，在天子之所置之。湯、武置天下於仁義禮樂，累子孫數十世，此天下所共聞也。秦王置天下於法令刑罰，禍幾及身，子孫誅絶，此天下之所共見也。是非其明效大驗邪！人之言曰：『聽言之道，必以其事觀之，則言者莫敢妄言。』今或言禮誼之不如法令，教化之不如刑罰，人主胡不引殷、周、秦事以觀之也？ 人主之尊譬如堂，羣臣如陛，衆庶如地。 故陛九級上，廉遠地，則堂高；陛無級，廉近地，則堂卑。 高者難攀，卑者易陵，理勢然也。 故古者聖王制爲等列，内有公卿、大夫、士，外有公侯伯子男，然後有官師、小吏，延及庶人，等級分明，而天子加焉，故其尊不可及也。 諺曰：『欲投鼠而忌器。』此善諭也。 鼠近於器，尚憚不投，恐傷其器，况於貴臣之近主乎！ 廉耻節禮以治君子，故有賜死而亡戮辱，是以黥劓之罪不及大夫。 禮：不敢齒君之路馬，蹵其芻者有罰，所以爲主上豫遠不敬也。 今自王侯三公之貴，皆天子之所改容而禮之者也，古之所謂伯父、伯舅也。 而令與衆庶同黥、劓、髡、刖、棄市之法，然則堂不無陛虖？ 被戮辱者不泰迫虖？ 廉耻不行，大臣無乃握重權、大官而有徒隸無耻之心虖？ 夫望夷之事，二世見當以重法者，投鼠而不忌器之習也。 臣聞之，履雖鮮不加於枕，冠雖敝不以苴履。 夫已嘗在貴寵之位，天子改容而禮貌之矣，吏民嘗俯伏以敬畏之矣。 今而有過，帝令廢之可也，退之可也，賜之死可也，滅之可也。 若夫束縛之，係緤之，輸之司寇，編之徒官，小吏詈罵而榜笞之，殆非所以令衆庶見也。 夫卑賤者習知尊貴者之一旦吾亦乃可以加此也，非所以尊尊貴貴之化也。 古者大臣有坐不廉而廢者，曰『簠簋不飾』； 坐汙穢淫亂者，曰『帷薄不修』； 坐罷軟不勝任者，曰『下官不職』。 故貴大臣定有罪矣，猶未斥然正以呼之也，尚遷就而爲之諱也。 其在大譴大何之域者，則白冠氂纓，盤水加劍，造請室而請罪耳，不執縛係引而行也。 其有中罪者，聞命而自弛，上不使人頸盭而加也。 其有大罪者，北面再拜，跪而自裁，上不使人捽抑而刑之也，曰：『子大夫自有過耳！ 吾遇子有禮矣。』遇之有禮，故羣臣自憙； 嬰以廉耻，故人矜節行。 化成俗定，則爲人臣者，皆顧行而忘利，守節而伏義，故可以託不御之權，可以寄六尺之孤。此厲廉耻行禮誼之所致也，主上何喪焉！此之不爲，而顧彼之久行，故曰可爲長太息者此也。」上深納其言，養臣下有節，是後大臣有罪，皆自殺，不受刑。

戊辰(前一七三)

七年。

夏，四月，赦。

六月，未央宫東闕罘罳災。

己巳(前一七二)

八年。

夏，封淮南厲王子四人爲列侯。民有歌淮南王者曰：「一尺布，尚可縫；一斗粟，尚可舂；兄弟二人不相容！」帝聞而病之。封王子安等四人爲列侯。賈誼知上必將復王之也，上疏諫曰：「淮南王悖逆無道，天下孰不知其罪！今奉尊罪人之子，適足以負謗於天下耳。此人少壯，豈能忘其父哉！淮南雖小，黥布嘗用之矣，漢存，特幸耳。夫擅仇人足以危漢之資，於策不便。予之衆，積之財，所謂假賊兵，爲虎翼者也。」上弗聽。

庚午(前一七一)

長星出東方。

九年。

春，大旱。

辛未（前一七〇）

十年。

冬，將軍薄昭有罪，自殺。薄昭殺漢使者。帝不忍加誅，使公卿從之飲酒，欲令自引分。昭不肯，使羣臣喪服往哭之，乃自殺。

司馬公曰：李德裕以爲：「漢文誅薄昭，斷則明矣，於義則未安也。太后唯一弟而殺之，何以慰母氏之心哉。」臣愚以爲，法者天下之公器，惟善持法者，親疏如一，無所不行，則人莫敢有所恃而犯之也。夫薄昭殺漢使者，非有恃而然乎！若又從而赦之，則與成、哀之世何異哉！魏文帝曰：「舅后之家，但當養育以恩而不當假借以權，既觸罪法，又不得不害。」譏文帝之始不防閑昭也，斯言得之矣。然則欲慰母心者，將慎之於始乎！

程子曰：二公皆執一之論，未盡於義也。義既未安，則非明也。有所不行，豈害其爲公器哉。蓋不得於義，則非恩之正。害恩之正，則不得爲義矣。使薄昭盜長陵土，則太后雖不食而死，昭不可不誅也。其殺漢使，爲類亦有異焉。若昭有罪，命使往治，昭執而殺之，太后之心可傷也，昭不可赦也。后若必喪其生，則存昭以全后可也。或與忿爭而殺之，則貸昭以慰母心可也。此之謂能權，蓋先王之制也。八議設，而後重輕得其宜，義豈有屈乎？法主於義，義當而謂之屈法，不知法者也。

十一年。

壬申(前一六九)

冬,梁王揖卒,徙淮陽王武爲梁王。梁懷王薨,無子。賈誼上疏曰:「陛下不定制,如今之勢,不過一傳再傳,漢法不得行矣。陛下所以爲蕃扞,唯淮陽、代二國耳。代,北邊匈奴,能自完則足矣。而淮陽之比大諸侯,廑如黑子之著面,不足以有所禁禦。臣願舉淮南地以益淮陽,而爲梁王立後,割東郡以益梁。梁起於新鄭以北著之河,淮陽包陳以南揵之江,則大諸侯之有異心者破膽而不敢謀。梁足以扞齊、趙,淮陽足以禁吴、楚,陛下高枕,終無山東之憂矣,此二世之利也。當今恬然,適遇諸侯之皆少,數歲之後,陛下且見之矣。夫秦日夜苦心勞力以除六國之禍,今陛下力制天下,頤指如意,高拱以成六國之禍,難以言智。苟身無事,蓄亂宿禍,萬年之後,傳之老母弱子,將使不寧,不可謂仁。」於是徙淮陽王武爲梁王,北界泰山,西至高陽,得大縣四十餘城。後歲餘,賈誼亦死,死時年三十三矣。

匈奴寇狄道。時匈奴數爲邊患,太子家令鼂錯言曰:「兵法曰:『有必勝之將,無必勝之民。』繇此觀之,安邊境,立功名,在於良將,不可不擇也。臣又聞用兵之急者三:一曰得地形,二曰卒服習,三曰器用利。步兵、車騎、弓弩、長戟、矛鋋、劍楯之地,各有所宜。不得其宜者,或十不當一。士不選練,卒不服習,百不當一。兵不完利,甲不堅密,弩不及遠,射不能中,中不能入,五不當一。故曰:『器械不利，以其卒予敵也；卒不可用，以其將予敵也；將不知兵，以其主予敵也；君不擇將，以其國予敵也。』四者，兵之至要也。臣又聞小大異形，强弱異勢，險易異備。夫卑身以事强，小國之形也；合小以攻大，敵國之形也；以蠻夷攻蠻夷，中國之形也。今匈奴地形、技藝與中國異，上下山阪，出入溪澗，險道傾仄，且馳且射，風雨罷勞，飢渴不困，此匈奴之長技也。若夫平原易地，輕車突騎，勁弩長戟，射疏及遠，下馬地鬭，劍戟相接，此中國之長技也。然兵，凶器；戰，危事。以大爲小，以强爲弱，在俛仰之間耳。跌而不振，則悔無及也。帝王之道，出於萬全。今降胡、義渠來歸誼者，飲食長技與匈奴同。可賜之堅甲絮衣，勁弓利矢，益以邊郡之良騎，令明將能知其習俗、和輯其心者將之。即有險阻，以此當之。平地通道，則以輕車、材官制之；兩軍相爲表裏，而各用其長技，此萬全之術也。」帝嘉之，賜書，寵答焉。錯爲人陗直刻深，以其辯得幸太子，號曰「智囊」。

募民徙塞下。

鼂錯又言曰：「兵起而不知其勢，戰則爲人禽，屯則卒積死。胡人衣食之業，不著於地，其勢易以擾亂邊境，往來轉徙，時至時去，此胡人之生業，而中國之所以離南畮也。今胡人數轉牧行獵於塞下，以候備塞之卒，卒少則入。不救，則邊民絶望而降敵；救之，纔至則胡又已去。聚而不罷，爲費甚大；罷之，則胡復入。如此連年，則中國貧苦而民不安矣。陛下幸憂邊境，發卒治塞，甚大惠也。然令遠方之卒守塞，一歲而更，不知胡人之能。不如選常居者家室田作，且以備之，以便爲之高城深塹；要害之處，調立城邑，毋下千家。先爲室屋，具田器，乃募民，免罪拜爵，復其家，予冬夏衣稟食，能自給而止。胡人入驅而能止其所驅者，以其半予之，縣官爲贖其民。如是，則邑里相救助，赴胡不避死。

其與東方之戍卒，不習地勢而心畏胡者，功相萬也。且使遠方無屯戍之事，塞下之民，父子相保，無係虜之患，豈不美哉。」上從其言。錯復言：「陛下幸募民以實塞下，使屯戍益省，輸將益寡，甚大惠也。下吏誠能稱厚惠，奉明法，存卹老弱，善遇其壯士，和輯其心而勿侵刻，使先至者安樂而不思故鄉，則貧民相募而勸往矣。臣聞古之徙民者，相其陰陽之和，嘗其水泉之味，然後營邑立城，製里割宅，置器物焉。使民至有所居，作有所用，此民所以輕去故鄉而勸之新邑也。爲置醫巫以救疾病，修祭祀，男女有昏，生死相恤，墳墓相從，種樹畜長，此所以使民樂其處而有長居之心也。古之制邊縣以備敵也，使五家爲伍，十伍一里，四里一連，十連一邑，皆擇其賢材有護，習地形、知民心者爲之長。居則習民於射法，出則教民於應敵。服習以成，勿令遷徙，幼則同遊，長則共事。夜戰聲相知，則足以相救；晝戰目相見，則足以相識；驩愛之心，足以相死。如此而勸以厚賞，威以重罰，則前死而不還踵矣。所徙之民非壯有材者，但費衣糧，不可用也；雖有材力，不得良吏，猶亡功也。陛下絶匈奴不與和親，臣竊意其冬來南也。壹大治，則終身創矣。欲立威者，始於折膠，來而不能困，使得氣去，後未易服也。」

癸酉（前一六八）

十二年。

冬，十二月，河決酸棗，東潰金隄。興卒塞之。

春，三月，除關，無用傳。

詔民入粟邊，得拜爵免罪。賜農民今年半租。鼂錯言曰：「聖王在上而民不凍飢者，非能耕而食之、織而衣之也，爲開其資財之道也。今海内爲一，無有水旱之災，而畜積未及者，何也？地有遺利，民有餘力，生穀之土未盡墾，山澤之利未盡出，游食之民未盡歸農也。夫腹飢不得食，膚寒不得衣，雖慈父不能保其子，君安能以有其民哉！明主知其然也，故務民於農桑，薄賦斂，廣畜積，以實倉廩，備水旱，故民可得而有也。夫珠玉金銀，飢不可食，寒不可衣，然而衆貴之者，以上用之故也。其爲物輕微易藏，在於把握，可以周海内而無飢寒之患。此令臣輕背其主，而民易去其鄉，盗賊有所勸，亡逃者得輕資。粟米布帛，生於地，長於時，聚於力，非可一日成也。數石之重，中人弗勝，不爲姦邪所利，一日弗得，而飢寒至。是故明君貴五穀而賤金玉。今農夫五口之家，其服役者不下二人，其耕不過百畮，收不過百石。春耕夏耘，秋穫冬藏，伐薪樵，治官府，給繇役，四時之間，亡日休息。又私自送往迎來，吊死問疾，養孤長幼在其中。勤苦如此，復被水旱之災，急政暴賦，朝令夕改。有者半賈而賣，無者取倍稱之息，於是有賣田宅，鬻子孫以償債者矣。而商賈，大者積貯倍息，小者坐列販賣，操其奇贏，日游都市，乘上之急，所賣必倍。男不耕耘，女不蠶織，衣必文采，食必粱肉，交通王侯，力過吏勢，乘堅策肥，履絲曳縞，此商人所以兼并而農人所以流亡者也。方今之務，莫若使民務農而已矣。欲民務農，在於貴粟。今募天下入粟縣官，得以拜爵、除罪，則富人有爵，農民有錢，粟有所渫，而貧民之賦可損。所謂損有餘，補不足，令出而民利者也。神農之教曰：『有石城十仞，湯池百步，帶甲百萬，而無粟，弗能守也。』爵者，上之所擅，出於口而無窮；粟者，民之所種，生於地而不乏。使人入粟於邊以受爵、免罪，不過三歲，塞下之粟必多矣。」帝從之。錯復言：「邊食足以支五歲，可令入粟郡縣；郡縣足支一歲，可時赦，勿收農民租。如此，德澤加於萬民，民愈勤農，大富樂矣。」詔曰：「道民之路，在於務本。朕親率天下農，而野不加辟，歲一不登，民有飢色；是吏奉吾詔不勤，而勸民不明也。且吾農民甚苦，而吏莫之省，將何以勸焉！其賜農民今年租稅之半。」

甲戌(前一六七)

十三年。

春，二月，詔具親耕桑禮儀。詔曰：「朕親耕以供粢盛，皇后親桑以奉祭服。其具禮儀。」

夏，除祕祝。初，秦時祝官有秘祝，即有災祥，輒移過於下。至是詔曰：「禍自怨起，福繇德興。百官之非，宜由朕躬。今祕祝之官移過於下，朕甚弗取。其除之。」

五月，除肉刑。齊太倉令淳于意有罪當刑，其小女緹縈上書曰：「妾父爲吏，齊中皆稱其廉平，今坐法當刑。妾傷夫死者不可復生，刑者不可復屬，雖欲改過自新，其道無繇。願没入爲官婢，以贖父刑罪。」天子憐悲其意，詔曰：「今人有過，教未施而刑已加，欲改行而無繇至，朕甚憐之。夫刑至斷支體，刻肌膚，終身不息，何其痛而不德也！豈爲民父母之意哉！其除肉刑。有以易之，具爲令。」丞相、御史請定律曰：「諸當髡者爲城旦、舂，當黥髡者鉗爲城旦、舂，當劓者笞三百，當斬左止者笞五百，斬右止、及殺人先自告、及吏坐受賕、枉法、守縣官財物而即盜之、已論而復有笞罪者皆棄市。爲城旦、舂者，各有歲數以免。」制曰：「可。」上既躬修玄默，而將相皆舊功臣，少文多質。懲惡亡秦之政，論義務在寬厚，耻言人之過失。化行天下，告訐之俗易。吏安其官，民樂其業，畜積歲增，户口寖息。風流篤厚，禁罔疏闊，罪疑者予民，是以刑罰大省，至於斷獄四百，有刑錯之風焉。

六月，除田之租稅。 詔曰：「農，天下之本，務莫大焉。今勤身從事而有租稅之賦，是爲本末者無以異也，其除之。」

乙亥（前一六六）

十四年。

冬，匈奴入寇，遣兵擊之，出塞而還。 匈奴十四萬騎入朝那、蕭關，殺北地都尉卬，虜人畜甚多，使奇兵入燒回中宮，候騎至雍甘泉。 詔發車千乘，騎卒十萬，上親勒兵，欲自征匈奴。羣臣諫不聽，皇太后固要，上乃止。 以張相如、欒布爲將軍，擊逐出塞而還。

赦作徒魏尚，復爲雲中守。 上輦過郎署，問郎署長馮唐曰：「父家安在？」對曰：「趙人。」上曰：「吾居代時，尚食監高祛數爲我言趙將李齊之賢，戰於鉅鹿下。今吾每飯，意未嘗不在鉅鹿也。父知之乎？」對曰：「尚不如廉頗、李牧之爲將也。」上搏髀曰：「嗟乎，吾獨不得頗、牧爲將！吾豈憂匈奴哉！」唐曰：「陛下雖得之，弗能用也。」上曰：「公何以知之？」對曰：「上古王者之遣將也，跪而推轂，曰閫以内者，寡人制之；閫以外者，將軍制之。軍功爵賞皆決於外，歸而奏之。此非虛言也。李牧爲趙將軍，市租皆自用饗士，賞賜不從中覆。委任而責成功，故牧得盡其智能，而趙幾霸。今臣竊聞魏尚爲雲中守，其軍市租盡以饗士卒，私養錢自饗賓客、軍吏、舍人，是以匈奴遠避，不近雲中之塞。虜曾一入，尚擊之，所殺甚衆。夫士卒起田中從軍，安知尺籍伍符。終日力戰，斬首捕虜，上功幕府，一言不相應，文吏以法繩之。其賞不行而法必用。且尚坐上功首虜差六級，陛下下之吏，削其爵，罰作之。由此言之，陛下雖得頗、牧，弗能用也。」上説。是日令唐持節赦魏尚，復以爲雲中守，而拜唐爲車騎都尉。

春，增諸祀壇場珪幣。詔廣增諸祀壇場、珪幣，且曰：「先王遠施，不求其報；望祀，不祈其福。右賢左戚，先民後己，至明之極也。今吾聞祠官祝釐，皆歸福於朕躬，不爲百姓，朕甚愧之。其今祠官致敬，無有所祈！」

丙子（前一六五）

十五年。

春，黄龍見成紀。初，張蒼以漢得水德，魯人公孫臣以爲當土德，其應黄龍見，蒼以爲非是，罷之。至是帝召臣爲博士，與諸生申明土德，草改曆服色事。蒼由此自絀。

夏，四月，帝如雍，始郊見五帝。

赦。

秋，九月，親策賢良能直言極諫者，以鼂錯爲中大夫。錯以對策高第，擢爲中大夫。又言宜削諸侯及法令可更定者，書凡三十篇。上雖不盡聽，然奇其材。

作渭陽五帝廟。趙人新垣平言長安東北有神氣，成五采，於是作渭陽五帝廟。

丁丑（前一六四）

十六年。

夏，四月，親祠之，以新垣平爲上大夫。上郊祀渭陽五帝廟，貴平至上大夫，而使博士、諸生刺六經中作王制，議巡狩、封禪事。

分齊地立悼惠王子六人爲王。齊王則薨，無子，國除。上乃分齊地，立悼惠王肥子將閭爲齊王，志爲濟北王，賢爲菑川王，雄渠爲膠東王，卬爲膠西王，辟光爲濟南王。

分淮南地，立厲王子三人爲王。安爲淮南王，勃爲衡山王，賜爲廬江王。

詔更以明年爲元年。治汾陰廟。新垣平言闕下有寶玉氣，而使人持玉杯詣闕獻之，刻曰「人主延壽」。又言候日再中。居頃之，日却復中。於是始更以十七年爲元年，令天下大酺。平言：「周鼎在泗水中。今河決，通於泗，而汾陰有金寶氣，意鼎出乎？」於是治廟汾陰，欲祠出鼎。

戊寅(前一六三)

後元年。

冬，十月，新垣平伏誅。人有上書告平所言皆詐也，下吏治，誅夷平。是後上亦怠於改正服鬼神之事。渭陽五帝，使祠官領，以時致禮，不往焉。

詔議可以佐百姓者。詔御史曰：「間者數年不登，又有水旱疾疫之災，朕甚憂之。意朕之政有所失而行有過與，何以致此？夫度田非益寡，計民未加益，而食之甚不足者，無乃百姓之從事於末以害農者蕃，爲酒醪以靡穀者多，六畜之食焉者衆與？其與丞相、列侯、吏二千石、博士議之，有可以佐百姓者，率意遠思，無有所隱。」

己卯(前一六二)

二年。

夏，復與匈奴和親。匈奴連歲入邊，殺略甚多，雲中、遼東郡萬餘人。上患之，乃遣匈奴書。單于亦使當户報謝，復和親。

秋，八月，丞相蒼免。以申屠嘉爲丞相。張蒼免。帝以后弟廣國賢有行，欲相之，曰：「恐天下以吾私廣國，久念不可。」而申屠嘉故以材官蹶張從高帝，爲人廉直，門不受私謁，遂以爲丞相。是時，太中大夫鄧通方愛幸，嘉嘗入朝，通居上旁，怠慢。嘉奏事畢，因言曰：「陛下愛幸羣臣，即富貴之。至如朝廷之禮，不可以不肅。」上曰：「君勿言，吾私之。」罷朝，嘉坐府中，爲檄召通，不來且斬。通恐，言上。上曰：「汝第往。」通詣丞相，免冠徒跣，頓首謝。嘉坐自如，責曰：「朝廷者，高帝之朝廷也。通小臣，戲殿上，大不敬，當斬。吏，今行斬之。」通頓首出血不解。上度丞相已困通，使使持節召通而謝丞相〔四〕：「此吾弄臣，君釋之。」通至，爲上泣曰：「丞相幾殺臣。」

楊氏曰：文帝之不相廣國，蓋以私意自嫌，而不以至公處己也。廣國果賢耶，雖親不可廢；果不賢耶，雖親不可用。吾何容心哉。

庚辰(前一六一)

三年。

春，匈奴老上單于死，子軍臣單于立。

辛巳（前一六〇）

四年。

夏，四月，晦，日食。

五月，赦。

壬午（前一五九）

五年。

癸未（前一五八）

六年。

冬，匈奴寇上郡、雲中。詔將軍周亞夫等屯兵以備之。匈奴入上郡、雲中，殺略甚衆，烽火通於甘泉、長安。遣將軍令免屯飛狐，蘇意屯句注，張武屯北地，周亞夫次細柳，劉禮次霸上，徐厲次棘門，以備胡。上自勞軍，至霸上及棘門軍，直馳入，將以下騎送迎。已而之細柳軍，軍士吏被甲，鋭兵刃，彀弓弩持滿。先驅至，不得入。曰：「天子且至！」軍門都尉曰：「將軍令曰：『軍中聞將軍之令，不聞天子之詔。』」上至，又不得入。於是上乃使使持節詔將軍：「吾欲勞軍。」亞夫乃傳言開壁門。門士請車騎曰：「將軍約，軍中不得驅馳。」於是天子乃按轡徐行。至營，亞夫持兵揖曰：「介胄之士不拜，請以軍禮見。」天子爲動，改容式車。使人稱謝：「皇帝敬勞將軍。」成禮而去。羣臣皆驚。上曰：「嗟乎，此真將軍矣。曩者霸上、棘門軍，若兒戲耳，其將固可襲而虜也。至於亞夫，可得而犯邪！」稱善者久之。月餘，匈奴遠塞，兵罷，拜亞夫爲中尉。

夏，大旱，蝗。詔弛利省費以振民。令諸侯無入貢，弛山澤，減諸服御，損郎吏員，發倉庾以振民，民得賣爵。

甲申(前一五七)

七年。

夏，六月，帝崩，遺詔短喪。遺詔曰：「萬物之生，靡有不死。死者，天地之理，物之自然，奚可甚哀。當今之世，咸嘉生而惡死，厚葬以破業，重服以傷生，吾甚不取。且朕既不德，無以佐百姓；今崩，又使重服久臨，哀人父子，損其飲食，絶鬼神之祭祀，以重吾不德，謂天下何！朕獲以眇眇之身，託於天下君王之上，二十有餘年矣。賴天之靈，社稷之福，方内安寧，靡有兵革。朕既不敏，常畏過行，以羞先帝之遺德；惟年之久長，懼於不終。今乃幸以天年，得復供養於高廟，其奚哀念之有？其令天下吏民，令到出臨三日，皆釋服。毋禁嫁取、祠祀、飲酒食肉。自當給喪事服臨者，皆無跣。經帶無過三寸，毋布車及兵器，毋發民哭臨宫殿中。殿中當臨者，皆以旦夕各十五舉音，禮畢罷。已下棺，服大功十五日，小功十四日，纖七日。釋服。它不在令中者，皆以此令比類從事。霸陵山川因其故，毋有所改。

歸夫人以下至少使。」

胡氏曰：孝文溺於小仁，短喪廢禮，信有罪矣。然行而有悖於義，雖有父令，不可從也。況三年之喪，所以盡生者之孝心，又非父之所得令者乎！然則孝景之薄於君親，其罪益大矣。

葬霸陵。帝即位二十三年，宮室、苑囿、車騎、服御無所增益，有不便，輒弛以利民。嘗欲作露臺，召匠計之，直百金。上曰：「百金，中人十家之產也。吾奉先帝宮室，常恐羞之，何以臺爲！」身衣弋綈，所幸慎夫人，衣不曳地，帷帳無文繡，以示敦朴，爲天下先。治霸陵，皆瓦器，不得以金銀銅錫爲飾，因其山，不起墳。吳王詐病不朝，賜以几杖。羣臣袁盎等諫説雖切，常假借納用焉。張武等受賂金錢，覺，更加賞賜，以媿其心。專務以德化民，是以海内安寧，家給人足，後世鮮能及之。

太子啓即位，尊皇太后曰太皇太后，皇后曰皇太后。

九月，有星孛于西方。

長沙王著卒，無子，國除。初，高祖賢文王芮，制詔御史：「長沙王忠，其定著令。」傳國數世，至是乃絶。

校勘記

〔一〕東胡使謂冒頓　「冒頓」原作「頓冒」，據上文及月崖書堂本、成化本、殿本及通鑑卷一一漢紀三高帝六年乙正。

〔二〕六月　「六」，成化本、殿本、通鑑卷一二漢紀四惠帝四年、漢書卷二惠帝紀作「三」。

〔三〕則物力必屈　「力」字原脱，據成化本、殿本、通鑑卷一三漢紀五文帝前二年補。

〔四〕使使持節召通而謝丞相　「使」字下原脱一「使」字，據月崖書堂本、成化本、殿本及通鑑卷一五漢紀七文帝後二年補。

資治通鑑綱目卷四

起乙酉漢景帝元年，盡庚午漢武帝元鼎六年，凡四十六年。

乙酉（前一五六）

孝景皇帝元年。

冬，十月，尊高皇帝爲太祖，孝文皇帝爲太宗，令郡國立太宗廟。丞相嘉等奏：「功莫大於高皇帝，德莫盛於孝文皇帝。高皇帝宜爲太祖之廟，孝文皇帝宜爲太宗之廟。天子世世獻，郡國宜各立太宗廟。」制曰：「可。」

春，正月，詔聽民徙寬大地。詔曰：「郡國或磽陿，無所農桑；或饒廣，水泉利。其議民欲徙寬大地者，聽之。」

夏，赦。

復收民田半租，三十而稅一。

減笞法。初，文帝除肉刑，外有輕刑之名，内實殺人，笞五百者率多死。是歲詔曰：「加笞重罪無異，幸而不死，不可爲人。其定律：笞五百曰三百，三百曰二百。」

以張歐爲廷尉。歐事帝於太子宫，雖治刑名家，爲人長者，未嘗言按人，專以誠長者處官，官屬亦不敢大欺。

丙戌（前一五五）

二年。

冬，十二月，有星孛于西南。

令男子二十始傅。

春，三月，立子德爲河間王，閼爲臨江王，餘爲淮陽王，非爲汝南王，彭祖爲廣川王，發爲長沙王。

夏，四月，太皇太后崩。

六月，丞相嘉卒。時内史鼂錯數請間言事，輒聽，寵幸傾九卿，法令多所更定。丞相嘉自絀，疾錯。内史門東出不便，更穿一門南出。南出者，太上皇廟堧垣也。嘉聞爲奏，請誅錯。客有語錯，錯恐，夜入宫自歸。至朝，嘉請，上曰：「錯所穿乃外堧垣，故冗官居其中；且我使爲之，錯無罪。」嘉罷朝曰：「吾悔不先斬錯，乃爲所賣。」歐血而死。

以陶青爲丞相，鼂錯爲御史大夫。

彗星出東北。

秋，衡山雨雹。大者五寸，深者二尺。

熒惑逆行守北辰，月出北辰間，歲星逆行天廷中。

丁亥（前一五四）

三年。

冬，十月，梁王武來朝。梁孝王以竇太后少子故，有寵。居天下膏腴之地，賞賜不可勝道。府庫金錢珠玉寶器多於京師。築東苑，方三百餘里，廣睢陽城七十里，大治宫室，爲複道三十餘里。招延四方豪俊之士。每朝，入則侍上同輦，出則同車射獵，留或半歲。梁侍中、郎、謁者著籍引出入天子殿門，與漢宦官無異。上嘗與宴飲，從容言曰：「千秋萬歲後，傳於王。」王辭謝，雖知非至意，然心内喜。詹事竇嬰引卮酒進上曰：「天下者，高祖之天下，父子相傳，漢之約也，何以得傳梁王！」太后由此憎嬰。嬰因病免，太后除嬰門籍。梁王以此益驕。

春，正月，赦。

長星出西方。

洛陽東宫災。

吳王濞、膠西王卬、膠東王雄渠、菑川王賢、濟南王辟光、楚王戊、趙王遂反。以周亞夫爲太尉，將兵討之。

二月，亞夫大破吳、楚軍，濞亡走越，戊自殺。殺御史大夫鼂錯。初，孝文時，吳太子入見，得侍皇太子飲博。爭道，不恭，皇太子引博局提殺之。吳王稱疾不朝，京師繫治驗問吳使者，吳王恐，始有反謀。後使人爲秋請，文帝復問之，對曰：「『察見淵中魚，不祥。』唯上棄前過，與之更始。」於是文帝乃赦吳使者，歸之，而賜吳王几杖，老，不朝。吳謀益解。然以銅鹽故，百姓無賦，卒踐更，輒與平賈，歲時存問茂材，賞賜閭里，佗郡國吏欲來捕亡人者，公共禁弗予。如此者四十餘年。鼂錯數言吳過可削，文帝不忍。及帝即位，錯曰：「高帝封三庶孽，分天下半。今吳王不朝，於古法當誅。文帝弗忍，德至厚。王當改過自新，反益驕溢，誘天下亡人謀作亂。今削之亦反，不削亦反。削之，其反亟，禍小；不削，反遲，禍大。」上令公卿列侯宗室雜議，莫敢難，獨竇嬰爭之。錯又言楚、趙有罪，皆削一郡；膠西有姦，削其六縣。方議削吳。吳王恐，因發謀舉事，聞膠西王勇，好兵，使人説之，又身至膠西面約。遂發使約齊、菑川、膠東、濟南，皆許諾。

初，楚元王好書，與魯申公、穆生、白生俱受詩於浮丘伯。及王楚，以三人爲中大夫。穆生不耆酒，元王每爲設醴。及孫戊即位，常設，後忘設焉。穆生退曰：「可以逝矣。醴酒不設，王之意怠。不去，楚人將鉗我於市。」遂稱疾卧。申公、白生强起之，曰：「獨不念先王之德與？今王一旦失小禮，何足至此！」穆生曰：「君子見幾而作，不俟終日。先王之所以禮吾三人者，爲道存也。今而忽之，是忘道也。忘道之人，胡可與久處，豈爲區區之禮哉！」遂謝病去。戊稍淫暴，太傅韋孟作詩諷諫，不聽，亦去。戊坐削地事，遂與吳通謀。中公、白生諫戊，戊胥靡之，衣之赭衣，使雅舂於市。及削吳會稽、豫章郡書至，吳王遂起兵，誅漢吏。膠西、膠東、菑川、濟南、楚、趙亦皆反。楚相張尚、太傅趙夷吾、趙相建德、内史悍皆諫，被殺。齊王後悔，背約城守。濟北王城壞未完，其郎中令劫守，王不得發兵。膠西、膠東、菑川、濟南共攻齊，圍臨菑。趙王遂發兵住其西界，北使匈奴與連兵。吳王悉其士卒二十餘萬，閩、東越亦發兵從。起廣陵，西涉淮，并楚兵，遺諸侯書，罪狀鼂錯，欲合兵誅之。破梁棘壁，乘勝，鋭甚。梁遣將軍擊之，皆敗還走。初，文帝且崩，戒太子曰：「即有緩急，周亞夫真可任將兵。」至是，上乃拜亞夫爲太尉，將三十六將軍往擊吳、楚，遣酈寄擊趙，欒布擊齊，竇嬰屯滎陽監齊、趙兵。初，錯更令三十章，諸侯讙譁。錯父聞之，從潁川來，謂錯曰：「上初即位，公爲政用事，侵削諸侯，疏人骨肉，口語多怨，公何爲也？」錯曰：「不如此，天子不尊，宗廟不安。」父曰：「劉氏安矣，而鼂氏危。」遂飲藥死，曰：「吾不忍見禍逮身！」後十餘日，七國反，以誅錯爲名。上與錯議出軍事，錯欲令上自將兵而身居守，徐、僮之旁吳所未下者，可以予吳。錯素與吳相袁盎不善，未嘗同堂語。至是謂丞、史曰：「袁盎多受吳王金錢，專爲蔽匿，言不反。今果反，欲請治盎，宜知其計謀。」人有告盎，盎恐，夜見竇嬰，爲言吳所以反，願至前，口對狀。嬰入言，上乃召盎。盎入，上方與錯調兵食，問之，盎對曰：「不足憂也。」上曰：「吳王即山鑄錢，煮海爲鹽，誘天下豪桀，白頭舉事，何以言其無能爲也？」對曰：「吳銅鹽之利則有之，安得豪桀而誘之！誠令吳得豪桀，亦且輔而爲誼，不反矣。」上曰：「計安出？」盎對：「願屏左右。」上屏人，獨錯在。盎曰：「臣所言，人臣不得知。」乃屏錯。盎曰：「吳、楚相遺書，言賊臣鼂錯擅適諸侯，削奪之地，以故反，欲西共誅錯，復故地而罷。今獨有斬錯，發使赦之，復其故地，則兵可毋血刃而俱罷。」上默然良久，曰：「顧誠何如，吾不愛一人以謝天下。」乃拜盎爲太常，密裝治行。令丞相、廷尉劾奏錯：「不稱主上德信，欲疏羣臣百姓，又欲以城邑予吳，無臣子禮，大逆無道。錯當要斬，父母妻子同産無少長皆棄市。」制曰：「可。」錯殊不知。上使中尉召錯，紿載行市，錯衣朝衣斬東市。乃使盎使吳。謁者僕射鄧公爲校尉，以言軍事見上，上曰：「道軍所來，聞鼂錯死，吳、楚罷不？」鄧公曰：「吳爲反數十歲矣，以誅錯爲名，其意不在錯也。夫鼂錯患諸侯强大不可制，故請削之以尊京師，萬世之利也。計畫始行，卒受大戮，内杜忠臣之口，外爲諸侯報仇，臣竊爲陛下不取也。」帝喟然曰：「公言善，吾亦恨之！」盎至吳，吳欲劫使將，盎得間，脱亡歸報。周亞夫言於上曰：「楚兵剽輕，難與爭鋒。願以梁委之，絶其食道，乃可制也。」上許之。亞夫乘六乘傳，將會兵滎陽。發至霸上，趙涉遮説亞夫曰：「吳王素富，懷輯死士久矣。知將軍且行，必置間人於殽、澠阸陿之間。且兵事上神密，將軍何不從此右去，走藍田，出武關，抵洛陽。間不過差一二日，直入武庫，擊鳴鼓。諸侯聞之，以爲將軍從天而下也。」亞夫如其計，至洛陽，喜曰：「吾乘傳至此，不自意全。今吾據滎陽，滎陽以東，無足憂者。」使吏搜殽、澠間，果得吳伏兵。乃請涉爲護軍，而東北走昌邑。吳攻梁急，梁數使使求救，亞夫不許。又愬於上，上使告亞夫救梁。亞夫不奉詔，而使輕騎出淮泗口，絶吳、楚兵後，塞其饟道。梁使韓安國、張羽爲將軍，羽力戰，安國持重，乃得頗敗吳兵。吳兵欲西，梁城守，不敢西。即走漢軍，亞夫堅壁不戰。軍中夜驚，内相攻擊，擾亂至帳下，亞夫堅卧不起，頃之，復定。吳犇壁東南陬，亞夫使備西北，已而其精兵果犇西北，不得入。吳、楚士卒多飢死叛散，乃引而去。二月，亞夫出精兵追擊，大破之。吳王濞棄軍，夜亡走。楚王戊自殺。吳王之初發也，其臣田禄伯曰：「兵屯聚而西，無他奇道，難以立功。臣願得五萬人，别循江、淮而上，收淮南、長沙，入武關，與大王會，此亦一奇也。」王太子諫曰：「王以反爲名，此兵難以屬人，人亦且反王，奈何？」王即不許禄伯。桓將軍曰：「吳多步兵，步兵利險。漢多車騎，車騎利平地。願大王所過城不下，直去，疾西據洛陽武庫，食敖倉粟，阻山河之險以令諸侯，雖無入關，天下固已定矣。大王徐行留下城邑，漢軍車騎至，馳入梁、楚之郊，事敗矣。」王亦不用。

是月，晦，日食。

越人誅濞。齊王將閭及卬、遂皆自殺，雄渠、賢、辟光皆伏誅，徙濟北王志爲菑川王。

吳王度淮，走丹徒，保東越，越人殺之。三王之圍臨菑也，齊王使路中大夫告於天子。天子復令還報，告齊王堅守，「漢兵今破吳、楚矣。」路中大夫至，三國兵圍臨菑數重，三國將與盟曰：「若反言：『漢已破矣，齊趣下三國，不，且見屠。』」路中大夫既許，至城下，望見齊王曰：「漢已發兵百萬，擊破吳、楚，方引兵救齊，齊必堅守無下。」齊初圍急，陰與三國通謀，會路中大夫從漢來，其大臣乃復勸王無下。而欒布等兵至，擊破三國兵，後聞齊初有謀，欲伐之。孝王懼，飲藥自殺。膠西王卬亦自殺，膠東、菑川、濟南王皆伏誅。酈寄攻趙，七月不下。欒布還，并兵引水灌之，王遂自殺。帝以齊迫劫有謀，非其罪也，召立其太子壽。濟北王亦欲自殺，齊人公孫玃爲説梁王曰：「夫濟北之地，東接强齊，南牽吳、越，北脅燕、趙，此四分五裂之國。權不足以自守，勁不足以扞寇，又非有奇怪云以待難也，雖墜言於吳，非其正計也。

鄉使濟北見情實，示不從之端，則吴必先歷齊，畢濟北，招燕、趙而總之，如此，則山東之從結而無隙矣。今吴王連兵，西與天子爭衡；濟北獨底節不下，使吴失與而無助，破敗而不救者，未必非濟北之力也。功義如此，尚見疑於上，臣恐藩臣守職者疑之。臣竊料之，能歷西山，徑長樂，抵未央，攘袂而正議者，獨大王耳。上全亡國，下安百姓，德淪骨髓，恩加無窮，願大王留意詳惟之！」孝王以聞，濟北王得不坐，徙封菑川。

徙淮陽王餘爲魯王，汝南王非爲江都王，立楚元王子禮爲楚王。初，欲續吴、楚，太后曰：「吴王首爲紛亂，奈何續其後？」許立楚後，乃立禮。

子端爲膠西王，勝爲中山王。

戊子（前一五三）

四年。

春，復置關，用傳出入。

夏，四月，立子榮爲皇太子，徹爲膠東王。

赦。

冬，十月，晦，日食。

徙衡山王勃爲濟北王，廬江王賜爲衡山王。初，七國反，吴使者至衡山，衡山王堅守無二心。上以爲貞信，徙王於濟北以褒之。廬江王以邊越，數通使，徙王衡山。

己丑(前一五二)

五年。

春，正月，作陽陵邑，募民徙居之。

遣公主嫁匈奴單于。

徙廣川王彭祖爲趙王。

庚寅(前一五一)

六年。

冬，十二月，雷，大霖雨。

秋，九月，廢皇后薄氏。

辛卯(前一五〇)

七年。

冬，十一月，廢太子榮爲臨江王。初，燕王臧荼孫女臧兒嫁王仲，生男信與兩女，仲死，更嫁田氏，生蚡。文帝時，臧兒長女爲金王孫婦，生女俗。卜筮之，曰：「兩女皆當貴。」臧兒乃奪金氏婦，内之太子宮，生男徹。及帝即位，長公主嫖欲以女嫁太子榮，其母栗姬以後宮諸美人皆因公主見帝，怒不許。公主欲予徹，王夫人許之，由是公主日讒栗姬而譽徹之美，帝亦自賢之。王夫人知帝嗛栗姬，因怒未解，陰使人趣大行請立栗姬爲皇后。帝怒曰：「是而所宜言邪！」遂按誅大行而廢太子。太子太傅竇嬰力爭不能得，乃謝病免。栗姬恚恨而死。

是月，晦，日食。

春，丞相青免，以周亞夫爲丞相。罷太尉官。

夏，四月，立夫人王氏爲皇后，膠東王徹爲皇太子。

以郅都爲中尉。始，都爲中郎將，敢直諫〔一〕。嘗從入上林，賈姬如厠，野彘卒來入厠。上目都，都不行。欲自救姬，都伏上前曰：「亡一姬，復一姬進，天下所少，寧賈姬等乎！陛下縱自輕，奈宗廟、太后何？」上乃還。都爲人，勇悍公廉，不發私書，問遺無所受，請謁無所聽。及爲中尉，先嚴酷，行法不避貴戚。列侯宗室見都，側目而視，號曰「蒼鷹」。

壬辰（前一四九）

中元年。

夏，四月，赦。

地震。

衡山原都雨雹。大者尺八寸。

癸巳（前一四八）

二年。

春，三月，徵臨江王榮下吏，榮自殺。臨江王榮坐侵太宗廟堧垣爲宫，徵詣中尉府對簿。王欲得刀筆爲書謝上，而郅都禁吏不予。竇嬰使人間與之。王既爲書，因自殺。太后聞之，怒，後竟以危法中都殺之。

夏，四月，有星孛于西北。

立子越爲廣川王，寄爲膠東王。

秋，九月，晦，日食。

梁王武使人殺袁盎。初，梁孝王以至親有功，得賜天子旌旗，出蹕入警。王寵信羊勝、公孫詭。勝、詭使王求爲漢嗣。栗太子廢，太后欲以梁王爲嗣，嘗因置酒謂帝曰：「安車晏駕，用梁王爲寄。」帝跪曰：「諾。」袁盎等曰：「昔宋宣公不立子而立弟，以生禍亂，五世不絶。小不忍，害大義，故春秋大居正。」由是太后議格。梁王由此怨盎，乃與勝、詭謀，陰使人刺殺盎及他議臣十餘人。於是天子意梁，逐賊，果梁所爲。遣田叔往，按捕詭、勝。詭、勝匿王後宫。内史韓安國見王泣曰：「主辱臣死。大王無良臣，故紛紛至此。今勝、詭不得，請辭，賜死。」王曰：「何至此！」安國泣數行下，曰：「大王誅邪臣浮説，犯上禁，橈明法。天子以太后故，不忍致法。太后日夜涕泣，幸大王自改，大王終不覺寤。有如太后宫車即晏駕，大王尚誰攀乎？」語未卒，王泣數行下，令勝、詭自殺，出之。使鄒陽見皇后兄王信曰：「長君弟得幸於上，而長君行迹多不循道理者。今梁王即伏誅，太后無所發怒，切齒側目於貴臣，竊爲足下憂之。長君誠爲上言，毋竟梁事。太后德長君入骨髓，而長君之弟幸於兩宮，金城之固也。昔者象日以殺舜爲事，及舜立爲天子，封之於有庳。是以後世稱之。以是説天子，徼幸梁事不奏。」長君乘間言之，帝怒稍解。時太后憂梁事不食，日夜泣不止，帝亦患之。田叔等還，至霸昌廐，悉燒梁獄辭，空手來見。帝曰：「梁有之乎？」對曰：「死罪，有之。」上曰：「其事安在？」田叔曰：「上毋以梁事爲問也。今梁王不伏誅，是漢法不行也；伏法而太后食不甘味，卧不安席，此憂在陛下也。」上大然之，使叔等謁太后曰：「梁王不知也。爲之者，幸臣羊勝、公孫詭之屬耳，謹已伏誅，梁王無恙也。」太后立起坐餐，氣平復。梁王因上書請朝。至關，乘布車，從兩騎，伏斧質於闕下謝罪。太后、帝大喜，相泣，復如故。然帝益疏王，不與同車輦矣。以田叔爲賢，擢爲魯相。

甲午（前一四七）

三年。

冬，十一月，罷諸侯御史大夫官。

夏，四月，地震。

旱，禁酤酒。

立子乘爲清河王。

秋，九月，蝗。

有星孛於西北。

是月，晦，日食。

丞相亞夫免。初，上廢栗太子，周亞夫固爭之，不得。而梁王每與太后言亞夫短，太后欲侯王信，帝與亞夫議之，亞夫曰：「高帝約：『非有功不侯。』信雖后兄，無功侯之，非約也。」帝默然而止。後匈奴王徐盧等六人降，帝欲侯之以勸後。亞夫曰：「彼背其主而降，侯之，則何以責人臣不守節者乎？」帝曰：「丞相議不可用。」乃悉侯之。亞夫因謝病免。

以劉舍爲丞相。

乙未（前一四六）

四年。

夏，蝗。

冬，十月，日食。

丙申（前一四五）

五年。

夏，立子舜爲常山王。

六月，赦。

大水。

秋，八月，未央宮東闕災。

九月，詔獄疑者讞之。詔曰：「獄者，人之大命，死者不可復生，朕甚憐之。諸獄疑，若雖文致於法，而於人心不厭者，輒讞之。」

地震。

丁酉（前一四四）

六年。

冬，十月，梁王武來朝。王上疏，欲留，上不許。王歸國，意忽忽不樂。

改諸官名。奉常曰太常，廷尉曰大理，典客曰大行令。

春，二月，郊五畤。

三月，雨雪。

夏，四月，梁王武卒，分梁地，王其子五人。梁孝王薨，太后哭，不食，曰：「帝果殺吾子。」帝哀懼，不知所爲。乃分梁爲五國，盡立孝王男五人爲王：買爲梁王、明爲濟川王、彭離爲濟東王、定爲山陽王、不識爲濟陰王，女五人皆食湯沐邑。太后乃悦，爲帝加一餐。

更減笞法，定箠令。既減笞法，笞者猶不全。乃更減笞三百曰二百，笞二百曰一百〔二〕。又定箠令：箠長五尺，其本大一寸，竹也；末薄半寸，皆平其節。當笞者笞臀；畢一罪，乃更人。自是笞者得全。然死刑既重而生刑又輕，民易犯之。

六月，匈奴寇雁門、上郡。匈奴入雁門、上郡。李廣爲上郡守，嘗從百騎出，卒遇匈奴數千騎，廣騎欲馳還。廣曰：「吾去大軍數十里，今走，匈奴追射我，立盡。今我留，匈奴必以我爲大軍之誘，不敢擊。」令諸騎曰：「前。」未到匈奴陳二里所，令皆下馬，解鞍以示不走。匈奴有白馬將出，護其兵。廣上馬，與十餘騎犇，射殺之而還，解鞍，令士皆縱馬卧。會暮，胡兵終怪之，不敢擊，夜引而去。

秋，七月，晦，日食。

以寧成爲中尉。自郅都死，長安宗室多暴犯法。上乃召寧成爲中尉。其治效郅都，其廉弗如。然宗室豪桀人人惴恐。

戊戌（前一四三）

後元年。

春，正月，詔治獄者務先寬。詔曰：「獄，重事也。人有智愚，官有上下。獄疑者讞有司，有司所不能決，移廷尉，讞而後不當，讞者不爲失。欲令治獄者務先寬。」

三月，赦。

夏，五月，大酺五日，民得酤酒。

地震。震凡二十二日，壞上庸城垣。

丞相舍免。

秋，七月，晦，日食。

八月，以衛綰爲丞相，直不疑爲御史大夫。初，綰以中郎將事文帝，醇謹無佗。上爲太子時，召文帝左右飲，而綰稱病不行。文帝且崩，屬上曰：「綰長者，善遇之。」故上亦寵任焉。不疑爲郎，同舍有告歸，誤持其同舍郎金去。同舍郎意不疑，不疑買金償。後告歸者至而歸金，亡金郎大慚，以此稱爲長者。人或毁不疑，以爲盗嫂。不疑曰：「我乃無兄。」然終不自明也。

下條侯周亞夫獄。亞夫不食死。帝召周亞夫賜食，獨置大胾，無切肉，又不置箸。亞夫心不平，顧謂尚席取箸。上視而笑曰：「此非不足君所乎？」亞夫免冠謝上，上曰：「起。」亞夫因趨出。上目送之，曰：「此鞅鞅，非少主臣也。」居無何，亞夫子爲父買工官尚方甲楯可葬者，爲人所告，事連汙亞夫。召詣廷尉，不食五日，歐血而死。

己亥（前一四二）

二年。

春，正月，地一日三動。

禁内郡食馬粟。没入之。以歲不登故也。

夏，四月，詔戒二千石修職事。詔曰：「雕文刻鏤，傷農事者也。錦繡纂組，害女工者也。農事傷則飢之本，女工害則寒之原也。夫飢寒並至而能亡爲非者寡矣。朕親耕，后親桑，以奉宗廟粢盛、祭服，爲天下先。不受獻，減太官，省繇賦，欲天下務農蠶，素有畜積，以備災害。强毋攘弱，衆毋暴寡，老者以壽終，幼孤得遂長。今歲或不登，民食頗寡，其咎安在？或詐僞爲吏，以貨賂爲市，漁奪百姓，侵牟萬民。縣丞，長吏也；姦法與盜盜，甚無謂也。其令二千石各修其職，不事官職耗亂者，丞相以聞，請其罪。」

詔貲算四得官。詔曰：「今訾算十以上迺得官，廉士算不必衆，朕甚愍之。訾算四得官，亡令廉士久失職，貪夫長利。」

秋，大旱。

庚子（前一四一）

三年。

冬，十月，日月皆赤。凡五日。

十二月，雷，日如紫。五星逆行守太微，月貫天廷中。

春，正月，詔勸農桑，禁采黄金珠玉。詔曰：「農，天下之本也。黄金珠玉，飢不可食，寒不可衣。間歲或不登，意爲末者衆，農民寡也。其令郡國務勸農桑，益種樹，可得衣食物。吏發民若取庸采黄金珠玉者，坐贓爲盜。二千石聽者，與同罪。」

帝崩，太子徹即位。年十六。

尊皇太后爲太皇太后，皇后爲皇太后。二月，葬陽陵。

班固曰：孔子稱：「斯民也，三代之所以直道而行也。」信哉！周、秦之敝，罔密文峻，而姦軌不勝。漢興，掃除煩苛，與民休息。至于孝文，加之以恭儉，孝景遵業。五六十載之間，至於移風易俗，黎民醇厚。周云成、康，漢言文、景，美矣。

又曰：漢初，接秦之弊，作業劇而財匱，自天子不能具鈞駟，而將相或乘牛車，齊民無藏蓋。天下已平，高祖乃令賈人不得衣絲、乘車，重租税以困辱之。孝惠、高后時，爲天下初定，復弛商賈之律，然市井之子孫，亦不得仕宦爲吏。量吏禄，度官用，以賦於民。漕轉山東粟以給中都官，歲不過數十萬石。繼以文、景清淨恭儉，安養天下，七十餘年之間，國家無事，非遇水旱，則人給家足，都鄙廩庾皆滿，而府庫餘貲財。京師之錢累巨萬，貫朽而不可校。太倉之粟陳陳相因，充溢露積於外，至腐敗不可食。衆庶街巷有馬，乘牸牝者擯而不得聚會。〔三〕守閭閻者食粱肉，爲吏者長子孫，居官者以爲姓號。故人人自愛而重犯法，先行義而後絀辱焉。然罔疏民富，役財驕溢，或至兼并，豪黨之徒以武斷於鄉曲。宗室有土，公卿以下爭于奢侈，僭上無度。物盛而衰，固其變也。自是之後，孝武内窮侈靡，外攘夷狄，天下蕭然，財力耗矣。

胡氏曰：文、景養民厚矣，稽諸仲尼之言，則亦富庶之而已，未有以教之也。然文帝寬厚長者，以德化人。無事則謙抑如不能，有事則英氣奮發。景帝刻薄任數，以詐力御下。平居則誅賞肆行，緩急則惴慄失措，其大致懸絶如此。而又以無寵廢正后，而夫婦之道薄；以無罪廢太子，而父子之恩睽。過愛梁王，輕許傳位，而兄弟之好不終；信讒用譖，絀申屠嘉，戮鼂錯，殺周亞夫，而君臣之道乖缺，其視文帝益相遼矣。獨節儉愛民一事，克遵前業耳。夫豈可與成、康同得美稱哉！

辛丑（前一四〇）

世宗孝武皇帝建元元年。

冬，十月，舉賢良方正直言極諫之士。以董仲舒爲江都相，治申、韓、蘇、張之言者，皆罷之。舉賢良方正直言極諫之士，上親策問之。廣川董仲舒對曰：「臣謹按春秋之中，視前世已行之事，以觀天人相與之際，甚可畏也。國家將有失道之敗，而天乃先出災害以譴告之，不知自省，又出怪異以警懼之，尚不知變，而傷敗乃至。以此見天心之仁愛人君而欲止其亂也。自非大亡道之世者，天盡欲扶持而全安之，事在勉强而已矣。勉强學問，則聞見博而知益明；勉强行道，則德日起而大有功，此皆可使還至而立有效者也。道者，所繇適於治之路也，仁義禮樂皆其具也。故聖王已没，而子孫長久安寧數百歲，此皆禮樂教化之功也。夫人君莫不欲安存而惡危亡，然而政亂國危者甚衆，所任者非其人，而所繇非其道，是以政日以仆滅也。夫周道衰於幽、厲，非道亡也，幽、厲不繇也。至於宣王，思昔先王之德，興滯補敝，明文、武之功業，周道粲然復興，上天祐之，爲生賢佐，後世稱誦，至今不絶。此夙夜不懈行善之所致也。故治亂廢興在於己，非天降命不可反也。臣聞：命者，天之令也；性者，生之質也；情者，人之欲也。堯、舜行德則民仁壽，桀、紂行暴則民鄙夭。有治亂之所生，故不齊也。王者欲有所爲，宜求其端於天。天道之大者在陰陽。陽爲德，陰爲刑；刑主殺而德主生。是故陽常居大夏，而以生育養長爲事；陰常居大冬，而積於空虛不用之處。以此見天之任德不任刑也。王者承天意以從事，故任德教而不任刑也。今廢先王德教之官，獨任執法之吏，而欲德教之被四海，難矣。爲人君者，正心以正朝廷，正朝廷以正百官，正百官以正萬民，正萬民以正四方。四方正，遠近莫敢不壹於正，而亡有邪氣奸其間者。是以陰陽調而風雨時，群生和而萬民殖，諸福之物，可致之祥，莫不畢至，而王道終矣。今陛下貴爲天子，富有四海，行高而恩厚，知明而意美，愛民而好士，可謂誼主矣。然而天地未應而美祥莫至者，凡以教化不立而萬民不正也。夫萬民之從利，如水之走下，不以教化隄防之，不能止也。古之王者莫不以教化爲大務。立太學以教於國，設庠序以化於邑，漸民以仁，摩民以誼，節民以禮，故其刑罰甚輕而禁不犯者，教化行而習俗美也。聖主之繼亂世也，掃除其跡而悉去之，復修教化而崇起之。教化已明，習俗已成，子孫循之，行五六百歲尚未敗也。至秦滅先聖之道，而顓爲自恣苟簡之治，故立爲天子十有四年而亡。然其遺毒餘烈，至今未滅，使習俗薄惡，人民嚚頑，雖欲善治之，亡可奈何。法出而姦生，令下而詐起，譬之琴瑟不調，甚者必解而更張之，乃可鼓也；爲政而不行，甚者必變而更化之，乃可理也。漢得天下以來，常欲治，而至今不可善治者，失之於當更化而不更化也。」上復策之。仲舒對曰：「臣聞聖主之治天下也，少則習之學，長則材諸位，爵禄以養其德，刑罰以威其惡，故民曉於禮誼而耻犯其上。武王行大誼，平殘賊，周公作禮樂以文之。至於成康，囹圄空虛四十餘年。此教化之漸而仁誼之流也。至秦則不然。師申、韓之説，憎帝王之道，以貪狼爲俗，誅名而不察實，爲善者不必免，而犯惡者未必刑也。是以百官皆飾虛辭而不顧實，外有事君之禮，内有背上之心，造僞飾詐，趨利無耻。是以刑者甚衆，死者相望，而姦不息，俗化使然也。今陛下并有天下，莫不率服。而功不加於百姓者，殆王心未加焉。曾子曰：『尊其所聞，則高明矣；行其所知，則光大矣。高明光大，不在於它，在乎加之意而已。』願陛下因用所聞，設誠於内而致行之，則三王何異哉！陛下夙寤晨興，務以求賢，亦堯舜之用心也，而未云獲者，士不素厲也。夫不素養士而欲求賢，譬猶不琢玉而求文采也。故養士莫大虖太學。太學者，賢士之所關也，教化之本原也。願興太學，置明師，以養天下之士，數考問以盡其材，則英俊宜可得矣。郡守、縣令，民之師帥，所使承流而宣化也；師帥不賢，則主德不宣，恩澤不流。今吏既亡教訓於下，或不承用主上之法，暴虐百姓，與姦爲市，貧窮孤弱，冤苦失職，甚不稱陛下之意。是以陰陽錯繆，氛氣充塞，群生寡遂，黎民未濟也。夫長吏多出於郎中、中郎，吏二千石子弟，選郎吏又以富訾，未必賢也。且古所謂功者，以任官稱職爲差，非謂積日累久也。故小材雖累日，不離於小官；賢材雖未久，不害爲輔佐。是以有司竭力盡知，務治其業而以赴功。今則不然。累日以取貴，積久以致官，是以廉耻貿亂，賢不肖渾殽，未得其真也。臣愚以爲使諸列侯、郡守各擇其吏民之賢者，歲貢各二人以給宿衛，且以觀大臣之能；所貢賢者有賞，所貢不肖者有罰。夫如是，諸侯〔四〕、吏二千石皆盡心於求賢，天下之士可得而官使也。毋以日月爲功，實試賢能爲上，量材而授官，録德而定位，則廉耻殊路，賢不肖異處矣。」上三策之。仲舒復對曰：「臣聞天者，群物之祖，故偏覆包含而無所殊。聖人法天而立道，亦溥愛而亡私。春者，天之所以生也；仁者，君之所以愛也。夏者，天之所以長也；德者，君之所以養也。霜者，天之所以殺也；刑者，君之所以罰也。孔子作春秋，上揆之天道，下質諸人情，參之於古，考之於今。故春秋之所譏，災害之所加也；春秋之所惡，怪異之所施也。書邦家之過，兼災異之變，以此見人之所爲，其美惡之極，乃與天地流通而往來相應，此亦言天之一端也。天令之謂命，命非聖人不行；質樸之謂性，性非教化不成；人欲之謂情，情非度制不節。是故王者上謹於承天意，以順命也；下務明教化民，以成性也；正法度之宜，別上下之序，以防欲也；修此三者，而大本舉矣。人受命於天，固超然異於群生。入有父子兄弟之親，出有君臣上下之誼，會遇相聚，有耆老長幼之施；粲然有文以相接，驩然有恩以相愛。故孔子曰：『天地之性人爲貴。』明於天性，知自貴於物，然後知仁誼；知仁誼，然後重禮節；重禮節，然後安處善；安處善，然後樂循理；樂循理，然後謂之君子。臣又聞之，衆少成多，積小致鉅，故聖人莫不以晻致明，以微致顯。是以堯發於諸侯，舜興虖深山，非一日而顯也，蓋有漸以致之矣。言出於己，不可塞也；行發於身，不可掩也。言行，治之大者，君子之所以動天地也。故盡小者大，慎微者著。積善在身，猶長日加益而人不知也；積惡在身，猶火銷膏而人不見也。此唐、虞之所以得令名，而桀、紂之可爲悼懼者也。夫樂而不亂、復而不厭者謂之道。道者，萬世亡敝；敝者，道之失也。先王之道必有偏而不起之處；故政有眊而不行，舉其偏者以補其敝而已矣。三王之道，所祖不同，非其相反，將以救溢扶衰，所遭之變然也。故王者有改制之名，亡變道之實。夏尚忠，殷尚敬，周尚文者，所繼之救，當用此也。道之大原出於天，天不變，道亦不變。是以禹繼舜，舜繼堯，三聖相受而守一道，亡救敝之政也。繇是觀之，繼治世者其道同，繼亂世者其道變。今漢繼大亂之後，若宜少損周之文致，用夏之忠者。夫古之天下，亦今之天下，共是天下，以古準今，壹何不相逮之遠也！意者有所失於古之道與？有所詭於天之理與？夫天亦有所分予，予之齒者去其角，傅之翼者兩其足，是所受大者不得取小也。古之所予祿者，不食於力，不動於末，與天同意者也。夫已受大，又取小，天不能足，而況人虖！此民之所以囂囂苦不足也。身寵而載高位，家溫而食厚祿，因乘富貴之資力，以與民爭利於下，民安能如之哉！民日削月朘，寖以大窮。富者奢侈羨溢，貧者窮急愁苦。民不樂生，安能避罪！此刑罰之所以蕃，而姦邪不可勝者也。天子大夫者，下民之所視效，遠方之所四面而內望也。豈可以居賢人之位，而爲庶人行哉！夫皇皇求財利常恐乏匱者，庶人之意也；皇皇求仁義常恐不能化民者，大夫之意也。若居君子之位，當君子之行，則舍公儀休之相魯，無可爲者矣。春秋大一統者，天地之常經，古今之通誼也。今師異道，人異論，百家殊方，指意不同，是以上無以持一統；法制數變，下不知所守。臣愚以爲諸不在六藝之科、孔子之術者，皆絶其道，勿使並進。邪辟之説滅息，然後統紀可一，而法度可明，民知所從矣。」天子善其對，以仲舒爲江都相。丞相衛綰因奏：「所舉賢良，或治申、韓、蘇、張之言亂國政者，請皆罷。」奏可。仲舒少治春秋，爲博士，進退容止，非禮不行，學士皆師尊之。及爲江都相，事易王。王，帝兄，素驕，好勇。仲舒以禮匡正，王敬重焉。嘗問之曰：「粤王句踐與大夫泄庸、種、蠡伐吴，滅之。寡人以爲粤有三仁，何如？」仲舒對曰：「昔魯君問伐齊於柳下惠，惠有憂色，曰：『吾聞伐國不問仁人，此言何爲至於我哉！』徒見問耳，猶且羞之，況設詐以行之乎？夫仁人者，正其誼不謀其利，明其道不計其功，是以仲尼之門，五尺之童羞稱五伯，爲其先詐力而後仁義也。繇此言之，則粤未嘗有一仁也。」王曰：「善。」後公孫弘亦治春秋，而希世用事。仲舒以弘爲從諛，弘嫉之。以膠西王亦上兄，尤縱恣，數害吏二千石。言於上，使仲舒相之。王素聞其賢，善待之。仲舒兩事驕王，皆正身以率下，所居而治。及去位家居，不問產業，專以講學著書爲事。朝廷有大議，使使就問之，其對皆有明法。

程子曰：正其誼不謀其利，明其道不計其功，此董子所以度越諸子也與。又曰：漢之諸儒，唯董子有儒者氣象。

春，二月，赦。

行三銖錢。

夏，六月，丞相綰免。以竇嬰爲丞相，田蚡爲太尉，趙綰爲御史大夫，王臧爲郎中令，迎申公爲中大夫。上雅嚮儒術，嬰、蚡俱好儒，推轂趙綰爲御史大夫，王臧爲郎中令。綰請立明堂，薦其師申公。上使使者奉安車蒲輪，束帛加璧迎之。既至，問治亂之事，申公年八十餘，對曰：「爲治者不至多言，顧力行何如耳！」時上方好文詞，見申公對，默然。然已招致，則以爲太中大夫，舍魯邸，議明堂、巡狩、改曆、服色事。

胡氏曰：申公之言當矣。第未知所謂力行者何事耳？申公開端而未告，武帝咈意而不問，惜哉！然明堂、巡狩、改曆、服色，豈力行之急務哉！對既不合，又留不去，其不逮穆生，又可見矣。

壬寅（前一三九）

二年。

冬，十月，淮南王安來朝。上以安屬爲諸父而材高，甚尊重之。

趙綰、王臧下吏，自殺。丞相嬰、太尉蚡免，申公免歸。以石建爲郎中令，石慶爲内史。

太皇太后好黄、老言，不悦儒術。趙綰請毋奏事東宫。太后大怒，陰求綰、臧姦利事以讓上。因廢明堂事，下綰、臧吏，皆自殺，嬰、蚡免，申公亦以疾免歸。初，景帝以石奮及四子皆二千石，號奮爲「萬石君」。萬石君無文學，而恭謹無與比。子孫爲小吏，來歸謁，必朝服見之，不名。有過失，不責讓，爲便坐，對案不食；然後諸子相責，因長老肉袒謝罪，改之，乃許。子孫勝冠者在側，雖燕居必冠。其執喪，哀戚甚悼。子孫遵教，皆以孝謹聞。及綰、臧獲罪，太后以爲儒者文多質少，今萬石君家不言而躬行，乃以其子建爲郎中令，慶爲内史。建在上側，事有可言，屏人恣言極切，至廷見，如不能言者。上以是親之。

春，二月，朔，日食。

三月，以許昌爲丞相。

以衛青爲太中大夫。

陳皇后驕妬，擅寵而無子，寵浸衰。上嘗過姊平陽公主，悦謳者衛子夫。主因奉送入宫，恩寵日隆。皇后恚，幾死者數矣。子夫同母弟青，冒姓衛氏，爲侯家騎奴。召爲建章監、侍中，既而以子夫爲夫人，青爲太中大夫。

夏，四月，有星如日，夜出。

置茂陵邑。

癸卯（前一三八）

三年。

冬，十月，中山王勝來朝。議者多冤鼂錯之策，務摧抑諸侯王，數奏暴其過惡，吹毛求疵，諸侯王莫不悲怨。至是置酒，勝聞樂聲而泣。上問其故，勝具以吏所侵聞。上乃厚諸侯之禮，省有司所奏諸侯事，加親親之恩焉。

河水溢于平原。

大饑，人相食。

秋，七月，有星孛于西北。

閩越擊東甌。遣使發兵救之，遂徙其衆於江、淮間。初，閩粵發兵圍東甌，東甌使人告急。天子問田蚡，對曰：「越人相攻擊，固其常；又數反覆，自秦時棄不屬，不足以煩中國往救也。」莊助曰：「小國以窮困來告急，天子不救，又何以子萬國乎！且秦舉咸陽而棄之，何但越也。」上曰：「太尉不足與計。吾新即位，不欲出虎符發兵郡國。」乃遣助以節發兵會稽。會稽守欲距法不爲發，助乃斬一司馬喻意，乃發兵浮海救東甌。未至，閩越引兵罷。東甌請舉國内徙，乃悉舉其衆來，處於江、淮之間。

九月，晦，日食。

帝始爲微行，遂起上林苑。上招選天下文學材智之士，簡拔其俊異者寵用之。莊助、朱買臣、吾丘壽王、司馬相如、東方朔、枚皋、終軍等並在左右。每令與大臣辯論，中外相應以義理之文，大臣數屈焉。然相如特以辭賦得幸；朔、皋不根持論，好詼諧，上以俳優畜之。朔時直諫，有所補益。是歲，上始爲微行，與左右能騎射者期諸殿門，常入南山下射獵，馳騖禾稼之地，民皆號呼罵詈。鄠、杜令欲執之，示以乘輿物，乃得免。又嘗夜至柏谷，逆旅主人疑爲姦盜，聚少年欲攻之。主人嫗睹上狀貌而異之，止其翁，不聽，飲翁以酒，醉而縛之，少年皆散走。後乃私置更衣十二所，又使吾丘壽王除上林苑，屬之南山。東方朔進諫曰：「夫南山，天下之阻，陸海之地也。山出玉石、金銀、銅鐵、良材，百工所取給，萬民所卬足也。又有秔、稻、梨、栗、桑、麻、竹箭之饒，土宜薑、芋，水多鼃、魚，貧者得以給足，無飢寒之憂。故酆、鎬之間，號爲土膏。其賈畮一金。今規以爲苑，絶陂池水澤之利而取民膏腴之地，上乏國用，下奪農業，其不可一也。盛荆棘之林，大虎狼之虚，壞人冢墓，發人室廬，其不可二也。垣而囿之，騎馳車鶩，有深溝大渠。夫一日之樂，不足以危無隄之輿，其不可三也。且殷作九市之宫而諸侯畔，靈王起章華之臺而楚民散，秦興阿房之殿而天下亂。糞土愚臣，逆盛意，罪當萬死。」上乃拜朔爲太中大夫、給事中，賜黄金百斤。然遂起上林苑。上又好自擊熊豕野獸，司馬相如諫曰：「陛下好陵阻險，射猛獸，卒然遇逸材之獸，駭不存之地，犯屬車之清塵，輿不及還轅，人不暇施巧，雖有烏獲、逢蒙之技不得用，枯木朽株，盡爲難矣。雖萬全而無患，然本非天子之所宜近也。且夫清道而後行，中路而馳，猶時有銜橛之變；況乎涉豐草，騁丘墟，前有利獸之樂，而内無存變之意，其爲害也不難矣。夫輕萬乘之重不以爲安，樂出萬有一危之塗以爲娱，臣竊爲陛下不取。蓋明者遠見於未萌，而知者避危於無形，禍固多藏於隱微而發於人之所忽者也。故鄙諺曰：『家累千金，坐不垂堂。』此言雖小，可以諭大。」上善之。

甲辰（前一三七）

四年。

夏，有風赤如血。

旱。

秋，九月，有星孛於西北。

乙巳(前一三六)

五年。

春，罷三銖錢，行半兩錢。

置五經博士。

夏，五月，大蝗。

丙午(前一三五)

六年。

春，二月，遼東高廟災。

夏，四月，高園便殿火，帝素服五日。

五月，太皇太后崩。

六月，丞相昌免。以田蚡爲丞相。蚡驕侈，治宅甲諸第，田園極膏腴，多受四方賂遺。每入奏事，坐語移日，所言皆聽。薦人或起家至二千石，權移主上。上乃曰：「君除吏已盡未？吾亦欲除吏。」

嘗請考工地益宅，上怒曰：「君何不遂取武庫！」是後乃稍退。

秋，八月，有星孛于東方，長竟天。

閩越擊南越。遣大行王恢等將兵擊之。閩越王弟餘善殺王郢以降。立餘善爲東越王。南越遣太子嬰齊入宿衛。

閩越王郢擊南越，南越王胡不敢擅興兵，使人上書告天子。天子多其義，大爲發兵，遣王恢出豫章，韓安國出會稽，擊閩越。淮南王安上書諫曰：「越，方外之地，翦髮文身之民，不可以冠帶之國法度理也。自三代之盛，胡、越不受正朔，非强弗能服，威弗能制。以爲不居之地，不牧之民，不足以煩中國也。今自相攻擊，而陛下發兵救之，是反以中國而勞蠻夷也。且越人輕薄反覆，不用法度，非一日之積。壹不奉詔，舉兵誅之，臣恐後兵革無時得息也。間者，歲比不登，民生未復。今發兵資糧，行數千里，夾以深林叢竹，多蝮蛇猛獸，夏月暑時，歐泄霍亂之病相隨屬也。曾未施兵接刃，死傷者必衆矣。臣聞軍旅之後，必有凶年。言以其愁苦之氣，薄陰陽之和，感天地之精，而災氣爲之生也。陛下德配天地，澤及草木，一人有飢寒不終其天年而死者，爲之悽愴於心。今方内無狗吠之警，而使甲卒暴露中原，霑漬山谷，邊境之民早閉晏開，朝不及夕，臣安竊爲陛下重之。且越人緜力薄材，不能陸戰，又無車騎、弓弩之用，然而不可入者，以保地險，而中國之人不耐其水土也。臣聞道路言：閩越王弟甲弒而殺之，甲以誅死，其民未有所屬。陛下若使重臣臨存，施德垂賞以招致之，此必攜幼扶老以歸聖德。若無所用之，則存亡繼絶，建其王侯，此必委質爲臣，世共貢職。陛下以方寸之印，丈二之組，填撫方外，不勞一卒，不頓一戟，而威德並行。今以兵入其地，此必震恐，逃入山林，背而去之，則復群聚。留而守之，歷歲經年，則士卒罷勸，食糧乏絶，一方有急，四面皆聳。臣恐變故之生，姦邪之作，由此始也。臣聞天子之兵有征而無戰，言莫敢校也。如使越人徼幸以逆執事，厮輿之卒，有一不備而歸，雖得越王之首，臣猶羞之。陛下以九州爲家，生民皆爲臣妾。夷狄之地，何足以爲一日之間而煩汗馬之勞乎！詩云：『王猶允塞，徐方既來。』言王道甚大而遠方懷之也。臣安竊恐將吏之以十萬之師爲一使之任也。」是時，漢兵遂出，未踰領，閩越王郢弟餘善殺王，使使奉其頭致王恢。恢以便宜案兵，告安國，而使使奉王頭馳奏。詔罷兵，立無諸孫繇君丑爲越繇王，奉閩越先祭祀。餘善既殺郢，威行於國，繇王不能制。因立餘善爲東越王，與繇王並處。上使莊助諭意南粵。南粵王胡頓首曰：「天子乃爲臣興兵討閩越，死無以報德！」遣太子嬰齊入宿衛，謂助曰：「國新被寇，使者行矣，胡方日夜裝，入見天子。」助既去南越，大臣皆諫曰：「先王昔言：『事天子期無失禮。』要之，不可以説好語入見，則不得復歸，亡國之勢也。」於是胡稱病，竟不入見。

以汲黯爲主爵都尉。始，黯爲謁者，以嚴見憚。東越相攻，上使黯往視之。不至，還報曰：「越人相攻，固其俗然，不足以辱天子之使。」河内失火，延燒千餘家，上使往視之，還報曰：「家人失火，屋比延燒，不足憂也。臣過河南，貧人傷水旱萬餘家，或父子相食，臣謹以便宜，持節發倉粟以振之。臣請歸節，伏矯制之罪。」上賢而釋之。以數切諫，不得留内，遷爲東海守，好清静，擇丞史任之，責大指而已，不苛小。黯多病，卧閤内不出。歲餘，東海大治。召爲主爵都尉。其治務在無爲，引大體，不拘文法。爲人性倨少禮，面折，不能容人之過。時天子方招文學，嘗曰吾欲云云。黯對曰：「陛下内多欲而外施仁義，奈何欲效唐、虞之治乎？」上怒，罷朝，謂左右曰：「甚矣汲黯之戇也！」羣臣或數黯，黯曰：「天子置公卿輔弼之臣，寧令從諛承意，陷主於不義乎！且已在其位，縱愛身，奈辱朝廷何！」黯多病，賜告者數，不愈。莊助復爲請告。上曰：「汲黯何如人哉？」助曰：「使黯任職居官，無以踰人。然至其輔少主，守城深堅，招之不來，麾之不去，雖自謂賁、育，亦不能奪之矣。」上曰：「然。古有社稷之臣，至如黯，近之矣！」

胡氏曰：汲黯多欲之言，豈惟深中武帝之病。凡爲人君，莫不然矣。堯、舜、禹、湯、文、武，則無欲者也。自餘賢主，則能窒欲者也。屈於物欲，不知自反，則昏亂危亡之君；内多欲而外施仁義，則五伯假之之徒也。所謂欲，或酒，或色，或貨利，或宫室，或遊畋，或狗馬，或博弈，或詞藝圖書以爲文，或撫劍疾視以爲武，或闢土服遠以爲功，或耽佛好仙以爲高，雖汙潔不齊，欲有大小，然皆足以變移志慮，荒廢政理。雖欲，勉行仁義，而行之無本，其不足以感人心而正民志矣。故人君莫大乎修身，而修身莫先於寡欲。欲誠不行，則心虚而善入，氣平而理勝，動無非理，事無不善，唐虞之治，不越此矣。

與匈奴和親。匈奴來請和親，天子下其議。王恢，燕人，習胡事，曰：「匈奴和親，不過數歲，即復倍約。不如勿許，興兵擊之。」御史大夫韓安國曰：「匈奴遷徙鳥舉，難得而制。今行數千里與之爭利，則人馬罷乏，虜以全制其敝，此危道也。不如和親。」羣臣議者多附安國，於是許之。

丁未（前一三四）

元光元年。

冬，十一月，初令郡國舉孝廉各一人。從董仲舒之言也。

遣將軍李廣、程不識將兵屯北邊。廣與不識俱以將兵有名當時。廣行無部伍、行陳，就善水草舍止，人人自便，不擊刁斗自衛，莫府省約文書。然亦遠斥候，未嘗遇害。不識正部曲、行伍、營陳，擊刁斗，治軍簿至明，軍不得休息，亦未嘗遇害。然匈奴畏李廣之略，士卒亦多樂從廣而苦程不識。

司馬公曰：易曰：「師出以律，否臧凶。」言治衆而不用法，無不凶也。故曰「兵事以嚴終」，爲將者，亦嚴而已矣。然則效程不識，雖無功，猶不敗；效李廣，鮮不覆亡哉。

夏，四月，赦。

五月，詔舉賢良文學，親策之。

秋，七月，日食。

戊申（前一三三）

二年。

冬，十月，帝如雍，祠五時。

始親祠竈。遣方士求神僊。李少君以祠竈却老方見，上尊之。少君匿其年及生長，善爲巧發奇中，言祠竈則致物，而丹沙可化爲黃金，蓬萊僊者可見。見之，以封禪則不死。於是天子始親祠竈，遣方士入海求蓬萊安期生之屬，而事化丹沙諸藥齊爲黄金。久之，少君病死，天子以爲化去，不死。而海上燕、齊怪迂之士多更來言神事矣。

立太一祠。亳人謬忌奏祠太一。方曰：「天神貴者太一，太一佐曰五帝。」於是天子立其祠長安東南郊。

夏，六月，遣間誘匈奴單于入塞，將軍王恢等伏兵邀之，不獲。恢以罪下吏，自殺。雁門馬邑豪聶壹因大行王恢言：「匈奴初和親，信邊，可誘以利，伏兵襲擊，必破之道也。」上召問公卿。恢曰：「臣聞全代之時，北有强胡之敵，内連中國之兵，然匈奴不輕侵也。今以陛下之威，海内爲一，然匈奴侵盗不已者，無佗，以不恐之故耳。臣竊以爲擊之便。」韓安國曰：「臣聞高皇帝嘗圍於平城，七日不食。及解圍反位，而無忿怒之心。夫聖人以天下爲度者也，不以己私怒傷天下之功，故結和親，至今爲五世利。臣竊以爲勿擊便。」恢曰：「不然。高帝所以不報平城之怨者，非力不能，所以休天下之心也。今邊境數驚，士卒傷死，中國槥車相望，此仁人之所隱也。故曰擊之便。」安國曰：「不然。臣聞人君謀事必就祖，發政占古語，重作事也。用兵者，以飽待飢，正治以待其亂，定舍以待其勞。故接兵覆衆，伐國墮城，常坐而役敵國，此聖人之兵也。今將卷甲輕舉，深入長敺，難以爲功。從行則迫脇，衡行則中絶，疾則糧乏，徐則後利，不至千里，人馬乏食。兵法曰：『遺人，獲也。』臣故曰勿擊便。」恢曰：「不然。臣今言擊之者，固非發而深入也。將順因單于之欲，誘而致之邊，吾選梟騎陰伏而處以爲之備，審遮險阻以爲其戒。吾勢已定，或營其左，或營其右，或當其前，或絶其後，單于可禽，百全必取。」上從恢議。

六月，以韓安國、李廣、王恢爲將軍，將車騎材官三十餘萬匿馬邑旁谷中，陰使聶壹亡入匈奴，謂單于曰：「吾能斬馬邑令丞，以城降，財物可盡得。」於是單于穿塞，將十萬騎入武州塞。未至百餘里，見畜布野而無人牧者，乃攻亭，得雁門尉史，知漢兵所居。單于大驚曰：「吾固疑之。」乃引兵還。漢兵追至塞，弗及，乃皆罷兵。王恢主別從代出擊胡輜重，亦不敢出。上怒，下恢廷尉。當恢逗橈，當斬。恢行千金丞相蚡，蚡言於太后曰：「王恢首爲馬邑事，今不成而誅恢，是爲匈奴報仇也。」太后以告上，上曰：「首爲馬邑事者恢，故發天下兵數十萬，從其言爲此。且縱單于不可得，恢所部擊其輜重，猶頗可得以尉士大夫心。今不誅恢，無以謝天下。」於是恢聞，乃自殺。自是匈奴絶和親，攻當路塞，然尚貪樂關市，嗜漢財物。漢亦關市不絶以中其意。

己酉（前一三二）

三年。

春，河徙頓丘。夏，決濮陽。春，河水徙，從頓丘東南流。夏，復決濮陽瓠子，注鉅野，通淮、泗，泛郡十六。發卒十萬塞之，輒復壞。是時，田蚡奉邑食鄃，居河北，河決而南，則鄃無水災，邑收多。蚡言於上曰：「江、河之決，皆天事，未易以人力强塞。」望氣者亦以爲然。於是久不塞。

庚戌（前一三一）

四年。

冬，十二月，晦，殺魏其侯竇嬰。初，孝景時，竇嬰爲大將軍，田蚡乃爲諸郎。已而蚡日益貴幸，嬰失勢，賓客益衰，獨潁陰灌夫不去。嬰乃厚遇夫，相爲引重。夫剛直使酒，諸有勢在己之右者必陵之，數因醉忤蚡。蚡乃奏案夫家屬橫潁川，得棄市罪。嬰上書論救，上令與蚡東朝廷辨之。上問朝臣，兩人孰是。唯汲黯是嬰，韓安國兩是之，鄭當時是嬰，後不敢堅。太后怒不食，曰：「今我在也，而人皆藉吾弟。令我百歲後，皆魚肉之乎！」上不得已，遂族灌夫。使有司案治嬰，得棄市罪。論殺之。

春，三月，丞相蚡卒。

夏，四月，隕霜殺草。

五月，以薛澤爲丞相。

地震。

赦。

辛亥（前一三〇）

五年。

冬，十月，河間王德來朝，獻雅樂，對詔策。春，正月，還而卒。河間獻王修學好古，實事求是，以金帛招來四方善書，得書多與漢朝等。時淮南王安亦好書，所招致率多浮辯。獻王所得，皆古文先秦舊書，周官、尚書、禮、禮記、孟子、毛氏詩、左氏春秋之屬，采禮樂古事，稍稍增輯至五百餘篇，被服造次，必於儒者，山東諸儒多從之遊。是歲十月來朝，獻雅樂，對三雍宫及詔策所問三十餘事，推道術而言，得事之中，文約指明。天子下太樂官存肄所獻雅聲，歲時以備數，然不常御。正月，王薨，中尉以聞，曰：「王身端行治，温仁恭儉，篤敬愛下，明知深察，惠于鰥寡。」大行令奏：「謚法『聰明睿智曰獻』，謚曰獻王。」班固曰：昔魯哀公有言：「寡人生於深宫之中，長於婦人之手，未嘗知憂，未嘗知懼。」信哉斯言也，雖欲不危亡，不可得已。是故古人以晏安爲鴆毒，無德而富貴謂之不幸。漢諸侯王以百數，率多驕淫失道。何則？沉溺放恣之中，居勢使然也。「夫唯大雅，卓爾不群」，河間獻王近之矣。司馬公曰：景帝之子十有四人，栗太子廢，而獻王最長。嚮若遵大義而屬重器焉，則帝王之治復還矣。嗟乎，天實不欲禮樂復興邪，抑斯人之不幸也。

通南夷，置犍爲郡。通西夷，置一都尉。初，王恢之討東越也，使番陽令唐蒙風曉南越。南越食蒙以枸醬，問所從來，曰：「道西北牂柯江。牂柯江廣數里，出番禺城下。」蒙歸，問蜀賈人。曰：「獨蜀出枸醬，多持竊出市夜郎。夜郎臨牂柯江，江廣百餘步，南越以財物役屬之，然亦不能臣使也。」蒙乃上書曰：「南越王名爲外臣，實一州主也。今以長沙、豫章往，水道多絶。竊聞夜郎精兵可十餘萬，浮船牂柯，出其不意，此制越一奇也。請通夜郎道，爲置吏。」上乃拜蒙爲中郎將，將千人，從筰關入，見夜郎侯多同，厚賜之。喻以威德，約爲置吏。多同等貪漢繒帛，以爲道險，漢終不能有，乃且聽約。蒙還報，上以爲犍爲郡。發卒治道數萬人，卒多物故，有逃亡者，用軍興法誅之，巴、蜀民大驚恐。上使司馬相如責蒙等，因諭告巴、蜀民以非上意。相如還報。時邛、筰君長聞南夷得賞賜，多欲請吏。上問相如，相如曰：「邛、筰、冉駹近蜀易通，爲置郡縣，愈於南夷。」上乃拜相如爲中郎將，建節往使，因巴、蜀吏幣物以賂。西夷皆請爲内臣。除邊關，關益斥，西至沫、若水，南至牂柯爲徼，通零關道，橋孫水以通邛都，爲置一都尉、十餘縣，屬蜀。上大説。

發卒治雁門阻險。

秋，七月，大風拔木。

皇后陳氏廢。后以祠祭厭勝媚道，事覺，册收璽綬，退居長門宫，供奉如法。竇太主慚懼，稽顙謝，上慰喻之。初，上嘗置酒主家，主見所幸賣珠兒董偃，上使之侍飲。常從遊戲馳逐，觀雞鞠角狗馬，上大歡樂之。因爲主置酒宣室，使謁者引内偃。中郎東方朔辟戟而前曰：「董偃有斬罪三，安得入乎！」上曰：「何也？」朔曰：「偃以人臣私侍公主，一也。敗男女之化，亂婚姻之禮，傷王制，二也。陛下富於春秋，方積思於六經；而偃以靡麗奢侈，極耳目之欲，乃國家之大賊，人主之大蜮，其罪三也。」上默然良久，曰：「吾業已設飲，後而自改。」朔曰：「不可。夫宣室者，先帝之正處也，非法度之政不得入焉。淫亂之漸，其變爲簒。」上曰：「善。」詔更置酒北宫，引偃從東司馬門入。賜朔黄金三十斤。偃寵由是日衰。然是後公主、貴人多踰禮制矣。

詔太中大夫張湯、中大夫趙禹定律令。上使張湯、趙禹共定律令，務在深文。拘守職之吏，作見知法，吏傳相監司。用法益刻自此始。

八月，螟。

以公孫弘爲博士。是歲，徵吏民有明當世之務、習先聖之術者，縣次續食，令與計偕。菑川人公孫弘對策曰：「臣聞堯舜之時，不貴爵賞而民勸善，不重刑罰而民不犯，躬率以正而遇民信也。是故因能任官，則分職治；去無用之言，則事情得；不作無用之器，則賦斂省；不奪民時，不妨民力，則百姓富；有德者進，無德者退，則朝廷尊；有功者上，無功者下，則羣臣逡；罰當罪，則姦邪止；賞當賢，則臣下勸。凡此八者，治之本也。故民者，業之則不爭，理得則不怨，有禮則不暴，愛之則親上，此有天下之急者也。禮義者，民之所服也；而賞罰順之，則民不犯禁矣。氣同則從，聲比則應。今人主和德於上，百姓和合於下，故心和則氣和，氣和則形和，形和則聲和，聲和則天地之和應矣。故陰陽和，風雨時，五穀登，六畜蕃，山不童，澤不涸，此和之至也。臣聞仁者，愛也；義者，宜也；禮者，所履也；智者，術之原也。四者，治之本也。得其要，則天下安樂；不得其術，則主蔽於上，官亂於下。此事之情也。」策奏，天子擢爲第一，拜博士，待詔金馬門。齊人轅固，年九十餘，亦以賢良徵。弘仄目事固，固曰：「公孫子，務正學以言，無曲學以阿世。」諸儒多疾毀固，遂以老罷歸。時鑿山通西南夷，道千餘里，戍轉相餉，數歲不通。士罷餓暑濕，死者甚衆。夷又數反，發兵興擊，費以鉅萬計而無功。詔使弘視焉。還奏，盛毀西南夷無所用，上不聽。弘每朝會議，開陳其端，使人主自擇，不肯面折廷爭。於是上大說之，常與汲黯請間，黯先發之，弘推其後，天子常說，所言皆聽。弘嘗與公卿約議，至上前，皆倍其約以順上旨。汲黯廷詰弘多詐不忠，弘謝曰：「知臣者，以臣爲忠；不知臣者，以臣爲不忠。」上益厚遇之。

壬子（前一二九）

六年。

冬，初算商車。

春，穿渭渠。大司農鄭當時言：「穿渭爲渠，下至河，漕關東粟徑易，又可以溉渠下民田萬餘頃。」至是發卒數萬人穿之，三歲而通，人以爲便。

匈奴寇上谷。遣車騎將軍衛青等將兵擊却之。匈奴寇上谷，遣衛青等四將軍擊之。李廣軍敗，爲胡所得，絡盛置兩馬間。廣佯死，暫騰而上胡兒馬，奪其弓，鞭馬南馳，遂得歸。下吏當死，贖爲庶人。兩將軍亦無功，唯青得首虜多，賜爵關内侯。青雖出於奴虜，然善騎射，材力絶人。遇士大夫以禮，與士卒有恩，衆樂爲用，有將帥材，故每出輒有功。

夏，大旱，蝗。

癸丑（前一二八）

元朔元年。

冬，定二千石不舉孝廉罪法。詔曰：「朕深詔執事，興廉舉孝，庶幾成風，紹休聖緒。夫十室之邑，必有忠信；三人並行，厥有我師。今或至闔郡而不薦一人，是化不下究，而積行之君子壅於上聞也。且進賢受上賞，蔽賢蒙顯戮，古之道也。其議二千石不舉者罪。」有司奏：「不舉孝，不奉詔，當以不敬論；不察廉，不勝任也，當免。」奏可。

皇子據生。三月，立夫人衛氏爲皇后，赦。

秋，匈奴入寇，以李廣爲右北平太守。匈奴號廣曰「漢之飛將軍」，避之，數歲不敢入右北平。

東夷薉君降，置蒼海郡。東夷薉君南閭等二十八萬人降，爲蒼海郡。人徒之費，擬於南夷，燕、齊之間，靡然騷動。

以主父偃、嚴安、徐樂爲郎中。臨菑人主父偃始遊齊、燕、趙，皆莫能厚遇，諸生相與排擯不容，假貸無所得。乃西入關，上書闕下，朝奏，暮召入。所言九事，其八事爲律令；一事諫伐匈奴。其辭曰：「司馬法曰：『國雖大，好戰必亡；天下雖平，忘戰必危。』夫怒者逆德也，兵者凶器也，爭者末節也。夫務戰勝、窮武事者，未有不悔者也。昔秦吞戰國，務勝不休，使蒙恬將兵攻胡，辟地千里，地皆沮澤鹹鹵，不生五穀。乃使天下蜚芻輓粟，起於負海，轉輸北河，率三十鍾而致一石。男子疾耕，不足於糧餉，女子紡績，不足於帷幕，百姓靡敝，不能相養，蓋天下始畔秦也。夫匈奴難得而制，非一世也。行盜侵驅，所以爲業，天性固然。虞、夏、殷、周，固弗程督，禽獸畜之，不屬爲人。今上不觀虞、夏、殷、周之統，而下循近世之失，此臣之所大憂，百姓之所疾苦也。」偃同郡嚴安亦上書曰：「今人用財侈靡，車馬衣裘宮室聲色滋味，皆競修飾，以觀欲於天下。侈而無節，則不可贍，民離本而徼末。末不可徒得，故搢紳者不憚爲詐，帶劍者夸殺人以矯奪，而世不知媿，是以逐利無已，犯法者衆。臣願爲民制度以防其淫，使貧富不相耀以和其心。心志定，則盜賊消，刑罰少，陰陽和，萬物蕃也。昔秦王意廣心逸，欲威海外，北攻胡，南攻越。宿兵於無用之地，十有餘年，丁男被甲，丁女轉輸，苦不聊生，自經於道樹者相望。及秦皇帝崩，天下大畔，滅世絶祀，窮兵之禍也。故周失之弱，秦失之强，不變之患也。今徇南夷，朝夜郎，降羌、僰，略薉州，建城邑，深入匈奴，燔其龍城，議者美之，此人臣之利，非天下之長策也。」無終徐樂上書曰：「臣聞天下之患，在於土崩，不在瓦解。陳涉起窮巷，奮棘矜，偏袒大呼，天下從風，此其故何也？

由民困而主不恤，下怨而上不知，俗已亂而政不修。此三者，涉之所以爲資也，此之謂土崩。吴、楚七國，號皆萬乘，威足以嚴其境内，財足以勸其士民。然不能西攘尺寸之地，而身爲禽者，此其故何也？當是之時，先帝之德未衰而安土樂俗之民衆，故諸侯無竟外之助，此之謂瓦解。此二體者，安危之明要，賢主之所宜留意而深察也。間者，關東穀數不登，年歲未復，民多窮困，重之以邊境之事；推數循理而觀之，民宜有不安其處者矣。不安，故易動；易動者，土崩之勢也。故賢主獨觀萬化之原，明於安危之機，修之廟堂之上，而銷未形之患，其要期於使天下無土崩之勢而已矣。」書奏，召見，謂曰：「公等皆安在，何相見之晚也？」皆拜爲郎中。偃尤親幸，一歲中凡四遷，爲中大夫。大臣畏其口，賂遺累千金。或謂偃曰：「太横矣。」偃曰：「吾生不五鼎食，死即五鼎烹耳！」

甲寅（前一二七）

二年。

冬，賜淮南王安几杖，毋朝。

春，正月，詔諸侯王得分國邑封子弟爲列侯。主父偃説上曰：「古者諸侯不過百里，强弱之形易制。今諸侯或連城數十，地方千里，緩則驕奢，易爲淫亂，急則阻其强而合從以逆京師。以法割削之，則逆節萌起。然諸侯子弟或十數，而適嗣代立，餘無尺地之封，則仁孝之道不宣。願陛下令諸侯得推恩分子弟，以地侯之，彼人人喜得所願。上以德施，實分其國，不削而稍弱矣。」上從之。於是藩國始分，而子弟畢侯矣。

匈奴入寇。遣衛青等將兵擊走之，遂取河南地，立朔方郡，募民徙之。匈奴入上谷、漁陽，遣衛青、李息擊走之，遂取河南地。詔封青爲長平侯。主父偃言：「河南地肥饒，外阻河，城之以逐匈奴，省轉戍，廣中國，滅胡之本也。」公卿皆言不便。上竟用偃計，立朔方郡，募民徙者十萬口，築城繕塞，因河爲固。轉漕甚遠，自山東咸被其勞，費數十百鉅萬，府庫並虛。

三月，晦，日食。

徙郡國豪桀於茂陵。主父偃說上曰：「天下豪桀并兼亂衆之民，皆可徙茂陵。内實京師，外銷姦猾，此所謂不誅而害除。」上從之。軹人郭解，關東大俠也，亦在徙中。衛青爲言：「郭解家貧，不中徙。」上曰：「解，布衣，權至使將軍爲言，此其家不貧。」卒徙解家。解平生睚眦殺人甚衆，上聞之，下吏捕治，所殺皆在赦前。軹有儒生侍使者坐，客譽郭解。生曰：「解專以姦犯公法，何謂賢！」解客聞，殺此生，斷其舌。吏以此責解，解實不知。吏奏解無罪，公孫弘議曰：「解，布衣，爲任俠行權，以睚眦殺人，解雖弗知，此罪甚於解殺之，當大逆無道。」遂族郭解。

班固曰：古者天子建國，諸侯立家，自卿大夫以至于庶人，各有等差，是以民服事其上而下無覬覦。周室既微，禮樂征伐自諸侯出。桓、文之後，大夫世權，陪臣執命。陵夷至於戰國，合從連衡，繇是列國公子，魏有信陵，趙有平原，齊有孟嘗，楚有春申，皆藉王公之勢，競爲游俠，雞鳴狗盜，無不賓禮。虞卿棄國捐君，以周窮交魏齊之厄；信陵竊符戮將，以赴平原之急，皆以取重諸侯，顯名天下，搤腕而游談者，以四豪爲稱首。於是背公死黨之議成，守職奉上之義廢矣。及至漢興，禁綱疏闊，未知匡改也。故陳豨車千乘，而吴濞、淮南皆招賓客，外戚大臣魏其、武安之屬，競逐於京師。布衣游俠劇孟、郭解之徒，馳騖於閭閻，權行州域，力折公侯，衆庶榮其名迹，覬而慕之。雖陷於刑辟，自與殺身成名，死而不悔。曾子曰：「上失其道，民散久矣。」非明主在上，示之以好惡，齊之以禮法，民曷由知禁而反正乎！五伯，三王之罪人也；而六國，五伯之罪人也；夫四豪者，又六國之罪人也。況於郭解之倫，以匹夫之細，竊殺生之權，其罪已不容於誅矣。觀其溫良泛愛，振窮周急，謙退不伐，亦皆有絶異之姿。惜乎，不入於道德，苟放縱於末流，殺身亡宗，非不幸也。

荀悅曰：世有三遊，德之賊也。立氣勢，作威福，結私交以立强於世者，謂之遊俠；飾辯辭，設詐謀，馳逐於天下以要時勢者，謂之遊説；色取仁以合時好，連黨類，立虚譽以爲權利者，謂之遊行。此三者，傷道害德，敗法惑世，亂之所由生也。國有四民，各修其業。不由四民之業者，謂之姦民。姦民不生，王道乃成。凡此三遊，生於季世，制度不立，紀綱弛廢，以毁譽爲榮辱，以喜怒爲賞罰。是以犇走馳騁，越職僭度，飾華廢實，競趣時利。簡父兄之尊而崇賓客之禮，薄骨肉之恩而篤朋友之愛，忘修身之道而求衆人之譽，割衣食之業以供饗宴之好，苞苴盈於門庭，聘問交於道路，書記繁於公文，私務衆於官事，於是流俗成而正道壞矣。是以聖王在上，經國序民，正其制度。善惡要於功罪，而不淫於毁譽，聽其言而責其事，舉其名而指其實。故虚僞之行不得設，誣罔之辭不得行，有罪惡者無僥倖，無罪過者不憂懼，請謁無所行，貨賂無所用，養之以仁惠，文之以禮樂，則風俗定而大化成矣。

燕王定國、齊王次昌皆有罪，自殺，國除。誅齊相主父偃，夷其族。燕王定國與父姬姦，奪弟妻，殺肥如令郢人。郢人家告之，主父偃從中發其事。公卿請誅之，定國自殺，國除。齊厲王次昌亦與姊通，偃嘗欲納女於齊王，不許。因言於上曰：「臨菑殷富，非親愛子弟不得王。今齊王屬疏，又與姊亂，請治之。」於是拜偃爲齊相。至齊，急治王後宫宦者，辭及王。王懼，自殺。上聞大怒，以爲偃劫其王令自殺，乃徵下吏。偃辭不服，上欲勿誅，弘曰：「齊王自殺，國除，偃本首惡。不誅之無以謝天下。」乃族誅之。

以孔臧爲太常。上欲以孔臧爲御史大夫，辭曰：「臣世以經學爲業，乞爲太常，典臣家業，與從弟侍中安國綱紀古訓，使永垂來嗣。」上乃以爲太常，其禮賜如三公。

乙卯（前一二六）

三年。

冬，匈奴軍臣單于死，弟伊稚斜單于立。

以公孫弘爲御史大夫。罷蒼海郡。時通西南夷，東置蒼海，北築朔方之郡。公孫弘數諫，以爲罷敝中國以奉無用之地，願罷之。天子使朱買臣等難以置朔方之便，發十策，弘不得一。乃謝曰：「山東鄙人，不知其便若是，願罷西南夷、蒼海而專奉朔方。」上乃許之。弘爲布被，食不重肉。汲黯曰：「弘位三公，奉禄甚多，爲此詐也。」上問弘，弘謝曰：「有之。夫九卿與臣善者無過黯，然今日廷詰臣，誠中臣之病。臣誠飾詐，欲以釣名，且無黯忠，陛下安得聞此言。」上以爲謙讓，愈益厚之。

赦。

以張騫爲太中大夫。初，匈奴降者言：「月氏故居敦煌、祁連間，爲强國。匈奴攻破之，殺月氏王，以其頭爲飲器。餘衆遁逃遠去，怨匈奴，無與共擊之。」上募能通使月氏者。張騫以郎應募，出隴西，徑匈奴中。單于得之，留十餘歲。騫得間，西走數十日，至大宛。大宛爲發導譯抵康居，傳致大月氏。大月氏太子爲王，既擊大夏，分其地而居之，地肥饒，少寇，殊無報胡之心。騫留歲餘，乃還。復爲匈奴所得，會匈奴亂，騫乃逃歸。初行時百餘人，去十三歲，唯二人得還。

匈奴入代郡、雁門。

夏，六月，皇太后崩。

秋，罷西夷。

以張湯爲廷尉。湯爲人多詐，舞智以御人。時上方鄉文學，湯陽浮慕，事董仲舒、公孫弘等，以兒寬爲奏讞掾，以古法義決疑獄。所治：即上意所欲罪，與監史深禍者；即上意所欲釋，與監史輕平者。上由是悦之。湯於故人子弟調護之尤厚，其造請諸公，不避寒暑。是以得聲譽。汲黯數質責湯於上前，曰：「公爲正卿，上不能褒先帝之功業，下不能抑天下之邪心，安國富民，使囹圄空虚，何空取高皇帝約束紛更之爲！而公以此無種矣。」黯時與湯論議，湯辯常在文深小苛；黯伉厲守高，不能屈，忿發，罵曰：「天下謂刀筆吏不可以爲公卿，果然。必湯也，令天下重足而立，側目而視矣！」

丙辰（前一二五）

四年。

夏，匈奴入代郡、定襄、上郡。

五年。

丁巳(前一二四)

冬，十一月，丞相澤免。以公孫弘爲丞相，封平津侯。丞相封侯自弘始。時上方興功業，弘於是開東閤以延賢人，與參謀議。嘗奏言：「十賊彍弩，百吏不敢前。請禁民毋得挾弓弩，便。」上下其議。侍中吾丘壽王對曰：「臣聞古者作五兵，非以相害，以禁暴討邪也。安居則以制猛獸而備非常，有事則以設守衛而施行陣。秦兼天下，銷甲兵，折鋒刃，其後民以耰鉏、箠梃相撻擊，犯法滋衆，卒以亂亡。故聖王務教化而省禁防，知其不足恃也。且愚聞聖王合射以明教矣，未聞弓矢之爲禁也。且所爲禁者，爲盜賊之以攻奪也；攻奪之罪死。然而不止者，大姦之於重誅，固不避也。臣恐邪人挾之而吏不能止，良民以自備而抵法禁，是擅賊威而奪民救也。竊以爲大不便。」上以難弘，弘詘服焉。弘外寬内深，諸嘗有隙，無近遠，雖陽與善，後竟報之。汲黯常面觸弘，弘欲誅之以事，乃言上曰：「右内史界部中多貴人宗室〔五〕，難治，非素重臣不能任，請徙黯爲右内史。」上從之。

春，大旱。

匈奴寇朔方。遣衛青率六將軍擊之。還，以青爲大將軍。匈奴右賢王數侵擾朔方。天子令車騎將軍青將三萬騎出高闕，將軍蘇建、李沮、公孫賀、李蔡俱出朔方，李息、張次公俱出右北平，凡十餘萬人，皆領屬青擊匈奴。右賢王飲醉，青等夜至圍之。右賢王驚，潰圍北去。得裨王十餘人，衆萬五千餘人，畜數十百萬，於是引兵還。天子使使者持大將軍印，即軍中拜青爲大將軍，諸將皆屬。益封八千七百户，封青三子、諸將校尉七人爲列侯。青尊寵，於羣臣無二，公卿以下皆卑奉之，獨汲黯與亢禮。人或説黯曰：「自天子欲羣臣下大將軍，大將軍尊重，君不可以不拜。」黯曰：「夫以大將軍有揖客，反不重邪！」青聞，愈賢黯，數請問國家朝廷所疑，遇黯加於平日。青雖貴，有時侍中，上踞厠而視之。丞相弘燕見，上或時不冠。至如汲黯見，上不冠不見也。上嘗坐武帳中，黯前奏事，上不冠，望見黯，避帳中，使人可其奏。其見敬禮如此。

夏，六月，爲博士置弟子五十人。詔曰：「蓋聞導民以禮，風之以樂。今禮壞樂崩，朕甚閔焉。其令禮官勸學興禮以爲天下先。」於是丞相弘等奏：「請爲博士官置弟子五十人，復其身，第其高下，以補郎中、文學、掌故。即有秀才異等，輒以名聞。其不事學若下材，輒罷之。又，吏通一藝以上者，請皆選擇以補右職。」上從之。自此公卿大夫士吏彬彬多文學之士矣。

秋，匈奴入代。

削淮南二縣，賜衡山王賜書不朝。初，淮南王安好讀書屬文，喜立名譽。招致賓客方術之士數千人，多江、淮間輕薄士，常以厲王遷死感激安，安乃治戰具，積金錢。郎中雷被願奮擊匈奴，安斥免之。是歲，被亡之長安，上書自明。事下廷尉治，蹤跡連安。上遣使即訊。太子遷欲使人刺殺漢使，不果。公卿奏安格明詔，當棄市。詔削二縣。安耻之，爲反謀益甚。安與衡山王賜相責望，禮節間不相能。賜聞安有反謀，恐爲所并，亦結賓客爲反具，使陳喜、枚赫作輣車、鍛矢，刻天子璽、將相軍吏印。當入朝，過淮南，乃昆弟語，除前隙，約束反具。上書謝病，上賜書不朝。

戊午（前一二三）

六年。

春，二月，遣衛青率六將軍擊匈奴。大將軍青出定襄，公孫敖、公孫賀、趙信、蘇建、李廣、李沮皆屬，斬首數千級而還。

赦。

夏，四月，衛青復率六將軍擊匈奴，前將軍趙信敗，降匈奴。青復將六將軍出定襄，擊匈奴，斬首虜萬餘人。右將軍建、前將軍信并軍逢單于兵，與戰一日餘，漢兵且盡。信將其餘騎降匈奴。建盡亡其軍，脫身亡，自歸。議郎周霸曰：「自大將軍出，未嘗斬裨將。今建棄軍，可斬以明威。」青曰：「青幸得以肺腑待罪行間，不患無威。職雖當斬將，然以臣之尊寵而不敢自擅誅於境外，於以見爲人臣不敢專權，不亦可乎？」遂囚建詣行在所。詔贖爲庶人。青姊子霍去病，年十八，善騎射，爲票姚校尉，與輕勇騎八百，直棄大軍數百里赴利，斬捕首虜過當。於是封爲冠軍侯。校尉張騫以知水草處，軍得不乏，封博望侯。信教單于益北絶幕，以誘罷漢兵，徼極而取之，毋近塞。單于從之。

六月，詔民得買爵贖罪，置武功爵。是時，漢比歲擊胡，斬捕首虜之士受賜黄金二十餘萬斤，而漢軍士馬死者十餘萬，兵甲轉漕之費不與焉。於是大司農經用竭，不足以奉戰士。乃詔令民得買爵贖罪，置賞官，名曰武功爵，級十七萬，買爵至千夫者，得先除爲吏。吏道雜而多端，官職耗廢矣。

己未（前一二二）

元狩元年。

冬，十月，祠五時，獲一角獸以燎，始以天瑞紀元。行幸雍，祠五時，獲獸，一角而足有五蹄。有司言：「陛下肅祗郊祀，上帝報享，錫一角獸，蓋麟云。」於是以薦五時，時加一牛，以燎。有司又言：「元宜以天瑞命，一元曰建，二元以長星曰光，今元以郊得一角獸曰狩云。」

淮南王安、衡山王賜謀反，自殺。淮南王安與賓客左吳等日夜爲反謀，召中郎伍被與謀反事，被始以爲不可，安固問之，被曰：「今諸侯無異心，百姓無怨氣。可僞爲詔，徙郡國豪桀於朔方，又僞爲詔獄，盡逮諸侯太子幸臣，使民怨，諸侯懼，即使辯士隨而說之，儻可徼幸什得一乎！」安又欲使人僞得罪而西，事大將軍，一日發兵，即刺殺大將軍。且曰：「漢廷大臣，獨汲黯好直諫，守節死義，難惑以非，至如說丞相弘等，如發蒙振落耳。」會太子謀殺漢使事覺，廷尉逮捕。安欲發兵，猶豫未決。被自詣吏，告與安謀如此。上使宗正以符節治安，未至，安自剄，王后、太子伏誅，諸所與謀反者皆族。捕得陳喜於衡山王子孝家，孝聞「律，先自告，除其罪」，即先自告所與謀反者枚赫、陳喜等。公卿請逮捕賜治，賜自剄死。王后、太子及孝皆棄市。凡二獄所連引列侯、二千石、豪桀等死者數萬人。侍中莊助素與安交結，受其賂遺，上薄其罪，張湯以爲「助，腹心之臣，與諸侯交私，罪不可赦」，遂棄市。

夏，四月，赦。

立子據爲皇太子。

五月，晦，日食。

遣博望侯張騫使西域。始通滇國，復事西南夷。初，張騫自月氏還，具爲天子言西域諸國風俗：「大宛在漢正西，可萬里。其俗土著，耕田，多善馬，有城郭室屋。其東北則烏孫，東則于寘。于寘之西，則水皆西流注西海，其東，水東流注鹽澤。鹽澤潛行地下，其南則河源出焉。鹽澤去長安可五千里。匈奴右方居鹽澤以東，至隴西長城，南接羌，鬲漢道焉。烏孫、康居、奄蔡、大月氏，皆行國，隨畜牧，與匈奴同俗。大夏在大宛西南，與大宛同俗。臣在大夏時，見邛竹杖、蜀布，問安得此，曰：『市之身毒。』身毒在大夏東南可數千里，其俗土著，與大夏同。度大夏去漢萬二千里，居漢西南。今身毒又居大夏東南數千里，有蜀物，此其去蜀不遠矣。今使大夏，從羌中，險，少北則爲匈奴所得。從蜀，宜徑，又無寇。」天子既聞諸國多奇物而兵弱，貴漢財物，誠得而以義屬之，則廣地萬里，重九譯，致殊俗，威德徧於四海，欣然以騫言爲然。乃令騫因蜀、犍爲發間使，四道並出，求身毒國。各行一二千里，其北閉氐、筰，南閉嶲、昆明。殺略漢使，終莫得通。於是始通滇國，乃復事西南夷。

庚申(前一二一)

二年。

春，三月，丞相弘卒。以李蔡爲丞相，張湯爲御史大夫。

以霍去病爲票騎將軍，擊匈奴，敗之，過焉支至祁連山而還。霍去病爲票騎將軍，將萬騎出隴西，擊匈奴。轉戰六日，過焉支山千餘里，斬首虜獲甚衆，收休屠王祭天金人。夏，復與公孫敖將數萬騎俱出北地，張騫、李廣俱出右北平。去病深入二千餘里，踰居延，過小月氏，至祁連山，斬首三萬，虜獲尤多，益封五千户。是時，諸宿將所將兵皆不如去病，去病所將常選，然亦敢深入，常與壯騎先其大軍，軍亦有天幸，未嘗困絶也。而諸宿將常留落不偶，由此去病日以親貴，比大將軍矣。

秋，匈奴渾邪王降。置五屬國以處其衆。匈奴單于怒渾邪、休屠王爲漢所殺虜數萬人，欲召誅之。渾邪王與休屠王恐，謀降漢。休屠王後悔，渾邪王殺之，并其衆以降。漢發車二萬乘迎之，縣官無錢，從民貰馬，民或匿馬，馬不具。上怒，欲斬長安令。右内史汲黯曰：「長安令無罪，獨斬臣黯，民乃肯出馬。且匈奴畔其主而降漢，漢徐以縣次傳之，何至令天下騷動，罷敝中國而以事夷狄之人乎？」上默然。及渾邪至，賈人與市者坐當死五百餘人，黯請間曰：「夫匈奴攻當路塞，絶和親，中國興兵誅之，死傷者不可勝計，而費以巨萬百數。臣愚以陛下得胡人，皆以爲奴婢，以賜從軍死事者家。今反虚府庫賞賜，發良民侍養，譬若奉驕子，愚民安知市買長安中物，而文吏繩以爲闌出財物于邊關乎！陛下縱不能得匈奴之資以謝天下，又以微文殺無知者五百餘人，是所謂『庇其葉而傷其枝』者。臣竊爲陛下不取也。」上默然不許，曰：「吾久不聞汲黯之言，今又復妄發矣。」居頃之，乃分徙降者邊五郡故塞外，因其故俗爲五屬國。而金城河西，西並南山至鹽澤，空無匈奴，時有候者到而希矣。休屠王太子日磾没入官，輸黄門養馬。帝游宴，見馬，後宫滿側，日磾等數十人牽馬過殿下，莫不竊視，至日磾獨不敢。日磾長八尺二寸，容貌甚嚴，馬又肥好，上奇焉，即日賜湯沐、衣冠，拜爲馬監。遷侍中、駙馬都尉、光禄大夫，甚信愛之。貴戚多竊怨曰：「陛下妄得一胡兒，反貴重之。」上愈厚焉，以休屠作金人爲祭天主，故賜日磾姓金氏。

辛酉（前一二〇）

三年。

春，有星孛于東方。

夏，赦。

秋，匈奴入右北平、定襄。

山東大水，徙其貧民於關西、朔方。山東被水，民多飢乏。遣使虛倉廩以振，猶不足，又募富人假貸，尚不能相救，乃徙貧民關西、朔方新秦中七十餘萬口，皆仰給縣官，數歲貸與産業。使者分護，費以億計。

減隴西、北地、上郡戍卒之半。漢既得渾邪王地，隴西、北地、上郡益少胡寇，詔減三郡戍卒之半，以寬天下之繇。

作昆明池。上將討昆明，以昆明有滇池，方五百里〔六〕，乃作昆明池以習水戰。是時法既益嚴，吏多廢免。兵革數動，民多買復及五大夫，徵發之士益鮮。於是除千夫、五大夫爲吏，不欲者出馬。以故吏弄法，皆謫令伐棘上林、穿昆明池。

得神馬於渥洼水中。是歲，得神馬於渥洼水中。上方立樂府，造爲詩賦，絃次以合八音之調。

及得神馬，次以爲歌。汲黯曰：「凡王者作樂，上以承祖宗，下以化兆民。今陛下得馬，詩以爲歌，協於宗廟，先帝百姓豈能知其音邪？」上默然不説。

上招延士大夫，常如不足。然性嚴峻，雖素所愛信者，小有犯法，輒按誅之。汲黯諫曰：「陛下求賢甚勞，未盡其用，輒已殺之。以有限之士恣無已之誅，臣恐天下賢才將盡，陛下誰與共爲治乎！」黯言之甚怒，上笑而諭之曰：「何世無才，患人不能識之耳。且才猶有用之器也，有才而不肯盡用，與無才同，不殺何施！」黯曰：「臣雖不能以言屈陛下，而心猶以爲非。願陛下自今改之，無以臣爲愚而不知理也。」居久之，坐法免。

壬戌（前一一九）

四年。

冬，造皮幣、白金，鑄三銖錢，置鹽鐵官，算緡錢舟車。有司言：「縣官用度大空，而富商大賈財或累萬金，不佐國家之急。請更錢造幣以贍用，而摧浮淫并兼之徒。」時禁苑有白鹿而少府多銀、錫，乃以白鹿皮方尺，緣以藻繢，爲皮幣，直四十萬。朝覲聘享必以皮幣薦璧〔七〕，然後得行。又造銀、錫爲白金三品，大者直三千，次直五百，小直三百。銷半兩錢，更鑄三銖錢，盜鑄者罪皆死。於是以齊大煮鹽東郭咸陽、南陽大冶孔僅爲大農丞，領鹽鐵事。洛陽賈人子桑弘羊以心計，年十三侍中。三人言利，事析秋豪矣。詔禁民敢私鑄鐵器〔八〕、煮鹽者釱左趾，沒入其器物。又令諸賈人末作各以其物自占，率緡錢二千而一算。及民有車船者，皆有算。匿不自占，占不悉，戍邊一歲，沒入緡錢。有能告者，以其半畀之。其法大抵出張湯。湯每朝奏事，語國家用，日晏，天子忘食。丞相充位，天下事皆決於湯，百姓騷動，不安其生，咸指怨之。

以卜式爲中郎，賜爵左庶長。初，河南人卜式，數輸財縣官以助邊，天子使使問式：「欲官乎？」式曰：「臣少田牧，不習仕宦，不願也。」使者問曰：「家豈有冤，欲言事乎？」式曰：「臣生與人無分爭，邑人貧者貸之，不善者教之，何故有冤！無所欲言也。」使者曰：「苟如此，子何欲？」式曰：「天子誅匈奴，愚以爲賢者宜死節於邊，有財者宜輸委，如此而匈奴可滅也。」上以問公孫弘，弘曰：「此非人情。不軌之臣，不可以爲化。」至是，上以式終長者，欲尊顯以風百姓，乃召拜式爲中郎，賜爵左庶長，賜田十頃，布告天下，使明知之。

春，有星孛于東北。

夏，長星出西北。

遣衛青、霍去病擊匈奴。青部前將軍李廣失道，自殺。去病封狼居胥山而還。詔以青、去病皆爲大司馬。上與諸將議曰：「趙信爲單于畫計，常以爲漢兵不能度幕輕留。今大發士卒，其勢必得所欲。」乃粟馬十萬，令大將軍青、票騎將軍去病各將五萬騎，而敢力戰深入之士皆屬去病。去病出代郡，青出定襄。李廣爲前將軍，公孫賀爲左將軍，趙食其爲右將軍，曹襄爲後將軍，皆屬大將軍。青既出塞，捕虜知單于所居，乃自以精兵走之，而令前將軍廣并於右將軍軍，出東道。廣自請曰：「臣部爲前將軍，且結髮而與匈奴戰，今乃一得當單于，臣願居前先死。」青陰受上誡，以爲「廣老，數奇，毋令當單于」。廣固自辭於青，青不聽。廣不謝而起行，意甚慍怒。青度幕，見單于兵陳而待。於是令武剛車自環爲營，而縱五千騎往當匈奴；匈奴亦縱可萬騎。會日且入，大風起，砂礫擊面，兩軍不相見，漢益縱左右翼繞單于。單于遂乘六騾，冒圍馳去。漢發輕騎夜追之，不得單于，捕斬萬九千級。廣、食其軍無導，惑失道，後期。青使長史急責廣之幕府對簿。廣謂其麾下曰：「廣結髮與匈奴大小七十餘戰，今幸從大將軍出接單于兵，而大將軍徙廣部，行回遠而又迷失道，豈非天哉！且廣年六十餘矣，終不能復對刀筆吏。」遂自剄。廣爲人廉，得賞賜輒分其麾下，飲食與士共之，爲二千石四十餘年，家無餘財。猨臂善射。將兵，乏絶之處見水，士卒不盡飲，廣不近水；士卒不盡食，廣不嘗食，士以此愛樂爲用。及死，一軍皆哭，百姓皆爲垂涕。食其下吏，當死，贖爲庶人。去病出代、右北平二千餘里，絶大幕，直左方兵，獲王將相等八十餘人，封狼居胥山，禪於姑衍，登臨翰海，斬七萬級。益封五千八百户。兩軍出塞，塞閱官私馬凡十四萬匹，而復入塞者不滿三萬匹。乃益置大司馬位，青、去病皆爲之。自是之後，青日退而去病日益貴。青故人門下士多去事去病，輒得官爵，唯任安不肯。去病爲人，少言不泄，有氣敢往。天子嘗欲教之孫、吴兵法，對曰：「顧方略何如耳，不至學古兵法。」天子爲治第，令視之，對曰：「匈奴未滅，無以家爲也！」由此上益重愛之。然少貴，不省士，其從軍，天子爲遣太官齎數十乘。既還，重車餘棄粱肉，而士有飢者。其在塞外，卒乏糧或不能自振，而去病尚穿域蹋鞠，事多此類。青爲人仁，喜士退讓，以和柔自媚於上。兩人志操如此。是時，漢所殺虜匈奴合八九萬，而漢士卒物故亦數萬。是後匈奴遠遁，而幕南無王庭。漢渡河自朔方以西至令居，往往通渠，置田官，吏卒五六萬人，稍蠶食匈奴以北。

然亦以馬少，不復大出擊匈奴矣。

匈奴請和親。遣使報之，單于留不遣。匈奴用趙信計，遣使於漢，好辭請和親。天子下其議，丞相長史任敞曰：「匈奴新破困，宜可使爲外臣。」漢使敞於單于，單于大怒，留之不遣。博士狄山議以爲和親便，湯曰：「此愚儒無知。」山曰：「臣固愚，愚忠；若湯，乃詐忠。」於是上作色曰：「吾使生居一郡，能無使虜入盜乎？」曰：「不能。」曰：「居一縣？」對曰：「不能。」復曰：「居一障間？」山自度辯窮且下吏，曰：「能。」於是上遣山乘障。至月餘，匈奴斬山頭而去。自是羣臣震慴，無敢忤湯者。

以義縱爲右内史，王温舒爲中尉。先是，寧成爲關都尉，吏民出入關者號曰：「寧見乳虎，無值寧成之怒。」及義縱爲南陽太守，至關，成側行送迎，縱不爲禮。至郡，遂按寧氏，破碎其家。南陽吏民重足一迹。後徙定襄太守，初至，掩獄中重罪、輕繫及私入視者，一捕，鞠曰「爲死罪解脱」，是日，皆報殺四百餘人，其後郡中不寒而栗。時趙禹、張湯以深刻爲九卿，然其治尚輔法而行；縱專以鷹擊爲治。是歲，汲黯坐法免，乃以縱爲右内史。王温舒始爲廣平都尉，擇郡中豪敢往吏十餘人以爲爪牙，皆把其陰重罪，而縱使督盜賊。以故齊、趙之郊，盜賊不敢近廣平。遷河内太守。以九月至，令郡具私馬五十疋爲驛，捕郡中豪猾，相連坐二千餘家。上書請，大者至族，小者乃死，家盡没入償臧。奏行不過二三日得可，事論報，至流血十餘里。盡十二月，郡中毋聲。其頗不得，之旁郡國追求。會春，温舒頓足歎曰：「嗟乎！令冬月益展一月，足吾事矣！」上以爲能，擢爲中尉。

方士文成將軍少翁伏誅。齊人少翁以鬼神方見上。上有所幸王夫人卒，少翁以方夜致鬼，如王夫人之貌，天子自帷中望焉。於是乃拜少翁爲文成將軍，以客禮之。文成又勸上爲臺室，而置祭具，以致天神。居歲餘，其方益衰。乃爲帛書以飯牛，佯不知，言曰：「此牛腹中有奇。」殺視，得書，書言甚怪，天子識其手書，於是誅之。

癸亥（前一一八）

五年。

春，三月，丞相蔡有罪，自殺。坐盜孝景園堧地也。

罷三銖錢，鑄五銖錢。有司言：「三銖錢輕，易作姦詐。請鑄五銖錢，周郭其質，令不可摩鋊。」於是民多鑄錢，楚地尤甚。乃召拜汲黯爲淮陽太守。黯爲上泣曰：「臣自以爲填溝壑，不復見陛下，不意復收用之。臣常有狗馬病，力不能任郡事。臣願爲中郎，出入禁闥，補過拾遺，臣之願也。」上曰：「君薄淮陽邪？吾今召君矣。顧淮陽吏民不相得，吾徒得君之重，卧而治之。」黯既辭行，過大行李息曰：「黯棄逐居郡，不得與朝廷議矣。御史大夫湯，智足以拒諫，詐足以飾非，務巧佞之語、辯數之辭，非肯正爲天下言，專阿主意。主意所不欲，因而毁之；主意所欲，因而譽之。好興事，舞文法，内懷詐以御主心，外挾賊吏以爲威重。公列九卿，不早言之，公與之俱受其戮矣。」息不敢言。及湯敗，上抵息罪。使黯以諸侯相秩居淮陽，十歲而卒。

胡氏曰：使武帝以待公孫弘之位待董仲舒，退張湯，而使汲黯居御史大夫之職，則當有輔導建明、諫止捄正之效，而功烈之疵，亦少損矣。

徙姦猾吏民於邊。

夏，四月，以莊青翟爲丞相。

帝如甘泉祠神君。上病鼎湖甚，上郡有巫，病而鬼神下之。上召置，祠之甘泉，及病愈，起幸甘泉，置酒壽宮。神君非可得見，聞其言，上使人受，書其言，命之曰「畫法」。其所語，世俗之所知也，無絶殊者，而上心獨喜。時上卒起，幸甘泉，過右内史界中，道多不治，怒曰：「義縱以我爲不復行此道乎！」銜之。

甲子(前一一七)

六年。

冬，十月，雨水，無冰。

遣使治郡國緡錢。殺右内史義縱。上既下緡錢令而尊卜式，百姓終莫分財佐縣官，於是楊可告緡錢縱矣。可告緡徧天下，中家以上，大抵皆遇告。杜周治之，少反者。分遣御史、廷尉、正監即治郡國緡錢，得民財物、奴婢以億萬計，田宅亦如之。於是商賈中家以上皆破，民媮食好衣，不事畜業。内史義縱以爲此亂民，部吏捕其爲可使者。上以縱爲廢格沮事，棄縱市。

夏，四月，廟立子閎爲齊王，旦爲燕王，胥爲廣陵王，初作誥策。

遣博士循行郡國，舉兼并及吏有罪者。自造白金、五銖錢後，吏民坐盗鑄金錢死者數十萬人，犯者益衆，吏不能盡誅。詔遣博士六人，分循郡國，舉兼并之徒及守相爲吏有罪者。

秋，九月，大司馬、票騎大將軍、冠軍侯霍去病卒。

殺大農令顔異。初，異以廉直，至九卿。上既造白鹿皮幣，問異，異曰：「今王侯朝賀以蒼璧，直數千，而其皮薦反四十萬，本末不相稱。」上不説。人有告異他事，下張湯治。異與客語初令下有不便者，異不應，微反脣。湯奏當：「異見令不便，不入言而腹誹，論死。」自是之後，有腹誹之法比，而公卿大夫多諂諛取容矣。

乙丑（前一一六）

元鼎元年。

夏，赦。

丙寅（前一一五）

二年。

冬，十一月，張湯有罪自殺。十二月，丞相青翟下獄，自殺。初，御史中丞李文與湯有郤，湯所厚吏魯謁居陰使人告文姦事，事下湯治，論殺之。上問變事蹤跡安起，湯佯驚曰：「此殆文故人怨之。」謁居病，湯親爲之摩足。趙王告：「湯大臣，乃與吏摩足，疑與爲大姦。」事下廷尉。謁居病死，事連其弟。弟告湯與謁居謀共變告李文。事下減宣，窮竟，未奏。會盜發孝文園瘞錢，丞相青翟朝，與湯約俱謝，至前，湯獨不謝。上使御史案丞相，湯欲致其文「丞相見知」。丞相長史朱買臣、王朝、邊通皆素怨湯，欲死之。乃與丞相謀，使吏捕案賈人田信等，曰：「湯且欲奏請，信輒先知之，居物致富，與湯分之。」事辭頗聞，上問湯曰：「吾所爲，賈人輒先知之，益居其物，是類有以吾謀告之者。」湯不謝，又佯驚曰：「固宜有。」減宣亦奏謁居等事。上以湯懷詐面欺，使趙禹切責湯，湯乃爲書謝，因曰：「陷臣者，三長史也。」遂自殺。湯既死，家産直不過五百金。昆弟諸子欲厚葬，湯母曰：「湯爲天子大臣，被汙惡言而死，何厚葬乎！」載以牛車，有棺無椁。上聞之，乃盡案誅三長史。丞相青翟下獄，自殺。

春，起柏梁臺，作承露盤。盤高二十丈，大七圍，以銅爲之。上有仙人掌以承露，和玉屑飲之，云可以長生。宫室之修，自此日盛。

以趙周爲丞相。

三月，大雨雪。

夏，大水，人餓死。

置均輸，禁郡國鑄錢。孔僅爲大農令，而桑弘羊爲大農中丞，稍置均輸，以通貨物。悉禁郡國無鑄錢，專令上林三官鑄。非三官錢，不得行，而民鑄益少，計其費不能相當，唯真工大姦乃盗爲之。

西域始通，置酒泉、武威郡。張騫建言：「烏孫王昆莫本爲匈奴臣，後兵稍强，不肯復朝事匈奴，匈奴攻不勝而遠之。今以厚幣招以益東，居故渾邪之地，則是斷匈奴右臂也。既連烏孫，自其西大夏之屬皆可招來而爲外臣。」上以爲然，拜騫爲中郎將，齎金幣帛直數千巨萬。至烏孫，久之，不能得其要領，因分遣副使使大宛、康居、大月氏、大夏、安息、身毒、于闐及諸旁國。烏孫送騫還，使數十人，馬數十疋，隨騫報謝。是歲，騫還。到後所遣使通大夏之屬者，皆頗與其人俱來，於是西域始通於漢矣。西域凡三十六國，南北有大山，中央有河，東西六千餘里，南北千餘里，東則接漢玉門、陽關，西則限以葱嶺。河有兩原，一出葱嶺，一出于闐，合流東注鹽澤。鹽澤去玉門、陽關三百餘里。自玉門、陽關出西域有兩道：從鄯善傍南山北，循河西行至莎車，爲南道；南道西踰葱嶺，則出大月氏、安息。自車師前王廷隨北山循河西行至疏勒，爲北道。北道西踰葱嶺，則出大宛、康居、奄蔡。故皆役屬匈奴，匈奴賦稅諸國，取富給焉。烏孫既不肯東還，漢乃於渾邪王故地置酒泉郡，稍發徙民以充實之。後又分置武威郡，以絶匈奴與羌通之道。上得宛汗血馬，愛之，名曰「天馬」。使者相望於道以求之。

三年。

丁卯（前一一四）

冬，徙函谷關於新安。

夏，雨雹。

令株送徒入財補郎。所忠言：「世家子弟富人亂齊民。」乃徵諸犯令，相引數千人，名曰「株送徒」。入財者得補郎，郎選衰矣。

關東饑，人相食。

戊辰（前一一三）

匈奴伊穉斜單于死，子烏維單于立。

四年。

冬，十一月，立后土祠於汾陰脽上，親祠之。始巡郡國，至滎陽而還。

封周後姬嘉爲周子南君。

春，以方士欒大爲五利將軍，尚公主。方士欒大敢爲大言，處之不疑。見上言曰：「臣常往來海上，見安期、羡門之屬，曰：『黄金可成而河決可塞，不死之藥可得，僊人可致也。』然臣師非有求人，人者求之。陛下必欲致之，則貴其使者，令爲親屬，以客禮待之，乃可使通言也。」乃拜大爲五利將軍，封樂通侯，食邑，賜甲第，以衛長公主妻之，齎金十萬斤，上親幸其第，貴震天下。於是海上燕、齊之間，莫不搤腕自言有禁方能神僊矣。

六月，汾陰得大鼎。迎至甘泉，薦之郊廟，羣臣皆賀。

以兒寬爲左内史。初，周亞夫爲丞相，趙禹爲史，府中皆稱其廉平，然亞夫弗任，曰：「極知禹無害，然文深，不可以居大府。」及禹爲少府，酷急。至晚節，吏務爲嚴峻，而禹更名寬平。尹齊素以敢斬伐著名，及爲中尉，坐不勝任抵罪。是時，吏治皆以慘刻相尚，獨左内史兒寬勸農業，緩刑罰，理獄訟，務在得人心。擇用仁厚士，推情與下，不求名聲，吏民大信愛之。收租税時，裁闊狹，與民相假貸，以故租多不入。後有軍發，左内史以負租課殿，當免。民聞當免，皆恐失之，大家牛車，小家擔負，輸租繈屬不絶，課更以最。上由此愈奇寬。

遣使喻南越入朝。初，南越文王胡遣其子嬰齊入宿衛，在長安取樛氏女，生子興。文王薨，嬰齊立，乃藏其先武帝璽，立樛氏爲后，興爲嗣。漢數使使者風諭嬰齊入朝。嬰齊尚樂擅殺生自恣，固稱病不見。薨，謚曰明王。興代立，其母爲太后。太后嘗與霸陵人安國少季通。是歲，上使少季往諭王及太后以入朝，比內諸侯。王年少，太后中國人。少季往，復與私通，國人不附太后。太后因使者上書，請比內諸侯，三歲一朝，除邊關。天子許之，賜其丞相呂嘉銀印，使者留填撫之。

以方士公孫卿爲郎。上幸雍，且郊，或曰：「五帝，泰一之佐也。宜立泰一，而上親郊。」上疑未定。齊人公孫卿曰：「漢興，復當黃帝之時，寶鼎出而與神通，黃帝接萬靈明庭，明庭者甘泉也。黃帝采首山銅，鑄鼎於荆山下，鼎既成，有龍垂胡顐下迎，黃帝上騎龍，與羣臣後宮七十餘人俱登天。」於是上曰：「嗟乎，誠得如黃帝，吾視去妻子如脱屣耳！」拜卿爲郎。

己巳(前一一二)

五年。

冬，十月，帝祠五畤，遂獵新秦中，以勒邊兵。上祠五畤於雍，遂踰隴，西登崆峒，出蕭關，從數萬騎獵新秦中，以勒邊兵而歸。新秦中或千里無亭徼，於是誅北地太守以下。

立泰一及五帝祠壇於甘泉。十一月，朔，冬至，親郊見。是爲泰畤，自是三歲天子一郊見。

南越相呂嘉殺使者及其王興，更立建德爲王，發兵反。南越王、王太后治裝入朝，呂嘉數諫，弗聽，稱病不見漢使者。太后欲誅之，乃置酒請使者，大臣皆侍坐飲。嘉弟爲將，將卒居宮外。酒行，太后謂嘉曰：「南越內屬，國之利也。而相君苦不便者，何也？」以激怒使者。使者狐疑相杖，遂莫敢發。嘉見耳目非是，即起而出。太后怒，欲鏦嘉以矛，王止太后。嘉遂出，介其弟兵就舍，稱病，陰與大臣謀作亂。漢使壯士韓千秋與太后弟樛樂將二千人往，入境，嘉等遂反，下令國中曰：「王年少。太后，中國人也；又與使者亂，無顧趙氏社稷，爲萬世慮計之意。」乃攻殺王、王太后及漢使者。立明王越妻子建德爲王。千秋兵入，破數小邑。越開道給食，未至番禺四十里，擊滅之。函封漢使者節置塞上，好爲謾辭謝罪，發兵守要害處。

夏，四月，赦。

是月，晦，日食。

秋，遣將軍路博德等將兵擊南越。遣伏波將軍路博德出桂陽，樓船將軍楊僕出豫章，戈船將軍嚴出零陵，下瀨將軍甲下蒼梧，越馳義侯遺發夜郎兵下牂柯江，咸會番禺。

賜卜式爵關内侯。齊相卜式上書，請父子與齊習船者往死南越。詔褒美式，賜爵關内侯，布告天下，天下莫應。

九月，嘗酎，列侯百有六人皆奪爵，丞相周下獄，自殺。時列侯以百數，皆莫求從軍擊越。會九月嘗酎，祭宗廟，列侯以令獻金助祭。少府省金，金有輕及色惡者，上皆令劾以不敬，奪爵者百六人。丞相趙周坐知列侯酎金輕，下獄，自殺。

以石慶爲丞相。時國家多事，桑弘羊等致利，王温舒之屬峻法，而兒寬等推文學，皆爲九卿，更進用事。事不關決於丞相，慶醇謹而已。

欒大伏誅。大裝爲入海求其師，乃之太山。上使人隨驗，無所見，而大妄言見其師，方又多不售，坐誣罔腰斬。

西羌反。

庚午（前一一一）

六年。

冬，討西羌，平之。

路博德等平南越，獲建德、吕嘉，置九郡。楊僕入越地，先陷尋陿，破石門，待博德至俱進，至番禺。南越城守。會暮，僕攻敗越人，縱火燒城。博德爲營，遣使招降者，賜印綬，復縱令相招。黎旦，城中皆降。建德、嘉已夜遁入海，博德遣人追得之。戈船、下瀨、夜郎兵未下，南越已平矣。遂以其地爲南海、蒼梧、鬱林、合浦、交趾、九真、日南、珠厓、儋耳郡。

帝如緱氏觀大人跡。公孫卿言見僊人跡緱氏城上。上親往視，問卿：「得毋效文成、五利乎？」卿曰：「僊者非有求人主，人主者求之。其道非寬假，神不來。」言神事如迂誕，積以歲月，乃可致也。上信之。於是郡國各除道，繕治宮觀名山神祠以望幸焉。

平西南夷，置五郡。馳義侯發南夷兵，且蘭君反，殺使者。漢乃發巴、蜀罪人當擊南越者擊之，誅且蘭及邛君、莋侯，遂平南夷，爲牂柯郡。夜郎侯入朝〔九〕，上以爲夜郎王。西夷冉駹之屬皆振恐，請臣置吏，乃以邛都爲越巂郡，莋都爲沈黎郡，冉駹爲汶山郡，廣漢西白馬爲武都郡。

東越王餘善反，遣將軍楊僕等將兵擊之。 初，東越王餘善請以卒八千人從樓船擊呂嘉，兵至揭陽〔一〇〕，以海風波爲解，陰使南越。楊僕上書願便引兵擊東越，上不許，令屯豫章、梅嶺以待命。餘善聞漢兵臨境，遂反，自稱武帝。上欲復使楊僕將，爲其伐前勞，以書敕責之曰：「將軍之功，獨有先破石門、尋陿，非有斬將搴旗之實也，烏足以驕人哉！前破番禺，捕降者以爲虜，掘死人以爲獲，失期内顧，挾僞干君，受詔不至蘭池，明日又不對，推此心在外，江海之間可得信乎？今東越深入，將軍能率衆以掩過不？」僕皇恐對曰：「願盡死贖罪！」上乃遣横海將軍韓説出句章浮海，樓船將軍楊僕出武林，王温舒出梅嶺，越侯出若邪、白沙，以擊東越。

置張掖、敦煌郡。 博望侯既以通西域尊貴，其吏士爭上書言外國利害求使。上爲募吏民遣之，妄言無行之徒爭效之。皆賤市縣官齎物以私其利，外國亦厭漢使，禁其食物以苦之。而匈奴奇兵又時遮擊之。於是天子遣公孫賀、趙破奴將萬餘騎斥逐匈奴，不使遮漢使，皆不見匈奴一人，乃分武威、酒泉地置張掖、敦煌郡，徙民以實之。

以卜式爲御史大夫。 式既在位，乃言郡國多不便縣官作鹽鐵，苦惡價貴，或强令民買之，而船有算，商者少，物貴。上由是不悦。

胡氏曰：武帝好武功而用不足，式以此兩端中上意，官既尊矣，乃始正言以邀名。然其言則天下之公議，舉朝不言，而式獨言之，聽者始取節焉可也。

帝自制封禪儀。 初，司馬相如病且死，有遺書，勸上封泰山。會得寶鼎，上乃令諸儒采尚書、周官、王制之文，草封禪儀，數年不成。以問兒寬，寬曰：「封泰山，禪梁父，昭姓考瑞，帝王之盛節也。然享薦之義，不著于經。非羣臣之所能列。唯天子建中和之極，兼總條貫，金聲而玉振之，以順成天慶，垂萬世之基。」上乃自制儀，頗采儒術以文之。盡罷諸儒不用。

校勘記

〔一〕敢直諫　「諫」原作「課」，據月崖本、成化本、殿本及通鑑卷一五漢紀八漢景帝前七年改。

〔二〕荅二百曰一百　「二」字下「百」字原脱，據月崖本、成化本及通鑑卷一六漢紀八漢景帝中六年夏四月補。

〔三〕乘牸牝者擯而不得聚會　「牸」原作「字」，據漢書卷二四食貨志改。

〔四〕諸侯　「侯」字原脱，據月崖本、成化本、殿本及漢書卷五六董仲舒傳補。

〔五〕右内史界部中多貴人宗室　「多」原作「名」，據月崖本、成化本、殿本及通鑑卷一九漢紀十一漢武帝元朔五年冬十一月改。

〔六〕方五百里　「五」，殿本、通鑑卷一九漢紀十一漢武帝元狩三年作「三」。漢書卷六武帝紀如淳注亦作「三」。

〔七〕朝覲聘享必以皮幣薦璧　「璧」原作「壁」，據成化本、殿本及通鑑卷一九漢紀十一漢武帝元狩四年改。

〔八〕詔禁民敢私鑄鐵器　「鐵」原作「錢」，據月崖本、成化本、殿本及通鑑卷一九漢紀十一漢武帝元狩四年改。

〔九〕夜郎侯入朝　「朝」原作「胡」，據月崖本、成化本、殿本及通鑑卷二〇漢紀十二漢武帝元鼎六年改。

〔一〇〕兵至揭陽　「陽」原作「揚」，據月崖本、成化本、殿本及通鑑卷二〇漢紀十二漢武帝元鼎六年改。

資治通鑑綱目卷五

起辛未漢武帝元封元年，盡己未漢宣帝元康四年，凡四十九年。

辛未（前一一〇）

元封元年。

冬，十月，帝出長城，登單于臺，勒兵而還。上又以古者先振兵釋旅，然後封禪。詔曰：「南越、東甌，咸伏其辜；西蠻、北夷，頗未輯睦。朕將巡邊垂，躬秉武節，親帥師焉。」乃行，自雲陽歷五原，出長城，北登單于臺，至朔方，臨北河，勒兵十八萬騎，旌旗徑千餘里，遣郭吉告單于曰：「南越王頭已縣於漢北闕。今單于能戰，天子自將待邊；不能，即南面而臣於漢。」單于怒留吉。上乃還，祭黃帝冢而釋兵。

貶卜式爲太子太傅，以兒寬爲御史大夫。上以式不習文章，故貶秩，而以寬代之。

東越殺王餘善以降，徙其民江、淮間。漢兵入東越境，繇王居股殺餘善，以其衆降。上以閩地險阻，數反覆，終爲後世患，乃詔諸將悉徙其民於江、淮之間，遂虛其地。

春，正月，帝如緱氏，祭中嶽，遂東巡海上，求神僊。夏，四月，封泰山，禪肅然。復東北至碣石而還。五月，至甘泉。正月，上幸緱氏，禮祭中嶽，從官在山下聞有若言「萬歲」者三。上遂東巡海上，祠八神，益發船求蓬萊，乃與方士傳車及間使求神僊，皆以千數。四月，還，至奉高，封泰山下東方，如郊祠泰一之禮。封下有玉牒書，書祕。禮畢，天子獨上泰山，亦有封。明日，下陰道。禪泰山下阯東北肅然山，如祭后土禮。江、淮間茅三脊爲神籍，祠夜若有光，晝有白雲出封中。天子還，坐明堂，羣臣上壽。下詔改元。天子既已封泰山，無風雨，而方士更言蓬萊諸神若將可得，於是上欣然庶幾遇之，復東至海上，欲自浮海求蓬萊，羣臣諫，莫能止。東方朔曰：「夫僊者，得之自然，不必躁求。若其有道，不憂不得；若其無道，雖至蓬萊見僊人，亦無益也。臣願陛下第還宮靜處以須之，僊人將自至。」上乃還。是行，凡周行萬八千里云。

賜桑弘羊爵左庶長。先是，桑弘羊爲治粟都尉，領大農，盡管天下鹽鐵。乃置大農部丞數十人〔一〕，分主郡國，令遠方各以其物，如異時商賈所轉販者爲賦而相灌輸。置平準于京師，都受天下委輸。貴即賣之，賤則買之，欲使富商大賈無所牟大利，而萬物不得騰踊。至是，巡狩所過賞賜，用帛百餘萬匹，錢金以巨萬計，皆取足大農。弘羊又請令吏得入粟補官及罪人贖罪，民不益賦而天下用饒。於是賜弘羊爵左庶長。是時小旱，上令官求雨。卜式言曰：「縣官當食租衣稅而已，今弘羊令吏坐市列肆，販物求利，烹弘羊，天乃雨。」

秋，有星孛于東井，又孛于三台。望氣王朔言：「候獨見填星出如瓜，食頃，復入。」有司皆曰：

「陛下建漢家封禪，天其報德星云。」

二年。

壬申（前一〇九）

冬，十月，帝祠五畤，還祠泰一，以拜德星。

春，如東萊。公孫卿言：「見神人東萊山，若云欲見天子。」於是幸東萊，宿留數日，無所見。復遣方士求神怪，采芝藥，以千數。時歲旱，天子既出無名，乃禱萬里沙。還，過祠泰山。

夏，還臨塞決河，築宣防宮。初，河決瓠子，二十餘歲不塞，梁、楚尤被其害。是歲，發卒數萬人塞之。自泰山還，自臨決河，沈白馬、玉璧，令羣臣負薪，卒填決河〔二〕，築宫其上，名曰宣防。導河北行二渠，復禹舊迹。

至長安，立越祠。越人勇之言：「越俗祠皆見鬼有效，東甌王敬鬼得壽。」乃令立越祠，亦祠天神上帝百鬼，而用鷄卜。

作蜚廉、桂觀、通天莖臺。公孫卿言僊人好樓居，於是上令長安、甘泉作諸臺觀，使卿持節設具而候神人。益廣諸宫室。

朝鮮襲殺遼東都尉。初，全燕之世，嘗略屬真番、朝鮮，爲置吏，築障塞。秦滅燕，屬遼東外徼。漢興，爲其遠難守，復修遼東故塞，至浿水爲界。燕人衛滿亡命聚黨，椎髻夷服，東走出塞，渡浿水，居秦故空地，役屬真番、朝鮮蠻夷及燕亡命者王之，都王險。孝惠、高后時，遼東太守約滿爲外臣，保塞外蠻夷，無使盜邊；欲入見者，勿得禁止。以故滿得侵降其旁小邑，方數千里。傳子至孫右渠，所誘漢亡人滋多，未嘗入見。辰國欲上書見天子，又雍閼不通。是歲，漢使涉何誘諭，右渠終不肯奉詔。何去，至浿水，刺殺送者，歸報，拜遼東東部都尉。朝鮮襲殺之。

甘泉房中產芝九莖。

赦。

旱。上以旱爲憂，公孫卿曰：「黄帝時，封則天旱，乾封三年。」上乃下詔曰：「天旱，意乾封乎！」

秋，作明堂於汶上。上欲作明堂，未曉其制度。濟南公玉帶上明堂圖，有殿無壁，茅蓋，通水，上有樓。乃令作明堂奉高、汶上，如其圖。

遣將軍楊僕、荀彘將兵伐朝鮮。

遣將軍郭昌發兵擊滇。滇王降，置益州郡。遣將軍郭昌發巴、蜀兵擊滅勞深、靡莫，以兵臨滇。滇王降，以其地爲益州郡，賜滇王王印，復長其民。是時，漢滅兩越，平西南夷，置初郡十七，且以其故俗治，毋賦税。南陽、漢中以往郡，各以地比，給初郡。而初郡時時小反殺吏，發卒誅之，歲萬餘人。大農以均輸、調鹽鐵助賦，故能贍之。然所過眥給毋乏而已，不敢言擅賦法矣。

以杜周爲廷尉。周外寬，内深次骨，其治大放張湯。時詔獄益多，一歲至千餘章，逮至六七萬人，吏所增加，十萬餘人。

癸酉（前一〇八）

三年。

冬，十二月，雷，雨雹。雹大如馬頭。

遣將軍趙破奴擊樓蘭，虜其王姑師，遂擊車師，破之。樓蘭王姑師攻劫漢使，爲匈奴耳目。上遣趙破奴擊之。破奴以七百騎虜樓蘭王，遂破車師，因舉兵威以困烏孫、大宛之屬。封破奴浞野侯。於是酒泉列亭障至玉門矣。

初作角抵戲、魚龍曼延之屬。

荀彘執楊僕，并其軍。朝鮮人殺王右渠以降，置樂浪、臨屯、玄菟、真番郡。彘以罪徵，棄市。漢兵入朝鮮境，朝鮮王右渠發兵距險。楊僕將齊兵先至，戰敗遁走，收散卒復聚。荀彘破其浿水上軍，乃前至城下，圍其西北。楊僕亦往會，居城南，數月未下。彘所將燕、代卒，多勁悍力戰。僕嘗敗亡，卒皆恐，將心慚，常持和節。朝鮮大臣乃陰使人約降於僕，往來未決。彘使人降之，不從，又數與僕期戰，僕欲就其約，不會。彘意僕前失軍，今與朝鮮私善，疑有反計，未敢發。上以兩將乖異，兵久不決，使濟南太守公孫遂往正之，有便宜得以從事。遂至，彘具以素所意告之，遂亦以爲然，乃共執僕而并其軍。遂還報，上誅遂。彘擊朝鮮益急，朝鮮相、尼谿參等使人殺右渠以降〔三〕，以其地爲四郡。彘徵棄市，僕贖爲庶人。

班固曰：玄菟、樂浪，本箕子所封。箕子教其民以禮義，田蠶織作，爲民設禁八條，相殺，以當時償殺；相傷，以穀償；相盜者，没入爲其家奴婢；欲自贖者人五十萬，雖免爲民，俗猶羞之，嫁娶無所售。是以其民終不相盜，無門户之閉，婦人貞信不淫辟。其田野飲食以籩豆，都邑頗放效吏，以杯器食。吏及賈人往者，見民無閉臧，往往爲盜，俗稍益薄。今於犯禁寖多〔四〕，至六十餘條。可貴哉，仁賢之化也！然東夷天性柔順，異於三方。孔子欲居九夷，有以也夫。

甲戌（前一〇七）

四年。

冬，十月，帝祠五畤，遂出蕭關。春，三月，還祠后土。

夏，大旱。

匈奴寇邊。遣郭昌將兵屯朔方。匈奴自衛、霍度幕以來，希復爲寇，遠徙北方，休養士馬，習射獵，數使使請和親。漢使王烏窺之，單于佯許遣太子入漢爲質。又曰：「吾欲入漢見天子面，相約爲兄弟。」王烏歸報，漢爲單于築邸長安。會匈奴使至漢，病死，漢使路充國送其喪。單于以爲漢殺吾使者，乃留充國，而數使奇兵侵犯漢邊。乃遣昌等屯朔方以備之。

乙亥（前一〇六）

五年。

冬，帝南巡江、漢，望祀虞舜于九疑。射蛟，獲之。春，三月，至泰山增封，祀上帝於明堂，配以高祖，因朝受計。

夏，四月，赦。

還，郊泰畤。

大司馬、大將軍、長平侯衛青卒。青凡七出擊匈奴，再益封，并三子，凡二萬二百户。後尚長公主。蘇建嘗責青以招選賢者。青曰：「招賢絀不肖，人主之柄也。人臣奉法，何與招士。」霍去病亦放此意。

初置刺史。冀、幽、并、兖、徐、青、揚、荆、豫、益、凉州及朔方、交阯凡十三部。

詔舉茂材異等可爲將相使絶國者。上以名臣文武欲盡，乃下詔曰：「蓋有非常之功，必待非常之人。故馬或犇踶而致千里，士或有負俗之累而立功名。夫泛駕之馬，跅弛之士，亦在御之而已。其令州郡察吏民有茂材異等可爲將相及使絶國者。」

丙子(前一〇五)

六年。

春，作首山宫。

遣郭昌將兵擊昆明。漢欲通大夏，遣使，皆閉昆明，爲所殺，奪幣物。於是赦京師亡命，遣郭昌將以擊之。後復遣使，竟不得通。

秋，大旱，蝗。

以宗室女爲公主，嫁烏孫。烏孫使者見漢廣大，歸報其國，其國乃益重漢。匈奴怒，欲擊之。

烏孫恐，使使願得尚漢公主，爲昆弟。天子許之。以江都王建女細君爲公主，往妻烏孫，昆莫以爲右夫人。匈奴亦遣女妻之，以爲左夫人。公主自治宫室居，歲時一再與昆莫會。昆莫年老，言語不通，公主悲愁思歸，作黄鵠之歌。天子聞而憐之，間歲遣人問遺。昆莫欲使其孫岑娶尚公主，公主不聽，上書言狀。天子方欲與烏孫共滅胡，詔報從其國俗。岑娶遂妻公主。昆莫死，代立爲昆彌。是時，漢使西踰葱嶺，諸小國皆隨漢使獻見。每巡狩海上，悉從外國客，大都多人，則大角觝，聚觀者。散財帛賞賜，以示富厚。令徧觀各倉庫府藏之積，以傾駭之。然西域以近匈奴，常畏匈奴使，待之過於漢使焉。

匈奴烏維單于死，子兒單于烏師廬立。烏師廬年少，號兒單于。自此之後，單于益西北徙，左方兵直雲中，右方直酒泉、燉煌郡。

丁丑（前一〇四）

太初元年。

冬，十月，帝如泰山。十一月，甲子朔旦，冬至，祀明堂。益遣方士入海。上自泰山東至海上，考入海及方士求神者莫驗，然益遣，冀遇之。

十二月，禪高里，望祀蓬萊。

柏梁臺災。

春，還，作建章宫。以柏梁災故，越人勇之曰：「越俗，有火災復起屋，必以大，用勝服之。」於是作建章宫，度爲千門萬户。東鳳闕，西虎圈，北太液池，中有漸臺、蓬萊、方丈、瀛州、壺梁，南玉堂、壁門，立神明臺、井幹樓，輦道相屬。

夏，五月，造太初曆，以正月爲歲首。太中大夫公孫卿、壺遂，太史令司馬遷等言：「曆紀壞廢，宜改正朔。」兒寬議以爲宜用夏正。乃詔卿等造漢太初曆，以正月爲歲首，色上黄，數用五，定官名，協音律，定宗廟百官之儀，以爲典常，垂之後世。光禄勳、大鴻臚、大司農、執金吾、京兆尹、左馮翊、右扶風，皆是歲所改也。

築受降城。匈奴兒單于好殺伐，國人不安。左大都尉告漢曰：「我欲殺單于降漢，漢遠，即兵來迎我，我即發。」上乃遣公孫敖築塞外受降城以應之。

秋，遣將軍李廣利將兵伐宛。漢使入西域者言：「宛有善馬，在貳師城，匿不肯與漢使。」上使壯士持千金及金馬以請之。宛王不肯，漢使怒，椎金馬而去。宛貴人令其東邊郁成王遮殺之。於是上大怒，諸嘗使者言：「宛兵弱，誠以漢兵不過三千人，可盡虜矣。」上以爲然。而欲侯寵姬李氏，乃拜其兄廣利爲貳師將軍，發屬國騎及郡國惡少年數萬人，以往伐宛。期至貳師城取善馬，故以爲號。

司馬公曰：武帝欲侯寵姬，而使廣利將，意以爲非有功不侯，不欲負高帝之約也。然軍旅大事，國之安危、民之死生繫焉。苟爲不擇賢愚而授之，欲徼幸咫尺之功，藉以爲名而私其所愛，蓋有見於封國，無見於置將，謂之能守先帝之約，過矣。

關東蝗起，飛至燉煌。

中尉王温舒有罪，自殺，夷三族。温舒少文，居廷惛惛不辨，爲中尉則心開。素習關中俗，豪惡吏皆爲用。然爲人諂，勢家有姦如山，弗犯；無勢，雖貴戚必侵辱。舞文巧請，行論無出者。至是坐爲姦利，當族，自殺。時兩弟及婚家亦坐他罪族。光禄勳徐自爲曰：「古有三族，而温舒罪至五族乎！」

戊寅（前一〇三）

二年。

春，正月，丞相慶卒。以公孫賀爲丞相。時朝廷多事，督責大臣，丞相比坐事死。賀引拜，不受印綬，頓首涕泣。上起去，賀不得已拜，出曰：「我從是殆矣！」

夏，籍吏民馬補車騎。

秋，蝗。

李廣利攻郁成，不克，還屯燉煌。貳師過鹽水，當道小國各城守，不給食。比至郁成，士不過數千，皆飢罷。攻郁成，郁成大破之。貳師引兵還，至燉煌，士不過什一二。上書乞罷兵，上怒，使使遮玉門曰：「軍有敢入者輒斬之！」貳師恐，因留燉煌。

遣趙破奴擊匈奴，敗没。上猶以受降城去匈奴遠，遣浚稽將軍趙破奴將二萬騎，期至浚稽山。既至，左大都尉欲發而覺，單于誅之，發兵八萬騎圍破奴，獲之。因急擊其軍，軍吏畏亡將而誅，遂没于匈奴。

己卯（前一〇二）

三年。

春，帝東巡海上。

匈奴兒單于死，季父呴犁湖單于立。

築塞外城障。秋，匈奴大入，盡破壞之。上遣光禄勳徐自爲出五原塞，築城障列亭，西北至盧朐。秋，匈奴大入定襄、雲中，盡破壞之。

睢陽侯張昌有罪，國除。初，高祖封功臣爲列侯百四十有三人。時兵革之餘，民人散亡，大侯不過萬家，小者五六百户。其封爵之誓曰：「使黄河如帶，泰山若厲，國以永存，爰及苗裔。」申以丹書之信，重以白馬之盟。及高后時，差第位次，藏諸宗廟，副在有司。逮文、景間，流民既歸，户口亦息，列侯大者至三四萬户，小國自倍，富厚如之。子孫驕逸，多抵法禁，隕身失國。至是昌坐爲太常乏祠，國除。見侯纔四人，罔亦少密焉。

大發兵，從李廣利圍宛。宛殺其王母寡以降，得善馬數十匹。漢既亡浞野之兵，公卿議者皆願罷宛軍。上以爲宛小國而不能下，則大夏之屬漸輕漢，而宛善馬絶不來，乃案言伐宛尤不便者。赦囚徒，發惡少年及邊騎，出燉煌者六萬人，負私從者不與，牛十萬，馬三萬匹，驢、橐駝以萬數齎糧。發天下吏有罪者、亡命者及贅婿、賈人、故有市籍、父母大父母有市籍者凡七科，適爲兵。及載糒給貳師。拜習馬者二人爲執、驅馬校尉。於是貳師行，所至迎給，不下者攻屠之。至宛城，兵到者三萬，圍其城，攻之四十餘日。宛貴人共殺王，持頭使貳師曰：「無攻我，我盡出善馬恣所取，而給軍食。即不聽我，我盡殺善馬，康居之救又且至。」貳師許之。宛乃出其馬，令漢自擇之，而多出食食漢軍。漢取其善馬數十匹，中馬三千餘匹，立宛貴人昧蔡爲宛王，與盟而罷兵。令搜粟都尉上官桀攻破郁成。郁成王走，追斬之。

庚辰（前一〇一）

四年。

春，封李廣利爲海西侯。貳師所過小國，聞宛破，皆使其子弟從入貢獻，因爲質焉。軍還，入馬千餘匹。後行，軍非乏食，戰死不甚多，而將吏貪，不愛士卒，侵牟之，以此物故者衆。上以爲萬里而伐，不録其過，乃封廣利等侯者二人，爲九卿者三人，二千石百餘人，奮行者官過其望，以謫過行，皆黜其勞，士卒賜直四萬錢。匈奴因樓蘭候漢使後過者，欲絶勿通。軍正任文捕得生口，知狀以聞。上詔文引兵捕樓蘭王，將詣闕簿責。王對曰：「小國在大國間，不兩屬無以自安，願徙國入居漢地。」上直其言，遣歸國，亦因使候伺匈奴，匈奴自是不甚親信樓蘭。於是自燉煌西至鹽澤往往起亭，而輪臺、渠犂皆有田卒數百人，置使者、校尉領護，以給使外國者。

秋，起明光宫。

冬，匈奴呴犂湖單于死，弟且鞮侯單于立，使使來獻。上欲因伐宛之威遂困胡，乃下詔曰：「高皇帝遺朕平城之憂，高后時，單于書絶悖逆。昔齊襄公復九世之讎，春秋大之。」且鞮侯初立，恐漢襲之，乃曰：「我兒子，安敢望漢天子。漢天子，我丈人行也。」因盡歸漢使之不降者路充國等，使使來獻。

辛巳（前一〇〇）

天漢元年。

春，三月，遣中郎將蘇武使匈奴。上嘉單于之義，遣蘇武送匈奴使留在漢者，因厚賂單于，答其善意。既至，置幣單于。單于益驕，非漢所望也。會長水虞常等謀殺漢降人衛律，而劫單于母閼氏歸漢。人告單于，時律爲丁靈王，貴寵用事。單于使律治之，常引武副張勝知其謀。單于怒，欲殺漢使者。左伊秩訾曰：「即謀單于，何以復加！宜皆降之。」召武受辭。武謂假吏常惠等曰：「屈節辱命，雖生，何面目以歸漢！」引佩刀自刺。衛律驚，自抱持之，武氣絶，半日復息。單于壯其節，朝夕遣人候問武，而收繫勝。武益愈，會論虞常。劍斬常已，律曰：「漢使張勝謀殺單于近臣，當死，降者赦罪。」舉劍欲擊之，勝請降。律謂武曰：「副有罪，當相坐。」武曰：「本無謀，又非親屬，何謂相坐？」復舉劍擬之，武不動。律曰：「蘇君，律前負漢歸匈奴，幸蒙大恩，賜號稱王，擁衆數萬，馬畜彌山，富貴如此。蘇君今日降，明日復然。空以身膏草野，誰復知之！」武不應。律曰：「君因我降，與君爲兄弟。今不聽吾計，後雖欲復見我，尚可得乎？」武罵律曰：「汝爲人臣子，不顧恩義，畔主背親，爲降虜於蠻夷，何以汝爲見？且單于信汝，使決人死生，不平心持正，反欲鬬兩主，觀禍敗。南越殺漢使者，屠爲九郡；宛王殺漢使者，頭縣北闕；朝鮮殺漢使者，即時誅滅。若知我不降明，欲令兩國相攻，匈奴之禍從我始矣。」律白單于，愈欲降之。乃幽武置大窖中，絶不飲食。天雨雪，武齧雪與旃毛并咽之，數日不死。匈奴以爲神，乃徙武北海上無人處，使牧羝，曰「羝乳乃得歸」。别其官屬，各置他所。

雨白氂。

夏，大旱。

赦。

發謫戍屯五原。

壬午（前九九）

二年。

夏，遣李廣利將兵擊匈奴。別將李陵戰敗，降虜。貳師出酒泉擊匈奴，斬萬餘級。師還，匈奴大圍之，漢軍乏食數日，死傷者多。假司馬趙充國與壯士百餘人潰圍陷陳，貳師引兵隨之，遂得解。漢兵物故什六七，充國身被二十餘創。詔徵詣行在所，帝親視其創，嗟歎之，拜爲中郎。初，李廣有孫陵，善騎射，愛人下士。帝以爲有廣之風，拜騎都尉，使將丹陽、楚人五千人，教射酒泉、張掖以備胡。至是，上欲使爲貳師將輜重。陵曰：「臣所將皆荆楚勇士奇材劍客，力扼虎，射命中，願得自當一隊，分單于兵，毋令專鄉貳師軍。」上曰：「將惡相屬邪！吾發軍多，無騎予女。」陵對：「無所事騎，臣願以步兵五千人涉單于庭。」上壯而許之，因詔路博德將兵半道迎陵軍。博德亦羞爲陵後距，奏言：「方秋，匈奴馬肥，未可與戰，願留陵至春俱出。」上疑陵悔而教博德上書，乃詔博德擊匈奴於西河。詔陵以九月發。陵於是出居延，至浚稽山，與單于相值，騎可三萬。虜見漢軍少，直前就營。陵搏戰，追擊殺數千人。單于大驚，召左、右地兵八萬餘騎攻陵。陵且戰且引南行，數日斬首三千餘級。單于曰：「此漢精兵，擊之不能下，日夜引吾南近塞，得無有伏兵乎？」欲去。會軍候管敢亡降匈奴，具言陵軍無救，矢且盡。單于大喜，遮道急攻。陵軍南行，未至鞮汗山，一日五十萬矢俱盡，陵太息曰：「兵敗，死矣！」令軍士各散，期至遮虜障相待。虜騎數千追之，陵曰：「無面目報陛下！」遂降。軍得脱至塞者四百餘人。上聞陵降，怒甚。羣臣皆罪陵，惟太史令司馬遷盛言：「陵事親孝，與士信，常奮不顧身以徇國家之急，其素所畜積也，有國士之風。今舉事一不幸，全軀保妻子之臣隨而媒蘗其短，誠可痛也！且陵提步卒不滿五千，深蹂戎馬之地，抑數萬之師，虜救死扶傷不暇，悉舉引弓之民共攻圍之，轉鬭千里，矢盡道窮，士張空弮，冒白刃，北首爭死敵，得人之死力，雖古名將不過也。身雖陷敗，然其所摧敗亦足暴於天下。彼之不死，宜欲得當以報漢也。」上以遷爲誣罔，欲沮貳師，爲陵游説，下遷腐刑。久之，上悔曰：「陵當發出塞，乃詔强弩迎軍，坐預詔之，得令老將生姦詐。」乃遣使勞賜陵餘軍得脱者。

遣繡衣直指使者，發兵擊東方盗賊。上以法制御下，好尊用酷吏，吏民益輕犯法。東方盗賊滋起，攻城邑，取庫兵，釋死罪，殺二千石，掠鹵鄉里，道路不通。上始使御史中丞、丞相長史督之，弗能禁。乃使光禄大夫范昆等衣繡衣，持節、虎符，發兵以興擊。所至，得擅斬二千石以下，誅殺甚衆，一郡多至萬餘人。數歲，乃頗得其渠率，散卒失亡，復聚黨阻山川者往往而羣居，無可奈何。於是作沈命法，曰：「盗起，不發覺，發覺而捕弗滿品者，二千石以下至小吏，主者皆死。」其後小吏畏誅，雖有盗不敢發，府亦使其不言。故盗賊寖多，上下相爲匿，以文辭避法焉。時暴勝之爲直指使者，衣繡杖斧，所誅殺二千石以下尤多，威振州郡。至勃海，聞郡人雋不疑賢，請與相見。不疑容貌尊嚴，衣冠甚偉，勝之躧履起迎，登堂坐定，不疑據地曰：「竊伏海瀕，聞暴公子舊矣，今乃承顔接辭。凡爲吏，太剛則折，太柔則廢，威行，施之以恩，然後樹功揚名，永終天禄。」勝之深納其戒。及還，表薦，召拜青州刺史。王賀亦爲繡衣御史，逐捕羣盜，多所縱捨，以奉使不稱免，歎曰：「吾聞活千人，子孫有封，吾所活者萬餘人，後世其興乎！」

三年。

癸未（前九八）

春，二月，初榷酒酤。

三月，帝東巡，還祠常山。上行幸泰山，修封，祀明堂，因受計，還，祠常山，瘗玄玉。時方士之候神人、求蓬萊者終無驗，天子益怠厭矣。然猶羈縻不絶，冀遇其真。

夏，大旱，赦。

四年。

甲申（前九七）

春，正月，遣李廣利等擊匈奴，不利，族誅李陵家。發天下七科謫，遣李廣利等四將軍出塞。匈奴聞之，悉遠其累重於余吾水北，而單于以兵十萬待水南。漢軍戰不利，引歸。時上遣公孫敖深入匈奴迎李陵，敖還，因曰：「捕得生口，言李陵教單于爲兵以備漢軍，故臣無所得。」上於是族陵家。既而聞之乃李緒，非陵也。單于以女妻陵，立爲右校王，與衛律皆貴用事。

夏，四月，立子髆爲昌邑王。

令死罪入贖。錢五十萬，減死一等。

乙酉(前九六)

太始元年。

春，正月，徙豪桀于茂陵。

夏，赦。

匈奴且鞮侯單于死，子狐鹿姑單于立。且鞮單于有二子，長爲左賢王，次爲左大將。單于死，左賢王未至，貴人立左大將。左賢王不敢進，左大將使人召而讓位焉。左賢王辭以病，左大將曰：「即不幸死，傳之於我。」左賢王遂立爲狐鹿姑單于，以左大將爲左賢王。

丙戌(前九五)

二年。

秋，旱。

穿白渠。趙中大夫白公奏穿渠引涇水，首起谷口，尾入櫟陽，注渭中，袤二百里，溉田四千五百餘頃，因名曰白渠，民得其饒。

丁亥(前九四)

三年。

春，正月，帝東巡琅邪，浮海而還。

皇子弗陵生。弗陵母曰河間趙倢伃，居鉤弋宫，任身十四月而生。上曰：「聞昔堯十四月而生。」乃命門曰堯母門。

司馬公曰：爲人君者，動静舉措不可不慎，發於中必形於外，天下無不知之。當是時也，皇后、太子皆無恙，而命鉤弋之門曰堯母，非名也。是以姦臣逆探上意，知其奇愛少子，欲以爲嗣，遂有危皇后、太子之心，卒成巫蠱之禍，悲夫！

以江充爲水衡都尉。初，充爲趙王客，得罪亡，詣闕告趙太子陰事，太子坐廢。充容貌魁岸，被服輕靡，上召與語，大悦之，拜爲直指繡衣使者，使督察貴戚、近臣踰侈者。充舉劾無所避，令身待北軍擊匈奴。貴戚子弟，叩頭求哀於上，願入錢贖罪，凡數千萬。上以充爲忠直。嘗從上甘泉，逢太子家使乘車馬行馳道中，充以屬吏。太子使人謝充曰：「非愛車馬，誠不欲令上聞之，以教敕亡素者。唯江君寬之。」充不聽，遂白奏。上曰：「人臣當如是矣！」大見信用，威震京師。

戊子（前九三）

四年。

春，三月，帝東巡，祀明堂，修封禪。夏，五月，還宫，赦。

冬，十月，晦，日食。

己丑（前九二）

征和元年。

春，三月，趙王彭祖卒。彭祖所幸淖姬生男，號淖子。時淖姬兄爲漢宦者，上召問：「淖子何如？」對曰：「爲人多欲。」上曰：「多欲不宜君國子民。」問武始侯昌，曰：「無咎無譽。」上曰：「如是可矣。」遣使者立昌爲趙王。

夏，大旱。

冬，十一月，大搜長安十日。上居建章宮，見一男子帶劍入中龍華門，命收之，弗獲。上怒，斬門候，發三輔騎士搜上林，索長安中，十一日乃解。巫蠱始起。

庚寅(前九一)

二年。

春，正月，丞相賀有罪，下獄死，夷其族。賀子敬聲爲太僕，驕奢不奉法，擅用北軍錢，發覺下獄。時詔捕陽陵大俠朱安世甚急。賀自請逐捕安世，以贖敬聲罪。果得安世。安世笑曰：「丞相禍及宗矣。」遂從獄中上書告敬聲與陽石公主私通，祝詛上，有惡言。遂下賀獄，父子死獄中，家族。

以劉屈氂爲左丞相。

夏，四月，大風發屋折木。

諸邑、陽石公主及長平侯衛伉皆坐巫蠱死。

帝如甘泉。秋，七月，皇太子據殺使者江充，白皇后發兵反。詔丞相屈氂討之，據敗走湖，皇后衛氏及據皆自殺。

初，上年二十九乃生戾太子，甚愛之。及長，仁恕溫謹，上嫌其材能少，不類己。皇后、太子常不自安，上覺之，謂大將軍青曰：「漢家庶事草創，加四夷侵陵中國，朕不變更制度，後世無法；不出師征伐，天下不安；爲此者不得不勞民。若後世又如朕所爲，是襲亡秦之跡也。太子敦重好靜，必能安天下，不使朕憂。欲求守文之主，安有賢於太子者乎！聞皇后與太子有不安之意，豈有之邪？可以意曉之。」太子每諫征伐四夷，上笑曰：「吾當其勞，以逸遺汝，不亦可乎！」上每行幸，常以後事付太子，宮內付皇后。有所平決，還，白其最，上亦無異，有時不省也。上用法嚴，太子寬厚，多所平反，雖得百姓心，而用法大臣皆不悅。皇后恐久獲罪，每戒太子，宜留取上意，不應擅有所縱捨。上聞之，是太子而非皇后。羣臣寬厚長者皆附太子，而深酷用法者皆毀之。邪臣多黨與，故太子譽少而毀多。衛青薨後，臣下無復外家爲據，競欲構太子。上與諸子疏，皇后希得見。太子嘗謁皇后，移日乃出。黄門蘇文告上曰：「太子與宮人戲。」上益太子宮人。太子知之，銜文。文與小黄門常融等常微伺太子過，輒增加白之。皇后切齒，使太子白誅文等。太子曰：「第勿爲過，何畏文等！上聰明，不信邪佞，不足憂也。」上嘗小不平，使融召太子，融言「太子有喜色」，上嘿然。及太子至，上察其貌，有涕泣處，而佯語笑，上知其情，乃誅融。皇后亦善自防閑，避嫌疑，雖久無寵，尚被禮遇。是時，方士及諸神巫多聚京師，惑衆變幻，無所不爲。女巫往來宮中，教美人度厄，埋木人祭祀之。更相告訐，以爲祝詛。上心既疑，嘗晝寢，夢木人數千持杖欲擊上，上爲驚寤，因是體不平。江充見上年老，恐晏駕後爲太子所誅，因言上疾祟在巫蠱。於是上以充爲使者，治巫蠱獄。充將胡巫掘地視鬼，染汙令有處，輒收捕驗治，燒鐵鉗灼，强服之。民轉相誣以巫蠱，坐而死者前後數萬人。充因言：「宮中有蠱氣。」上乃使充入宮，至省中，壞御座，掘地求蠱。又使蘇文等助充。充先治後宮希幸夫人，以次及皇后、太子宮，掘地縱横，無復施床處。云「於太子宮得木人尤多，又有帛書，所言不道，當奏聞」。太子懼，問少傅石德。德懼并誅，因曰：「前丞相父子、兩公主及衛氏皆坐此，今無以自明，可矯以節收捕充等，繫獄窮治其姦詐。且上疾在甘泉，皇后及家吏請問皆不報，存亡未可知，而姦臣如此，太子不念秦扶蘇事邪！」太子曰：「吾人子，安得擅誅！不如歸謝，幸得無罪。」將往甘泉，而充持之急。太子不知所出，遂從德計。七月，使客詐爲使者，收捕充等，自臨斬之，罵曰：「趙虜！前亂乃國王父子不足邪！乃復亂吾父子也！」使舍人持節夜入宮白皇后，發中廄車載射士，出武庫兵，發長樂宮衛卒。蘇文亡歸甘泉言狀，上曰：「太子必懼，又忿充等，故有此變。」乃使使召太子。使者不敢進，歸報云：「太子反已成，欲斬臣，臣逃歸。」上大怒。賜丞相璽書曰：「捕斬反者，自有賞罰。堅閉城門，毋令反者得出！」太子宣言：「帝病困，疑有變。」上於是從甘泉來，幸城西建章宮，詔發三輔近縣兵，丞相將之。太子亦矯制赦長安中都官囚徒，命石德及賓客張光等分將，召護北軍使者任安，與節，令發兵。安拜受節，入，閉門不出。太子引兵，敺四市人數萬，至長樂西闕下，逢丞相軍，合戰五日，死者數萬人。民間皆云「太子反」，以故衆不附。太子兵敗，南犇覆盎城門。司直田仁部閉城門，以爲太子父子之親，不欲急之。太子得出亡。丞相欲斬仁，御史大夫暴勝之曰：「司直，吏二千石，當先請，奈何擅斬之！」丞相釋仁。上聞大怒，下吏責問，勝之皇恐，自殺。詔收皇后璽綬，后自殺。上以爲任安老吏，欲坐觀成敗，有兩心，與田仁皆要斬。諸太子賓客嘗出入宮門，皆坐誅。其隨太子發兵，以反法族。上怒甚，羣下憂懼，不知所出。壺關三老茂上書曰：「臣聞父者猶天，母者猶地，子猶萬物也。故天平，地安，物乃茂成。父慈，母愛，子乃孝順。今皇太子爲漢適嗣，承萬世之業，體祖宗之重，親則皇帝之宗子也。江充，布衣之人，閭閻之隸臣耳。陛下顯而用之，銜至尊之命以迫蹵皇太子，造飾姦詐，羣邪錯繆。太子進不得見上，退則困於亂臣，獨冤結而無告，不忍忿忿之心，起而殺充，恐懼逋逃，子盜父兵，以救難自免耳。臣竊以爲無邪心。往者，江充讒殺趙太子，天下莫不聞。陛下不察，深過太子，發盛怒，舉大兵而求之，三公自將。智者不敢言，辨士不敢説，臣竊痛之！唯陛下寬心慰意，亟罷甲兵，毋令太子久亡！臣不勝惓惓，出一旦之命，待罪建章宫下。」書奏，天子感悟，然尚未顯言赦之也。太子亡，東至湖，匿泉鳩里。主人家貧，常賣屨以給太子。發覺。八月，吏圍捕太子。太子入室距户自經，皇孫二人皆并遇害。初，上爲太子立博望苑，使通賓客，從其所好，故賓客多以異端進。

司馬公曰：古之明王教養太子，爲之擇方正敦良之士，以爲保傅、師友，朝夕與之游處，左右前後無非正人，出入起居無非正道，然猶有淫放邪僻而陷於禍敗者焉。今乃使太子自通賓客，從其所好。夫正直難親，諂諛易合，此固中人之常情，宜太子之不終也！

胡氏曰：武帝爲人君父，而致太子反，有十失焉。與諸子疏，而后希得見，一也。寵姬生子，而后及太子愛弛，二也。嫌太子寬厚，邪臣毁之而不能察，三也。悦江充之材，而忘其敗趙之事，四也。不爲置賢師傅，而令太子自通賓客，五也。受蘇文之譖，而不爲核實，六也。縱方士、女巫出入宫掖，七也。又使江充治巫蠱獄，八也。疑左右盡爲蠱，九也。信使者妄言，而遽發兵捕斬太子，十也。若太子之罪，特在於不亟詣上自歸，而從石德之計耳。然既斬充而亟走甘泉，猶可幸於見察。乃白后發兵，與丞相戰，是真反矣，尚何言哉？武帝意廣欲多，窮兵黷武，大興土木，巡遊不休，民力既殫，盜賊蠭起，而後大禍及其子孫，其亦宜矣！向使遵文、景恭儉之規，明春秋首惡之義，自家刑國，措世安寧，則豈有是哉！

地震。

辛卯（前九〇）

三年。

春，正月，匈奴寇五原、酒泉。三月，遣李廣利等將兵擊之。

夏，赦。

發西域兵擊車師，盡得其王民衆而還。

六月，丞相屈氂棄市。李廣利妻子下吏，廣利降匈奴，詔族其家。初，貳師之出也，丞相劉屈氂爲祖道，送至渭橋。廣利曰：「願君侯早請昌邑王爲太子。如立爲帝，君侯長何憂乎！」屈氂許諾。昌邑王者，貳師女弟李夫人子也。貳師女爲屈氂子妻，故共欲立焉。貳師出塞，破匈奴兵於夫羊句山，乘勝追北至范夫人城。會有告「丞相夫人祝詛上及與貳師共禱祠，欲令昌邑王爲帝」，按驗，罪至大逆不道。六月，屈氂要斬東市，貳師妻子亦收。貳師聞之，憂懼，遂深入要功，北至郅居水上。逢左賢王、左大將，合戰一日，殺左大將，虜死傷甚衆。還至燕然山，單于自將五萬騎遮擊貳師。夜，塹漢軍前，深數尺，從後急擊之，軍大亂敗，貳師遂降，單于以女妻之，宗族遂滅。

秋，蝗。

以田千秋爲大鴻臚，族滅江充家。吏民以巫蠱相告言者，案驗多不實。上頗知太子惶恐無他意，會高寢郎田千秋上急變，訟太子冤曰：「子弄父兵，罪當笞。天子之子過誤殺人，當何罪哉！臣嘗夢見一白頭翁教臣言。」上乃大感寤，召見千秋，謂曰：「父子之間，人所難言也，公獨明其不然。此高廟神靈使公教我，公當遂爲吾輔佐。」立拜千秋爲大鴻臚，而族滅江充家，焚蘇文於横橋上。上憐太子無辜，乃作思子宫，爲歸來望思之臺於湖，天下聞而悲之。

壬辰（前八九）

四年。

春，正月，帝如東萊。上欲浮海求神山，羣臣諫，弗聽。會大風晦冥，海水沸湧，留十餘日乃還。

雍縣無雲如靁者三，隕石二，黑如鷖。

三月，帝耕于鉅定，還，至泰山，罷方士候神人者。上耕于鉅定。還，幸泰山，修封禪，祀明堂，見羣臣乃言曰：「朕即位以來，所爲狂悖，使天下愁苦，不可追悔。自今事有傷害百姓，糜費天下者，悉罷之！」田千秋曰：「方士言神仙者甚衆，而無顯功，請皆罷斥遣之。」上曰：「大鴻臚言是也。」於是悉罷諸方士候神人者。是後上每對羣臣自歎：「曏時愚惑，爲方士所欺。天下豈有僊人，盡妖妄耳。節食服藥，差可少病而已。」

胡氏曰：人莫難於知過，莫難於悔過，莫甚難於改過，迷而不知者皆是也。若漢武帝行年六十有八，然後知往日之非而悉改之，雖云不敏，然其去不知過而遂非者遠矣。嗚呼，此真可爲帝王處仁遷義之法也哉！

夏，六月，還宮。以田千秋爲丞相，封富民侯；以趙過爲搜粟都尉。千秋無他材能術學，又無伐閱功勞，特以一言寤意，數月取宰相封侯，世未嘗有也。然爲人敦厚有智，居位自稱，踰於前後數公。先是，桑弘羊言：「輪臺東有溉田五千頃以上，可遣屯田卒，置校尉，募民壯健敢徙者詣田所，墾田築亭，以威西國。」上乃下詔，深陳既往之悔曰：「前有司奏欲益民賦三十助邊用，是重困老弱孤獨也。今又請遣卒田輪臺。輪臺西於車師千餘里，前擊車師，雖降其王，以遼遠乏食，道死者尚數千人，況益西乎！匈奴常言『漢極大，然不耐饑渴，失一狼，走千羊』。乃者貳師敗，軍士死略離散，悲痛常在朕心。今又請遠田輪臺，欲起亭隧，是擾勞天下，非所以優民也，朕不忍聞。大鴻臚等又議欲募囚徒送匈奴使者，明封侯之賞以報忿，此五伯所弗爲也。當今務在禁苛暴，止擅賦，力本農，修馬復令，以補缺毋乏武備而已。郡國二千石各上進畜馬方略補邊狀，與計對。」自是不復出軍，而封田千秋爲富民侯，以明休息，思富養民也。又以趙過爲搜粟都尉。過教民爲代田，一畮三甽，歲代處，故曰代田。每耨輒附根，根深能風旱。其耕耘田器皆有便巧，用力少而得穀多，民皆便之。

司馬公曰：天下信未嘗無士也。武帝好四夷之功，而勇鋭輕死之士充滿朝廷，闢土廣地，無不如意。及後息民重農，而趙過之儔教民耕耘，民亦被其利。此一君之身趣好殊别，而士輒應之，誠使武帝兼三王之量以興商、周之治，其無三代之臣乎！

秋，八月，晦，日食。

癸巳（前八八）

後元元年。

春，祠泰畤。

赦。

夏，六月，侍郎僕射馬何羅反，伏誅。初，馬何羅與江充相善。及衛太子起兵，何羅弟通以力戰封侯。後上夷滅充宗族、黨與，何羅兄弟懼及，遂謀爲逆。侍中金日磾視其志意有非常，心疑之，陰獨察其動静，與俱上下，以故久不得發。上幸林光宫，日磾未起，何羅袖白刃從東廂上，見日磾，色變，走趨卧内，觸寶瑟，僵。日磾得抱何羅，投殿下禽縛之，窮治，皆伏辜。

秋，七月，地震。

殺鉤弋夫人趙氏。燕王旦自以次第當爲太子，上書求入宿衛。上怒，曰：「生子當置齊、魯禮義之鄉，乃置之燕，果有争心。」乃斬其使。又坐匿亡命，削三縣。旦辯慧博學，其弟廣陵王胥有勇力，而皆動作無法度，多過失。是歲，鉤弋夫人之子弗陵，年七歲，形體壯大，多知，上奇愛之，心欲立焉。以其年稺母少，猶與久之。欲以大臣輔之，察羣臣，唯奉車都尉、光禄大夫霍光，忠厚可任大事。上乃使黄門畫周公負成王朝諸侯以賜光。光，去病之弟也。後數日，帝譴責鉤弋夫人，夫人脱簪珥叩頭。帝曰：「引持去，送掖庭獄。」夫人還顧，帝曰：「趣行，汝不得活！」卒賜死。頃之，帝閑居，問左右曰：「外人言云何？」左右對曰：「且立其子，何去其母乎？」帝曰：「然，是非兒曹愚人之所知也。往古國家所以亂，由主少母壯也。女主獨居驕蹇，淫亂自恣，莫能禁也。汝不聞吕后邪！故不得不先去之也。」

胡氏曰：漢武此舉，斷則有矣，未盡善也。誠能據春秋大義，妾母不得稱后，母后不得與政，播告之修，著爲漢法，藏之宗廟，責在大臣，鉤弋雖欲竊位驕恣，烏乎敢？若夫吕后之事，則亦高帝有以啓之耳。

甲午(前八七)

二年。

春，二月，帝如五柞宫，立弗陵爲皇太子，以霍光爲大司馬、大將軍，金日磾爲車騎將軍，上官桀爲左將軍，受遺詔輔少主。帝崩。二月，上幸五柞宫，病篤。霍光涕泣問曰：「如有不諱，誰當嗣者？」上曰：「君未諭前畫意邪？立少子，君行周公之事。」光頓首讓曰：「臣不如金日磾！」日磾亦曰：「臣，外國人，不如光。且使匈奴輕漢。」乃立弗陵爲皇太子。明日，命光、日磾及上官桀受遺詔輔少主，與御史大夫桑弘羊皆拜卧内牀下。光出入禁闥二十餘年，出則奉車，入侍左右，小心謹慎，未嘗有過。爲人沈静詳審，每出入，下殿門，止進有常處，郎僕射竊識視之，不失尺寸。日磾在上左右，目不忤視者數十年，賜出宫女，不敢近。上欲内其女後宫，不肯。其篤慎如此，上尤奇異之。日磾長子爲帝弄兒，其後壯大，自殿下與宫人戲。日磾適見，遂殺之。上怒，日磾具言所以，上爲之泣而心敬日磾。桀始以材力得幸，爲未央廄令。上嘗體不安，及愈，見馬，馬多瘦，上大怒曰：「令以我不復見馬邪！」欲下吏。桀頓首曰：「臣聞聖體不安，日夜憂懼，意誠不在馬。」言未卒，泣數行下。上以爲愛己，由是親近。又明日，帝崩，入殯未央前殿。帝聰明能斷，善用人，行法無所假貸。隆慮公主子昭平君尚帝女夷安公主。隆慮主病困，以金千斤、錢千萬爲昭平君豫贖死罪，上許之。主卒，昭平君日驕，醉殺主傅，繫獄。廷尉以公主子上請。上爲之垂涕，歎息久之，曰：「法令者，先帝所造也。用弟故而誣先帝之法，吾何面目入高廟乎！又下負萬民。」乃可其奏，哀不能自止，左右盡悲。待詔東方朔前上壽曰：「臣聞聖王爲政，賞不避仇讎，誅不擇骨肉，此五帝所重，三王所難也。陛下行之，天下幸甚。臣朔奉觴昧死再拜上萬歲壽。」上初怒朔，既而善之。

班固曰：漢承百王之弊，高祖撥亂反正，文、景務在養民，至于稽古禮文之事，猶多闕焉。孝武初立，卓然罷黜百家，表章六經，遂疇咨海内，舉其俊茂，與之立功。興太學，修郊祀，改正朔，定曆數，協音律，紹周後，號令文章，焕焉可述。如武帝之雄材大略，不改文、景之恭儉以濟斯民，雖詩、書所稱何有加焉！

司馬公曰：孝武窮奢極欲，繁刑重斂，内侈宫室，外事四夷，信惑神怪，巡遊無度，使百姓疲敝，起爲盗賊，其所以異於秦始皇者無幾矣。然秦以之亡，漢以之興者，孝武能尊先王之道，知所統守，受忠直之言，惡人欺蔽，好賢不倦，誅賞嚴明，晚而改過，顧託得人，此其所以有亡秦之失而免亡秦之禍乎！

太子弗陵即位。姊鄂邑長公主共養省中，光、日磾、桀共領尚書事。光輔幼主，政自己出，天下想聞其風采。殿中嘗有怪，一夜，羣臣相驚，光召尚符璽郎，欲收取璽。郎不肯授，光欲奪之。郎按劍曰：「臣頭可得，璽不可得也！」光甚誼之。明日，詔增此郎秩二等。衆庶莫不多光。

三月，葬茂陵。

夏，赦。

秋，七月，有星孛于東方。

追尊鉤弋夫人爲皇太后，起雲陵。

冬，匈奴入朔方。遣左將軍桀行北邊。

乙未（前八六）

孝昭皇帝始元元年。

夏，益州夷反。募吏民，發犇命擊破之。

秋，七月，赦。

大雨，至于十月。

燕王旦謀反，赦弗治。黨與皆伏誅。初，武帝崩，賜諸侯王璽書。燕王旦得書不肯哭，曰：「璽書封小，京師疑有變。」遣幸臣之長安問禮儀，陰刺候朝廷事。及詔賜錢益封，旦怒曰：「我當爲帝，何賜也！」遂與齊孝王孫澤等結謀，詐言以武帝時受詔，得職吏事，修武備，備非常。爲姦書，言：「少帝非武帝子，天下宜共伐之！」使人傳行郡國以摇動百姓。澤謀歸發兵臨菑，旦招來郡國姦人，賦斂銅鐵作甲兵，數閲其車騎、材官卒，發民大獵以講士馬，須期日，殺諫者韓義等凡十五人。八月，青州刺史雋不疑收捕澤等以聞。遣大鴻臚丞治，連引燕王。詔以燕王至親，勿治，而澤等皆伏誅。

以雋不疑爲京兆尹。不疑爲京兆尹，吏民敬其威信。每行縣，録囚徒還，其母輒問不疑：「有所平反，活幾何人？」即多所平反，母喜笑異他時；或無所出，母怒，爲不食。故不疑爲吏，嚴而不殘。

九月，車騎將軍、秺侯金日磾卒。初，武帝以日磾捕反者馬何羅功，遺詔封爲秺侯。日磾以帝少，不受封。及病困，光白封之，卧受印綬。一日薨，謚曰敬。日磾兩子賞、建俱侍中，與上卧起。賞奉車，建駙馬都尉。及賞嗣侯，佩兩綬，上謂光曰：「金氏兄弟兩人，不可使俱兩綬耶？」對曰：「賞自嗣父爲侯耳。」上笑曰：「侯不在我與將軍乎？」對曰：「先帝之約，有功乃得封侯。」乃止。

閏月，遣使行郡國，舉賢良，問民疾苦。

冬，無冰。

丙申（前八五）

二年。

春，正月，封大將軍光爲博陸侯。

以劉辟彊、劉長樂爲光禄大夫。或説霍光曰：「將軍不見諸吕之事乎？攝政擅權而背宗室，不與共職，是以天下不信，卒至於滅亡。今將軍當盛位，帝春秋富，宜納宗室，又多與大臣共事，則可以免患。」光然之，乃擇宗室可用者，拜二人光禄大夫，辟彊守長樂衛尉。

三月，遣使振貸貧民種食。

秋，詔所貸勿收責，除今年田租。

匈奴狐鹿孤單于死，子壺衍鞮單于立。初，武帝征伐匈奴，深入窮追，二十餘年，匈奴馬畜孕重憧殰，罷極，苦之，常有欲和親意，未能得。是歲，單于病且死，謂諸貴人：「我子少，不能治國，立弟右谷蠡王。」及單于死，衛律等與顓渠閼氏謀，矯單于令，更立其子爲壺衍鞮單于。左賢王、右谷蠡王怨望，不復肯會龍城，匈奴始衰。

丁酉（前八四）

三年。

春，二月，有星孛于西北。

秋，募民徙雲陵。

冬，十月，遣使祠鳳皇于東海。

十一月，朔，日食。

戊戌(前八三)

四年。

春，三月，立倢伃上官氏爲皇后，赦。初，霍光與上官桀相親善。每休沐出，桀常代入決事。光女爲桀子安妻，生女，年甫五歲，安欲因光内之宫中，光以爲尚幼，不聽。蓋長公主私近子客丁外人，安説外人曰：「安子容貌端正，誠因長主時得入爲后，以臣父子在朝而有椒房之重，漢家故事，常以列侯尚主，足下何憂不封侯乎？」外人言於長主，以爲然，召安女入爲倢伃，遂立爲后。

秋，令民勿出馬。詔曰：「比歲不登，流庸未還，往時令民出馬，其止勿出。諸給中都官者，減之。」

西南夷復反，遣兵擊之。

以上官安爲車騎將軍。

己亥(前八二)

五年。

春，正月，男子成方遂詣闕，詐稱衛太子，伏誅。有男子乘黄犢車詣北闕，自謂衛太子，公車以聞。詔公卿、將軍、中二千石雜識視。至者並莫敢發言〔五〕，吏民聚觀者數萬人，右將軍勒兵闕下以備非常。京兆尹不疑後到，叱從吏收縛。或曰：「是非未可知，且安之。」不疑曰：「諸君何患於衛太子！昔蒯聵違命出犇，輒拒而不納，春秋是之。衛太子得罪先帝，亡不即死，今來自詣，此罪人也。」遂送詔獄。上與大將軍光聞而嘉之曰：「公卿大臣當用有經術、明於大誼者。」繇是不疑名重朝廷，在位者皆自以不及也。廷尉驗治何人，竟得姦詐，本夏陽人，姓成，名方遂，居湖。有故太子舍人謂曰：「子狀貌甚似衛太子。」方遂利其言，冀以得富貴。坐誣罔不道，要斬。

程子曰：雋不疑説春秋非是，然其處事應機，則不異於古人矣。

胡氏曰：蒯聵，衛靈公之世子也，出奔于宋，靈公未嘗有命廢之，而更立他子也。靈公卒，蒯聵之子輒遂自立以拒蒯聵，亦未嘗有靈公之命也。蒯聵叛父殺母，當黜何疑。然輒拒之，則失人子之道矣！故春秋於趙鞅納蒯聵，書曰世子，明其位之未絶也。於石曼姑圍戚，書齊國夏爲首，惡其黨輒也。然則謂春秋是輒者，非經旨矣。彼據也稱兵闕下，與父兵戰，正使不死，而父宥之，其位亦不得有矣。果來自詣，但當以此下令叱吏收縛，亦足以成獄而議刑矣，不必引春秋也。霍光不學，故不能辨。然其謂公卿當用有經術、明大誼者，則格言也。

罷儋耳、真番郡。

庚子（前八一）

六年。

春，詔問賢良文學民所疾苦。諫大夫杜延年言：「年歲比不登，流民未盡還，宜修孝文時政，示以儉約、寬和，順天心，說民意，年歲宜應。」光納其言。詔有司問郡國所舉賢良文學，民所疾苦、教化之要，皆對：「願罷鹽鐵、酒榷、均輸官，毋與天下爭利，示以儉節，然後教化可興。」桑弘羊難，以爲：「此國家大業，所以制四夷，安邊足用之本，不可廢也。」於是鹽鐵之議起焉。

蘇武還自匈奴，以爲典屬國。

初，蘇武既徙北海上，廩食不至，掘野鼠，去草實而食之。杖漢節牧羊，卧起操持，節旄盡落。初，武與李陵俱爲侍中。及陵降，單于使至海上，爲武置酒設樂，謂曰：「單于聞陵與子卿素厚，故使來說足下，虛心欲相待。終不得歸漢，空自苦。亡人之地，信義安所見乎！足下兄弟皆坐事自殺，太夫人已不幸，婦亦更嫁矣，獨有女弟男女，存亡不可知。人生如朝露，何自苦如此！且陛下春秋高，法令無常，大臣無罪夷滅者數十家。安危不可知，子卿尚復誰爲乎！」武曰：「武父子無功德，皆爲陛下所成就，位列將，爵通侯，常願肝腦塗地。今得殺身自效，誠甘樂之。臣事君，猶子事父也。子爲父死，無所恨。願勿復言。」陵與武飲數日，復曰：「子卿壹聽陵言！」武曰：「自分已死久矣，王必欲降武，請畢今日之驩，效死於前！」陵見其至誠，喟然嘆曰：「嗟乎，義士！陵與衛律之罪上通於天！」因泣下霑衿，與武決去。後陵復至北海上，語武以武帝崩。武南鄉號哭歐血，旦夕臨數月。及是，匈奴國內乖離，常恐漢兵襲之，於是與漢和親，乃歸武及馬宏等。宏，前使西國，爲匈奴所遮，亦不肯降。故匈奴歸此二人，欲以通善意。於是陵置酒賀武曰：「足下揚名匈奴，功顯漢室，雖古竹帛所載，丹青所畫，何以過子卿！陵雖駑怯，令漢貰陵罪，全其老母，使得奮大辱之積志，庶幾乎曹柯之盟，此陵宿昔之所不忘也。收族陵家，爲世大戮，陵尚復何顧乎！已矣，令子卿知吾心耳！」陵泣下數行，因與武決。官屬隨武還者九人。既至京師，詔武奉一太牢謁武帝園廟，拜爲典屬國，秩中二千石，賜錢三百萬，公田二頃，宅一區。武留匈奴凡十九歲，始以强壯出，及還，須髮盡白。

夏，旱。

秋，七月，罷榷酤官。罷榷酤，從賢良文學之議也。武帝之末，海内虚耗，户口减半。霍光知時務之要，輕徭薄賦，與民休息。至是匈奴和親，百姓充實，稍復文、景之業焉。

辛丑（前八〇）

元鳳元年。

春，三月，徵有行義者韓福等至長安，賜帛遣歸。賜郡國所選有行義者韓福等五人帛，人五十疋，遣歸。詔曰：「朕閔勞以官職之事，其務修孝弟以教鄉里。令郡縣以正月賜羊酒。有不幸者賜衣被一襲，祠以中牢。」

武都氐人反，遣兵擊之。

夏，赦。

秋，七月，晦，日食，既。

八月，鄂邑長公主、燕王旦、上官桀、安等謀反，皆伏誅。上官桀父子爲丁外人求封侯，霍光不許。又欲令得召見，又不許。長主大以是怨光，而桀、安亦慚。自先帝時，桀位在光右。及是，皇后親安女，光乃其外祖，而顧專制朝事，由是與光爭權。燕王旦自以帝兄不得立，常懷怨望。桑弘羊欲爲子弟得官，亦怨恨光。於是蓋主、桀、安、弘羊皆與旦通謀。詐令人爲燕王上書，言：「光出都肄郎、羽林，道上稱蹕。擅調益莫府校尉，專權自恣，疑有非常。」候司光出沐日奏之。桀欲從中下其事，弘羊當與諸大臣共執退光。書奏，帝不肯下。明旦，光聞之，止畫室中不入。上問：「大將軍安在？」桀對曰：「以燕王告其罪，故不敢入。」有詔：「召大將軍。」光入，免冠頓首謝。上曰：「將軍冠！朕知是書詐也，將軍無罪。」光曰：「陛下何以知之？」上曰：「將軍之廣明都郎，屬耳，調校尉以來，未能十日，燕王何以得知之！且將軍爲非，不須校尉。」是時帝年十四，尚書、左右皆驚。而上書者果亡，捕之甚急。桀等懼，白上：「小事不足遂。」上不聽。後桀黨與有譖光者，上輒怒曰：「大將軍忠臣，先帝所屬以輔朕身，敢有毁者坐之！」自是桀等不敢復言。

李德裕曰：人君之德，莫大於至明，明以照姦，則百邪不能蔽矣，漢昭帝是也。使得伊、吕之佐，則成、康不足侔矣。

桀等謀令長公主置酒請光，伏兵格殺之，因廢帝而立燕王。驛書往來，外連郡國豪桀以千數。旦以語相平，平曰：「左將軍素輕易，車騎少而驕，臣恐其不能成，又恐既成反大王也。」旦不聽。安果謀誘燕王至而誅之，因廢帝而立桀。會蓋主舍人父燕倉知其謀，以告大司農楊敞。敞素謹，畏事，乃移病卧，以告杜延年，延年以聞。九月，詔捕桀、安、弘羊、外人等，并宗族悉誅之。蓋主、燕王皆自殺。

冬，以韓延壽爲諫大夫。文學魏相對策，以爲：「日者燕王爲無道，韓義出身强諫，爲王所殺。

義無比干之親而蹈比干之節，宜顯賞其子以示天下，明爲人臣之義。」乃擢義子延壽爲諫大夫。

以張安世爲右將軍，杜延年爲太僕。大將軍光以朝無舊臣，安世自先帝時爲尚書令，志行純篤，乃白用安世爲右將軍兼光禄勳以自副焉。又以延年有忠節，擢爲太僕、右曹、給事中。光持刑罰嚴，延年常輔之以寬。吏民上書言便宜，輒下延年平處復奏。言可官試者，至爲縣令；或丞相、御史除用，滿歲，以狀聞；或抵其罪法。安世，湯之子；延年，周之子也。

匈奴入寇，邊兵追擊之，獲甌脱王。自是匈奴恐漢以甌脱王爲道擊之，即西北遠去，不敢南逐水草。遣騎屯受降城以備漢，北橋余吾水，令可渡，以備奔走。欲求和親，而恐漢不聽，故不肯先言，常使左右風漢使者。然其侵盗益希，遇漢使愈厚，欲以漸致和親。漢亦羈縻之。

壬寅（前七九）

二年。

夏，赦。

癸卯（前七八）

三年。

春，正月，泰山石立，上林僵柳復起生。泰山有大石自起立，上林有僵柳自起生，有蟲食柳葉，曰「公孫病已立」。符節令眭弘上書，言：「大石自立，僵柳復起，當有匹庶爲天子。當求賢人禪帝位，以順天命。」坐設妖言惑衆伏誅。

少府徐仁自殺，腰斬廷尉王平。燕、蓋之亂，桑弘羊子遷亡，過父故吏侯史吳，後遷捕得，伏法。會赦，吳自出繫獄。廷尉王平與少府徐仁雜治，皆以爲吳非匿反者，乃匿爲隨者。即以赦令除吳罪。後侍御史治實，以「桑遷通經術，知父謀反而不諫爭，與反者身無異。吳故三百石吏，首匿遷，不與庶人匿隨從者等，吳不得赦」。奏請覆治，劾廷尉、少府縱反者。仁，丞相千秋女婿也，千秋召中二千石、博士會公車門，議問吳法。光於是以千秋擅召中二千石以下，外内異言，遂下平、仁獄。朝廷皆恐丞相坐之。杜延年奏記光曰：「吏縱罪人，有常法。今更詆吳爲不道，恐於法深。丞相久故及先帝用事，非有大故，不可棄也。間者民頗言獄深，吏爲峻詆。今丞相所議，又獄事也。如是以及丞相，恐不合衆心，羣下讙譁，庶人私議，流言四布。延年竊重將軍失此名於天下也。」光以平、仁弄法，卒下之獄。仁自殺，平腰斬，而不以及丞相，終與相竟。延年論議持平，合和朝廷，皆此類也。

冬，遼東烏桓反。遣將軍范明友將兵擊之。初，冒頓破東胡，東胡餘衆散保烏桓及鮮卑山爲二族，世役屬匈奴。武帝擊破匈奴左地，因徙烏桓於上谷、漁陽、右北平、遼東塞外，偵察匈奴動静。置護烏桓校尉監領之，使不得與匈奴交通。至是，部衆漸强，遂反。漢得匈奴降者，言匈奴方發二萬騎擊烏桓。霍光欲邀擊之，以問護軍都尉趙充國，充國以爲：「烏桓間數犯塞，今匈奴擊之，於漢便。又匈奴希寇盗，北邊幸無事，蠻夷自相攻擊而發兵要之，招寇生事，非計也。」光更問中郎將范明友，明友言可擊。於是拜明友爲度遼將軍，將二萬騎出遼東。匈奴引去。初，光誡明友：「兵不空出。即後匈奴，遂擊烏桓。」明友乘烏桓敝，擊之，斬獲甚衆。匈奴由是恐，不敢復出兵。

甲辰（前七七）

四年。

春，正月，帝冠。

丞相千秋卒。時政事壹決大將軍光，千秋居丞相位，謹厚自守而已。

二月，以王訢爲丞相。

夏，五月，孝文廟正殿火。帝素服，遣使作治。上及羣臣皆素服，發中二千石將五校作治，六日，成。

赦。

遣使誘樓蘭王安歸殺之。初，樓蘭王死，匈奴先聞之，遣其質子安歸歸，得立爲王。漢詔令入朝，王辭不至。復爲匈奴反間，數遮殺漢使。駿馬監傅介子使大宛，詔因令責樓蘭王。王謝服，介子還，謂大將軍光曰：「樓蘭數反覆而不誅，無所懲艾。願往刺之，以威示諸國。」大將軍白遣之。介子齎金幣，揚言以賜外國爲名，至樓蘭。王貪漢物，來見。介子與坐飲，醉謂曰：「天子使我私報王。」王起，隨介子入帳中，壯士二人從後刺之，遂斬其首，馳傳詣闕，縣北闕下。立其弟在漢者尉屠耆爲王，更名其國爲鄯善，爲刻印章。賜以宮女爲夫人，備車騎、輜重。丞相率百官送至横門外，祖而遣之。王自請曰：「國中有伊循城，其地肥美〔六〕，願漢遣一將屯田積穀，令臣得依其威重。」於是漢遣吏士田伊循以填撫之。封介子爲義陽侯。

司馬公曰：王者之於戎狄，叛則討之，服則舍之。今樓蘭王既服其罪，又從而誅之，後有叛者，不可得而懷矣。必以爲有罪，則宜陳師鞠旅，明致其罰。今乃以大漢之强而爲盜賊之謀於蠻夷，不亦可羞哉！論者或美介子以爲奇功，過矣！

乙巳（前七六）

五年。

夏，大旱。

發惡少年、吏亡者屯遼東。

冬，大雷。

丞相訢卒。

丙午（前七五）

六年。

春，正月，築遼東、玄菟城。

夏，赦。

烏桓復犯塞，遣范明友將兵擊之。

冬，十一月，以楊敞爲丞相。

丁未(前七四)

元平元年。

春，二月，減口賦錢什三。

有流星大如月，衆星皆隨西行。

夏，四月，帝崩。大將軍光承皇后詔，迎昌邑王賀詣長安。六月，入即位，尊皇后曰皇太后。帝崩，無嗣。時武帝子獨有廣陵王胥，羣臣欲立之。胥本以行失道，先帝所不用。大將軍光不自安。郎有上書言：「周太王廢太伯立王季，文王舍伯邑考立武王，唯在所宜，雖廢長立少，可也。廣陵王不可以承宗廟。」光即日承皇后詔，迎昌邑王賀詣長安邸。賀，昌邑哀王髆之子，素狂縱，動作無節。武帝之喪，游獵不止。中尉王吉諫曰：「大王不好書術而樂逸游，數以耎脆之玉體，犯勤勞之煩毒，非所以全壽命之宗也，又非所以進仁義之隆也。夫廣廈之下，細旃之上，明師居前，勸誦在後，上論唐、虞之際，下及殷、周之盛，考仁聖之風，習治國之道，訢訢焉發憤忘食，日新厥德。休則俛仰屈伸以利形，專意積精以適神。大王誠留意如此，則心有堯、舜之志，體有喬、松之壽，福禄臻而社稷安矣。皇帝仁聖，至今思慕未怠，於宫館、囿池、弋獵之樂未有所幸，大王宜夙夜念此以承聖意。諸侯骨肉，莫親大王，於屬則子，於位則臣，一身而二任之責加焉。恩愛行義，孅介有不具者，於以上聞，非饗國之福也。」王乃下令曰：「中尉甚忠，數輔吾過。」使賜牛肉酒脯，而放縱自若。郎中令龔遂，忠厚剛毅，有大節，内諫争王，外責傅相，引經義，陳禍福，至於涕泣，蹇蹇亡已。王嘗與騶奴、宰人游戲無度，遂入見王，涕泣鄰行，曰：

「大王知膠西王所以亡乎？」王曰：「不知也。」曰：「臣聞膠西王有諛臣侯得，王所爲儗於桀、紂，而得以爲堯、舜。王説其諛，常與寢處，唯得所言，以至於是。今大王親近羣小，漸漬邪惡，存亡之機，不可不慎。臣請選郎通經有行義者與王起居，坐則誦詩、書，立則習禮容，宜有益。」王許之。遂乃選郎中十人侍王。數日，皆逐去。王嘗見大白犬，頸以下似人，冠方山冠，以問遂。遂曰：「此天戒，言在側者盡冠狗也。去之則存，不去則亡矣。」又見大熊，左右莫見，以問遂。遂曰：「山野之獸，來入宫室，宫室將空，危亡象也。」王仰天嘆曰：「不祥何爲數來！」遂叩頭曰：「臣不敢隱忠，數言危亡之戒，大王不説。夫國之存亡，豈在臣言哉！願王内自揆度。大王誦詩三百五篇，人事浹，王道備。王之所行，中詩一篇何等也？大王位爲諸侯王，行汙於庶人，以存難，以亡易，宜深察之。」王終不改。及徵書至，夜漏未盡一刻，以火發書。日中發，晡時，至定陶，行百三十五里，從者馬死相望。王吉奏書戒王曰：「臣聞高宗諒闇，三年不言。今大王以喪徵，宜日夜哭泣悲哀而已，慎毋有所發！大將軍仁愛勇智忠信之德，天下莫不聞。願大王事之，敬之，政事壹聽之，大王垂拱南面而已。」王到霸上，大鴻臚郊迎，騶奉乘輿車。王使遂參乘。至廣明、東都門，遂曰：「禮，奔喪望見國都哭。此長安東郭門也。」王曰：「我嗌痛，不能哭。」至城門，遂復言。王曰：「城門與郭門等耳。」且至未央宫東闕，遂曰：「昌邑帳在是，大王宜下車，鄉闕西面伏哭，盡哀止。」王曰：「諾。」到，哭如儀。六月，受璽綬，襲尊號。

葬平陵。

昌邑王有罪，大將軍光率羣臣奏太后廢之。昌邑王淫戲無度，昌邑官屬皆徵至長安，超擢拜官。龔遂諫請逐之，不聽。太僕丞張敞亦上書曰：「天子以盛年初即位，天下莫不拭目傾耳，觀化聽風。國輔大臣未襃，而昌邑小輩先遷，此過之大者也。」又不聽。大將軍光憂懣，以問故吏大司農田延年。延年曰：「將軍爲國柱石，審此人不可，何不建白太后，更選賢而立之？」光曰：「今欲如是，於古嘗有此不？」延年曰：「伊尹相殷，廢太甲以安宗廟，後世稱其忠。將軍若能行此，亦漢之伊尹也。」光乃引延年給事中，陰與張安世圖計。王出遊，光禄大夫夏侯勝當乘輿前諫曰：「天久陰而不雨，臣下有謀上者。陛下出，欲何之？」王怒，縛勝屬吏。光讓安世，以爲泄語。安世實不言。乃召問勝，勝對言：「在《鴻範傳》。」光、安世大驚，以此益重經術士。既定議，召丞相、御史、將軍、列侯、中二千石、大夫、博士會議未央宮。光曰：「昌邑王行昏亂，恐危社稷，如何？」羣臣皆驚鄂失色，莫敢發言。延年離席按劍曰：「先帝屬將軍以幼孤，寄將軍以天下，以將軍忠賢，能安劉氏也。今羣下鼎沸，社稷將傾。且漢之傳謚常爲『孝』者，以長有天下，令宗廟血食也。如漢家絶祀，將軍雖死，何面目見先帝於地下乎？今日之議，不得旋踵，羣臣後應者，臣請劍斬之。」光謝曰：「九卿責光是也！」於是議者皆叩頭曰：「唯大將軍令。」光即與羣臣俱見白太后。太后乃幸未央承明殿，詔諸禁門毋内昌邑羣臣。安世將羽林騎收縛二百餘人，皆送廷尉詔獄。光勑左右：「謹宿衛！卒有物故自裁，令我負天下，有殺主名。」太后盛服坐武帳中，侍御數百人皆持兵，期門武士陛戟陳列殿下，羣臣以次上殿，召昌邑王伏前聽詔。尚書令讀奏曰：「丞相臣敞等昧死言，孝昭皇帝早棄天下，遣使徵昌邑王典喪，服斬衰，無悲哀之心，廢禮誼，居道上不素食，使從官略女子載衣車，内所居傳舍。受璽大行前，就次，發璽不封。從官更持節引内昌邑騶宰、官奴，與居禁闥内敖戲，發樂府樂器，擊鼓歌吹，作俳倡。召内泰壹、宗廟樂人，悉奏衆樂。與孝昭皇帝宫人蒙等淫亂。」太后曰：「止！爲人臣子，當悖亂如是邪！」王離席伏。尚書令復讀曰：「祖宗廟祠未舉，爲璽書，使使者持節以三太牢祠昌邑哀王園廟，稱『嗣子皇帝』。受璽以來二十七日，使者旁午，持節詔諸官署徵發凡一千一百二十七事。荒淫迷惑，失帝王禮誼，亂漢制度。臣敞等數進諫，不變更，日以益甚。恐危社稷，天下不安。臣敞等謹與博士議，皆曰：『五辟之屬，莫大不孝。宗廟重於君，王不可以承天序，奉祖宗廟，子萬姓，當廢。』臣請有司以一太牢具告祠高廟。」皇太后詔曰：「可。」光令王起，拜受詔，脱其璽組，奉上太后。扶王下殿，出金馬門，就乘輿副車，光送至邸，謝曰：「王行自絶於天，臣寧負王，不敢負社稷。願王自愛。」涕泣而去。羣臣奏請徙王賀房陵。詔歸賀昌邑，賜湯沐邑二千户。國除，爲山陽郡。唯中昌邑羣臣坐在國時不舉奏王罪過，令漢朝不聞知，又不能輔道，陷王大惡，皆下獄，誅殺二百餘人。唯中尉吉、郎中令遂得減死，髡爲城旦。師王式繫獄當死，使者責曰：「師何以無諫書？」式對曰：「臣以詩三百五篇朝夕授王，至於忠臣、孝子之篇，未嘗不爲王反復誦之也！至於危亡失道之君，未嘗不流涕爲王深陳之也。臣以三百五篇諫，是以無諫書。」亦得減死論。光以太后省政，宜知經術，白令夏侯勝用尚書授太后，遷勝長信少府。

秋，七月，迎武帝曾孫病已入即位，尊皇太后曰太皇太后。初，衛太子納史良娣，生子進，號史皇孫。皇孫納王夫人，生子病已，號皇曾孫。生數月，遭巫蠱事，太子男女妻妾皆遇害，獨皇曾孫在，亦坐收繫郡邸獄。故廷尉監丙吉受詔治獄，心知太子無事實，重哀皇曾孫無辜，擇謹厚女徒胡組、郭徵卿，令乳養，日再省視。望氣者言長安獄中有天子氣。武帝遣使者分條中都官，詔獄繫者無輕重，一切皆殺之。夜到郡邸獄，吉閉門不納，曰：「他人無辜死者猶不可，況親曾孫乎！」使者不得入。還以聞，武帝亦寤，曰：「天使之也。」因赦天下。吉聞史良娣有母貞君及兄恭，乃載皇曾孫付之。後有詔掖庭養視，上屬籍宗正。時掖庭令張賀，嘗事衛太子，思顧舊恩，哀曾孫，奉養甚謹，欲以女孫妻之。賀弟安世爲右將軍，輔政，怒曰：「曾孫乃衛太子後也，勿復言予女事。」時暴室嗇夫許廣漢有女，賀以家財聘之。曾孫因依倚廣漢兄弟及史氏，受詩於東海澓中翁，高材好學，然亦喜游俠，鬬雞走馬，上下諸陵，周徧三輔，以是具知閭里姦邪，吏治得失。及是，吉奏記光曰：「今社稷宗廟羣生之命，在將軍之壹舉。竊伏聽於衆庶，其所言諸侯宗室在列位者，未有所聞也。而武帝曾孫名病已在掖庭外家者，今十八九矣，通經術，有美材，行安而節和。願將軍詳大義，參以著龜，先使入侍，令天下昭然知之，然後決定大策，天下幸甚！」七月，光會丞相以下議定所立，遂上奏曰：「孝武皇帝曾孫病已，年十八，師受詩、論語、孝經，躬行節儉，慈仁愛人，可以嗣孝昭皇帝後，承祖宗，子萬姓。」皇太后詔曰：「可。」光遣宗正德迎曾孫，就齋宗正府。明日，入未央宮見太后，封爲陽武侯。羣臣奏上璽綬，即皇帝位，謁高廟。侍御史嚴延年劾奏「大將軍光擅廢立主，無人臣禮，不道」。奏雖寢，然朝廷肅然敬憚之。

赦。

丞相敞卒。以蔡義爲丞相。義以明經給事大將軍莫府。昭帝召見說詩，擢光祿大夫，數歲爲丞相，年八十餘，貌似老嫗。議者謂光置宰相，用可專制者。光曰：「以爲人主師，當爲宰相，何謂云云。」

冬，十一月，立皇后許氏。公卿議立皇后，皆心擬霍將軍女，亦未有言。上乃詔求微時故劍。大臣知指，白立許倢伃爲皇后。霍光以后父廣漢刑人，不宜君國。歲餘，乃封爲昌成君。

胡氏曰：宣帝側微，已娶許氏，既登大寶，則天下母也。公卿乃舍之而心屬光女，不逆理乎？光雖未言，而意欲其然也。以其不封許廣漢，則知其愠許后之立矣。妻顯邪謀，蓋肇於此，此霍氏之所以覆宗也歟？

太皇太后歸長樂宮。初置屯衛。

戊申（前七三）

中宗孝宣皇帝本始元年。

春，大將軍光請歸政，不受。詔有司論定策安宗廟功，大將軍光等皆益封。光稽首歸政，上謙讓不受，諸事皆先關白光，然後奏御。自昭帝時，光子禹及兄孫雲皆爲中郎將，山奉車都尉、侍中，領胡、越兵，兩女婿爲東、西宫衛尉，昆弟、諸婿、外孫皆奉朝請，爲諸曹、大夫、騎都、尉、給事中，黨親連體，根據於朝廷。及昌邑王廢，光權益重。每朝見，上虚己斂容，禮下之已甚。

夏，四月，地震。

鳳皇集膠東。

赦，勿收田租賦。

追謚戾太子、戾夫人悼考、悼后，置園邑。詔曰：「故皇太子在湖，未有號謚，歲時祠。其議謚，置園邑。」有司奏：「禮，爲人後者，爲之子也；故降其父母，不得祭，尊祖之義也。陛下爲孝昭皇帝後，承祖宗之祀，親謚宜曰悼，母曰悼后。故皇太子謚曰戾，史良娣曰戾夫人。」皆改葬焉。

召黃霸爲廷尉正。霍光既誅上官桀，遂以刑罰痛繩羣下，由是俗吏皆尚嚴酷，而河南丞黃霸獨用寬和爲名。上在民間時，知百姓苦吏急也。聞霸持法平，乃召以爲廷尉正；數決疑獄，庭中稱平。

己酉（前七二）

二年。

春，大司農田延年有罪，自殺。昭帝之喪，大司農僦民車，延年詐增僦直，盜取錢三千萬，爲怨家所告。御史大夫田廣明謂杜延年曰：「春秋之義，以功覆過。當廢昌邑王時，非田子賓之言，大事不成。今縣官出三千萬自乞之，何哉？願以愚言白大將軍。」延年言之，光曰：「誠然，實勇士也！當發大議時，震動朝廷。」因自撫心曰：「使我至今病悸。謝田大夫曉大司農，通往就獄，得公議之。」廣明使人語延年。延年曰：「幸寬我耳，何面目入牢獄。」遂自刎死。

尊孝武皇帝廟爲世宗，所幸郡國皆立廟。詔曰：「孝武皇帝躬仁誼，厲威武功德茂盛，而廟樂未稱，朕甚悼焉。其與列侯、二千石、博士議。」於是羣臣皆曰：「宜如詔書。」夏侯勝獨曰：「武帝雖有攘四夷、廣土境之功。然多殺士衆，竭民財力，奢泰無度，天下虛耗，至今未復。無德澤於民，不宜爲立廟樂。」公卿共難勝曰：「此詔書也。」勝曰：「詔書不可用也。人臣之誼，宜直言正論，非苟阿意順指。議已出口，雖死不悔！」於是丞相、御史劾奏勝非議詔書，毁先帝，不道；及丞相長史黄霸阿縱勝，不舉劾，俱下獄。有司遂請尊武帝廟爲世宗廟，奏盛德、文始五行之舞。巡狩所幸郡國皆立廟。勝、霸既久繫，霸欲從勝受尚書，勝辭以罪死。霸曰：「朝聞道，夕死可矣。」勝賢其言，遂授之。繫再更冬，講論不怠。

秋，遣將軍田廣明等將兵，及校尉常惠護烏孫兵擊匈奴。初，烏孫公主死，漢復以楚王戊之孫解憂爲公主，妻岑娶。岑娶胡婦子泥靡尚小〔七〕，岑娶且死，以國與季父大禄子翁歸靡，曰：「泥靡大，以國歸之。」翁歸靡既立，號肥王，復尚楚主，生元貴靡。公主及昆彌皆上書，言：「匈奴復連發大兵，侵擊烏孫，欲隔絶漢。昆彌願發兵五萬，盡力擊匈奴。唯天子出兵救之。」先是，匈奴數侵漢邊，漢亦欲討之。秋，大發兵，遣廣明等五將軍，十六萬騎，分道並出，以常惠爲校尉，持節護烏孫兵，共擊匈奴。

庚戌（前七一）

三年。

春，正月，大將軍光妻顯弒皇后許氏。時霍光夫人顯欲貴其小女成君，道無從。會許后當娠，病，女醫淳于衍者，霍氏所愛，嘗入宫侍疾〔八〕，顯謂衍曰：「將軍素愛成君，欲奇貴之。今皇后當免身，若投毒藥去之，成君即爲皇后矣。如蒙力，事成，富貴共之。」衍即擣附子，齎入長定宫。皇后免身後，衍取附子并合大醫大丸以飲皇后，有頃，曰：「我頭岑岑也，藥中得無有毒？」對曰：「無有。」遂加煩懑，崩。後人有上書告諸醫侍疾無狀者，皆收繫詔獄。顯恐急，即具語光曰：「既失計爲之，無令吏急衍。」光大驚，欲自發舉，不忍。奏上，光署衍勿論。顯因勸光内其女入宫。

胡氏曰：顯弑天下之母，而光不發覺，則是與聞乎弑矣！欲免於禍，得乎哉？史稱沈靜詳審，乃至於此。富貴生不仁，可不戒哉！

罷。

葬恭哀皇后於杜陵南園。

夏，五月，田廣明有罪，下吏，自殺。封常惠爲長羅侯。匈奴聞漢兵大出，犇遠遁。五月，軍罷。田順不至期，詐增鹵獲，廣明知虜在前，逗遛不進，皆下吏，自殺。烏孫昆彌自將五萬騎與常惠從西方入，獲名王、騎將以下四萬級，馬牛羊驢七十餘萬頭。封惠爲長羅侯。於是匈奴遂衰耗。單于自將數萬騎擊烏孫，會天大雨雪，一日深丈餘，人畜凍死，還者不能什一。於是丁令乘弱攻其北，烏桓入其東，烏孫擊其西，所殺數萬級，重以餓死，人民什三，畜産什五。諸國羈屬者皆瓦解，攻盗不能理。滋欲鄉和親，而邊境少事矣。

大旱。

六月，丞相義卒。以韋賢爲丞相，魏相爲御史大夫。

以趙廣漢爲京兆尹。初，廣漢爲潁川太守。潁川俗，豪桀相朋黨。廣漢爲缿筩，受吏民投書，使相告訐。於是更相怨咎，姦黨散落，盗賊不得發。由是入爲京兆尹。廣漢遇吏，殷勤甚備，事推功善，歸之於下，咸願爲用，僵仆無所避。廣漢皆知其能之所宜，盡力與否；其或負者，輒收捕之，無所逃；案之，罪立具，尤善爲鉤距以得事情，閭里銖兩之姦皆知之，其發姦擿伏如神。京兆政清，長老傳以爲自漢興，治京兆者莫能及。

辛亥（前七〇）

四年。

春，三月，立大將軍光女爲皇后。赦。初，許后起微賤，登至尊日淺，從官車服甚節儉。及霍后立，輦駕侍從益盛，賞賜官屬以千萬計，與許后時縣絶矣。

夏，四月，地震，山崩，二郡壞祖宗廟。帝素服避殿，詔問經學及舉賢良方正之士。

胡氏曰：地者，妻道也，臣道也，宜靜而動，陰盛而反常也。然不能終動與天同也，不過爲妻道不得，而臣道不寧之象耳。是時郡國四十九，同日地震山崩，二郡壞祖宗廟，蓋霍氏專權，又弑許后而立其女，以至咎徵著見如此而不知戒。宣帝詔問經學，舉賢良，亦無敢端言其所以然者，使宣帝恐懼祗戒，以象類推求，而有以善處之，則霍氏異日之禍，亦無由而成矣。

以夏侯勝爲諫大夫，黄霸爲揚州刺史。上以地震釋勝、霸而用之。勝爲人質樸守正，簡易無威儀，或時謂上爲君，誤相字於前，上亦以是親信之。嘗見，出道上語，上聞而讓勝，勝曰：「陛下所言善，臣故揚之。堯言布於天下，至今見誦。臣以爲可傳，故傳耳。」朝廷每有大議，上謂曰：「先生建正言，無懲前事！」復爲長信少府，遷太子太傅。年九十卒，太后素服五日，以報師傅之恩。

五月，鳳皇集北海。

壬子（前六九）

地節元年。

春，有星孛于西方。

冬，十二月，晦，日食。

以于定國爲廷尉。定國爲廷尉，乃迎師學春秋，備弟子禮。爲人謙恭，雖卑賤皆與鈞禮。其決疑平法，務在哀鰥寡，罪疑從輕，加審慎之心。朝廷稱之曰：「張釋之爲廷尉，天下無冤民。于定國爲廷尉，民自以不冤。」

癸丑（前六八）

二年。

春，三月，以霍禹爲右將軍。大司馬、大將軍、博陸侯霍光卒。大將軍光病，車駕自臨問，爲之涕泣。光上書謝恩，願分國邑封兄孫山爲列侯。即日拜光子禹爲右將軍。光薨，謚曰宣成，賜葬具如乘輿制度，置園邑三百家，長丞奉守，復其後世，疇其爵邑，世世無有所與。

胡氏曰：惟名與器，不可以假人。人臣而用天子之禮，是宣帝過賜，而霍氏受之，非也。卒生禹、雲、山等僭亂之心，宣帝亦有以啓之歟。

夏，四月，以張安世爲大司馬、車騎將軍，領尚書事。魏相上封事，曰：「聖王褒有德以懷萬方，顯有功以勸百寮，是以朝廷尊榮。今新失大將軍，宜顯明功臣，以填藩國，毋空大位，以塞爭權。車騎將軍安世忠信謹厚，國家重臣也。宜尊其位。」上亦欲用之。安世深辭不能得，乃拜大司馬、車騎將軍，領尚書事。

鳳皇集魯。

大赦。

以霍山爲奉車都尉、領尚書事，御史大夫魏相給事中。上思報大將軍德，乃封光兄孫山爲樂平侯，使以奉車都尉、領尚書事。魏相因許廣漢奏封事，言：「春秋譏世卿，惡宋三世爲大夫及魯季孫之專權，皆危亂國家。自後元以來，禄去王室，政由冢宰。今光死，子復爲右將軍，兄子秉樞機，昆弟、諸婿據權勢，在兵官，夫人顯及諸女皆通籍長信宮，或夜詔門出入，驕奢放縱，恐寖不制，宜有以損奪其權，破散陰謀，以固萬世之基，全功臣之世。」又故事：諸上書者皆爲二封，署其一曰「副」，領尚書者先發副封，所言不善，屏去不奏。相復因許伯白去副封以防壅蔽。帝善之，詔相給事中，皆從其議。帝興于閭閻，知民事之囏難。霍光既薨，始親政事，厲精爲治，五日一聽事。自丞相已下各奉職奏事，敷奏其言，考試功能。侍中、尚書功勞當遷及有異善，厚加賞賜，至于子孫，終不改易。樞機周密，品式備具，上下相安，莫有苟且之意。及拜刺史、守、相，輒親見問，觀其所由，退而考察所行以質其言，有名實不相應，必知其所以然。常稱曰：「庶民所以安其田里而亡歎息愁恨之心者，政平訟理也。與我共此者，其惟良二千石乎！」以爲太守，吏民之本，數變易則下不安；民知其將久，不可欺罔，乃服從其教化。故二千石有治理效，輒以璽書勉勵，增秩、賜金，或爵至關内侯。公卿缺，則選諸所表，以次用之。是故漢世良吏，於是爲盛，稱中興焉。

匈奴壺衍鞮單于死，弟虛閭權渠單于立。時漢以匈奴不能爲寇，罷塞外諸城以休百姓。單于喜，謀欲和親。

三年。

甲寅(前六七)

春，三月，賜膠東相王成爵關内侯。詔曰：「膠東相王成，勞來不怠，流民自占八萬餘口，治有異等之效。其賜成爵關内侯，秩中二千石。」後詔問郡國上計長史、守丞以政令得失。或對言，前膠東相成僞自增加以蒙顯賞。是後俗吏多爲虚名云。

夏，四月，立子奭爲皇太子。霍顯聞立太子，怒不食，曰：「此乃民間時子，安得立！即后有子，反爲王邪？」復教后毒太子。數召賜食，保、阿輒先嘗之；后挾毒不得行。

五月，丞相賢致仕。賢以老病乞骸骨，賜黄金、安車、駟馬，罷就第。丞相致仕自賢始。

六月，以魏相爲丞相，丙吉爲御史大夫。

以疏廣爲太子太傅，兄子受爲少傅。太子外祖父平恩侯許伯，以爲太子少，白使其弟中郎將舜監護太子家。上以問廣，廣對曰：「太子，國儲副君，師友必於天下英俊，不宜獨親外家。且太子官屬已備，復使舜護太子家，示陋，非所以廣太子德於天下也。」上善其言，以語魏相，相免冠謝曰：「此非臣等所能及。」廣由是見器重。

大雨雹。以蕭望之爲謁者。京師大雨雹，大行丞蕭望之上疏，言：「陛下思政求賢，堯舜之用心也。然而善祥未臻，陰陽不和，是大臣任政，一姓專權之所致也。附枝大者賊本心，私家盛者公室危。

惟陛下躬萬機，選同姓，舉賢材，以爲腹心，與參政謀，明陳其職，以考功能，則庶事理矣。」上素聞望之名，拜爲謁者。時上博延賢俊，民多上書言便宜，輒下望之問狀；高者請丞相、御史，次者中二千石試事，滿歲以狀聞。下者報聞，罷。所白處奏皆可。

秋，九月，地震。詔求直言。省京師屯兵，罷郡國宮館，假貸貧民。詔曰：「乃者地震，朕甚懼焉。有能箴朕過失，以匡不逮，毋諱有司！朕既不德，不能附遠，是以邊境屯戍未息。今復飭兵重屯，久勞百姓，非所以綏天下也。其罷車騎、右將軍屯兵。池籞未御幸者，假與貧民。郡國宮館勿復修治。流民還歸者，假公田，貸種食，且勿算事。」

以張安世爲衛將軍，諸軍皆屬。以霍禹爲大司馬，罷其屯兵。霍氏驕侈縱横。太夫人顯僭擬淫放。帝自在民間，聞知霍氏尊盛日久，内不能善。既親政，魏相給事中，數燕見言事；平恩侯與侍中金安上等徑出入省中。吏民奏封事，不關尚書，羣臣進見獨往來，於是霍氏甚惡之。上頗聞霍氏毒殺許后而未察，乃徙光女婿未央衛尉范明友、中郎將羽林監任勝、長樂衛尉鄧廣漢爲他官。更以張安世爲衛將軍，兩宫衛尉、城門、北軍兵屬焉。以霍禹爲大司馬，冠小冠，亡印綬；罷其屯兵官屬，特使禹官名與光俱大司馬者。諸領胡越騎、羽林及兩宫衛將屯兵，悉易以所親信許、史子弟代之。

冬，十二月，置廷尉平。初，孝武之世，徵發煩數，百姓貧耗，窮民犯法，姦軌不勝。於是使張湯、趙禹之屬，條定法令，作見知故縱、監臨部主之法，緩深、故之罪，急縱、出之誅。其後姦猾巧法轉相比況，禁罔寖密，律令煩苛，文書盈於几閣，典者不能徧睹。是以郡國承用者，或罪同而論異，姦吏因緣爲市，所欲活則傅生議，所欲陷則予死比，議者咸冤傷之。上在閭閻，知其若此。會廷尉史路温舒上書曰：「臣聞秦有十失，其一尚存，治獄之吏是也。夫獄者，天下之大命也，死者不可復生，絶者不可復屬。書曰：『與其殺不辜，寧失不經。』今治獄吏則不然，上下相敺，以刻爲明，深者獲公名，平者多後患。故治獄之吏皆欲人死，非憎人也，自安之道在人之死。是以人血流離，刑徒比肩，大辟之計，歲以萬數。此仁聖之所傷也，太平之未洽，凡以此也。夫人情，安則樂生，痛則思死，捶楚之下，何求而不得！故囚人不勝痛，則飾辭以示之；吏治者利其然，則指導以明之；上奏畏却，則鍛練而周内之。蓋奏當之成，雖皋陶聽之，猶以爲死有餘辜。何則？成練者衆，文致之罪明也。故俗語曰：『畫地爲獄，議不入；刻木爲吏，期不對。』此皆疾吏之風，悲痛之辭也。唯陛下省法制，寬刑罰，則太平之風可興於世。」上善其言。詔以廷史任輕禄薄，置廷尉平，秩六百石，員四人。每季秋後請讞時，上常幸宣室，齋居而決事，獄刑號爲平矣。涿郡太守鄭昌上疏言：「明主躬垂明聽，雖不置廷平，獄將自正；若開後嗣，不若删定律令。律令一定，愚民知所避，姦吏無所弄矣。今不正其本，而置廷平以理其末，政衰聽怠，則廷平將召權而爲亂首矣。」

侍郎鄭吉擊車師，破之，因田其地。車師王與匈奴結婚，教匈奴遮漢道。侍郎鄭吉將免刑罪人田渠犂，發諸國兵與所將田士，合萬餘人，共擊車師，破之。車師王請降。吉等歸渠犂，車師王奔烏孫。匈奴更以王昆弟兜莫爲王，收其餘民東徙。而吉使吏卒往田車師地以實之。

乙卯(前六六)

四年。

春，二月，賜外祖母號爲博平君。上初即位，數遣使求外家。至是得王媪及其男無故、武，賞賜巨萬，皆封列侯。

詔有大父母、父母喪者勿繇。詔曰：「百姓遭凶而繇，使不得葬，傷孝子之心。自今勿繇，使得送終，盡其子道。」

夏，五月，山陽、濟陰雨雹殺人。雹大如鷄子，深二尺五寸。

詔：「自今子匿父母、妻匿夫、孫匿大父母，皆勿治。」詔曰：「父子夫婦，天性也。雖有患禍，猶蒙死而存之，誠愛結於心，豈能違之。自今子匿父母、妻匿夫、孫匿大父母，皆勿坐。」

秋，七月，霍氏謀反，伏誅，夷其族。皇后霍氏廢。霍顯及禹、山、雲自見日侵削，數相對啼泣自怨。山曰：「今丞相用事，縣官信之，盡變易大將軍時法令，發揚大將軍過失。又，諸儒生多窶人子，遠客飢寒，喜妄説狂言，不避忌諱，大將軍常讎之。今陛下好與儒生語，人人自書對事，多言我家者。又聞民間讙言『霍氏毒殺許后』，寧有是邪？」顯恐急，即具以實告。禹、山、雲驚曰：「縣官斥逐諸婿，用是故也。此大事，誅罰不小，奈何？」於是始有邪謀矣。雲舅李竟坐與諸侯王交通，辭語及霍氏，有詔：「雲、山不宜宿衛，免就第。」山陽太守張敞上封事曰：「臣聞季友有功於魯，趙衰有功於晉，田完有功於齊，皆疇其庸，延及子孫。終後田氏篡齊、趙氏分晉，季氏顓魯。故仲尼作春秋，迹盛衰，譏世卿最甚。乃者大將軍決大計，安宗廟，海内之命斷於掌握。方其盛時，感動天地，侵迫陰陽。朝臣宜有明言曰：

『輔臣顓政，貴戚太盛，君臣之分不明，請罷霍氏三侯就第。』明詔以恩不聽，羣臣以義固爭而後許之，天下必以陛下爲不忘功德而朝臣爲知禮，霍氏世世無所患苦。今朝廷不聞直聲，而令明詔自親其文，非策之得者也。今兩侯已出，人情不相遠，以臣心度之，大司馬及其枝屬必有畏懼之心。夫近臣自危，非完計也。臣敞願於廣朝白發其端，直守遠郡，其路無由。唯陛下省察！」上甚善其計，然不召也。禹、山等謀令太后爲博平君置酒，召丞相、平恩侯以下，使范明友、鄧廣漢承太后制引斬之，因廢天子而立禹。事覺，七月，雲、山、明友自殺，禹要斬，顯及諸女昆弟皆棄市。與霍氏相連坐誅滅者數十家。皇后霍氏廢，處昭臺宮。封告者皆爲列侯。初，霍氏奢侈，茂陵徐生曰：「霍氏必亡。夫奢則不遜，不遜必侮上，侮上者，逆道也。霍氏秉權日久，天下害之，而又行以逆道，不亡何待！」乃上疏言：「霍氏泰盛，陛下即愛厚之，宜以時抑制，無使至亡！」書三上，輒報聞。至是人爲徐生上書曰：「臣聞客有過主人者，見其竈直突，傍有積薪，客謂主人：『更爲曲突，遠徙其薪，不者且有火患！』主人不應。俄而失火，鄰里共救之，幸而得息。於是殺牛置酒，謝其鄰人，灼爛者在於上行，餘各以功次坐，而不録言曲突者。人謂主人曰：『鄉使聽客之言，不費牛酒，終亡火患。今論功而請賓，曲突徙薪無恩澤，燋頭爛額爲上客邪？』主人乃寤而請之。今茂陵徐福，數上書言霍氏且有變，宜防絶之。鄉使福説得行，則國無裂土出爵之費，臣無逆亂誅滅之敗。往事既已，而福獨不蒙其功，唯陛下察之。」上乃賜福帛十匹，以爲郎。帝初立，謁見太廟，大將軍光驂乘，上嚴憚之，若有芒刺在背。後張安世代光驂乘，上從容肆體，甚安近焉。故俗傳霍氏之禍萌於驂乘。後十二歲，霍后復徙雲林館，乃自殺。

班固曰：霍光受襁褓之託，擁昭，立宣，雖周公、阿衡何以加此！然不學亡術，闇於大理；陰妻邪謀，立女爲后，湛溺盈溢之欲，以增顛覆之禍，死財三年，宗族誅夷，哀哉！

司馬公曰：霍光久專大柄，不知避去，多置親黨，充塞朝廷，使人主蓄憤於上，吏民積怨於下，切齒側目，待時而發，其得免於身幸矣，況子孫以驕侈趣之哉！雖然，嚮使孝宣專以祿秩賞賜富其子孫，使之食大縣，奉朝請，亦足以報盛德矣；乃復任之以政，授之以兵，及加裁奪，遂生邪謀，豈徒霍氏之自禍哉？亦孝宣醖釀以成之也。夫以顯、禹、雲、山之罪，雖應夷滅，而光之忠勳不可不祀；遂使家無噍類，孝宣亦少恩哉！

九月，詔減天下鹽賈。令郡國歲上繫囚掠笞瘐死者，以課殿最。

以朱邑爲大司農。邑少爲桐鄉嗇夫，廉平不苛，以愛利爲行，未嘗笞辱人，存問孤老，吏民愛敬之。遷北海太守，以治行第一入爲大司農。敦厚篤於故舊，公正不可交以私，身爲列卿，居處儉節，祿賜以共族黨，家無餘財。及卒，天子下詔稱揚，賜其子金百斤以奉祀。

以龔遂爲水衡都尉。先是，渤海歲饑，盜賊並起。上選能治者，丞相、御史舉龔遂，拜渤海太守。召見，問何以治盜賊，對曰：「海瀕遐遠，不霑聖化，其民困於飢寒而吏不恤，故使陛下赤子盜弄陛下之兵於潢池中耳。今欲使臣勝之邪，將安之也？」上曰：「選用賢良，固欲安之也。」遂曰：「臣聞治亂民猶治亂繩，不可急也，唯緩之，然後可治。臣願丞相、御史且無拘臣以文法，得一切便宜從事。」上許焉，加賜黃金贈遣。乘傳至勃海界，郡發兵以迎。遂皆遣還，移書敕屬縣：「罷逐捕吏，諸持田器者，皆爲良民，吏毋得問；持兵者乃爲賊。」遂單車至府。盜賊聞遂教令，即時解散，棄其兵弩而持鉤、鉏，於是悉平，民安土樂業。遂乃開倉廩假貧民，選用良吏尉安牧養焉。齊俗奢侈，好末技，不田作。遂躬率以儉約，勸民務農桑，各以口率種樹畜養。民有帶持刀劍者，使賣劍買牛，賣刀買犢，曰：「何爲帶牛佩犢！」勞來循行，郡中皆有畜積，獄訟止息。至是入爲水衡都尉。

丙辰(前六五)

元康元年。

春，正月，初作杜陵。

三月，赦。以鳳皇集，甘露降也。

夏，五月，追尊悼考爲皇考，立寢廟。有司復言悼園宜稱尊號曰皇考，於是立廟。

范鎮曰：宣帝於昭帝爲孫，則稱其父爲皇考，可也。然議者終不以爲是者，以其以小宗而合大宗之統也。

程子曰：爲人後者，謂其所後者爲父母，而謂其所生者爲伯叔父母，此天地之大義，生人之大倫，不可得而變易者也。然所生之義，至尊至大，雖當專意於正統，豈得盡絶於私恩。是以先王制禮，既明大義，降其服以正統緒，然不以正統之親疏，而皆爲齊衰，不杖期以别之，則所以明其至重，而與諸伯叔父不同也。宣帝稱其所生爲皇考，亂倫失禮，固已甚矣！而後之議禮者，又不能推所生之至恩，以明尊崇之正禮，乃欲奉以高官大國，但如期親尊屬故事，則亦非至當之論也。要當揆量事體，別立殊稱，若曰皇伯叔父、某國大王，而使其子孫襲爵奉祀，則於大統無嫌貳之失，而在所生亦極尊崇之道矣。然禮謂爲人後者爲其父母云者，猶以父母稱之，何也？曰：「既爲人後，則所生之父母者，今爲伯叔父母矣。然直曰伯叔父母，則無以别於諸伯叔父母，而見其爲所生之父母，故其立文不得不尔。」非謂既爲人後，而猶得以父母名其所生之父母也。

殺京兆尹趙廣漢。趙廣漢好用世吏子孫新進年少者，專厲强壯蠭氣，見事風生，無所回避，率多果敢之計，莫爲持難。以私怨論殺男子榮畜，人上書言之，事下丞相、御史按驗。廣漢疑丞相夫人殺侍婢，欲以脇丞相，乃將吏卒入丞相府，召其夫人跪庭下受辭，收奴婢十餘人去。丞相上書自陳，事下廷尉治，不如廣漢言。上惡之，下廣漢廷尉。吏民守闕號泣者數萬人，竟坐要斬。廣漢廉明，威制豪强，小民得職，百姓追思歌之。

貶少府宋疇爲泗水太傅。疇議「鳳皇下彭城，未至京師，不足美」，故貶。

以蕭望之爲平原太守，復徵入守少府。上選博士、諫官通政事者補郡國守相，以諫大夫蕭望之爲平原太守。望之上疏曰：「陛下哀愍百姓，出諫官以補郡吏。然朝無争臣則不知過，所謂憂其末而忘其本者也。」上乃徵望之入守少府。

以尹翁歸爲右扶風。翁歸爲人，公廉明察。爲東海太守，過辭廷尉于定國。定國欲託邑子與翁歸，語終日不敢見，曰：「此賢將，汝不任事也，又不可干以私。」郡中吏民賢不肖，及姦邪罪名盡知之。縣各有記籍，自聽其政。有急名則少緩之，吏民小解，輒披籍。取人必於秋冬課吏大會中，及出行縣，不以無事時。其有所取也，以一警百，吏民皆服，改行自新。以治郡高第入爲扶風。選用廉平以爲右職，接待以禮，好惡同之。其負翁歸，罰亦必行。緩於小弱，急於豪强。課常爲三輔最。其在公卿間，清絜自守，語不及私，然温良謙退，不以行能驕人，故尤得名譽。

莎車叛。衛候馮奉世矯發諸國兵擊破之。以奉世爲光禄大夫。上令羣臣舉可使西域者，前將軍韓增舉馮奉世以衛候使持節送諸國客至伊循城。會故莎車王弟呼屠徵與旁國共殺其王萬年及漢使者自立，揚言「北道諸國已屬匈奴」，於是攻劫南道，歃盟畔漢，從鄯善以西皆絶不通。奉世計，以爲不亟擊之，則莎車日强，其勢難制，必危西域。遂以節諭告諸國，發其兵，進擊莎車，攻拔其城。莎車王自殺，傳首長安，更立他昆弟子爲王。諸國悉平，奉世以聞。帝召見韓增曰：「賀將軍所舉得其人。」議封奉世。丞相、將軍皆以爲可，獨蕭望之以爲「奉世奉使有指，而擅矯制發兵，雖有功效，不可以爲後法。即封奉世，開後奉使者利要功萬里之外，爲國家生事於夷狄，漸不可長。」乃以爲光禄大夫。

丁巳（前六四）

二年。

春，正月，赦。

二月，立倢伃王氏爲皇后。上欲立皇后，懲艾霍氏欲害皇太子，乃選後宫無子而謹慎者。立長陵王倢伃爲皇后，令母養太子。

夏，五月，詔二千石察官屬治獄不平者，郡國被疾疫者，毋出今年租。詔曰：「獄者，萬民之命。能使生者不怨，死者不恨，則可謂文吏矣。今則不然。用法或持巧心，析律貳端，深淺不平，增辭飾非，以成其罪。奏不如實，上亡由知。二千石各察官屬，勿用此人。吏或擅興徭役，飾廚傳，稱過使客，越職踰法以取名譽，譬猶踐薄冰以待白日，豈不殆哉！天下頗被疾疫之災，其令被災甚者，毋出今年租賦。」

帝更名詢。詔曰：「聞古天子之名，難知而易諱也；其更諱詢。」

匈奴擾車師田者。詔鄭吉還屯渠犂。匈奴大臣皆以爲車師地肥美，使漢得之，多田積穀，必害人國，不可不爭。數遣兵擊車師田者。鄭吉將渠犂田卒救之，爲匈奴所圍。吉上言：「願益田卒。」上與趙充國等議，欲因匈奴衰弱，擊其右地，使不敢復擾西域。魏相諫曰：「臣聞救亂誅暴，謂之義兵，兵義者王。敵加於己，不得已而起者，謂之應兵，兵應者勝；爭恨小故，不忍憤怒者，謂之忿兵，兵忿者敗；利人土地、貨寶者，謂之貪兵，兵貪者破；恃國家之大，矜民人之衆，欲見威於敵者，謂之驕兵，兵驕者滅。此五者，非但人事，乃天道也。間者，匈奴嘗有善意，所得漢民，輒奉歸之，未有犯於邊境。雖爭屯田車師，不足致意中。今聞諸將軍欲興兵入其地，臣愚不知此兵何名者也！今邊郡困乏，難以動兵。『軍旅之後，必有凶年。』言民以其愁苦之氣傷陰陽之和也。出兵雖勝，猶有後憂。今守相多不實選，風俗尤薄，水旱不時。按今年計子弟殺父兄、妻殺夫者凡二百二十二人，臣愚以爲此非小變也。今左右不憂此，乃欲報纖介之忿於遠夷，殆孔子所謂『吾恐季孫之憂不在顓臾，而在蕭墻之内也』。」上乃遣常惠將騎往車師，迎鄭吉吏士還渠犂，遂以車師故地與匈奴。相好觀漢故事，數條漢興已來國家便宜行事及賈誼、鼂錯、董仲舒等所言，奏請施行之。敕掾史按事郡國，及休告還府，輒白四方異聞。或有逆賊、災變，郡不上，相輒奏言之。與丙吉同心輔政。

以蕭望之爲左馮翊。帝以蕭望之經明持重，論議有餘，材任宰相，欲詳試其政事，復以爲左馮翊。望之從少府出爲左遷，即移病。上使侍中諭意曰：「所用皆更治民以考功。君前爲平原太守日淺，故復試之於三輔，非有所聞也。」望之即起視事。

戊午（前六三）

三年。

春，三月，封故昌邑王賀爲海昏侯。上心忌故昌邑王賀，賜山陽太守張敞璽書，令謹備盜賊，毋下所賜書。敞於是條奏賀居處，衣服言語跪起，清狂不惠，以著其廢亡之效。上乃知賀不足忌，封爲海昏侯。

封丙吉等爲列侯。故人阿保賜物有差。丙吉爲人深厚，不伐善。自曾孫遭遇，絕口不道前恩。會掖廷宮婢自陳嘗有阿保之功，辭引使者丙吉知狀。上親見問。然後知吉有舊恩而終不言，大賢之。初，張賀嘗爲弟安世稱皇曾孫之材美及徵怪，安世輒絕止，以爲少主在上，不宜稱述曾孫。及帝即位而賀已死，上謂安世曰：「掖庭令平生稱我，將軍止之，是也。」詔曰：「朕微眇時，丙吉、史曾、許舜皆有舊恩，張賀輔導朕躬，修文學經術，恩惠卓異，厥功茂焉。詩不云乎：『無德不報』。封賀子彭祖及吉、曾、舜皆爲列侯。」故人下至郡邸獄復作嘗有阿保之功者，皆受官禄、田宅、財物，各以恩深淺報之。吉臨當封，疾病；上憂其不起。夏侯勝曰：「有陰德者必饗其樂。今吉未獲報，非死疾也。」果瘉。張安世自以父子封侯，在位太盛，乃辭禄。安世謹慎周密，每定大政，已決，輒移病出。聞有詔令，乃驚，使吏之丞相府問焉。自朝廷大臣，莫知其與議也。嘗有所薦，其人來謝，安世大恨，以爲「舉賢達能，豈有私謝邪」！絶弗復爲通。有郎功高不調，自言。安世曰：「君之功高，明主所知，人臣執事何長短而自言乎？」絶不許。已而郎果遷。

六月，立子欽爲淮陽王。

疏廣、疏受請老，賜金遺歸。皇太子年十二，通論語、孝經。太傅疏廣謂少傅受曰：「吾聞『知足不辱，知止不殆』。今官成名立，如此不去，懼有後悔。」即日俱移病，上疏乞骸骨。上皆許之，加賜黄金二十斤，皇太子贈以五十斤。公卿故人設祖道供張東都門外，送者車數百兩。道路觀者皆曰：「賢哉二大夫！」或歎息爲之下泣。廣、受歸鄉里，日令其家賣金共具，請族人故舊賓客與相娱樂。或勸以爲子孫立産業者，廣曰：「吾豈老誖不念子孫哉！顧自有舊田廬，令子孫勤力其中，足以共衣食，與凡人齊。今復增益之以爲贏餘，但教子孫怠墯耳。賢而多財，則損其志；愚而多財，則益其過。且夫富者衆之怨也，吾既無以教化子孫，不欲益其過而生怨。又此金者，聖主所以惠養老臣也，故樂與鄉黨宗族共饗其賜，以盡吾餘日，不亦可乎？」於是族人悦服。

胡氏曰：以宦成名立爲榮，而求免於危辱，此非君子之高致，而疏、廣甘以自居，何也？曰：此廣所以加人數等，而古今未之知也。太子年既十二，其資質志趣，已可槪見。觀其親政之時，年二十七，而猶不省召致廷尉爲下獄，以至再屈師傅於牢獄而卒殺之，則其憤憤有素。疏、廣瞷之，已熟知其不可扶持而教詔也審矣。是以決意去之。觀其語曰：「不去，懼有後悔。」則其微意可見矣。易曰：「君子見幾而作。」疏廣有焉。

以潁川太守黃霸守京兆尹。尋罷歸故官。黃霸爲潁川太守，使郵亭、鄉官皆畜雞豚，以贍鰥寡貧窮者，爲條教，行之民間，勸以爲善防姦，及務耕桑、節用、殖財、種樹、畜養。初若煩碎，然精力能推行之。吏民見者，語次尋繹，問他陰伏以相參考，聰明識事，吏民不敢有所欺，姦人去入他郡，盜賊日少。霸力行教化而後誅罰，務在成就全安長吏，曰：「數易長吏，送故迎新之費，及姦吏因緣，絕簿書，盜財物，公私費耗甚多，皆當出於民。所易新吏又未必賢，或不如其故，徒相益爲亂。凡治道，去其泰甚者耳。」霸以外寬內明，得吏民心，戶口歲增，治爲天下第一，徵守京兆尹。坐法貶秩。詔復歸潁川爲太守，以八百石居。

己未（前六二）

四年。

春，正月，詔年八十以上，非誣告殺傷人，勿坐。

右扶風尹翁歸卒。翁歸卒，家無餘財。詔曰：「翁歸廉平鄉正，治民異等。其賜翁歸子黃金百斤，以奉祭祀。」

求高祖功臣子孫失侯者，賜金，復其家。凡百三十六人。

大司馬、衛將軍、富平侯張安世卒。謚曰敬。

以韋玄成爲河南太守。初，扶陽節侯韋賢薨，長子弘有罪繫獄，家人矯賢令，以次子玄成爲後。玄成深知其非賢雅意，即陽狂不應召。大鴻臚奏狀，章下丞相、御史案驗。玄成友人侍郎章亦上疏言：「聖王貴以禮讓爲國，宜優養玄成，勿枉其志，使得自安衡門之下。」而丞相、御史遂以玄成實不病，劾奏之。有詔勿劾，引拜。玄成不得已，受爵。帝高其節，以爲河南太守。

遣光禄大夫義渠安國行邊兵。初，武帝開河西四郡，隔絶羌與匈奴相通之路，斥逐諸羌，不使居湟中。及帝即位，義渠安國使行諸羌。先零豪言：「願時渡湟水北，逐民所不田處畜牧。」安國以聞。後將軍趙充國劾安國奉使不敬。是後羌人旁緣前言，抵冒渡湟水，郡縣不能禁。既而先零與諸羌解仇交質，上以問充國，對曰：「羌人所以易制者，以其種自有豪，數相攻擊，勢不壹也。往西羌反時，亦先解仇合約。然羌勢不能獨造。比聞匈奴數誘羌人，欲與之共擊張掖、酒泉地，疑其遣使至羌中與相結，羌乃解仇作約。到秋馬肥，變必起矣。宜遣使者行邊兵，豫爲備敕，視諸羌毋令解仇，以發覺其謀。」於是兩府復白遣安國。

校勘記

〔一〕乃置大農部丞數十人　「部」原作「都」，據月崖本、成化本、殿本及漢書卷二四食貨志改。

〔二〕卒塡決河　「決河」原作「河決」，據月崖本、成化本、殿本及通鑑卷二一漢紀十三漢武帝元封二年乙正。

〔三〕尼谿參等使人殺右渠　「殺」字下原有「之」字，據月崖本、成化本、殿本、史記卷一一五朝鮮列傳及通鑑卷二一漢紀十三漢武帝元封三年刪。

〔四〕今於犯禁寖多　「寖」原作「法」，據成化本、殿本、漢書卷二八下地理志及通鑑卷二一漢紀十三漢武帝元封三年改。

〔五〕至者並莫敢發言　「並」原作「立」，據月崖本、成化本、殿本及通鑑卷二三漢紀十五漢昭帝始元五年改。

〔六〕其地肥美　「地」原作「城」，據月崖本、成化本、殿本及通鑑卷二三漢紀十五漢昭帝元鳳四年改。

〔七〕岑娶胡婦子泥靡尚小　「岑娶」二字原脱，據月崖本、成化本、殿本、通鑑卷二四漢紀十六漢宣帝本始二年、漢書卷九六下西域傳補。

〔八〕嘗入宮侍疾　「嘗」原作「當」，據成化本、殿本及通鑑卷二四漢紀十六漢宣帝本始三年改。

資治通鑑綱目卷六

起庚申漢宣帝神爵元年，盡庚子漢成帝陽朔四年〔一〕，凡四十一年。

庚申（前六一）

神爵元年。

春，正月，帝如甘泉，郊泰畤。三月，如河東，祠后土。遣諫大夫王褒求金馬碧雞之神。

上頗脩武帝故事，謹齋祀之禮，以方士言增置神祠。聞益州有金馬碧雞之神，遣褒持節求之。初，上聞褒有俊才，召見，使爲聖主得賢臣頌。其辭曰：「夫賢者，國家之器用也。所任賢，則趨舍省而功施普；器用利，則用力少而就效衆。故工人之用鈍器也，勞筋苦骨，終日矻矻；及至巧冶鑄干將，使離婁督繩，公輸削墨，雖崇臺五層、延袤百丈而不溷者，工用相得也。庸人之御駑馬，亦傷吻、敝策而不進。及王良執靶，韓哀附輿，周流八極，萬里一息，人馬相得也。服絺綌之凉者，不苦盛暑之鬱燠；襲貂狐之煗者，不憂至寒之悽愴。何則？有其具者易其備。賢人君子亦聖王之所以易海内也。故君人者勤於求賢而逸於得人。人臣亦然。昔賢者之未遭遇也，圖事揆策，則君不用其謀；陳見悃誠，則上不然其信；進仕不得施效，斥逐又非其愆。及其遇明君也，運籌合上意，諫諍即見聽，進退得關其忠，任職得行其術，故世必有聖知之君，而後有賢明之臣。故虎嘯而風冽，龍興而致雲，蟋蟀竢秋唫，蜉蝤出以陰。明明在朝，穆穆布列，聚精會神，相得益章。故聖主必待賢臣而弘功業，俊士亦俟明主以顯其德。上下俱欲，驩然交欣，千載壹合，論説無疑。翼乎如鴻毛遇順風，沛乎如巨魚縱大壑，化溢四表，横被無窮。休徵自至，壽考無疆，何必偃仰屈伸若彭祖，呴噓呼吸如僑、松，眇然絶俗離世哉！」上頗好神僊，故襃對及之。後京兆尹張敞亦勸上斥遠方士，游心帝王之術。由是悉罷尚方待詔。

諫大夫王吉謝病歸。上頗脩飾宫室車服，外戚許、史、王氏貴寵。諫大夫王吉上疏曰：「陛下惟思世務，將興太平，詔書每下，民欣然若更生。臣伏思之，可謂至恩，未可謂本務也。欲治之主不世出，公卿幸得遭遇其時，言聽諫從，然未有建萬世之長策，舉明主於三代之隆也。其務在於期會簿書斷獄聽訟而已，此非太平之基也。臣聞宣德流化，必自近始。朝廷不備，難以言治；左右不正，難以化遠。民者，弱而不可勝，愚而不可欺也。聖主獨行於深宫，得則天下稱誦之，失則天下咸言之，故宜謹選左右，審擇所使。左右所以正身，所使所以宣德，此其本也。安上治民，莫善於禮。故王者未制禮之時，引先王禮宜於世者而用之。願陛下述舊禮，明王制，敺一世之民躋之仁壽之域，則俗何以不若成、康，壽何以不若高宗！竊見世俗聘妻送女無節，貧人不及，故不舉子。又漢家列侯尚公主，諸侯則國人承翁主，使男事女，夫屈於婦，逆陰陽之位，故多女亂。古者衣服車馬，貴賤有章。今上下僭差，人人自制，是以貪財誅利，不畏死亡。舜、湯不用三公、九卿之世而舉皋陶、伊尹，今使俗吏得任子弟，率多驕驁，不通古今，無益於民，宜明選求賢，除任子之令。外家及故人，可厚以財，不宜居位。去角抵，減樂府，省尚方，明示天下以儉。古者工不造雕琢，商不通侈靡，非工商獨賢，政教使之然也。」上以其言爲迂闊。吉遂謝病歸。

先零羌楊玉叛。夏，四月，遣後將軍趙充國將兵擊之。

義渠安國至羌中，召先零諸豪尤桀黠者斬之，縱兵擊斬千餘級。於是羌侯楊玉等怨怒背畔，攻城邑，殺長吏。安國失亡車重兵器甚衆，引還以聞。趙充國年七十餘，上老之，使丙吉問誰可將者。對曰：「無踰於老臣者矣。」上問度當用幾人？充國曰：「百聞不如一見。兵難遥度，臣願馳至金城，圖上方略。羌戎小夷，逆天背畔，滅亡不久，願陛下以屬老臣，勿以爲憂。」上笑曰：「諾。」大發兵，遣充國將之，以擊西羌。

六月，有星孛于東方。

秋，七月，充國引兵擊叛羌，叛羌多降。詔復遣將軍辛武賢等將兵擊之。尋詔罷兵，留充國屯田湟中。

六月，趙充國至金城，須兵滿萬騎，欲渡河，恐爲虜所遮，夜遣三校銜枚先渡，營陳畢，乃盡渡。虜數百騎來，出入軍傍，充國曰：「吾士馬倦，不可馳逐，而此皆精騎，又恐其爲誘兵也。擊虜以殄滅爲期，小利不足貪！」令軍勿擊。遣騎候四望陿中無虜，乃引兵進。召諸校謂曰：「吾知羌虜不能爲兵矣！使虜發數千人守杜四望陿中，兵豈得入哉！」充國當以遠斥候爲務，行必爲戰備，止必堅營壁，尤能持重，愛士卒，先計而後戰。至西部都尉府，日饗軍士，士皆欲爲用。虜數挑戰，充國堅守。初，罕、开豪靡當兒使弟雕庫來告都尉曰：「先零欲反。」後數日果反。都尉欲留雕庫爲質〔二〕。充國以爲無罪，遣歸告種豪：「大兵誅有罪者，明白自别，毋取并滅。能相捕斬，除罪，賜錢有差。」充國欲以威信招降罕、幵及刼略者，解散虜謀，徼其疲劇乃擊之。時内郡兵屯邊合六萬人。酒泉太守辛武賢奏言：「以七月上旬賫三十日糧，分兵出擊罕、幵，奪其畜産，虜其妻子。冬復擊之，虜必震壞。」天子下其書，充國以爲：「一馬自負三十日食，爲米二斛四斗，麥八斛，又有衣裝兵器，難以追逐。虜必商軍進退，稍引去，逐水草，入山林。隨而深入，虜即據前險，守後阨，以絶糧道，必有傷危之憂，非至計也。先零首爲畔逆，它種刼略，故臣愚册，欲捐罕、幵闇昧之過，先行先零之誅以震動之，宜悔過反善，因赦其罪，選擇良吏知其俗者，拊循和輯。此全師保勝安邊之册。」天子下其書，議者咸以爲「先零兵盛而負罕、幵之助，不先破罕、幵，則先零未可圖也」。上乃拜許延壽强弩將軍，武賢破羌將軍，嘉納其册。以書敕讓充國曰：「今轉輸並起，百姓煩擾，將軍不早共水草之利，爭其畜食，至冬虜臧匿山中，依險阻，將軍士寒，手足皸瘃，寧有利哉！今詔武賢等以七月擊罕羌，將軍其引兵並進。」充國上書曰：「陛下前幸賜書，欲不誅罕，以解其謀。臣故遣幵豪雕庫宣天子至德；罕、幵之屬皆聞知明詔。今先零爲寇，罕羌未有犯，乃釋有罪，誅無辜，起壹難，就兩害，誠非陛下本計也！臣聞兵法：『攻不足者守有餘。』又曰：『善戰者致人，不致於人。』今罕羌欲爲寇，宜飭兵馬，練戰士，以須其至。以逸擊勞，取勝之道也。今恐二郡兵少，不足以守，而發之行攻，釋致虜之術而從爲虜所致之道，臣愚以爲不便。先零欲畔，故與罕、幵解仇，常欲先赴罕、幵之急，以堅其約。今虜馬肥食足，擊之恐不能傷，適使先零得施德於罕羌，堅其約，合其黨，迫脅諸小種。虜兵寖多，誅之用力數倍。臣恐國家憂累，由十年數，不二三歲而已。先誅先零，則罕、幵之屬，不煩兵而服。不服，涉正月擊之，得計之理，又其時也。以今進兵，誠不見其利！」七月，璽書報，從充國計。充國乃引兵至先零在所〔三〕。虜久屯聚，懈弛，望見大軍，棄車重，欲渡湟水。道阸陿，充國徐行驅之。或曰：「逐利行遲。」充國曰：「此窮寇，不可迫也。緩之則走不顧，急之則還致死。」虜溺死者數百，降斬五百餘人。虜馬牛羊十萬餘頭，車四千餘兩。兵至罕地，令軍毋燔聚落及芻牧田中。罕羌聞之，喜曰：「漢果不擊我矣！」豪靡忘使人來言：「願得還復故地。」充國以聞，未報。靡忘來自歸，充國賜飲食，遣還諭種人。護軍以下皆爭之曰：「此反虜，不可擅遣。」充國曰：「諸君但欲便文自營，非爲公家忠計也。」語未卒，璽書報，以贖論。後罕竟不煩兵而下。上詔武賢等以十二月與充國合，擊先零。時羌降者萬餘人矣，充國度其必壞，欲罷騎兵，屯田以待其敝。作奏未上，會得進兵璽書，其子卬使客諫曰：「誠令兵出，破軍殺將，以傾國家，將軍守之可也。即利與病，又何足爭！一旦不合上意，遣繡衣來責將軍，將軍之身不能自保，何國家之安！」充國歎曰：「是何言之不忠也！本用吾言，羌虜得至是邪！往者舉可先行羌者，吾舉辛武賢；丞相御史復白遣義渠安國，竟沮敗羌。金城、湟中穀斛八錢，吾謂耿中丞：『糴三百萬斛穀，羌人不敢動矣。』耿中丞請糴百萬斛，乃得四十萬斛耳；義渠再使，且費其半。失此二册，羌人致敢爲逆。失之豪氂，差以千里，是既然矣。今兵久不決，四夷卒有動摇，相因而起，雖有知者不能善其後，羌獨足憂邪！吾固以死守之，明主可爲忠言。」遂上屯田奏曰：「臣所將吏士馬牛食所用糧穀、茭槀，調度甚廣，難久不解，傜役不息，恐生他變，爲明主憂，誠非素定廟勝之册。且羌易以計破，難用兵碎也。故臣愚心以爲擊之不便！計度臨羌東至浩亹，羌虜故田及公田，民所未墾，可二千頃以上，其間郵亭多壞敗者。臣前部士入山，伐林木在水次。臣願罷騎兵，留步兵分屯要害處，冰解漕下，繕鄉亭，浚溝渠，治湟陿以西道橋，令可至鮮水左右。田事出，賦人二十晦。至四月草生，發郡騎及屬國胡騎各千就草，爲田者遊兵，以充入金城郡，益積畜，省大費。今大司農所轉穀至者，足支萬人一歲食，謹上田處及器用簿。」上報曰：「即如將軍之計，虜當何時伏誅？兵當何時得決？孰計其便，復奏！」充國上狀曰：「臣聞帝王之兵，以全取勝，是以貴謀而賤戰。『百戰而百勝，非善之善者，故先爲不可勝以待敵之可勝。』蠻夷習俗雖殊於禮義之國，然其欲避害就利，愛親戚，畏死亡，一也。今虜亡其美地薦草，愁於寄託，遠遯，骨肉心離，人有畔志。而明主班師罷兵，萬人留田，順天時，因地利，以待可勝之虜，雖未即伏辜，兵決可期月而望。羌虜瓦解，前後降者萬七百餘人，及受言去者凡七十輩，此坐支解羌虜之具也。臣謹條不出兵留田便宜十二事：步兵九校、吏士萬人留屯，以爲武備，因田致穀，威德並行，一也。又因排折羌虜，令不得歸肥饒之地，貧破其衆，以成羌虜相畔之漸，二也。居民得並田作，不失農業，三也。軍馬一月之食，度支田士一歲，罷騎兵以省大費，四也。至春，省甲士卒，循河、湟漕穀至臨羌，以示羌虜，揚威武，傳世折衝之具，五也。以閒暇時，下先所伐材，繕治郵亭，充入金城，六也。兵出，乘危徼幸；不出，令反畔之虜竄於風寒之地，離霜露、疾疫、瘃墮之患，坐得必勝之道，七也。無經阻、遠追、死傷之害，八也。內不損威武之重，外不令虜得乘閒之勢，九也。又亡驚動河南大小幵，使生它變之憂，十也。治湟陿中道橋，令可至鮮水，以制西域，伸威千里，從枕席上過師，十一也。大費既省，繇役豫息，以戒不虞，十二也。留屯田得十二便，出兵失十二利。唯明詔采擇。」上復賜報曰：「兵決可期月而望者，謂今冬邪，謂何時也？將軍獨不計虜聞兵頗罷，且丁壯相聚，攻擾田者，殺略人民，將何以止之？

將軍孰計復奏！」充國奏曰：「臣聞兵以計爲本，故多算勝少算。先零羌精兵，今餘不過七八千人，失地遠客分散，飢凍畔還者不絕。臣愚以爲虜破壞可日月冀，遠在來春，故曰兵決可期月而望。竊見北邊自燉煌至遼東萬一千五百餘里，乘塞列地有吏卒數千人，虜數以大衆攻之而不能害。今騎兵雖罷，虜見屯田之士精兵萬人，從今盡三月，虜馬羸瘦，必不敢捐其妻子於它種中，遠涉河山而來爲寇；亦不敢將其累重，還歸故地。是臣之愚計所以度虜且必瓦解其處，不戰而自破之策也。至於虜小寇盜，時殺人民，其原未可卒禁。臣聞戰不必勝，不苟接刃；攻不必取，不苟勞衆。誠令兵出，雖不能滅先零，但能令虜絕不爲小寇，則出兵可也。即今同是，而釋坐勝之道，從乘危之勢，往終不見利，空内自罷敝，貶重而自損，非所以示蠻夷也。又大兵一出，還不可復留，湟中亦未可空，如是，徭役復更發也。臣愚以爲不便。臣竊自惟念：奉詔出塞，引軍遠擊，窮天子之精兵，散車甲於山野，雖亡尺寸之功，媮得避嫌之便，而亡後咎餘責，此人臣不忠之利，非明主社稷之福也。」充國奏每上，輒下公卿議臣。初是充國計者什三，中什五，最後什八。有詔詰前言不便者，皆頓首服。魏相曰：「臣愚不習兵事利害，後將軍數畫軍策，其言常是，臣任其計可必用也。」上於是報充國，嘉納之；亦以武賢、延壽數言當擊，於是兩從其計，詔兩將軍與中郎將卬出擊。降斬各數千人，而充國所降復得五千餘人。詔罷兵，獨充國留屯田。

以張敞爲京兆尹。初，敞爲山陽太守，時膠東盜賊起，敞自請治之。拜膠東相。明設購賞，傳相斬捕，國中遂平。王太后數出游獵，敞諫曰：「禮，君母出門則乘輜軿，下堂則從傅母。今以田獵縱欲爲名，於以上聞，亦未宜也。」太后乃不復出。京兆自趙廣漢誅後，更黄霸等數人，不稱職。長安多盜，上以問敞，敞以爲可禁。乃以爲京兆尹。敞求得偷盗首長數人，召見責問，令致諸偷以自贖。一日得數百人，窮治行法，由是市無偷盗。敞賞罰分明，而時時越法有所縱舍。本治春秋，以經術自輔，不醇用誅罰，以此能自全。朝廷有大議，引古今，處便宜，公卿皆服。會西羌兵起，敞以羌虜雖破，民無餘積，請令有罪者，入穀邊郡贖罪。蕭望之等議以爲：「民函陰陽之氣，有仁義欲利之心〔四〕，在教化之所助。堯不能去民欲利之心，而能令其不勝好義也。桀不能去民好義之心，而能令其不勝好利也。堯、桀之分，在於義利而已，道民不可不慎也。今令民以粟贖罪，是貧富異刑，而法不一也。貧人父兄囚執，爲弟子者，將不顧死亡以赴財利以求救之。一人得生，十人以喪，政教一傾，恐不可復。古者藏於民，不足則取，有餘則與。今有邊役，民失作業，雖户賦口斂以贍其困乏，百姓莫以爲非。故金布令甲曰『邊郡數被兵，離飢寒，天絶天年，父子相失，令天下共給其費』，固爲軍旅卒暴之事也。天漢四年，嘗使死罪入錢減罪一等，豪强請奪，至爲盗賊，吏不能禁。故曰不便。」時亦以轉輸略足相給，遂不施敞議。

辛酉（前六〇）

二年。

春，二月，鳳皇、甘露降集京師，赦。

夏，五月，趙充國振旅而還。秋，羌斬楊玉以降。置金城屬國以處之。趙充國奏言：「羌本可五萬人，除斬降溺饑死，定計遺脱不過四千人。羌靡忘等自詭必得，請罷屯兵！」奏可。充國振旅而還。所善浩星賜迎説曰：「衆人皆以破羌、强弩出擊，虜以破壞。然有識者以爲虜勢窮困，兵雖不出，必自服矣。將軍即見，宜歸功於二將軍，如此，計未失也。」充國曰：「吾年老矣，爵位已極，豈嫌伐一時事以欺明主哉！兵勢，國之大事，當爲後法。老臣不以餘命壹爲陛下明言兵之利害，卒死，誰當復言之者！」卒以其意對。上然其計，罷遣辛武賢歸酒泉，充國復爲後將軍。秋，羌若零等共斬楊玉首，帥四千餘人降。初置金城屬國以處降羌。

秋，九月，司隸校尉蓋寬饒自剄北闕下。初，寬饒爲衛司馬。故事，衛司馬見衛尉拜謁，常爲衛官繇使市買。寬饒案舊令，揖官屬，不受私使。躬行士卒廬舍，視其起居飲食，病者撫循臨問，甚有恩。及歲代，數千人請復留一年，以報寬饒厚德。上嘉之，擢司隸校尉。寬饒剛直公清，刺舉無所避。然深刻好刺譏，數犯上意。時方用刑法，任中書官，寬饒奏封事曰：「方今聖道浸微，儒術不行，以刑餘爲周、召，以法律爲詩、書。」又引易傳言：「五帝官天下，三王家天下。家以傳子孫，官以傳聖賢。」書奏，上以爲寬饒怨謗，下其書。執金吾議，以爲「寬饒旨意欲求禪，大逆不道」。諫大夫鄭昌上書訟寬饒曰：「臣聞山有猛獸，藜藿爲之不采；國有忠臣，姦邪爲之不起。寬饒居不求安，食不求飽；進有憂國之心，退有死節之義；上無許、史之屬，下無金、張之託，直道而行，多仇少與。上書陳事，有司劾以大辟。臣幸得從大夫之後，官以諫爲名，不敢不言！」上竟下寬饒吏。寬饒引佩刀自剄北闕下，衆庶莫不憐之。

匈奴虛閭權渠單于死，握衍朐鞮單于立，日逐王先賢撣來降。以鄭吉爲西域都護。匈奴虛閭權渠單于始立，黜顓渠閼氏。閼氏即與右賢王屠耆堂私通。單于死，閼氏立右賢王爲握衍朐鞮單于。虛閭權渠子稽侯狦既不得立，亡歸妻父烏禪幕。日逐王先賢撣素與握衍朐鞮有隙，即率其衆降漢。使人至渠犂，與鄭吉相聞。吉發諸國五萬人迎之，將詣京師。吉威震西域，遂并護車師以西北道，故號都護。都護之置，自吉始。自是中西域而立莫府，治烏壘城，去陽關二千七百餘里。督察烏孫、康居等三十六國動静，有變以聞，漢之號令班西域矣。

烏孫昆彌翁歸靡死，狂王泥靡立。初，翁歸靡願以漢外孫元貴靡爲嗣，復尚主。詔下其議。蕭望之以爲：「烏孫絶域，變故難保，不可許。」天子重絶故業，許之。使常惠送公主，未出塞，翁歸靡死，其兄子泥靡自立。惠上書：「願留少主燉煌。」惠至烏孫責讓立元貴靡，還迎之。」事下公卿。望之復以爲：「烏孫持兩端，無堅約。今少主以元貴靡不立而還，信無負於四夷。少主不止，繇役將興。」天子從之。

壬戌（前五九）

三年。

春，三月，丞相高平侯魏相卒。謚曰憲。

夏，四月，以丙吉爲丞相。吉上寬大，好禮讓，掾吏有罪，輒與長休告。務掩過揚善，終無所案，曰：「以公府而有案吏之名，吾竊陋焉。」後人因以爲故事。嘗出逢羣鬭，死傷不問；逢牛喘，使問逐牛行幾里矣。或譏吉失問，吉曰：「民鬭，京兆所當禁，宰相不親小事，非所當問也。方春未可熱，恐牛近行用暑故喘，此時氣失節。三公調陰陽，職當憂。」時人以爲知大體。

秋，七月，以蕭望之爲御史大夫。

八月，益小吏俸。詔曰：「吏不廉平，則治道衰。今小吏皆勤事而俸禄薄，欲無侵漁百姓，難矣！其益吏百石已下俸十五。」

以韓延壽爲左馮翊。始，延壽爲潁川太守。承趙廣漢之後，俗多怨讎。延壽教以禮讓，召故老，與議定嫁娶、喪祭儀品，略依古禮，不得過法。百姓遵用其教。賣偶車馬、下里僞物者，棄之市道。黄霸代之，因其迹而大治。延壽所至必聘其賢士，以禮待，用廣謀議，納諫争，表孝弟有行，修治學官，春秋鄉射，陳鍾鼓、管絃，盛升降、揖讓；及都試講武，設斧鉞、旌旗，習射、御之事；治城郭，收賦租，先明布告其日，以期會爲大事。吏民敬畏，趨鄉之。又置正、五長，相率以孝弟，不得舍姦人。閭里阡陌有非常，吏輒聞知，姦人莫敢入界。其始若煩，後吏無追捕之苦，民無箠楚之憂，皆便安之。接待下吏，恩施甚厚而約誓明。或欺負之者，延壽痛自刻責。吏聞者自傷悔，或自刺死。爲東郡太守三歲，令行禁止，斷獄大減，由是入爲馮翊。行縣至高陵，民有昆弟訟田。延壽大傷之，曰：「幸得備位，爲郡表率。不能宣明教化，至令民有骨肉争訟，使賢長吏、嗇夫、三老、孝弟受其耻，咎在馮翊，當先退。」是日，移病，入卧傳舍，閉閤思過。一縣莫知所爲，令丞以下亦皆自繫待罪。於是訟者宗族傳相責讓，此兩昆弟深自悔，自髡，肉袒謝，願以田相移，終死不敢争。郡中翕然，傳相敕厲，恩信周徧二十四縣，莫復以辭訟自言者。推其至誠，吏民不忍欺紿。

癸亥(前五八)

四年。

春，二月，赦。亦以鳳皇、甘露降集京師也。

夏，四月，賜潁川太守黄霸爵關内侯。霸在郡八年，政事愈治。是時鳳皇、神爵數集郡國，潁川尤多。於是賜爵關内侯，黄金百斤，秩中二千石。而潁川孝弟有行義民，三老，力田皆以差賜爵及帛。後數月，徵霸爲太子太傅。

冬，十月，鳳皇集杜陵。

河南太守嚴延年棄市。延年陰鷙酷烈。冬月，傳屬縣囚會論府上，流血數里，河南號曰「屠伯」。延年素輕黄霸，見其以鳳皇被褒賞，心内不服。郡界有蝗，府丞義出行蝗，延年曰：「此蝗豈鳳皇食耶？」義恐見中傷，乃上書言延年罪，因自殺以明不欺。事下按驗，得其怨望誹謗數事，坐不道，棄市。初，延年母從東海來，適見報囚，大驚，便止都亭，不肯入府。因數責延年：「幸得備郡守，專治千里，不聞仁愛教化，有以全安愚民，顧乘刑罰，多刑殺人，欲以立威，豈爲民父母意哉！天道神明，人不可獨殺。我不意當老見壯子被刑戮也。行矣，去汝東歸，掃除墓地耳。」遂去，歸後歲餘，果敗。

甲子（前五七）

五鳳元年。

秋，匈奴亂，五單于爭立。匈奴握衍朐鞮單于暴虐，好殺伐，國中不附。烏禪幕及左地貴人共立稽侯狦爲呼韓邪單于，發兵西擊握衍朐鞮。握衍朐鞮敗走自殺。其民衆盡降呼韓邪。握衍朐鞮弟右賢王立日逐王薄胥堂爲屠耆單于，發兵襲呼韓邪，呼韓邪敗走。於是呼揭王自立爲呼揭單于，右奥鞬王自立爲車犂單于，烏藉都尉亦自立爲烏藉單于，凡五單于。屠耆擊車犂、烏藉，皆敗走之。烏藉、呼揭皆去單于號，共并力尊輔車犂。屠耆西擊車犂，又敗走之。漢議者多曰：「匈奴爲害日久，可因其壞亂，舉兵滅之。」蕭望之曰：「春秋，晉士匄帥師侵齊，聞齊侯卒，引師而還，君子大其不伐喪，以爲恩足以服孝子，誼足以動諸侯。前單于慕化鄉善，請求和親，未終奉約，不幸爲賊臣所殺。今而伐之，是乘亂而幸災也，不以義動，恐勞而無功。宜遣使弔問，輔其微弱，救其災患；四夷聞之，咸貴中國之仁義。如遂蒙恩得復其位，必稱臣服從，此德之盛也。」上從其議。

冬，十二月，朔，日食。

殺左馮翊韓延壽。韓延壽代蕭望之爲左馮翊。望之聞延壽在東郡時放散官錢千餘萬，使御史案之。延壽即部吏案校望之在馮翊時廩犧官錢放散百餘萬。望之自奏：「職在總領天下，聞事不敢不問，而爲延壽所拘持。」上由是不直延壽，各令窮竟所考。望之卒無事實。而望之遣御史案東郡者，得其試騎士日，車服侍衛奢僭逾制等數事。延壽竟坐狡猾不道，棄市。吏民數千人送至渭城，扶持車轂，爭奏酒炙。延壽使掾史分謝送者，百姓莫不流涕。

乙丑(前五六)

二年。

秋，八月，左遷蕭望之爲太子太傅。丞相丙吉年老，上重之。望之嘗奏言：「三公非其人，則三光爲之不明。今日月少光，咎在臣等。」上以其意輕吉，會司直奏望之遇丞相禮節倨慢，又使吏私買責，有所附益，請逮捕繫治。詔左遷爲太子太傅。

匈奴呼韓邪單于擊殺屠耆單于，呼屠吾斯自立爲郅支單于。呼韓邪襲屠耆屯兵，屠耆自將擊之，兵敗自殺。車犂亦東降呼韓邪。呼韓邪復都單于庭，然衆裁數萬。其兄左賢王呼屠吾斯亦自立爲郅支骨都侯單于。

免光禄勳、平通侯楊惲爲庶人。惲廉潔無私。爲中郎將，故事，令郎出錢，乃得出沐，名曰「山郎」。惲罷之，休沐皆以法令從事。有過，輒奏免薦，其有行能者，郎官化之，莫不自厲。由是擢爲諸吏光禄勳。惲輕財好義，殿中稱其公平。然伐其行能，又性刻害，好發人陰伏，由是多怨。與太僕戴長樂相失，長樂上書告惲以主上爲戲語，尤悖逆。事下廷尉。廷尉定國奏惲怨望，爲訞惡言，大逆不道。詔免爲庶人。

丙寅（前五五）

三年。

春，正月，丞相博陽侯丙吉卒。吉病，上臨問以誰可以自代者。吉薦杜延年、于定國、陳萬年。薨，謚曰定。後三人居位皆稱職。上稱吉爲知人。

班固曰：經謂君爲元首，臣爲股肱，明其一體相待而成也。近觀漢相，高祖開基，蕭、曹爲冠；孝宣中興，丙、魏有聲。是時黜陟有序，衆職修理，公卿多稱其位，海内興於禮讓。覽其行事，豈虛虖哉！

二月，以黄霸爲丞相。霸材長於治民，及爲丞相，功名損於治郡。時京兆尹舍鶡雀飛集丞相府，霸以爲神雀，議欲以聞。張敞奏曰：「竊見丞相請與中二千石、博士雜問郡國上計長史、守丞，爲民興利除害，成大化，條其對。有耕者讓畔，男女異路，道不拾遺，及孝子貞婦者爲一輩，先上殿；不爲條教者在後。叩頭謝丞相，雖口不言，而心欲其爲之也。長史、守丞對時，臣敞舍有鶡雀飛止丞相府，吏多知鶡雀者，問之，皆陽不知。丞相圖議上奏，曰：『臣問上計長史、守丞以興化條，皇天報下神雀。』後知從臣敞舍來，乃止。臣敞非敢毀丞相也，誠恐羣臣莫白，而長史、守丞畏丞相指，歸舍法令，各爲私教，務相增加，澆淳散樸，並行僞貌，有名亡實，傾徭解怠，甚者爲妖。假令京師先行讓畔、異路、道不拾遺，其實亡益廉貪、貞淫之行，而以僞先天下，固未可也。即諸侯先行之，僞聲軼於京師，非細事也。漢家承敝通變，造起律令，所以勸善禁姦，條貫詳備，不可復加。宜令貴臣明飭長史、守丞，歸告二千石，舉三老、孝弟、力田、孝廉、廉吏，務得其人，郡事皆以法令檢式，毋得擅爲條教；敢挾詐僞以奸名譽者，必先受戮，以正明好惡。」天子嘉納，召上計吏，使侍中臨飭，如敞指意。霸甚慚。時史高以外屬，貴重，霸薦高可太尉。天子使尚書召問霸：「太尉官罷久矣。夫宣明教化，通達幽隱，使獄無冤刑，邑無賊盗，君之職也。將相之官，朕之任焉。高，帷幄近臣，朕所自親，君何越職而舉之？」霸免冠謝罪，數日，乃決，自是後不敢復有所請。然自漢興，言治民吏，以霸爲首。

三月，減天下口錢。

置西河、北地屬國以處匈奴降者。

丁卯(前五四)

四年。

春，匈奴呼韓邪單于稱臣，遣弟入侍。減戍卒什二。

糴三輔近郡穀供京師。初置常平倉。自元康以來，比年豐稔，穀石五錢。大司農中丞耿壽昌奏言：「歲豐穀賤，農人少利。故事：歲漕關東穀四百萬斛，用卒六萬人。宜糴三輔、弘農、河東、上黨、太原郡穀供京師，可省漕卒過半。」又白：「令邊郡皆築倉，以穀賤增其賈而糴以利農，穀貴時減賈而糶，名曰常平倉。」民便之。詔賜壽昌爵關內侯。

夏，四月，朔，日食。

殺故平通侯楊惲。惲既失爵位，家居治產業，以財自娛。其友人孫會宗與惲書，爲言：「大臣廢退，當闔門惶懼，爲可憐之意；不當治產業，通賓客，有稱譽。」惲，宰相子，有材能，少顯朝廷，一朝以晻昧語言見廢，內懷不服，報書曰：「竊自思念，過已大矣，行已虧矣，常爲農夫以沒世矣。田家作苦，歲時伏臘，亨羊炰羔，斗酒自勞，酒後耳熱，仰天拊缶而呼烏烏，其詩曰：『田彼南山，蕪穢不治；種一頃豆，落而爲萁。人生行樂耳，須富貴何時！』是日也，拂衣而喜，奮褎低卬，頓足起舞，誠淫荒無度，不知其不可也。」又惲兄子譚謂惲曰：「侯罪薄，又有功，且復用。」惲曰：「有功何益！縣官不足爲盡力。」譚曰：「縣官實然。」蓋司隸、韓馮翊皆盡力吏也，俱坐事誅。」或上書告惲驕奢，不悔過，日食之咎，此人所致。章下廷尉，當惲大逆無道，要斬；妻子徙酒泉；諸在位與惲厚善者，皆免官。

司馬公曰：以孝宣之明，魏相、丙吉爲丞相，于定國爲廷尉，而趙、蓋、韓、楊之死皆不厭衆心，惜哉！其爲善政之累大矣！周官司寇之法，有議賢議能，若廣漢、延壽之治民，寬饒、惲之剛直，雖有死罪，猶將宥之，況罪不足以死乎！揚子以韓馮翊之愬蕭爲臣之自失。夫所以使延壽犯上者，望之激之也。上不之察，而延壽獨蒙其辜，不亦甚哉！

匈奴郅支單于攻呼韓邪單于走之，遂都單于庭。

戊辰（前五三）

甘露元年。

春，免京兆尹張敞官，復以爲冀州刺史。楊惲之誅，公卿奏敞惲之黨友，不宜處位。上惜敞材，獨寢其奏，不下。敞使掾絮舜案事，舜私歸其家曰：「五日京兆耳，安能復案事！」敞聞，即收舜繫獄驗治，竟致其死事。會立春，行冤獄使者出，舜家載尸自言使者，奏敞賊殺不辜。上欲令敞得自便，即先下前奏，免爲庶人。敞詣闕上印綬，便從闕下亡命。數月，京師吏民解弛，枹鼓數起，而冀州部中有大賊，天子使使者即家召敞。妻子皆泣，敞獨笑曰：「吾身亡命爲民，郡吏當就捕。今使者來，此天子欲用我也。」裝隨使者，詣公車。上引見，拜冀州刺史。到部，盜賊屏迹。

以韋玄成爲淮陽中尉。皇太子柔仁好儒，見上所用多文法吏，以刑繩下，嘗侍燕從容言：「陛下持刑太深，宜用儒生。」帝作色曰：「漢家自有制度，本以霸王道雜之；奈何純任德教，用周政乎！且俗儒不達時宜，好是古非今，使人眩於名實，不知所守，何足委任。」乃歎曰：「亂我家者，太子也。」上次子淮陽憲王欽好法律，聰達有才；王母張倢伃尤幸。上由是疏太子而愛憲王，數嗟歎憲王曰：「真我子也！」常欲立之。然用太子起於微細，上少依許氏，及即位而許后以殺死，故弗忍也。久之，上拜韋玄成爲淮陽中尉，以玄成嘗讓爵於兄，欲以感諭憲王；由是太子遂安。

司馬公曰：「王霸無異道，皆本仁祖義，任賢使能，賞善罰惡，禁暴誅亂；顧名位有尊卑，功業有巨細耳，非若白黑、甘苦之相反也。漢之所以不能復三代之治者，由人主之不爲，非先王之道不可復行於後世也。夫儒有君子，有小人。彼俗儒者，誠不足與爲治也，獨不可求真儒而用之乎！孝宣謂太子懦而不立，闇於治體，必亂我家，則可矣；乃曰王道不可行，儒者不可用，豈不過矣哉！殆非所以訓示子孫，垂法將來者也。

胡氏曰：帝王之德，莫不本於格物致知，以誠其意，正心修身，以齊其家，若夫正朝廷，正百官，以正萬民，則自是而推之耳。内外本末，精粗先後，非有殊致也。若夫五霸，則異是矣。其果有格物致知之學乎？其意果誠，心果正，身果修，而家果齊乎？其所以行之者，果與唐、虞、夏后、商、周之教化類乎？以是考之，王道霸術，正猶美玉碔砆之不可同年而語也。司馬氏譏宣帝言王道不可行，儒者不可用是矣。而謂王霸無異道，不亦誤乎？

匈奴兩單于皆遣子入侍。匈奴左伊秩訾王爲呼韓邪計，勸令稱臣入朝，事漢求助。諸大臣皆曰：「不可。匈奴之俗，本上氣力而下服役，以馬上戰鬭爲國，故有威名於百蠻。且戰死，壯士所有。今兄弟爭國，不在兄則在弟。奈何亂先古之制，臣事於漢，卑辱先單于，爲諸國所笑！」左伊秩訾曰：「不然，強弱有時。今漢方盛，匈奴日削，雖屈強於此，未嘗一日安也。今事漢則安存，不事則危亡，計何以過此！」呼韓邪從其計，引衆南近塞，遣子入侍。郅支亦遣子入侍。

夏，四月，黄龍見。

太上皇、太宗廟火，帝素服五日。

烏孫國亂，遣使分立兩昆彌。烏孫狂王暴惡失衆，肥王翁歸靡胡婦子烏就屠襲殺狂王自立。漢欲討之，烏就屠恐，願得小號以自處。帝遣謁者立元貴靡爲大昆彌，烏就屠爲小昆彌，皆賜印綬。大昆彌户六萬餘，小昆彌户四萬餘，然衆心皆附小昆彌。

己巳（前五二）

二年。

春，正月，赦，減民算三十。

珠厓郡反。夏，四月，遣兵擊之。

營平侯趙充國卒。先是，充國以老乞骸骨，賜安車駟馬黄金，罷就第。朝廷每有四夷大議，常與參兵謀、問籌策焉。薨謚曰壯。

匈奴款塞請朝。匈奴呼韓邪單于款五原塞，願奉國珍，朝三年正月。詔有司議其儀。丞相、御史曰：「聖王之制，先京師而後諸夏，先諸夏而後夷狄。單于朝賀，宜如諸侯王，位次在下。」蕭望之以爲：「單于非正朔所加，故稱敵國，宜待以不臣之禮，位在諸侯王上。外夷稽首稱藩，中國讓而不臣，此則羈縻之誼，謙亨之福也。書曰：『戎狄荒服。』言其來服荒忽亡常。如使匈奴後嗣卒有鳥竄鼠伏，闕於朝享，不爲畔臣，萬世之長策也。」天子采之，詔曰：「匈奴單于稱北蕃，朝正朔。朕之不德，不能弘覆。其以客禮待之，令單于位在諸侯王上，贊謁稱臣而不名。」

荀悅曰：春秋之義，王者無外，欲一于天下也。戎狄道里遼遠，人迹介絶，故正朔不及，禮教不加，非尊之也。詩云：「自彼氐、羌，莫敢不來王。」故要、荒之君必奉王貢；若不供職，則有辭讓號令加焉，非敵國之謂也。望之之議，僭度失序，以亂天常，非禮也。

庚午（前五一）

三年。

春，正月，匈奴呼韓邪單于來朝，還居幕南塞下。上幸甘泉，郊泰畤。匈奴呼韓邪單于來朝，賜以冠帶、衣裳、金璽、盭綬、玉具劍、佩刀、弓矢、棨戟、安車、鞍馬、金錢、衣被、錦繡、綺穀、帛絮。禮畢，使使者道單于先行宿長平。上還登長平阪，詔單于毋謁，其羣臣皆得列觀，及諸蠻夷君長數萬，咸迎於渭橋下，夾道陳。上登渭橋，咸稱萬歲。單于就邸長安，置酒建章宮，饗賜之。二月，遣歸國，發邊郡士馬送出塞。又轉邊穀米糒，前後三萬四千斛給之。單于請居光禄塞下，有急，保受降城。自是，烏孫以西至安息諸國近匈奴者，咸尊漢矣。

畫功臣於麒麟閣。上以戎狄賓服，思股肱之美，乃圖畫其人於麒麟閣，署其官爵、姓名，唯霍光不名，曰「大司馬、大將軍、博陸侯，姓霍氏」，其次張安世、韓增、趙充國、魏相、丙吉、杜延年、劉德、梁丘賀、蕭望之、蘇武，凡十一人，皆有功德知名當世。

鳳皇集新蔡。

胡氏曰：宣帝之時，天地變異，刑殺過差，一歲之間，子弟殺父兄，妻殺夫，至二百餘人，不得稱爲太平決矣。鳳皇何爲數來哉？豈宣帝自喜其政，臣下有窺見其微意者，故爭言祥瑞以侈耀之。而帝亦以此自欺也與。以張敞所論鶡雀觀之，亦可見矣。

丞相霸卒，以于定國爲丞相。

詔諸儒講五經異同於石渠閣。詔諸儒論五經異同，蕭望之等平奏，上親稱制臨決。立梁丘易、夏侯尚書、穀梁春秋博士。

皇孫驁生。皇太子所幸司馬良娣病死，太子忽忽不樂。帝令皇后擇後宮家人子，得元城王政君，送太子宮。政君，故繡衣御史賀之孫女也。是歲，生成帝於甲館畫堂，爲世適皇孫。帝愛之，自名曰驁，字大孫，常置左右。

烏孫公主來歸。公主上書，言年老土思，願歸葬漢地。天子閔而迎之，待之如公主之制。後二歲卒。

辛未（前五〇）

四年。

冬，匈奴兩單于俱遣使朝獻。漢待呼韓邪使有加。

壬申（前四九）

黄龍元年。

春，匈奴呼韓邪單于來朝，郅支徙居堅昆。郅支聞漢助呼韓邪，自度力不能定匈奴，欲與烏孫并力。烏孫殺其使，遣騎迎之。郅支覺其謀，擊破烏孫，因北擊烏揭、丁令、堅昆而并之。留都堅昆，去單于庭七千里。

三月，有星孛于王良、閣道，入紫微宫。

帝寢疾，以史高爲大司馬，車騎將軍蕭望之爲前將軍，光禄勳周堪爲光禄大夫，受遺詔輔政，領尚書事。冬，十二月，帝崩。

班固曰：孝宣之治，信賞必罰，綜核名實。政事、文學、法理之士，咸精其能。至于技巧工匠器械，自元、成間鮮能及之。亦足以知吏稱其職，民安其業也。遭值匈奴乖亂，推亡固存，信威北夷，單于慕義，稽首稱藩。功光祖宗，業垂後嗣，可謂中興，侔德殷宗、周宣矣！

太子奭即位，尊皇太后曰太皇太后，皇后曰皇太后。

癸酉（前四八）

孝元皇帝初元元年。

春，正月，葬杜陵。

赦。

三月，立倢伃王氏爲皇后。

以公田及苑振業貧民賦貸種食。

夏，六月，大疫。詔損膳減樂府員，省苑馬以振困乏。

秋，九月，關東大水，饑。

以貢禹爲諫大夫。罷宫館希幸者，減穀食馬、肉食獸。上素聞王吉、貢禹皆明經潔行，遣使者徵之。吉道病卒。禹至，拜爲諫大夫。問以政事，禹言：「古者人君節儉，什一而税，亡它賦役，故家給人足。高祖、文、景，宫女不過十餘，廐馬百餘匹。故時齊三服官，輸物不過十笥。今作工數千，歲費鉅萬。廐馬食粟將萬匹。武帝多取好女至數千人，以填後宫。及棄天下，多藏金錢財物，又以後宫女置於園陵。使天下承化，取女過度，内多怨女，外多曠夫。及衆庶葬埋，皆虚地上以實地下。其過自上生。惟陛下深察古道，從其儉者。天生聖人，蓋爲萬民，非獨使自娱樂而已也。」天子善其言，下詔，令諸宫館希御幸者勿繕治，太僕減穀食馬，水衡省肉食獸。

司馬公曰：忠臣之事君也，責其所難，則其所易者不勞而正；補其所短，則其長者不勸而遂。孝元優游不斷，讒佞用權，當時之大患也，而禹不以爲言。恭謹節儉，孝元之素志也，而禹孜孜言之，何哉？使禹之智不足以知，烏得爲賢！知而不言，爲罪愈大矣。

置戊己校尉，屯田車師故地。

甲戌（前四七）

二年。

春，正月，帝如甘泉，郊泰畤。

下蕭望之、周堪及宗正劉更生獄，皆免爲庶人。史高以外屬領尚書事，蕭望之、周堪爲之副。望之、堪皆以師傅舊恩，天子任之。數言治亂，陳王事，選白宗室明經有行諫大夫更生給事中，與侍中金敞並拾遺左右。四人同心謀議，勸導上以古制，多所欲匡正；上甚鄉納之。史高充位而已，由此與望之有隙。中書令弘恭、僕射石顯，自宣帝時久典樞機。帝即位多疾，以顯中人無外黨，遂委以政，事無小大，因顯白決，貴幸傾朝，百僚皆敬事顯。顯爲人巧慧習事，能深得人主微指，内深賊，持詭辯，以中傷人，忤恨睚眦，輒被以危法。與高爲表裏，論議常持故事，不從望之等。望之等患苦許、史放縱，又疾恭、顯擅權，建白以爲：「中書政本，國家樞機，宜以通明公正處之。武帝游宴後庭，故用宦者，非古制也。宜罷中書宦官，應古不近刑人之義。」上初即位，謙讓重改作，議久不定，出更生爲宗正。望之、堪數薦名儒以備諫官，鄭朋陰欲附望之，上疏言高爲姦利，及許、史子弟罪過。章視周堪，堪白：「令朋待詔金馬門。」望之始見朋，接待以意。後知其傾邪，絶不與通。朋怨恨，更求入許、史，推所言事曰：「皆堪、更生教我。」待詔華龍行汙穢，欲入堪等，堪等不納，亦與朋相結。恭、顯令二人告望之等欲疏退許、史狀，候望之出休日上之。事下弘恭問狀，望之對曰：「外戚在位多奢淫，欲以匡正國家，非爲邪也。」恭、顯奏：

「望之、堪、更生朋黨相稱舉，數譖訴大臣，毀離親戚，欲以專擅權勢。爲臣不忠，誣上不道，請謁者召致廷尉。」時上初即位，不省召致廷尉爲下獄也，可其奏。後上召堪、更生，曰：「繫獄。」上大驚曰：「非但廷尉問邪！」以責恭、顯，皆叩頭謝。上曰：「令出視事。」恭、顯使高言：「上新即位，未以德化聞於天下，而先驗師傅。既下獄，宜因決免。」於是赦望之罪，收印綬；及堪、更生皆免爲庶人。

隴西地震。敗城郭屋室，壓殺人。

罷黄門狗馬，以禁囿假貧民，舉直言極諫之士。

夏，四月，立子驁爲皇太子。待詔鄭朋薦太原太守張敞，先帝名臣，宜傅輔皇太子。上以問蕭望之，望之以爲敞能吏，任治煩亂，材輕，非師傅之器。上欲以爲左馮翊，會敞病卒。

賜蕭望之爵關内侯，給事中，朝朔望。

關東饑。

秋，七月，地復震。

以周堪、劉更生爲中郎，尋繫獄，免。冬，十二月，蕭望之自殺。以宦者石顯爲中書令。

上復徵周堪、劉更生，欲以爲諫大夫。恭、顯白以爲中郎。上器重蕭望之不已，欲倚以爲相。恭、顯、許、史皆側目。更生乃使其外親上變事，言「地震殆爲恭等，宜退恭、顯以章蔽善之罰，進望之等以通賢者之路」。恭、顯疑其更生所爲，白請考姦詐，辭服；遂逮繫獄，免爲庶人。會望之子伋亦上書訟望之前事，事下有司，復奏：「望之教子上書，失大臣體，不敬，請逮捕。」恭、顯等知望之素高節，不詘辱，建白：「望之前幸不坐，復賜爵邑，不悔過服罪，深懷怨望，自以託師傅，終必不坐，非頗屈望之於牢獄，塞其怏怏心，則聖朝無以施恩厚！」上曰：「太傅素剛，安肯就吏！」顯等曰：「人命至重，望之所坐，語言薄罪，必無所憂。」上乃可其奏。顯等令謁者召望之，因急發執金吾車騎馳圍其第。望之以問門下生朱雲，雲，好節士，勸望之自裁。望之仰天歎曰：「吾嘗備位將相，年踰六十矣，老入牢獄，苟求生活，不亦鄙乎！」飲鴆自殺。天子聞之驚，拊手曰：「曩固疑其不就牢獄，果然殺吾賢傅。」卻食涕泣，哀動左右。召顯等責問，以議不詳，皆免冠謝，良久然後已。上追念望之不忘，每歲時遣使者祠祭其冢，終帝之世。是歲恭死，遂以顯爲中書令。

司馬公曰：甚矣孝元之易欺而難寤也。夫恭、顯之邪說詭計，誠有所不能辨也。至於望之自殺，則恭、顯之欺亦明矣。在中智之君，孰不感動奮發以底邪臣之罰！孝元則不然。雖涕泣不食以傷望之，而終不能誅恭、顯，纔得其免冠謝而已。如此，則姦臣安所懲乎！是使恭、顯得肆其邪心而無復忌憚者也。

乙亥(前四六)

三年。

春，罷珠厓郡。珠厓、儋耳郡在海中洲上，吏卒皆中國人，多侵陵之。其民亦暴惡，自以阻絕，數犯吏禁，率數年壹反，殺吏；漢輒發兵擊定之。至是諸縣叛，連年不定。上謀於羣臣，欲大發軍。待詔賈捐之曰：「臣聞堯、舜聖之盛，禹入聖域而不優。以三聖之德，地方不過數千里，西被流沙，東漸于海，朔南暨聲教，言欲與聲教則治之，不欲與者不强治也。殷、周之地，東不過江、黄，西不過氐、羌，南不過蠻荆，北不過朔方，是以頌聲並作，人樂其生，越裳氏重九譯而獻，此非兵革之所能致也。以至于秦，興兵遠攻，貪外虚内而天下潰畔。孝武皇帝厲兵馬以攘四夷，賦煩役重，寇賊並起，是皆廓地泰大，征伐不休之故也。今關東民困，流離道路。至嫁妻賣子，法不能禁，義不能止，此社稷之憂也。駱越之人，父子同川而浴，與禽獸無異，本不足郡縣置也。霧露氣濕，多毒草蟲蛇水土之害，人未見虜，戰士自死。棄之不足惜，不擊不損威。今陛下不忍悁悁之忿，欲驅士衆，擠之大海之中，快心幽冥之地，非所以救饑饉、保元元也。且以往者羌軍言之，暴師曾未一年，兵出不踰千里，費四十餘萬萬，大司農錢盡，乃以少府禁錢續之。夫一隅爲不善，費尚如此，況於勞師遠攻，亡士毋功乎！臣愚以爲非冠帶之國，禹貢所及，春秋所治，皆可且無以爲。願遂棄珠厓，專用恤關東爲憂！」上以問大臣，丞相于定國以爲：「前擊珠厓，興兵連年，校尉十一人，還者二人，卒士及轉輸死者萬人，費用叄萬萬餘，尚未能盡降。今關東困乏，民難摇動，捐之議是。」詔罷珠厓郡。民有慕義欲内屬，便處之；不欲勿强。捐之，誼曾孫也。

夏，赦。

旱，罷甘泉、建章宮衛，令就農。百官各省費條奏。

以周堪爲光禄勳，張猛爲光禄大夫、給事中。猛，堪弟子也。

丙子（前四五）

四年。

春，三月，帝如河東，祠后土。

丁丑（前四四）

五年。

春，正月，以周子南君爲周承休侯。

三月，帝如雍，祠五畤。

夏，四月，有星孛于參。

六月，以貢禹爲御史大夫。罷鹽鐵官、常平倉及博士弟子員數。用禹言，詔太官毋日殺，所具各減半；罷角抵、齊三服官、北假田官、鹽鐵官、常平倉。博士弟子毋置員，民有通一經者，皆復。省刑罰七十餘事。禹尋卒。

匈奴郅支單于殺漢使者，西走康居。郅支單于自以道遠，又怨漢擁護呼韓邪而不助己，困辱漢使者江乃始等；遣使求侍子。漢議遣衛司馬谷吉送之，貢禹、匡衡以爲：「郅支鄉化未醇，所在絕遠，宜令使者送其子，至塞而還。」吉願送至庭，許之。既至，郅支殺之，自知負漢，又聞呼韓邪益强，恐見襲擊。會康居王數爲烏孫所困，遣使迎郅支，欲與合兵取烏孫。郅支素怨烏孫，遂引兵西，中寒道死，餘三千人。康居王以女妻郅支，甚尊敬之，欲倚其威以脅諸國。郅支數擊烏孫，至赤谷城。烏孫西邊空虛不居者五千里。

戊寅（前四三）

永光元年。

春，郊泰畤。上郊泰畤。禮畢，因留射獵。御史大夫薛廣德曰：「關東困極，人民流離。陛下日撞亡秦之鍾，聽鄭、衛之樂，臣誠悼之。今士卒暴露，從官勞倦，陛下亟反宮，思與百姓同憂樂，天下幸甚。」上即日還。

詔舉質樸敦厚遜讓有行者。仍詔光禄，歲以此科第郎、從官。

赦。

三月，雨雪隕霜殺桑。

秋，嘗酎祭宗廟。上出便門，欲御樓船。薛廣德當乘輿車，免冠頓首曰：「宜從橋。」詔曰：「大夫冠。」廣德曰：「陛下不聽臣，臣自刎，以血汙車輪，陛下不得入廟矣。」上不說。先敺張猛進曰：「臣聞主聖臣直。乘船危，就橋安；聖主不乘危。御史大夫言可聽。」上曰：「曉人不當如是邪！」乃從橋。

大饑。

丞相定國、御史大夫廣德罷。上始即位，連年災害，言者歸咎大臣。於是上以朝日引見丞相，責以職事。定國等皇恐，上書自劾，乞骸骨。乃賜安車駟馬黄金，罷就第。

城門校尉諸葛豐有罪免。左遷周堪爲河東太守，張猛爲槐里令。石顯憚堪、猛等，數譖毁之。劉更生懼其傾危，上書曰：「臣聞舜命九官，濟濟相讓，和之至也。衆臣和於朝，則萬物和於野。故簫韶九成，而鳳皇來儀。周文開基，崇推讓之風，銷分爭之訟。武王繼政，諸侯和於下，天應報於上。下至幽、厲之際，朝廷不和，轉相非怨，則日月薄食，水泉沸騰，山谷易處，霜降失節。由此觀之，和氣致祥，乖氣致異，祥多者其國安，異衆者其國危，天地之常經，古今之通義也。陛下開三代之業，招文學之士，優游寬容，使得並進。今邪正雜糅，忠讒並進；章交公車，人滿北軍，更相讒愬，轉相是非，所以營惑耳目，感移心意，不可勝載，分曹爲黨，往往羣朋將同心以陷正臣。正臣進者，治之表也；正臣陷者，亂之機也；乘治亂之機，未知孰任，而災異數見，此臣所以寒心者也。初元以來六年矣，按春秋六年之中，災異未有稠如今者也。原其所以，由讒邪並進也。讒邪之所以並進，由上多疑心。既已用賢人而行善政，如或譖之，則賢人退而善政還。夫執狐疑之心者，來讒賊之口；持不斷之意者，開羣枉之門。讒邪進則衆賢退，羣枉盛則正士消。治亂榮辱之端，在所信任；信任既賢，在於堅固而不移。今出善令未能踰時而反，用賢未能三旬而退。二府奏佞諂不當在位，歷年而不去。出令則如反汗，用賢則如轉石，去佞則如拔山，如此，望陰陽之調，不亦難乎！是以羣小窺見間隙，巧言醜詆，流言飛文，譁於民間。昔孔子與顔淵、子貢更相稱譽，不爲朋黨；禹、稷與皋陶傳相汲引，不爲比周。何則？忠於爲國，無邪心也。今佞邪共謀，違善依惡，數設危險之言，欲以傾移主上，如忽然用之，此天地之所以先戒，災異之所以重至者也。今以陛下明知，誠深思天地之心，考祥應之福，災異之禍，以揆當世之變，放遠佞邪之黨，壞散險陂之聚，杜閉羣枉之門，廣開衆正之路，決斷狐疑，分别猶豫，使是非炳然可知，則百異消滅而衆祥並至，太平之基，萬世之利也。」是歲，夏寒，日青。顯及許、史皆言堪、猛用事之咎。上内重堪，又患衆口之浸潤，無所取信。時長安令楊興以材能幸，常稱譽堪，上欲以爲助，乃問興：「朝臣齗齗不可光禄勳，何邪？」興傾巧，謂上疑堪，因順指曰：「堪非獨不可於朝廷，自州里亦不可也！臣見衆人前以堪爲當誅，故言堪不可誅傷，爲國養恩也。」上曰：「然今宜奈何？」興曰：「臣愚以爲可賜爵食邑，勿令典事，明主不失師傅之恩，此最策之得也。」上於是疑之。城門校尉諸葛豐以剛直著名，上書告堪、猛罪。上不直豐，乃詔御史：「豐前數稱言堪、猛之美。爲司隸校尉，不順四時，專作苛暴，朕不忍下吏，以爲城門校尉。不内省諸己，而反怨堪、猛，告按無證之辭，暴揚難驗之罪，毀譽恣意，不顧前言，其免爲庶人。豐言堪、猛貞信不立，朕閔而不治，又惜其材能未有所效，其左遷堪爲河東太守，猛槐里令。」

司馬公曰：豐於堪、猛，前譽而後毀，其志非爲朝廷進善而去姦也，欲比周求進而已矣。斯亦鄭朋、楊興之流，烏在其爲剛直哉！人君者，察美惡，辨是非，賞以勸善，罰以懲姦，所以爲治也。使豐言得實，則豐不當絀；若其誣罔，則堪、猛何辜焉！今兩責而俱棄之，則美惡是非果何在哉！

待詔賈捐之棄市。賈捐之與楊興善。捐之數短石顯，以故不得官，稀復進見。興新以材能得幸，捐之謂曰：「使我得見言君蘭，京兆尹可立得。」興曰：「君房下筆，言語妙天下；使君房爲尚書令，勝五鹿充宗遠甚。」捐之曰：「令我得代充宗，君蘭爲京兆。京兆，郡國首；尚書，百官本，天下真大治，士則不隔矣。」捐之復短顯，興曰：「顯方信用。今欲進，且與合意，即得入矣。」即共爲薦顯奏，稱譽其美。又共爲薦興奏，以爲可試守京兆尹。顯聞，白之上，乃下捐之獄，令顯治之。捐之竟坐罔上不道，棄市。興髡鉗爲城旦。

司馬公曰：君子以正攻邪，猶懼不克；況捐之以邪攻邪，其能免乎！

匈奴呼韓邪單于北歸庭。

己卯（前四二）

二年。

春，二月，赦。

以韋玄成爲丞相。

三月，朔，日食。

夏，六月，赦。

以匡衡爲光祿大夫。上問給事中匡衡以地震日食之變，衡上疏曰：「陛下閔愚民觸法抵禁，比年大赦，使得自新，天下幸甚。臣竊見大赦之後，姦邪不爲衰止，今日大赦，明日犯法，相隨入獄，此殆導之未得其務也。今天下俗，貪財賤義，好聲色，上侈靡，廉耻之節薄，淫辟之意縱。紀綱失序，疏者踰內。親戚之恩薄，婚姻之黨隆。苟合徼幸，以身設利。不改其原，雖歲赦之，刑猶難使錯而不用也。臣愚以爲宜壹曠然大變其俗。夫朝廷者，天下之楨幹也。公卿相與循禮恭讓，則民不争；好仁樂施，則下不暴。朝有變色之言，則下有争鬬之患；上有自專之士，則下有不讓之人；上有克勝之佐，則下有傷害之心；上有好利之臣，則下有盗竊之民：此其本也。治天下者，審所上而已。教化之流，非家至而人説之也。賢者在位，能者布職，朝廷崇禮，百僚敬讓。道德之行，由内及外，自近者始，然後民知所法，遷善日進而不自知也。今長安，天子之都，親承聖化，然其習俗無以異於遠方，郡國來者無所法則，或見侈靡而傚效之。此教化之原本，風俗之樞機，宜先正者也。臣聞天人之際，精祲有以相盪，善惡有以相推，事作乎下者象動乎上，陰變則静者動，陽蔽則明者晻，水旱之災隨類而至。陛下祗畏天戒，哀閔元元，宜省靡麗，考制度，近忠正，遠巧佞，以崇至仁，匡失俗，道德弘於京師，淑問揚乎疆外，然後大化可成，禮讓可興也。」上説其言，遷衡爲光禄大夫。

荀悦曰：夫赦者，權時之宜，非常典也。漢興，承秦之敝，比屋可刑，故設三章之法，大赦之令，蕩滌穢流，與民更始，時勢然也。後世承業，襲而不革，失時宜矣。若孝景之時，七國皆亂，異心並起。武帝末年，羣盜巫蠱，人不自安。及光武撥亂之後，如此之比，宜爲赦矣。

胡氏例，自此後，赦之無事義者不復載，今從之。

秋，七月，隴西羌反。遣右將軍馮奉世將兵擊之。冬，十一月，大破之。上以隴西羌反，詔丞相玄成等入議。是時歲比不登，朝廷方以爲憂，而遭羌變，玄成等漠然，莫有對者。右將軍馮奉世曰：「羌虜近在竟内背畔，不以時誅，無以威制遠蠻，臣願帥師討之！」上問用兵之數，對曰：「臣聞善用兵者，役不再興，糧不三載，故師不久暴而天誅亟決。今反虜無慮三萬人，法當倍，用六萬人。然羌戎，弓矛之兵，器不犀利，可用四萬人。一月足以決。」丞相、御史皆以爲民方收斂，未可多發。發萬人屯守之，且足。奉世曰：「不可。天下饑饉，士馬羸耗，夷狄皆有輕邊吏之心。今以萬人分屯數處，戰則挫兵病師，守則百姓不救，如此，怯弱之形見。羌人乘利，諸種並和，相扇而起，臣恐中國之役不得止於四萬，非財幣所能解也。故少發師而曠日，與一舉而疾決，利害相萬也。」固爭之，不能得。有詔，益二千人。於是遣奉世到隴西，分屯三處。先遣兩校尉與羌戰，爲所破殺。奉世具上地形部衆多少之計，願益三萬六千人。上爲發六萬餘人。十一月，羌虜大破，斬首數千級，餘皆走出塞。詔罷吏士，頗留屯田，備要害處。賜奉世爵關内侯。

庚辰（前四一）

三年。

春，三月，立子康爲濟陽王。

冬，十一月〔五〕，地震，雨水。

復鹽鐵官。置博士弟子員千人。以用度不足，民多復除，無以給中外繇役故也。

辛巳（前四〇）

四年。

夏，六月，晦，日食。以周堪爲光禄大夫，張猛爲太中大夫。堪卒，猛自殺。上以日食召諸前言日變在周堪、張猛者責問，皆稽首謝；因下詔稱堪之美，徵拜光禄大夫，領尚書事。猛復爲太中大夫、給事中。石顯筦尚書，尚書五人皆其黨。堪希得見，常因顯白事，事決顯口。會堪疾瘖，不能言而卒。顯誣譖猛，令自殺於公車。

胡氏曰：周堪反因石顯白事，是欲追賊，而以賊爲導也。豈其年老病眊，志不帥氣而然耶？

若當望之飲酖之後，稱疾而去，則善矣。

冬，十月，罷祖宗廟在郡國者。初，貢禹奏言：「孝惠、孝景廟皆親盡宜毀，及郡國廟不應古禮，宜正定。」天子是其議，至是行之。

作初陵，不置邑徙民。

壬午(前三九)

五年。

秋，潁川大水。

冬，十二月，毀太上皇、孝惠帝寢廟園。從韋玄成之議也。

以匡衡爲太子少傅。上好儒術、文辭，頗改宣帝之政。言事者多進見，人人自以爲得上意。又傅昭儀及濟陽王康愛幸，逾於皇后、太子。衡上疏曰：「臣聞治亂安危之機，在乎審所用心。蓋受命之王，務在創業，傳之無窮。繼體之君，心存於承宣先王之德而褒大其功。昔者成王之嗣位，思述文、武之道以養其心，休烈盛美皆歸之二后，而不敢專其名，是以上天歆享，鬼神祐焉。陛下聖德天覆，子愛海内。然陰陽未和，姦邪未禁者，殆論議者未丕揚先帝之盛功，爭言制度不可用也。務變更之，所更或不可行而復復之，是以羣下更相是非，吏民無所信。臣竊恨國家釋樂成之業而虛爲此紛紛也！願陛下詳覽統業之事，留神於遵制揚功，以定羣下之心。傳曰：『審好惡，理情性，而王道畢矣。』治性之道，必審己之所有餘而强其所不足，蓋聰明疏通者戒於太察，寡聞少見者戒於壅蔽，勇猛剛强者戒於太暴，仁愛温良者戒於無斷，湛静安舒者戒於後時，廣心浩大者戒於遺忘。必審己之所當戒而齊之以義，然後中和之化應，而巧僞之徒不敢比周而望進。唯陛下戒之，以崇聖德。臣又聞室家之道修，則天下之理得。故詩始國風，禮本冠、婚。所以原情性而明人倫，正基兆而防未然也。故聖王必慎妃后之際，别適長之位。卑不踰尊，新不先故，所以統人情而理陰氣也。適子冠乎阼，禮之用醴，衆子不得與列，所以貴正體而明嫌疑也。非虚加其禮文而已，乃中心與之殊異，故禮探其情而見之外也。聖人動静游燕所親，物得其序，則海内自修，百姓從化。如當親者疏，當尊者卑，則巧佞之姦因時而動，以亂國家。故聖人慎防其端，禁於未然，不以私恩害公義。傳曰：『正家而天下定矣。』」

河决。初，武帝既塞宣房，後河復北决於館陶，分爲屯氏河，東北入海，廣深與大河等，故因其自然，不隄塞也。是歲，河决清河靈鳴犢口，而屯氏河絶。

癸未（前三八）

建昭元年。

正月，春，隕石于梁。

罷孝文太后寢祠園。

甲申（前三七）

二年。

夏，六月，立子興爲信都王。

秋，殺魏郡太守京房。房學易於焦延壽。延壽常曰：「得我道以亡身者，京生也。」其説長於災變，分六十卦，更直日用事，以風雨寒温爲候，各有占驗。以孝廉爲郎，屢言災異，有驗。天子説之，數召見問。房對曰：「古帝王以功舉賢，則萬化成，瑞應著；末世以毀譽取人，故功業廢而致災異。宜令百官各試其功，災異可息。」詔使房作其事，房奏考功課吏法。上令羣臣議，皆以房言煩碎，令上下相司，不可許。上意鄉之。時石顯顓權，五鹿充宗爲尚書令用事。房嘗宴見，問上曰：「幽、厲之君何以危？所任者何人也？」上曰：「君不明而所任者巧佞。」房曰：「知其巧佞而用之邪，將以爲賢也？」上曰：「賢之。」房曰：「然則今何以知其不賢也？」上曰：「以其時亂而君危知之。」房曰：「若是，任賢必治，任不肖必亂，必然之道也。幽、厲何不覺悟而更求賢，曷爲卒任不肖以至於是？」上曰：「臨亂之君，各賢其臣。令皆覺悟，天下安得危亡之君！」房曰：「齊桓公、秦二世亦嘗聞此君而非笑之；然則任豎刁、趙高，政治日亂，盗賊滿山，何不以幽、厲卜之而覺寤乎？」上曰：「唯有道者能以往知來耳。」房因免冠頓首曰：「春秋紀二百四十二年災異，以示萬世之君。今陛下即位已來，日月失明，星辰逆行，山崩泉涌，地震石隕，夏霜冬靁，春凋秋榮，水旱螟蟲，民人饑疫，盗賊不禁，刑人滿市，春秋所記災異盡備。陛下視今爲治邪，亂邪？」上曰：「亦極亂耳，尚何道！」房曰：「今所任用者誰與？」上曰：「然，幸其愈於彼，又以爲不在此人也。」房曰：「夫前世之君，亦皆然矣。臣恐後之視今，猶今之視前也！」上良久，乃曰：「今爲亂者誰哉？」房曰：「明主宜自知之。」上曰：「不知也。如知，何故用之！」房曰：「上最所信任，與圖事帷幄之中，進退天下之士者是矣。」房指謂石顯，上亦知之，謂房曰：「已諭。」房罷出，後上亦不能退顯也。上令房上弟子曉知考功、課吏事者，欲試用之。房上「中郎任良、姚平，願以爲刺史，試考功法。臣得通籍殿中，爲奏事，以防壅塞」。顯、充宗疾房，欲遠之，建言，以房爲魏郡太守，得以考功法治郡。房自請：「歲竟，乘傳奏事。」許之。未發，復詔止之。房去至新豐，上封事曰：「臣前六月中言遯卦不效，法曰：『道人始去，寒涌水爲災。』至七月，涌水出。臣弟子姚平謂臣曰：『涌水已出，道人當逐死，尚復何言！且房可謂知道，未可謂信道。可謂小忠，未可謂大忠也。昔秦時趙高用事，有正先者，非刺高而死，高威自此成，故秦之亂，正先趣之。』今臣得出守郡，自詭功效，恐未效而死，惟陛下毋使臣塞涌水之異，當正先之死，爲姚平所笑。」至陝又言：「議者欲隔絶臣，而陛下聽之；此蒙氣所以不解，而太陽無色者也。唯陛下毋難還臣而易逆天意。」房去月餘，竟徵下獄。初，淮陽憲王舅張博，傾巧無行。從房學，以女妻房。房每朝見，退輒爲博道其語。博因記房所説密語，令房爲王作求朝奏草，皆持柬與王，以爲信驗。顯知之，告房、博非謗天子，詿誤諸侯王。皆下獄，棄市，妻子徙邊。

胡氏曰：君臣之交有淺深。交深者，聖人猶存不可則止數斯疏矣之戒，況交淺者乎？京房事元帝，纔得爲郎，其交固淺。陳考功法，帝雖向之，而公卿朝臣皆以爲不可；又欲去上所親信，而不量元帝之庸懦不可倚也，亦難乎其免矣。房學易，不明其義，徒以災變占候爲事，此易之末也。易曰：「不出户庭無咎。」又曰：「樂天知命故不憂。」房皆違之。而於其術，亦不能自信也。故占候前知之學，君子不貴焉。惟明乎消息盈虚之理，語默進退之幾，以不失乎時中，則易之道也。

下御史中丞陳咸獄，髡爲城旦。陳咸數毁石顯，久之，坐與槐里令朱雲善，漏泄省中語，與雲皆下獄，髡爲城旦。顯威權日盛，與中書僕射牢梁、少府五鹿充宗結爲黨友，諸附倚者皆得寵位。民歌之曰：「牢邪，石邪！五鹿客邪！印何纍纍，綬若若邪！」顯恐天子一旦納用左右耳目以間己，乃時歸誠，取一信以爲驗。嘗使至諸官，有所徵發，先自白：「恐後漏盡宮門閉，請使詔吏開門。」上許之。顯故投夜還，稱詔開門入。後果有告顯矯詔開宫門，上笑以其書示顯。顯因泣曰：「陛下過私小臣，屬任以事，羣下無不嫉妬，欲陷害臣者，事類如此非一。顧歸樞機職，受後宫掃除之役，死無所恨。唯陛下哀憐財幸，以此全活小臣。」上憐之，數勞勉顯，加厚賞賜。顯聞衆人匈匈，言己殺蕭望之，恐天下學士訕己，以貢禹明經著節，乃使人致意，深自結納，因薦禹歷位九卿，禮事之甚備。議者於是或稱顯，以爲不妬譖望之矣。顯之設變詐以自解免，取信人主者皆此類也。

荀悦曰：夫佞臣之惑君主也甚矣，故孔子遠佞人，非但不用而已，乃遠而絶之，隔塞其源，戒之極也。孔子曰：「政者，正也。」要道之本，正己而已。平直真實者，正之主也。賢能功罪、言行事物，必核其真，然後應之。則衆正積於上，而萬事實於下矣。

秋，閏八月，太皇太后上官氏崩。

冬，齊、楚地震。大雨雪。

乙酉(**前三六**)

三年。

夏，六月，丞相玄成卒。秋，七月，以匡衡爲丞相。

冬，西域副校尉陳湯矯制發兵，與都護甘延壽襲擊匈奴郅支單于於康居，斬之。始，郅支單于自以大國，又乘勝驕，不爲康居王禮，發民作城，遣使責諸國歲遺。漢遣使三輩至康居，求谷吉等死，郅支困辱使者，不奉詔。陳湯爲人沈勇，有大慮，多策謀，喜奇功，與甘延壽謀曰：「夷狄畏服大種，西域本屬匈奴，今郅支威名遠聞，侵陵烏孫、大宛，欲降服之。如得此二國，數年之間，城郭諸國危矣。且其人剽悍好戰伐，數取勝；久畜之，必爲西域患。如發屯田吏士，毆烏孫衆兵，直指其城下，彼亡無所之，守不自保，千載之功，可一朝而成也。」延壽欲奏請之，湯曰：「國家與公卿議，大策非凡所見，事必不從。」會延壽病，湯獨矯制發諸國兵及屯田吏士，延壽驚起，欲止焉。湯怒，按劍叱曰：「大衆已集會，豎子欲沮衆邪！」延壽從之。部勒行陳，合四萬餘人，上疏自劾矯制，陳言兵狀，即日引行。未至城三十里，止營。郅支遣使問：「漢兵何以來？」應曰：「單于上書言：『居困阸，願入朝見。』天子哀閔單于棄大國，屈意康居，故使都護將軍來迎，恐左右驚動，故未敢至城下。」使數往來相答報，延壽、湯因讓之：「我爲單于遠來，而至今無名王、大人見將軍受事者，何單于忽大計，失客主之禮也！兵來道遠，人畜罷極，食度且盡，恐無以自還，願單于與大臣審計策！」明日，進薄城下，四面圍城，發薪燒木城，四面火起，吏士喜，大呼乘之，鉦鼓聲動地。康居兵引卻，漢兵四面推鹵楯並入。單于被創死，斬其首。得漢使節二及谷吉等所賫帛書，諸鹵獲以畀得者。

丙戌（前三五）

四年。

春，正月，傳首至京師，縣稾街十日。延壽、湯上疏曰：「臣聞天下之大義當混爲一，昔有唐、虞，今有彊漢。匈奴郅支單于叛逆，未伏其辜，慘毒行於民，大惡通於天。臣延壽、臣湯將義兵，行天誅，賴陛下神靈，陰陽並應，天氣精明，陷陳克敵，斬郅支首及名王以下，宜縣頭稾街蠻夷邸間，以示萬里。」丞相匡衡等以爲「方春掩骼、埋胔之時，宜勿縣」。詔縣十日，乃埋之；仍告祠郊廟，赦天下。羣臣上壽置酒。

丁亥（前三四）

五年。

藍田地震，山崩，壅霸水；安陵岸崩，壅涇水逆流。

夏，六月，晦，日食。

秋，七月，復諸寢廟園。上寢疾，久不平，以爲祖宗譴怒，故盡復之。唯郡國廟遂廢。

戊子（前三三）

竟寧元年。

春，正月，匈奴單于來朝。匈奴呼韓邪單于聞郅支既誅，且喜且懼，入朝自言，願婿漢氏以自親。帝以後宮良家子王嬙字昭君賜之。單于驩喜，上書：「願保塞上谷以西至燉煌，請罷邊備塞吏卒，以休天子人民。」議者皆以爲便。郎中侯應習邊事，以爲不可許。上問狀，應曰：「臣聞北邊塞至遼東，外有陰山，東西千餘里，草木茂盛，多禽獸，本冒頓依阻其中，治作弓矢。至孝武世，斥奪此地，攘之於幕北，建塞徼，起亭隧，築外城，設屯戍以守之，然後邊境得用少安。幕北地平，少草木，多大沙，匈奴來寇，少所蔽隱。從塞以南，徑深山谷，往來差難。邊長老言：『匈奴失陰山之後，過之未嘗不哭也。』如罷備塞戍卒，示夷狄之大利，不可一也。夷狄之情，困則卑順，强則驕逆。前已罷外城，省亭隧，安不忘危，不可復罷，二也。中國有禮義之教，刑罰之誅，愚民猶尚犯禁，又況單于，能必其衆不犯約哉！三也。中國尚建關梁，設塞徼，置屯戍，非獨爲匈奴而已，亦爲諸屬國降民思舊逃亡，四也。近西羌保塞，漢吏民貪利，侵盗其畜産、妻子，以此怨恨，起而背畔。今罷乘塞，則生嫚易分争之漸，五也。往者從軍多没不還者，子孫亡出從之，六也。邊人奴婢愁苦，聞匈奴中樂，欲亡者多，七也。盗賊桀黠，亡走北出，八也。起塞以來百有餘年，非皆以土垣也，或因山巖石木、谿谷水門，稍稍平之，卒徒築治，功費久遠，不可勝計。議者不深慮其終始，卒有它變，當更繕治，累世之功，不可卒復，九也。單于自以保塞守禦，請求無已。小失其意，則不可測。開夷狄之隙，虧中國之固，十也。」對奏，天子使車騎將軍嘉口諭單于曰：「單于上書，鄉慕禮義，所以爲民計者甚厚，朕甚嘉之。中國四方皆有關梁障塞，非獨以備塞外也，亦以防中國姦邪放縱，出爲寇害，故明法度以專衆心也。敬諭單于之意，朕無疑焉。爲單于怪其不罷，故使嘉曉單于。」單于謝曰：「愚不知大計，天子幸使大臣告語，甚厚！」歸號昭君爲寧胡閼氏。

三月，以張譚爲御史大夫。初，石顯見馮奉世父子爲公卿著名，女又爲昭儀，心欲附之，薦昭儀兄逡修敕，宜侍帷幄。天子召見，逡因言顯顓權，上怒，罷逡。及御史大夫缺，在位多舉逡兄大鴻臚野王。使尚書選第中二千石，而野王行能第一。上以問顯，顯曰：「九卿無出野王者，然親昭儀兄，臣恐後世必以陛下度越衆賢，私後宮親以爲三公。」上曰：「善，吾不見是。」因詔曰：「剛强堅固，確然亡欲，大鴻臚野王是也。心辨善辭，可使四方，少府五鹿充宗是也。廉潔節儉，太子少傅張譚是也。其以少傅爲御史大夫。」

以召信臣爲少府。信臣先爲南陽太守，後遷河南，治行常第一。視民如子，好爲民興利，躬勸耕稼，出入阡陌，稀有安居。開通溝瀆，以廣灌溉，歲歲增加。禁止奢靡，務於儉約。按其不法，以視好惡。其化大行，户口增倍。吏民親愛，號曰「召父」。徵爲少府。請諸離宫稀幸者勿復治，省樂府諸戲及太官不時非法之物，歲省費數千萬。

夏，封甘延壽爲義成侯，賜陳湯爵關内侯。初，石顯嘗欲以姊妻甘延壽，延壽不取。而陳湯素貪，所鹵獲財物入塞，多不法。司隸校尉移書道上，繫吏士按驗之。湯上疏言：「臣與吏士共誅郅支單于，幸得禽滅，萬里振旅，宜有使者迎勞道路。今司隸反逆收繫按驗，是爲郅支報讎也。」上立出吏士，令縣道具酒食以過軍。既至，論功，石顯、匡衡以爲：「延壽、湯擅興師矯制，幸得不誅。如復加爵土，則後奉使者爭欲乘危徼幸，生事於蠻夷，爲國招難。」帝内嘉延壽、湯功而重違衡、顯之議，久之不決。劉向上疏曰：「郅支單于囚殺使者，暴揚外國，傷威毀重。陛下赫然欲誅之，意未嘗有忘。都護延壽、副校尉湯，承聖指，倚神靈，出百死，入絶域，遂陷康居，屠三重城，斬郅支之首，埽谷吉之耻，且使呼韓喜懼，稽首來賓，願守北藩，累世稱臣。勳莫大焉。論大功者，不録小過；舉大美者，不疵細瑕。司馬法曰：『軍賞不踰月。』欲民速得爲善之利也。李廣利捐五萬之師，靡億萬之費，經四年之勞，而僅獲駿馬三十匹，雖斬宛王，其私罪惡甚多。孝武以爲萬里征伐，不録其過，遂封拜兩侯、三卿、二千石百有餘人。今康居之國，强於大宛；郅支之號，重於宛王；殺使者罪，甚於留馬。而延壽、湯不煩漢士，不費斗糧，比於貳師，功德百之。且常惠隨欲擊之烏孫，鄭吉迎自來之日逐，猶皆裂土受爵。今二人功高於安遠、長羅，而大功未著，小惡數布，臣竊痛之！宜以時解縣，通籍，除過勿治，尊寵爵位，以勸有功。」於是詔赦延壽、湯，令公卿議封焉。議者以爲宜如軍法捕斬單于令。衡、顯以爲郅支本亡逃失國，竊號絶域，非真單于。帝取鄭吉故事，封千户；衡、顯復争。封延壽爲義成侯，賜湯爵關内侯，食邑各三百户。於是杜欽上疏追訟馮奉世前破莎車功。上以先帝時事，不復録。

荀悦曰：成其功義足封，追録前事可也。春秋之義，毁泉臺則惡之，舍中軍則善之，各由其宜也。夫矯制之事，先王之所慎也，不得已而行之。若矯大而功小者，罪之可也；矯小而功大者，賞之可也；功過相敵，如斯而已可也。權其輕重而爲之制宜焉。

胡氏曰：甘延壽、陳湯、馮奉世矯制以成功，一也；蕭望之、匡衡以爲不可封者，春秋譏遂事之法也。劉向以爲可封，是未免以功利言耳。如荀悦之論，功則有小大矣，矯有小大乎哉？如甘、陳之材氣，别如任使而厚報之，未晚也。

五月，帝崩。

班彪曰：元帝寬弘恭儉，少而好儒。及即位，徵用儒生，委之以政，貢、薛、韋、匡，迭爲宰相。而上牽制文義，優游不斷，孝宣之業衰焉。

復罷諸寢廟園。匡衡奏言：「前以上體不平，故復諸所罷祠。卒不蒙福。請悉罷勿奉。」奏可。

六月，太子鷔即位。太子少好經書，寬博謹慎。其後幸酒，樂燕樂。而山陽王康有材藝，母又愛幸。上好音樂，或置鼙鼓殿下，自臨軒檻上，隤銅丸以擿鼓，中嚴鼓之節。後宮及左右習知音者莫能爲，而山陽王亦能之，上數稱其材。駙馬都尉史丹進曰：「凡所謂材者，敏而好學，温故知新，皇太子是也。若乃器人於絲竹鼓鼙之間，則是陳惠、李微高於匡衡，可相國也。」於是上嘿然而笑。其後中山哀王薨，太子前弔。王，帝少弟，與太子游學相長大。上悲不能自止，而太子不哀。上大恨曰：「安有人不慈仁，而可奉宗廟爲民父母者乎！」以責謂丹。丹免冠謝曰：「臣誠見陛下哀痛感損，竊戒太子，毋涕泣感傷陛下。臣罪當死。」上意乃解。及寢疾，數問尚書以景帝時立膠東王故事。史丹以親密臣得侍疾，候上間獨寢時，直入卧內，頓首伏青蒲上，涕泣言曰：「皇太子以適長立，積十餘年，名號繫於百姓，天下莫不歸心臣子。今者道路流言，爲國生意，以爲太子有動摇之議。審若此，公卿以下必以死爭，不奉詔。臣願先賜死以示羣臣！」上意感寤，喟然太息曰：「無有此議。且皇后謹慎，先帝又愛太子，吾豈可違指！駙馬都尉安所受此語？」丹即却，頓首曰：「愚臣妄聞，罪當死！」上因納，謂丹曰：「吾病寖加，不能自還，善輔道太子，毋違我意！」丹噓唏而起，太子由是遂定。至是即位。後數月，匡衡上疏曰：「陛下秉至孝，哀傷思慕，不絶於心，未有游虞弋射之宴，誠隆於慎終追遠，無窮已也。竊願陛下雖聖性得之，猶復加聖心焉！臣又聞之師曰：『妃匹之際，生民之始，萬福之原。婚姻之禮正，然後品物遂而天命全。』孔子論詩以關雎爲始，此綱紀之首，王教之端。自上世已來，三代興廢，未有不由此者也。願陛下詳覽得失盛衰之效，采有德，戒聲色，近嚴敬，遠技能，以定大基。臣聞六經者，聖人所以統天地之心，著善惡之歸，明吉凶之分，通人道之正，使不悖於其本性者也。及論語、孝經，聖人言行之要，宜究其意。臣又聞聖王之自爲，動静周旋，物有節文。蓋欽翼祗栗，事天之容也；温恭敬遜，承親之禮也；正躬嚴恪，臨衆之儀也；嘉惠和説，饗下之顔也。舉錯動作，物遵其儀，故形爲仁義，動爲法則。今正月初，幸路寢，臨朝置酒，以饗萬方。傳曰：『君子慎始。』願陛下留神動静之節，使羣下得望盛德休光，以立基楨，天下幸甚。」

尊皇太后曰太皇太后，皇后曰皇太后。

以元舅王鳳爲大司馬、大將軍，領尚書事。

秋，七月，葬渭陵。

己丑（前三二）

孝成皇帝建始元年。

春，正月，石顯以罪免歸故郡，道死。丞相、御史奏顯舊惡，免官徙歸故郡，憂懣道死。五鹿充宗左遷玄菟太守。司隸校尉王尊劾奏：「丞相衡、御史大夫譚，知顯等顓權擅勢，大作威福，爲海内患害，不以時白奏行罰；而阿諛曲從，附下罔上，懷邪迷國，無大臣輔政之義，皆不道。在赦令前。赦後，衡、譚舉奏顯，不自陳不忠之罪，而反揚著先帝任用傾覆之徒，妄言『百官畏之，甚於主上』；卑君尊臣，非所宜稱，失大臣體！」於是衡慚懼，免冠謝罪，上丞相、侯印綬。天子以新即位，重傷大臣，乃左遷尊爲高陵令。然羣下多是尊者。衡由是嘿嘿不自安。

有星孛于營室。

封舅王崇爲安成侯，賜譚、商、立、根、逢時爵關内侯。

夏，四月，黄霧四塞。詔博問公卿大夫，無有所諱。諫大夫楊興等對，皆以爲：「陰盛侵陽之氣也。高祖之約，非功臣不侯。今太后諸弟皆以無功爲侯，外戚未曾有也。」大將軍鳳懼，上書辭職，優詔不許。

八月，有兩月相承，晨見東方。

冬，作南、北郊，罷甘泉、汾陰祠。又罷紫壇僞飾、女樂、鸞路、騂駒、龍馬、石壇之屬。皆從匡衡之請也。

庚寅（前三一）

二年。

春，正月，罷雍五畤及陳寶祠。從匡衡之請也。

始親祠南郊。減天下賦錢算四十。

以渭城延陵亭部爲初陵。

三月，始祠后土于北郊。

立皇后許氏。后，車騎將軍嘉之女也。元帝傷母恭哀后居位日淺而遭霍氏之辜，故選嘉女以配太子。上自爲太子時，以好色聞。及即位，皇太后詔采良家女以備後宮。杜欽說王鳳曰：「禮，一娶九女，所以廣嗣重祖也。擧求窈窕，不問華色，所以助德理内也。娣姪雖缺不復補，所以養壽塞爭也。故后妃有貞淑之行，則胤嗣有賢聖之君；制度有威儀之節，則人君有壽考之福。廢而不由，則女德不厭；女德不厭，則壽命不究於高年。男子五十，好色未衰；婦人四十，容貌改前；以改前之容侍於未衰之年，而不以禮爲制，則其原不可救而後徠異態；後徠異態，則正后自疑而支庶有間適之心，是以晉獻納讒，申生蒙辜。今聖主富於春秋，未有適嗣，方鄉術入學，未親后妃之議。將軍宜因始初之隆，建九女之制，詳擇行義之家，求淑女之質，毋必有聲色技能〔六〕，爲萬世大法。夫少戒之在色，小下之作，可爲寒心。唯將軍常以爲憂。」鳳白之，太后以爲故事無有；鳳不能自立法度，循故事而已。

夏，大旱。

匈奴呼韓邪單于死，子復株累若鞮單于立。呼韓邪嬖呼衍王二女，長曰顓渠閼氏，生二子：曰且莫車，曰囊知牙斯；少曰大閼氏，生四子：曰雕陶莫皋，曰且麋胥，皆長於且莫車。呼韓邪欲立且莫車。顓渠閼氏曰：「匈奴亂十年，今平定未久，且莫車年少，百姓未附，不如立雕陶莫皋。」大閼氏曰：「舍貴立賤，後世必亂。」單于卒立雕陶莫皋，約令傳國與弟。

辛卯（前三〇）

三年。

春，三月，赦天下徒。

秋，大雨。京師民訛言大水至。關内大雨四十餘日。京師民相驚，言大水至，犇走相蹂躪，老弱號呼，長安中大亂。大將軍鳳以爲：「太后與上及後宫可御船，令吏民上城避水。」羣臣皆從鳳議。左將軍王商獨曰：「自古無道之國，水猶不冒城郭。今何因當有大水一日暴至，此必訛言。不宜令上城，重驚百姓。」上乃止。有頃稍定，問之，果訛言。上於是美壯商之固守，數稱其議，而鳳大慚恨。

八月，策免大司馬、車騎將軍許嘉。上欲專委任王鳳，故策免嘉。

冬，十二月，朔，日食。夜，地震未央宫殿中。詔舉直言極諫之士。杜欽、谷永上對，皆以爲女寵太盛，嫉妬專上，將害繼嗣之咎。

越嶲山崩。

丞相樂安侯匡衡有罪，免爲庶人。坐多取封邑四百頃，監臨盜所主守直十金以上，免爲庶人。

壬辰（前二九）

四年。

春，正月，隕石于亳四，于肥累二。

罷中書宦官，初置尚書員五人。

胡氏曰：武帝置中書宦官，三世不易。恭、顯之時，權移人主，豈易動哉。至是一朝廢罷，何其用力之省也。蓋政歸元舅，勢隆外家，而廢置不出於人主也。事雖盡善，而其所以則不徒然矣。

以王商爲丞相。

夏，四月，雨雪。復召直言極諫之士，詣白虎殿對策。是時上委政王鳳，議者多歸咎焉。谷永知鳳方見柄用，陰欲自託，乃曰：「方今四夷賓服，皆爲臣妾。諸侯大者乃食數縣，漢吏制其權柄，百官盤互，親疏相錯，骨肉大臣小心畏忌，有申伯之忠，無重合、安陽之亂。三者無毛髮之辜，竊恐陛下舍昭昭之白過，聽晻昧之瞽說，歸咎無辜，倚異政事，重失天心，不可之大者也。陛下誠深察愚言，抗湛溺之意，解偏駮之愛，奮乾剛之威，平天覆之施，使列妾得人人更進，益納宜子婦人，毋擇好醜，毋避嘗字，以慰釋皇太后之憂慍，解謝上帝之譴怒，則繼嗣蕃滋，災異訖息矣。」杜欽亦倣此意。上皆以其書示後宮，以永爲光禄大夫。

秋，桃李實。御史中丞薛宣上疏曰：「陛下至德仁厚，而嘉氣尚凝，陰陽不和，殆吏多苛政，部刺史或不循守條職，舉錯各以其意，多與郡縣事，至開私門，聽讒佞，以求吏民過失〔七〕，譴呵及細微，責義不量力。郡縣相迫促，亦内相刻，流至衆庶。是故鄉黨闕於嘉賓之懽，九族忘其親親之恩，飲食周急之厚彌衰，送往勞來之禮不行。夫人道不通，則陰陽否隔，和氣不興，未必不由此也。方刺史奏事時，宜明申敕，使昭然知本朝之要務。」上嘉納之。

河決。先是清河都尉馮逡奏言：「郡承河下流，土壤輕脆易傷，頃所以闊無大害者，以屯氏河通兩川分流也。今屯氏河塞，靈鳴犢口又益不利，獨一川兼受數河之任，雖高增隄防，終不能泄。如有霖雨，旬日不霽，必盈溢。九河今既難明，屯氏河絶未久，其處易浚。又其口所居高，於以分殺水力，道里便宜，可復浚以助大河，泄暴水，備非常。不豫修治，北決病四五郡，南決病十餘郡，然後憂之，晚矣！」事下丞相、御史，以爲方用度不足，可且勿浚。至是大雨水十餘日，河果決東郡金隄。凡灌四郡三十二縣，水居地十五萬餘頃，深者三丈，壞敗官亭、室廬且四萬所。

以王尊爲京兆尹。南山羣盜數百人爲吏民害。詔逐捕，歲餘不能禽。或說大將軍鳳選賢京兆尹。於是鳳薦尊爲京輔都尉，行尹事。旬月間，盜賊清。拜京兆尹。

大將軍鳳奏以陳湯爲從事中郎。上即位之初，丞相匡衡復奏陳湯奉使顓命，盜所收康居財物。湯坐免。後以言事不實，下獄當死。谷永上疏訟湯曰：「戰克之將，國之爪牙，不可不重。故君子聞鼓鼙之聲，則思將帥之臣。湯前斬郅支，威震百蠻，武暢西海〔八〕。今坐言事非是，幽囚久繫，執憲之吏欲致之大辟。周書曰：『記人之功，忘人之過，宜爲君者也。』夫犬馬有勞於人，尚加帷蓋之報，況國之功臣者哉！竊恐陛下忽於鼙鼓之聲，不察周書之意，而忘帷蓋之施，庸臣遇湯，卒從吏議，非所以厲死難之臣也。」書奏，詔出湯，奪爵爲士伍。會西域都護段會宗爲烏孫所圍，驛騎上書，願發城郭、燉煌兵以自救；大將軍鳳言：「湯多籌策，習外國事，可問。」上召湯見宣室。湯擊郅支時中寒，病兩臂不屈申。有詔毋拜，示以會宗奏。湯對曰：「臣以爲此必無可憂也。」上曰：「何以言之？」湯曰：「夫胡兵五而當漢兵一，何者？兵刃朴鈍，弓弩不利。今聞頗得漢巧，然猶三而當一。又兵法曰：『客倍而主人半，然後敵。』今圍會宗者人衆不足以勝會宗，唯陛下勿憂！且兵輕行五十里，重行三十里。今發城郭、燉煌，歷時乃至，所謂報讎之兵，非救急之用也。」上曰：「度何時解？」湯知烏孫瓦合，不能久攻，故事不過數日，因對曰：「已解矣。」屈指計其日，曰：「不出五日，當有吉語聞。」居四日，軍書到，言已解。大將軍鳳奏以爲從事中郎，莫府事壹決於湯。

癸巳(前二八)

河平元年。

春，以王延世爲河隄使者，塞決河。杜欽薦王延世爲河隄使者。延世以竹落長四丈，大九圍，盛以小石，兩船夾載而下之。三十六日，隄成。賜延世爵關内侯。

夏，四月，晦，日食。詔百官陳過失。時許皇后專寵，後宮希得進見，中外皆憂上無繼嗣，故劉向、杜欽、谷永皆以爲言。上於是減省椒房掖廷用度，皆如竟寧以前故事。皇后上疏自陳，以爲：「時世異制，長短相補，不出漢制而已。纖微之間未必可同也。今家吏不曉，壹受詔如此，且使妾摇手不得，唯陛下察焉。」上於是采谷永等言報之，且曰：「吏拘於法，亦安足過。蓋矯枉者過直，古今同之。且財幣之省，其於皇后，所以扶助德美，爲華寵也。傳不云乎：『以約失之者鮮。』孝文皇帝，朕之師也。皇太后、皇后成法也。皇后其刻心秉德，謙約爲右，垂則列妾，使有法焉！」

秋，復太上皇寢廟園。給事中平當言：「太上皇，漢之始祖，廢其寢廟園，非是。」上亦以無繼嗣，遂納當言。

減死刑，省律令。詔曰：「今大辟之刑千有餘條，律令煩多，百有餘萬言。奇請、它比，日以益滋，自明習者不知所由，欲以曉喻衆庶，不亦難乎！其議減死刑及可蠲除約省者，令較然易知，條奏。」時有司不能廣宣上意，徒鉤摭微細，毛舉數事以塞詔而已。

甲午（前二七）

二年。

春，正月，匈奴遣使朝獻。匈奴遣右皋林王伊邪莫演奉獻，罷歸，自言：「欲降，即不受我，我自殺，終不敢還。」使者以聞，下公卿議。議者或言：「宜如故事，受其降。」谷永、杜欽以爲：「漢興，匈奴數爲邊害，故設金爵之賞以待降者。今單于稱臣朝賀，無有二心。接之宜異於往時。今既享其聘貢之質，而更受其逋逃之臣，是貪一夫之得而失一國之心，擁有罪之臣而絶慕義之君也。假令單于初立，欲委身中國，未知利害，使之詐降以卜吉凶。受之，虧德沮善，令單于自疏，不親邊吏。或者設爲反間，欲因而生隙，受之，適合其策，使得歸曲而責直。此誠邊境安危之原，師旅動静之首，不可不詳也。不如勿受，以昭日月之信，抑詐諼之謀，懷附親之心，便。」上從之，遣問降狀，伊邪莫演曰：「我病狂，妄言耳。」遣去。歸，到官位如故，不肯令見漢使。

沛郡鐵官冶鐵飛。

夏，楚國雨雹。大如釜。

徙山陽王康爲定陶王。

悉封諸舅爲列侯。王譚爲平阿侯、商爲成都侯、立爲紅陽侯、根爲曲陽侯、逢時爲高平侯。五人同日封，故世謂之五侯。

免京兆尹王尊官，復以爲徐州刺史。御史大夫張忠奏京兆尹王尊罪，尊坐免官。吏民多稱惜之。湖三老公乘興等上書訟：「尊治京兆，盡節勞心，夙夜思職，撥劇整亂，誅暴禁邪，皆前所希有。今御史奏尊『傷害陰陽，爲國家憂，靖言庸違，象龔滔天』。原其所以，出御史丞楊輔，素與尊有私怨，外依公事，傅致奏文，臣等竊痛傷。尊修身潔己，砥節首公，刺譏不憚將相，誅惡不避豪强，功著職修，威信不廢。昨以京師廢亂，選用爲卿；賊亂既除，即以佞巧廢黜。一尊之身，三期之間，乍賢乍佞，豈不甚哉！願下公卿、大夫、博士、議郎定尊素行。審如御史章，尊乃當伏觀闕之誅，放於無人之域，不得苟免。及任舉尊者，當獲選舉之辜，不可但已。即不如章，飾文深詆以愬無罪，亦宜有誅，以懲讒賊之口，絕欺詐之路。」於是復以尊爲徐州刺史。

西夷相攻。以陳立爲牂柯太守，討平之。夜郎王興、鉤町王禹、漏卧侯俞更舉兵相攻。議者以爲道遠不可擊，乃遣太中大夫張匡持節和解。興等不從命。杜欽説大將軍鳳曰：「蠻夷輕易漢使，不憚國威，恐議者選耎，復守和解；則復曠一時，使彼得收獵其衆，以相殄滅。自知罪成，狂犯守尉，遠臧温暑毒草之地；雖有孫、吴將，賁、育士，若入水火，往必焦没，智勇亡所施。宜因其罪惡未成，未疑漢家加誅，陰敕旁郡守尉練士馬，大司農豫調穀積要害處，選任職太守往，以秋涼時入，誅其王侯尤不軌者。即以爲不毛之地，無用之民，不以勞中國，宜罷郡，放棄其民，絕其王侯勿復通。如以先帝所立累世之功不可墮壞，亦宜因其萌牙，早斷絕之。及已成形然後戰師，則萬姓被害。」鳳於是薦陳立爲牂柯太守。立至諭告興，興又不從。立乃從吏數十人出行縣，至興國，召興至，立數責，因斷頭。出曉士衆，以興頭示之，皆釋兵降。禹、俞震恐，入粟牛羊勞吏士。西夷遂平。

乙未（前二六）

三年。

春，正月，楚王囂來朝。楚孝王囂，宣帝子，上叔父也。詔以其素行純茂，特加顯異，封其子勳爲廣戚侯。

二月，犍爲地震，山崩，壅江水逆流。

秋，八月，晦，日食。

求遺書。上以中祕書頗散亡，使謁者陳農求遺書於天下。詔光禄大夫劉向校之。向以王氏權位太盛，而上方嚮詩、書古文，乃因尚書洪範，集合上古以至秦、漢符瑞災異之記，推迹行事，連傳禍福，著其占驗，比類相從，各有條目，凡十一篇，號曰洪範五行傳論，奏之。天子心知向忠精，故爲鳳兄弟起此論也。然終不能奪王氏權。

河復決，復命王延世塞之。河復決平原，流入濟南、千乘，所壞敗者半建始時。復遣王延世作治，六月乃成。

丙申（前二五）

四年。

春，正月，匈奴單于來朝。丞相王商多質，有威重，容貌絶人。單于來朝，拜謁商，仰視，大畏之，遷延却退。上聞而歎曰：「真漢相矣。」

三月，朔，日食。

夏，四月，詔收丞相、樂昌侯王商印綬。商以憂卒。琅邪太守楊肜與王鳳連昏，其郡有災害，商按問之。鳳以爲請，商不聽，竟奏免肜，奏請不下。鳳以是怨商，陰求其短，使人告商淫亂事，天子以爲暗昧之過，不足以傷大臣。鳳固争，下其事司隸。太中大夫張匡，素佞巧，復上書極言詆商。有司奏請召詣詔獄。上素重商，知匡言多險，制曰：「勿治！」鳳固争之。詔收商丞相印綬。商免相三日，發病，歐血薨，謚戾侯。子弟親屬皆出補吏，莫得留給事宿衛者。有司奏請除國邑，召子安嗣侯。

以張禹爲丞相。上爲太子，受論語於禹。及即位，賜爵關内侯，拜光禄大夫、給事中。與王鳳共領尚書，禹内不自安，數病，上書欲退避鳳，上不許，撫待愈厚，遂以爲相。

罽賓遣使來獻。初，武帝通西域，罽賓自以絶遠，漢兵不能至，獨不服，數剽殺漢使。遣使來謝，孝元以絶域不録，絶而不通。及帝即位，復遣使獻謝罪。漢欲遣使者報送其使。杜欽説王鳳曰：「中國所以爲通厚蠻夷，愿快其求者，爲壤比而爲寇也。今縣度之阸，非罽賓所能越也；其鄉慕，不足以安西域；雖不附，不能危城郭。前親逆節，惡暴西域，故絶而不通。今悔過來，而無親屬貴人，奉獻者皆行賈賤人，欲通貨市買，以獻爲名，故煩使者送至縣度，恐失實見欺。起皮山，南更不屬漢之國四、五，時爲所侵盗。又歷大小頭痛之山，赤土、身熱之阪，令人身熱無色，頭痛嘔吐。又有三池磐、石阪道，陿者尺六七寸，長者徑三十里，臨峥嶸不測之深，行者騎步相持，繩索相引，二千餘里，乃到縣度。險阻危害，不可勝言。聖王分九州，制五服，務盛內，不求外。今遣使者承至尊之命，送蠻夷之賈，勞吏士，涉危難，罷敝所恃，以事無用，非久長計也。使者業已受節，可至皮山而還。」於是鳳白從欽言。罽賓實利賞賜賈市，其使數年而一至云。

山陽火生石中。詔改明年元曰陽朔。

丁酉(前二四)

陽朔元年。

春，二月，晦，日食。

冬，下京兆尹王章獄，殺之。時大將軍鳳用事，上謙讓無所顓。左右嘗薦劉向少子歆，召見說之，欲以爲中常侍，召取衣冠，臨當拜，左右皆曰：「未曉大將軍。」上曰：「此小事，何須關大將軍。」左右扣頭爭之，上於是語鳳，鳳以爲不可。乃止。王氏子弟分據勢官，滿朝廷。杜欽見鳳專政泰重，戒之曰：「願將軍由周公之謙懼，損穰侯之威，放武安之欲，毋使范雎之徒得間其說。」鳳不聽。時上無繼嗣，體常不平。定陶共王來朝，太后與上承先帝意，遇共王甚厚，不以往事爲纖介，留之京師。上謂共王：「我未有子，人命不諱，一朝有它，且不復相見，爾長留侍我矣。」後疾有瘳，共王因留國邸，上甚親重之。鳳心不便，會日食，因言：「日食，陰盛之象。定陶王當奉藩在國；今留侍京師，詭正非常，故天見戒，宜遣之國。」上不得已於鳳而許之。王辭去，上與涕泣而決。王章素剛直敢言，雖爲鳳所舉，非鳳專權，不親附鳳，乃奏封事，言：「日食之咎，皆鳳專權蔽主之過。」召見延問，對曰：「天道聰明，佑善而災惡，以瑞異爲符效。陛下以未有繼嗣，近引定陶王，所以承宗廟，重社稷，上順天心，下安百姓，此正議善事，當有祥瑞，何故致災異。災異之發，爲大臣顓政者也。今聞大將軍猥歸日食之咎於定陶王，建遣之國，苟欲使天子孤立於上，顓擅朝事以便其私，非忠臣也。且日食，陰侵陽，臣顓君之咎。今政事大小皆自鳳出，天子曾不壹舉手，鳳不內省責，反歸咎善人，推遠定陶王。且鳳誣罔不忠，非一事也。前丞相商，內行篤，有威重，位歷將相，國家柱石臣也，守正不隨，爲鳳所罷，身以憂死，衆庶愍之。又鳳知其小婦弟張美人已嘗適人，於禮不宜配御至尊，託以爲宜子，內之後宮，苟以私其妻弟。且羌、胡尚殺首子以盪腸正世，況於天子，而近已出之女也！此三者皆大事，陛下所自見，足以知其餘及它所不見者。鳳不可令久典事，宜退使就第，選忠賢以代之！」自鳳之白罷商，後遣定陶王也，上不能平。及聞章言，感寤納之，謂章曰：「微京兆尹直言，吾不聞社稷計。且唯賢知賢，君試爲朕求可以自輔者。」於是章薦琅邪太守馮野王忠信質直，智謀有餘。上自爲太子時，數聞野王名，方倚欲以代鳳。章每召見，上輒辟左右。時鳳從弟子音侍中，獨側聽，聞章言，以語鳳。鳳甚憂懼。杜欽令鳳稱病出就第，上疏乞骸骨，辭指甚哀。太后聞之，垂涕不食。上少而親倚鳳，弗忍廢，乃優詔報鳳，强起之。於是鳳起視事。上使尚書劾章：「知野王前以王舅出補吏，而私薦之，阿附諸侯。又知張美人體御至尊，而妄稱引羌、胡殺子盪腸，非所宜言。」下章吏。廷尉致其大逆罪，章竟死獄中，妻子徙合浦。自是公卿見鳳，側目而視。野王懼不自安，遂病。滿三月，賜告，歸杜陵就醫藥。鳳風御史劾奏：「野王賜告養病而私自便，持虎符出界歸家，奉詔不敬。」

杜欽曰：「二千石病，賜告得歸，有故事。不得去郡，亡著令。傳曰：『賞疑從予。』所以廣恩勸功也，『罰疑從去』，所以慎刑，闕難知也。今釋令與故事而假不敬之法，甚違『闕疑從去』之意。即以二千石守千里之地，任兵馬之重，不宜去郡，將以制刑爲後法者，則野王之罪在未制令前。刑賞大信，不可不慎。」鳳不聽，竟免野王官。時衆庶多冤王章譏朝廷者，欽欲救其過，復説鳳舉直言極諫，並見郎從官，展盡其意，加於往前，以明示四方，使天下咸知主上聖明，不以言罪下也。鳳行其策。

以薛宣爲左馮翊。宣爲郡，所至有聲迹。宣子惠爲彭城令，宣嘗過其縣，心知惠不能，不問以吏事。或問宣，何不教戒惠以吏職。宣笑曰：「吏道以法令爲師，可問而知。及能與不能，自有資材，何可學也！」宣爲馮翊，屬令有楊湛、謝游，皆貪猾不遜。宣察湛有改過之效，乃密書曉之。游自以大儒，輕宣，乃獨移書顯責之。二人得檄，皆解印綬去。又頻陽多盜，令薛恭本孝者，職不辦。粟邑僻小易治，令尹賞久用事吏，宣即奏二人換縣。數月，兩縣皆治。宣得吏民罪名，即告其縣長吏，使自行罰。曰：「不欲代縣治，奪賢令長名也。」宣賞罰明，用法平而必行，所居皆有條教可紀。性密静有思，下至財用筆研，皆用設方略，利用而省費。

戊戌（前二三）

二年。

夏，四月，以王音爲御史大夫。於是王氏愈甚，郡國守相、刺史皆出其門。五侯羣弟爭爲奢侈，賂遺珍寶，四面而至，皆通敏人事，好士養賢，傾財施予以相高尚，賓客競爲之聲譽。劉向謂陳湯曰：

「今災異如此，而外家日盛，其漸必危劉氏。吾幸得以同姓末屬，累世蒙漢厚恩，身爲宗室遺老，歷事三主。上以我先帝舊臣，每進見，常加優禮。吾而不言，孰當言者！」遂上封事極諫曰：「臣聞人君莫不欲安，然而常危；莫不欲存，然而常亡。失御臣之術也。夫大臣操權柄，持國政，未有不爲害者也。今王氏一姓，乘朱輪華轂者二十三人，大將軍秉事用權，五侯驕奢僭盛，並作威福，擊斷自恣，行汙而寄治，身私而託公，依東宮之尊，假甥舅之親，以爲威重。尚書、九卿、州牧、郡守，皆出其門，筦執樞機，朋黨比周。稱譽者登進，忤恨者誅傷；游談者助之說，執政者爲之言。排擯宗室，孤弱公族，其有智能者，尤非毀而不進，不令得給事朝省，恐其與己分權。數稱燕王、蓋主以疑上心，避諱吕、霍而弗肯稱。內有管、蔡之萌，外假周公之論，兄弟據重，宗族磐互，外戚僭貴未有如王氏者也。物盛必有非常之變先見，爲其人微象。王氏先祖墳墓在濟南者，其梓柱生枝葉，扶疏上出屋，根臿地中。事勢不兩大，王氏與劉氏亦且不並立，如下有泰山之安，則上有累卵之危。陛下爲人子孫，守持宗廟，而令國祚移於外親，降爲皂隸，縱不爲身，奈宗廟何！婦人內夫家而外父母家，此亦非皇太后之福也。宜發明詔，援近宗室，黜遠外戚。王氏永存，保其爵禄；劉氏長安，不失社稷，所以褒睦外內之姓，子子孫孫無疆之計也。如不行此策，田氏復見於今，六卿必起於漢，爲後嗣憂，昭昭甚明。唯陛下深留聖思。」書奏，天子召見向，嘆息悲傷其意，曰：「君且休矣，吾將思之。」然終不能用其言。

秋，關東大水。

定陶王康卒。謚曰恭。

徙信都王興爲中山王。

己亥(前二二)

三年。

春，三月，隕石東郡八。

夏，六月，潁川鐵官徒作亂，討平之。潁川鐵官徒申屠聖等百八十人殺長吏，盗庫兵，自稱將軍，經歷九郡。遣丞相長史、御史中丞逐捕，以軍興從事，皆伏辜。

秋，八月，大司馬、大將軍鳳卒。九月，以王音爲大司馬、車騎將軍。詔王譚位特進，領城門兵。鳳疾病，上臨問之，執手涕泣曰：「將軍病，如有不可言，平阿侯譚次將軍矣。」鳳頓首泣曰：「譚等雖至親，行皆奢僭，不如御史大夫音謹敕，臣敢以死保之。」初，譚倨，不肯事鳳，而音敬鳳，卑恭如子，故鳳薦之。鳳薨，上以音代鳳，而詔譚領城門兵。由是譚、音相與不平。

庚子(前二一)

四年。

夏，四月，雨雪。

以王駿爲京兆尹。先是，京兆有趙廣漢、張敞、王尊、王章，至駿，皆有能名。故京師稱曰：「前有趙、張，後有三王。」

校勘記

〔一〕盡庚子漢成帝陽朔四年　「四」原作「元」，據月崖本、成化本、殿本及下文改。

〔二〕都尉欲留雕庫爲質　「欲」，殿本作「即」。通鑑卷二六漢紀十八漢宣帝神爵元年六月同殿本。

〔三〕充國乃引兵至先零在所　「在所」原作「所在」，據殿本、漢書卷六九趙充國傳、通鑑卷二六漢紀十八漢宣帝神爵元年七月乙正。

〔四〕有仁義欲利之心　「仁」，漢書（中華書局校點本）卷七八蕭望之傳校改爲「好」。

〔五〕十一月　「一」字原脱，據成化本、殿本、通鑑卷二九漢紀二十一漢元帝永光四年十一月乙丑補。

〔六〕毋必有聲色技能　「有」字原脱，據成化本、殿本、通鑑卷三〇漢紀二十二漢成帝建始二年補。

〔七〕以求吏民過失　「失」字原脱，據月崖本、成化本、殿本、漢書卷八三薛宣傳補。

〔八〕武暢西海　「西」原作「四」，據漢書卷七〇陳湯傳、通鑑卷三〇漢紀二十二漢成帝建始四年改。

資治通鑑綱目卷七

起辛丑漢成帝鴻嘉元年，盡壬戌漢平帝元始二年，凡二十二年。

辛丑(前二〇)

鴻嘉元年。

春，正月，以薛宣爲御史大夫。御史大夫缺，谷永言：「帝王之德，莫大於知人；知人則百僚任職，天工不曠。御史大夫任重職大，非庸材所能堪。少府宣達於從政，舉錯時當，經術文雅，足以謀王體，斷國論，身兼數器。唯陛下留神考察。」上從之。

二月，更以新豐戲鄉爲昌陵縣，奉初陵。

帝始爲微行。上始爲微行，從期門郎或私奴，或乘小車，或皆騎，出入市里郊野，遠至旁縣，鬭鷄走馬，常自稱富平侯家人。富平侯者，侍中張放也，寵幸無比，故假稱之。

三月，丞相禹罷。夏，四月，以薛宣爲丞相。禹以老病罷，朝朔望，位特進，賞賜甚厚。宣爲相，官屬譏其煩碎無大體，不稱賢也。

匈奴復株累單于死，弟搜諧若鞮單于立。

壬寅（前一九）

二年。

春，三月，飛雉集未央宫承明殿。博士行大射禮。有飛雉集于庭，登堂而雊；又集太常、宗正、丞相、御史、車騎府，又集未央宫承明殿。王音言曰：「天地之氣，以類相應；譴告人君，甚微而著。雉者聽察，先聞雷聲，故經載高宗雊雉之異，以明轉禍爲福之驗。令以博士行禮之日，大衆聚會，飛集於庭，歷階登堂，歷三公之府，典宗廟骨肉之官，然後入宫，其宿留告曉人，具備深切。雖人道相戒，何以過是。」後帝使詔音曰：「聞捕得雉，毛羽頗摧折，類拘執者，得無人爲之？」音復對曰：「陛下安得亡國之語！不知誰主爲佞讇之計，誣亂聖聽如此。陛下即位十五年，繼嗣不立，日日駕車而出，失行流聞，海内傳之，甚於京師。皇天數見災異，欲人變更，尚不能感動陛下，臣子何望！獨有極言待死，命在朝暮而已。如有不然，老母安得處所，尚何皇太后之有！高祖天下當以誰屬乎！宜謀於賢智，克己復禮，以求天意，則繼嗣尚可立，災變尚可銷也。」

夏，徙郡國豪桀于昌陵。初，元帝儉約，渭陵不復徙民起邑。帝起初陵，數年後，樂霸陵曲亭南，更營之。將作大匠解萬年奏請爲初陵，徙民起邑。上從其言，起昌陵邑，徙郡國豪桀五千户于昌陵。

五月，隕石于杜郵三。

癸卯（前一八）

三年。

夏，大旱。

王氏五侯有罪，詣闕謝，赦不誅。王氏五侯爭以奢侈相尚。商嘗病，欲避暑，從上借明光宮。後又穿城引水，注第中大陂以行船。上幸商第，見而銜之。後微行出，過曲陽侯第，又見園中土山漸臺，象白虎殿，於是怒，以讓車騎將軍音。商、根欲自黥、劓以謝太后。上大怒，使尚書責問司隸、京兆，知商等奢僭不軌，阿縱不舉奏，又賜音策書曰：「外家何甘樂禍敗！而欲自黥、劓，相戮辱於太后前，傷慈母之心，以危亂國家！今將一施之，君其召諸侯，令待府舍！」是日，詔尚書奏文帝時誅將軍薄昭故事。音藉稾請罪，商、立、根皆負斧質謝，良久乃已。上特欲恐之，實無意誅也。

冬，十一月，廢皇后許氏。初，許皇后與班倢伃皆有寵。上嘗遊後庭，欲與倢伃同輦，辭曰：「觀古圖畫，聖賢之君皆有名臣在側，三代末主乃有嬖妾。今欲同輦，得無近似之乎！」上善其言而止。太后聞之，喜曰：「古有樊姬，今有班倢伃。」後上微行過陽阿主家，悦歌舞者趙飛燕，召入宫，大幸。有女弟，復召入，姿性尤醲粹，左右見之，皆嘖嘖嗟賞。有宣帝時披香博士淖方成在帝後，唾曰：「此禍水也，滅火必矣！」姊、弟俱爲倢伃，貴傾後宫。於是僭告許皇后、班倢伃祝詛主上，許后廢處昭臺宫，考問班倢伃，對曰：「妾聞『死生有命，富貴在天』。修正尚未蒙福，爲邪欲以何望！使鬼神有知，不受不臣之愬；如其無知，愬之何益，故不爲也。」上善其對，赦之，倢伃恐久見危，乃求共養太后於長信宫。上許焉。

廣漢鄭躬等作亂。

甲辰(前一七)

四年。

秋，河水溢。勃海、清河、信都河水湓溢，灌縣邑三十一，敗官亭民舍四萬餘所。平陵李尋等奏言：「議者常欲求索九河故迹而穿之，今因其自決，可且勿塞，以觀水勢；河欲居之，當稍自成川，跳出沙土。然後順天心而圖之，必有成功，而用財力寡。」於是遂止不塞。朝臣數言百姓可哀，上遣使者處業振贍之。

冬，以趙護爲廣漢太守，討鄭躬等，平之。鄭躬等犯歷四縣，衆且萬人，州郡不能制。至是以護爲廣漢太守，發郡兵擊之，或相捕斬除罪，旬月平。

王譚卒。詔王商位特進，領城門兵。平阿侯譚薨。上悔前廢之，乃復詔成都侯商，以特進領城門兵，置幕府，得舉吏如將軍。杜鄴説音：「宜承聖意，加異往時，每事凡議，必與及之。」音由是與商親密。

乙巳(前一六)

永始元年。

夏，四月，封趙臨爲成陽侯。下諫大夫劉輔獄，爲鬼薪論。上欲立趙倢伃爲皇后，皇太后嫌其所出微甚，難之。太后姊子淳于長往來通語，歲餘乃許之。上先封倢伃父臨爲成陽侯。諫大夫劉輔上言：「臣聞天之所興，必先賜以符瑞；天之所違，必先降以災變，此自然之占驗也。昔武王、周公，承順天地以饗魚烏之瑞，然猶君臣祇懼，動色相戒。況於季世，不蒙繼嗣之福，屢受威怒之異者虖！雖夙夜自責，改過易行，畏天命，念祖業，妙選有德之世，考卜窈窕之女，以承宗廟，順神祇心，塞天下望，子孫之祥，猶恐晚暮。今乃觸情縱欲，傾於卑賤之女，欲以母天下，不畏于天，不媿于人，惑莫大焉。里語曰：『腐木不可以爲柱，婢人不可以爲主。』天人之所不予，必有禍而無福，市道皆共知之，朝廷莫肯一言，臣竊傷心，不敢不盡死。」書奏，詔收縛繫掖庭祕獄。於是將軍辛慶忌、廉褒，光禄勳師丹，太中大夫谷永俱上書曰：「臣聞明主垂寬容之聽，不罪狂狷之言，然後百僚竭忠，不懼後患。竊見劉輔前以縣令求見，擢爲諫大夫，旬月之間下祕獄。臣等愚以爲輔幸得託公族之親，在諫臣之列，新從下土來，未知朝廷體，獨觸忌諱，不足深過。如有大惡，宜暴治理官，與衆共之。今天心未豫，災異屢降，水旱迭臻，方當隆寬廣問，褒直盡下之時也，而行慘急之誅，於諫爭之臣，震驚羣下，失忠直心。假令輔不坐直言，所坐不著，天下不可户曉。公卿以下，見陛下進用輔亟而折傷之暴，人有懼心，精鋭銷耎，莫敢盡節忠言，非所以昭有虞之聽，廣德美之風。臣等竊深傷之，唯陛下留神省察。」上乃徙繫輔共工獄，减死一等，論爲鬼薪。

五月，封太后弟子莽爲新都侯。太后兄弟八人，獨弟曼早死，不侯；子莽幼孤，不及等比。其羣兄弟皆將軍、王侯子，乘時侈靡，以輿馬聲色佚游相高。莽因折節爲恭儉，勤身博學，被服如儒生。事母及寡嫂，養孤兄子，行甚敕備。又外交英俊，内事諸父，曲有禮意。大將軍鳳病，莽侍疾，親嘗藥，亂首垢面，不解衣帶連月。鳳且死，以託太后及帝，拜黄門郎。久之，成都侯商又請分户邑封莽。當世名士戴崇、金涉、陳湯亦咸爲莽言，由是封爲新都侯，遷騎都尉、光禄大夫、侍中。宿衛謹敕，爵位益尊，節操愈謙。振施賓客，家無所餘。收贍名士，交結將相。故在位更推薦之，虚譽隆洽，傾其諸父矣。敢爲激發之行，處之不慚恧。嘗私買侍婢，昆弟怪之，莽因曰：「後將軍朱子元無子，莽聞此兒種宜子，爲買之。」即日以婢奉博，其匿情求名如此。

六月，立倢伃趙氏爲皇后。后既立，寵少衰；而其女弟絶幸，爲昭儀，居昭陽宫，皆以黄金、白玉、明珠、翠羽飾之，自後宫未嘗有焉。后居别館，多通侍郎、宫奴多子者，然卒無子。光禄大夫劉向以爲王教由内及外，自近者始。於是採取詩、書所載賢妃、貞婦興國顯家，及孽嬖爲亂亡者，序次爲列女傳，及采傳記行事，著新序、説苑，奏之。數上疏言得失，陳法戒。上雖不能盡用，然内嘉其言，常嗟嘆之。

秋，七月，詔罷昌陵，反故陵，勿徙吏民。昌陵制度奢泰，久而不成。劉向上疏曰：「自古及今，未有不亡之國。孝文皇帝嘗美石椁之固，張釋之曰：『使其中有可欲，雖錮南山猶有隙。』夫死者無終極，而國家有廢興，故釋之之言爲無窮計也。黄帝、堯、舜、禹、湯、文、武、周公，丘壟皆小，葬具甚微。其賢臣孝子亦承命順意而薄葬之，此誠奉安君父忠孝之至也。孔子葬母於防，墳四尺。延陵季子葬其子，封墳掩坎，其高可隱。故仲尼孝子而延陵慈父，舜、禹忠臣，周公弟弟，其葬君親骨肉皆微薄，非苟爲儉，誠便於體也。秦始皇帝葬於驪山之阿，下錮三泉，上崇山墳。數年之間，項籍燔其宫室營宇，牧兒持火照求亡羊，失火燒其藏椁。是故德彌厚者，葬彌薄；知愈深者，葬愈微。無德寡知，其葬愈厚，丘壠彌高，宫廟甚麗，發掘必速。陛下始營初陵，其制約小，天下莫不稱賢。及徙昌陵，積土爲山，發民墳墓，營起邑居，期日迫卒。以死者爲有知，發人之墓，其害多矣。若其無知，又安用大！謀之賢知則不説，以示衆庶則苦之，若苟以説愚夫淫侈之人，又何爲哉！初陵之模，宜從公卿大夫之議，以息衆庶。」上感其言。初，解萬年自詭昌陵三年可成，卒不能就，羣臣多言其不便者。下有司議，皆曰：「昌陵因卑爲高，度便房猶在平地上。客土之中，淺外不固。卒徒萬數，然脂夜作，取土東山，與穀同賈。故陵因天性，據真土，處勢高敞，旁近祖考，前又已有十年功緒，宜還復故陵，勿徙民，便。」詔曰：「朕執德不固，謀不盡下，過聽萬年言『昌陵三年可成』，作治五年，天下虚耗，百姓罷勞，客土疏惡，終不可成，朕惟其難，怛然傷心。夫『過而不改，是謂過矣』。其罷昌陵，反故陵，勿徙吏民，令天下毋有動揺之心。」

封蕭何六世孫喜爲酇侯。

八月，太皇太后王氏崩。

九月，黑龍見東萊。

是月，晦，日食。

丙午（前一五）

二年。

春，正月，大司馬、車騎將軍音卒。王氏唯音爲修整，數諫正，有忠直節。

二月，星隕如雨。是月晦，日食。谷永爲涼州刺史，奏事京師訖，當之部。上使尚書問永，受所欲言。永對曰：「臣聞王天下、有國家者，患在上有危亡之事而危亡之言不得上聞。如使危亡之言輒上聞，則商、周不易姓而迭興矣。陛下誠垂寬明之聽，無忌諱之誅，使芻蕘之臣，得盡所聞於前，羣臣之上願，社稷之長福也。去年九月，龍見而日食；今年二月，星隕而日食。六月之間，大異四發，三代之末，未嘗有也。臣聞三代所以隕喪者，皆由婦人與羣惡沈湎於酒；秦所以亡者，養生泰奢，奉終泰厚也。二者，陛下兼而有之，臣請略陳其效：建始、河平之際，許、班之貴，熏灼四方，女寵之極，不可上矣。今之後起，什倍於前。廢先帝法度，聽用其言，官秩不當，縱釋王誅，驕其親屬，假之威權，從横亂政，刺舉之吏，莫敢奉憲。又以掖庭獄大爲亂阱，榜箠瘠於炮烙，絶滅人命，主爲趙、李報德復怨。反除白罪，多繫無辜，生入死出者，不可勝數。是以日食再既，以昭其辜。王者先必自絶，然後天絶之。陛下棄萬乘之至貴，樂家人之賤事；厭高美之尊號，好匹夫之卑字。崇聚僄輕無義小人以爲私客，數離深宮之固，挺身相隨，烏集吏民之家，亂服共坐，流湎媟嫚，典門户奉宿衛之臣執干戈而守空宮，公卿百僚不知陛下所在，積數年矣。王者以民爲基，民以財爲本，財竭則下畔，下畔則上亡。是以明王愛養基本，不敢窮極。今陛下輕奪民財，不愛民力，去高敞初陵，改作昌陵，靡敝天下，五年不成而後反故。百姓怨恨，饑饉仍臻。上下俱匱，無以相救。漢興九世，繼體之主，皆承天順道，遵先祖法度。至於陛下，獨違道縱欲，輕身妄行，無繼嗣之福，有危亡之憂。爲人後嗣，守人功業如此，豈不負哉！方今社稷宗廟禍福安危之機在於陛下，陛下誠肯昭然遠寤，專心反道，舊愆畢改，新德既章，則大異庶幾可銷，天命庶幾可復，社稷宗廟庶幾可保。唯陛下留神反覆，熟省臣言。」帝性寬好文辭，而溺於燕樂，皆皇太后與諸舅所常憂。至親難數言，故推永等使因天變切諫，而勸上納用之。永自知有内應，展意無所依違，每言事輒見答禮。至上此對，上大怒。王商密擿永令發去。上使侍御史收永，敕過交道廄者勿追。御史不及永，還。上意亦解。

三月，以王商爲大司馬、衛將軍。

侍中張放以罪左遷北地都尉。上嘗與張放等宴飲禁中，皆引滿舉白，談笑大噱。時乘輿幄坐屏風，畫紂醉踞妲己，作長夜之樂。侍中班伯久疾新起，上顧指畫而問曰：「紂爲無道，至於是虖？」對曰：「書云：『乃用婦人之言。』何有踞肆於朝！所謂衆惡歸之，不如是之甚者也。」上曰：「苟不若此，此圖何戒？」對曰：「『沈湎於酒』，微子所以告去也。『式號式謼』，大雅所以流連也。詩、書淫亂之戒，其原皆在於酒。」上乃喟然歎曰：「吾久不見班生，今日復聞讜言。」放等不懌，稍自引起更衣，因罷出。後上朝東宫，太后泣曰：「帝間顔色瘦黑。班侍中本大將軍所舉，宜寵異之；益求其比，以輔聖德。遣富平侯且就國。」上曰：「諾。」上諸舅聞之，以風丞相、御史，奏放罪惡，請免就國。上不得已，左遷放爲北地都尉。後詔歸侍母疾，復出爲河東都尉。上雖愛放，然上迫太后，下用大臣，故常涕泣而遣之。

冬，十一月，策免丞相宣及御史大夫翟方進。復以方進爲丞相，孔光爲御史大夫。邛成太后之崩，喪事倉卒，吏賦斂以趨辦，上以過丞相、御史。册免宣爲庶人，御史大夫翟方進左遷執金吾。丞相官缺，羣臣多舉方進者；上亦器其能，擢方進爲丞相，以孔光爲御史大夫。方進以經術進，其爲吏，用法刻深，任勢立威，峻文深詆，中傷甚多。有言其挾私詆欺不專平者，上以方進所舉應科，不以爲非也。光，領尚書，典樞機十餘年，守法度，修故事。上有所問，據經法，以心所安而對，不希指苟合。如或不從，不敢强諫争，以是久而安。時有所言，輒削草藁，以爲章主之過以奸忠直，人臣大罪也。有所薦舉，唯恐其人之聞知。沐日歸休，兄弟妻子燕語，終不及朝省政事。或問光：「温室省中樹，皆何木也？」光嘿不應，更答以它語，其不泄如是。

免關内侯陳湯爲庶人，徙燉煌。衛將軍王商惡陳湯，奏湯妄言黑龍冬出，微行數出之應。廷尉奏湯非所宜言，大不敬。詔以湯有功，免爲庶人，徙邊。

賜淳于長爵關内侯。上以趙后之立，長有力焉，德之。詔以長嘗白罷昌陵，下公卿議封之。光禄勳平當以爲：「長雖有善言，不應封爵之科。」當坐左遷鉅鹿太守。遂下詔賜長爵，後竟封爲定陵侯。

丁未（前一四）

三年。

春，正月，晦，日食。

冬，十月，復泰畤、汾陰、五畤、陳寶祠。初，帝用匡衡議，罷甘泉泰畤。其日，大風壞甘泉竹宫，折拔畤中樹木十圍以上百餘。帝異之，以問劉向。對曰：「家人尚不欲絶種祠，况於國之神寶舊畤。且其始立，皆有神祇感應，誠未易動。」上意恨之，又以久無繼嗣，白太后，令詔有司復甘泉泰畤、汾陰后土如故，及雍五畤、陳寶祠、長安及郡國祠著明者，皆復之。是時，上頗好鬼神方術之屬，上書言祭祀方術得待詔者甚衆，祠祭用費多。谷永説上曰：「臣聞明於天地之性，不可惑以神怪；知萬物之情，不可罔以非類。諸背仁義之正道，不遵五經之法言，而盛稱奇怪鬼神，及有僊人，服食不終之藥，遥興輕舉、黄冶變化之術者，皆姦人惑衆，挾左道，懷詐僞，以欺罔世主。聽其言，洋洋滿耳，若將可遇。求之，盪盪如係風捕景，終不可得。是以明王距而不聽，聖人絶而不語。唯陛下距絶此類，毋令姦人有以窺朝者！」上善其言。

楊氏曰：人情狃於禍福而易動，鬼神隱於無形而難知。以易動之情，稽難知之理，而欲正百年之謬，宜乎其難矣！以劉向之賢，猶溺於習見，況餘人乎？

十一月[一]，陳留樊並、山陽鐵官徒蘇令等作亂，皆捕斬之。

故南昌尉梅福上書，不報。福數因縣道上變事，輒報罷。至是復上書曰：「昔高祖納善若不及，從諫若轉圜，聽言不求其能，舉功不考其素，故天下之士雲合歸漢。知者竭其策，愚者盡其慮，勇士極其節，怯夫勉其死。合天下之知，并天下之威，是以舉秦如鴻毛，取楚若拾遺，此高祖所以無敵於天下也。孝文皇帝循高祖之法，加以恭儉，天下治平。孝武皇帝好忠諫，説至言，出爵不待廉茂，慶賜不須顯功，是以天下布衣各厲志竭精以赴闕廷，漢家得賢，於此爲盛。使孝武聽用其計，升平可致。於是積尸暴骨，快心胡、越，故淮南王安緣間而起，所以計慮不成而謀議泄者，以衆賢聚於本朝，故其大臣勢陵，不敢和從也。方今布衣乃窺國家之隙，見間而起者，蜀郡是也。及山陽亡徒蘇令之羣，蹈藉名都大郡，求黨與，索隨和，而亡逃匿之意，此皆輕量大臣，無所畏忌，國家之權輕，故匹夫欲與上爭衡也。士者，國之重器；得士則重，失士則輕。詩云：『濟濟多士，文王以寧。』臣數上書求見，輒報罷。臣聞齊桓之時，有以九九見者，桓公不逆，欲以致大也。今臣所言，非特九九也。陛下距臣者三矣，天下之士所以不至也。今欲致天下之士，有上書者，輒使詣尚書問其所言，言可采取者，秩以升斗之禄，賜以一束之帛。若此，則天下之士，發憤懣，吐忠言，嘉謀日聞於上，天下條貫，國家表裏，爛然可睹矣。夫以四海之廣，士民之數，能言之類至衆多也；然其儁桀指世陳政，言成文章，質之先聖而不繆，施之當世合時務，若此者亦無幾人。故爵禄者，天下之砥石，高祖所以厲世摩鈍也。今陛下既不納天下之言，又加戮焉。夫鳶鵲遭害，則仁鳥增逝；愚者蒙戮，則智士深退。間者愚民上疏，多觸不急之法，或下廷尉而死者衆。自陽朔以來，天下以言爲諱，朝廷尤甚，羣臣皆承順上指，莫有執正。故京兆尹王章，資質忠直，敢面引廷爭，孝元皇帝擢之，以厲具臣而矯曲朝。及至陛下，戮及妻子。折直士之節，結諫臣之舌。羣臣皆知其非，然不敢爭，天下以言爲戒，最國家之大患也！願陛下除不急之法，下無諱之詔，博覽兼聽，謀及疏賤。則往者雖不可及，而來者猶可追也。方今君命犯而主威奪，外戚之權，日以益隆。陛下不見其形，願察其景！建始以來，日食地震，以率言之，三倍春秋，水災亡與比數，陰盛陽微，金鐵爲飛，此何景也？漢興以來，社稷三危：呂、霍、上官，皆母后之家也。親親之道，全之爲右，當與之賢師良傅，教以忠孝之道。今乃尊寵其位，授以魁柄，使之驕逆，至於夷滅，此失親親之大者也。自霍光之賢，不能爲子孫慮，故權臣易世則危。勢陵於君，權隆於主，然後防之，亦無及已。」上不納。

戊申（前一三）

四年。

春，正月，帝如甘泉，郊泰畤。三月，如河東，祠后土。

夏，大旱。

秋，七月，晦，日食。

有司奏梁王立罪，寢不治。梁王立驕恣犯法，相禹奏立怨望，有惡言。有司案驗，因發其與姑姦事，請誅。谷永上疏曰：「臣聞禮，天子外屏，不欲見外，故帝王不聽中冓之言。春秋爲親者諱。今梁王年少，頗有狂病，始以惡言案驗，既無事實，而發閨門之私，非本章所指。王辭又不服，猥傅致之，汙蔑宗室，以内亂之惡，披布宣揚於天下，非所以爲公族隱諱，增朝廷之榮華，昭聖德之風化也。臣愚以爲王少而父同産長，年齒不倫；梁國之富足以招致妖麗，父同産亦有耻辱之心。案事者乃驗問惡言，何故猥自發舒！以三者揆之，殆非人情，疑有所迫切，過誤失言，文吏躡尋，不得轉移。萌芽之時，加恩勿治，上也。既已案驗，宜及王辭不服，詔廷尉更審考清問，著不然之效，爲宗室刷汙亂之耻，甚得治親之誼。」天子由是寢而不治。

以何武爲京兆尹。武爲吏，守法盡公，進善退惡，其所居無赫赫名，去後常見思。武爲刺史，二千石有罪，應時輒奏，其餘賢不肖，敬之如一，是以郡國各重其守相。行部必先即學官見諸生，問以得失，然後入傳舍，問墾田美惡，已，見二千石。

己酉(前一二)

元延元年。

春，正月，朔，日食。

夏，四月，無雲而雷。

秋，七月，有星孛于東井。有流星東南行，四面如雨。上以災變，博謀羣臣。谷永對曰：「王者躬行道德，承順天地，則五徵時序，百姓壽考，符瑞並降。失道妄行，逆天暴物，則咎徵著郵，妖孽並見，饑饉薦臻。終不改寤，惡洽變備，不復譴告，更命有德。此天地之常經，百王之所同也。建始以來，二十載間，羣災大異，交錯鋒起，多於春秋所書。內則爲深宮後庭驕臣悍妾，醉酒狂悖卒起之敗，苑囿街巷臣妾之家，徵舒、崔杼之亂；外則爲諸夏下土，陳勝、項梁奮臂之禍。安危之分界，宗廟之至憂，臣永所以破膽寒心，豫言之累年。下有其萌，然後變見于上，可不致慎！禍起細微，姦生所易。願陛下正君臣之義，無復與羣小媟黷燕飲；修後宮之政，抑遠驕妬之寵，朝覲法駕而後出，陳兵清道而後行，無復輕身獨出，飲食臣妾之家。三者既除，內亂之路塞矣。諸夏舉兵，萌在民饑饉而吏不恤，興於百姓困而賦斂重，發於下怨離而上不知。比年郡國傷於水災，禾麥不收，宜損常税之時，而有司奏請加賦，甚繆經義，逆於民心，市怨趨禍之道也。願陛下勿許其奏，益減奢泰之費，流恩廣施，振贍困乏，敕勸耕桑，毋奪民時，以慰綏元元之心，諸夏之亂，庶幾可息。」劉向上書曰：「臣聞帝舜戒伯禹『毋若丹朱敖』，周公戒成王『毋若殷王紂』。聖帝明王常以敗亂自戒，不諱廢興，故臣敢極陳其愚，惟陛下留神察焉。夫秦、漢之易世，惠、昭之無後，昌邑之不終，孝宣之紹起，皆有變異著於漢紀。天之去就，豈不昭昭然哉。天文難以相曉，願賜清燕之間，指圖陳狀。」上輒入之，然終不能用也。

冬，十二月，大司馬、衛將軍商卒。以王根爲大司馬、驃騎將軍。王商薨，紅陽侯立次當輔政。先是，立使客於南郡占墾草田數百頃以入縣官，而貴取其直一萬萬以上，爲吏所發，上由是廢之，而用其弟根。

故槐里令朱雲言事得罪，既而釋之。特進、安昌侯張禹請平陵肥牛亭地，曲陽侯根爭，以爲此地當平陵寢園，衣冠所出游道，宜更賜禹它地。上不從，根由是數毀惡之。上愈敬厚禹，每病，輒自臨問之，親拜牀下。禹小子未有官，數視之，上即拜爲黄門郎。禹以天子師，每有大政，必與定議。時吏民多上書言災異王氏專政所致，上意頗然之，未有以明見。乃至禹第，辟左右，親以吏民所言示禹。禹自見年老，子孫弱，又與根不平，恐爲所怨，則謂上曰：「春秋日食地震，或爲諸侯相殺，夷狄侵中國。災變之意，深遠難見，故聖人罕言命，不語怪神，性與天道，自子貢之屬不得聞，何況淺見鄙儒之所言。陛下宜修政事，以善應之，此經義意也。新學小生，亂道誤人，宜無信用。」上雅信愛禹，由此不疑王氏。故槐里令朱雲上書求見，公卿在前，雲曰：「今朝廷大臣，上不能匡主，下無以益民，皆尸位素餐，孔子所謂『鄙夫不可與事君，苟患失之，無所不至』者也！臣願賜尚方斬馬劍，斷佞臣一人頭以厲其餘。」上問：「誰也？」對曰：「安昌侯張禹。」上大怒曰：「小臣居下訕上，廷辱師傅，罪死不赦。」御史將雲下；雲攀殿檻，檻折。雲呼曰：「臣得下從龍逢、比干遊於地下，足矣！未知聖朝何如耳！」御史遂將雲去。於是左將軍辛慶忌免冠，解印綬，叩頭殿下曰：「此臣素著狂直於世，使其言是，不可誅；其言非，固當容之。臣敢以死爭！」慶忌叩頭流血，上意解，然後得已。及後當治檻，上曰：「勿易，因與輯之，以旌直臣！」

匈奴搜諧單于死，弟車牙若鞮單于立。

徵張放入侍中，尋復出之。張放復徵入侍中，太后曰：「前所道尚未效，富平侯反復來，其能默虖？」上於是出放爲天水屬國都尉；許商、師丹、班伯爲侍中，每朝東宮，常從。及有大政，俱使諭指於公卿。上亦稍厭游宴，復修經書之業，太后甚悅。

左將軍辛慶忌卒。慶忌爲國虎臣，匈奴、西域敬其威信。

庚戌（前一一）

二年。

夏，四月，遣中郎將段會宗誅烏孫太子番丘。康居遣子貢獻。初，烏孫小昆彌安日爲降民所殺，詔立安日弟末振將爲小昆彌。時大昆彌雌栗靡勇健，末振將恐爲所并，使人刺殺之，立公主孫伊秩靡爲大昆彌。久之，翎侯難栖殺末振將，安日子安犂靡代爲小昆彌。漢遣中郎將段會宗發戊己校尉諸國兵，即誅末振將太子番丘。會宗留兵墊婁地，選精兵三十弩，徑至昆彌所在，召番丘，責以末振將之罪，即手劍擊殺之。安犂靡勒兵數千騎圍會宗，會宗爲言來誅之意，昆彌以下號泣罷去。會宗還，賜爵關內侯。責大祿、大監以雌栗靡見殺狀，奪金印、紫綬，更與銅墨。末振將弟卑爰疐將衆八萬餘口，北附康居，謀欲借兵兼并兩昆彌。漢復遣會宗與都護孫建并力以備之。自烏孫分立兩昆彌，漢用憂勞，且無寧歲。時康居復遣子侍漢，貢獻，都護郭舜上言：「本匈奴盛時，非以兼有烏孫、康居故也；及其稱臣妾，非以失二國也。漢雖皆受其質子，然三國内相輸遺，交通如故。亦相候司，見便則發。合不能相親信，離不能相臣役。以今言之，結配烏孫，竟未有益，反爲中國生事。然烏孫既結在前，今與匈奴俱稱臣，義不可距。而康居驕黠，訖不肯拜使者。都護吏至其國，故爲無所省以夸旁國。以此度之，遣子入侍，其欲賈市，爲好辭之詐也。匈奴，百蠻大國，今事漢甚備。聞康居不拜，且使單于有悔自卑之意。宜歸其侍子，絶勿復使，以章漢家不通無禮之國。」漢爲其新通，重致遠人，終羈縻不絶。

辛亥(前一〇)

三年。

春，正月，岷山崩，壅江三日，江水竭。劉向曰：「昔周岐山崩，三川竭，而幽王亡。岐山者，周所興也。漢家本起於蜀、漢，今所起之地，山崩川竭，星孛又及攝提、大角，從參至辰，殆必亡矣。」

秋，帝校獵長楊射熊館。上將大誇胡人以多禽獸，命右扶風發民入南山，西自褒、斜，東至弘農，南毆漢中，張羅罔捕禽獸，載以檻車，輸長楊射熊館，令胡人手搏之，親臨觀焉。

壬子(前九)

四年。

春，正月，中山王興、定陶王欣來朝。二王來朝，中山王獨從傅，定陶王盡從傅、相、中尉。上問定陶王，對曰：「令諸侯王朝，得從其國二千石。故盡從之。」令誦詩，通習，能説。問中山王：「獨從傅在何法令？」不能對。令誦尚書，又廢。帝由此以爲不能，而賢定陶王，數稱其材。是時諸侯王二人於帝爲至親，定陶傅太后隨王來朝，私賂遺趙皇后、昭儀及王根。三人見上無子，亦欲豫自結，爲長久計，皆勸帝以爲嗣。帝爲加元服而遣之，時年十七矣。

隕石于關東二。

大司農谷永免。王根薦谷永，徵爲大司農。永前後所上四十餘事，略相反覆，專攻上身與後宮而已。黨於王氏，上亦知之，不甚親信也。歲餘病，滿三月，上不賜告，即時免。數月卒。

癸丑(前八)

綏和元年。

春，二月，立定陶王欣爲皇太子。上召丞相、御史、將軍入議，中山、定陶王誰宜爲嗣者？皆以爲：「禮曰：『昆弟之子，猶子也。爲其後者，爲之子也。』定陶王宜爲嗣。」孔光獨以爲：「立嗣以親，兄終弟及。尚書盤庚殷之及王也。中山王，帝親弟，宜爲嗣。」上以中山王不材；又禮，兄弟不得相入廟，不從光議。立定陶王欣爲皇太子，左遷光廷尉。

封孔吉爲殷紹嘉侯。三月，與周承休侯皆進爵爲公。初，詔求殷後，分散爲十餘姓，推求其嫡，不能得。匡衡、梅福皆以爲宜封孔子世爲湯後，上從之。

夏，建三公官，大司馬根去將軍號，改御史大夫何武爲大司空。初，御史大夫何武建言：「末俗事煩，宰相材不及古，而獨兼三公之事，所以不治。宜建三公官。」上從之。以王根爲大司馬，罷票騎將軍官；以武爲大司空，與丞相爲三公。

秋，八月，中山王興卒。諡曰孝。

匈奴車牙單于死，弟囊烏珠留若鞮單于立。漢遣夏侯藩使匈奴。或説王根曰：「匈奴有斗入漢地，直張掖郡，生奇材木箭竿、鷲羽，如得之，於邊甚饒。」根爲上言，上直欲從單于求之，爲有不得，傷命損威。根即但以上指曉藩，令從藩所説而求之。藩至，語次，説單于宜上書獻此地，省兩都尉士卒數百人，其報必大。單于曰：「此天子詔語邪，將從使者所求也？」藩曰：「詔指也；然藩亦爲單于畫善計耳。」單于曰：「已問温偶駼王，匈奴西邊作穹廬及車，皆仰此山材木，且先父地，不敢失也。」藩還，遷爲太原太守。單于以狀聞，詔報曰：「藩擅稱詔，法當死。更大赦二，今徙藩爲濟南太守，不令當匈奴。」

冬，十月，大司馬根病免。

十一月，立楚孝王孫景爲定陶王。上以太子既奉大宗後，不得顧私親，立景爲定陶王以奉恭王後。太子議欲謝，少傅閻崇以爲不當謝；太傅趙玄以爲當謝，太子從之。詔問所以謝狀，玄左遷少府，以師丹爲太傅。初，太子之幼，祖母傅太后躬自養視。及爲太子，詔傅太后與太子母丁姬自居定陶國邸，不得相見。頃之，皇太后欲令傅太后、丁姬十日一至太子家，帝曰：「太子承正統，不得復顧私親。」皇太后曰：「太子小而傅太后抱養之。今至太子家，以乳母恩耳，不足有所妨。」於是令傅太后得至太子家。

衛尉淳于長有罪，下獄死。廢后許氏自殺。以王莽爲大司馬。衛尉、侍中淳于長有寵，貴傾公卿。許后姊孅寡居，長與私通，因取爲小妻。許后時居長定宫，因孅以金錢乘輿服御物賂遺長，欲求復爲婕妤。長受，詐許爲白上，立以爲左皇后。孅每入長定宫，輒與孅書，戲侮許后，嫚易無不言。王莽心害長寵，白之上，以太后故，不治罪，遣就國。紅陽侯立故與長有怨，至是使嗣子融從長請車騎，長以珍寶重遺立，立因上疏爲長求留。上疑之，下吏按驗，立令融自殺以滅口。上愈疑，逮長繫詔獄，窮治。長具服罪至大逆，死獄中。使廷尉孔光持節賜廢后藥，自殺。丞相方進劾奏紅陽侯立狡猾不道，上不忍致法，遣就國。方進復奏立黨友朱博等，皆歸故郡。方進亦素與長交，上以其大臣，爲之隱諱，方進内慚，上疏謝罪，乞骸骨。上報曰：「朝過夕改，君子與之。君何疑焉。」方進起視事，復條奏長所厚善，免二十餘人。上以王莽首發大姦，稱其忠直。王根因薦莽自代，遂以莽爲大司馬，時年三十八。莽既拔出同列，繼四父而輔政，欲令名譽過前人，遂克己不倦。聘諸賢良以爲掾史，賞賜邑錢悉以享士，愈爲儉約。母病，公卿列侯遣夫人問疾，莽妻迎之，衣不曳地，布蔽膝，見之者以爲僮使，問知其夫人。皆驚其飾名如此。

罷刺史，置州牧。丞相、大司空奏言：「春秋之義，用貴治賤，不以卑臨尊。刺史位下大夫而臨二千石，輕重不相準。臣請罷刺史，更置州牧以應古制。」從之。置州牧，秩二千石。

詔立辟廱，未作而罷。犍爲郡於水濱得古磬十六枚，議者以爲善祥。劉向因是説上：「宜興辟廱，設庠序，陳禮樂，隆雅頌之聲，盛揖讓之容，以風化天下。或曰：不能具禮。禮以養人爲本〔二〕，如有過差，是過而養人也。刑罰之過或至死傷，今之刑非皋陶之法也，而有司請定法，削則削，筆則筆，救時務也。至於禮樂，則曰不敢，是敢於殺人、不敢於養人也。爲其俎豆、管絃之間小不備，因是絶而不爲，是去小不備而就大不備，惑莫甚焉。夫教化之比於刑法，刑法輕，是舍所重而急所輕也。教化，所恃以爲治也；刑法，所以助治也。今廢所恃而獨立其所助，非所以致太平也。」帝以向言下公卿議，丞相、大司空奏請立辟廱，按行長安城南營表，未作而罷。

胡氏曰：向之論美矣，而未循其本也。孔子曰：「人而不仁，如禮何？人而不仁，如樂何？」不仁之人，心非已有，視聽舉履，皆迷其當，而何以爲禮樂哉！惟仁者所行皆理，而所安皆樂，是則禮樂之本也。庠序聲容，特其具耳。無其本，而欲以其具教人，祇益趣之於虚僞之域，不若不爲之愈也。

時又有言孔子布衣，養徒三千人，今天子太學弟子少。於是增弟子員三千人。歲餘，復如故。

胡氏曰：夏曰校，商曰序，周曰庠，此古者建學之名也。人君躬行於上，公卿表式於下，以明習人倫爲要。此三代教化之實也。今漢廷徒能增弟子員以隆美觀，成帝則湛女色，惑燕樂，孔光等則亂經義，獻諛説。忠直之士屏斥不用，政歸外戚，國家將傾，而何太學之爲哉？

向常顯訟宗室，譏刺王氏，其言痛切，發於至誠。上數欲用向，輒不爲王氏及丞相、御史所持，故終不遷，居列大夫官前後三十餘年而卒。後十三歲，而王氏代漢。

甲寅（前七）

二年。

春，二月，丞相方進卒。時熒惑守心，丞相府議曹李尋奏記方進，言：「災變迫切，大責日加，闔府三百餘人，唯君侯擇其中，與盡節轉凶。」方進憂之，不知所出。會郎賁麗善爲星，言大臣宜當之。上乃召見方進，賜册責讓，使尚書令賜上尊酒十石，養牛一，方進即日自殺。上祕之，遣九卿册贈印綬，賜乘輿祕器，親臨弔者數至，禮賜異於它相故事。

司馬公曰：晏嬰有言：「天命不慆，不貳其命。」禍福之至，安可移乎！藉其可移，楚昭、宋景猶不肯爲，況不可乎！方進罪不至死而誅之，以當大變，是誣天也。隱其誅而厚其葬，是誣人也。孝成欲誣天人而卒無所益，可謂不知命矣。

三月，帝崩。帝素强無疾病，時楚王、梁王來朝，明旦，當辭去，又欲拜孔光爲丞相，已刻侯印，書贊。昏夜，平善，鄉晨，欲起，不能言而崩。民間讙譁，咸歸罪趙昭儀。皇太后詔大司馬莽雜治，問皇帝起居發病狀，趙昭儀自殺。

班彪曰：成帝善修容儀，臨朝淵嘿，尊嚴若神，可謂有穆穆天子之容者矣。然湛乎酒色，趙氏亂內，外家擅朝，言之可爲於邑。建始以來，王氏始執國命，哀、平短祚，莽遂篡位，蓋其威福所由來者漸矣。

以孔光爲丞相。光於大行前拜受丞相、博山侯印綬。

太后詔罷泰畤、汾陰祠，復南北郊。

夏，四月，太子欣即位。哀帝初立，躬行儉約，省減諸用，政事由莽出〔三〕，朝廷翕然望至治焉。

尊皇太后曰太皇太后，皇后曰皇太后。

葬延陵。

追尊定陶恭王爲定陶恭皇。太皇太后令傅太后、丁姬十日一至未央宫。有詔問丞相、大司空：「定陶太后宜何居？」孔光素聞傅太后剛暴，長於權謀，恐其與政事，不欲與帝旦夕相近，即議以爲宜改築宫。何武曰：「可居北宫。」上從武言。北宫有紫房複道通未央宫，傅太后果從複道朝夕至帝所，求欲稱號，貴寵其親屬，使上不得由直道行。高昌侯董宏希指，言：「秦莊襄王，母本夏氏，而爲華陽夫人所子，及即位後，俱稱太后。宜立定陶太后爲帝太后。」事下有司，王莽、師丹劾奏宏：「知皇太后至尊之號，天下一統，而稱引亡秦，詿誤聖朝，非所宜言，大不道！」免宏爲庶人。傅太后大怒，要上，欲必稱尊號。上乃曰太皇太后，令下詔尊定陶恭王爲恭皇。

五月，立皇后傅氏。傅太后從弟晏之子也。

尊定陶太后傅氏曰定陶恭皇太后，母丁姬曰定陶恭皇后，封丁明、傅晏皆爲列侯。

六月，罷樂府官。成帝之世，鄭聲尤甚，黄門名倡，富顯於世，貴戚至與人主爭女樂。帝自爲王時疾之，又性不好音，至是詔罷樂府官。郊祭樂及古兵法武樂在經，非鄭、衛之樂者，條奏别屬他官。凡所罷省過半。然百姓漸漬日久，又不制雅樂有以相變，豪富吏民湛沔自若。

詔劉秀典領五經。王莽薦劉歆爲侍中，貴幸，更名秀。上復令典領五經，卒父前業。秀於是總羣書而奏其七略，有輯略、六藝略、諸子略、詩賦略、兵書略、術數略、方技略。其叙諸子，分爲九流：曰儒，曰道，曰陰陽，曰法，曰名，曰墨，曰縱横，曰雜，曰農，以爲：「九家皆起於王道既微，諸侯力政，時君世主好惡殊方，是以九家之術蜂出並作，各引一端，崇其所善，雖有蔽短，合其要歸，亦六經之支與流裔。使其人遭明王聖主，得其所折中，皆股肱之材已。仲尼有言：『禮失而求諸野。』方今去聖久遠，道術缺廢，無所更索，彼九家者，不猶愈於野乎！若能修六藝之術而觀此九家之言，舍短取長，則可以通萬方之略矣。

胡氏曰：法家慘刻，名家苛繞，墨氏二本，而縱横者妾婦之道，是皆六經之棄也。若六經，則固儒者之所修也。今列儒於九家，而曰修六藝之術，以觀九家之言，則修六藝者爲誰氏耶？歆之言多舛如此，方之董相，豈直什百之相遠哉！

益封河間王良萬户。河間惠王良能修獻王之行，母太后薨，服喪如禮。詔益封萬户，以爲宗室儀表。

詔限民名田，不果行。初，董仲舒説武帝，以「秦除井田，民得賣買，富者田連阡陌，貧者無立錐之地，小民安得不困。古井田法雖難卒行，宜少近古，限民名田以贍不足，塞并兼之路。去奴婢，除專殺之威。薄賦斂，省繇役，以寬民力，然後可善治也」。至是，師丹復建言：「今累世承平，豪富吏民訾數鉅萬，而貧弱愈困，宜略爲限。」天子下其議，丞相、大司空奏請：「自諸侯王、列侯、公主名田各有限，關内侯、吏、民名田皆無過三十頃；奴婢無過三十人。期盡三年，犯者没入官。」時田宅、奴婢賈爲減賤，貴戚近習皆不便也，詔書：「且須後。」遂寢不行。

罷官織綺繡。除任子令、誹謗詆欺法。出宫人，免官奴婢，益小吏俸。

秋，七月，罷大司馬莽就第。以師丹爲大司馬。初，太皇太后詔大司馬莽就第，避帝外家。莽即上疏乞骸骨。帝遣尚書令詔起之，又遣孔光等白太皇太后。太皇太后乃復令莽視事。至是，置酒未央宫，内者令爲傅太后張幄，坐於太皇太后坐旁。莽按行，責内者令曰：「定陶太后，藩妾，何以得與至尊並！」徹去，更設坐。傅太后大怒，不肯會。莽乞骸骨，罷就第。公卿大夫多稱之者，上乃加恩寵，致中黄門，爲莽家給使，以爲特進、給事中，朝朔望。傅太后從弟右將軍喜，好學問，有志行。王莽既罷，衆庶歸望於喜。初，上之官爵外親也，喜獨執謙稱疾。傅太后始與政事，數諫之；由是傅太后不欲令喜輔政。乃以師丹爲大司馬，而賜喜黄金百斤，以光禄大夫養病。何武、唐林皆上書言：「喜行義修潔，忠誠憂國，今以寢病一旦遣歸，衆庶失望，皆曰：『傅氏賢子，以論議不合於定陶太后，故退。』百僚莫不爲國恨之。忠臣，社稷之衛。百萬之衆，不如一賢。喜立於朝，陛下之光輝，傅氏之廢興也。」上亦自重之，故尋復進用焉。

遣曲陽侯王根就國，免成都侯王況爲庶人。帝少而聞知王氏驕盛，心不能善，以初立，故且優之。後月餘，司隸校尉解光奏：「先帝山陵未成，而曲陽侯根、成都侯況公聘取故掖庭女樂，置酒歌舞，無人臣禮，大不敬，不道！」上以根嘗建社稷之策，遣就國；而免況爲庶人。

九月，地震。自京師至北邊郡國三十餘處地震，壞城郭，壓殺四百餘人。上以災異問待詔李尋，對曰：「夫日者，衆陽之長，人君之表也。君不修道，則日失其度，晻昧無光。間者尤不精，光明侵奪失色，邪氣珥、蜺數作。小臣不知内事，竊以日視陛下，志操衰於始初多矣。唯陛下執乾剛之德，强志守度，毋聽女謁邪臣之態，諸保阿、乳母甘言悲辭之託，斷而勿聽。勉强大誼，絶小不忍，良有不得已，可賜以貨財，不可私以官位，誠皇天之禁也。月者，衆陰之長，妃后、大臣、諸侯之象也。間者月數爲變，此爲母后與政亂朝，陰陽俱傷，兩不相便。唯陛下親求賢士，無强所惡，以崇社稷。五行以水爲本，水爲準平，王道公正脩明，則百川理，落脉通。偏黨失綱，則湧溢爲敗。今汝、潁漂涌，並爲民害，百川沸騰，咎在皇甫卿士之屬，唯陛下少抑外親大臣。地道柔静，陰之常義也。間者地數震，宜務崇陽抑陰以救其咎，固志建威，閉絶私路，拔進英儁，退不任職，以强本朝。夫本强則精神折衝；本弱則招殃致凶，爲邪謀所陵。朝廷亡人，則爲賊亂所輕，其道自然也。」

求能浚川疏河者。騎都尉平當使領河隄，奏：「按經義，治水有決河深川，而無隄防壅塞之文。宜博求能浚川疏河者。」上從之。待詔賈讓奏言：「治河有上、中、下策。古者立國居民，疆理土地，必遺川澤之分，度水勢所不及。大川無防，小水得入，陂障卑下，以爲汙澤，使秋水多得其所休息，左右游波寬緩而不迫。夫土之有川，猶人之有口也。治土而防其川，猶止兒啼而塞其口，豈不遽止，然其死可立而待也。故曰：『善爲川者決之使道，善爲民者宣之使言。』蓋隄防之作，近起戰國，壅防百川，各以自利。齊與趙、魏以河爲竟，趙、魏瀕山，齊地卑下，作隄去河二十五里，河水東抵齊隄，則西泛趙、魏。趙、魏亦爲隄去河二十五里，雖非其正，水尚有所游盪。時至而去，則填淤肥美，民耕田之；或久無害，稍築宫宅，遂成聚落。大水時至，漂没，則更起隄防以自救，稍去其城郭，排水澤而居之，湛溺自其宜也。今隄防，陿者去水數百步，遠者數里，於故大隄之内復有數重，民居其間，此皆前世所排也。河從河内黎陽至魏郡昭陽，東西立有石隄，激水使還，百餘里間，河再西三東，迫阨如此，不得安息。今行上策，徙冀州之民當水衝者，決黎陽遮害亭，放河使北入海。河西薄大山，東薄金隄，勢不能遠，泛濫期月自定。難者將曰：『若如此，敗壞城郭、田廬、冢墓以萬數，百姓怨恨。』昔大禹治水，山林當路者毀之，故鑿龍門，闢伊闕，析底柱，破碣石，墮斷天地之性。此乃人功所造，何足言也！今瀕河十郡，治隄歲費且萬萬，及其大決，所殘無數。如出數年治河之費，以業所徙之民，遵古聖之法，定山川之位，使神人各處其所而不相奸。且以大漢方制萬里，豈其與水爭咫尺之地哉！此功一立，河定民安，千載無患，故謂之上策。若乃多穿漕渠於冀州地，使民得以溉田，分殺水怒，雖非聖人法，然亦救敗術也。可從淇口以東爲石隄，多張水門。恐議者疑河大川難禁制，滎陽漕渠足以卜之。其水門但用土木，今作石隄，勢必完安。冀州渠首盡當仰此水門。諸渠皆往往股引取之：旱則開東方下水門，溉冀州；水則開西方高門，分河流。通渠則填淤加肥，禾麥更爲秔稻，轉漕舟船便，此三利也。民田適治，河隄亦成，此誠富國安民，興利除害，支數百歲，故謂之中策。若乃繕完故隄，增卑倍薄，勞費無已，數逢其害，此最下策也。」

詔定世宗爲不毀之廟。

孔光、何武奏：「迭毀之次當以時定，請與羣臣雜議。」皆以爲「孝武皇帝親盡宜毀」。王舜、劉歆曰：「禮，天子七廟。七者其正法數，可常數者也。宗不在此數中，宗變也。苟有功德則宗之，不可預爲設數。臣愚以爲孝武皇帝功烈如彼，孝宣皇帝崇立之如此，不宜毀。」制曰：「舜、歆議可。」

冬，十月，策免大司空武，遣就國。以師丹爲大司空。左右或譏何武事親不篤，帝亦欲改易大臣，乃策免武歸泛鄉侯國。以師丹爲大司空。丹見上多改成帝之政，乃上書言：「古者諒闇不言，聽於冢宰。三年無改於父之道。前大行在堂，而官爵臣等以及親屬，赫然貴寵。詔書比下，變動政事，卒暴無漸。臣不能明陳大義，復不能牢讓爵位，相隨空受封侯，增益陛下之過。間者郡國多地動水出，流殺人民，日月不明，五星失行，此皆舉錯失中，號令不定，法度失理，陰陽溷濁之應也。人情無子，雖六七十，猶博取而廣求。孝成皇帝獨以壯年克己，立陛下爲嗣。及棄天下，陛下繼體，四海安寧，百姓不懼，此先帝聖德，當合天人之功也。臣聞『天威不違顏咫尺』，願陛下深思先帝所以建立陛下之意，且克己躬行，以觀群下之從化。天下者，陛下之家也，肺腑何患不富貴，倉卒若是，其不久長矣。」書數十上，多切直之言。傅太后從弟子遷尤傾邪，上惡之，免官，遣歸故郡。傅太后怒；上不得已，復留遷。孔光與丹奏：「詔書前後相反，天下疑惑，無所取信。請歸遷故郡。」卒不得遣，復爲侍中。其逼於傅太后，皆此類也。

詔還陳湯長安。議郎耿育上書冤訟陳湯曰：「湯爲聖漢揚威雪耻，卒以無罪老棄。敦煌正當西域通道，令威名折衝之臣，旋踵及身，復爲郅支遺虜所笑，誠可悲也。今奉使外蠻者，未嘗不陳郅支之誅以揚漢國之盛。夫援人之功以懼敵，棄人之身以快讒，豈不痛哉！且安不忘危，盛必慮衰，今國家素無文帝累年節儉富饒之畜，又無武帝薦延梟俊禽敵之臣，獨有一湯，反使亡逃分竄，死無處所，遠覽之士，莫不計度，以爲湯尚如此，雖復破絕筋骨，暴露形骸，猶復制於脣舌，爲嫉妬之臣所係虜耳。此臣所以爲國家尤戚戚也。」書奏，天子還湯，卒於長安。

乙卯(前六)

孝哀皇帝建平元年。

春，正月，隕石于北地十六。

新城侯趙欽以罪免，徙遼西。司隸解光奏言：「臣聞許美人及故宫中史曹宫皆御幸孝成皇帝，産子，子隱不見。臣遣吏問，皆得其狀。其他飲藥傷墮者無數事，皆在四月丙辰赦令前。臣謹按永光三年，男子忠等發長陵傅夫人冢，事更大赦，孝元皇帝下詔曰：『朕所不當得赦也。』窮治，盡伏辜。天下以爲當。趙昭儀傾亂聖朝，親滅繼嗣，家屬當伏天誅。而同産親屬皆在尊貴之位，迫近帷幄，羣下寒心，請窮竟，議正法。」於是免新城侯欽等皆爲庶人，將家屬徙遼西郡。耿育上疏言：「臣聞世必有非常之變，然後乃有非常之謀。孝成皇帝自知繼嗣不以時立，念雖未有皇子，萬歲之後未能持國，恐危社稷，傾亂天下，知陛下有賢聖仁孝之德，故廢後宫就館之漸，乃欲致位陛下以安宗廟。豈當世庸庸斗筲之臣所能及哉！且褒廣將順君父之美，匡救銷滅既往之過，古今通義也。事不當時固争，防禍於未然，各隨指阿從以求容媚。晏駕之後，尊號已定，萬事已訖，乃探追不及之事，訐揚幽昧之過，空使謗議上及山陵，下流後世，甚非先帝託後之意，此臣之所深痛也。」帝亦以爲太子頗得趙太后力，遂不竟其事。

以傅喜爲大司馬。

秋，九月，隕石于虞二。

策免大司空、高樂侯丹爲庶人，復賜爵關内侯。泠褒、段猶等奏言：「定陶共皇太后、共皇后皆不宜復引定陶藩國之名，以冠大號，車馬衣服宜皆稱皇之意。置吏二千石以下，各供厥職。又宜爲共皇立廟京師。」上復下其議，羣下多順指言：「母以子貴，宜立尊號，以厚孝道。」唯丞相光、大司馬喜、大司空丹以爲不可。丹曰：「聖王制禮，取法於天地。尊卑之禮明，則人倫之序正。尊卑者，所以正天地之位，不可亂也。今定陶共皇太后、共皇后以『定陶共』爲號者，母從子，妻從夫之義也。欲立官置吏，車服與太皇太后並，非所以明『尊無二上』之義也。定陶共皇號謚已前定，義不得復改。禮：『父爲士，子爲天子，祭以天子，其尸服以士服。』子無爵父之義，尊父母也。爲人後者爲之子，故爲所後服斬衰三年，而降其父母期，明尊本祖而重正統也。孝成皇帝聖恩深遠，故爲共王立後，奉承祭祀，令共皇長爲一國太祖，萬世不毀，恩義已備。陛下既繼體先帝，持重大宗，承宗廟、天地、社稷之祀，義不可復奉定陶共皇，祭入其廟。今欲立廟於京師，而使臣下祭之，是無主也。又，親盡當毀，空去一國太祖不墮之祀，而就無主當毀不正之禮，非所以尊厚共皇也。」丹由是浸不合上意。會有上書言：「古者以龜、貝爲貨，今以錢易之，民以故貧，宜可改幣。」上以問丹，丹對言可改。章下有司議，皆以爲行錢以來久，難卒變易。丹老人，忘其前語，復從公卿議。又使吏書奏，吏私寫其草。丁、傅子弟聞之，使人上書告丹上封事，行道人偏持其書。事下廷尉，劾丹大不敬。博士申咸、炔欽上書言：「丹經行無比，發憤懣，奏封事，不及深思，使主簿書，漏泄之過不在丹，以此貶黜，恐不厭衆心。」上貶咸、欽秩各二等，遂策免丹曰：「朕惟君位尊任重，懷諼迷國，進退違命，反覆異言，甚爲君恥之！以君嘗託傅位，未忍考于理，其上大司空、高樂侯印綬，罷歸。」尚書令唐林上疏曰：「竊見免大司空丹策書，泰深痛切。君子作文，爲賢者諱。丹，經爲世儒宗，德爲國黄耇，親傅聖躬，位在三公。所坐者微，免爵太重，識者咸以爲宜復丹爵邑，使奉朝請。唯陛下裁之。」詔賜丹爵關内侯。

冬，十月，以朱博爲大司空。

中山王太后馮氏及其弟宜鄉侯參皆自殺。中山王箕子，幼有眚病，祖母馮太后自養視，數禱祠解。上遣中郎謁者張由將醫治之。由素有狂易病，病發西歸，因誣馮太后祝詛上及傅太后。初，傅太后與馮太后並事元帝爲倢伃，嘗從幸虎圈，熊逸出，攀檻，傅倢伃等皆驚走，馮倢伃直前當熊而立。上問之，對曰：「猛獸得人而止。妾恐熊至御坐，故以身當之。」帝嗟嘆，倍敬重焉。傅倢伃慚，由是有隙，常追怨之。因是遣御史丁玄案驗，數十日無所得。更使中謁者令史立治之。立受傅太后指，治馮太后女弟弟婦死者數十人，誣奏云：「祝詛，謀殺上，立中山王。」責問馮太后，無服辭。立曰：「熊之上殿何其勇，今何怯也。」太后還謂左右：「此乃中語前世事，吏何用知之？欲陷我效也！」乃飲藥自殺。弟宜鄉侯參召詣廷尉，亦自殺。參爲人矜嚴，好修容儀，以嚴見憚，不得近侍帷幄。以王舅封侯，奉朝請。五侯皆敬憚之。翟方進謂參宜少詘，參終不改其操。且死，嘆曰：「不敢自惜，傷無以見先人於地下。」馮氏死者十七人，衆莫不憐之。司隸孫寶奏請覆治，傅太后大怒，上乃下寶獄。尚書僕射唐林爭之，左遷燉煌魚澤障候。大司馬喜、光禄大夫龔勝固爭，上爲言太后，出寶，復官。張由賜爵關内侯，史立遷中太僕。

丙辰（前五）

二年。

春，正月，有星孛于牵牛。

策免大司馬喜。罷三公官。復以朱博爲御史大夫，丁明爲大司馬、衛將軍。丁、傅驕奢，皆嫉傅喜之恭儉。又，傅太后欲稱尊號，喜與孔光、師丹共執以爲不可。上重違大臣正議，又内迫傅太后，先免師丹以感動喜，喜終不順。朱博與傅晏連結，共謀成尊號事，數毁短喜。遂策免喜。御史大夫官既罷，議者多以爲漢自天子之號，下至佐史，皆不同於古，而獨改三公，職事難分明，無益於治亂。於是博奏言：「故事：選郡國守相高第爲中二千石，選中二千石爲御史大夫，任職者爲丞相，位次有序。今中二千石未更御史大夫而爲丞相，權輕，非所以重國政也。臣愚以爲大司空官可罷，復置御史大夫。」遂更拜博爲御史大夫，又以丁明爲大司馬、衛將軍，如故事。

遣高武侯傅喜就國。傅太后自詔丞相、御史曰：「喜附下罔上，與師丹同心背畔，其遣就國。」

策免丞相、博山侯光爲庶人。以朱博爲丞相。孔光自議繼嗣持異，又重忤傅太后指，策免爲庶人。以朱博爲丞相，臨延登受策，有大聲如鍾鳴殿中，以問黄門侍郎蜀郡揚雄、李尋。尋對曰：「此洪範所謂鼓妖者也。人君不聽，爲衆所惑，空名得進，則有聲無形，不知所從生。宜退丞相，以應天變。」雄亦以爲聽失之象，且曰：「博爲人强毅，多權謀，宜將不宜相，恐有凶惡亟疾之怒。」上不聽。

詔恭皇去定陶之號，立廟京師。尊恭皇太后傅氏爲帝太太后，恭皇后丁氏爲帝太后。

朱博既相，上遂用其議，下此詔。於是帝太太后稱永信宮，帝太后稱中安宮，四太后各置少府、太僕。傅太后既尊後，尤驕，與太皇太后語，至謂之「嫗」。丁、傅爲公卿列侯者甚衆，然帝不甚假以權勢，不如王氏在成帝世也。

免關内侯師丹爲庶人。遣新都侯王莽就國。丞相、御史言：「師丹、王莽抑貶尊號，虧損孝道，當伏顯戮。幸蒙赦令，不宜有爵土，請免爲庶人。」詔免丹，遣莽就國。天下多冤王氏者。諫大夫楊宣言：「孝成皇帝稱述陛下至德以承天序，豈不欲陛下自代，奉承東宮哉。太皇太后春秋七十，數更憂傷，敕令親屬引領以避丁、傅，陛下登高遠望，獨不慚於延陵乎！」帝深感其言，復封商子邑爲成都侯。

罷州牧，復置刺史。朱博又奏言：「部刺史秩卑賞厚，勸功樂進。前罷刺史，更置州牧，秩真二千石。九卿缺，以高第補。其中材則苟自守而已，恐功效陵夷，姦軌不禁。臣請罷州牧，置刺史如故。」從之。

六月，帝太后丁氏崩。詔合葬恭皇園。

大赦，改元太初，更號陳聖劉太平皇帝。待詔黄門夏賀良言：「漢歷中衰，當更受命。宜急改元易號，可得延年益壽。」上久寢疾，冀其有益，遂從賀良等議。

秋，七月，詔以永陵亭部爲初陵，勿徙民。

八月，詔罷改元易號事，待詔夏賀良等伏誅。上改號月餘，寢疾自若。賀良等復欲妄變政事，進退大臣。上以其言無驗，詔曰：「賀良等建言改元易號，可安國家。朕信道不篤，過聽其言，冀爲百姓獲福，卒無嘉應。夫過而不改，是謂過矣！前詔非赦令，皆蠲除之。」賀良等皆下獄，伏誅。

盡復諸神祠。上以寢疾，盡復前世所嘗興諸神祠凡七百餘所，一歲三萬七千祠云。

丞相博有罪，自殺。御史大夫趙玄減死論。傅太后怨傅喜不已，使孔鄉侯晏風丞相陽鄉侯博，令奏免喜侯。博與御史大夫趙玄議之，玄言：「事已前決，得無不宜。」博曰：「已許孔鄉侯矣。匹夫相要，尚相得死，何況至尊！博唯有死耳。」玄即許可。博惡獨斥奏喜，以何武前免就國與喜相似，即并奏喜、武，皆請免爲庶人。上疑博、玄承指，即召玄問狀，玄辭服。詔減玄死罪三等，削晏户四分之一；假謁者節召丞相詣廷尉，博自殺，國除。

冬，十月，以平當爲丞相。以冬月，且賜爵關内侯。

丁巳(前四)

三年。

春，三月，丞相當卒。上召欲封當，當病篤，不應召。或謂：「不可强起受印，爲子孫邪？」當曰：「吾居大位，已負素餐。受印還死，死有餘罪。不起所以爲子孫也。」乞骸骨，不許，至是薨。

有星孛于河鼓。

夏，四月，以王嘉爲丞相。嘉上疏曰：「臣聞聖王之功在於得人，故繼世立諸侯，擇立命卿以輔之。居是國也，累世尊重，然後士民附焉，是以教化行而治功立。孝文時，吏居官者或長子孫，以官爲氏，倉氏、庫氏則倉庫吏之後也；其二千石長吏亦安官樂職，然後上下相望，莫有苟且之意。其後稍稍變易，公卿以下傳相促急，又數改更政事，舉劾苛細，發揚陰私，送故迎新，交錯道路。中材苟容求全，下材懷危内顧，壹切營私者多。二千石益輕賤，吏民慢易之，或持其微過，增加成罪，言於刺史司隸，或上書告之。衆庶知其易危，小失意則有離畔之心。前蘇令等縱横，吏士莫肯伏節死義，以守相威權素奪也。成帝悔之，詔二千石不爲故縱，遣使賜金，尉厚其意，誠以爲國家有急，取辦於二千石。二千石尊重難危，乃能使下。宣帝愛其善治民之吏，有章劾事留中，會赦壹解。故事：尚書希下章，爲煩擾百姓，證驗繫治，或死獄中，章文必有『敢告之』字乃下，唯陛下留神於擇賢，記善忘過，容忍臣子，勿責以備。材任職者，不能不有過差，宜可闊略，令盡力者有所勸。此方今急務也。前蘇令發，欲遣使逐問狀，時見大夫無可使者，召盩厔令尹逢，拜爲諫大夫遣之。今諸大夫有材能者甚少，宜豫畜養可成就者，則士赴難不愛其死；臨事倉卒乃求，非所以明朝廷也。」因薦儒者公孫光、滿昌，能吏蕭咸、薛脩等，皆故二千石有名稱者。上納用之。

冬，十一月，復泰畤、汾陰祠，罷南北郊。

無鹽危山土起，瓠山石立。東平王雲坐祠祭祝詛自殺。以孫寵爲南陽太守，息夫躬爲光禄大夫。無鹽危山土自起覆草，如馳道狀。又瓠山石轉立。東平王雲及后謁自之石所祭祀之。息夫躬、孫寵相與謀曰：「此取封侯之計也！」乃因中常侍宋弘上變事，告焉。時上被疾，多所惡，逮謁驗治。雲自殺，謁棄市。擢寵爲南陽太守，弘、躬皆光禄大夫。

戊午（前三）

四年。

春，正月，大旱。

關東民訛言行籌。關東民無故驚走，持稾或掫一枚，傳相付與，曰：「行西王母籌。」或被髮徒跣，或夜折關踰墻，或車騎犇馳，經歷郡國二十六至京師，不可禁止。民又聚會，設張博具，歌舞祠西王母，至秋乃止。

封傅商爲汝昌侯。上欲封傅太后從父弟商，尚書僕射鄭崇諫曰：「成帝封五侯，天赤黄，晝昏，日中有黑氣。今無故復封商，壞亂制度，逆天人心，非傅氏之福也。臣願以身命當國咎。」因持詔書案起。傅太后大怒，曰：「何有爲天子乃反爲一臣所顓制邪！」上遂下詔封商。

二月，下尚書僕射鄭崇獄，殺之。免司隸孫寶爲庶人。侍中董賢，爲人美麗自喜，性好柔便辟，得幸於上，貴震朝廷。常與上卧起，妻得通籍殿中，女弟爲昭儀，父恭爲少府。詔將作大匠爲賢起大第北闕下，窮極技巧。賜武庫禁兵，上方珍寶，皆選物上第，而乘輿所服，乃其副也。至東園祕器、珠襦、玉柙，無不備具。下至僮僕，皆受上賜。又爲賢起冢塋義陵旁，周垣數里。鄭崇諫上，由是數以職事見責。尚書令趙昌因奏：「崇與宗族通，疑有姦。」上責崇曰：「君門如市人，何以欲禁切主上？」崇對曰：「臣門如市，臣心如水。願得考覆。」上怒，下崇獄。司隸孫寶上書曰：「崇獄覆治，榜掠將死，卒無一辭。道路稱冤，疑昌與崇内有纖介，浸潤相陷。臣請治昌以解衆心。」詔曰：「司隸寶附下罔上，國之賊也。免爲庶人。」崇死獄中。

賜董賢爵關内侯。上欲侯董賢而未有緣，侍中傅嘉勸上定息夫躬告東平本章，去宋弘，更言因賢以聞，欲以其功侯之，皆先賜爵關内侯。頃之，上欲封賢等而心憚王嘉，乃先使持詔示丞相、御史。於是嘉與御史大夫賈延言：「宜暴賢等本奏語言，延問公卿、大夫、博士、議郎，明正其義，乃加爵土。暴評其事，必有言當封者，天下雖不說，咎有所分。前淳于長初封，其事亦議，大司農谷永以長當封，衆人歸咎於永，先帝不獨蒙其譏。臣嘉、臣延，材駑不稱，死有餘責，知順指不迕，可得容身須臾。所以不敢者，思報厚恩也。」上不得已，且爲之止。

夏，六月，尊帝太太后傅氏爲皇太太后。

秋，八月，封董賢爲高安侯，孫寵爲方陽侯，息夫躬爲宜陵侯。上下詔切責公卿曰：「東平王雲圖弑天子，公卿股肱，莫能悉心銷厭未萌。賴宗廟之靈，侍中賢等發覺伏辜。其封賢、寵、躬皆爲列侯。」躬數進見，歷詆公卿，大臣衆畏其口，見之仄目。

左遷執金吾毋將隆爲沛郡都尉。上發武庫兵送董賢及上乳母王阿舍。執金吾毋將隆奏言：「武庫兵器，天下公用。繕治造作，皆度大司農錢。大司農錢，自乘輿不以給共養；共養勞賜，一出少府。蓋不以本藏給末用，不以民力共浮費，别公私，示正路也。古者方伯專征，乃賜斧鉞，漢家邊吏距寇，賜武庫兵。春秋之誼，家不藏甲，所以抑臣威，損私力也。今便僻弄臣，私恩微妾，而以天下公用給其私門，契國威器，共其家備，建立非宜，以廣驕僭，非所以示四方也。臣請收還武庫。」上不説。頃之，傅太后賤買執金吾官婢，隆奏請更平直。詔：「隆奏請爭賈，傷化失俗。以其前有安國之言，左遷爲沛郡都尉。」成帝末，隆嘗奏言宜徵定陶王居國邸。故上思而宥之。

諫大夫鮑宣上書。曰：「竊見孝成皇帝時，外親持權，濁亂天下，奢泰亡度，窮困百姓，是以日蝕且十，彗星四起。危亡之徵，陛下所親見也，今奈何反覆劇於前乎！朝臣亡有大儒骨鯁之士，論議通古今，憂國如飢渴者。敦外親小童幸臣董賢等在省戶下，陛下欲與此共承天地，安海内，甚難。昔堯放四罪而天下服，今除一吏而衆皆惑；古刑人尚服，今賞人反惑。今民有七亡：水旱爲災，一也；重責賦稅，二也；貪吏取受，三也；豪強蠶食，四也；苛吏繇役，五也；部落鼓鳴，六也；盗賊劫略，七也。七亡尚可，又有七死：酷吏毆殺，一也；治獄深刻，二也；冤陷無辜，三也；盗賊横發，四也；怨讎相殘，五也；歲惡饑餓，六也；時氣疾疫，七也。民有七亡而無一得，欲望國安，誠難；民有七死而無一生，欲望刑措，誠難。此非公卿守相貪殘成化之所致邪？羣臣幸得居尊官，食重禄，豈有肯加惻隱於細民，助陛下流教化者邪？但在營私家，稱賓客，爲姦利而已。以苟容曲從爲賢，以拱默尸禄爲智，謂如臣宣等爲愚。天下乃皇天之天下也，陛下爲天牧養元元，視之當如一。今貧民菜食不厭，衣又穿空，父子夫婦不能相保，奈何獨私養外親幸臣，賞賜大萬，使奴從賓客漿酒藿肉，非天意也。官爵非陛下之官爵，乃天下之官爵也。陛下官非其人，而望天説民服，豈不難哉！孫寵、息夫躬，姦人之雄，惑世尤劇，宜以時罷退。及外親幼童未通經術者，皆宜令休，就師傅。急徵傅喜使領外親。何武、師丹、孔光、彭宣、龔勝，可大委任。陛下尚能容亡功德者甚衆，曾不能忍武等邪。治天下者當用天下之心爲心，不得自專快意而已也。」宣語雖刻切，上以宣名儒，優容之。

匈奴單于上書請朝。

匈奴單于請朝五年。時帝被疾，或言：「匈奴從上游來厭人，自黄龍、竟寧時，單于朝中國，輒有大故。」上問公卿，亦以爲虚費府帑，可且勿許。單于使辭去，未發，揚雄上書曰：「臣聞六經之治，貴於未亂；兵家之勝，貴於未戰；二者皆微，然而大事之本，不可不察也。今單于求朝，國家辭之，臣愚以爲漢與匈奴從此隙矣。匈奴本五帝所不能臣，三王所不能制。以秦始皇之强，然不敢窺西河；以高祖之威靈，三十萬衆困於平城。高皇后時，匈奴悖慢。及孝文時，侯騎至雍甘泉。孝武設馬邑之權，欲誘匈奴，徒費財勞師。一虜不得見，況單于之面乎。其後深惟社稷之計，規恢萬載之策，乃大興師數十萬，前後十餘年，窮極其地，追犇逐北。自是之後，匈奴震怖，益求和親，然而未肯稱臣也。夫前世豈樂傾無量之費，役無罪之人，快心於狼望之北哉？以爲不壹勞者不久佚，不暫費者不永寧，是以忍百萬之師以摧餓虎之喙，運府庫之財填盧山之壑而不悔也。逮至元康、神爵之間，大化神明，鴻恩溥洽，匈奴内亂爭立，呼韓邪歸死稱臣。然尚羈縻之計，欲朝不距，不欲不强，何者？匈奴天性忿鷙，形容魁健，負力怙氣，其和難得。故未服之時，勞師遠攻，傾國殫貨，如彼之難也。既服之後，慰薦撫循，交接賂遺，如此之備也。真中國之堅敵，兹甚未易可輕也。今單于歸義懷誠，欲來陳見，此乃上世之遺策，神靈之所想望。國家雖費，不得已者也。奈何距以來厭之辭，疏以無日之期，消往昔之恩，開將來之隙乎。夫明者視於無形，聰者聽於無聲。壹有隙之後，雖智者勞心於内，辯者轂擊於外，猶不若未然之時也。夫百年勞之，一日失之，費十而愛一，臣竊爲國不安也。唯陛下少留意於未亂未戰，以遏邊萌之禍。」書奏，天子寤焉，召還匈奴使者，更報其書而許之。單于未發，會病，復遣使願朝明年；上許之。

己未(前二)

元壽元年。

春,正月,朔,以傅晏爲大司馬、衛將軍,丁明爲大司馬、驃騎將軍。是日日食,尋罷晏就第。初,傅晏害董賢之寵,又與息夫躬謀欲求居位輔政。會單于以病未朝,躬奏,以爲:「當有他變。烏孫兩昆彌弱,其叛臣卑爰疐强,東結單于,遣子往侍,恐其合勢以并烏孫,則匈奴盛而西域危矣。可令降胡詐爲卑爰疐使者來上書,欲因天子威告單于歸臣侍子,因下其章,令匈奴客聞焉;則是所謂『上兵伐謀,其次伐交』者也。」上召公卿、將軍大議。左將軍公孫禄以爲:「中國常以威信懷伏夷狄,躬欲造不信之謀,不可許。且匈奴賴先帝之德,保塞稱藩。今單于以疾病自陳,不失臣子之禮。臣禄自保没身不見匈奴爲邊竟憂也!」躬曰:「臣爲國家萬世慮,而禄欲以其犬馬齒保目所見。臣與禄未可同日語也。」上罷羣臣,獨與躬議。躬因建言:「災異屢見,恐必有非常之變。可遣大將軍行邊兵,敕武備,斬一郡守以立威應變。」上然之,以問丞相嘉,對曰:「臣聞動民以行不以言,應天以實不以文。下民微細,猶不可詐,況於上天神明而可欺哉!天之見異,所以敕戒人君,欲令覺悟反正,推誠行善,民心説而天意得矣!謀動干戈,設爲權變,非應天之道也。夫議政者,苦其讇諛、傾險、辯惠、深刻也。唯陛下觀覽古戒,反覆參考,無以先入之語爲主。」上不聽。至是,詔將軍、中二千石舉習兵法者各一人,因拜傅晏、丁明皆爲大司馬。會有日食之變,詔問得失,舉直言,嘉奏曰:「孝元皇帝温恭少欲,賞賜節約,馮貴人以身當熊,帝深嘉美之,然賜錢五萬而已。是時外戚貲千萬者少,故少府水衡見錢多,都内錢至四十萬萬。

雖遭凶年，加有羌變，外奉師旅，内振貧民，終無傾危之憂。成帝時，諫臣多言燕出、女寵、耽酒之害，其言甚切，終不怨怒。寵臣史育數貶退，張放斥就國，淳于長榜死於獄，不以私愛害公義，故雖多内譏，朝廷安平，傳業陛下。陛下在國，好詩、書，上儉節，徵來，所過稱誦德美。初即位，易帷帳，去錦繡。共皇寢廟比當作，以用度不足，憂憫元元，今始作治。而董賢亦起官寺，治大第，使者護作，賞賜吏卒，甚於治宗廟。爲賢治器，器成，奏御乃行，或物好，特賜其工。自貢獻宗廟、三宫，猶不至此。詔書罷苑，而以賜賢二千餘頃，均田之制從此墮壞。奢僭放縱，變亂陰陽，災異衆多。臣嘉幸得備位，竊内悲傷不能通愚忠之信，身死有益於國，不敢自惜。唯陛下慎己之所獨鄉，察衆人之所共疑。往者，鄧通、韓嫣，驕貴逸豫，不勝情欲，卒陷罪辜，所謂『愛之適足以害之』者也！宜節賢寵，全安其命。」上不説。杜鄴以方正對策曰：「臣聞陽尊陰卑，卑者隨尊，尊者兼卑，天之道也。是以男雖賤，各爲其家陽；女雖貴，猶爲其國陰。故禮明三從，母必繫子。昔鄭伯隨姜氏之欲，終有叔段之禍；周襄王内迫惠后之難，而遭居鄭之危。春秋災異，以指象爲言語。日食，明陽爲陰所臨。坤以法地，爲土爲母，以安静爲德。震，不陰之效也。昔曾子問從令之義，孔子曰：『是何言與！』閔子騫守禮不苟從親，所行無非理者，故無可間。今諸外家，無賢不肖，並侍帷幄，典兵將屯，至乃並置大司馬、將軍之官，當拜之日，晻然日食。不在前後，臨事而發，欲令昭昭以覺聖朝。指象如此，殆不在它。由後視前，忿邑非之。逮身所行，不自鏡見，則以爲可。願陛下加致精誠，思承始初，事稽諸古，以厭下心。則黎庶羣生無不説喜，上帝百神收還威怒，禎祥福禄，何嫌不報！」上又徵孔光問以日食事，拜爲光禄大夫、給事中，位次丞相。王莽既就國，杜門自守。

吏民上書冤訟莽者百數。至是，賢良周護等對策，復深訟莽。上於是徵莽還侍太后。董賢亦以日食沮晏、躬之策。上乃收晏印綬，罷就第。

皇太太后傅氏崩，合葬孝元皇后於渭陵。

孫寵、息夫躬以罪免就國。

以鮑宣爲司隸。鮑宣上書曰：「陛下父事天，母事地，子養黎民。即位已來，父虧明，母震動，子訛相驚。今日食於三始，誠可畏懼。小民正朔日尚恐毀敗器物，何況於日虧乎！陛下深内自責，避正殿，舉直言，求過失，退外親，徵拜孔光，發覺寵、躬過惡，衆庶歙然，莫不説喜。天人同心，人心説則天意解矣。乃白虹干日，連陰不雨，此天有憂結未解，民有怨望未塞者也。董賢以令色諛言自進，賞賜無度，竭盡府臧。海内貢獻，當養一君。今反盡之賢家，豈天意與民意邪！厚之如此，反所以害之也。誠欲哀賢，宜爲謝過天地，解讎海内，免遣就國，收乘輿器物還之縣官，如此，可以父子終其性命。不者，海内之所仇，未有得久安者也。寵、躬不宜居國，可皆免。復徵何武、師丹、彭宣、傅喜以應天心，建立大政，興太平之端。」上乃徵何武、彭宣，而拜鮑宣爲司隸。

下丞相新甫侯王嘉獄，殺之。上託傅太后遺詔，益封董賢二千户。王嘉封還詔書，諫曰：「臣聞爵禄土地，天之有也。書曰：『天命有德，五服五章哉！』王者代天爵人，尤宜慎之。不得其宜，則衆庶不服，感動陰陽，其害疾自深。高安侯賢，佞幸之臣，陛下傾爵位以貴之，單貨財以富之，損至尊以寵之，流聞四方，皆同怨疾。里諺曰：『千人所指，無病而死。』臣常爲之寒心。臣驕侵罔，陰陽失節，氣感相動，害及身體。陛下寢疾久不平，繼嗣未立，宜思正萬事，順天人之心，以求福祐，奈何輕身肆意，不念高祖之勤苦，垂立制度，欲傳之於無窮哉！」初，廷尉梁相治東平獄，心疑雲冤，欲更覆治。尚書令鞫譚等以爲可許。上以爲顧望兩心，幸雲踰冬，無討賊意。免相等皆爲庶人。後數月，大赦，嘉薦「相等皆有材行，臣竊爲朝廷惜之」。書奏，上不能平。及封還董賢事，上乃發怒，召嘉詣尚書，責問以相等事。下將軍中朝者，孔光等劾「嘉迷國罔上，不道，請召詣廷尉詔獄」。少府猛等以爲「聖王之於大臣，進之以禮，退之以義。罪惡雖著，括髮關械，裸躬受笞，非所以重國、褒宗廟也」。上從光議，詔：「假謁者節，召丞相詣廷尉詔獄。」掾史涕泣，和藥進嘉曰：「將相不對理陳冤，相踵以爲故事，君侯宜引決。」嘉引杯擊地曰：「丞相幸得備位三公，奉職負國，當伏刑都市，以示萬衆。丞相豈兒女子邪！何謂咀藥而死。」出見使者，再拜受詔。乘吏小車，去蓋，不冠，詣廷尉。廷尉收嘉印綬，縛致都船詔獄。吏詰問嘉，對曰：「相等治獄，欲關公卿，示重慎，誠不見其顧望阿附，復幸得蒙大赦，臣竊爲國惜賢，不私此三人。」獄吏曰：「苟如此，則君何以爲罪，猶當有以負國，不空入獄矣？」嘉喟然仰天歎曰：「幸得充備宰相，不能進賢退不肖，以是負國，死有餘責。」吏問賢不肖主名。嘉曰：「賢孔光、何武，不能進；惡董賢父子，不能退。罪當死，死無所恨。」遂不食，歐血而死。元始中追謚曰忠，紹其封。

秋，七月，以孔光爲丞相。八月，以何武爲前將軍，彭宣爲御史大夫。上覽王嘉之對，思其言，故有是命。光復故爵。

下司隸鮑宣獄，髡鉗之。丞相光行園陵，官屬以令行馳道中。宣出逢之，使吏鉤止，没入其車馬，摧辱宰相。事下御史中丞。侍御史欲捕從事，宣閉門不納，遂以距閉使者，大不敬，不道，下獄。諸生舉幡太學下，曰：「欲救鮑司隸者會此。」會者千人。遮丞相自言，又守闕上書。上竟抵宣罪。

九月，策免大司馬、驃騎將軍明就第。明素重王嘉，以其死而憐之。上方欲極董賢位，恨明如此，遂策免就第。

冬，十二月，以董賢爲大司馬、衛將軍。以董賢爲大司馬、衛將軍，册曰：「建爾于公，以爲漢輔。匡正庶事，允執其中。」時賢年二十二，雖爲三公，常給事中，領尚書，百官因賢奏事。親屬皆侍中、奉朝請，寵在丁、傅之右矣。上故令賢私過孔光，光聞賢來，警戒衣冠出門待，望見賢車却入，賢至中門，光入閤，既下車，乃出，拜謁送迎甚謹，不敢以賓客鈞敵之禮。上喜，立拜光兩兄子爲諫大夫、常侍。賢由是權與人主侔矣。時王氏衰廢，唯平阿侯譚子閎爲中常侍。閎妻父蕭咸，望之子也。賢父恭慕之，欲爲子求咸女爲婦，使閎言之。咸惶恐不敢當，私謂閎曰：「董公大司馬，册乃堯禪舜之文，非三公故事，長老見者莫不心懼。此豈家人子所能堪邪！」宏聞咸言亦悟，乃還報恭，深達咸自謙薄之意。恭歎曰：「我家何用負天下，而爲人所畏如是！」意不説。後置酒麒麟殿，上有酒所，從容視賢，笑曰：「吾欲法堯禪舜，何如？」閎進曰：「天下乃高皇帝天下，非陛下之有也。陛下承宗廟，當傳子孫於亡窮，統業至重，天子亡戲言。」上默然，左右遣閎出。閎遂上書曰：「昔文帝幸鄧通，不過中大夫，武帝幸韓嫣，賞賜而已，皆不在大位。今董賢無功封侯，列備鼎足，横蒙賞賜，空竭帑藏，諠譁道路，不當天心。」上不從，亦不罪也。

得賢臣。

庚申(前一)

二年。

春，正月，匈奴單于、烏孫大昆彌皆來朝。時西域凡五十國，佩漢印綬者三百七十六人。單于宴見，羣臣在前，單于怪董賢年少，以問譯。上令報曰：「大司馬年少，以大賢居位。」單于乃起，拜賀漢得賢臣。

胡氏曰：哀帝之世，漢既衰矣，而匈奴、烏孫猶不廢禮，西域佩印綬者五十餘國。雖曰中國榮觀，譬猶大木，遠條支葉尚茂，而蠹生心腹，根幹將顛矣。是故聖主專務治内以固其本，不勤遠略而忽近圖，其慮深矣。

夏，四月，晦，日食。

五月，正三公分職。董賢爲大司馬，孔光爲大司徒，彭宣爲大司空。

六月，帝崩。帝睹孝成之世，禄去王室。及即位，屢誅大臣，欲强主威以則武、宣。然以寵信讒諂，憎疾忠直，漢業由是遂衰。

董賢以罪罷，即日自殺。太皇太后聞帝崩，即日駕之未央宫，收取璽綬。召大司馬賢，問以喪事調度，憂懼不能對。太后曰：「新都侯莽，前奉送先帝大行，曉習故事，吾令莽佐君。」賢頓首：「幸甚！」太后遣使者馳召莽，詔尚書，諸發兵符節、百官奏事、中黄門、期門兵皆屬焉。莽以太后指，使尚書劾賢，不親醫藥，禁止不得入宫殿。賢詣闕免冠徒跣謝。莽以太后詔，即闕下册收賢印綬，罷歸第。即日，與妻皆自殺，家惶恐，夜葬。莽疑其詐死，發其棺，至獄診視，因埋獄中。收没入家財四十三萬萬，父恭與家屬徙合浦。

太皇太后以王莽爲大司馬，領尚書事。太皇太后詔公卿舉可大司馬者。孔光以下皆舉莽，獨前將軍何武、右將軍公孫禄以爲：「惠、昭之世，外戚持權，幾危社稷。今比世無嗣，方當選立近親幼主，不宜令外戚持權。親疏相錯，爲國計便。」於是武舉禄，而禄亦舉武。太皇太后自用莽爲大司馬，領尚書事。

秋，七月，迎中山王箕子爲嗣。太皇太后與莽議，遣車騎將軍王舜使持節迎之。

貶皇太后爲孝成皇后。莽白太皇太后，詔有司以皇太后前與女弟昭儀專寵錮寖，殘滅繼嗣，貶爲孝成皇后，徙居北宫。

徙孝哀皇后於桂宫，追貶傅太后爲定陶恭王母，丁太后爲丁姬。莽又白太皇太后，下詔以定陶太后背恩忘本，專恣不軌，徙孝哀皇后退就桂宫，傅氏、丁氏皆免官爵歸故郡，獨下詔褒揚傅喜曰：「高武侯喜，恣性端慤，論議忠直，不順指從邪，以故斥逐，傳不云乎：『歲寒然後知松柏之後凋也。』其還喜長安，位特進，奉朝請。」喜雖外見褒賞，孤立憂懼。後復遣就國，以壽終。莽又貶傅太后號爲定陶恭王母，丁太后號爲丁姬。

以甄邯爲侍中，策免將軍何武、公孫禄，遣紅陽侯王立就國。莽以孔光名儒，相三主，太后所敬，天下信之，於是盛尊事光，引光女婿甄邯爲侍中。諸素所不説者，皆傅致其罪，爲請奏草，令邯以太后指風光，上之，莽白太后，輒可其奏。於是劾奏何武、公孫禄互相稱舉，免官就國。董宏子武父爲佞邪，奪爵。毋將隆前治中山獄，冤陷無辜，張由誣告骨肉，史立、丁玄陷人入大辟，趙昌譖害鄭崇，皆免爲庶人，徙合浦。中山獄，本立、玄自典考之，但與隆連名奏事。莽少時慕與隆交，隆不甚附，故因事擠之。紅陽侯立雖不居位，莽畏立從容言太后，令已不得肆意，復令光奏立罪惡，請遣就國。太后不聽，莽曰：「漢家比世無嗣，太后獨代幼主統政，力用公正先天下，尚恐不從。今以私恩逆大臣議，如此，羣下傾邪，亂從此起。」太后不得已，遣立。莽之所以脅持上下，皆此類也。於是附順者拔擢，忤恨者誅滅，以王舜、王邑爲腹心，甄豐、甄邯主擊斷，平晏領機事，劉秀典文章，孫建爲爪牙。莽色厲而言方，欲有所爲，微見風采，黨與承其指意而顯奏之。莽稽首涕泣，固推讓，上以惑太后，下用示信於衆庶焉。

八月，廢孝成、孝哀皇后，就其園。皆自殺。

策免大司空宣，遣就國。彭宣以王莽專權，乃上印綬，乞骸骨，歸鄉里。莽白太后，策免宣，使就國。莽恨宣求退，故不賜黄金安車駟馬。宣居國數年，薨。

班固曰：彭宣見險而止，異乎苟患失之者矣。

以王崇爲大司空。

九月，中山王箕子即位。年九歲。

太皇太后臨朝，大司馬莽秉政，百官總己以聽。

以孔光爲帝太傅，馬宫爲大司徒。莽權日盛，孔光憂懼，不知所出，上書乞骸骨。莽白太后，徙光爲帝太傅，領宿衛、供養，行内署門户，省服御食物。以馬宫爲大司徒。

冬，十月，葬義陵。

辛酉（一）

孝平皇帝元始元年。

春，正月，益州塞外蠻夷獻白雉。

二月，以孔光爲太師，王舜爲太保，甄豐爲少傅，王莽爲太傅，號安漢公，褒賞宗室羣臣。莽風益州，令塞外蠻夷自稱越裳氏重譯獻白雉。莽白太后，以薦宗廟。於是羣臣盛陳莽功德，宜賜號曰「安漢公」，益户疇爵邑。太后詔尚書具其事。莽上書言：「臣與孔光、王舜、甄豐、甄邯共定策。今願獨條光等功，寢置臣莽。」固讓數四，稱疾不起。太后乃詔光爲太師，舜爲太保，豐爲少傅，邯封承陽侯。莽尚未起，羣臣復上言：「宜以時加賞元功，無使百僚元元失望。」太后乃以莽爲太傅，幹四輔之事，號曰安漢公，益封二萬八千户。於是莽爲皇恐，不得已起受太傅、安漢公號，讓還益封事。復建言褒賞宗室羣臣，立東平王開明，又立中山王成都奉孝王後，封宣帝耳孫三十六人爲列侯。又令諸侯王公、列侯、關内侯無子而有孫若同産子者，皆得以爲嗣；宗室屬未盡而以罪絶者，復其屬；吏以年老致仕者，參分故禄，以一與之，終其身。下及庶民鰥寡，恩澤之政，無所不施。又風公卿奏言：「太后春秋高，不宜親省小事。」令太后詔曰：「自今以來，唯封爵乃以聞，他事安漢公、四輔平決。州牧、二千石及茂材吏初除奏事者，引入近署，對安漢公考故官，問新職，以知其稱否。」於是莽人人延問，密致恩意，厚加贈送，其不合指，顯奏免之，權與人主侔矣。

置羲和官。

夏，五月，朔，日食。

拜帝母衛姬爲中山孝王后。王莽恐帝外家衛氏奪其權，白太后：「前哀帝立，背恩義，自貴外家，幾危社稷。今帝以幼年復奉大宗，宜明一統之義，以戒前事，爲後代法。」乃遣使即拜帝母衛姬爲中山孝王后，賜帝舅寶、玄爵關内侯，皆留中山，不得至京師。申屠剛以直言對策曰：「聖主始免襁褓，至親分離。漢家之制，雖任英賢，猶援姻戚，親疏相錯，杜塞間隙。誠宜亟遣使者，徵中山太后，置之別宫，令時朝見。又召馮、衛二族，裁與冗職，使得執戟親奉宿衛，以抑患禍之端，上安社稷，下全保傅。」莽令太后詔：剛僻經妄説，違背大義，罷歸田里。

封公子寬爲褒魯侯，孔均爲褒成侯。以奉周公、孔子之祠。寬，魯頃公之後也。

壬戌(二)

二年。

春，黄支國獻犀牛。黄支在南海中，去京師三萬里。王莽欲耀威德，故厚遺其王，令遣使貢獻。

越巂郡上黄龍游江中。太師光等咸稱莽功德比周公，宜告祠宗廟。大司農孫寶曰：「周公上聖，召公大賢，尚猶有不相説，著於經典，兩不相損。今風雨未時，百姓不足，每有一事，羣臣同聲，得無非其美者？」時大臣皆失色。甄邯即時承制罷議者。會寶遣吏迎母，母道病，留弟家，獨遣妻子。司直陳崇劾奏寶，事下三公即訊。寶對如章，坐免，終於家。

帝更名衎。

大司空崇免，以甄豐爲大司空。

紹封宗室及功臣後爲王侯者百餘人。

大旱，蝗。王莽白太后，宜衣繒損膳，以示天下。莽亦素食，上書願出錢百萬，獻田三十頃，付大司農助給貧民。於是公卿皆效慕焉。

隕石于鉅鹿二。

大夫龔勝、邴漢罷歸。光祿大夫楚國龔勝、太中大夫琅邪邴漢以王莽專政，皆乞骸骨。莽令太后策詔之曰：「朕愍以官職之事煩大夫，大夫其修身守道，以終高年。」皆加優禮而遣之。梅福亦知莽必篡漢，一朝棄妻子去，不知所之。人傳以爲仙。其後人有見福於會稽者，變姓名爲吳市門卒云。

秋，九月，晦，日食。

匈奴單于遣女入侍太皇太后。王莽欲悦太后，以威德至盛異於前，乃風單于令遣王昭君女須卜居次云入侍太后，所以賞賜之甚厚。

頒四條於匈奴。車師後王姑句、去胡來王唐兜亡降匈奴，單于受之，上書言狀。詔遣使責讓，單于叩頭謝罪，執二虜還付使者。因請其罪，莽不聽。詔會西域諸國王，陳軍斬以示之。乃造四條，中國人亡入匈奴者，烏孫亡降匈奴者，西域諸國佩中國印綬降匈奴者，烏桓降匈奴者，皆不得受。遣使雜函封付單于，令奉行。因收故宣帝所爲約束封函還。時莽奏令中國不得有二名，因使使者以風單于。單于上書，更名曰知。莽大説，白遣使答諭厚賜焉。

校勘記

〔一〕十一月　「十一月」三字原脱，據月崖本、成化本、殿本及通鑑卷三一漢紀二十三漢成帝鴻嘉二年三月補。

〔二〕禮以養人爲本　「禮」字原脱，據月崖本、成化本、殿本及通鑑卷三二漢紀二十四漢成帝綏和元年十二月補。

〔三〕政事由莽出　「莽」，殿本、通鑑卷三三漢紀二十五漢成帝綏和二年四月作「已」。

資治通鑑綱目卷八

起癸亥漢平帝元始三年，盡丙戌漢光武帝建武二年，凡二十四年。

癸亥(三)

元始三年。

春，聘安漢公莽女爲皇后。莽欲以女配帝，以固其權，奏言：「長秋宮未建，掖廷媵未充。請考論五經，定取后禮，正十二女之義，以廣繼嗣，博采二王後及周公、孔子世、列侯在長安者適子女。」事下有司，上衆女名，王氏女多在選中。莽恐其與己女爭，即上言：「子材下，不宜與衆女並采。」太后詔：「王氏，朕外家，其勿采。」庶民諸生郎吏守闕上書，公卿大夫伏省户下，咸言：「願得公女以爲天下母。」太后從之。

夏，安漢公莽奏定制度。莽奏吏民車服、田宅、器械、喪祭、嫁娶、奴婢品制，立官稷，郡國縣鄉，皆置學官。

安漢公莽殺其子宇，滅中山孝王后家，殺敬武公主及汜鄉侯何武、故司隸鮑宣等數百人。莽長子宇非莽隔絶衛氏，私與衛寶通書，教衛后上書謝恩，因陳丁、傅舊惡，冀得至京師。莽白褒賞中山孝王后，益湯沐邑七千户。宇復教令上書求至京師。莽不聽。宇與師吴章及婦兄吕寬議，章以爲莽好鬼神，可爲變怪以驚懼之，因推類説，令歸政衛氏。宇即使寬夜持血灑莽第，門吏發覺之。莽執宇送獄，飲藥死。盡滅衛氏支屬，唯衛后在。吴章要斬。初，章爲當世名儒，教授千餘人。莽以爲惡人黨，皆當禁錮，不得仕宦，門人盡更名他師。平陵云敞時爲大司徒掾，自劾吴章弟子，收抱章尸歸，棺斂葬之。莽因是獄窮治黨與，連引素所惡者悉誅之。元帝女弟敬武長公主素非議莽，紅陽侯立，莽尊屬，平阿侯仁，素剛直，皆以太皇太后詔，迫令自殺。郡國豪桀及漢忠直臣不附莽者，何武、鮑宣及王商、辛慶忌諸子皆坐死，凡數百人，海内震焉。北海逢萌謂友人曰：「三綱絶矣，不去，禍將及人。」即解冠挂東都城門歸，將家屬浮海，客於遼東。

甲子(四)

四年。

春，正月，郊祀高祖以配天，宗祀孝文以配上帝。

改殷紹嘉公曰宋公，周承休公曰鄭公。

二月，遣大司徒宫等迎皇后入未央宫。

遣太僕王惲等八人行天下，觀風俗。加安漢公莽號宰衡。初，陳崇、張竦奏稱莽功德，以爲宜恢國如周公。至是太保舜等及吏民上書者八千餘人，復請如崇言。章下有司，有司請：「益封公以新息、召陵二縣及黄郵聚、新野田。采伊尹、周公稱號，加公爲宰衡，位上公，三公言事稱『敢言之』。賜公太夫人號功顯君，封子男二人爲侯，加后聘合爲一萬萬，以明大禮。」莽稽首辭讓，不聽。及起視事，止減召陵、黄郵、新野之田。復以所益納徵錢千萬遺太后左右奉共養者。莽雖專權，然所以誑耀媚事太后，下至旁側長御，方故萬端，賂遺以千萬數。知太后厭居深宫中，乃令太后四時車駕巡狩四郊，存見孤寡貞婦，賜民錢帛牛酒，歲以爲常。太保舜奏言：「天下聞公不受千乘之土，辭萬金之幣，莫不鄉化。蜀郡男子路建等輟訟，慚怍而退，雖文王卻虞、芮何以加！宜報告天下。」奏可。於是孔光愈恐，固稱疾辭位。詔：「太師毋朝，十日一入省中，置几杖，賜餐物，官屬按職如故。」

起明堂、辟雍、靈臺，立樂經，徵天下通經異能之士。莽奏起明堂、辟雍、靈臺，爲學者築舍萬區，制度甚盛。立樂經，益博士員，經各五人。徵天下通一藝、教授十一人以上，及有逸禮、古書、天文、圖讖、鍾律、月令、兵法、史篇文字，通知其意者，皆詣公車。網羅天下異能之士，至者前後千數。

胡氏曰：明堂、辟雍、靈臺，雜見於詩、禮、孝經、孟子，其制作之詳，不可得而聞矣。然以理考之，王者鄉明而治，古之堂，今之殿也。故孝經以爲宗祀之所，孟子以爲王政之堂。然則是天子之外朝，猶後世大朝會之正衙也。若吕不韋青陽總章之制，劉歆世室重屋之説，則豈可盡信乎。若靈臺，則詩與孟子言之，亦燕游之所耳。若辟雍，則未有明言其義也。獨詩有之，曰：「於樂辟雍。」又曰：「鎬京辟雍」而已。夫辟，君也；雍，和也。言人君有和德，則天地之和應之，而天下之心服之也。此二詩者，亦言與民同樂，建立都邑之事而已。未遽及學校之政也。況其上章，又有「皇王維辟」之云哉。王制記天子諸侯之學，始有辟雍泮宫之名，不知何所本而云也。泮水之詩，亦未有以見其爲學校者，獨取「匪怒伊教」之一言以爲證，則末矣。

徵能治河者。時又徵能治河者以百數，其大略異者，關並言：「河決率常於平原、東郡左右，其地形下而土疏惡。聞禹治河時，本空此地。秦、漢以來，河決南北，不過百八十里。可空此地，勿以爲官亭、民室。」韓牧以爲：「可略於禹貢九河處穿爲四五，宜有益。」王横言：「河入勃海地，高於韓牧所欲穿處。往者，海溢西南，出浸數百里，九河之地已爲海所漸矣。禹之行河水，本隨西山下東北去。周譜云：『定王五年，河徙。』則今所行非禹之所穿也。又秦攻魏，決河灌之，決處遂大，不可復補。宜更開空，使緣西山足，乘高地而東北入海，乃無水災。」司空掾桓譚典其議，爲甄豐言：「凡此數者，必有一是；宜詳考驗，皆可豫見。計定然後舉事，費不過數億萬，亦可以事諸浮食無産業民。衣食縣官而爲之作，乃兩便。」時莽但崇空語，無施行者。

升辛衡位在諸侯王上。

尊孝宣廟爲中宗，孝元廟爲高宗。

置西海郡。莽自以北化匈奴，東致海外，南懷黄支，唯西方未有加，乃遣使多持金幣誘塞外羌，使言：「太皇太后聖明，安漢公至仁，天下太平，五穀成熟，或禾長丈餘，或一粟三米，或不種自生，或不蠶自繭。四年以來，羌人無所疾苦，願獻地内屬。」乃奏以爲西海郡，增法五十條，犯者徙之以千萬數，民始怨矣。

更定官名及十二州界。分京師置前煇光、後承烈二郡。更公卿、大夫、元士官名、位次及十二州名、分界。郡國所屬，罷置改易，天下多事，吏不能紀矣。

乙丑（五）

五年。

春，正月，祫祭明堂。

復南北郊。三十餘年間，天地之祠凡五徙。

置宗師。詔曰：「宗室子自漢元至今十有餘萬人，其令郡國各置宗師以糾之，致教訓焉。」

夏，四月，太師光卒。以馬宮爲太師。

五月，加安漢公莽九錫。吏民以莽不受新野田而上書者，前後四十八萬七千五百七十二人，及諸侯王公、列侯、宗室見者皆叩頭言：「宜亟加賞於安漢公。」乃策命安漢公莽以九錫，莽稽首再拜，受緑韍、衮冕、衣裳，瑒琫、瑒珌，句屨，鸞路、乘馬，龍旂九旒，皮弁、素積，戎路、乘馬，彤弓矢、盧弓矢，左建朱鉞，右建金戚，甲胄一具，秬鬯二卣，圭瓚二，九命青玉珪二，朱户，納陛，署宗官、祝官、卜官、史官，虎賁三百人。

封王惲等八人爲列侯。王惲等還，言天下風俗齊同，詐造歌謠頌功德，凡三萬言。詔以惲等宣明德化，萬國齊同，皆封爲列侯。時廣平相班穉獨不上嘉瑞及歌謠，琅邪太守公孫閎言災害於公府。甄豐劾閎造不祥，稱絶嘉應，嫉害聖政，皆不道。稱，班倢伃弟也。太后曰：「班稱後宫賢家，我所哀也。」閎獨下獄，誅。稱懼，上書陳謝，願歸相印，入補延陵園郎。莽又奏爲市無二賈，官無獄訟，邑無盜賊，野無饑民，道不拾遺，男女異路之制；犯者象刑。

發定陶共王母及丁姬冢，取其璽綬。秋，八月，太師、大司徒宫罷。莽奏：「共王母、丁姬懷帝太后、皇太后璽綬以葬，請發冢，取其璽綬。」太后不許，莽固爭之，太后詔因故棺改葬之。莽奏：「共王母、丁姬棺皆名梓宫，珠玉之衣，非藩妾服。請更之。」奏可。公卿在位皆阿莽指，入錢帛，遣子弟及諸生四夷凡十餘萬人，操持作具，助將作掘平之，又隳壞共皇廟，冷襃、段猶等皆徙合浦。徵師丹，封義陽侯，月餘薨。馬宫嘗與議傅太后謚，至是爲莽所厚，故追誅前議者而獨不及宫。宫内慚懼，上書自言。詔以侯就第。

冬，十二月，安漢公莽弑帝。帝益壯，以衛后故，怨不悦。莽因臘日上椒酒，置毒酒中。帝有疾，莽作策，請命於泰畤，願以身代，藏策金縢，置於前殿，敕諸公勿敢言。帝崩，莽令吏皆服喪三年。斂加元服，葬康陵。

班固曰：孝平之世，政自莽出，褒善顯功，以自尊盛。觀其文辭，方外百蠻，無思不服，休徵嘉應，頌聲並作。至乎變異見於上，民怨於下，莽亦不能文也。

以平晏爲大司徒。

太皇太后詔徵宣帝玄孫，又詔安漢公莽居攝踐祚。太后與羣臣議立嗣。時元帝世絶，而宣帝曾孫有見王五人，列侯四十八人。莽惡其長大，曰：「兄弟不得相爲後。」乃悉徵宣帝玄孫選立之。初，泉陵侯劉慶上書言：「皇帝富於春秋，宜令安漢公攝行天子事，如成王周公故事。」羣公皆以爲宜。至是，前煇光謝囂奏浚井得白石，有丹書文，曰：「告安漢公莽爲皇帝。」太后曰：「此誣罔天下，不可施行。」太保舜謂太后：「事已如此，無可奈何。莽非敢有它，但欲稱攝以重其權，填服天下耳。」太后力不能制，乃下詔曰：「已徵孝宣皇帝玄孫二十三人，差度宜者，以嗣孝平皇帝之後。玄孫年在襁褓，不得至德君子，孰能安之。其令安漢公居攝踐祚，如周公故事，具禮儀奏！」於是羣臣奏言：「請安漢公踐祚，服天子韍冕，背斧依于户牖之間，南面朝羣臣，聽政事。車服警蹕，民臣稱臣妾，皆如天子之制。祭祀贊曰『假皇帝』，民臣謂之『攝皇帝』，自稱曰『予』。平決朝事，常以皇帝之詔稱『制』。其朝見太皇太后、皇帝、皇后皆復臣節。自施政教於其宫家國采，如諸侯禮儀故事。」詔曰：「可。」

丙寅(六)

孺子嬰居攝元年。

春，正月，王莽祀南郊。

三月，立宣帝玄孫嬰爲皇太子，號曰孺子。嬰，廣戚侯勳之孫，顯之子也。年二歲，託以爲卜相最吉，立之。

尊皇后曰皇太后。

夏，四月，安衆侯劉崇起兵討莽，不克，死之。安衆侯劉崇與相張紹謀曰：「莽必危劉氏，天下非之，莫敢先舉，此乃宗室之恥也。吾帥宗族爲先，海内必和。」從者百餘人，遂進攻宛，不得入而敗。

五月，太皇太后詔莽朝見稱假皇帝。羣臣復白：「劉崇等謀逆者，以莽權輕也。宜尊重以填海内。」太后乃詔莽朝見稱假皇帝。

冬，十月，朔，日食。

西羌反。西羌龐恬等怨莽奪其地，反攻西海太守。莽遣兵擊破之。

丁卯(七)

二年。

夏，五月，莽更造貨。錯刀，一直五千；契刀，一直五百；大錢，一直五十；與五銖錢並行，民多盜鑄者。禁列侯以下不得挾黄金，輸御府受直。然卒不與直。

秋，九月，東郡太守翟義起兵討莽，立劉信爲天子。三輔豪桀起兵應之，莽遣兵拒擊，義戰不克，死之。信亡走。東郡太守翟義，方進之子也，與姊子陳豐謀曰：「新都侯攝天子位，必代漢家。今宗室衰弱，外無强蕃，天下傾首服從，莫能亢扞國難。吾父子受漢厚恩，義當爲國討賊。欲舉兵西，誅不當攝者，選宗室子孫輔而立之。設令時命不成，死國埋名，猶可以不慚於先帝。汝肯從我乎？」豐年十八，勇壯，許諾。義遂與都尉劉宇、嚴鄉侯劉信、信弟璜結謀，勒其車騎、材官士，募郡中勇敢，部署將帥。立信爲天子，義自號大司馬、柱天大將軍。移檄郡國，言：「莽鴆殺孝平皇帝，攝天子位，欲絶漢室。今天子已立，共行天罰！」郡國皆震。比至山陽，衆十餘萬。莽聞之，惶懼不能食。太皇太后謂左右曰：「人心不相遠也。我雖婦人，亦知莽必以是自危。」莽乃拜孫建等七人爲將軍，將甲卒，發奔命，以擊義。三輔豪桀趙朋、霍鴻等聞義起，自稱將軍，燒官寺，殺都尉，相與謀曰：「諸將精兵悉東，京師空，可攻長安。」衆至十餘萬，火見未央前殿。莽復拜王級爲將軍，西擊朋等。日抱孺子禱郊廟，會羣臣而稱曰：「昔周公攝政，而管、蔡挾禄父以畔。今翟義亦挾劉信而作亂。自古大聖猶懼此，況臣莽之斗筲。」羣臣皆曰：「不遭此變，不章聖德。」莽依周書作大誥，諭天下以當反位孺子之意。諸將東至陳留，與翟義會戰。義敗死，竟不得信。

戊辰（八）

初始元年。

春，地震。

三輔兵皆破滅。王級等擊趙朋、霍鴻，皆殄滅，諸縣悉平。莽乃置酒白虎殿，治校軍功，依周制爵五等，以封功臣。當賜爵關内侯者，更名曰附城。莽於是自謂威德日盛，大獲天人之助，遂謀即真之事矣。

秋，九月，莽母功顯君死。莽母死，意不在哀。自以居攝踐阼，奉漢大宗之後，爲功顯君緦縗弁而加麻環絰，如天子吊諸侯服。凡壹吊再會，而令孫新都侯宗爲主，服喪三年。司威陳崇奏：莽兄子光殺人。莽怒，切責光。光遂母子自殺。初，莽以事母、養嫂、撫兄子爲名，及後悖虐，復以示公義焉。

十一月，太皇太后詔莽號令奏事毋言攝。劉京言齊郡新井，扈雲言巴郡石牛，臧鴻言扶風雍石，莽皆迎受。十一月，莽奏：「壬子冬至，巴石牛，雍石文，皆到未央前殿。臣與太保舜等視，天風起，塵冥，風止，得銅符帛圖於石前，文曰：『天告帝符。』臣莽敢不承用！臣請號令天下，天下奏言事，毋言『攝』。以居攝三年爲初始元年，用應天命。臣莽夙夜養育隆就孺子，令與周之成王比德。俟加元服，復子明辟，如周公故事。」奏可。

十二月，哀章作銅匱以獻莽。莽自稱新皇帝，更號太皇太后爲新室文母太皇太后。梓潼人哀章學問長安，素無行，作銅匱，爲兩檢，署其一曰「天帝行璽金匱圖」，其一署曰「赤帝璽邦傳予皇帝金策書」。日昏時，衣黄衣，持匱至高廟以付僕射。僕射以聞。莽至高廟，拜受金匱神禪，御王冠，謁太后，還坐未央宫前殿，下書曰：「皇天上帝隆顯大佑，屬予以天下兆民。赤帝，漢氏高皇帝之靈，承天命，傳國金策之書，予甚祗畏，敢不欽受！已御王冠，即真天子位，定有天下之號曰新。以十二月朔爲始建國元年正月之朔。」時以孺子未立，璽臧長樂宫。莽請之，太后不欲授〔一〕。莽使安陽侯舜諭指。太后怒罵之曰：「而屬父子宗族，蒙漢家力，富貴累世，既無以報，受人孤寄，乘便利時奪取其國，不復顧恩義。人如此者，狗猪不食其餘，天下豈有而兄弟邪！且若自以金匱符命爲新皇帝，變更正朔、服制，亦當自更作璽，傳之萬世，何用此亡國不祥璽爲，而欲求之。我漢家老寡婦，旦暮且死，欲與此璽俱葬，終不可得！」太后因涕泣而言，旁側長御以下皆垂涕。舜亦悲不能自止，良久，乃仰謂太后：「臣等已無可言。莽必欲得傳國璽，太后寧能終不與邪！」太后聞舜語切，恐莽欲脅之，乃出漢傳國璽投之地，曰：「我老已死，如而兄弟，今族滅也。」莽又欲改太后漢家舊號，易其璽綬。於是張采獻符命，言太皇太后當爲新室文母太皇太后，莽從之。

班彪曰：三代以來，王公失世，稀不以女寵。及王莽之興，由孝元后歷漢四世爲天下母，饗國六十餘載，羣弟世權，更持國柄。五將十侯，卒成新都。位號已移於天下，而元后卷卷猶握一璽不欲以授莽，婦人之仁，悲夫！

己巳（九）

新莽始建國元年。

春，正月，莽廢孺子爲定安公，孝平皇后爲定安太后。莽策命孺子爲定安公，封以萬户，地方百里。立漢祖宗之廟於其國，與周後並行其正朔服色。以孝平皇后爲定安太后。讀策畢，莽親執孺子手，流涕歔欷，曰：「昔周公攝位，終得復子明辟。今予獨迫皇天威命，不得如意！」哀嘆良久。中傅將孺子下殿，北面稱臣。百僚陪位，莫不感動。定安第，置門衛使者監領，敕阿乳母不得與語。常在四壁中，至長大，不能名六畜。

按金匱封拜其黨與。莽按金匱封拜王舜、平晏、劉秀、哀章爲四輔，甄邯、王尋、王邑爲三公，甄豐、王興、孫建、王盛爲四將，凡十一公。興，故城門令史；王盛，賣餅兒，莽按符命求得此姓名十餘人，兩人容貌應卜相，徑從布衣登用，以示神焉。

改諸官名。降漢諸侯王皆爲公，王子侯皆爲子。王二十二人，侯百八十一人。

立九廟，以漢高廟爲文祖廟。莽因漢承平之業，一朝有之，其意未滿，陿小漢家制度，欲更爲疏閼。乃自謂黄帝、虞舜之後，至齊王建孫濟北王安失國，齊人謂之王家，因以爲氏。故以黄帝爲初祖，虞帝爲始祖。追尊陳胡公爲陳胡王，田敬仲爲齊敬王，謚濟北王安爲愍王。立祖廟五，親廟四。天下姚、嬀、陳、田、王五姓皆爲宗室。以漢高廟爲文祖廟。漢氏園廟祠薦如故。

禁剛卯金刀。莽以劉之爲字卯金刀也，詔正月剛卯、金刀之利皆不得行，乃罷錯刀、契刀及五銖錢，更作小錢，徑六分，重一銖，與前「大錢五十」者爲二品。欲防民盜鑄，乃禁不得挾銅、炭。

夏，四月，徐鄉侯劉快起兵討莽，不克，死之。

莽禁不得買賣田及奴婢。莽曰：「古者一夫百畝，什一而税。秦壞聖制，廢井田，强者規田以千數，弱者曾無立錐之居。又置奴婢之市，與牛馬同闌，制於民臣，顓斷其命，繆於『天地之性人爲貴』之義。漢氏減輕田租，三十税一，常有更賦，罷癃咸出，豪民侵陵，分田刼假，實什税五也。故富者驕而爲邪，貧者窮而爲姦，俱陷于辜，刑用不錯。今更名天下田曰『王田』，奴婢曰『私屬』，皆不得買賣。其男口不盈八而田過一井者，分餘田予九族、鄰里、鄉黨。故無田、今當受田者，如制度。敢有非井田聖制，無法惑衆者，投諸四裔，以禦魑魅，如皇始祖考虞帝故事。」

胡氏曰：井田良法，致治平之本也。古之帝王，以天下爲公，視民飢寒如在己，故均地利以予民，而不專其奉。加以公卿諸侯，選賢舉德，共行此道，持以悠久。故法立而弊不生，維持千有餘年。及秦廢之，漢不能復。至董仲舒，始欲以限田漸復古制，其意甚美。然終不能行者，以人主自爲兼并，無以使民興於廉也。又況莽賊而能行乎？然井田實萬世之良法，而買賣奴婢之禁，亦仁政所當先，不可以莽所嘗爲，而指以爲非也。

秋，遣五威將帥班符命，更印綬。遣五威將王奇等十二人班符命四十二篇於天下，王侯官吏、外及蠻夷，皆即授新印綬，因收故漢印綬。五威將乘乾文車，駕坤六馬，背負鷩鳥之毛，服飾甚偉。每一將各置五帥，將持節，帥持幢，東至夫餘，南歷益州，西至西域，北至匈奴庭。

冬，靁，桐華。大雨雹。

庚午（一〇）

二年。

春，二月，莽廢漢諸侯王爲民。五威將帥還奏事，漢諸侯王爲公者悉上璽綬爲民，以獻符命封侯者三人。

班固曰：漢興，懲秦孤立之敗，尊王子弟，大啓九國。諸侯比境，周匝三垂。天子自有三河、東郡、潁川、南陽，自江陵以西至巴蜀，北自雲中至隴西，與京師、内史，凡十五郡。公主、列侯頗邑其中。而藩國大者跨州兼郡，連城數十，宫室百官同制京師，可謂矯枉過其正矣。然卒折諸吕之難，成太宗之業者，亦賴之於諸侯。諸侯原本以大末，流濫以致溢，小者淫荒越法，大者睽孤横逆以害身喪國，故文帝分齊、趙，景帝削吴、楚，武帝下推恩之令而藩國自析。景遭七國之難，抑損諸侯，減黜其官。武有衡山、淮南之謀，作左官之律，設附益之法。諸侯惟得衣食税租，不與政事。至於哀、平之際，皆繼體苗裔，親屬疏遠，生於帷牆之中，不爲士民所尊，勢與富室亡異。而本朝短世，國統三絶。是故王莽知漢中外殫微，本末俱弱，無所忌憚，生其姦心，因母后之權，顓作威福。詐謀既成，遂據南面之尊，分遣五威之吏，馳傳天下，班行符命。漢諸侯王厥角稽首，奉上璽韍，惟恐在後，或乃稱美頌德以求容媚，豈不哀哉！

立五均司市、錢府官。令民各以所業爲貢，榷酒酤。國師公劉秀言：「周有泉府之官，收不售，與欲得。」莽遂於長安及洛陽、邯鄲、臨淄、宛、成都立五均司市、錢府官。司市常以四時仲月定物上中下之賈，各爲其市平。民賣物不售者，均官考驗得實，用其本賈取之。物貴過平一錢，則以平賈賣與民。賤減平者，聽民自相與市。又民有乏絶欲賒貸者，錢府與之；每月百錢收息三錢。諸取金、銀、連、錫、鳥、獸、魚、鼈、畜牧、桑蠶、織紝、紡績、補縫、工匠、醫、巫、卜、祝、方技、商賈，皆各自占所爲於其所之，縣官除其本，計其利十分之，而以其一爲貢。敢不自占、自占不以實者，盡没入所采取而作縣官一歲。羲和魯匡復奏請榷酒酤，從之。

匈奴擊車師。戊己校尉官屬殺尉應之。莽既班四條，護烏桓使者告烏桓毋得復與匈奴皮布税。匈奴責税，收酋豪，縛，倒懸之。酋豪昆弟共殺匈奴使。單于聞之，發兵攻擊，敺婦女弱小且千人去，置左地，曰：「持馬畜皮布來贖之。」烏桓持財畜往贖，匈奴受，留不遣。及五威將帥至匈奴，易單于故印。故印文曰「匈奴單于璽」，莽更曰「新匈奴單于章」。單于再拜，解故印紱奉上將帥，受著新紱，不解視印。至夜，右帥陳饒曰：「單于視印，見其變改，必求故印，此非辭説所能距也。不如椎破故印以絶禍根。」將帥猶與，莫有應者。饒，燕士，果悍，即引斧椎壞之。明日，單于果白將帥曰：「漢諸侯王已下乃有『漢』，言『章』。今去『璽』加『新』，與臣下無別。願得故印。」將帥示以故印，單于知已無可奈，又多得賂遺，即遣弟隨將帥入謝。將帥還過左地，見烏桓民多，以聞〔二〕，詔匈奴還之。單于重怨恨，乃遣兵萬騎，以護送烏桓爲名，勒兵朔方塞下。莽遣兵擊之，當出西域，車師後王悍於供給，謀亡入匈奴。都護但欽斬之。其兄狐蘭支遂將衆二千降匈奴。單于遣兵與共擊車師，殺後城長，傷都護司馬。戊己校尉史陳良、終帶等殺校尉，將人衆降匈奴。

冬，莽罷漢廟及諸劉爲吏者。孫建奏：「陳良、終帶自稱廢漢大將軍，亡入匈奴。漢氏宗廟不當在長安城中，及諸劉當與漢俱廢。請皆罷之。」莽曰：「可。嘉新公、國師等三十二人，皆知天命，勿罷，賜姓曰王。」唯國師以女配莽子，故不賜姓。

更號定安太后曰黃皇室主。太后年未二十，自劉氏廢，常稱疾不朝會。莽欲嫁之，乃更號爲黃皇室主，欲絶之於漢。令孫建世子盛飾，將醫問疾。太后大怒，因發病，不肯起。

十二月，靁。

莽改匈奴單于爲「降奴服于」，遣其將軍孫建等擊之。莽恃府庫之富，欲立威匈奴，乃更名匈奴單于曰「降奴服于」。遣孫建等率十二將分道並出，募卒三十萬人，先至者屯邊郡，須畢具乃同時出；窮追匈奴，内之丁令。分其國土人民以爲十五，立呼韓邪子孫十五人皆爲單于。

更作寶貨。莽下書曰：「寶貨皆重則小用不給，皆輕則僦載煩費；輕重大小各有差品，則用便而民樂。」於是更作金、銀、龜、貝、錢、布之品，名曰寶貨。凡五物、六名、二十八品。百姓憒亂，其貨不行。

乃但行小錢直一與大錢五十，二品。盜鑄者不可禁，乃重其法，一家鑄錢，五家坐之，没入爲奴婢。百姓便安漢五銖錢，以莽錢大小兩行，難知，又數變改，不信，皆私以五銖錢市買。莽復下書：「諸挾五銖錢者投四裔。」抵罪者不可勝數。於是農商失業，食貨俱廢，民人至涕泣於市道。

莽將軍甄豐自殺。莽遂殺劉棻、甄尋、丁隆等數百人。莽之謀篡也，吏民爭爲符命，皆得封侯。其不爲者相戲曰：「獨無天帝除書乎？」司命陳崇白莽：「此開姦臣作福之路而亂天命，宜絶其原。」莽亦厭之，遂使尚書驗治，非五威將率所班，皆下獄。初，甄豐、劉秀、王舜爲莽腹心，唱導在位，褒揚功德。安漢、宰衡之號，皆所共謀。而豐等亦受其賜，並富貴矣，非復欲令莽居攝也。居攝之萌，出於劉慶、謝囂等。莽羽翼已成，意欲稱攝，豐等承順其意，莽輒復封豐等子孫以報之。豐等爵位已盛，心意既滿，又實畏漢宗室、天下豪桀，而疏遠欲進者並作符命，莽遂據以即真，舜、秀内懼而已。豐素剛强，莽覺其不説，而豐子尋復作符命，言黄皇室主當爲尋妻。莽怒曰：「黄皇室主天下母，此何謂也。」收捕尋。豐自殺。尋亡，捕得，辭連國師公秀子棻及門人丁隆等，牽引公卿黨親列侯以下，死者數百人。乃流棻于幽州，放尋于三危，殛隆于羽山，皆驛車載其屍傳致云。

起八風臺。莽始興神僊事，以方士言，起八風臺。臺成萬金。

辛未(一一)

三年。

匈奴諸部分道入塞，殺守尉，略吏民。州郡兵起。莽遣將將兵，多齎珍寶至雲中塞下〔三〕，招誘呼韓邪單于諸子。右犂汙王咸、咸子登、助三人至。則脇拜咸爲孝單于，助爲順單于，皆厚加賞賜。咸走出塞，傳送助、登長安，後助病死，以登代之。單于聞之，怒曰：「先單于受漢宣帝恩，不可負也。今天子非宣帝子孫，何以得立！」遣兵入雲中塞，大殺吏民。歷告左右部諸邊王入塞，殺太守都尉，略吏民畜産，不可勝數。是時諸將在邊，以大衆未集，未敢出擊。嚴尤諫曰：「臣聞匈奴爲害，所從來久矣，未聞上世有必征之者也。後世三家周、秦、漢征之，然皆未有得上策者也。周得中策，漢得下策，秦無策焉。周宣王時，獫狁内侵，至于涇陽；命將征之，盡境而還。其視戎狄之侵，譬猶蟁蝱，毆之而已，故天下稱明，是爲中策。漢武帝選將練兵，約齎輕糧，深入遠戍，雖有克獲之功，胡輒報之。兵連禍結三十餘年，中國罷耗，匈奴亦創艾，而天下稱武，是爲下策。秦始皇不忍小恥而輕民力，築長城之固，延袤萬里，轉輸之行，起於負海。疆境既完，中國内竭，以喪社稷，是爲無策。今天下比年饑饉，西北邊尤甚。發三十萬衆，具三百日糧，東援海、代，南取江、淮，然後乃備。計其道里，一年尚未集合，兵先至者聚居暴露，師老械弊，勢不可用，此一難也。邊既空虚，不能奉軍糧，内調郡國，不相及屬，此二難也。計一人三百日食，用糒十八斛，非牛力不能勝。牛又當自齎食，加二十斛，重矣。胡地沙鹵，多乏水草，以往事揆之，軍出未滿百日，牛必物故且盡，餘糧尚多，人不能負，此三難也。胡地秋冬甚寒，春夏甚風，多齎釜鍑、薪炭，重不可勝，食糒飲水，以歷四時，師有疾疫之憂，是故前世伐胡不過百日，非不欲久，勢力不能，此四難也。輜重身隨，則輕鋭者少，不得疾行，虜徐遁逃，勢不能及。幸而逢虜，又累輜重，如遇險阻，銜尾相隨，虜要遮前後，危殆不測，此五難也。大用民力，功不可必立，臣伏憂之！今既發兵，宜縱先至者，令臣尤等深入霆擊，且以創艾胡虜。」莽不聽，轉兵穀如故。吏士屯邊者，所在放縱，而内郡愁於徵發，民棄城郭，始流亡爲盜賊，并州、平州尤甚。莽遣中郎、繡衣執法分督之，皆乘便爲姦，撓亂州郡。北邊自宣帝以來，數世不見煙火之警，人民熾盛，牛馬滿野。及莽擾亂匈奴，與之搆難，邊民死亡繫獲，數年之間，北邊虛空，野有暴骨矣。

莽太師王舜死。舜自莽篡後，病悸寖劇，死。

莽迎龔勝爲太子師友祭酒。勝不食而卒。莽遣使者奉璽書、印綬、安車、駟馬迎龔勝，即拜爲太子師友祭酒。使者與郡縣長吏、三老、官屬、行義、諸生千人以上入里致詔。使者欲令勝起迎，久立門外。勝稱病篤，爲牀室中户西南牖下，東首加朝服拖紳。使者付璽書，奉印綬，内安車、駟馬，進謂勝曰：「聖朝制作未定，待君爲政，以安海内。」勝對曰：「素愚，加以年老被病，命在朝夕，隨使君上道，必死道路，無益萬分。」使者要説，至以印綬就加勝身；勝輒推不受。使者即上言：「方盛夏暑熱，勝病少氣，可須秋涼乃發。」莽許之。使者爲勝兩子及門人高暉等言：「朝廷虛心待君以茅土之封，雖疾病，宜動移至傳舍，示有行意；必爲子孫遺大業。」暉等白之，勝曰：「吾受漢家厚恩，無以報。今年老矣，旦暮入地，誼豈以一身事二姓，下見故主哉！」因敕以棺斂喪事，語畢，遂不復飲食。積十四日死，死時，七十九矣。是時清名之士，又有琅邪紀逡、齊薛方、沛唐林唐尊，皆以明經飭行顯名。逡、兩唐皆仕莽，封侯，貴重。莽以安車迎方，方因使者辭謝曰：「堯、舜在上，下有巢、由。今明主方隆唐虞之德，小臣欲守箕山之節。」莽説其言，不强致。隃麋郭欽爲南郡太守，杜陵蔣詡爲兖州刺史，亦以廉直爲名。莽居攝，欽、詡皆以病免官，歸鄉里，臥不出户，卒於家。沛國陳咸以律令爲尚書。見何武、鮑宣死，歎曰：「易説『見幾而作，不俟終日』。吾可以逝矣。」即乞骸骨去職。莽篡位，召咸爲掌寇大夫。咸謝病不肯應。三子參、豐、欽皆在位，咸悉令解官歸鄉里，閉門不出入，猶用漢家祖臘。人問其故，咸曰：「我先人豈知王氏臘乎！」悉收斂其家律令、書文，壁藏之。又，齊栗融、北海禽慶、蘇章、山陽曹竟，皆儒生，去官，不仕於莽。

班固曰：王、貢之材，優於龔、鮑，守死善道，勝實蹈焉。貞而不諒，薛方近之。郭欽、蔣詡，好遯不汙，絶紀、唐矣。

瀕河郡蝗生。

河決。河決魏郡，泛清河以東數郡。先是，莽恐河決爲元城冢墓害。及決東去，元城不憂水，故遂不隄塞。

壬申(一二)

四年。

春，莽殺匈奴順單于登。莽邊將言虜寇皆咸子角所爲，故莽斬登。

定東、西都及諸侯員數。莽下書：「以洛陽爲東都，常安爲西都。諸侯員千八百，附城數亦如之，以俟有功。諸公一同，有衆萬户；其餘以是爲差。以圖簿未定，未授國邑，且令受奉都内，月錢數千。」諸侯皆困乏，至有傭作者。

令民得賣田。莽性躁擾，不能無爲，每有所興造，動欲慕古，不度時宜。制度又不定，吏緣爲姦，天下謷謷，陷刑者衆。莽知民愁怨，乃令民食王田者，皆得賣之。然他政誖亂，刑罰深刻，賦斂重數，猶如故焉。

西南夷殺牂柯大尹。貉人入邊。初，五威將帥出西南夷，改句町王爲侯，王邯怨怒。莽諷牂柯大尹周歆詐殺邯。邯弟承起兵殺歆，州郡擊之，不能服。莽又發高句驪兵擊匈奴，不欲行，强迫之，亡出塞，犯法爲寇。嚴尤奏：「宜令州郡且慰安之。今匈奴未克，夫餘、濊貉復起，此大憂也。」莽不聽。詔尤擊之。尤誘高句驪侯騶至而斬焉。於是貉人愈犯邊，東、北、西南皆亂。莽志方盛，以爲四夷不足吞滅，專念稽古之事。

癸酉（一三）

五年。

春，二月，太皇太后王氏崩。莽既改號太后爲新室文母，絶之於漢，乃墮壞孝元廟，更爲太后起廟。獨置孝元廟故殿以爲文母篹食堂。既成，名曰長壽宫，置酒，請太后。既至，見廟廢徹塗地，驚泣曰：「此漢家宗廟，皆有神靈，與何治而壞之！且使鬼神無知，又何用廟爲！如令有知，我乃人之妃妾，豈宜辱帝之堂以陳饋食哉！」私謂左右曰：「此人慢神多矣，能久得祐乎！」飲酒不樂而罷。莽更漢家黑貂著黄貂，又改漢正朔、伏臘日。太后令其官屬黑貂，至漢家正、臘日，獨與其左右相對飲食。至是崩，年八十四。葬渭陵，與元帝合，而溝絶之。新室世世獻祭其廟，元帝配食，坐於牀下。

烏孫大、小昆彌遣使入貢。莽以烏孫國人多親附小昆彌，欲得烏孫心，乃遣使者引小昆彌使坐大昆彌使上，師友祭酒滿昌劾奏使者曰：「夷狄以中國有禮誼，故詘而服從。大昆彌，君也。今序臣使於君使之上，非所以有夷狄也。奉使大不敬！」莽怒，免昌官。

焉耆殺莽都護但欽。西域諸國以莽積失恩信，焉耆先叛，殺欽，西域遂瓦解。

十一月，彗星出。

匈奴烏珠留單于死，烏累若鞮單于咸立。匈奴用事大臣須卜當常欲與中國和親，見咸爲莽所拜，遂越次立之。

甲戌（一四）

天鳳元年。

春，正月，莽遣其太傅平晏之洛陽相宅。莽下詔：「將以是歲行巡狩禮，即于土中居洛陽之都。」既而不行，先遣晏等相宅，圖起宗廟、社稷、郊兆云。

三月，晦，日食。

莽策免其大司馬逯並。莽自即真，尤備大臣，有言其過失者，輒拔擢。孔仁等以敢擊大臣，故見信任。

夏，隕霜殺草木。

六月，黄霧四塞。

秋，十月，大風，雨雹。風拔木，飛北闕尾。雹殺牛羊。

莽置萬國。莽以周官、王制之文，置卒正、連率、大尹、州牧，分六卿、六尉、六隊、六郊、六服，總爲萬國。後歲復變更，一郡至五易名，而還復其故。吏民不能紀，每下詔書，輒繫其故名云。

北邊大饑，人相食。莽與匈奴和親。匈奴求和親。莽即遣使賀單于初立，紿言侍子登在，因購求陳良、終帶等。單于聽命，莽燒殺之。會緣邊大饑，人相食。莽乃徵還諸將，罷屯兵。單于實貪莽賂遺，故外不失漢家故事，然内利寇掠。又使還，知子登前死，怨恨，寇虜從左地入不絶。使者問單于，輒曰：「烏桓與匈奴黠民共爲寇，譬如中國有盗賊耳。咸初立持國，威信尚淺，盡力禁止，不敢有二心。」莽復發軍屯。

益州蠻夷殺其大尹。莽發兵擊之。

莽改錢貨法。莽復申下金、銀、龜、貝之貨，頗增減其賈直，而罷大、小錢，改作貨布、貨泉二品並行。每壹易錢，民用破業而大陷刑。

乙亥（一五）

二年。

春，正月，民訛言黄龍死。民訛言黄龍墮死黄山宫中，走觀者萬數，莽捕繫之。

莽改匈奴單于曰「恭奴善于。」莽改單于號。單于貪莽金幣，曲聽之，然寇盗如故。

五原、代郡兵起。 莽意以爲制定則天下自平，故鋭思於地理，制禮，作樂，講合六經之説。公卿旦入暮出，論議連年不決，不暇省獄訟冤結，民之急務。縣宰缺者數年守兼，一切貪殘日甚。繡衣執法在郡國者，並乘權勢，傳相舉奏。又公士分布勸農桑，班時令，按諸章，冠蓋相望，交錯道路，召會吏民，逮捕證左，郡縣賦斂，遞相賕賂，白黑紛然，守闕告訴者多。莽自見前顓權以得漢政，故務自覽衆事。又好變改制度，政令煩多，當奉行者，輒質問乃以從事，前後相乘，憒眊不渫。莽常御燈火至明，猶不能勝。穀羅常尚書因是爲姦，寢事，上書待報者連年不得去，拘繫郡縣者逢赦而後出，衛卒不交代者至三歲。穀羅常貴，邊兵二十餘萬人，仰衣食縣官。五原、代郡，尤被其毒，起爲盜賊，數千人爲輩，轉入旁郡。莽遣兵擊，歲餘乃定。

邯鄲以北大雨，水出。 水深者數丈，流殺數千人。

丙子（一六）

三年。

春，二月，地震。 莽大司空王邑以地震乞骸骨，莽不許，曰：「天地有動有震，震者有害，動者不害。春秋記地震，易繫坤動。動静辟翕，萬物生焉。」其好自誣飾，皆此類也。

大雨雪。 雪深一丈，竹柏或枯。

夏，莽始賦吏禄。 先是，莽以制作未定，上自公侯，下至小吏，皆不得俸禄。至是始賦吏禄。又曰：「古者歲豐則充其禮，災害則有所損，上計時通計，天下幸無災害者，太官膳羞備品。即有災害，以什率多少而損膳焉。公卿以下，各分州郡、國邑保其災害，亦以什率多少而損其禄。中都官吏食禄者，以太官膳羞備損而爲節。」莽之制度煩碎如此，課計不可理，吏終不得禄，各因官職爲姦，受取賕賂以自共給焉。

長平岸崩，壅涇水。莽復發兵擊匈奴。莽羣臣以岸崩，上壽曰：「河圖所謂『以土填水』，匈奴滅亡之祥也。」莽乃遣將擊匈奴，至邊止屯。

秋，七月，晦，日食。

冬，莽大發兵擊益州蠻，不克。越嶲蠻亦殺其太守。莽兵擊蠻者，疾疫死十六七，賦斂民財什取伍，益州虚耗而不克。莽更遣將，大發天水、隴西騎士十萬人擊之。始至，頗斬首數千，其後軍糧前後不相及，士卒飢疫。復大賦斂。就都大尹馮英言：「今調發諸郡兵穀，訾民什取其四，空破梁州，功終不遂。宜罷兵屯田，明設購賞。」莽怒，免英官。越嶲蠻夷任貴遂殺太守枚根，自立爲邛穀王。

莽遣五威將王駿出西域。焉耆襲殺之。莽遣駿與都護李崇出西域，諸國郊迎，送兵穀。焉耆詐降而聚兵自備，駿等至，伏兵襲殺之。西域遂絶。

丁丑（一七）

四年。

夏，六月，莽更授諸侯茅土於明堂。莽好空言，慕古法，多封爵人。性實吝嗇，託以地理未定，故且先賦菁茅四色之土，用慰喜封者。

秋，鑄威斗。以五石銅爲之，若北斗，欲以厭勝衆兵。司命負之，出在前，入在旁。

臨淮、琅邪及荆州緑林兵起。莽置羲和命士，以督五均、六筦。皆用富賈爲之，乘傳求利，交錯天下。因與郡縣通姦，百姓愈病。莽復下詔申明六筦，爲設科禁，犯者罪至死。民摇手觸禁，不得耕桑，繇役煩劇，而旱蝗相因，獄訟不決。吏旁緣莽禁，侵刻小民，富者不自保，貧者無以自存，於是並起爲盜賊，依阻山澤，吏不能禽而覆蔽之，浸淫日廣。臨淮瓜田儀等依阻會稽長州；琅邪吕母聚黨數千人，殺海曲宰，入海中爲盜，其衆浸多，至萬數。荆州饑饉，民衆入野澤，掘鳧茈而食之，更相侵奪。新市人王匡、王鳳爲平理諍訟，遂推爲渠帥，衆數百人。諸亡命者馬武、王常、成丹等皆往從之，臧於緑林山中，數月間至七八千人。又南郡、江夏衆皆萬人。莽遣使者赦之，還言：「盜解復合，問其故，皆曰：『愁法禁煩苛，不得舉手，力作所得，不足以給貢税。閉門自守，又坐鄰伍鑄錢挾銅，姦吏因以愁民。』民窮，悉起爲盜賊。」莽大怒，免之。或言「民驕黠當誅」，及言「時運適然，且滅不久」，莽説，輒遷官。

戊寅(一八)

五年。

春，北軍南門災。

莽以費興爲荆州牧，未行，免。莽以興爲荆州牧，見，問到部方略，興對曰：「荆、揚之民，率依阻山澤，以漁采爲業。間者國張六筦，税山澤，妨奪民之利。連年久旱，百姓饑窮，故爲盜賊。興到部，欲令明曉告盜賊歸田里，假貸犂牛、種食，闊其租賦，冀可以解釋安集。」莽怒，免興官。

莽考吏致富者，收其財以給軍。吏以不得俸禄，並爲姦利，郡尹、縣宰家累千金。莽乃考諸軍吏及緣邊吏爲姦利增産致富者，收其家所有財産五分之四以助邊急。關吏告其將，奴婢告其主，冀以禁姦，而姦愈甚。

莽孫宗自殺。宗自畫容貌，被服天子衣冠。發覺，自殺。

莽大夫揚雄死。成帝之世，雄以奏賦爲郎，給事黄門，與莽及劉秀並列。哀帝之初，又與董賢同官。莽、賢爲三公，權傾人主，所薦莫不拔擢，而雄三世不徙官。及莽篡位，雄以耆老久次，轉爲大夫。恬於勢利，好古樂道，欲以文章成名於後世，乃作太玄、灋言，用心於内，不求於外，人皆忽之。唯劉秀及范逡敬焉，而桓譚以爲絶倫，鉅鹿侯芭師事焉。劉棻嘗從雄學作奇字，及棻坐事誅，辭連及雄。時雄校書天禄閣上，使者來，欲收之，雄恐不能自免，乃從閣上自投下，幾死。莽問之，以雄不知情，詔勿問。然雄所作灋言，卒章盛稱莽功德可比伊尹、周公，後又作劇秦美新之文以頌莽，君子病焉。

琅邪樊崇、東海刁子都等兵皆起。琅邪樊崇起兵於莒，衆百餘人，羣盗以崇猛勇，皆附之，一歲間至萬餘人。逢安、徐宣、謝禄、楊音各起兵，合數萬人從崇，轉掠青、徐間。又有東海刁子都，亦起兵鈔擊徐、兖。莽遣使者發兵擊之，不能克。

己卯（一九）

六年。

烏累單于死，弟呼都而尸道皋若鞮單于輿立。

春，莽立須卜當爲單于，大募兵，擊匈奴。莽遣王歙誘當，將至長安，立爲須卜單于。大司馬嚴尤曰：「當在右部，單于動静輒語中國，此方面大助也。今迎置長安藁街，一胡人耳。」莽不聽。而匈奴寇邊益甚，莽乃大募天下丁男及死罪囚、吏民奴，一切税天下吏民，訾三十取一，欲以擊匈奴，輔立當。令公卿以下，至郡縣黄綬皆保養軍馬，以秩爲差。又博募有奇技術可以攻匈奴者〔四〕。或言能渡水不用舟楫，連馬接騎，濟百萬師。或言不持斗糧，服食藥物，三軍不饑。或言能飛，一日千里，可窺匈奴。莽輒試之，知其不可用，苟欲獲其名，皆拜爲理軍，賜以車馬，待發。嚴尤諫曰：「匈奴可且以爲後，先憂山東盜賊。」莽大怒，策免尤。大司空史范升奏記司空王邑曰：「朝以遠者不服爲至念，升以近者不悦爲重憂。今動與時戾，事與道反，馳騖覆車之轍，踵循敗事之後，後出益可怪，晚發愈可懼耳。方春歲首而動發遠役，藜藿不充，田荒不耕，穀價騰躍，斛至數千，吏民陷於湯火之中，非國家之民也。如此，則胡、貊守闕，青、徐之寇在於帷帳矣。升有一言，可以解天下倒縣，免元元之急。不可書傳，願蒙引見，極陳所懷。」邑不聽。

關東饑旱。時饑旱連年，刁子都等黨衆寖多，至六七萬。

庚辰（二〇）

地皇元年。

春，正月，莽令犯法者論斬，毋須時。莽下書曰：「方出軍行師，敢有趨讙犯法者輒論斬，毋須時。」於是春、夏斬人都市，百姓震懼，道路以目。

秋，七月，大風毁莽王路堂。

九月，莽起九廟於長安城南。黄帝廟方四十丈，高十七丈，餘廟半之，功費數百餘萬，卒徒死者萬數。

大雨六十餘日。

鉅鹿男子馬適求等謀誅莽，不克，死。適求等謀覺，連及郡國豪桀數千人，皆爲莽所殺。

莽更鑄錢法。莽以私鑄犯法者多，不可勝行，乃更輕其法，鑄者與妻子没入爲官奴婢，吏及比伍知而不舉告，與同罪。由是犯者愈衆，檻車鎖頸，傳詣長安鍾官以十萬數，死者什六七。

以唐尊爲太傅。尊曰：「國虚民貧，咎在奢泰。」乃身短衣小褎，乘牝馬柴車，藉藳，以瓦器飲食，又以歷遺公卿。出，見男女不異路者，尊自下車，以象刑赭幡汙染其衣。莽聞而説之，下詔申敕公卿：「思與厥齊。」封尊爲平化侯。

收郅惲繫獄。惲明天文歷數，以爲漢必再受命，上書説莽曰：「上天垂戒，欲悟陛下，令就臣位。取之以天，還之以天，可謂知命矣。」莽大怒，繫惲詔獄。踰冬，會赦得出。

辛巳(二一)

二年。

春，正月，莽妻死，太子臨謀殺莽，事覺自殺。

秋，隕霜殺菽。

關東大饑，蝗。

莽毁漢高廟。莽惡漢高廟神靈，遣虎賁武士入廟，拔劍四面提擊，斧壞户牖，桃湯、赭鞭鞭灑屋壁，令輕車校尉居其中。

南郡秦豐兵起。豐聚衆萬人，平原女子遲昭平亦聚數千人在河阻中。莽召問羣臣禽賊方略，皆曰：「此天囚行尸，命在漏刻。」故左將軍公孫禄徵來與議，禄曰：「太史令宗宣以凶爲吉，亂天文，誤朝廷；太傅唐尊，飾虚僞以媮名位，賊夫人之子；國師劉秀顛倒五經，毁師法，令學士疑惑；張邯、孫陽造井田，使民棄土業；魯匡設六筦以窮工商；崔發阿諛取容，令下情不上通，宜誅此數子以慰天下。」又言：「匈奴不可攻，當與和親。恐新室憂不在匈奴而在封域之中也。」莽怒，使虎賁扶禄出，然頗采其言，左遷匡爲五原卒正。

莽以田況爲青、徐二州牧，既而罷之。初，四方皆以飢寒窮愁起爲盗賊，稍稍羣聚，常思歲熟得歸鄉里，衆雖萬數，不敢略有城邑，轉掠求食，日闋而已。諸長吏牧守皆自亂鬬中兵而死，賊非敢欲殺之也，而莽終不諭其故。是歲，荆州牧討緑林賊，王匡等迎擊，大破牧軍，鈎牧車屏泥，刺殺其驂乘，然終不敢殺牧。賊遂攻拔竟陵、安陸，多略婦女，還入緑林中，至有五萬餘口。又，大司馬士按章豫州，爲賊所獲，賊送付縣。士還，上書具言狀。莽大怒，因下書責七公曰：「夫吏者，理也。宣德明恩，以牧養民，仁之道也。抑强督姦，捕誅盗賊，義之節也。今則不然，盗發不輒得，至成羣黨遮略乘傳宰士。士得脱者又妄自言：『我責數賊，何故爲是？賊曰：「以貧窮故耳。」賊護出我。』今俗人議者率多若此。惟貧困飢寒犯法爲非，羣盜偷穴，不過二科；今乃結謀連黨以千百數，是逆亂之大者，豈饑寒之謂邪。七公其嚴敕卿大夫、卒正、連率、庶尹，謹牧養善民，急捕殄盜賊！有不同心并力疾惡黠賊，而妄曰饑寒所爲，輒捕繫，請其罪！」於是羣下愈恐，莫敢言賊情者。州郡又不得擅發兵，賊由是遂不制。唯翼平連率田況素果敢，發民年十八以上四萬餘人，授以庫兵，與刻石爲約。樊崇等聞之，不敢入界。況自劾奏，莽讓況：「弄兵，以況自詭必禽滅賊，故且勿治。」後況自請出界擊賊，所嚮皆破。莽以璽書令況領青、徐二州牧事，況上言：「盜賊始發，其原甚微，部吏伍人所能禽也。咎在長吏不爲意，縣欺其郡，郡欺朝廷，實百言十，實千言百。朝廷忽略，不輒督責，遂至延蔓連州，乃遣將帥，多使者，傳相監趣。郡縣力事上官，應塞詰對，共酒食，具資用，以救斷斬，不暇復憂盜賊、治官事。將帥又不能躬率吏士，戰則爲賊所破，吏氣寖傷，徒費百姓。前幸蒙赦令，賊欲解散，或反遮擊，轉相驚駭，恐見詐滅。饑饉易動，旬日之間，更十餘萬人，此盜賊所以多之故也。今宜急選牧尹以下，明其賞罰，收合離鄉。小國無城郭者，徙其老弱置大城中，積臧穀食，并力固守。賊來攻城，則不能下；所過無食，勢不得羣聚。如此，招之必降，擊之則滅。今空復多出將帥，郡縣苦之，反甚於賊。宜盡徵還乘傳諸使者，以休息郡縣。委任臣況以二州盜賊，必平定之。」莽畏惡況，遣使者賜況璽書，因令代監其兵，遣況西詣長安。況去，齊地遂敗。

壬午(二二)

三年。

春，二月，關東人相食。

夏，四月，樊崇兵自號「赤眉」。莽遣其太師王匡、將軍廉丹擊之。初，樊崇等衆既寖盛，乃相與爲約：「殺人者死，傷人者償創。」莽遣太師王匡、更始將軍廉丹討之。崇等恐其衆與莽兵亂，乃皆朱眉以相識別，由是號曰「赤眉」。匡、丹合將鋭士十餘萬人，所過放縱。東方爲之語曰：「寧逢赤眉，不逢太師。太師尚可，更始殺我。」卒如田況之言。

緑林兵分爲下江、新市兵。莽遣其將軍嚴尤、陳茂擊之。緑林賊遇疾疫，死者且半，乃各分散。王常等西入南郡，號下江兵；王匡等北入南陽，號新市兵，皆自稱將軍。莽遣嚴尤、陳茂擊之。

蝗飛蔽天。

流民入關者數十萬人。莽聞城中飢饉，以問中黄門王業。業曰：「皆流民也。」乃市所賣梁飯、肉羹持入示莽曰：「居民食咸如此。」莽信之。

秋，七月，荆州平林兵起。新市王匡等進攻隨，平林人陳牧、廖湛復聚衆千餘人，號平林兵以應之。

赤眉破廉丹，誅之。莽以詔書讓廉丹，丹惶恐，夜召其掾馮衍，以書示之。衍因説丹曰：「張良以五世相韓，椎秦始皇博浪之中。將軍之先，爲漢信臣；新室之興，英俊不附。今海内潰亂，人懷漢德，甚於詩人思召公也。人所歌舞，天必從之。方今爲將軍計，莫若屯據大郡，鎮撫吏士，砥厲其節，納雄桀之士，詢忠智之謀，興社稷之利，除萬人之害，則福禄流於無窮，功烈著於不滅。何與軍覆於中原，身膏於草野，功敗名喪，耻及先祖哉！」丹不聽。衍，奉世曾孫也。赤眉别校董憲等衆數萬人在梁郡，匡、丹引兵進戰，兵敗，匡走，丹曰：「小兒可走，吾不可！」遂戰死。

漢宗室劉縯及弟秀起兵春陵，興復帝室。新市、平林兵皆附之。初，長沙定王發生春陵節侯買，買生戴侯熊渠，熊渠生考侯仁，仁以南方卑濕，徙封南陽之白水鄉，與宗族往家焉。仁卒，子敞嗣。值莽篡位，國除。節侯少子外爲鬱林太守，外生鉅鹿都尉回，回生南頓令欽，欽娶湖陽樊重女，生三男：縯、仲、秀。縯性剛毅，慷慨有大節，常憤憤，懷復社稷之慮，不事家人居業，傾身破産，交結天下雄俊。秀隆準日角，嘗受尚書長安，略通大義，性勤稼穡。縯常非笑之，比於高祖兄仲。秀嘗過穰人蔡少公，少公頗學圖讖，言「劉秀當爲天子」。或曰「是國師公劉秀乎」？秀戲曰：「何用知非僕邪！」坐者皆大笑。宛人李守，好星歷讖記，嘗謂其子通曰：「劉氏當興，李氏爲輔。」及新市、平林兵起，南陽騷動，通從弟軼謂通曰：「今四方擾亂，漢當復興。南陽宗室，獨劉伯升兄弟泛愛容衆，可與謀大事。」通笑曰：「吾意也！」會秀賣穀於宛，通遣軼迎秀，與約結定謀，欲以立秋材官都試騎士日，劫前隊大夫甄阜及屬正梁丘賜，以號令大衆，使軼與秀歸春陵舉兵以相應。於是縯召諸豪桀計議曰：「王莽暴虐，百姓分崩。今枯旱連年，兵革並起，此亦天亡之時，復高祖之業，定萬世之秋也。」衆皆然之。於是分遣親客於諸縣起兵，縯自發春陵子弟。子弟恐懼，皆亡匿，曰：「伯升殺我！」及見秀絳衣大冠，皆驚曰：「謹厚者亦復爲之。」乃稍自安。凡得子弟七八千人，部署賓客，自稱「柱天都部」。秀時年二十八。李通未發，事覺，亡走。父守及家屬坐死者六十四人。縯使族人招説新市、平林兵，與其帥王鳳、陳牧西擊長聚，進屠唐子鄉，又殺湖陽尉，進拔棘陽，李軼、鄧晨皆將賓客來會。嚴尤、陳茂破下江兵。成丹等收散卒，復振，與荆州牧戰於上唐，大破之。

下江兵與莽荆州牧戰，大破之。

冬，十一月，有星孛于張。

漢兵與莽守將甄阜、梁丘賜戰，不利。遂與下江合兵，襲取其輜重。劉縯欲進攻宛，至小長安聚，與甄阜、梁丘賜戰，敗。縯復收兵保棘陽。阜、賜乘勝留輜重於藍鄉，引精兵十萬南臨沘水。新市、平林見漢兵數敗，各欲解去。會下江兵五千餘人至宜秋，縯與秀俱造其壁曰：「願見下江一賢將，議大事。」衆推王常。縯見常，説以合從之利。常大悟曰：「王莽殘虐，百姓思漢。今劉氏復興，即真主也。」縯遂與常深相結而去。常還，具爲餘將言之。皆曰：「大丈夫既起，當各自爲主，何故受人制乎！」常乃徐曉説之曰：「王莽苛酷，積失百姓之心，民之謳吟思漢，非一日也，故使吾屬因此得起。夫民所怨者，天所去也；民所思者，天所與也。舉大事，當下順民心，上合天意，功乃可成。若負强恃勇，觸情恣欲，雖得天下，必復失之。以秦、項之勢，尚至夷覆，況今布衣相聚草澤。以此行之，滅亡之道也。今南陽諸劉舉宗起兵，觀其來議者，皆有深計大慮，王公之才，與之并合，必成大功，此天所以祐吾屬也。」諸將素敬常，乃皆謝曰：「無王將軍，吾屬幾陷於不義！」即引兵與漢軍及新市、平林合。於是諸部齊心同力，鋭氣益壯。縯大饗軍士，設盟約，休卒三日，分爲六部。十二月，晦，潛師夜起，襲取藍鄉，盡獲其輜重。

癸未(二三)

漢帝玄更始元年。

春,正月,攻阜、賜,誅之。又破嚴尤、陳茂於淯陽下,遂圍宛。先是,青、徐賊衆雖數十萬人,訖無文書、號令、旌旗部曲。及漢兵起,皆稱將軍,攻城略地,移書稱説。莽聞之,始懼。

二月,新市、平林諸將共立更始將軍劉玄爲皇帝,大赦,改元。春陵戴侯曾孫玄在平林兵中,號更始將軍。時漢兵已十餘萬,諸將議以兵多而無所統一,欲立劉氏以從人望。南陽豪桀及王常等皆欲立劉縯;而新市、平林將帥樂放縱,憚縯威明,貪玄懦弱,先共定策立之,然後召縯示其議。縯曰:「諸將軍幸欲尊立宗室,甚厚!然今赤眉起青、徐,衆數十萬,聞南陽立宗室,亦當復有所立。王莽未滅而宗室相攻,是疑天下而自損權,非所以破莽也。不如且稱王以號令,亦足以斬諸將。若赤眉所立者賢,相率而往從之。若無所立,破莽,降赤眉,然後舉尊號,亦未晚也。」諸將多曰:「善。」張卬拔劍擊地曰:「疑事無功,今日之議,不得有二!」衆皆從之。二月,朔,設壇場於淯水上,玄即皇帝位。南面立,朝羣臣,羞愧流汗,舉手不能言。大赦,改元,拜置公卿,以縯爲大司徒,秀爲太常偏將軍。由是豪桀失望。

三月,劉秀徇昆陽、定陵、郾,皆下之。

莽遣其司徒王尋、司空王邑大發兵,會嚴尤、陳茂。夏,五月,圍昆陽。王莽遣其司徒王尋、司空王邑發兵平定山東;徵諸明兵法六十三家以備軍吏,以長人巨毋霸爲壘尉,又驅諸猛獸虎豹犀象之屬以助威武。邑至洛陽,州郡各選精兵,牧守自將,定會者四十二萬人,號百萬;餘在道者,旌旗輜重，千里不絶。五月，出潁川，與尤、茂合。諸將見兵盛，皆反走，入昆陽，惶怖，欲散歸諸城。劉秀曰：「今兵穀既少，而外寇强大，并力禦之，功庶可立。如欲分散，勢無俱全。且宛城未拔，不能相救；昆陽即拔，一日之間，諸部亦滅矣。今不同心膽，共舉功名，反欲守妻子財物邪！」諸將怒曰：「劉將軍何敢如是！」秀笑而起。會候騎還，言：「大兵且至城北，軍陳數百里，不見其後。」諸將迫急，乃更請秀計之。秀復爲圖畫成敗，皆曰：「諾。」時城中唯有八九千人，秀使王鳳、王常守昆陽，夜與李軼等十三騎出城南門，於外收兵。時莽兵到城下者且十萬，秀等幾不得出。尋、邑縱兵圍昆陽，尤説邑曰：「昆陽城小而堅，不如先擊宛。宛敗，昆陽自服。」不聽，遂圍之數十重，列營百數，鉦鼓之聲聞數十里。或爲地道、衝輣撞城；積弩亂發，矢下如雨。鳳等乞降，不許。尋、邑自以功在漏刻，不以軍事爲憂。尤曰：「兵法：『圍城爲之闕。』宜使得逸出，以怖宛下。」又不聽。

莽棘陽長岑彭以宛城降漢，玄入都之。岑彭守宛城，漢兵攻之數月，城中人相食，乃降。更始入都之。諸將欲殺彭，劉縯曰：「彭執心堅守，是其節也。今舉大事，當表義士。」更始乃封彭爲歸德侯。

六月，劉秀大破莽兵於昆陽下，誅王尋。劉秀至郾、定陵，悉發諸營兵。諸將貪惜財物，欲分兵守之。秀曰：「今若破敵，珍寶萬倍，大功可成。如爲所敗，首領無餘，何財物之有！」乃悉發之。六月，朔，秀自將步騎千餘爲前鋒，去大軍四五里而陳。尋、邑亦遣兵數千合戰，秀犇之，斬首數十級。諸將喜曰：「劉將軍平生見小敵怯，今見大敵勇，甚可怪也。且復居前，請助將軍！」秀復進，尋、邑兵卻，諸部共乘之，斬首數百千級。連勝，遂前，諸將膽氣益壯，無不一當百。秀乃與敢死者三千人從城西水上衝其中堅，尋、邑易之，自將萬餘人行陳，敕諸營皆按部毋得動，獨迎與漢兵戰，不利，大軍不敢擅相救。尋、邑陳亂，漢兵乘鋭崩之，遂殺尋。城中亦鼓譟而出，中外合勢，震呼動天地。莽兵大潰，走者相騰踐，伏尸百餘里。會大雷、風，屋瓦皆飛，雨下如注，滍川盛溢，虎豹皆股戰，士卒溺死以萬數，水爲不流。邑、尤、茂輕騎逃去，盡獲其軍實輜重，不可勝算，舉之連月不盡，或燔燒其餘。關中震恐。於是海内豪桀，翕然響應，皆殺其牧守，自稱將軍，用漢年號以待詔命。旬月之間，徧於天下。

劉秀徇潁川，馮異以五縣降。劉秀復徇潁川，屯兵巾車鄉。郡掾馮異監五縣，爲漢兵所獲。異曰：「異有老母在父城，願歸，據五城以效功報德。」秀許之。異歸，謂父城長苗萌曰：「諸將多暴横，獨劉將軍所到不虜略，觀其言語舉止，非庸人也。」遂與萌率五縣以降。

玄殺其大司徒劉縯，以劉秀爲破虜大將軍。新市、平林諸將以劉縯兄弟威名益盛，陰勸更始除之。縯部將劉稷，勇冠三軍，聞更始立，怒曰：「本起兵圖大事者，伯升兄弟也。今更始何爲者邪！」以爲將軍，又不肯拜。更始乃與諸將陳兵，收稷誅之。縯固争，李軼、朱鮪因勸更始并執縯，殺之。秀自父城馳詣宛謝。司徒官屬迎弔秀，秀不與交私語，惟深引過而已，未嘗自伐昆陽之功。又不敢爲縯服喪，飲食言笑如平常。更始以是慚，拜秀爲破虜大將軍，封武信侯。

秋，莽將軍王涉、國師劉秀自殺。道士西門君惠謂涉曰：「讖文劉氏當復興，國師公姓名是也。」涉遂與秀及大司馬董忠等謀劫莽降漢，謀泄，皆自殺。莽以其骨肉舊臣，惡其内潰，故隱其誅。莽以軍師外破，大臣内畔，左右亡所信，憂懣不能食，但飲酒，啗鰒魚，讀軍書倦，因馮几寐，不復就枕矣。

成紀隗囂起兵應漢。成紀隗崔、隗義同起兵以應漢。崔兄子囂，素有名，好經書，共推爲上將軍。囂聘平陵方望以爲軍師。望説囂立廟祀高祖、太宗、世宗，稱臣執事，殺馬同盟，移檄郡國，數莽罪惡。勒兵十萬，擊殺雍州牧、安定大尹，分遣諸將徇隴西、武都、金城、武威、張掖、酒泉、敦煌，皆下之。

公孫述起兵成都。初，茂陵公孫述爲清水長，有能名。遷導江卒正，治臨邛。南陽宗成起兵徇漢中以應漢，衆數萬人。述遣使迎之，成等至成都，虜掠暴横。述謂郡中豪桀曰：「天下同苦新室，思劉氏久矣。故聞漢將軍到，馳迎道路。今百姓無辜而婦子係獲，此寇賊，非義兵也。」乃詐爲漢使者，拜述將軍兼益州牧，擊成殺之，而并其衆。

劉望稱帝於汝南，以嚴尤、陳茂爲將相。玄遣兵擊之，殺望，誅尤、茂。

遣上公王匡攻洛陽，大將軍申屠建攻武關。析人鄧曄起兵，開關迎建。九月，入長安。孝平皇后自焚，崩。衆共誅莽，傳首詣宛。更始遣王匡攻洛陽，申屠建、李松攻武關，三輔震動。析人鄧曄、于匡起兵應漢，西拔湖。莽憂，不知所出。乃率羣臣至南郊，陳其符命本末，仰天大哭，氣盡，伏而叩頭。諸生、小民旦夕會哭，甚悲哀者，除以爲郎。拜將軍九人，皆以虎爲號，將精兵數萬以東。時省中黄金尚六十餘萬斤，他財物稱是。莽賜九虎士人四千錢，衆重怨，無鬬意。至華陰回谿，匡、曄擊之，敗走。曄開武關迎漢兵。以弘農掾王憲爲校尉，將數百人北渡渭，至頻陽，所過迎降。諸縣大姓各起兵稱漢將，率衆隨憲。李松、鄧曄引軍至華陰，而長安旁兵四會城下，爭欲先入城。莽赦囚徒，授兵殺豨，與誓曰：「有不爲新室者，社鬼記之！」使史諶將之。渡渭橋，皆散走。衆兵發掘莽妻子父祖冢，燒其棺椁及九廟、明堂、辟雍，火照城中。九月，朔，兵入。明日，城中少年燒作室門，火及掖庭。黄皇室主曰：「何面目以見漢家。」自投火中而死。莽避火宣室前殿，火輒隨之。莽紺袀服，持虞帝匕首，天文郎按式於前，莽旋席隨斗柄而坐，曰：「天生德於予，漢兵其如予何！」又明日，羣臣扶莽之漸臺，欲阻池水，衆共圍之。下餔時，衆兵上臺，苗訢、唐尊、王盛等皆死。商人杜吴殺莽，校尉公賓就斬首，軍人分莽身，節解臠分之。就持詣王憲，憲自稱漢大將軍，城中兵數十萬皆屬焉。居二日，李松、鄧曄入長安，趙萌、申屠建亦至。以王憲得璽綬不上，多挾宫女，建天子鼓旗，收斬之。傳莽首詣宛，縣於市。百姓共提擊之，或切食其舌。

班固曰：王莽始起外戚，折節力行以要名譽。及居位輔政，勤勞國家，直道而行，豈所謂「色取仁而行違」者邪！莽既不仁而有佞邪之材，又乘四父歷世之權，遭漢中微，國統三絶，而太后壽考，爲之宗主，故得肆其姦慝以成篡盜之禍。及其竊位南面，顛覆之勢險於桀、紂，而莽晏然自以黄、虞復出也，乃始恣睢，奮其威詐，毒流諸夏，亂延蠻貊，猶未足逞其欲焉。是以四海囂然，遠近俱發，城池不守，支體分裂，自書傳所載亂臣賊子，考其禍敗，未有如莽之甚也！昔秦燔詩、書以立私議，莽誦六藝以文姦言，同歸殊塗，俱用滅亡，皆聖王之驅除云爾。

王匡拔洛陽，誅莽守將王匡、哀章。

冬，十月，玄北都洛。更始將都洛陽，以劉秀行司隸校尉，使前修宫。秀乃置僚屬，作文移，從事司察，一如舊章。時三輔吏士東迎，見諸將過，皆冠幘而服婦人衣，莫不笑之。及見司隸僚屬，皆歡喜不自勝，老吏或垂涕曰：「不圖今日復見漢官威儀！」由是識者皆屬心焉。更始遂北都洛。

分遣使者徇郡國。更始分遣使者徇郡國，曰：「先降者復爵位。」至上谷，太守耿況迎，上印綬。使者納之，一宿無還意。功曹寇恂勒兵入見使者，曰：「天下初定，使君建節銜命，郡國莫不延頸傾耳。今始至上谷而先墮大信，將復何以號令他郡乎？」使者不應。恂叱左右以使者命召況，取印綬帶之，使者不得已，乃承制詔之。

以彭寵爲漁陽太守。宛人彭寵、吴漢亡命在漁陽，韓鴻爲更始使，徇北州，承制拜寵漁陽太守，以漢爲安樂令。

樊崇降漢，既而逃歸。更始遣使降赤眉。樊崇等聞漢復興，留其兵，自將渠帥二十餘人隨使者至洛陽，皆封爲列侯，未有國邑，而留衆稍離叛，乃復亡歸。

莽廬江連率李憲據郡稱淮南王。

玄封劉永爲梁王。永，故梁王立之子也，都睢陽。

以劉秀行大司馬事，遣徇河北。更始欲令大將徇河北，大司徒賜言：「諸家子獨有文叔可用。」朱鮪等以爲不可，賜深勸之，乃以秀行大司馬事，持節北渡河，鎮慰州郡。

以劉賜爲丞相，令入關修宗廟宫室。

大司馬秀至河北，除莽苛政，復漢官名。大司馬秀出河北，所過郡縣，考察官吏，黜陟能否，平遣囚徒，除王莽苛政，復漢官名。吏民喜悦，爭持牛酒迎勞，秀皆不受。南陽鄧禹杖策追秀，及於鄴。秀曰：「我得專封拜，生遠來，寧欲仕乎？」禹曰：「不願也。」秀曰：「即如是，何欲爲？」禹曰：「但願明公威德加於四海，禹得效其尺寸，垂功名於竹帛耳。」秀笑，因留宿間語。禹進説曰：「今山東未安，赤眉、青犢之屬動以萬數。更始既是常才而不自聽斷，諸將皆庸人屈起，志在財幣，爭用威力，朝夕自快而已，非有忠良明智、深慮遠圖、欲尊主安民者也。歷觀往古聖人之興，天時人事二科而已。今以天時觀之，更始既立而災變方興；以人事觀之，帝王大業非凡夫所任，分崩離析，形勢可見。明公雖建藩輔之功，猶恐無所成立也。况明公素有盛德大功，爲天下所嚮服，軍政齊肅，賞罰明信。爲今之計，莫如延攬英雄，務悦民心，立高祖之業，救萬民之命，以公而慮，天下不足定也！」秀大悦，因令禹常宿止於中，與定計議。每任使諸將，多訪於禹，皆當其才。

秀自縯死，每獨居輒不御酒肉，枕席有涕泣處。主簿馮異獨叩頭寬譬，因進説曰：「更始政亂，百姓無依。人久饑渴，易爲充飽。宜分遣官屬徇行郡縣，宣布惠澤。」秀納之。

騎都尉耿純謁秀，退，見官屬將兵法度不與他將同，遂自結納。

十二月，王郎稱帝於邯鄲，徇下幽、冀。劉林説秀決列人河水以灌赤眉，秀不從。去之真定。林素任俠於趙、魏間，王莽時，長安中有自稱成帝子子輿者，莽殺之邯鄲。卜者王郎緣是詐稱真子輿，林等信之，與趙國大豪李育等入邯鄲，立郎爲天子，徇下幽、冀，州郡響應。

甲申（二四）

二年。

春，正月，大司馬秀北徇薊。

二月，玄遷都長安。三輔既平，申屠建、李松迎更始遷都長安，居長樂宮。升前殿，郎吏以次列庭中。更始羞怍，俛首刮席，不敢視。諸將後至者，更始問：「虜掠得幾何？」左右皆宮省久吏，驚愕相視。

封諸功臣，遣大司馬朱鮪、將軍李軼鎮撫關東。李松、趙萌説更始宜悉王諸功臣，朱鮪爭之，以爲高祖約，非劉氏不王。更始乃先封諸宗室，然後立諸功臣，皆爲王。以鮪爲膠東王，鮪辭不受，乃以爲左大司馬，使與李軼等鎮撫關東。

以李松爲丞相，趙萌爲右大司馬。更始納萌女爲夫人，故委政於萌，日夜飲讌後庭。羣臣欲言事，輒醉不能見，時不得已，乃令侍中坐帷内與語。萌專權，生殺自恣。郎吏有言者，更始怒，拔劍擊之。以至羣小膳夫皆濫授官爵，長安爲之語曰：「竈下養，中郎將。爛羊胃，騎都尉。爛羊頭，關内侯。」將軍李淑上書切諫，更始囚之。諸將在外者皆專行誅賞，各置牧守。州郡交錯，不知所從。由是關中離心，四海怨叛。

徵隗囂爲右將軍。更始徵隗囂及其叔父崔、義等，方望以爲更始成敗未可知，固止之。囂不聽，望以書辭謝而去。更始以囂爲右將軍。

大司馬秀以耿弇爲長史。耿況遣其子弇詣長安，弇時年二十一。至宋子，會王郎起，從吏曰：

「子輿，成帝正統；捨此不歸，遠行安之！」弇按劍曰：「子輿弊賊，卒爲降虜耳。我至長安，陳漁陽、上谷兵馬，歸發突騎，以轔烏合之衆，如摧枯折腐耳。公等不識去就，族滅不久也。」弇聞大司馬秀在盧奴，乃馳北上謁。秀留署長史，與俱北至薊，令功曹王霸募人擊王郎。市人皆大笑，舉手邪揄之，霸慚愧而反。秀將南歸，弇曰：「今兵從南方來，不可南行。漁陽太守彭寵，公邑人；上谷太守，即弇父也。發此兩郡控弦萬騎，邯鄲不足慮也。」秀官屬皆曰：「死尚南首，奈何北行入囊中！」秀指弇曰：「是我北道主人也。」

薊城反，應王郎。大司馬秀走信都、和戎，發兵擊邯鄲。薊中反，應王郎，城内擾亂。於是秀趣駕出城，晨夜南馳，至蕪蔞亭。時天寒，馮異上豆粥。至饒陽，官屬皆乏食。晨夜兼行，蒙犯霜雪，面皆破裂。至下曲陽，傳聞王郎兵在後。至嘑沱河，候吏還曰：「河水流澌，無船，不可濟。」秀使王霸往視之。霸恐驚衆，還即詭曰：「冰堅可渡。」遂前至河。河冰亦合，乃渡。未畢數騎而冰解。至南宮，遇大風雨，入道傍空舍，馮異抱薪，鄧禹爇火，秀對竈燎衣，馮異復進麥飯。至下博城西，惶惑不知所之。有白衣老父指曰：「努力！信都爲長安城守，去此八十里。」秀即馳赴之。時郡國皆已降王郎，獨信都太守任光、和戎太守邳彤不肯。光自恐不全，聞秀至，大喜。彤亦來會，議者多欲西還。彤曰：「王郎假名烏合，無有根本之固。明公奮二郡之兵以討之，何患不克！今釋此而歸，豈徒空失河北，必更驚動三輔，墮損威重，非計之得者也。若明公無復征伐之意，則雖信都之兵，猶難會也。何者？明公既西，則邯鄲勢成，民不肯捐父母、背成主而千里送公，其離散亡逃可必也！」秀乃止。秀以二部兵弱，欲入城頭子路、刁子都軍中，任光以爲不可。乃發傍縣，得精兵四千人，秀拜光、彤大將軍，將兵以從。光多作檄文曰：「大司馬劉公將城頭子路、刁子都兵百萬衆從東方來，擊諸反虜！」吏民得檄，傳相告語。劉植聚兵數千人據昌城，耿純率宗族賓客二千餘人，老病者載木自隨，皆來迎秀，秀皆以爲將軍。衆稍合，至萬人，北擊中山，進拔盧奴，所過發犇命兵，移檄邊郡共擊邯鄲。郡縣還復響應。時真定王楊起兵附王郎，衆十餘萬，秀遣植説降之，因納楊甥郭氏爲夫人。進擊元氏、防子，皆下。擊斬王郎將李惲。

延岑據漢中，漢中王嘉擊降之。

大司馬秀以賈復、祭遵爲將軍。漢中王嘉既克延岑，有衆數十萬。校尉賈復見更始政亂，乃説曰：「今天下未定，而大王安守所保，所保得無不可保乎？」嘉曰：「卿言大，非吾任也。大司馬在河北，必能相用。」乃薦復及陳俊。秀以復爲將軍，俊爲掾。秀舍中兒犯法，軍市令祭遵格殺之。秀怒，命收遵。主簿陳副諫曰：「明公常欲衆軍整齊，今遵奉法不避，是教令所行也。」乃以爲刺姦將軍，謂諸將曰：「當備祭遵！吾舍中兒犯法尚殺之，必不私諸卿也。」

玄遣尚書僕射鮑永安集河東。初，王莽既殺鮑宣，吏欲殺其子永，上黨太守苟諫保護之得全。更始徵爲尚書僕射，將兵安集河東。永以馮衍爲將軍，屯太原，與上黨太守田邑等繕甲養士以扞衛并土。

大司馬秀拔廣阿。大司馬秀引兵東北拔廣阿，披輿地圖，指示鄧禹曰：「天下郡國如是，今始乃得其一。子前言以吾慮天下不足定，何也？」禹曰：「方今海内殽亂，人思明君，猶赤子之慕慈母。古之興者在德薄厚，不以大小也。」

耿弇以上谷、漁陽兵行定郡縣，會大司馬秀於廣阿。秀以其將寇恂、吳漢等爲將軍。

夏，四月，進拔邯鄲，斬王郎。薊中之亂，耿弇與大司馬秀相失，北走昌平，說其父況擊邯鄲。時王郎遣將徇漁陽、上谷，急發其兵，北州多欲從之。寇恂曰：「邯鄲拔起難信。大司馬，伯升母弟，尊賢下士，可歸。恂請東約漁陽，齊心合衆，邯鄲不足圖也。」況遣恂約彭寵，寵吏吳漢、蓋延、王梁亦方勸寵從秀，會恂至，乃發步騎三千人，以漢、延、梁將之，攻薊，殺王郎將趙閎。恂還，與長史景丹及弇將兵俱南，與漁陽軍合，所過擊斬王郎大將以下三萬級，定涿郡、中山、鉅鹿、清河、河間凡二十二縣。前及廣阿，聞城中車騎甚衆，丹問：「何兵？」曰：「大司馬劉公也。」諸將喜，即進至城下。城中初傳言二郡兵爲邯鄲來，秀自登城問之，弇拜於城下，具言發兵狀。秀乃悉召入，笑曰：「邯鄲將帥數言我發漁陽、上谷兵，吾聊應言『我亦發之』，何意二郡良爲吾來！方與士大夫共此功名耳。」乃以丹等皆爲偏將軍，加況、寵大將軍，封列侯。漢爲人質厚少文，造次不能以辭自達，然沈勇有智略，鄧禹數薦之。更始遣尚書令謝躬率六將軍討王郎，不能下。秀與合軍，圍鉅鹿。郎遣將倪宏救鉅鹿，秀戰不利。丹等縱突騎擊之，大敗。秀曰：「吾聞突騎天下精兵，今見其戰，樂可言邪！」耿純曰：「久守鉅鹿，士衆疲弊。不如及大兵精鋭，進攻邯鄲。」四月，進軍邯鄲，連戰，破之，郎使杜威請降。威稱郎實成帝遺體，秀曰：「設使成帝復生，天下不可得，況詐子輿者乎！」威求萬户侯，秀曰：「顧得全身可矣。」威怒而去。秀急攻之。五月，拔邯鄲，郎走，追斬之。收郎文書，得吏民與郎交關謗毁者數千章，秀不省，會諸將燒之，曰：「令反側子自安。」秀部分吏卒，皆言願屬大樹將軍。大樹將軍者，馮異也，爲人謙退不伐，敕吏士非交戰受敵，常行諸營之後。每所止舍，諸將並坐論功，異常獨屏樹下，故軍中號曰「大樹將軍」。

玄立大司馬秀爲蕭王。更始遣使立秀爲蕭王，罷兵，與諸將有功者詣行在所。遣苗曾爲幽州牧，韋順、蔡充爲上谷、漁陽守。蕭王居邯鄲宫，晝卧温明殿，耿弇入，請間曰：「吏士死傷者多，請歸上谷益兵。」王曰：「王郎已破，河北略平，復用兵何爲？」弇曰：「王郎雖破，天下兵革乃始耳。今使者從西方來，欲罷兵，不可聽也。銅馬、赤眉之屬數十輩，輩數十百萬人，所向無前，聖公不能辦也，敗必不久。」王起坐曰：「卿失言，我斬卿。」弇曰：「大王哀厚弇如父子，故敢披赤心。」王曰：「我戲卿耳，何以言之？」弇曰：「百姓患苦王莽，復思劉氏，聞漢兵起，莫不歡喜，如去虎口得歸慈母。今更始爲天子，而諸將擅命於山東，貴戚縱横於都内，元元叩心，更思莽朝，是以知其必敗也。公功名已著，以義征伐，天下可傳檄而定也。天下至重，公可自取，毋令他姓得之！」王乃辭以河北未平，不就徵，始貳於更始矣。

秋，蕭王擊銅馬諸賊，悉收其衆，南徇河内，降之。是時，諸賊合數百萬人，所在寇掠。王欲擊之，乃拜吴漢、耿弇俱爲大將軍，持節北發幽州突騎。苗曾敕諸郡不得應調，漢收斬之。弇到上谷，亦斬韋順、蔡充，悉發其兵。王擊銅馬於鄗，吴漢將突騎來會，悉上兵簿於莫府，請所付與，不敢自私，王益重之。王以朱浮爲幽州牧，治薊。銅馬夜遁，王追擊，大破之。受降未盡，而高湖、重連來，與其餘衆合。王復與戰，悉破降之。諸將未能信賊，降者亦不自安。王知其意，敕令降者各歸營勒兵，自乘輕騎按行部陳。降者更相語曰：「蕭王推赤心置人腹中，安得不投死乎！」悉以分配諸將，衆遂數十萬。赤眉别帥與青犢、上江、大彤、鐵脛、五幡十餘萬衆在射犬，王擊破之。南徇河内，太守韓歆降。謝躬數欲襲王，未發，至是率兵數萬還鄴。邀擊尤來於隆慮山，大敗。王使吴漢、岑彭襲據鄴城。躬還，漢等斬之，其衆悉降。

公孫述自稱蜀王。更始遣李寶徇蜀、漢。公孫述遣其弟迎擊於綿竹，大破走之。述遂自立爲蜀王，都成都，民夷皆附之。

赤眉西攻長安。赤眉雖數戰勝，而疲敝愁泣，思欲東歸。樊崇等慮衆東向必散，不如西攻長安。既入潁川，遂分二部，崇自武關，徐宣自陸渾關，兩道俱入。更始使王匡等分據河東、弘農以拒之。

蕭王遣將軍鄧禹將兵入關，寇恂守河内，馮異拒洛陽，自引兵徇燕、趙。蕭王將北徇燕、趙，度赤眉必破長安，乃拜鄧禹爲前將軍，中分麾下精兵二萬人，遣西入關。時朱鮪、李軼守洛陽，鮑永、田邑在并州。王以河内險要富實，欲擇守者而難其人。問於鄧禹，禹曰：「寇恂文武備足，有牧民御衆之才，非此子莫可使也！」乃拜恂河内太守，謂曰：「昔高祖留蕭何關中，吾今委公以河内。當給足軍糧，率厲士馬，防遏他兵，勿令北渡。」拜馮異爲孟津將軍，統兵河上，以拒洛陽。王乃引兵而北，恂調餱糧，治器械以供軍，未嘗乏絶。

玄以隗囂爲御史大夫。隗崔、隗義謀叛歸天水，囂告之，更始誅崔、義，以囂爲御史大夫。

梁王永據國起兵。梁王永起兵，攻下濟陰、山陽、沛、楚、淮陽、汝南，凡得二十八城。以沛人周建等爲將帥，又拜賊帥西防佼彊、東海董憲、琅邪張步爲將軍，督青、徐二州，與之連兵，遂專據東方。

秦豐據黎丘，自號楚黎王。

田戎陷夷陵，轉寇郡縣。

乙酉(二五)

世祖光武皇帝建武元年。

春，正月，方望以前定安公嬰稱帝於臨涇。玄遣兵擊斬之。

赤眉至弘農。玄遣兵擊之，大敗。赤眉進至湖。

夏，四月，公孫述稱成帝。號元龍興。

蕭王擊尤來、大槍、五幡，敗之。王擊諸部，連破之。乘勝輕進，反爲所敗，歸保范陽。軍中不見王，或云已歿，諸將不知所爲，吳漢曰：「卿曹努力！王兄子在南陽，何憂無主！」衆乃定。陳俊曰：「賊無輜重，若絶其食，可不戰而殄也。」王遣俊將輕騎馳出賊前，視人保壁堅完者，敕令固守；放散在野者，因掠取之。賊至無所得，遂散敗。

朱鮪殺李軼，攻温。平陰馮異、寇恂擊破之。馮異遺李軼書，勸令歸附。軼知長安已危，而以伯升之死，心不自安，乃報異書而不復與爭鋒，故異得北攻天井關，拔上黨兩城，又南下成皋已東十三縣，降者十餘萬。斬河南太守武勃，軼閉門不救。異以白王，王報曰：「季文多詐，人不能得其要領。今移其書告守尉當警備者。」朱鮪聞之，使人刺殺軼，由是城中乖離，多有降者。鮪遣將攻温，自將攻平陰以綴異。寇恂聞之，勒軍馳出，移告屬縣，發兵會溫。軍吏皆諫：「宜待衆軍畢集，乃出。」恂曰：「溫，郡之藩蔽，失溫則郡不可守。」遂馳赴之。將戰，而馮異遣救及諸縣兵皆至，犇擊破之，異亦渡河，擊走鮪，與恂追至洛陽，環城一帀而歸。自是洛陽城門晝閉。異、恂移檄上狀，諸將入賀，馬武進曰：「大王雖執謙退，奈宗社何？宜先即尊位，乃議征伐。今此誰賊而馳騖擊之乎？」王不聽。

蕭王遣將追尤來等，又大破之。王引軍還薊，復遣吳漢等追尤來等，破散略盡。賈復傷瘡甚，王大驚曰：「我所以不令賈復别將者，爲其輕敵也。果然，失吾名將！聞其婦有孕，生女邪，我子娶之；生男邪，我女嫁之；不令其憂妻子也。」復病尋愈。

六月，蕭王即皇帝位，改元大赦。王還至中山，諸將復上尊號，不聽。到南平棘，復固請之，不許。諸將且出，耿純進曰：「天下士大夫，捐親戚，棄土壤，從大王於矢石之間者，其計固望攀龍鱗，附鳳翼，以成其所志耳。今大王留時逆衆，不正號位，純恐士大夫望絶計窮，則有去歸之思，無爲久自苦也。大衆一散，難可復合。」純言甚誠切，王深感曰：「吾將思之。」行至鄗，召馮異，問四方動静，異曰：「更始必敗，宗廟之憂在於大王，宜從衆議。」會儒生彊華自關中奉赤伏符來詣王曰：「劉秀發兵捕不道，四夷雲集龍鬭野，四七之際火爲主。」羣臣因復奏請，乃即位于鄗南。

鄧禹擊定河東。禹圍安邑，數月未下，更始大將軍樊參、劉均將數萬人攻禹，禹擊斬之，遂定河東。

長安亂，玄奔新豐。張卬與諸將議曰：「赤眉且至，見滅不久，不如掠長安歸南陽。事若不集，復入湖池中爲盗耳！」入説更始，更始怒，使王匡、陳牧、成丹、趙萌屯新豐，李松軍掫，以拒赤眉。卬與中屠建、隗囂合謀，欲共劫更始成前計。更始知之，斬建，使兵圍囂第。卬等勒兵燒門，入戰。更始大敗，囂潰圍，走歸天水。更始犇新豐，復疑王匡等與卬同謀，乃並召入。牧、丹先至，即斬之。匡懼，將兵入長安，與卬等合。

赤眉以劉盆子稱帝。赤眉進至華陰，軍中有齊巫，常鼓舞祠城陽景王，狂言：「王怒曰：『當爲縣官，何故爲賊！』」方望弟陽説樊崇等曰：「今將軍擁百萬之衆，西向帝城，而無稱號，名爲羣賊，不可以久。不如立宗室，挾義誅伐，以此號令，誰敢不從！」崇等以爲然。先是，赤眉掠故式侯萌之子恭、茂、盆子。恭少習尚書，隨崇等降更始，復封式侯，在長安。茂、盆子留軍中，屬卒史劉俠卿，主牧牛。至是求軍中景王後，得茂、盆子及前西安侯孝三人。崇曰：「古者天子將兵稱上將軍。」乃爲三札置笥中，書其一爲符，曰：「上將軍。」於鄭北設壇場大會，列盆子等三人居中立，以年次探札，盆子最幼，後探，得符。諸將皆稱臣，拜。盆子時年十五，被髮徒跣，敝衣赭汗，見衆拜，恐畏欲啼。茂謂曰：「善臧符。」盆子即齧折，棄之。猶朝夕拜劉俠卿，時欲出從牧兒戲。俠卿怒止之，崇等亦不復候視也。

秋，七月，以鄧禹爲大司徒，王梁爲大司空，吳漢爲大司馬，伏湛爲尚書令。帝使使持節拜禹大司徒，封酇侯，食萬户。禹時年二十四。又按赤伏符，以梁爲大司空，又欲以讖文用孫咸行大司馬，衆不悦，乃以漢爲大司馬。初，更始以湛爲平原太守，時天下起兵，湛獨晏然，撫循百姓，一境賴以全。徵爲尚書，使典定舊制。又以禹西征，拜湛爲司直，行司徒事。

鄧禹渡河，破左輔兵。禹渡河，入夏陽。更始左輔都尉公乘歙引衆十萬拒禹，禹擊破之。

帝如懷，遣吳漢等圍洛陽。

八月，玄復入長安。更始攻王匡、張卬於長安。連戰月餘，匡等敗走，更始乃復入。

九月，赤眉入長安，玄奔高陵。赤眉入長安，更始單騎走。式侯恭以赤眉立其弟，自繫詔獄。聞敗，乃出，從更始於渭濱。將相皆降，獨丞相曹竟不降，手劍格死。

封玄爲淮陽王。詔敢賊害者，罪同大逆。

以卓茂爲太傅，封褒德侯。宛人卓茂，寬仁恭愛，恬蕩樂道，雅實不爲華貌，行己在於清濁之間，自束髮至白首，與人未嘗有爭競，鄉黨故舊，雖行能與茂不同，而皆愛慕欣欣焉。哀、平間爲密令，視民如子，舉善而教，口無惡言，吏民親愛，不忍欺之。民嘗有言部亭長受其米肉遺者，茂曰：「亭長爲從汝求乎，爲汝有事囑之而受乎，將平居自以恩意遺之乎？」民曰：「往遺之耳。」茂曰：「遺之而受，何故言邪？」民曰：「竊聞賢明之君，使民不畏吏，吏不取民。今我畏吏，是以遺之；吏既卒受，故來言耳。」茂曰：「汝爲敝民矣。凡人所以羣居不亂，異於禽獸者，以有仁愛禮義，知相敬事也。汝獨不欲修之，寧能高飛遠走，不在人間邪！吏顧不當乘威力强請求耳。亭長素善吏，歲時遺之，禮也。」民曰：「苟如此，律何故禁之？」茂笑曰：「律設大法，禮順人情。今我以禮教汝，汝必無怨惡。以律治汝，汝何所措其手足乎！一門之内，小者可論，大者可殺也。且歸念之。」初，茂到縣，有所廢置，吏民笑之，鄰城聞者皆蚩其不能。河南郡爲置守令，茂不爲嫌，治事自若。數年，教化大行，道不拾遺。遷京部丞，密人老少皆涕泣隨送。及王莽居攝，以病免歸。上即位，先訪求茂，茂時年七十餘。詔曰：「夫名冠天下，當受天下重賞。今以茂爲太傅，封褒德侯。」

司馬公曰：光武即位之初，羣雄競逐，四海鼎沸，彼摧堅陷敵之人，權略詭辯之士，方見重於世，而獨能取忠厚之臣，旌循良之吏，拔於草萊之中，寘諸羣公之首，宜其光復舊物，享祚久長，蓋由知所先務而得其本原故也。

朱鮪以洛陽降。冬，十月，帝入都之。諸將圍洛陽數月，朱鮪堅守不下。帝以岑彭嘗爲鮪校尉，令往說之。鮪曰：「大司徒被害時，鮪與其謀，又諫更始無遣蕭王北伐，自知罪深，不敢降。」彭還言之，帝曰：「舉大事者不忌小怨。鮪今若降，官爵可保，況誅罰乎！河水在此，吾不食言。」彭復往告鮪，即降。拜平狄將軍，封扶溝侯，傳封累世。侍御史杜詩安集洛陽。將軍蕭廣縱兵暴横，詩敕曉不改，遂格殺廣。上召見，賜棨戟，擢任之。十月，車駕入洛陽，幸南宫，遂定都焉。

淮陽王降於赤眉。更始遣劉恭請降於赤眉，赤眉將殺之。恭爲請，不得，拔劍欲自刎。崇等乃赦更始，封爲長沙王。恭常擁護之。

鄧禹引軍屯栒邑。劉盆子居長樂宫，兵士暴掠，百姓不知所歸，聞鄧禹乘勝獨克而師行有紀，皆望風相携負以迎軍，降者日以千數，衆號百萬。禹所止，輒停車柱節以勞來之，父老童穉、垂髫戴白滿其車下，莫不感悦，於是名震關西。諸將豪桀皆勸禹徑攻長安，禹曰：「不然。今吾衆雖多，能戰者少，前無可仰之積，後無轉饋之資。赤眉新拔長安，財穀充實，鋒鋭未可當也。夫盜賊羣居無終日之計，財穀雖多，寧能堅守者邪！上郡、北地、安定三郡，土廣人稀，饒穀多畜，吾且休兵北道，就糧養士，以觀其敝，乃可圖也。」於是引軍北至栒邑，所到，諸營保郡邑皆開門歸附。

十一月，梁王永稱帝。

十二月，赤眉殺淮陽王。三輔苦赤眉暴虐，皆憐更始，欲盜出之。張卬等使謝禄縊殺之。劉恭夜往，收藏其屍。帝詔鄧禹葬之於霸陵。

隗囂據天水，自稱西州上將軍。隗囂歸天水，復聚其衆，自稱西州上將軍。三輔士大夫避亂者多歸之，囂傾身引接，爲布衣交。以范逡爲師友，鄭興爲祭酒，申屠剛、杜林爲治書，馬援、楊廣、王遵、周宗、行巡、王元爲將軍，班彪之屬爲賓客，名震西州。援少以家貧，欲就邊郡田牧。兄況曰：「汝大才，當晚成。良工不示人以朴，且從所好。」遂之北地田牧。常謂賓客曰：「丈夫爲志，窮當益堅，老當益壯。」後有畜數千頭，穀數萬斛，既而歎曰：「凡殖財産，貴能賑施也，否則守錢虜耳。」乃盡散於親舊。聞隗囂好士，往從之。囂甚敬重，與決籌策。彪，穉之子也。

竇融據河西，自稱五郡大將軍。竇融累世仕宦河西，知其土俗。更始時私謂兄弟曰：「天下安危未可知。河西殷富，帶河爲固，張掖屬國精兵萬騎，一旦緩急，杜絶河津，足以自守，此遺種處也。」乃因趙萌求往，更始以爲張掖屬國都尉。融既到，撫結雄桀，懷輯羌虜，得其歡心，與太守都尉梁統等五人尤厚善。及更始敗，相與議曰：「今天下擾亂，未知所歸。河西斗絶在羌、胡中，不同心戮力，則不能守，權鈞力齊，復無以相率，當推一人爲大將軍，共全五郡，觀時變動。」乃推融行河西五郡大將軍事，以梁統爲武威太守，史苞爲張掖太守，竺曾爲酒泉太守，辛肜爲燉煌太守，唯庫鈞爲金城太守如故，而融亦仍居屬國，領都尉職，置從事，監察五郡。河西民俗質樸，而融等政亦寬和，上下相親，晏然富殖。修兵馬，習戰射，明烽燧，羌、胡犯塞，融自將與諸郡相救，皆如符要，每輒破之。由是羌、胡震服親附，流民歸之。

盧芳據安定自稱西平王，匈奴迎之，立以爲漢帝。安定盧芳詐稱武帝曾孫劉文伯，自立爲上將軍、西平王，使使與匈奴結和親。單于以爲：「漢氏中絶，劉氏來歸，我亦當如呼韓邪立之，令尊事我。」乃使騎迎芳入匈奴，立爲漢帝。

將軍馮愔反。帝以關中未定，而鄧禹久不進兵，賜書責之，禹猶執前意，別攻上郡諸縣，更徵兵引穀。將軍馮愔、宗歆守栒邑，爭權相攻，愔遂殺歆，因反擊禹，禹遣使以聞。帝問使人：「愔所親愛爲誰？」對曰：「護軍黄防。」報禹曰：「縛馮愔者，必黄防也。」乃遣尚書宗廣持節往降之。防果執愔歸罪。

鄧禹承制以隗囂爲西州大將軍。馮愔之叛也，引兵西向天水，隗囂擊破之。於是禹承制遣使符節命囂爲西州大將軍，得專制凉州、朔方事。

田邑以上黨降。帝遣劉延攻天井關，更始將田邑拒之，不得進。及更始敗，邑請降，即拜上黨太守。帝又遣儲大伯持節徵鮑永，永未知更始存亡，收繫大伯，遣使馳至長安，詗問虚實。

丙戌(二六)

二年。

春，正月，朔，日食。劉恭知赤眉必敗，密教弟盆子歸璽綬，習爲辭讓之言。及是日大會，盆子下牀解璽綬，叩頭曰：「今設置縣官而爲賊如故，四方怨恨，不復信向，此皆立非其人所致。願乞骸骨，避賢聖路。必欲殺盆子以塞責者，無所離死！」因涕泣嘘唏。崇等憐之，避席頓首曰：「臣無狀，負陛下，請後不敢。」因共抱持盆子，帶以璽綬。盆子號呼，不得已。既罷出，各閉營自守。三輔翕然，稱天子聰明，百姓爭還長安，市里且滿。後二十餘日，復出，大掠如故。

遣吳漢等破檀鄉賊於鄴東。刁子都爲其部曲所殺，餘黨與諸賊會檀鄉，號檀鄉賊，寇魏郡、清河。魏郡大吏李熊弟陸謀反城迎之。或以告太守銚期，期召問熊，熊首服。期曰：「爲吏儻不若爲賊樂者，可往就之。」使吏送出城。熊行，求得陸，將詣城門。陸不勝愧感，自殺以謝期。期以禮葬之，而還熊故職。於是郡中服其威信。帝遣吳漢率九將軍擊檀鄉，破之，十餘萬衆皆降。諸營保悉平，邊路流通。

悉封諸功臣爲列侯。梁侯鄧禹、廣平侯吳漢皆食四縣。博士丁恭議曰：「古者封諸侯不過百里，今封四縣，不合法制。」帝曰：「古之亡國皆以無道，未嘗聞功臣地多而滅亡者也。」陰鄉侯陰識，貴人之兄也，以軍功當增封，識曰：「臣託屬掖庭，仍加爵邑，此爲親戚受賞，國人計功也。」帝從之。使郎中魏郡馮勤典諸侯封事。勤差量功次輕重，國土遠近，地勢豐薄，不相踰越，莫不厭服焉。帝以爲能，尚書衆事皆令總録之。故事，尚書郎以令史久次補，帝始用孝廉爲之。

立宗廟郊社于洛陽。起高廟于洛陽，四時合祀高祖、太宗、世宗；建社稷于宗廟之右；立郊兆于城南。

赤眉大掠長安，西入安定、北地。長安城中糧盡，赤眉收珍寶，燒宮室，恣殺掠，城中無復人行。

乃引兵號百萬，轉掠而西，遂入安定、北地。

鄧禹入長安。禹入長安，謁高廟，收神主送洛陽。行園陵，置吏士奉守。

真定王楊謀反，伏誅。

鮑永來降。鮑永、馮衍審知更始已亡，乃發喪，出儲大伯等，封上印綬，悉罷兵，幅巾詣河内。帝見永，問曰：「卿衆安在？」永離席叩頭曰：「臣事更始，不能令全，誠慚以其衆幸富貴，故悉罷之。」帝曰：「卿言大。」而意不悦。既而永以立功見用，衍遂廢棄。永謂衍曰：「昔高祖賞季布之罪，誅丁固之功，今遭明主，亦何憂哉！」衍曰：「天命難知，人道易守，守道而已，何患死亡。」

大司空梁罷，以宋弘爲大司空。王梁屢次悖違詔命，帝怒，欲誅之，既而赦之，以爲中郎將，北守箕關。以宋弘爲大司空。弘薦桓譚爲議郎、給事中。帝令譚鼓琴，愛其繁聲。弘聞之，不悦。伺譚出，朝服坐府上，遣吏召之。譚至，不與席而讓之，譚頓首辭謝，良久乃遣之。後大會羣臣，帝使譚鼓琴，譚見弘，失其常度。帝怪而問之，弘乃離席免冠謝曰：「臣所以薦譚者，望能以忠正導主。而令朝廷耽悦鄭聲，臣之罪也。」帝改容謝之。湖陽公主新寡，帝與共論朝臣，微觀其意。主曰：「宋公威容德器，羣臣莫及。」後弘被引見，帝令主坐屏風後，因謂弘曰：「諺言『貴易交，富易妻』，人情乎？」弘曰：「臣聞貧賤之知不可忘，糟糠之妻不下堂。」帝顧謂主曰：「事不諧矣！」

漁陽太守彭寵反。帝之討王郎也，彭寵發突騎，轉糧食，前後不絶。及帝追銅馬至薊，寵自負其功，意望甚高。帝接之不能滿。及吳漢、王梁爲三公，寵愈怏怏。幽州牧朱浮，年少有俊才，欲厲風迹，收士心，多所辟召，發諸州倉穀稟贍之。寵以爲師旅方起，不宜多置官屬以損軍實。浮數譖寵，上輒漏泄令寵聞，以脅恐之。至是，徵寵，寵益自疑。其妻固勸無受徵。帝遣寵從弟子后蘭卿喻之。寵遂發兵反，攻浮於薊。又數遣使要誘耿況，況斬其使。

延岑反，據漢中。公孫述擊取之。延岑復反，漢中王嘉敗走，岑遂據漢中，爲更始將李寶所破，走天水。公孫述遂取南鄭，嘉擊之不利。岑引北，入散關，嘉追擊，破之。述遣將從閬中下江州，東據扞關，於是盡有益州之地。

遣執金吾賈復擊郾，破之。更始諸大將在南方未降者尚多。帝召諸將議曰：「郾最强，宛爲次，誰當擊之？」賈復率然對曰：「臣請擊郾。」帝笑曰：「執金吾擊郾，吾復何憂！大司馬當擊宛。」遂遣復擊郾，破之。尹尊降。

夏，四月，遣將軍蓋延等擊劉永，圍睢陽。

遣吳漢擊宛，宛王賜降。賜奉更始妻子來降，封侯。

封兄縯子章爲太原王，興爲魯王；淮陽王子三人爲列侯。

六月，立貴人郭氏爲皇后，子彊爲皇太子。帝以貴人陰麗華雅性寬仁，欲立以爲后。貴人以郭貴人有子，終不肯當。乃立郭后。

秋，賈復擊召陵、新息，皆平之。賈復部將殺人於潁川，太守寇恂戮之。復以爲耻，欲殺恂，恂知之，不欲與相見。姊子谷崇曰：「崇，將也，得帶劍侍側，有變足以相當。」恂曰：「不然。昔藺相如不畏秦王而屈於廉頗者，爲國也。」乃敕屬縣盛供具，儲酒醪，執金吾軍入界，一人皆兼二人之饌。恂出迎於道，稱疾而還。復勒兵欲追之，而吏士皆醉，遂過去。恂遣谷崇以狀聞，帝乃徵恂。恂至，引見。時復先在坐，欲起避之。帝曰：「天下未定，兩虎安得私鬭！今日朕分之。」於是並坐極歡，遂共車同出，結友而去。

八月，帝自將征五校，降之。

遣將軍鄧隆討彭寵，不克。帝遣鄧隆助朱浮討彭寵。隆軍潞南，浮軍雍奴，遣吏奏狀。帝曰：「營相去百里，其勢不相及！比若還，北軍必敗矣。」寵果遣輕兵擊隆軍，大破之。浮不能救。

蓋延克睢陽。劉永走湖陵。蓋延圍睢陽數月始克之。劉永犇譙。蘇茂、佼彊、周建等合軍三萬餘人救永，延與戰，大破之。永走保湖陵，延遂定沛、楚、臨淮。

青、徐羣盜張步等降。帝使伏隆持節使青、徐二州，羣盜聞劉永破敗，皆惶怖請降。張步遣其掾隨隆詣闕。

將軍鄧奉反。吴漢徇南陽，多侵暴。將軍鄧奉謁歸新野，怒漢掠其鄉里，遂反，擊破漢軍，與諸賊合從。

九月，赤眉發掘諸陵，復入長安。鄧禹戰不利，走雲陽，延岑屯杜陵。赤眉引兵欲上隴，隗囂遣將迎擊，破之。赤眉乃復還，發掘諸陵，取其寶貨。凡有玉匣殮者，率皆如生。賊遂汙辱吕后屍。鄧禹擊之，反爲所敗。禹乃出之雲陽。赤眉復入長安。延岑屯杜陵，赤眉將逢安擊之。岑大破安軍，死者十餘萬人。

遣將軍岑彭、王常等討鄧奉。帝於大會中指王常謂羣臣曰：「此家率下江諸將輔翼漢室，心如金石，真忠臣也。」即日拜漢忠將軍，使與岑彭率七將軍討鄧奉。

遣將軍馮異入關，徵鄧禹還京師。鄧禹自馮愔叛後，威名稍損，又乏糧食，戰數不利，歸附者日益離散。帝乃遣偏將軍馮異代禹，送至河南，敕異曰：「三輔遭王莽、更始之亂，重以赤眉、延岑之酷，元元塗炭，無所依訴。將軍今奉辭討諸不軌，營堡降者，遣其渠帥詣京師。散其小民，令就農桑。壞其營壁，無使復聚。征伐非必略地屠城，要在平定安集之耳。諸將非不健鬭，然好虜掠。卿本能御吏士，念自修敕，無爲郡縣所苦。」異頓首受命，引而西。所至布威信，羣盜多降。

司馬公曰：周頌曰：「鋪時繹恩，我徂惟求定。」光武之所以取關中，用是道也。豈不美哉！

又詔徵鄧禹還，曰：「慎毋與窮寇爭鋒。赤眉無穀，自當來東。吾以飽待饑，以逸待勞，折箠笞之，非諸將憂也。無得復妄進兵。」

遣光禄大夫伏隆拜張步爲東萊太守。

十二月，詔復宗室列侯爲莽所絶者。

三輔大饑，赤眉東出，馮異與戰，破之。三輔大饑，城郭皆空。遺民往往聚爲營保，各堅壁清野。赤眉虜掠無所得，乃引而東，衆尚二十餘萬。帝遣侯進屯新安，耿弇屯宜陽，敕曰：「賊若東走，可引宜陽兵會新安；南走，可引新安兵會宜陽。」馮異與赤眉遇於華陰，戰數十合，降五千餘人。

校勘記

〔一〕太后不欲授　「欲」，殿本、通鑑卷三六漢紀二十八王莽始初元年十二月作「肯」。

〔二〕以聞　「聞」原作「不」，據月崖本、成化本、殿本、通鑑卷三七漢紀二十九王莽始建國二年改。

〔三〕多齎珍寶至雲中塞下　「下」字原脱，據殿本、通鑑卷三七漢紀二十九王莽始建國三年補。

〔四〕又博募有奇技術可以攻匈奴者　「技」原作「拔」，據成化本、殿本及通鑑卷三八漢紀三十王莽天鳳六年改。

資治通鑑綱目卷九

起丁亥漢光武建武三年，盡乙亥漢明帝永平十八年，凡四十九年。

丁亥(二七)

建武三年。

春，正月，以馮異爲征西大將軍。

鄧禹、馮異與赤眉戰，敗績。鄧禹慚於受任無功，數以飢卒徼赤眉戰，輒不利。乃率車騎將軍鄧弘等自河北渡至湖，要馮異共攻赤眉。異曰：「赤眉衆尚多，可以恩信傾誘，難卒用兵力破也。上今使諸將屯澠池，要其東，而異擊其西，一舉取之，此萬成計也。」禹、弘不從，弘遂大戰移日而潰。異與禹合兵救之，赤眉小卻。異以士卒飢倦，可且休。禹不聽，復戰，大爲所敗，禹以二十四騎脱歸宜陽。異棄軍走，與麾下數人歸營，復收散卒，堅壁自守。

延平陳氏曰：鄧禹以栒邑付之愔、歆，其失在不知人而已。今慚受任無功，不量可否，用飢卒取敗，可謂不知命矣。若馮異不守所見，曲從二鄧，幾不自脱。雖終能成功，不爲無罪也。

立四親廟於洛陽。祀父南頓君以上至春陵節侯。

鄧禹上大司徒印綬，以爲右將軍。

馮異大破赤眉於崤底，賊衆東走，帝勒軍宜陽降之，得傳國璽綬。馮異與赤眉約期會戰，使壯士變服與赤眉同，伏於道側。旦日，赤眉使萬人攻異前部，異少出兵以救之。賊見勢弱，遂悉衆攻異，異乃縱兵大戰。日昃[一]，賊氣衰，伏兵卒起，衣服相亂，赤眉不復識別，衆遂驚潰。追擊，大破之於崤底，降男女八萬人。帝降璽書勞異曰：「始雖垂翅回谿，終能奮翼澠池，可謂失之東隅，收之桑榆。」赤眉餘衆東向宜陽。帝親勒六軍，嚴陳以待之。赤眉忽遇大軍，驚震，乃遣劉恭乞降曰：「盆子將百萬衆降陛下，何以待之？」帝曰：「待汝以不死耳！」丙午，盆子及丞相徐宣以下肉袒降，上所得傳國璽綬。赤眉衆尚十餘萬人，帝令縣厨皆賜食。明旦，大陳兵馬臨洛水，令盆子君臣列而觀之。帝謂樊崇等曰：「得無悔降乎？朕今遣卿歸營，勒兵鳴鼓相攻，決其勝負，不欲强相服也。」徐宣等叩頭曰：「臣等出長安東都門，君臣計議，歸命聖德。今日得降，猶去虎口歸慈母，誠懽誠喜，無所恨也。」帝曰：「卿所謂鐵中錚錚，傭中佼佼者也。」賜樊崇等洛陽田宅。帝憐盆子，以爲趙王郎中。

二月，劉永立董憲爲海西王、張步爲齊王。步執伏隆殺之。劉永聞伏隆至劇，亦遣使立張步爲齊王。步貪王爵，猶豫未決。隆曉譬曰：「高祖與天下約，非劉氏不王；今可得十萬户侯耳。」步欲留隆，與共守二州。隆不聽，求得反命，步遂執隆而受永封。隆遣間使上書曰：「臣隆奉使無狀，受執凶逆。雖在困阨，授命不顧。願以時進兵，無以臣隆爲念。」帝得隆奏，召其父湛，流涕示之曰：「恨不且許而遽求還也。」其後步遂殺之。

延平陳氏曰：伏隆之求還，足以成命矣，死而無憾，安用且許之乎？光武之言，所以慰其父耳。

三月，以伏湛爲大司徒。

涿郡太守張豐反，彭寵自稱燕王。豐反，與彭寵連兵。朱浮以帝不自征彭寵，上疏求救。詔報曰：「度此反虜，勢無久全，其中必有内相斬者。今軍資未充，故須後麥耳！」浮城中糧盡，人相食，會耿況遣騎來救，浮乃得脱身走，薊城遂降於彭寵。寵自稱燕王。

帝自將征鄧奉。夏，四月，奉降，斬之。帝追奉至小長安，與戰，大破之。奉肉袒因朱祜降。帝憐奉舊功臣，且釁起吴漢，欲全宥之。岑彭、耿弇諫曰：「鄧奉背恩反逆，暴師經年，陛下既至，不知悔善，而親在行陳，兵敗乃降。若不誅奉，無以懲惡。」於是斬之。復朱祜位。

馮異擊延岑，破之。岑走南陽，關中平。延岑既破赤眉，即拜置牧守，欲據關中。時關中衆寇猶盛，各稱將軍，擄地擁兵，多者萬餘人，少者數千人。馮異屯軍上林苑中，延岑引寇張邯、任良共攻異，異擊，大破之，諸營保附岑者皆來降，岑遂自武關走南陽。時百姓饑餓，道路斷隔，委輸不至。馮異軍士悉以果實爲糧。詔拜趙匡爲右扶風，將兵助異，并送縑穀。異兵穀甚盛，乃稍誅擊豪桀不從令者，褒賞降附有功勞者，悉遣諸營渠帥詣京師，散其衆歸本業，威行關中，餘寇悉平。

吴漢圍劉永將蘇茂於廣樂，大破之。漢率驃騎大將軍杜茂等七將軍圍蘇茂於廣樂，周建招集得十餘萬人救之。漢迎與之戰，不利，墮馬傷膝，還營。建等遂連兵入城。諸將謂漢曰：「大敵在前，而公傷臥，衆心懼矣！」漢乃勃然裹創而起，椎牛饗士，慰勉之，士氣自倍。旦日，蘇茂、周建出兵圍漢，漢奮擊，大破之。茂走還湖陵。

睢陽人反城迎劉永，蓋延引兵圍之。

五月，帝還宮。是月，晦，日食。

六月，大將軍耿弇擊延岑走之，其將鄧仲況以陰降。仲況據陰縣，而劉歆孫龔爲其謀主。前侍中扶風蘇竟以書説之，仲況與龔降。竟終不伐其功，隱身樂道，壽終於家。

秋，七月，遣岑彭擊秦豐於鄧，破之。進圍黎丘。别遣兵徇江東，揚州平。

睢陽人斬劉永以降，諸將立其子紆復稱梁王。蓋延圍睢陽百日，劉永、蘇茂、周建突出，將走酇。延追擊之急，永將慶吾斬永首降。蘇茂、周建共立永子紆爲梁王。

冬，十月，帝如舂陵，祠園廟。

十一月，還宮。

李憲稱帝。置百官，擁九城，衆十餘萬。

遣太中大夫來歙使隗囂。帝謂太中大夫來歙曰：「今西州未附，子陽稱帝，道里阻遠，諸將方務關東，思西州方略，未知所在。奈何？」歙曰：「臣嘗與隗囂相遇長安。其人始起，以漢爲名。臣願得奉威命，開以丹青之信，囂必束手自歸。則述自亡之勢，不足圖也。」帝然之，始令歙使於囂。囂既有功於漢，又受鄧禹爵署，其腹心議者多勸通使京師，囂乃奉奏詣闕。帝報以殊禮，言稱字，用敵國之儀，所以慰藉之甚厚。

戊子(二八)

四年。

春，遣鄧禹將兵擊延岑，破之。岑奔蜀，公孫述以爲大司馬。

夏，四月，帝如鄴，遣吳漢擊五校於臨平，破之。遣耿弇、祭遵等討張豐，斬之。弇遂進擊彭寵。豐好方術，有道士言豐當爲天子，以五綵囊裹石繫豐肘，云「石中有玉璽」。豐信之，遂反。既執，當斬，猶曰：「肘石有玉璽。」傍人爲椎破之，豐乃知被詐，仰天曰：「當死無恨！」上詔耿弇進擊彭寵。弇以父況與寵同功，又兄弟無在京師者，不敢獨進，求詣洛陽。詔報曰：「將軍舉宗爲國，功效尤著，何嫌何疑而求徵！」況聞之，更遣弇弟國入侍。

六月，帝還宮。

秋，七月，如譙。遣將軍馬武、王霸圍劉紆於垂惠。董憲將賁休以蘭陵降，憲攻拔之。憲聞賁休以蘭陵降，自郯圍之。蓋延及龐萌在楚，請往救之。帝敕曰：「可直往擣郯，則蘭陵自解。」延等以賁休城危，遂先赴之。憲逆戰而陽敗退，延等因拔圍入城。明日，憲大出兵合圍。延等懼，遽出突走，因往攻郯。帝讓之曰：「間欲先赴郯者，以其不意故耳！今既奔走，賊計已立，圍豈可解乎！」延等至郟，果不能克。而董憲遂拔蘭陵，殺賁休。

八月，帝如壽春，遣將軍馬成擊李憲。九月，圍舒。

以侯霸爲尚書令。王莽末，天下亂，臨淮大尹侯霸獨能保全其郡。帝徵霸會壽春，拜尚書令。時朝廷無故典，又少舊臣，霸明習故事，收録遺文，條奏前世善政法度施行之。

冬，十月，帝還宫。

隗囂遣馬援奉書入見。隗囂使馬援往觀公孫述。援與述舊同里閈，相善，以爲既至，當握手歡如平生。而述盛陳陛衛以延援入，交拜禮畢，使出就館。更爲援制都布單衣、交讓冠，會百官於宗廟中，立舊交之位，述鸞旗旄騎，警蹕就車，磬折而入，禮饗官屬甚盛，欲授援以封侯大將軍位。賓客皆樂留，援曉之曰：「天下雌雄未定，公孫不吐哺走迎國士，與圖成敗，反修飾邊幅，如偶人形，此子何足久稽天下士乎！」因辭歸，謂囂曰：「子陽，井底蛙耳，而妄自尊大，不如專意東方。」囂乃使援奉書洛陽。初到，良久，中黄門引入。帝在宣德殿南廡下，袒幘坐，迎笑，謂援曰：「卿遨遊二帝間，今見卿，使人大慚。」援頓首辭謝，因曰：「當今之世，非但君擇臣，臣亦擇君矣！臣與公孫述同縣，少相善。臣前至蜀，述陛戟而後進臣。臣今遠來，陛下何知非刺客姦人，而簡易若是。」帝復笑曰：「卿非刺客，顧説客耳。」援曰：「天下反覆，盗名字者不可勝數。今見陛下恢廓大度，同符高祖，乃知帝王自有真也。」

太傅、褒德侯卓茂卒。

十二月，帝如黎丘，遣將軍朱祜圍秦豐，岑彭擊田戎。岑彭攻秦豐三歲，斬首九萬餘級。豐餘兵裁千人，食且盡。帝幸黎丘，遣使招豐，豐不肯降。乃使朱祐等代岑彭圍黎丘，使岑彭、傅俊南擊田戎。

公孫述遣兵屯陳倉，隗囂遣兵助馮異擊破之。述遣使招囂，囂斬其使。公孫述聚兵數十萬人，積糧漢中。又造十層樓船，多刻天下牧守印章。遣將軍李育、程烏將數萬衆出屯陳倉，就吕鮪，將徇三輔。馮異迎擊，大破之。是時，隗囂遣兵佐異有功，遣使上狀，帝報以手書曰：「將軍南拒公孫之兵，北御羌、胡之亂，是以馮異西征，得以數千百人躑躅三輔。微將軍之助，則咸陽已爲它人禽矣！如令子陽到漢中，三輔願因將軍兵馬，鼓旗相當。儻肯如言，即智士計功割地之秋也。」其後公孫述數遣將間出，囂輒與馮異合勢，共摧挫之。述遣使以大司空、扶安王印綬授囂；囂斬其使，出兵擊之，以故蜀兵不復北出。

以陳俊爲泰山太守。

己丑(二九)

五年。

春，正月，帝還宫。

遣來歙送馬援歸隴右。隗囂與援共卧起，問以東方事，曰：「前到朝廷，上引見數十，每接燕語，自夕至旦，才明勇略，非人敵也。且開心見誠，無所隱伏，闊達多大節，略與高帝同。經學博覽，政事文辯，前世無比。」囂曰：「卿謂何如高帝？」援曰：「不如也。高帝無可無不可；今上好吏事，動如節度，又不喜飲酒。」囂意不懌，曰：「如卿言，反復勝耶！」

二月，蘇茂救垂惠，馬武、王霸擊破之。劉紆犇佼彊。蘇茂將五校兵救周建於垂惠。馬武爲茂、建所敗，犇過王霸營，大呼求救。霸曰：「賊兵盛，出必兩敗，努力而已。」乃閉營堅壁，軍吏皆爭之，霸曰：「茂兵精鋭，其衆又多，吾吏士心恐，而捕虜與吾相恃，兩軍不一，此敗道也。今閉營固守，示不相援，賊必乘勝輕進。捕虜無救，其戰自倍。如此，茂衆疲勞，吾承其敝，乃可克也。」茂、建果悉出攻武，合戰良久，霸軍中壯士數十人斷髮請戰，霸乃開營後，出精騎襲其背。茂、建前後受敵，敗走，霸、武各歸營。茂、建復聚兵挑戰，霸堅卧不出，方饗士作倡樂。茂雨射營中，中霸前酒樽，霸安坐不動。軍吏皆曰：「茂前日已破，今易擊也。」霸曰：「不然，蘇茂客兵遠來，糧食不足，故數挑戰，以徼一時之勝。今閉營休士，所謂『不戰而屈人兵』者也。」茂、建既不得戰，乃引還營。其夜，周建兄子誦反，閉城拒之。建於道死，茂犇下邳與董憲合，劉紆犇佼彊。

帝如魏郡。

彭寵奴斬寵來降，夷其族，封奴爲不義侯。彭寵妻數爲惡夢，又多見怪變。卜筮望氣者皆言兵當從中起。寵以子后蘭卿質漢歸，不信之，使將兵居外，無親於中。寵齋在便室，蒼頭子密等三人因寵卧寐，共縛著牀，告外吏云：「大王齋禁，皆使吏休。」僞稱寵命，收縛奴婢。又以寵命呼其妻，妻入，驚曰：「奴反！」奴乃捽其頭，擊其頰。寵急呼曰：「趣爲諸將軍辦裝。」於是兩奴將妻入取寶物，留一奴守寵。收金玉衣物，至寵所裝之，被馬六匹，使妻縫兩縑囊。昏夜後，解寵手，令作記告城門將軍開門。書成，斬寵及妻頭置囊中，便持記馳出城，因以詣闕。明旦，閤門不開，官屬踰墻而入，見寵尸，驚怖。其尚書韓立等共立寵子午爲王，國師韓利斬午首詣祭遵降，夷其宗族。帝封子密爲不義侯。

權德輿曰：伯通之叛命，子密之戕君，同歸于亂，罪不相蔽，宜各致於法，昭示王度。乃爵於五等，又以「不義」爲名。且舉以不義，莫可侯也。春秋書齊豹盗、三叛人名之義，無乃異於是乎！

遣使迎上谷太守耿況還京師，封牟平侯。

吳漢、耿弇擊富平、獲索賊於平原，大破之。弇遂進討張步。

遣將軍龐萌、蓋延擊董憲。萌反，帝自將討之。龐萌爲人遜順，帝信愛之，常稱曰：「可以託六尺之孤，寄百里之命者，龐萌是也。」使與蓋延共擊董憲。時詔書獨下延而不及萌，萌以爲延譖己，自疑，遂反襲延軍，破之。與董憲連和，自號東平王，屯桃鄉之北。帝聞之，大怒，自將討萌，與諸將書曰：「吾常以龐萌爲社稷之臣，將軍得無笑其言乎！老賊當族，其各厲兵馬，會睢陽。」龐萌攻破彭城，將殺楚郡太守孫萌。郡吏劉平伏太守身上，號泣請代其死，身被七創。龐萌義而捨之。太守已絶復蘇，渴求飲，平傾創血以飲之。

岑彭攻拔夷陵，田戎奔蜀，彭留屯津鄉。岑彭既拔夷陵，謀伐蜀，以夾川穀少，水險難漕，留威虜將軍馮駿軍江州，都尉田鴻軍夷陵，領軍李玄軍夷道，自引兵還屯津鄉，當荆州要會，喻告諸蠻夷降者，奏封其君長。

夏，四月，旱，蝗。

竇融遣使奉書入見，詔以融爲涼州牧。初，竇融等聞帝威德，心欲東向，以河西隔遠，未能自通，乃從隗囂受建武正朔。囂皆假其將軍印綬。囂外順人望，内懷異心，使辯士張玄説融等曰：「更始事已成，尋復亡滅，此一姓不再興之效也。方今豪桀競逐，雌雄未決，當各據土宇，與隴、蜀合從，高可爲六國，下不失尉佗。」融等召豪桀議之，其中識者皆曰：「今皇帝姓名見於圖書，前世谷子雲、夏賀良等皆言漢有再受命之符，故劉子駿改易名字，冀應其占。及莽末，西門君惠謀立子駿，事覺被殺，出謂觀者曰：『讖文不誤，劉秀真汝主也！』此皆近事暴著者。況今稱帝者數人，而洛陽土地最廣，甲兵最彊，號令最明，觀符命而察人事，它姓殆未能當也。」融遂決策東向，遣長史劉鈞等奉書詣洛陽。先是，帝亦發使遺融書以招之，遇鈞於道，即與俱還見。帝賜融璽書曰：「今益州有公孫子陽，天水有隗將軍。方蜀、漢相攻，權在將軍，舉足左右，便有輕重。以此言之，欲相厚豈有量哉！欲遂立桓、文，輔微國，當勉卒功業。欲三分鼎足，連衡合從，亦宜以時定。今之議者，必有任囂教尉佗制七郡之計。王者有分土，無分民，自適己事而已。」因授融涼州牧。璽書至河西，河西皆驚，以爲天子明見萬里之外。

六月，秦豐降，斬之。

董憲、劉紆使蘇茂、佼彊救龐萌。帝自將擊破之。秋，七月，彊以衆降，茂犇張步，憲、萌犇朐。梁人斬紆以降。

冬，十月，帝如魯。

耿弇拔祝阿、濟南、臨菑，與張步戰，大破之。帝勞弇軍。步斬蘇茂以降，齊地悉平。

張步聞耿弇將至，使其大將軍費邑軍歷下，又令兵屯祝阿，別於泰山、鍾城，列營數十以待之。弇渡河，先擊祝阿，拔之。故開圍一角，令其衆得犇歸鍾城。鍾城人聞祝阿已潰，大恐，空壁亡去。費邑分遣弟敢守巨里。弇進兵先脅巨里，嚴令軍中趣修攻具，後三日當悉力攻巨里城。陰緩生口亡歸，以弇期告邑。邑至日，果自將精兵三萬餘人來救之。弇喜，謂諸將曰：「吾所以修攻具者，欲誘致之耳。野兵不擊，何以城爲！」即分三千人守巨里；自引精兵上岡坂，乘高合戰，大破之，臨陳斬邑。既而收首級以示城中，城中兇懼，費敢悉衆亡歸張步。弇復縱兵擊諸未下者，平四十餘營，遂定濟南。時張步都劇，使其弟藍將精兵二萬守西安，諸郡太守合萬餘人守臨菑，相去四十里。弇進軍居二城之間。弇視西安城小而堅，且藍兵又精，臨菑名雖大而實易攻，乃敕諸校後五日會攻西安。藍聞之，晨夜警守。至期，夜半，弇敕諸將皆蓐食，會明，至臨菑城。護軍荀梁等爭之，以爲攻臨菑，西安必救之；攻西安，臨菑不能救，不如攻西安。弇曰：「不然，西安聞吾欲攻之，日夜爲備，方自憂，何暇救人。臨菑出不意而至，必驚擾，吾攻之，一日必拔。拔臨菑，即西安孤，與劇隔絶，必復亡去，所謂『擊一而得二』者也。」遂攻臨菑，半日拔之，入據其城。張藍聞之，將其衆亡歸劇。弇乃令軍中無得虜掠，須張步至乃取之，以激怒步。步聞，大笑曰：「以尤來、大彤十餘萬衆，吾皆即其營而破之；今大耿兵少於彼，又皆疲勞，何足懼乎！」乃與三弟藍、弘、壽及故大彤渠帥重異等兵號二十萬，至臨菑大城東攻弇。於是弇先出菑水上，與重異遇。弇故示弱以盛其氣，乃引歸小城，陳兵於內，使都尉劉歆、泰山太守陳俊分陳於城下。步氣盛，直攻弇營，與劉歆等合戰。弇視歆等鋒交，乃自引精兵以橫突步陳於東城下，大破之。至暮，罷，弇明旦復勒兵出。是時，帝在魯，聞弇爲步所攻，自往救之。未至，陳俊謂弇曰：「劇虜兵盛，可且閉營休士，以須上來。」弇曰：「乘輿且到，臣子當擊牛、釃酒以待百官，反欲以賊虜遺君父耶！」乃出兵大戰。自旦及昏，復大破之。弇知步困將退，豫置左右翼爲伏以待之。人定時，步果引去，伏兵起縱擊，追至鉅昧水上，僵尸相屬。步還劇，兄弟各分兵散去。後數日，車駕至臨菑，自勞軍，羣臣大會。帝謂弇曰：「昔韓信破歷下以開基，今將軍攻祝阿以發迹，此皆齊之西界，功足相方。將軍前在南陽，建此大策，常以爲落落難合，有志者事竟成也！」帝進幸劇。耿弇復追張步，步犇平壽，蘇茂將萬餘人來救之。茂讓步曰：「以南陽兵精，延岑善戰，而耿弇走之，大王柰何就攻其營？既呼茂，不能待邪！」步曰：「負負，無可言者。」帝遣使告步、茂，能相斬降者，封爲列侯。步遂斬茂，詣耿弇軍門肉袒降。弇傳詣行在所，而勒兵入據其城，罷遣步兵各歸鄉里。張步三弟自繫所在獄，詔皆赦之，封步爲安丘侯。於是琅琊未平，上徙陳俊爲琅琊太守。始入境，盜賊皆散。耿弇復引兵至城陽，降五校餘黨，齊地悉平，振旅還京師。弇爲將，凡平郡四十六，屠城三百，未嘗挫折焉。

初起太學，帝還視之。帝幸太學，稽式古典，修明禮樂，煥然文物可觀矣。

十一月，大司徒伏湛免，以侯霸爲大司徒。霸聞太原閔仲叔之名而辟之，既至，霸不及政事，徒勞苦而已。仲叔恨曰：「始蒙嘉命，且喜且懼。今見明公，喜懼皆去。以仲叔爲不足問邪？不當辟也。辟而不問，是失人也。」遂辭出，投劾而去。

十二月，盧芳入塞，掠據五郡。初，五原人李興、隨昱，朔方人田颯，代郡人石鮪、閔堪各起兵自稱將軍。匈奴單于遣使與興等和親，欲令盧芳還漢地爲帝。興等引兵至單于庭迎芳。十二月，與俱入塞，都九原縣，掠有五原、朔方、雲中、定襄、雁門五郡，並置守令，與胡通兵，侵苦北邊。

隗囂遣子入侍。隗囂自比西伯，議欲稱王。鄭興曰：「昔文王三分天下有其二，尚服事殷；武王八百諸侯不謀同會，猶還兵待時；高祖征伐累年，猶以沛公行師。今世無宗周之祚，未有高祖之功，而欲舉未可之事，昭速禍患，無乃不可乎！」囂乃止。後又廣置職位，鄭興曰：「夫中郎將、太中大夫、使持節官皆王者之器，非人臣所當制也。」囂病之而止。時關中將帥數上書言蜀可擊之狀，帝以書示囂，因使擊蜀以效其信。囂上書，盛言三輔單弱，劉文伯在邊，未宜謀蜀。帝知囂欲持兩端，不願天下統一，於是稍絀其禮，正君臣之儀。帝以囂與馬援、來歙相善，數使歙、援奉使往來，勸令入朝，許以重爵。囂言無功德，須四方平定，退伏閭里。帝復遣來歙説囂遣子入侍，囂聞劉永、彭寵皆已破滅，乃遣長子恂隨歙詣闕，帝以爲胡騎校尉，封鐫羌侯。鄭興因恂求歸葬父母，與妻子俱東。馬援亦將家屬隨恂歸洛陽。囂將王元以爲天下成敗未可知，不願專心内事，説囂曰：「今天水完富，士馬最强，元請以一丸泥爲大王東封函谷關，此萬世一時也。若計不及此，且畜養士馬，據隘自守，以待四方之變。圖王不成，其敝猶足以霸。」囂心然元計，雖遣子入質，猶負其險阸，欲專制方面。申屠剛諫曰：「愚聞人所歸者天所與，人所畔者天所去也。本朝誠天之所福，非人力也。今璽書數到，委國歸信，欲與將軍共同吉凶。布衣相與，尚有没身不負然諾之信，況於萬乘者哉！今久疑若是，卒有非常之變，上負忠孝，下愧當世。願反覆愚老之言。」囂不納，於是遊士長者稍稍去之。

交趾牧鄧讓等遣使貢獻。王莽末，交趾諸郡閉境自守。岑彭素與交趾牧鄧讓厚善，與讓書，陳國家威德。又遣偏將軍屈充移檄江南，班行詔命。於是讓與江夏太守侯登、武陵太守王堂、長沙相韓福、桂陽太守張隆、零陵太守田翕、蒼梧太守杜穆、交趾太守錫光等相率遣使貢獻，悉封爲列侯。錫光者，漢中人，在交趾教民夷以禮義。帝復以宛人任延爲九真太守。延教民耕種嫁娶，故嶺南華風始於二守焉。

徵處士周黨、嚴光、王良至京師。黨、光不屈，以良爲諫議大夫。黨入見，伏而不謁，自陳願守所志。博士范升奏曰：「伏見太原周黨、東海王良、山陽王成等，蒙受厚恩，使者三聘，乃肯就車。及陛見帝庭，黨不以禮屈，伏而不謁，偃蹇驕悍，同時俱逝。黨等文不能演義，武不能死君，釣采華名，庶幾三公之位。臣願與坐雲臺之下，考試圖國之道。」書奏，詔曰：「自古明王聖主，必有不賓之士，伯夷、叔齊不食周粟，太原周黨不受朕祿，亦各有志焉。其賜帛四十匹，罷之。」帝少與嚴光同遊學，及即位，以物色訪之，得於齊國，累徵乃至。拜諫議大夫，不肯受，去，耕釣於富春山中，以壽終於家。王良後歷沛郡太守、大司徒司直，在位恭儉，布被瓦器，妻子不入官舍。後以病歸，一歲復徵。至滎陽，疾篤，不任進道，過其友人。友人拒不肯見，曰：「不有忠言奇謀而取大位，何其往來屑屑不憚煩也！」良慚，後徵不應，卒於家。

高平范氏曰：非光武不能遂子陵之高，非子陵不能成光武之大也。

胡氏曰：自古人君待遇臣下，其禮雖一，然嚴威儼恪，常施於爪牙甲胄之士，以折其驕悍難使之氣；柔巽謙屈，常施於林壑退藏之人，以厲其廉靖無求之節。故能駕馭人才，表正風俗。反是道者，難乎免於亂亡之禍矣！

西域大都尉，五十五國皆屬焉。

竇融承制，以莎車王康爲西域大都尉。元帝之世，莎車王延嘗爲侍子京師，慕樂中國。及王莽之亂，匈奴略有西域，唯延不肯附屬。常敕諸子：「當世奉漢家，不可負也。」延卒，子康立。康率傍國拒匈奴，擁衛故都護吏士妻子千餘口；檄書河西，問中國動静。竇融乃承制立康爲漢莎車建功懷德王、西域大都尉，五十五國皆屬焉。

庚寅（三〇）

六年。

春，正月，以春陵鄉爲章陵縣，復其徭役。復徭役，比豐、沛。

吴漢等拔朐，斬董憲、龐萌，江、淮、山東悉平。吴漢等諸將還京師，置酒賞賜。帝積苦兵間，以隗囂遣子内侍，公孫述遠據邊垂，乃謂諸將曰：「且當致此兩子於度外耳。」因休諸將於洛陽，分軍士於河内，數騰書隴、蜀，告示禍福。帝與述書曰：「君非吾賊臣亂子，倉卒時人皆欲爲君事耳。天下神器，不可力争，宜留三思。」署曰「公孫皇帝」。述不答。

馮異入朝。異治關中，出入三歲，上林成都。人有上章言異威權至重，百姓歸心，號爲「咸陽王」。帝以章示異。異惶懼，上書陳謝，詔報曰：「將軍之於國家，義爲君臣，恩猶父子，何嫌何疑，而有懼意？」至是自長安入朝，帝謂公卿曰：「是我起兵時主簿也，爲吾披荆棘，定關中。」既罷，賜珍寶錢帛，詔曰：「倉卒蕪蔞亭豆粥，虖沱河麥飯，厚意久不報。」異稽首謝曰：「臣聞管仲謂桓公曰：『願君無忘射鉤，臣無忘檻車。』齊國賴之。臣今亦願國家無忘河北之難，小臣不敢忘巾車之恩。」留十餘日，令與妻子還西。

夏，四月，帝如長安，謁園陵。

遣耿弇等七將軍從隴道伐蜀。先是，公孫述騎都尉平陵荆邯說述曰：「隗囂遭遇運會，割有雍州，兵强士附，威加山東。遇更始政亂，復失天下，囂不及此時推危乘勝，以爭天下，而退欲爲西伯之事，尊師章句，賓友處士，偃武息戈，卑辭事漢，喟然自以文王復出也。令漢帝釋關隴之憂，專精東伐。發間使，召攜貳，使西州豪桀咸居心於山東。若舉兵天水，必至沮潰。天水既定，則九分而有其八。陛下以梁州之地，内奉萬乘，外治三軍，百姓愁困，不堪上命，將有王氏自潰之變矣！臣之愚計，以爲宜及天下之望未絶，豪桀尚可招誘，急以此時發國内精兵，令田戎據江陵，臨江南之會，倚巫山之固，築壘堅守，傳檄吳、楚，長沙以南必隨風而靡。令延岑出漢中，定三輔，天水、隴西拱手自服。如此，海内震摇，冀有大利。」述然邯言，欲悉發兵，使延岑、田戎分出兩道，與漢中諸將合兵并勢。蜀人及其弟光以爲不宜空國千里之外，決成敗於一舉，固爭之，述乃止。延岑、田戎亦數請兵立功，述終疑不聽，唯公孫氏得任事。述之爲政苛細，察於小事，如爲清水令時而已。立其兩子爲王，食犍爲、廣漢各數縣。或諫曰：「成敗未可知，戎士暴露而先王愛子，示無大志也。」述不從，由此大臣皆怨。三月，述使田戎出江關，招其故衆，欲以取荆州，不克。帝乃詔隗囂，欲從天水伐蜀。囂上言：「述性嚴酷，上下相患，須其罪惡孰著而攻之。」帝知其終不爲用，乃謀討之。遣耿弇、蓋延等七將軍從隴道伐蜀，先使中郎將來歙奉璽書賜囂喻旨。囂尤豫不決。歙遂發憤質責囂曰：「國家以君知臧否，曉廢興，故以手書暢意。足下推忠誠，既遣伯春委質，而反欲用佞惑之言，爲族滅之計邪！」因欲前刺囂。囂起入，部勒兵將殺歙，歙徐杖節就車而去，囂使牛邯將兵圍守之。囂將王遵諫曰：「殺之無損於漢，而隨以族滅。」歙爲人有信義，言行不違，及往來游説，皆可按覆。西州士大夫皆信重之，多爲其言，故得免歸。

五月，還宫。

隗囂反，使其將王元據隴坻，諸將與戰，大敗而還。

六月，并省縣國，減損吏員。詔曰：「夫張官置吏，所以爲民也。今百姓遭難，户口耗少，而縣官吏職，所置尚繁。其令司隸、州牧各實所部，省減吏員，縣國不足置長吏者并之。」於是并省四百餘縣，吏職減損，十置其一。

胡氏曰：按此詔六月所下，歲十二月，即詔田租三十税一如舊制。嗚呼，人君意在斯民，則其見效之速如此。此孟子對齊王所以有不能不爲之説也。

秋，九月，晦，日食。執金吾朱浮上疏曰：「昔堯、舜之盛，猶加三考。大漢之興，亦累功效，吏皆積久，至長子孫。而間者守宰數見換易，迎新相代，疲勞道路。尋其視事日淺，未足昭見其職，既加嚴切，人不自保，迫於舉劾，懼於刺譏，故争飾詐僞以希虚譽，斯所以致日月失行之應也。願陛下遊意於經年之外，望治於一世之後，天下幸甚！」帝采其言，自是牧守易代頗簡。

冬，十二月，大司空弘免。

復田租舊制。詔曰：「頃者師旅未解，用度不足，故行十一之税。今糧儲差積，其令郡國收見田租，三十税一，如舊制。」

隗囂遣兵下隴，馮異、祭遵擊破之。諸將之下隴也，帝詔耿弇軍漆，馮異軍栒邑，祭遵軍汧，吴漢等還屯長安。馮異引軍未至栒邑，隗囂乘勝使王元、行巡將二萬餘人下隴，分遣巡取栒邑，異即馳兵欲先據之。諸將曰：「虜兵盛而乘勝，不可與争鋒。宜止軍便地，徐思方略。」異曰：「虜兵臨境，忸忕小利，遂欲深入。若得栒邑，三輔動揺，夫攻者不足，守者有餘。今先據城，以逸待勞，非所以争也。」潛往，閉城，偃旗鼓。行巡不知，馳赴之。異卒擊鼓建旗而出，巡軍驚亂犇走，追擊，大破之。祭遵亦破王元於汧。於是北地諸豪長耿定等悉畔隗囂降。

馮異擊盧芳匈奴兵，破之，北地、上郡、安定皆降。

竇融遣弟上書。書曰：「臣幸得託先后末屬，累世二千石。臣復假歷將帥，守持一隅，故遣劉鈞口陳肝膽，自以底裏上露，長無纖介。而璽書盛稱蜀、漢二主，三分鼎足之權，任囂、尉佗之謀，竊自痛傷。臣融雖無識，猶知利害之際，順逆之分，豈可背真舊之主，事姦僞之人；廢忠貞之節，爲傾覆之事；棄已成之基，求無冀之利！此三者，雖問狂夫，猶知去就，而臣獨何以用心。謹遣弟友詣闕，口陳至誠。」友至高平，會隗囂反，道不通，乃遣司馬席封間道通書。帝復遣封賜融、友書，所以慰藉之甚厚。融乃與隗囂書曰：「將軍親遇厄會之際，國家不利之時，守節不回，承事本朝。融等所以欣服高義，願從役於將軍者，良爲此也。而忿悁之間，改節易圖，委成功，造難就，百年累之，一朝毁之，豈不惜乎！殆執事者貪功建謀，以至於此。當今西州地勢局迫，民兵離散，易以輔人，難以自建。計若失路不反，聞道猶迷，不南合子陽，則北入文伯耳。夫負虛交而易强禦，恃遠救而輕近敵，未見其利也。自兵起以來，城郭皆爲丘墟，生民轉於溝壑。幸賴天運少還，而將軍復重其難，是使積痾不得遂瘳，幼孤將復流離，言之可爲酸鼻。庸人且猶不忍，况仁者乎！融聞爲忠甚易，得宜實難。憂人太過，以德取怨，知且以言獲罪也。」囂不納。

隗囂降蜀。先是，隗囂問於班彪曰：「往者周亡，戰國並爭，數世然後定，意者從横之事，復起於今乎？將乘運迭興，在於今日也。」彪曰：「周之廢興，與漢殊異。昔周爵五等，諸侯從政，本根既微，枝葉强大，故其末流有從横之事，勢數然也。漢承秦制，改立郡縣，主有專己之威，臣無百年之柄。至於成帝，假借外家，哀、平短祚，國嗣三絶。故王氏擅朝，能竊號位。危自上起，傷不及下，是以即真之後，天下莫不引領而歎。十餘年間，中外騷擾，遠近俱廢，假號雲合，咸稱劉氏，不謀同辭。方今雄傑帶州域者，皆無六國世業之資，而百姓謳吟思仰，漢必復興，已可知矣。」囂曰：「生言周、漢之勢可也。至於但見愚人習識劉氏姓號之故，而謂漢復興，疏矣。昔秦失其鹿，劉季逐而掎之，時民復知漢乎？」彪乃爲之著王命論以風切之，曰：「俗見高祖興於布衣，不達其故。至比天下於逐鹿，幸捷而得之，不知神器有命，不可以智力求也。悲夫，此世所以多亂臣賊子者也。夫餓饉流隸，飢寒道路，所願不過一金，然終轉死溝壑，何則？貧窮亦有命也，况乎天子之貴，四海之富，神明之祚，可得而妄處哉！故雖遭罹厄會，竊其權柄，勇如信、布，强如梁、籍，成如王莽，然卒潤鑊伏質，烹醢分裂，又况幺麽尚不及數子，而欲闇奸天位者虖？英雄誠知覺寤，遠覽深識，審神器之有授，毋貪不可冀，則福祚流于子孫，天禄其永終矣。」囂不聽。馬援聞隗囂欲貳於漢，數以書責讓之，囂得書增怒。及囂發兵反，援上書，願聽詣行在，極陳滅囂之術。帝乃召之，援具言謀畫。帝因使援將突騎五千，往來游説囂將高峻、任禹之屬，下及羌豪，爲陳禍福，以離囂支黨。援又爲書與囂將楊廣，使曉諭於囂曰：「援竊見四海已定，兆民同情，而季孟閉拒背畔，爲天下表的，常懼海内切齒，思相屠裂，故遺書戀戀，以致惻隱之計。乃聞季孟歸罪於援，而納王游翁諂邪之説，因自謂函谷以西，舉足可定。以今而觀，竟何如邪！今國家待春卿意深，宜使牛孺卿與諸耆老大人共説季孟，若計畫不從，真可引領而去矣。前披輿地圖，見天下郡國百有六所，奈何欲以區區二邦以當諸夏百有四乎！春卿事季孟，外有君臣之義，内有朋友之道。言君臣邪，固當諫爭；語朋友邪，應有切磋。豈有知其無成，而但萎腇咋舌，叉手從族乎！及今成計，殊尚善也，過是，欲少味矣！援不得久留，願賜急報。」廣竟不答。隗囂上疏謝曰：「吏民聞大兵卒至，驚恐自救，臣囂不能禁止。兵有大利，不敢廢臣子之節，親自追還。昔虞舜事父，大杖則走，小杖則受。臣雖不敏，敢忘斯義！今臣之事，在於本朝，賜死則死，加刑則刑。如更得洗心，死骨不朽。」有司以囂言慢，請誅其子。帝不忍，復使來歙至汧陽，賜囂書曰：「今若束手，復遣恂弟歸闕庭者，則爵禄獲全，有浩大之福矣！吾年垂四十，在兵中十歲，厭浮語虚辭。即不欲，勿報。」囂知帝審其詐，遂遣使稱臣於公孫述。

辛卯（三一）

七年。

春，三月，罷郡國車騎材官，還復民伍。

公孫述立隗囂爲朔寧王。

是月，晦，日食。詔百僚各上封事，不得言聖。太中大夫鄭興上疏曰：「夫國無善政，則謫見日月；要在因人之心，擇人處位。今公卿大夫多舉漁陽太守郭伋可大司空者，而不以時定。道路流言，咸曰：『朝廷欲用功臣。』功臣用則人位謬矣。願陛下屈己從衆，以濟羣臣讓善之功。頃年日食每多在晦，先時而合，皆月行疾也。日君象而月臣象；君亢急則臣下促迫，故月行疾。今陛下高明而羣臣惶促，宜留思柔克之政，垂意洪範之法。」帝躬勤政事，頗傷嚴急，故興奏及之。

夏，五月，以李通爲大司空。

冬，盧芳朔方、雲中郡降。芳以事誅其五原太守李興兄弟，其朔方太守田颯、雲中太守喬扈各舉郡降，帝令領職如故。

以杜詩爲南陽太守。詩政治清平，興利除害，百姓便之。又修治陂池，廣拓土田，郡内比室殷足，時人方於召信臣。南陽爲之語曰：「前有召父，後有杜母。」

壬辰（三二）

八年。

春，遣中郎將來歙伐隗囂，取略陽，斬其守將。夏，閏四月，帝自將征囂，竇融等率五郡兵以從。囂衆皆降，囂奔西城，吴漢引兵圍之。

來歙將二千餘人伐山開道，從番須、回中徑襲略陽，斬隗囂守將金梁。囂大驚曰：「何其神也！」帝聞得略陽，甚喜，曰：「略陽，囂所依阻，心腹已壞，則制其支體易矣！」吴漢等諸將聞歙據略陽，爭馳赴之。上以爲囂失所恃，亡其要城，勢必悉以精鋭來攻。曠日久圍而城不拔，士卒頓敝，乃可乘危而進。皆追漢等還。隗囂果使王元拒隴坻，行巡守番須口，王孟塞雞頭道，牛邯軍瓦亭。囂自悉其大衆數萬人圍略陽。公孫述遣將李育、田弇助之。塹山築隄，激水灌城。來歙與將士固死堅守，矢盡，發屋斷木以爲兵。囂盡鋭攻之，累月不能下。夏，閏四月，帝自征隗囂，光禄勳郭憲諫曰：「東方初定，車駕未可遠征。」乃當車拔佩刀以斷車靷。帝不從，西至漆。諸將多以王師之重，不宜遠入險阻，計猶豫未決。帝召馬援問之。援因説隗囂將帥有土崩之勢，兵進有必破之狀。又於帝前聚米爲山谷，指畫形勢，開示軍衆所從道徑，往來分析，昭然可曉。帝曰：「虜在吾目中矣。」明旦，遂進軍，至高平第一。竇融率五郡太守及羌虜小月氏等步騎數萬，輜重五千餘兩，與大軍會。是時軍旅草創，諸將朝會禮容多不肅，融先遣從事問會見儀。帝聞而善之，以宣告百僚，乃置酒高會，待融等以殊禮。遂進軍，數道上隴。使王遵以書招牛邯，下之，拜邯太中大夫。於是囂大將十三人、屬縣十六、衆十餘萬皆降。囂將妻子犇西城從楊廣，而田弇、李育保上邽。略陽圍解。帝勞賜來歙，班坐絶席，在諸將之右，賜歙妻縑千匹。進幸上邽，詔告隗囂曰：「若束手自詣，父子相見，保無它也。若遂欲爲黥布者，亦自任也。」囂終不降，於是誅其子恂。使吴漢、岑彭圍西城，耿弇、蓋延圍上邽。以四縣封竇融爲安豐侯，弟友爲顯親侯，及五郡太守皆封列侯，遣西還所鎮。融以久專方面，懼不自安，數上書求代。詔曰：「吾與將軍如左右手耳，數執謙退，何不曉人意！勉循士民，無擅離部曲。」

潁川盜起。秋，九月，帝還宮六日，自將討平之。潁川盜羣起，寇没屬縣，河東守兵亦叛，京師騷動。帝聞之曰：「吾悔不用郭子横之言。」秋，八月，帝自上邽晨夜東馳，賜岑彭等書曰：「兩城若下，便可將兵南擊蜀虜。人苦不知足，既平隴，復望蜀。每一發兵，頭須爲白。」九月乙卯，車駕還宮。帝謂執金吾寇恂曰：「潁川迫近京師，當以時定。惟念獨卿能平之耳，從九卿復出以憂國可也！」對曰：「潁川聞陛下有事隴、蜀，故狂狡乘間相詿誤耳。如聞乘輿南向，賊必惶怖歸死，臣願執鋭前驅。」帝從之。庚申，車駕南征，潁川盜賊悉降。寇恂竟不拜郡，百姓遮道曰：「願從陛下復借寇君一年。」乃留恂長社，鎮撫吏民，受納餘降。東郡、濟陰盜賊亦起，帝遣李通、王常擊之。以東光侯耿純嘗爲東郡太守，威信著於衛地，遣使拜太中大夫，使與大兵會東郡。東郡聞純入界，盜賊九千餘人皆詣純降，大兵不戰而還。璽書復以純爲東郡太守。戊寅，車駕還自潁川。

冬，公孫述遣兵救隗囂，吴漢引兵下隴。楊廣死，隗囂窮困。初，帝敕吴漢曰：「諸郡甲卒但坐費糧食，若有逃亡，則沮敗衆心，宜悉罷之。」漢等貪并力攻囂，遂不能遣，糧食日少，吏士疲役，逃亡者多。岑彭壅谷水灌西城，城未没丈餘。會王元、行巡、周宗將蜀兵五千餘乘高卒至，鼓譟大呼曰：「百萬之衆方至！」漢軍大驚，未及陳，元等決圍殊死戰，遂得入城，迎囂歸冀。吴漢軍食盡，乃燒輜重，引兵下隴，蓋延、耿弇亦相隨而退。囂出兵尾擊諸營，岑彭爲後拒，諸將乃得全軍東歸；唯祭遵屯汧不退。吴漢等復屯長安，岑彭還津鄉。於是安定、北地、天水、隴西復反爲囂。校尉太原温序爲囂將苟宇所獲，宇欲降之，序大怒，叱宇等曰：「虜何敢迫脅漢將。」因以節檛殺數人。宇衆爭欲殺之，宇止之曰：「此義士，死節，可賜以劍。」序受劍，銜須於口，顧左右曰：「既爲賊所殺，無令須汙土。」遂伏劍而死。從事王忠持其喪歸洛陽，詔賜以冢地，拜三子爲郎。

大水。

癸巳（三三）

九年。

春，正月，征虜將軍、潁陽侯祭遵卒於軍。詔馮異領其營。遵爲人廉約小心，克己奉公，賞賜盡與士卒。約束嚴整，所在吏民不知有軍。取士皆用儒術，對酒設樂，必雅歌投壺。臨終，遺戒薄葬。問以家事，終無所言。帝愍悼之尤甚，遵喪至河南，車駕素服臨之，望哭哀慟；親祠以太牢。詔大長秋、謁者、河南尹護喪事，大司農給費。至葬，車駕臨其墳，存見夫人、室家。其後朝會，帝每歎曰：「安得憂國奉公如祭征虜者乎！」衛尉銚期曰：「陛下至仁，哀念祭遵不已，羣臣各懷慚懼。」帝乃止。

隗囂死，諸將立其子純。囂病且餓，餐糗精，恚憤而卒。王元、周宗立囂少子純爲王，總兵據冀。公孫述遣將趙匡、田弇助純。帝使馮異擊之。

公孫述遣兵陷夷陵，據荆門。述遣其翼江王田戎、大司徒任滿、南郡太守程汎將數萬人下江關，擊破馮駿等軍，遂拔巫及夷道、夷陵，因據荆門、虎牙，横江水起浮橋、關樓，立欑柱以絶水道，結營跨山以塞陸路，拒漢兵。

夏，六月，吴漢等擊盧芳，匈奴救之，漢等不利。吴漢率王常等四將軍兵五萬餘人，擊盧芳將賈覽、閔堪於高柳，匈奴救之，漢兵不利。於是匈奴轉盛，鈔暴日增。詔朱祐屯常山，王常屯涿郡，破姦將軍侯進屯漁陽，以討虜將軍王霸爲上谷太守，以備匈奴。

遣來歙、馬援護諸將馮異等屯長安。帝使來歙悉監護諸將屯長安，太中大夫馬援爲之副。歙上書曰：「公孫述以隴西、天水爲藩蔽，故得延命假息。今二郡平蕩，則述智計窮矣。宜益選兵馬，儲積資糧。今西州新破，兵人疲饉，若招以財穀，則其衆可集。臣知國家所給非一，用度不足，然有不得已也！」帝然之。於是詔於汧積穀六萬斛。

秋，八月，歙率異等討隗純於天水。

以牛邯爲護羌校尉。諸羌自王莽末入居塞内，金城屬縣多爲所有。隗囂不能討，因就慰納，發其衆與漢相拒。司徒掾班彪上言：「今涼州部皆有降羌。羌胡被髮左衽，而與漢人雜處，習俗既異，言語不通，數爲小吏黠人所見侵奪，窮恚無聊，故致反叛。夫蠻夷寇亂，皆爲此也。舊制，益州部置蠻夷騎都尉，幽州部置領烏桓校尉，涼州部置護羌校尉，皆持節領護，治其怨結，歲時巡行，問所疾苦。又數遣使譯，通導動静，使塞外羌夷爲吏耳目，州郡因此可得警備。今宜復如舊制，以明威防。」帝從之。以牛邯爲護羌校尉。

封陰就爲宣恩侯。盗殺陰貴人母鄧氏及弟訢。帝甚傷之，封貴人弟就爲宣恩侯。復召就兄侍中興，欲封之，置印綬於前。興固讓曰：「臣未有先登陷陳之功，而一家數人並蒙爵土，令天下觖望，誠所不願。」帝嘉之，不奪其志。貴人問其故，興曰：「夫外戚家苦不知謙退，嫁女欲配侯王，娶婦眄睨公主，愚心實不安也。富貴有極，人當知足，夸奢益爲觀聽所譏。」貴人感其言，深自降挹，卒不爲宗親求位。

甲午（三四）

十年。

春，正月，吳漢等擊盧芳將賈覽，破走之。

夏，征西大將軍、夏陽侯馮異卒於軍。

秋，八月，帝如長安，遂至汧。隗純將高峻降。初，隗囂將高峻擁兵據高平第一，建威大將軍耿弇等圍之，一歲不拔。帝自將征之，寇恂諫曰：「長安道里居中，應接近便，安定、隴西必懷震懼。此從容一處，可以制四方也。今士馬疲倦，方履險阻，非萬乘之固也。前年潁川，可爲至戒。」帝不從，進幸汧。遣寇恂往降之。恂至第一，峻遣軍師皇甫文出謁，辭禮不屈。恂怒，將誅之。諸將諫曰：「高峻精兵萬人，率多強弩，西遮隴道，連年不下。今欲降之而反戮其使，無乃不可乎？」恂不應，遂斬之，遣其副歸告峻曰：「軍師無禮，已戮之矣。欲降，急降；不欲，固守！」峻惶恐，即日開城門。諸將皆賀，因曰：「敢問殺其使而降其城，何也？」恂曰：「皇甫文，峻之腹心，其所取計者也。今來，辭意不屈，必無降心。全之，則文得其計；殺之，則峻亡其膽。是以降耳。」諸將皆曰：「非所及也。」

冬，十月，來歙等攻破落門，隗純降，王元犇蜀。隴右悉平。徙諸隗於京師以東。後隗純與賓客亡入胡，至武威，捕得，誅之。

先零羌寇金城，來歙擊破之。於是開倉廩以賑飢乏，隴右遂安，而涼州通焉。

帝還宮。

乙未（三五）

十一年。

春，三月，遣吳漢等將兵會岑彭伐蜀，破其浮橋，遂入江關。岑彭屯津鄉，數攻田戎等，不克。帝遣吳漢率誅虜將軍劉隆等三將，發荆州兵凡六萬餘人、騎五千匹，與彭會荆門。彭裝戰船數十艘，吳漢以諸郡棹卒多費糧穀，欲罷之。彭以爲蜀兵盛，不可遣，上書言狀。帝報彭曰：「大司馬習用步騎，不曉水戰。荆門之事，一由征南公爲重而已。」閏月，岑彭令軍中募攻浮橋，先登者上賞，於是偏將軍魯奇應募而前。時東風狂急，魯奇船逆流而上，直衝浮橋，而欑柱有反杷鉤，奇船不得去。奇等乘勢殊死戰，因飛炬焚之，風怒火盛，橋樓崩燒。岑彭悉軍順風並進，所向無前，蜀兵大亂，溺死者數千人，斬任滿，生獲程汎，而田戎走保江州。彭上劉隆爲南郡太守，自率輔威將軍臧宮、驍騎將軍劉歆長驅入江關。令軍中無得虜掠，所過百姓皆奉牛酒迎勞，彭復讓不受。百姓大喜，爭開門降。詔彭守益州牧，所下郡輒行太守事，彭若出界，即以太守號付後將軍。選官屬守州中長吏。彭到江州，以其城固糧多，難卒拔，留馮駿守之，自引兵乘利直指墊江，攻破平曲，收其米數十萬石。吳漢留夷陵，裝露橈繼進。

夏，先零羌反，以馬援爲隴西太守擊破之。

公孫述遣王元拒河池。六月，諸將擊破之。述使盜殺監護使者來歙，詔以將軍馬成代之。公孫述以王元爲將軍，使與領軍環安拒河池。六月，來歙與蓋延等進攻元、安，大破之，遂克下辨，乘勝遂進。蜀人大懼，使刺客刺歙，未殊，馳召蓋延。延見歙，因伏悲哀，不能仰視。歙叱延曰：「虎牙何敢然！今使者中刺客，無以報國，故呼巨卿，欲相屬以軍事，而反效兒女子涕泣乎！刃雖在身，不能勒兵斬公邪！」延收淚强起，受所誡。歙自書表曰：「臣夜人定後，爲何人所賊傷，中臣要害。臣不敢自惜，誠恨奉職不稱，以爲朝廷羞。夫理國以得賢爲本，太中大夫段襄，骨鯁可任，願陛下裁察。又臣兄弟不肖，終恐被罪，陛下哀憐，數賜教督。」投筆抽刃而絶。帝聞大驚，省書攬涕。以揚武將軍馬成守中郎將代之。歙喪還洛陽，乘輿縞素臨弔，送葬。

帝自將征蜀。

秋，七月，次長安。

岑彭及將軍臧宫大破蜀兵，延岑走，王元以其衆降。公孫述使其將延岑、吕鮪、王元、公孫恢悉兵拒廣漢及資中，又遣將侯丹率二萬餘人拒黄石。岑彭使臧宫將降卒五萬，從涪水上平曲，拒延岑，自分兵浮江下還江州，泝都江而上，襲擊侯丹，大破之。因晨夜倍道兼行二千餘里，徑拔武陽。使精騎馳擊廣都，去成都數十里，勢若風雨，所至皆奔散。初，述聞漢兵在平曲，故遣大兵逆之。及彭至武陽，繞出延岑軍後，蜀地震駭。述大驚，以杖擊地曰：「是何神也！」延岑盛兵於沅水。臧宫衆多食少，轉輸不至，降者皆欲散畔，郡邑復更保聚，觀望成敗。宫欲引還，恐爲所反。會帝遣謁者將兵詣岑彭，有馬七百匹，宮矯制取以自益，晨夜進兵，多張旗幟，登山鼓譟，右步左騎，挾船而引，呼聲動山谷。岑不意漢兵卒至，登山望之，大震恐。宮因縱擊，大破之，斬首溺死者萬餘人，水爲之濁。延岑奔成都，其衆悉降。軍至陽鄉，王元舉衆降。帝與公孫述書，陳言禍福，示以丹青之信。述省書歎息，以示所親。太常少、光禄勳張隆皆勸述降。述曰：「廢興，命也，豈有降天子哉！」左右莫敢復言。少、隆皆以憂死。

帝還宫。

冬，十月，公孫述使盜刺殺征南大將軍、舞陰侯岑彭。冬，十月，公孫述使刺客詐爲亡奴，降岑彭，夜，刺殺彭。太中大夫監軍鄭興領其營，以俟吴漢至而授之。彭持軍整齊，秋毫無犯。邛穀王任貴聞彭威信，數千里遣使迎降。會彭已被害，帝盡以任貴所獻賜彭妻子。蜀人爲立廟祠之。

馬成等破河池，平武都，遂與馬援擊破先零羌。先零諸羌數萬人，屯聚寇鈔，拒浩亹隘。成與馬援深入討擊，大破之，徙降羌置天水、隴西、扶風。是時，朝臣以金城破羌之西，塗遠多寇，議欲棄之。馬援上書言：「破羌以西，城多完牢，易可依固。其田土肥壤，灌溉流通。如令羌在湟中，則爲害不休，不可棄也。」帝從之。民歸者三千餘口，援爲置長吏，繕城郭，起塢候，開溝洫，勸以耕牧，郡中樂業。又招撫塞外氐、羌，皆來降附。援奏復其侯王君長，帝悉從之，乃罷馬成軍。

以郭伋爲并州牧。郭伋爲并州牧，過京師，帝問以得失，伋曰：「選補衆職，當簡天下賢俊，不宜專用南陽人。」是時在位多鄉曲故舊，故伋言及之。

丙申（三六）

十二年。

春，正月，吴漢大破蜀兵，遂拔廣都。吴漢破公孫述將魏黨、公孫永於魚涪津，遂圍武陽。述遣子壻史興救之，漢迎擊，破之，因入犍爲界，諸縣皆城守。詔漢直取廣都，據其腹心。漢乃進軍攻廣都，拔之，遣輕騎燒成都市橋。公孫述將帥恐懼，日夜離叛，述雖誅滅其家，猶不能禁。帝必欲降之，又下詔諭述曰：「勿以來歙、岑彭受害自疑，今以時自詣，則宗族完全。詔書手記，不可數得。」述終無降意。

秋，七月，將軍馮駿拔江州，獲田戎。

吴漢進攻成都。九月，入其郛。臧宫拔綿竹，引兵與漢會。帝戒吴漢曰：「成都十萬衆，不可輕也。但堅據廣都，待其來攻，勿與爭鋒。若不敢來，公轉營迫之，須其力疲，乃可擊也。」漢乘利，遂自將步騎二萬進逼成都。去城十餘里，阻江北營，作浮橋，使副將武威將軍劉尚將萬餘人屯於江南，爲營相去二十餘里。帝聞之大驚，讓漢曰：「比敕公千條萬端，何意臨事勃亂！既輕敵深入，又與尚別營，事有緩急，不復相及。賊若出兵綴公，以大衆攻尚，尚破，公即敗矣。幸無它者，急引兵還廣都。」詔書未到，九月，述果使其大司徒謝豐、執金吾袁吉將衆十許萬，分爲二十餘營，出攻漢，使別將將萬餘人劫劉尚，令不得相救。漢與大戰一日，兵敗，走入壁，豐因圍之。漢乃召諸將厲之曰：「吾與諸君踰越險阻，轉戰千里，遂深入敵地，至其城下。而今與劉尚二處受圍，勢既不接，其禍難量。欲潛師就尚於江南，并兵禦之。若能同心一力，人自爲戰，大功可立。如其不然，敗必無餘。成敗之機，在此一舉。」諸將皆曰：「諾。」於是饗士秣馬，閉營三日不出，乃多樹幡旗，使煙火不絶，夜，銜枚引兵與劉尚合軍。豐等不覺，明日，乃分兵拒水北，自將攻江南。漢悉兵迎戰，遂大破之，斬豐、吉。於是引還廣都，留劉尚拒述，具以狀上，而深自譴責。帝報曰：「公還廣都，甚得其宜，述必不敢略尚而擊公也。若先攻尚，公從廣都五十里悉步騎赴之，適當值其危困，破之必矣！」自是漢與述戰於廣都、成都之間，八戰八克，遂軍于其郭中。臧宫拔綿竹，破涪城，斬公孫恢。復攻拔繁、郫，與吴漢會於成都。

大司空通罷。通欲避權，乞骸骨。積二歲，帝乃聽上印綬，以特進奉朝請。

冬，十一月，公孫述引兵出戰，吴漢擊殺之。延岑以成都降，蜀地悉平。公孫述困急，謂延岑曰：「事當奈何？」岑曰：「男兒當死中求生，可坐窮乎！財物易聚耳，不宜有愛。」述乃悉散金帛，募敢死士五千餘人以配岑。岑襲擊破吴漢軍，漢墮水，緣馬尾得出。漢軍餘七日糧，陰具船，欲遁去。蜀郡太守張堪聞之，馳往見漢，説述必敗，不宜退師之策。漢從之。冬，十一月，臧宫軍咸陽門。述自將數萬人攻漢，使延岑拒宫。大戰，岑三合三勝，自旦至日中，軍士不得食，並疲。漢因使護軍高午、唐邯將鋭卒數萬擊之，述兵大亂，高午犇陳刺述，洞胸墮馬，左右輿入城。述以兵屬延岑，其夜，死。明旦，延岑以城降。吴漢夷述妻子，盡滅公孫氏，并族延岑，遂放兵大掠，焚述宫室。帝聞之怒，以譴漢。又讓劉尚曰：「城降三日，吏民從服，一旦放兵縱火，聞之可爲酸鼻。尚宗室子孫，嘗更吏職，何忍行此！良失斬將弔民之義也。」初，述徵廣漢李業爲博士，業固稱疾不起。述羞不能致，使大鴻臚尹融奉詔命以劫業，若起則受公侯之位，不起賜以毒酒。融譬旨曰：「方今天下分崩，孰知是非，而以區區之身試於不測之淵乎！朝廷貪慕名德，曠官缺位，于今七年，四時珍御，不以忘君。宜上奉知己，下爲子孫，身名俱全，不亦優乎！」業乃歎曰：「古人危邦不入，亂邦不居，爲此故也。君子見危授命，乃誘以高位重餌乎！」融曰：「宜呼室家計之。」業曰：「丈夫斷之於心久矣，何妻子之爲！」遂飲毒而死。述耻有殺賢之名，遣使弔祠，賻贈百匹，業子翬逃，辭不受。又聘巴郡譙玄，玄不詣，亦遣使者以毒藥劫之。太守自詣玄廬勸之行，玄曰：「保志全高，死亦奚恨！」遂受毒藥。玄子瑛泣血叩頭於太守，願奉家錢千萬以贖父死，太守爲請，述許之。述又徵蜀郡王皓、王嘉，恐其不至，先繫其妻子，使者謂嘉曰：「速裝，妻子可全。」對曰：「犬馬猶識主，況於人乎！」王皓先自刎，以首付使者。述怒，遂誅皓家屬。王嘉聞而歎曰：「後之哉！」乃對使者伏劍而死。犍爲費貽不肯仕述，漆身爲癩，陽狂以避之。同郡任永、馮信皆託青盲以辭徵命。帝既平蜀，詔贈常少爲太常，張隆爲光祿勳。譙玄已卒，祠以中牢，敕所在還其家錢，而表李業之閭。徵費貽、任永、馮信，會永、信病卒，獨貽仕至合浦太守。上以述將程烏、李育有才幹，皆擢用之。於是西土皆悦，莫不歸心焉。

參狼羌寇武都，馬援擊破之。

是歲，參狼羌與諸種寇武都，隴西太守馬援擊破之，降者萬餘人，於是隴右清静。援務開恩信，寬以待下，任吏以職，但總大體，而賓客故人日滿其門。諸曹時白外事，援輒曰：「此丞掾之任，何足相煩。頗哀老子，使得遨遊，若大姓侵小民，黠吏不從令，此乃太守事耳。」傍縣嘗有報讎者，吏民驚言羌反，百姓犇入城，狄道長詣門，請閉城發兵。援時與賓客飲，大笑曰：「虜何敢復犯我！曉狄道長，歸守寺舍。良怖急者，可牀下伏。」後稍定，郡中服之。

詔邊吏料敵戰守，不拘以逗留法。

盧芳與匈奴、烏桓連兵寇邊。遣將軍杜茂將兵築亭障以備之。茂治飛狐道，築亭障，修烽燧，凡與匈奴、烏桓大小數十百戰，終不能克。

竇融及五郡太守入朝，以融爲冀州牧。上詔竇融與五郡太守入朝。融等奉詔而行，官屬賓客相隨，駕乘千餘兩。既至，詣城門，上印綬。詔遣使者還侯印綬，引見，賞賜恩寵，傾動京師。尋拜融冀州牧。又以梁統爲太中大夫，姑臧長孔奮爲武都郡丞。姑臧在河西最爲富饒，天下未定，士多不修檢操。奮在職四年，力行清潔，爲衆人所笑，以爲身處脂膏不能自潤。及從融入朝，諸守令財貨連轂，彌竟川澤。唯奮無資，單車就道，帝以是賞之。

雍奴侯寇恂卒。

丁酉(三七)

十三年。

春，正月，大司徒霸卒。

詔太官勿受郡國異味。詔曰：「郡國獻異味，其令太官勿復受。遠方口實所以薦宗廟，自如舊制。」時異國有獻名馬者，日行千里；又進寶劍，價直百金。詔以劍賜騎士，馬駕鼓車。上雅不喜聽音樂，手不持珠玉。嘗出獵，車駕夜還，上東門候郅惲拒關不開。上令從者見面於門間，惲曰：「火明遼遠。」遂不受詔。上乃回，從東中門入。明日，惲上書諫曰：「陛下遠獵山林，夜以繼晝，如社稷宗廟何！」書奏，賜惲布百匹，貶東中門候爲參封尉。

盧芳犇匈奴。盧芳攻雲中，久不下。其將隨昱留守九原，欲脅芳來降。芳知之，與十餘騎亡入匈奴，其衆盡歸隨昱，昱乃詣闕降。詔拜昱五原太守，封鐫胡侯。

詔諸王皆降爲公侯。朱祜奏：「古者人臣受封，不加王爵。」詔長沙王興、真定王得、河間王邵、中山王茂皆降爵爲侯。趙王良爲趙公，太原王章爲齊公，魯王興爲魯公。是時，宗室及絶國封侯者凡一百三十七人。

以紹嘉公孔安爲宋公，承休公姬常爲衛公。

以韓歆爲大司徒。

夏，四月，吳漢軍還。大饗將士，諸功臣皆增邑更封。吳漢自蜀振旅而還。夏四月，至京師。於是大饗將士，功臣增邑更封凡三百六十五人，其外戚恩澤封者四十五人。定封鄧禹爲高密侯，食四縣；李通爲固始侯，賈復爲膠東侯，食六縣；餘各有差。已歿者益封其子孫，或更封支庶。帝在兵間久，厭武事，且知天下疲耗，思樂息肩。自隴、蜀平後，非警急，未嘗復言軍旅。皇太子嘗問攻戰之事，帝曰：「昔衛靈公問陳，孔子不對。此非爾所及。」鄧禹、賈復知帝偃干戈，修文德，不欲功臣擁衆京師，乃去甲兵，敦儒學。帝思念欲完功臣爵土，不令以吏職爲過，遂罷左、右將軍官。耿弇等亦上大將軍印綬，皆以列侯就第，加位特進，奉朝請。鄧禹内行淳備，有子十三人，各使守一藝，修整閨門，教養子孫，皆可以爲後世法，資用國邑，不修産利。賈復爲人剛毅方直，多大節，既還私第，闔門養威重。朱祜等薦復宜爲宰相，帝方以吏事責三公，故功臣並不用。是時，列侯唯高密、固始、膠東三侯與公卿參議國家大事，恩遇甚厚。帝雖制御功臣，而每能回容，宥其小失。遠方貢珍甘，必先徧賜諸侯，而太官無餘，故皆保其福禄，無誅譴者。

胡氏曰：鄧禹、賈復、寇恂、朱祜、祭遵、卓茂之徒，皆公輔之器，宜爲宰相，平章大論，乃一切待以功臣，不復任使。雖有經國遠猷，豈敢自陳耶？

以竇融爲大司空。融自以非舊臣，一旦入朝，在功臣之右，每召會進見，容貌辭氣，卑恭已甚，帝愈親厚之。融小心，久不自安，數辭爵位，上疏曰：「臣融有子，朝夕教導以經藝，不令觀天文，見讖記，欲令恭肅畏事，恂恂守道，不願其有才能，況當傳以連城廣土，享故諸侯王國哉！」帝不許，詔勿得復言。

五月，匈奴寇河東。

戊戌（三八）

十四年。

莎車、鄯善遣使奉獻。請置都護，不許。莎車王賢、鄯善王安皆遣使奉獻。西域苦匈奴重斂，皆願屬漢，復置都護。上以中國新定，不許。

太中大夫梁統請更定律令，不報。統上疏曰：「臣竊見元帝輕殊死刑三十四事，哀帝輕殊死刑八十一事，其四十二事手殺人者，減死一等。自後著爲常準，故人輕犯法，吏易殺人。臣聞刑罰在衷，無取於輕。高帝受命，約令定律，誠得其宜。文帝唯除省肉刑、相坐之法。至哀、平繼體，即位日淺，聽斷尚寡。丞相王嘉輕爲穿鑿，虧除先帝舊約成律，數年之間百有餘事，或不便於理，或不厭於民心，謹表其尤害於體者，傅奏於左。願陛下宣詔有司，詳擇其善，定不易之典。」事下公卿。光禄勳杜林奏曰：「大漢初興，蠲除苛政，海内歡欣。及至其後，漸以滋章。果桃菜茹之饋，集以成贓，小事無妨於義，以爲大戮。至於法不能禁，令不能止，上下相遁，爲敝彌深。臣愚以爲宜如舊制。」統復上言曰：「臣之所奏，非曰嚴刑。經曰：『爰制百姓，于刑之衷。』衷之爲言，不輕不重之謂也。自高祖至于孝宣，海内稱治。至於初元、建平而盜賊浸多，皆刑罰不中，愚人易犯之所致也。由此觀之，則刑輕之作，反生大患。惠加姦軌，而害及良善也！」事寢不報。

己亥(三九)

十五年。

春，正月，免大司徒歆歸田里。歆自殺。韓歆好直言無隱，帝每不能容。歆於上前證歲將饑凶，指天畫地，言甚剛切，故坐免歸田里。帝猶不釋，復遣使宣詔責之，歆及子嬰皆自殺。歆素有重名，死非其罪，衆多不厭。帝乃追賜錢穀，以成禮葬之。

司馬公曰：切直之言，非人臣之利，乃國家之福。是以人君夙夜求之，唯懼弗得聞。惜乎，以光武之世而韓歆用直諫死，豈不爲仁明之累哉！

有星孛于昴。

以歐陽歙爲大司徒。

二月，徙邊郡吏民避匈奴。匈奴寇鈔日盛，州郡不能禁。二月，遣吴漢率馬成、馬武等北擊匈奴，徙雁門、代郡、上谷吏民六萬餘口置居庸、常山關以東，以避胡寇。匈奴左部遂復轉居塞内，朝廷患之，增緣邊兵，郡數千人。

夏，四月，追謚兄縯爲齊武公。帝感縯功業不就，撫育二子章、興，恩愛甚篤。以其少貴，欲令親吏事，使章試守平陰令，興緱氏令。其後章遷梁郡太守，興遷弘農太守。

詔州郡檢覈墾田户口。帝以天下墾田多不以實自占，又户口、年紀互有增減，乃詔下州郡檢覈。於是刺史、太守多爲詐巧，苟以度田爲名，聚民田中，并度廬屋、里落，民遮道啼呼。或優饒豪右，侵刻羸弱。時諸郡各遣使奏事，帝見陳留吏牘上有書，視之云：「潁川、弘農可問，河南、南陽不可問。」帝詰吏由，抵言「於長壽街上得之」。帝怒。時東海公陽年十二，在幄後言曰：「吏受郡敕，當欲以墾田相方耳。」帝曰：「即如此，何故言河南、南陽不可問？」對曰：「河南帝城，多近臣；南陽帝鄉，多近親；田宅踰制，不可爲準。」帝令虎賁將詰問吏，吏乃實首服，如東海公對。上猶是益奇愛陽。遣謁者考實二千石長吏阿枉不平者。

冬，十一月，大司徒歙有罪，下獄死。歙坐前爲汝南太守，度田不實，贓罪千萬，下獄。歙世授尚書，八世爲博士，諸生守闕爲歙求哀者千餘人，至有自髡剔者。平原禮震，年十七，求代歙死。帝竟不赦，歙死獄中。

以戴涉爲大司徒。

盧芳復入居高柳。

遣馬成繕治障塞。以張堪爲漁陽太守。驃騎大將軍杜茂坐使軍吏殺人，免。使揚武將軍馬成代茂，繕治障塞，十里一堠，以備匈奴。使騎都尉張堪領杜茂營，擊破匈奴於高柳。拜堪漁陽太守。堪視事八年，匈奴不敢犯塞，勸民耕稼，以致殷富。

庚子（四〇）

十六年。

春，二月，交趾女子徵側、徵貳反。交趾麊泠縣洛將女子徵側，甚雄勇，交趾太守蘇定以法繩之。徵側忿怨，與妹徵貳反，九真、日南、合浦蠻俚皆應之，凡略六十五城，自立爲王，都麊泠。交趾刺史及諸太守僅得自守。

三月，晦，日食。

秋，九月，河南尹、諸郡守十餘人皆有罪，下獄死。皆坐度田不實。後上從容謂虎賁中郎將馬援曰：「吾甚恨前殺守相多也。」對曰：「死得其罪，何多之有！但死者既往，不可復生也。」上大笑。

羣盜起。冬，十月，詔許相斬除罪，遂得解散。郡國羣盜處處並起，郡縣追討，到則解散，去復屯結。冬十月，遣使者下郡國，聽羣盜自相糾擿，五人共斬一人者，除其罪。吏雖逗遛回避故縱者，皆勿問，聽以禽討爲效。其牧守令長坐界内有盜賊而不收捕者，又以畏愞捐城委守者，皆不以爲負，但取獲賊多少爲殿最，唯蔽匿者乃罪之。於是更相追捕，賊並解散，徙其魁帥於它郡，賦田受稟，使安生業，自是牛馬放牧不收，邑門不閉。

盧芳降，立以爲代王。盧芳與閔堪使使請降，帝立芳爲代王，堪爲代相，賜繒二萬匹，因使和集匈奴。初，匈奴聞漢購求芳，貪得財帛，故遣芳還降。既而芳以自歸爲功，不稱匈奴所遣，單于復耻言其計，故賞遂不行。由是大恨，入寇尤深。芳入朝，南及昌平，有詔止，令更朝明歲。

復行五銖錢。馬援奏，宜如舊鑄五銖錢，上從之，天下賴其便。

辛丑(四一)

十七年。

春，正月，以趙熹爲平原太守。初，懷縣大姓李子春二孫殺人，懷令趙熹窮治其姦，二孫自殺，收繫子春。京師貴戚爲請者數十，熹終不聽。趙孝公良病，上臨視之，問所欲言，良曰：「素與李子春厚，今犯罪，懷令趙熹欲殺之，願乞其命。」帝曰：「吏奉法律，不可枉也。更道它所欲。」良無復言。既薨，上追思良，乃貰出子春，遷熹爲平原太守。

二月，晦，日食。

冬，十月，廢皇后郭氏，立貴人陰氏爲皇后。郭后寵衰，數懷怨懟，上怒之。廢后，立貴人陰氏爲皇后。詔曰：「異常之事，非國休福，不得上壽稱慶。」郅惲言於帝曰：「臣聞夫婦之好，父不能得之於子，況臣能得之於君乎！是臣所不敢言。雖然，願陛下念其不可，勿亂大倫，使天下有議社稷者。」帝曰：「惲善恕己量主，知我必不有所左右而輕天下也！」

進右翊公輔爲中山王。

帝如章陵。帝幸章陵，修園廟，祠舊宅，觀田廬，致酒作樂，賞賜。時宗室諸母因酣悦相與語曰：「文叔少時謹信，與人不款曲，唯直柔耳，今乃能如此。」帝聞之，大笑曰：「吾治天下，亦欲以柔道行之。」

十二月，還宫。

以莎車王賢爲漢大將軍。是歲，莎車王賢復遣使奉獻，請都護。帝賜賢西域都護印綬及車旗、黄金、錦繡。敦煌太守裴遵上言：「夷狄不可假以大權，又令諸國失望。」詔書收還都護印綬，更賜賢以漢大將軍印綬。其使不肯易，遵迫奪之。賢猶是始恨，而猶詐稱大都護，移書諸國，悉服屬焉。

以馬援爲伏波將軍討交趾。徵側等寇亂連年，詔長沙、合浦、交趾具車船，修道橋，通障谿，儲糧穀。拜馬援爲伏波將軍，以扶樂侯劉隆爲副，南擊交趾。

壬寅(四二)

十八年。

春，二月，蜀郡守將史歆反，遣吴漢等討之。

三月，帝如河東，祠后土。

馬援與徵側、徵貳戰，大破之。援緣海而進，隨山刊道千餘里，至浪泊上，與徵側等戰，大破之，追至禁谿，賊遂散走。

夏，四月，帝還宮。

五月，旱。

盧芳復反，犇匈奴。芳自昌平還，内自疑懼，遂復反。匈奴遣數百騎迎芳出塞，芳留匈奴中，病死。

秋，七月，吳漢拔成都，誅史歆。

罷州牧，置刺史。

癸卯（四三）

十九年。

春，正月，尊孝宣皇帝廟爲中宗，始祠元帝以上於太廟，成帝以下於長安，徙四親廟於章陵。五官中郎將張純與太僕朱浮奏議：「禮，爲人子，事大宗，降其私親。當除今親廟四，以先帝四廟代之。」大司徒涉等奏「立元、成、哀、平四廟」。上自以昭穆次第，當爲元帝後。遂追尊宣帝曰中宗。始祠昭帝、元帝於太廟，成帝、哀帝、平帝於長安，春陵節侯以下於章陵；其長安、章陵皆太守、令、長侍祠。

胡氏曰：王莽篡時，漢祚既絶，光武掃平禍亂，奮然崛起，雖祖高祖而帝四親，非與哀朝尊崇藩統同事，於義未有太不可者。一聞純等建議，斷然從之，章陵四祠，蔑有異等，寡恩之譖，不聞於當年；失禮之議，不生於後代。以是較之，宣、哀過舉益明，而禮所載爲人後者，爲其父母降而不得祭，豈可違而不守哉！

馬援斬徵側、徵貳。進擊餘黨都陽等，降之，嶠南悉平。援與越人申明舊制以約束之，自後駱越奉行馬將軍故事。

妖賊單臣等據原武。夏，四月，臧宮破斬之。妖賊單臣、傅鎮等相聚入原武城，自稱將軍。詔太中大夫臧宮將兵圍之，數攻不下。帝召公卿、諸侯王問方略，皆曰：「宜重其購賞。」東海王陽獨曰：「妖巫相劫，勢無久立，其中必有悔欲亡者，但外圍急，不得走耳。宜小挺緩，令得逃亡。逃亡，則一亭長足以禽矣。」帝然之，即敕宮徹圍緩賊，賊衆分散。遂拔原武，斬臣、鎮等。

六月，廢皇太子彊爲東海王，立東海王陽爲皇太子，改名莊。郭后既廢，太子彊意不自安。郅惲説太子曰：「久處疑位，上違孝道，下近危殆，不如辭位以奉養母氏。」太子從之，數因左右及諸王陳其懇誠，願備藩國。上不忍，遲回者數歲。六月戊申，詔曰：「春秋之義，立子以貴。東海王陽，皇后之子，宜承大統。皇太子彊，崇執謙退，願備藩國，父子之情，重久違之。其封彊爲東海王，立陽爲皇太子，改名莊。

袁宏曰：夫建太子，所以重宗統，一民心也。非有大惡於天下，不可移也。世祖中興漢業，宜遵正道以爲後世法。今太子之德未虧於外，内寵既多，嫡子遷位，可謂失矣。然東海歸藩，謙恭之心彌亮；明帝承統，友于之情愈篤。雖長幼易位，興廢不同，父子兄弟，至性無間。夫以三代之道處之，亦何以過乎！

胡氏曰：春秋之義，立子以長不以功，以德不以貴，無立子以貴之説也。借如立貴者，彊非后子乎？蓋不得於義，故不得於言。曰春秋之義，立子以貴。東海王陽，皇后之子，宜承大統，則是得失之分，不待辨而自明矣。

帝以太子舅陰識守執金吾，陰興爲衛尉，皆輔導太子。識性忠厚，入雖極言正議，及與賓客語，未嘗及國事。帝敬重之。興雖禮賢好施，而門無游俠，與同郡張宗、上谷鮮于裒不相好，知其有用，猶稱所長而達之。友人張汎、杜禽，與興厚善，以爲華而少實，但私之以財，終不爲言。是以世稱其忠。後帝欲以興爲大司徒，興固讓曰：「臣不敢惜身，誠虧損盛德，不可苟冒。」帝遂聽之。以沛國桓榮爲議郎，使授太子經。車駕幸太學，會諸博士論難於前，榮辨明經義，每以禮讓相厭，不以辭長勝人，儒者莫之及。又詔諸儒生雅歌擊磬，盡日乃罷。帝使左中郎將鍾興授皇太子及宗室諸侯春秋，賜興爵關内侯。興辭以無功，帝曰：「生教訓太子及諸王侯，非大功邪？」興曰：「臣師少府丁恭。」於是復封恭，而興遂固辭不受。

賜洛陽令董宣錢三十萬。陳留董宣爲洛陽令。湖陽公主蒼頭白日殺人，因匿主家，吏不能得。及主出行，以奴驂乘。宣候之，駐車叩馬，以刀畫地，大言數主之失，叱奴下車，因格殺之。主即還宫訴帝，帝大怒，召宣，欲箠殺之。宣叩頭曰：「願乞一言而死。」帝曰：「欲何言？」宣曰：「陛下聖德中興，而縱奴殺人，將何以治天下乎？臣不須箠，請自殺。」即以頭擊楹，流血被面。帝令小黄門持之，使宣叩頭謝主，宣不從；强使頓之，宣兩手據地，終不肯俯。主曰：「文叔爲白衣時，藏亡匿死，吏不敢至門；今爲天子，威不能行一令乎？」帝笑曰：「天子不與白衣同！」因敕：「强項令出！」賜錢三十萬，宣悉以班諸吏。由是能博擊豪强，京師莫不震慄。

秋，九月，帝如南頓，賜復二歲。上幸南陽，進幸汝南南頓縣舍，置酒會，賜吏民，復南頓田租一歲。父老前叩頭言：「願賜復十年。」帝曰：「天下重器，常恐不任，日復一日，安敢遠期十歲乎！」吏民又言：「陛下實惜之，何言謙也！」帝大笑，復增一歲。

甲辰（四四）

二十年。

春，二月，還宮。

夏，四月，大司徒涉下獄死。大司空融坐免。戴涉坐入故太倉令奚涉罪，下獄死。帝以三公連職，策免竇融。

五月，大司馬、廣平侯吳漢卒。漢病篤，車駕親臨，問所欲言，對曰：「臣愚，無所知識，願陛下慎無赦而已。」及薨，詔送葬如大將軍霍光故事。漢性强力，每從征伐，帝未安，常側足而立。諸將見戰陣不利，或多惶懼，失其常度。漢意氣自若，方整厲器械，激揚吏士。帝時遣人觀大司馬何爲，還言方修戰攻之具，乃歎曰：「吳公差强人意，隱若一敵國矣！」每當出師，朝受詔，夕則引道，初無辨嚴之日。及在朝廷，斤斤謹質，形於體貌。漢嘗出征，妻子在後買田宅。漢還，讓之曰：「軍師在外，吏士不足，何多買田宅乎！」遂盡以分與昆弟、外家。故能任職以功名終。

匈奴寇上黨、天水、扶風。

六月，以蔡茂爲大司徒，朱浮爲大司空。太子太傅張堪，自郭后之廢，稱疾不朝。帝强起之，欲以爲司徒，湛辭疾篤，不能復任朝事，遂罷之，而用茂、浮。

徙中山王輔爲沛王。

以郭況爲大鴻臚。帝數幸況第，賞賜金帛，豐盛莫比，京師號況家爲「金穴」。

冬，十二月，遣馬援屯襄國。馬援自交趾還，平陵孟冀迎勞之。援曰：「方今匈奴、烏桓尚擾北邊，欲自請擊之。男兒要當死於邊野，以馬革裹尸還葬耳，何能卧牀上在兒女子手中邪！」冀曰：「諒！爲烈士當如是矣！」十二月，匈奴再寇天水、扶風、上黨。援自請擊，帝許之，使出屯襄國，詔百官祖道。援謂黄門郎梁松、竇固曰：「凡人富貴，當使可復賤也；如卿等欲不可復賤，居高堅自持。勉思鄙言。」

乙巳（四五）

二十一年。

春，正月，烏桓與匈奴、鮮卑連兵入寇。代郡以東尤被烏桓之害，其居止近塞，朝發穹廬，暮至城郭，五郡民庶，家受其辜。至於郡縣損壞，百姓流亡，邊陲蕭條，無復人迹。秋，八月，帝遣馬援與諸謁者分築堡塞，稍興立郡縣，或空置太守、令、長，招還人民。烏桓居上谷塞外白山者最爲强富，援將三千騎擊之，無功而還。

鮮卑寇遼東，太守祭肜擊走之。鮮卑萬餘騎寇遼東，太守祭肜率數千人迎擊之，自被甲陷陳。虜大犇，投水死者過半，遂窮追出塞。虜急，皆棄兵裸身散走。是後鮮卑震怖，畏肜，不敢復闚塞。

冬，匈奴寇上谷、中山。

西域十八國遣子入侍，請都護，不許。莎車王賢浸以驕橫，欲兼并西域，數攻諸國，諸國愁懼。車師前王、鄯善、焉耆等十八國俱遣子入侍，願得都護。帝以中國初定，北邊未服，皆還其侍子，厚賞賜之。諸國聞都護不出，而侍子皆還，大憂恐。乃與敦煌太守檄，願留侍子以示莎車，言侍子見留，都護尋至，冀且息其兵。裴遵以狀聞，帝許之。

丙午（四六）

二十二年。

春，閏正月，帝如長安，祠高廟，上陵。

二月，還宫。

夏，五月，晦，日食。

秋，九月，地震。

冬，大司空浮免，以杜林爲大司空。

以劉昆爲光禄勳。初，昆爲江陵令，縣有火災，昆向火叩頭，火尋滅。後爲弘農太守，虎皆負子渡河。帝聞而異之，徵昆代林爲光禄勳。帝問昆曰：「前在江陵，反風滅火，後守弘農，虎北渡河，行何德政而致是事？」對曰：「偶然耳。」左右皆笑，帝歎曰：「此乃長者之言也！」顧命書諸策。

青州蝗。

匈奴單于輿死，子蒲奴立，求和親，許之。匈奴中連年旱蝗，赤地數千里，人畜饑疫，死耗太半。單于畏漢乘其敝，乃遣使詣漁陽求和親，帝遣中郎將李茂報命。

詔罷邊郡亭候，招降烏桓。烏桓乘匈奴之弱，擊破之，匈奴北徙數千里，幕南地空。詔罷諸邊郡亭候吏卒，以幣帛招降烏桓。

西域復請都護，不許，遂附於匈奴。西域諸國侍子久留敦煌，皆愁思亡歸。莎車王賢知都護不出，擊破鄯善，攻殺龜兹王。鄯善王安上書：「願復遣子入侍，更請都護。都護不出，誠迫於匈奴。」帝報曰：「今使者大兵未能得出，如諸國力不從心，東西南北自在也。」於是鄯善、車師復附匈奴。

班固曰：孝武之世，圖制匈奴，患其兼從西國，結黨南羌，乃表河曲列四郡，開玉門，通西域，以斷匈奴右臂。隔絶南羌、月氏，單于失援，由是遠遁，而幕南無王庭矣。然通西域，近有龍堆，遠則葱嶺，身熱、頭痛，懸度之阨，淮南、杜欽、揚雄之論，皆以爲此天地所以界别區域，絶外内也。西域諸國，各有君長，兵衆分弱，無所統一，雖屬匈奴，不相親附。匈奴能得其馬畜、旃罽而不能統率，與之進退。與漢隔絶，道里又遠，得之不爲益，棄之不爲損，盛德在我，無取於彼。故自建武以來，西域思漢威德，咸樂内屬，數遣使置質于漢，願請都護。聖上遠覽古今，因時之宜，辭而未許。雖大禹之序西戎，周公之讓白雉，太宗之卻走馬，義兼之矣。

丁未（四七）

二十三年。

夏，五月，大司徒茂卒。

秋，八月，大司空林卒。

以玉況爲大司徒。

冬，十月，以張純爲大司空。

武陵蠻反，遣將軍劉尚擊之，敗没。尚泝沅水入武谿擊之。尚輕敵深入，蠻乘險邀之，尚一軍悉没。

鬲侯朱祜卒。祜爲人質直，尚儒學。爲將多受降，以克定城邑爲本，不存首級之功。

戊申(四八)

二十四年。

春，正月，匈奴南邊八部立日逐王比爲南單于，款塞内附。初，匈奴單于與弟右谷蠡王知牙師以次當爲左賢王，左賢王次即當爲單于。單于欲傳其子，遂殺知牙師。烏珠留單于有子曰比，爲右薁鞬日逐王，領南邊八部。比見知牙師死，出怨言曰：「以兄弟言之，右谷蠡王次當立；以子言之，我前單于長子，我當立！」遂内懷猜懼，庭會稀闊。單于疑之，乃遣兩骨都侯監領比所部兵。及單于蒲奴立，比益恨望，密遣漢人郭衡奉匈奴地圖詣西河太守求内附。兩骨都侯頗覺其意，勸單于誅比。比弟漸將王在單于帳下，聞之，馳以報比。比遂聚八部兵四五萬人，待兩骨都侯還，欲殺之。骨都侯且到，知其謀，亡去。單于遣萬騎擊之，見比衆盛，不敢進而還。八部大人共議立比爲呼韓邪單于，款五原塞，願永爲藩蔽，扞禦北虜。事下公卿，議者皆以爲：「天下初定，中國空虛，不可許。」五官中郎將耿國獨以爲宜如孝宣故事，受之，令東扞鮮卑，北拒匈奴，率厲四夷，完復邊郡。帝從之。於是分爲南北匈奴。

秋，七月，遣馬援征武陵蠻。武陵蠻寇臨沅。遣謁者李嵩、中山太守馬成討之，不克。馬援請行，帝愍其老，未許。援曰：「臣尚能被甲上馬。」帝令試之。援據鞍顧眄，以示可用。帝笑曰：「矍鑠哉是翁！」遂遣率中郎將馬武、耿舒等將四萬餘人征五溪。援謂友人杜愔曰：「吾受厚恩，年迫日索，常恐不得死國事；今獲所願，甘心瞑目。但畏長者家兒或在左右與從事，殊難得調，介介獨惡是耳！」

冬，十月，匈奴南單于遣使入貢。南單于奉藩稱臣。上以問朗陵侯臧宫，宫曰：「匈奴飢疫分爭，臣願得五千騎以立功。」帝笑曰：「常勝之家，難與慮敵，吾方自思之。」

己酉（四九）

二十五年。

春，正月，貊人、鮮卑、烏桓並入朝貢。遼東徼外貊人寇邊，太守祭肜招降之。肜又以財利撫納鮮卑大都護偏何，使招致異種，絡繹款塞。肜曰：「審欲立功，當歸擊匈奴，斬送頭首，乃信耳。」偏何等即擊斬匈奴，持頭詣郡。其後相攻，輒送首級，受賞賜。自是匈奴衰弱，邊無寇警，鮮卑、烏桓並入朝貢。肜爲人質厚重毅，撫夷狄以恩信，故皆畏而愛之，得其死力。

南單于擊北單于，破之，來請使者監護。南單于遣其弟左賢王莫將兵萬餘人擊北單于弟薁鞬左賢王，生獲之。北單于震怖，却地千餘里。南單于復遣使詣闕貢獻，求使者監護，遣侍子，修舊約。

三月，晦，日食。

夏，新息侯馬援卒于軍。詔收其印綬。馬援軍至臨鄉，擊破蠻兵。初，援嘗有疾，虎賁中郎將梁松來候之，獨拜牀下，援不答。松意不平。諸子問曰：「梁伯孫，帝婿，貴重朝廷，公卿已下莫不憚之，大人奈何獨不爲禮？」援曰：「我乃松父友也，雖貴，何得失其序乎？」援兄子嚴、敦並喜譏議，通輕俠。援前在交趾，還書誡之曰：「吾欲汝曹聞人過失，如聞父母之名，耳可得聞，口不可得言也。好議論人長短，妄是非政法，此吾所大惡。寧死，不願聞子孫有此行也。龍伯高敦厚周愼，口無擇言，謙約節儉，廉公有威，吾愛之重之，願汝曹效之。杜季良豪俠好義，憂人之憂，樂人之樂，父喪致客，數郡畢至，吾愛之重之，不願汝曹效也。效伯高不得，猶爲謹敕之士，所謂『刻鵠不成尚類鶩』者也；效季良不得，陷爲天下輕薄子，所謂『畫虎不成反類狗』者也。」伯高者，山都長龍述也。季良者，越騎司馬杜保也。會保仇人上書，訟「保爲行浮薄，亂羣惑衆，伏波將軍萬里還書以誡兄子，而梁松、竇固與之交結」。帝召松、固，以訟書及援誡書示之，松、固叩頭流血，而得不罪。詔免保官，擢拜龍述爲零陵太守。松由是恨援。及援討武陵蠻，軍次下雋，有兩道可入，從壺頭則路近而水險，從充則塗夷而運遠。耿舒欲從充道，援以爲棄日費糧，不如進壺頭，搤其咽喉，充賊自破。以事上之，帝從援策。進營壺頭，賊乘高守隘，水疾，船不得上。會暑甚，士卒多疫死，援亦中病，乃穿岸爲室以避炎氣。賊每升險鼓譟，援輒曳足以觀之，左右哀其壯，莫不爲之流涕。耿舒與兄好畤侯弇書曰：「前舒上書當先擊充，糧雖難進，而兵馬得用，軍人數萬，爭欲先奮。今壺頭竟不得進，大衆怫鬱行死，誠可痛惜！前到臨鄉，賊無故自致，若夜擊之，即可殄滅。伏波類西域賈胡，到一處輒止，以是失利。今果疫疾，皆如舒言。」弇得書奏之，帝乃使梁松乘驛責問援，因代監軍。會援卒，松因是搆陷援。帝大怒，追收援新息侯印綬。初，援在交趾，常餌薏苡實，能輕身，勝瘴氣。軍還，載之一車。及卒後，有上書譖之者，以爲昔所載還皆明珠文犀。帝益怒。援妻孥惶懼，與嚴草索相連，詣闕請罪。帝乃出松書以示之，方知所坐，上書訴冤。前雲陽令朱勃詣闕上書曰：「竊見故伏波將軍馬援，間者南討，立陷臨鄉，師已有業，未竟而死。吏士雖疫，援不獨存。惟援得事朝廷二十二年，北出塞漠，南渡江海，觸冒害氣，僵死軍事，名滅爵絶，國土不傳，海内不知其過，衆庶未聞其毀，家屬杜門，葬不歸墓，怨隙並興，宗親怖慄，死者不能自列，生者莫爲之訟，臣竊傷之！願下公卿，平援功罪，宜絶宜續，以厭海内之望。」帝意稍解。

胡氏曰：梁松坐馬援書，叩頭流血，帝所親見也，而使之乘驛責援，代監其軍。援請營壺頭，耿舒請從充道，兩事俱上，帝從援策。尋復聽舒，咎援失利，誣陷之言，又自松口。帝平日料敵制勝，明見萬里之外，乃於此舉屢失事宜，得非春秋既高，智有所困耶？不然，有臣如援而不保令終，其爲君德之累豈小小哉！

冬，十月，監軍謁者宗均矯制告諭羣蠻，降之。謁者宗均監援軍，援既卒，軍士疫死者太半，蠻亦飢困。均乃與諸將議曰：「今道遠士病，不可以戰，欲權承制降之，何如？」諸將莫敢應。均曰：

「夫忠臣出境，有可以安國家，專之可也。」乃矯制調伏波司馬呂种守沅陵長，命种奉詔書入虜營，告以恩信，因勒兵隨其後。蠻夷震怖，冬十月，共斬其大帥而降。於是均入賊營，散其衆，遣歸本郡，爲置長吏而還，羣蠻遂平。均未至，先自劾矯制之罪。上嘉其功，迎賜以金帛。

遼西烏桓内屬，置校尉以領之。是歲，遼西烏桓大人郝旦等率衆内屬，詔封烏桓渠帥爲侯王君長者八十一人，使居塞内，布於緣邊諸郡，令招來種人，給其衣食，遂爲漢偵候，助擊匈奴、鮮卑。時司徒掾班彪上言：「烏桓天性輕黠，好爲寇賊，若久放縱而無總領者，必復掠居人，但委主降掾吏，恐非所能制。臣愚以爲宜復置烏桓校尉，誠有益於附集，省國家之邊慮。」帝從之。於是始復置校尉於上谷甯城，開營府，并領鮮卑賞賜、質子，歲時互市焉。

庚戌（五〇）

二十六年。

春，正月，詔增百官奉。千石已上，減於西京舊制，六百石已下，增於舊秩。

初作壽陵。帝曰：「古者帝王之葬，皆陶人瓦器，木車茅馬，使後世之人，不知其處。太宗識終始之義，景帝能述遵孝道，遭天下反覆，而霸陵獨完受其福，豈不美哉！今所置地不過二三頃，無爲山陵陂池，裁令流水而已。使迭興之後，與丘隴同體。」

胡氏曰：光武幸南陽，宗戚丏復十年。帝曰：「天下至重，日復一日，敢望許久邪？」及壽陵初作，即有迭興之念，此皆理所必至，而人所諱言者。明達如是，宜其永終天禄，享國久長也。

立南單于庭，置使匈奴中郎將以領之。遣中郎將段郴、副校尉王郁使南匈奴，立其庭，去五原西部塞八十里。詔聽南單于入居雲中，始置使匈奴中郎將，將兵衛護之。

秋，南單于遣子入侍。詔賜單于冠帶璽綬、軍馬金帛、甲兵仗器。又轉河東米糒牛羊以贍給之。令中郎將將弛刑五十人，隨單于所處，參辭訟，察動靜。單于歲盡輒遣奉奏，送侍子入朝，漢遣謁者送前侍子還單于庭，賜單于及閼氏、左右賢王以下繒綵合萬匹，歲以爲常。於是雲中、五原、朔方、北地、定襄、雁門、上谷、代八郡民歸於本土。遣謁者分將弛刑，補治城郭，發遣邊民在中國者布還諸縣，皆賜以裝錢，轉給糧食。時城郭丘墟，掃地更爲，上乃悔前徙之。

冬，徙南單于居西河美稷。冬，南匈奴五骨都侯子復將其衆三千人歸南部，北單于使騎追擊，悉獲其衆。南單于遣兵拒之，逆戰不利，於是復詔單于徙居西河美稷，因使段彬、王郁留西河擁護之，令西河長史歲將騎二千、弛刑五百人助中郎將衛護單于，冬屯夏罷，自後以爲常。南單于既居西河，亦列置諸部王，助漢扞戍北地、朔方、五原、雲中、定襄、雁門、代郡，皆領部衆，爲郡縣偵邏耳目。北單于惶恐，頗還所略漢民以示善意，鈔兵每到南部下，還過亭候，輒謝曰：「自擊亡虜薁鞬日逐耳，非敢犯漢民也。」

辛亥（五一）

二十七年。

夏，大司徒況卒。

五月，詔三公去「大」名，改司馬曰太尉。

以趙憙爲太尉，馮勤爲司徒。

北匈奴求和親，不許。北匈奴遣使詣武威求和親，帝召公卿廷議，不決。皇太子言曰：「南單于新附，北虜懼於見伐，故傾耳而聽，爭欲歸義耳。今未能出兵而反交通北虜，臣恐南單于將有二心，北虜降者且不復來矣。」帝然之，告武威太守勿受其使。臧宫、馬武上書曰：「虜今人畜疫死，旱蝗赤地，疲困乏力，不當中國一郡，萬里死命，縣在陛下。豈宜固守文德而墮武事乎！今命將臨塞，厚縣購賞，諭告高句驪、烏桓、鮮卑攻其左，發河西四郡、天水、隴西羌、胡擊其右，如此，北虜之滅，不過數年。」詔報曰：「今國無善政，災變不息，百姓驚惶，人不自保，而復欲遠事邊外乎！孔子曰：『吾恐季孫之憂不在顓臾。』且北狄尚强，而屯兵警備，傳聞之事，恒多失實。誠能舉天下之半以滅大寇，豈非至願。苟非其時，不如息民。」自是諸將莫敢言兵事者。

壽張侯樊宏卒。宏爲人謙柔畏慎，每當朝會，輒迎期先到，俯伏待事。所上便宜，手自書寫，毀削草本。公朝訪逮，不敢衆對。宗族染其化，未嘗犯法。帝甚重之。及病困，遺令薄葬，一無所用。以爲棺柩一藏，不宜復見，如有腐敗，傷孝子之心，使與夫人同墳異藏。帝善其令，以書示百官，因曰：「今不順壽張侯意，無以彰其德。且吾萬歲之後，欲以爲式。」

壬子(五二)

二十八年。

春，以魯益東海。徙魯王興爲北海王，以魯益東海。帝以東海王彊去就有禮，故優以大封，食二十九縣，賜虎賁旄頭，設鍾簴之樂，擬於乘輿。

延平陳氏曰：愛其有禮而以僭禮賞之，過矣。

夏，六月，沛太后郭氏薨。

秋，八月，遣諸王就國。先是，上問趙憙以久長之計。憙請遣諸王就國。上遂遣魯王興、齊王石就國。初，馬援兄子婿王磐，平阿侯仁之子也。王莽敗，磐擁富貲爲游俠，有名江、淮間。游京師，與諸貴戚友善。援謂姊子曹訓曰：「王氏，廢姓也，子石當屏居自守，而反游京師長者，用氣自行，多所陵折，其敗必也。」後歲餘，磐坐事死。磐子肅復出入王侯邸第。時禁罔尚疏，諸王皆在京師，競修名譽，招游士。馬援謂司馬呂种曰：「建武之元，名爲天下重開，自今以往，海内日當安耳。但憂國家諸子並壯而舊防未立，若多通賓客，則大獄起矣。卿曹戒慎之！」至是，有上書告肅等受誅之家，爲諸王賓客，慮因事生亂。會更始子壽光侯鯉得幸於沛王，怨劉盆子，結客殺故式侯恭。帝怒，沛王坐繫詔獄，三日乃得出。因詔郡縣收捕諸王賓客，更相牽引，死者以千數。呂种亦與其禍，臨命歎曰：「馬將軍神人也。」

秋八月戊寅，東海王彊、沛王輔、楚王英、濟南王康、淮南王延始就國。

以張佚爲太子太傅，桓榮爲少傅。上大會羣臣，問誰可傅太子者。羣臣承望上意，皆言太子舅執金吾原鹿侯陰識可。博士張佚正色曰：「今陛下立太子，爲陰氏乎，爲天下乎？即爲陰氏，則陰侯可；爲天下，則固宜用天下之賢才。」帝稱善，曰：「欲置傅者，以輔太子也。今博士不難正朕，況太子乎！」即拜佚爲太子太傅，以博士桓榮爲少傅，賜以輜車乘馬。榮大會諸生，陳其車馬印綬，曰：「今日所蒙，稽古之力也，可不勉哉！」

北匈奴乞和親，許之。北匈奴遣使貢馬及裘，更乞和親，并請音樂，又求率西域諸國胡客俱獻見。帝下三府議酬答之宜，司徒掾班彪曰：「臣聞孝宣帝敕邊守尉曰：『匈奴大國，多變詐，交接得其情，則卻敵折衝。應對入其數，則反爲輕欺。』今北匈奴見南單于來附，懼謀其國，故數乞和親。又遠驅牛馬與漢合市，重遣名王，多所貢獻，斯皆外示富强以相欺誕也。臣見其獻益重，知其國益虚；歸親愈數，爲懼愈多。然今既未獲助南，則亦不宜絶北，羈縻之義，禮無不答。謂可頗加賞賜，略與所獻相當，報答之辭，令必有適。今立稾草并上，曰：『單于不忘漢恩，追念先祖舊約，欲求和親，以輔身安國，計議甚高，爲單于嘉之。往者匈奴數有乖亂，呼韓邪、郅支自相讎隙，並蒙孝宣皇帝垂恩救護，故各遣侍子稱藩保塞。其後郅支忿戾，自絶皇澤，而呼韓附親，忠孝彌著。及漢滅郅支，遂保國傳嗣，子孫相繼。今南單于携衆向南，款塞歸命，自以呼韓嫡長，次第當立，而侵奪失職，猜疑相背，數請兵將，歸掃北庭，策謀紛紜，無所不至。惟念斯言不可獨聽，又以北單于比年貢獻，欲修和親，故拒而未許，將以成單于忠孝之義。漢秉威信，總率萬國，日月所照，皆爲臣妾，殊俗百蠻，義無親疏，服順者褒賞，畔逆者誅罰，善惡之效，呼韓、郅支是也。今單于欲修和親，款誠已達，何嫌而欲率西域諸國俱來獻見。西域國屬匈奴與屬漢何異。單于數連兵亂，國内虚耗，貢物裁以通禮，何必獻馬裘。今齎雜繒五百匹，弓鞬韇丸一，矢四發，遣單于。又賜獻馬左骨都侯、右谷蠡王雜繒各四百匹，斬馬劍各一。單于前言「先帝時所賜呼韓邪竽、瑟、空侯皆敗，願復裁賜」。念單于國尚未安，方厲武節，以戰攻爲務。竽瑟之用，不如良弓利劍，故未以賚。朕不愛小物，於單于便宜所欲，遣驛以聞。』」帝悉納從之。

春，二月，朔，日食。

二十九年。

癸丑（五三）

甲寅（五四）

三十年。

春，二月，帝東巡。羣臣上言：「即位三十年，宜封禪泰山。」詔曰：「即位三十年，百姓怨氣滿腹，『吾誰欺，欺天乎！』『曾謂泰山不如林放乎！』何事汙七十二代之編録。若郡縣遠遣吏上壽，盛稱虛美，必髡，令屯田。」於是羣臣不敢復言。

閏月，還宮。

有星孛于紫宮。

夏，大水。

膠東侯賈復卒。復從征伐，未嘗喪敗，數與諸將潰圍解急。帝以復敢深入，希令遠征，而壯其勇節，常自從之，故少方面之動。諸將每論功伐，復未嘗有言。帝輒曰：「賈君之功，我自知之。」

乙卯（五五）

三十一年。

夏，五月，大水。

晦，日食。

蝗。

丙辰（五六）

建武中元元年。

春，正月，以第五倫爲會稽太守。京兆掾第五倫領長安市，公平廉介，市無姦枉。每讀詔書，歎息曰：「此聖主也，一見決矣。」後補淮陽王醫工長。王入朝，倫隨官屬得會見。帝問以政事，倫因此酬對，帝大悅。明日，復特召入，與語至夕。以倫爲扶夷長，未到官，追拜會稽太守。爲政清而有惠，百姓愛之。

二月，帝東巡，封泰山，禪梁陰。上讀河圖會昌符曰：「赤劉之九，會命岱宗。」上感此文，乃詔虎賁中郎將梁松等按索河、洛讖文，言九世當封禪者凡三十六事。於是張純等復奏請封禪，上乃許焉。詔有司求元封故事，當用方石再累，玉檢金泥。上以石功難就，欲因孝武故封石，置玉牒其中。梁松爭以爲不可，乃命石工取完青石，無必五色。丁卯，車駕東巡。二月己卯，幸魯，進幸泰山。辛卯，晨，燎，祭天於泰山下南方，羣臣皆從，用樂如南郊。事畢，至食時，天子御輦登山。日中後，到山上，更衣。晡時，升壇北面，尚書令奉玉牒檢，天子以寸二分璽親封之，訖，太常命騶騎二千餘人發壇上方石，尚書令藏玉牒已，復石覆訖，尚書令以五寸印封石檢。事畢，天子再拜。羣臣稱萬歲，乃復道下。夜半後，上乃到山下，百官明旦乃訖。甲午，禪祭地于梁陰，以高后配，山川羣臣從，如元始中北郊故事。

胡氏曰：七十二君之編録，詩、書、禮典略不經見，審有是事，乃天下國家之盛舉。堯、舜、禹、湯、周武、成、康、昭、宣皆身致太平，安得闕而弗講，故前世論登封者，募善於許懋。惜乎世祖之臣，智不及此，陷其君於過舉而不得聞也。

延平陳氏曰：三十年，羣臣請封禪，詔引欺天林放之語以止之。然而信聖人之言，不如信圖讖之篤也。

三月，司空純卒。

夏，四月，帝還宫。

赦，改元。

六月，以馮魴爲司空。

司徒勤卒。

京師醴泉出，赤草生，郡國言甘露降。羣臣奏言：「靈物仍降，宜令太史撰集，以傳來世。」帝不納。常自謙無德，每郡國所上，輒抑而不當，故史官罕得記焉。

秋，蝗。

冬，十月，以李訢爲司徒。

尊薄太后曰高皇后，遷呂太后主于園，薄后配食地祇，呂后四時上祭。

十一月，晦，日食。

起明堂、靈臺、辟雍，宣布圖讖於天下。初，上以赤伏符即帝位，由是信用讖文，多以決定嫌疑。給事中桓譚上疏諫曰：「凡人忽於見事而貴於異聞。觀先王之所紀述，咸以仁義正道爲本，非有奇怪虛誕之事。蓋天道性命，聖人所難言也，自子貢以下，不得而聞，況後世淺儒，能通之乎！今諸巧慧小才、伎數之人，增益圖書，矯稱讖記，以欺惑貪邪，詿誤人主，焉可不抑遠之哉！臣譚伏聞陛下窮折方士黃白之術，甚爲明矣。而乃欲聽納讖記，又何誤也！其事雖有時合，譬猶卜數隻偶之類。陛下宜垂明聽，發聖意，屏羣小之曲說，述五經之正義。」疏奏，帝不悅。會議靈臺所處，帝謂譚曰：「吾欲以讖決之。」譚默然，良久曰：「臣不讀讖。」帝問其故，譚復極言讖之非經。帝大怒曰：「桓譚非聖無法，將下，斬之。」譚叩頭流血，良久，乃得解。出爲六安郡丞，道病卒。

范曄曰：桓譚以不善讖流亡，鄭興以遜辭僅免。賈逵能附會文致，最差貴顯。世主以此論學，悲哉！

丁巳（五七）

二年。

南單于比死，弟莫立。帝遣使齎璽書拜授璽綬，賜以衣冠及繒綵，是後遂以爲常。

春，正月，初立北郊，祀后土。

二月，帝崩。帝崩於南宫前殿，年六十二。帝每旦視朝，日仄乃罷，數引公卿郎將，講論經理，夜分乃寐。皇太子見帝勤勞不怠，承間諫曰：「陛下有禹、湯之明，而失黄、老養性之福，願頤愛精神，優游自寧。」帝曰：「我自樂此，不爲疲也。」雖以征伐濟大業，及天下既定，乃退功臣而進文吏，明慎政體，總攬權綱，量時度力，舉無過事，故能恢復前烈，身致太平。太尉趙憙典喪事。時經王莽之亂，舊典不存。皇太子與諸王雜坐同席，藩國官屬出入宫省，與百僚無别。憙正色，横劍殿階，扶下諸王以明尊卑；奏遣謁者將護官屬分止佗縣，諸王並令就邸，唯朝晡入臨。整禮儀，嚴門衛，内外肅然。山陽王荆哭臨不哀，而作飛書，令蒼頭詐稱大鴻臚郭況書與東海王彊，言其無罪被廢，及郭后黜辱，勸令東歸舉兵以取天下。且曰：「高祖起亭長，陛下興白水，何況於王，陛下長子，故副主哉！當爲秋霜，無爲檻羊。人主崩亡，閭閻之伍尚爲盜賊，欲有所望，何況王邪！」彊得書惶怖，即執其使，封書上之。明帝以荆母弟，祕其事，遣荆出止河南宫。

太子莊即位，尊皇后曰皇太后。

三月，葬原陵。

夏，四月，以鄧禹爲太傅，東平王蒼爲驃騎將軍。詔曰：「方今上無天子，下無方伯，若涉淵水而無舟楫。夫萬乘至重而壯者慮輕，實賴有德左右小子。高密侯禹，元功之首；東平王蒼寬博有謀，其以禹爲太傅，蒼爲驃騎將軍。」蒼懇辭，帝不許。又詔驃騎將軍置長史，掾史員四十人，位在三公上。

蒼嘗薦西曹掾吴良，帝曰：「薦賢助國，宰相之職也。蕭何舉韓信，設壇而拜，不復考試，今以良爲議郎。」

燒當羌反，遣兵擊之，敗没。冬，復遣馬武等討之。初，燒當羌豪滇良擊破先零，奪居其地。滇良卒，子滇吾與弟滇岸率衆寇隴西，敗太守劉盱於允街，於是守塞諸羌皆叛。詔謁者張鴻領諸郡兵擊之，戰於允吾，鴻軍敗没。冬，十一月，復遣中郎將竇固監捕虜將軍馬武等二將軍四萬人討之〔二〕。

戊午(五八)

顯宗孝明皇帝永平元年。

春，正月，朝原陵。帝率公卿以下朝于原陵，如元會儀。乘輿拜神坐，退，坐東廂，侍衛官皆在神坐後，太官上食，太常奏樂。郡國上計吏以次前，當神軒占其郡穀價及民所疾苦。是後遂以爲常。

胡氏曰：送死之禮，即遠而無退，至于墓，則終事盡矣。人子孝思不忘，則專精乎廟享而已矣。蓋墓藏體魄而致生之，是不智也；廟以宅神而致死之，是不仁也，此聖人制禮，明乎幽明之故，仁智合而義禮盡也。既已送形而往安乎地下，迎精而反主于廟中，而又致隆于陵園，如元會儀，上食奏樂，郡國奏計，言民疾苦，是反易陵廟之禮，以體魄爲有知，虚廟祏而不重設，復奉廟中之主而祭於陵所，皆違禮也。明帝此舉，蓋生於原廟。蔡邕不折衷以聖人之制，而直論其情，情豈有既哉！使明帝移此情於四時太廟之祭，簠簋籩豆，尊彝鼎俎，惟禮之循，而兢兢業業，監于光武成憲，損益修明之，期乎至治，其爲孝也何以加諸。

夏，五月，太傅高密侯鄧禹卒。

東海王彊卒。東海王彊病，上遣使者太醫乘驛視疾，絡繹不絕。詔沛王輔等詣魯省疾。戊寅，彊薨。臨終，上疏謝恩，言：「身既夭命，孤弱復爲皇太后、陛下憂慮，誠悲誠慚！息政，小人也。猥當襲臣後，必非所以全利之也，願還東海郡。今天下新罹大憂，惟陛下加供養皇太后，數進御餐。臣彊困劣，言不能盡意，願並謝諸王，不意永不復相見也！」帝覽書悲慟，從太后出幸津門亭發哀，使大司空持節護喪事，贈送以殊禮，詔楚王英等及京師親戚皆會葬。帝追惟彊深執謙儉，不欲厚葬以違其意，於是特詔：「遣送之物，務從約省，衣足斂形，茅車瓦器，物減於制，以彰王卓爾獨行之志。」將作大匠留起陵廟。

秋，七月，馬武等擊羌，破之。

祭肜討烏桓，大破之。罷緣邊屯兵。遼東太守祭肜使偏何討赤山烏桓，大破之，斬其魁帥。塞外震讋，西自武威，東盡玄菟，皆來内附，野無風塵，乃悉罷緣邊屯兵。

好畤侯耿弇卒。

己未（五九）

二年。

春，正月，宗祀光武皇帝於明堂，始服冠冕玉佩，登靈臺，望雲物。

三月，臨辟雍，行大射禮。

冬，十月，行養老禮。上幸辟雍，初行養老禮。以李躬爲三老，桓榮爲五更。三老服都紵大袍，冠進賢，扶玉杖。乘輿到辟雍禮殿，御坐東廂，遣使者安車迎三老、五更於太學講堂，天子迎於門屏，交禮；道自阼階，三老升自賓階；至階，天子揖如禮。三老升，東面，三公設几，九卿正履，天子親袒割牲，執醬而饋，執爵而酳，祝鯁在前，祝饐在後。五更南面，三公進供，禮亦如之。禮畢，引桓榮及弟子升堂，上自爲下説，諸儒執經問難於前，冠帶搢紳之人圜橋門而觀聽者，蓋億萬計。於是下詔賜榮爵關內侯。三老、五更皆以二千石禄養終厥身。賜天下三老酒，人一石，肉四十斤。上自爲太子，受尚書於桓榮，及即帝位，猶尊榮以師禮。常幸太常府，令榮坐東面，設几杖，會百官及榮門生數百人，上親自執業；諸生或避位發難，上謙曰：「太師在是。」既罷，悉以太官供具賜太常家。榮每疾病，帝輒遣使者存問，太官、太醫相望於道。及篤，上疏謝恩，讓還爵土。帝幸其家問起居，入街，下車，擁經而前，撫榮垂涕，賜以牀茵帷帳，刀劍衣被，良久乃去。自是諸侯、將軍、大夫問疾者，不敢復乘車到門，皆拜牀下。榮卒，帝親自變服臨喪送葬，賜冢塋於首山之陽。子郁當嗣，讓其兄子汎；帝不許，郁乃受封，而悉以租入與之。帝以郁爲侍中。

胡氏曰：觀顯宗事師之意，多儀及物，數千百年，鮮有其儷，可謂人主之高致盛節也。惜乎桓榮授經，專門章句，不知仲尼修身治天下之微旨大義，故其君之德業如是而止。若使子思、孟氏之徒，遭遇此時，得行所學，則二帝可三，而三王可四也必矣！

中山王焉就國。上以中山王焉，郭太后少子，太后猶愛之，故獨留京師，至是始與諸王俱就國，賜以虎賁、官騎，恩寵尤厚，獨得往來京師。帝禮待陰、郭，每事必均，數受賞賜，恩寵俱渥。

帝如長安。

十一月，遣使以中牢祠蕭何、霍光。帝過，式其墓。是月，還宮。

庚申（六〇）

三年。

春，二月，太尉憙、司徒訢免。以郭丹爲司徒，虞延爲太尉。

立貴人馬氏爲皇后，子炟爲皇太子。后，援之女也，光武時，以選入太子宮，能奉承陰后，傍接同列，禮則修備，上下安之，遂見寵異。及帝即位，爲貴人。時后前母姊女賈氏亦以選入，生皇子炟。帝以后無子，命養之，謂曰：「人未必當自生子，但患愛養不至耳！」后於是盡心撫育，勞悴過於所生。太子亦孝性淳篤，母子慈愛，始終無纖介之間。后嘗以皇嗣未廣，薦達左右，若恐不及。後宮有進見者，每加慰納。若數所寵引，輒增隆遇。及有司奏立長秋宮，帝未有所言，皇太后曰：「馬貴人德冠後宮，即其人也。」后既正位宮闈，愈自謙肅，好讀書。常衣大練，裙不加緣；朔望諸姬主朝請，望見后袍衣疏麤，以爲綺縠，就視，乃笑。后曰：「此繒特宜染色，故用之耳。」羣臣奏事有難平者，帝數以試后，后輒分解趣理，各得其情，然未嘗以家私干政事。帝由是寵敬，始終無衰焉。

圖畫中興功臣於雲臺。帝思中興功臣，乃圖二十八將於南宮雲臺，以鄧禹爲首，次馬成、吴漢、王梁、賈復、陳俊、耿弇、杜茂、寇恂、傅俊、岑彭、堅鐔、馮異、王霸、朱祜、任光、祭遵、李忠、景丹、萬脩、蓋延、邳肜、銚期、劉植、耿純、臧宫、馬武、劉隆；又益以王常、李通、竇融、卓茂，合三十二人。馬援以椒房之親，獨不與焉。

夏〔三〕，六月，有星孛于天船北。

大起北宫，既而罷之。時天旱，尚書僕射鍾離意詣闕，免冠上疏曰：「昔成湯遭旱，以六事自責。竊見北宫大作，民失農時。自古非苦宫室小狹，但患民不安寧，宜且罷止，以應天心。」帝策詔報曰：「湯引六事，咎在一人，其冠履，勿謝！」又敕大匠止作諸宫，減省不急。詔因謝公卿百僚，遂應時澍雨。帝性褊察，好以耳目隱發爲明，公卿大臣數被詆毀，近臣尚書以下至見提曳。常以事怒郎藥崧，以杖撞之。崧走入牀下，帝怒甚，疾言曰：「郎出！」崧乃曰：「天子穆穆，諸侯皇皇，未聞人君，自起撞郎。」帝乃赦之。是時朝廷莫不悚慄，爭爲嚴切以避誅責，唯鍾離意獨敢諫爭，數封還詔書，臣下過失，輒救解之。會連有變異，上疏曰：「陛下畏敬鬼神，憂恤黎元，而天氣未和，寒暑違節者，咎在羣臣不能宣化治職，而以苛刻爲俗，百官無相親之心，吏民無雍雍之志，至於感逆和氣，以致天災。百姓可以德勝，難以力服。鹿鳴之詩必言燕樂者，以人神之心洽，然後天氣和也。願陛下垂聖德，緩刑罰，順時氣以調陰陽。」帝雖不時能用，然知其至誠，終愛厚之。

秋，八月，晦，日食。詔曰：「昔楚莊無災，以致戒懼，魯哀禍大，天不降譴。今之動變，儻尚可救，有司勉思厥職，以匡無德！」

冬，十月，帝奉皇太后如章陵。車駕從皇太后幸章陵。荆州刺史郭賀，官有殊政，上賜以三公之服，黼黻冕旒，敕行部去襜帷，使百姓見其容服，以章有德。

大水。

辛酉（六一）

四年。

春，帝如河内，不至而還。帝近出觀覽城第，欲遂校獵河内。東平王蒼上書諫，帝覽奏，即還宫。

冬，十月，司徒丹、司空魴免。以范遷爲司徒，伏恭爲司空。

陵鄉侯梁松下獄死。松坐怨望、縣飛書誹謗，下獄死。初，上爲太子，太中大夫鄭興子衆以通經知名，太子及山陽王荆因梁松以縑帛請之，衆曰：「太子儲君，無外交之義。漢有舊防，蕃王不宜私通賓客。」松曰：「長者意，不可逆。」衆曰：「犯禁觸罪，不如守正而死。」遂不往。及松敗，賓客多坐之，唯衆不染於辭。

于窴攻莎車王賢，殺之。莎車王賢以兵威逼奪于窴、大宛、嬀塞王國，使其將守之。于窴人殺其將君德，立大人休莫霸爲王，賢率諸國兵擊之，大爲休莫霸所敗，脱身走還。休莫霸進圍莎車，中流矢死。于窴人復立其兄子廣德爲王。廣德父先拘在莎車，賢乃歸其父，以女妻之，與之和親。是歲，于窴王廣德將諸國兵攻莎車，誘莎車王賢，殺之，并其國。匈奴發諸國兵圍于窴，廣德請降。匈奴立賢質子不居徵爲莎車王，廣德又攻殺之，更立弟齊黎爲莎車王。

壬戌(六二)

五年。

春,二月,驃騎將軍蒼罷歸藩。東平王蒼自以至親輔政,聲望日重,意不自安,前後累上疏稱:「自漢興以來,宗室子弟無得在公卿位者,乞上驃騎將軍印綬,退就藩國。」辭甚懇切。至是帝乃許蒼還國,而不聽上將軍印綬。以驃騎長史爲東平太傅,掾爲中大夫,令史爲王家郎。

冬,十月,帝如鄴。是月,還宮。

十一月,北匈奴寇五原、雲中,南單于擊却之。

安豐侯竇融卒。融年老,子孫縱誕,多不法。長子穆尚内黄公主,矯稱陰太后詔,令六安侯劉盱去婦,以女妻之。盱婦家上書言狀,帝大怒,盡免穆等官。諸竇爲郎吏者,皆將家屬歸故郡,獨留融京師。融尋薨。後數歲,穆等復坐事與子勳、宣皆下獄死。久之,詔還融夫人與小孫一人居洛陽。

癸亥(六三)

六年。

春,二月,王洛山出寶鼎。詔禁章奏浮詞。詔曰:「祥瑞之降,以應有德。方今政化多僻,何以致兹!易曰:『鼎象三公。』豈公卿奉職得其理邪!其賜三公帛五十匹,九卿、二千石半之。先帝詔書,禁人上事言聖,而間者章奏頗多浮詞。自今若有過稱虚譽,尚書皆宜抑而不省,示不爲諂子蚩也。」

甲子(六四)

七年。

春，正月，皇太后陰氏崩。二月，葬光烈皇后。

北單于求合市，許之。北匈奴猶盛，數寇邊，遣使求合市。上冀其交通，不復爲寇，許之。

以宗均爲尚書令。初，均爲九江守，五日一聽事，悉省掾史，閉督郵府内，屬縣無事，百姓安業。九江舊多虎暴，常募設檻穽，而猶多傷害。均下記屬縣曰：「夫江、淮之有猛獸，猶北土之有鷄豚也。今爲民害，咎在殘吏，而勞勤張捕，非憂恤之本也。其務退姦貪，思進忠善，可一去檻穽，除削課制。」其後無復虎患。帝聞均名，故任以樞機。均謂人曰：「國家喜文法、廉吏，以爲足止姦也。然文吏習爲欺謾，而廉吏清在一己，無益百姓流亡、盜賊爲害也。均欲叩首爭之，時未可改也，久將自苦之，乃可言耳。」未及言，會遷司隸校尉。後上聞其言，追善之。

乙丑（六五）

八年。

春，正月，司徒遷卒。以虞延爲司徒。

以吳棠爲度遼將軍。初，太司農耿國上言：「宜置度遼將軍屯五原，以防南匈奴逃亡。」朝廷不從。南匈奴須卜骨都侯等知漢與北虜交使，内懷嫌怨，欲畔，密使人詣北虜，令遣兵迎之。鄭衆出塞，疑有異。伺候，果得須卜使人。乃上言：「宜更置大將，以防二虜交通。」由是始置度遼營，以中郎將吳棠行度遼將軍事，將黎陽虎牙營士屯五原曼柏。

秋，大水。郡國十四大水。

冬，十月，詔聽有罪亡命者贖。募死罪繫囚詣度遼營。有罪亡命者，令贖各有差。楚王英奉黄縑白紈詣國相曰：「託在蕃輔，過惡累積，歡喜大恩，奉送縑帛，以贖衍罪。」國相以聞。詔報曰：「楚王誦黄、老之微言，尚浮屠之仁祠，潔齋三月，與神爲誓，何嫌何疑，當有悔吝！其還贖，以助伊蒲塞、桑門之盛饌。」初，帝聞西域有神，其名曰佛，因遣使之天竺求其道，得其書及沙門以來。其書大抵以虛無爲宗，貴慈悲不殺。以爲人死，精神不滅，隨復受形。生時所行善惡，皆有報應，故所貴修練精神，以至爲佛。善爲宏闊勝大之言，以勸誘愚俗。精於其道者，號曰沙門。於是中國始傳其術，圖其形像，而王公貴人，獨楚王英最先好之。

是月，晦，日食，既。詔羣司極言，復以示百官。詔羣司勉修職事，極言無諱。於是在位者皆上封事，各言得失。帝覽章，深自引咎，以所上班示百官。詔曰：「羣僚所言，皆朕之過。民冤不能理，吏黠不能禁，而輕用民力，繕修宫宇，出入無節，喜怒過差。永覽前戒，竦然兢懼，徒恐德薄，久而致怠耳。」

以鄭衆爲軍司馬。初，鄭衆爲越騎司馬使北匈奴，單于欲令衆拜，衆不爲屈。單于圍守，閉之不與水火。衆拔刀自誓，單于恐而止，乃更發使，隨衆還京師。然雖遣使入貢，而寇鈔不息，邊城晝閉。帝議遣使報其使者，鄭衆上疏諫曰：「北單于所以要致漢使者，欲以離南單于之衆，堅三十六國之心也。又當揚漢和親，誇示鄰敵，令西域欲歸化者局足狐疑，懷土之人絶望中國耳。漢使既到，便偃蹇自信。

若復遣之，虜必自謂得謀，其羣臣駁議者不敢復言。如是，南庭動摇，烏桓有離心矣。南單于久居漢地，具知形勢，萬分離析，旋爲邊害。今幸有度遼之衆揚威北垂，雖勿報答，不敢爲患。」帝不從，復遣衆。衆因上言：「臣前奉使，不爲匈奴拜，單于恚恨，遣兵圍臣。今復銜命，必見陵折，臣誠不忍持大漢節對氊裘獨拜。如令匈奴遂能服臣，將有損大漢之强。」帝不聽。衆不得已，既行，在路連上書固爭之。詔切責衆，追還，繫廷尉，會赦，歸家。其後帝見匈奴來者，聞衆與單于爭禮之狀，乃復召衆爲軍司馬。

丙寅（六六）

九年。

夏，四月，詔司隸刺史，歲考長吏殿最以聞。詔司隸校尉、部刺史歲上墨綬長吏視事三歲已上，治狀尤異者各一人與計偕上，及尤不治者亦以聞。

大有年。

匈奴遣子入學。帝崇尚儒學，自皇太子諸王侯及大臣子弟、功臣子孫，莫不受經。又爲外戚樊氏、郭氏、陰氏、馬氏諸子立學於南宫，號「四姓小侯」。置五經師，搜選高能以授其業。自期門羽林之士，悉令通孝經章句。匈奴亦遣子入學。

丁卯（六七）

十年。

春，二月，廣陵王荆有罪，自殺，國除。先是，廣陵王荆復呼相士謂曰：「我貌類先帝，先帝三十得天下，我今亦三十，可起兵未？」相者詣吏告之，荆惶恐，自繫獄，帝加恩，不考極其事，詔不得臣屬吏民，唯食租如故，使相、中尉謹宿衛之。荆又使巫祭祀、祝詛。詔長水校尉樊儵等雜治其獄，事竟，奏請誅荆。帝怒曰：「諸卿以我弟故，欲誅之。即我子，卿等敢爾邪？」儵對曰：「天下者，高帝天下，非陛下之天下也。春秋之義，君親無將，將而必誅。臣等以荆屬託母弟，陛下留聖心，加惻隱，故敢請耳。如令陛下子，臣等專誅而已。」帝歎息。是歲二月，自殺，國除。

夏，閏四月，帝如南陽。上幸南陽，召校官弟子作雅樂，奏鹿鳴，帝自御塤篪和之，以娛嘉賓。

冬，十二月，還宮。

以丁鴻爲侍中。初，陵陽侯丁綝卒，子鴻當襲封，上書稱病，讓國於弟盛，不報。既葬，乃挂衰絰於冢廬而逃去。友人九江鮑駿遇鴻於東海，讓之曰：「昔伯夷、吴札，亂世權行，故得申其志耳。今子以兄弟私恩而絶不滅之基，可乎？」鴻感悟垂涕，乃還就國。鮑駿因上書薦鴻經學至行，上徵鴻爲侍中。

戊寅（六八）

十一年。

春，正月，東平王蒼來朝。蒼與諸王俱來朝，月餘，還國。帝臨送歸宫，悽然懷思，乃遣使手詔賜東平國中傅曰：「辭别之後，獨坐不樂，因就車歸，伏軾而吟，瞻望永懷，實勞我心。誦及采菽，以增歎息。日者問東平王：『處家何等最樂？』王言：『爲善最樂。』其言甚大，副是要腹矣。今送列侯印十九枚，諸王子年五歲已上能趨拜者，皆令帶之。」

己巳（六九）

十二年。

春，哀牢内附。哀牢王柳貌率其民五萬餘户内附，以其地置哀牢、博南二縣。

夏，四月，修汴渠隄。初，平帝時，河、汴決壞，久而不修。建武十年，光武欲修之。浚儀令樂俊上言，民新被兵革，未宜興役，乃止。其後汴渠東侵，日月彌廣，兗、豫百姓怨歎。會有薦樂浪王景能治水者。夏，四月，詔發卒數十萬，遣景與將作謁者王吴修汴渠隄，自滎陽東至千乘海口千餘里。十里立一水門，令更相洄注，無復潰漏之患。雖簡省役費，終猶以百億計焉。

秋，七月，司空恭罷，以牟融爲司空。

庚午（七〇）

十三年。

夏，四月，汴渠成。河、汴分流，復其舊跡。

冬，十月，晦，日食。

十一月，楚王英有罪，廢，徙丹陽。楚王英與方士作金龜玉鶴，刻文字爲符瑞。男子燕廣告英與漁陽王平、顔忠等造作圖書，有逆謀。事下案驗。有司奏英大逆不道，請誅之。帝以親親不忍。十一月，廢英，徙丹陽涇縣，賜湯沐邑五百户。男女爲侯、主者，食邑如故。許太后勿上璽綬，留住楚宫。

辛未(七一)

十四年。

春，三月，司徒延有罪，自殺。先是，有私以英謀告司徒虞延者，延以英藩戚至親，不然其言。及英事覺，詔書切讓延，延自殺。

夏，四月，以邢穆爲司徒。

故楚王英自殺。楚王英至丹陽，自殺。詔以諸侯禮葬於涇。封燕廣爲折姦侯。是時，窮治楚獄，遂至累年。其辭語相連，自京師親戚、諸侯、州郡豪桀及考案吏，阿附坐死、徙者以千數，而繫獄者尚數千人。英陰疏天下名士，上得其録，有吴郡太守尹興名，乃徵興及掾史五百餘人詣廷尉就考。諸吏不勝掠治，死者太半，唯門下掾陸續、主簿梁宏、功曹史駟勳，備受五毒，肌肉消爛，終無異辭。續母自吴來洛陽，作食以饋。續雖見考，辭色未嘗變，而對食悲泣不自勝。治獄者問其故，續曰：「母來不得見，故悲耳。」問：「何以知之？」續曰：「母截肉未嘗不方，斷葱以寸爲度，故知之。」使者以狀聞，上乃赦興等，禁錮終身。顔忠、王平辭引隧鄉侯耿建、朗陵侯臧信、濩澤侯鄧鯉、曲成侯劉建。建等辭未嘗與忠、平相見。是時，上怒甚，吏皆惶恐，諸所連及，率一切陷入，無敢以情恕者。侍御史寒朗心傷其冤，試以建等物色，獨問忠、平，而二人錯愕不能對。朗知其詐，乃上言：「建等無姦，專爲忠、平所誣。疑天下無辜，類多如此。」帝曰：「即如是，忠、平何故引之？」對曰：「忠、平自知所犯不道，故多虛引，冀以自明。」帝曰：「即如是，何不早奏？」對曰：「臣恐海内别有發其姦者。」帝怒曰：「吏持兩端！」促提下捶之。

左右方引去，朗曰：「願一言而死。」帝曰：「誰與共爲章？」對曰：「臣獨作之。」上曰：「何以不與三府議？」對曰：「臣自知當必族滅，不敢多汙染人。」上曰：「何故族滅？」對曰：「臣考事一年，不能窮盡姦狀，反爲罪人訟冤，故知當族滅。然臣所以言者，誠冀陛下一覺寤而已。臣見考囚在事者，咸共言妖惡大故，臣子所宜同疾，今出之不如入之，可無後責。是以考一連十，考十連百。又公卿朝會，陛下問以得失，皆長跪言：『舊制，大罪禍及九族。陛下大恩，裁止於身，天下幸甚。』及其歸舍，口雖不言而仰屋竊歎，莫不知其多冤，無敢牾陛下言者。臣今所陳，誠死無悔！」帝意解，詔遣朗出。後二日，車駕自幸洛陽獄録囚徒，理出千餘人。時天旱，即下雨。馬后亦以楚獄多濫，乘間爲帝言之，帝惻然感悟，夜起彷徨，由是多所降宥。任城令袁安遷楚郡太守，到郡不入府，先往按楚王英獄事，理其無明驗者，條上出之。府丞、掾史皆叩頭爭，以爲「阿附反虜，法與同罪，不可」。安曰：「如有不合，太守自當坐之，不相及也。」遂分別具奏。帝感悟，即報許，得出者四百餘家。

初作壽陵。初作壽陵，制裁令流水而已，無得起墳。萬年之後，埽地而祭，杅水脯糒而已。過百日，唯四時設奠。置吏卒數人，供給灑掃。敢有所興作者，以擅議宗廟法從事。

壬申(七二)

十五年。

春，二月，帝東巡，耕于下邳。三月，至魯，詣孔子宅。幸孔子宅，親御講堂，命皇太子、諸王説經。

封皇子六人爲王。封皇子恭爲鉅鹿王，黨爲樂成王，衍爲下邳王，暢爲汝南王，昞爲常山王，長爲濟陰王。帝親定其封域，裁令半楚、淮陽。馬后曰：「諸子食數縣，於制不已儉乎？」帝曰：「我子豈宜與先帝子等，歲給二千萬足矣。」

冬，遣都尉耿秉、竇固將兵屯涼州。謁者僕射耿秉數上言請擊匈奴，上以顯親侯竇固嘗從其世父融在河西，明習邊事，乃使秉、固與太僕祭肜、虎賁中郎將馬廖、下博侯劉張、好畤侯耿忠等共議之。耿秉曰：「昔者匈奴并左衽之屬，故不可得而制。孝武既得河西四郡及居延、朔方，羌、胡分離，唯有西域俄復内屬。故呼韓邪單于請事款塞，其勢易乘也。今有南單于，形勢相似。然西域尚未内屬，北虜未有釁作。臣愚以爲當先擊白山，得伊吾，破車師，通使烏孫諸國以斷其右臂。伊吾亦有匈奴南呼衍一部，破此，復爲折其左角，然後匈奴可擊也。」上善其言。議者或以爲：「今兵出白山，匈奴必并兵相助，又當分其東以離其衆。」上從之。十二月，以秉爲駙馬都尉，固爲奉車都尉，以騎都尉秦彭爲秉副，耿忠爲固副，皆置從事、司馬，出屯涼州。

癸酉（七三）

十六年。

春，二月，遣太僕祭肜及竇固等伐北匈奴。固取伊吾盧地，肜不見虜而還，下獄，免，卒。遣肜與度遼將軍吴棠將河東、西河羌胡及南單于兵萬一千騎出高闕塞，竇固、耿忠率酒泉、敦煌、張掖甲卒及盧水羌、胡萬二千騎出酒泉塞，耿秉、秦彭率武威、隴西、天水募士及羌、胡萬騎出張掖居延塞，騎都尉來苗、護烏桓校尉文穆將太原、雁門、代郡、上谷、漁陽、右北平、定襄郡兵及烏桓、鮮卑萬一千騎出平城塞，伐北匈奴。竇固、耿忠至天山，擊呼衍王，斬首千餘級。追至蒲類海，取伊吾盧地，置宜禾都尉，留吏士屯田伊吾盧城。耿秉、秦彭擊匈林王，絶幕六百餘里，至三木樓山而還。來苗、文穆至匈河水上，虜皆奔走，無所獲。祭肜與南匈奴左賢王信不相得，出高闕塞九百餘里，得小山，信妄以爲涿邪山，不見虜而還。肜與吴棠坐逗留畏懦，下獄，免。肜自恨無功，出獄數日，歐血死。帝雅重肜，方更任用，聞之大驚，嗟嘆良久。烏桓、鮮卑每朝賀京師，常過肜冢拜謁，仰天號泣。遼東吏民爲立祠，四時奉祭焉。竇固獨有功，加位特進。

西域諸國遣子入侍。竇固使假司馬班超與從事郭恂俱使西域。超行到鄯善，鄯善王廣奉超禮敬甚備，後忽更疏懈。超謂其官屬曰：「寧覺廣禮意薄乎？」官屬曰：「胡人不能常久，無佗故也。」超曰：「此必虜使來，狐疑未知所從故也。明者覩未萌，況已著邪！」乃召侍胡，詐之曰：「匈奴使來數日，今安在乎？」侍胡惶恐曰：「到已三日，去此三十里。」超乃閉侍胡，悉會其吏士三十六人，與共飲，酒酣，因激怒之曰：「卿曹與我俱在絶域，今虜使到裁數日，而王廣禮敬即廢。如令鄯善收吾屬送匈奴，骸骨長爲豺狼食矣，爲之奈何？」官屬皆曰：「今在危亡之地，死生從司馬。」超曰：「不入虎穴，不得虎子。當今之計，獨有因夜以火攻虜，使彼不知我多少，必大震怖，可殄盡也。滅此虜，則鄯善破膽，功成事立矣。」衆曰：「當與從事議之。」超怒曰：「吉凶決於今日，從事文俗吏，聞此必恐而謀泄，死無所名，非壯士也。」衆曰：「善！」初夜，超遂將吏士往犇虜營，會天大風，超令十人持鼓藏虜舍後，約曰：「見火然，皆當鳴鼓大呼。」餘人悉持兵弩，夾門而伏。超乃順風縱火，前後鼓譟，虜衆驚亂，超手格殺三人，吏兵斬其使及從士三十餘級，餘衆百許人悉燒死。明日乃還，告郭恂，恂大驚。既而色動，超知其意，舉手曰：「掾雖不行，班超何心獨擅之乎！」恂乃悦。超於是召鄯善王廣，以虜使首示之，一國震怖。超告以漢威德，自今以後，勿復與北虜通。廣叩頭願屬漢，無二心。遂納子爲質。還白竇固，固大喜，具上超功效，并求更選使使西域。帝曰：「吏如班超，何故不遣，而更選乎？今以超爲軍司馬，令遂前功。」固復使超使于寘，欲益其兵。超願但將本所從三十六人，曰：「于寘國大而遠，今將數百人，無益於强。如有不虞，多益爲累耳。」是時于寘王廣德雄張南道，而匈奴遣使監護其國。超既至于寘，廣德禮意甚疏。且其俗信巫，巫言：「神怒，何故欲向漢？漢使有騧馬，急求取以祠我！」廣德乃遣國相私來比就超請馬。超密知其狀，報許之，而令巫自來取馬。有頃，巫至，超即斬其首。收私來比，鞭笞數百。以巫首送廣德，因責讓之。廣德素聞超在鄯善誅滅虜使，大惶恐，即殺匈奴使者而降。超重賜其王以下，因鎮撫焉。於是諸國皆遣子入侍，西域與漢絶六十五載，至是乃復通焉。

夏，五月，司徒穆有罪，下獄死。

淮陽王延性驕奢，而遇下嚴烈。有上書告「延與姬兄謝弇及姊婿韓光招姦猾，作圖讖，祠祭祝詛」。事下案驗。弇、光及司徒邢穆皆坐死，所連及死徙者甚衆。

是月，晦，日食。

以王敏爲司徒。

秋，七月，徙淮陽王延爲阜陵王。

有司奏請誅淮陽王延。上以延罪薄於楚王英，徙延爲阜陵王，食二縣。

北匈奴大入雲中。北匈奴大入雲中，雲中太守廉范拒之。吏以衆少，欲移書傍郡求救，范不許。會日暮，范令軍士各交縛兩炬，三頭爇火，營中星列。虜謂漢兵救至，大驚，待旦將退。范令軍中蓐食，晨，往赴之，斬首數百級。虜自相轔藉，死者千餘人，由此不敢向雲中。

甲戌(七四)

十七年。

春，正月，謁原陵。上當謁原陵，夜夢先帝、太后如平生歡，既寤，悲不能寐。即按曆，明旦日吉，遂率百官上陵。其日降甘露於陵樹，帝令百官采取以薦。會畢，帝從席前伏御牀，視太后鏡奩中物，感動悲涕，左右皆泣，莫能仰視。

北海王睦卒。睦少好學，光武及上皆愛之。嘗遣中大夫詣京師朝賀，召而謂之曰：「朝廷設問寡人，大夫將何辭以對？」使者曰：「大王忠孝慈仁，敬賢樂士，臣敢不以實對！」睦曰：「吁，子危我哉！此乃孤幼時進趣之行也。大夫其對以孤襲爵以來，志意衰墮，聲色是娛，犬馬是好，乃爲相愛耳。」其智慮畏慎如此。

司徒敏卒。以鮑昱爲司徒。

白狼等國入貢。益州刺史朱輔宣示漢德，威懷遠夷，自汶山以西，前世所不至，正朔所未加，白狼、槃木等百餘國，皆舉種稱臣奉貢。

竇固司馬班超執疏勒王兜題，而更立其故王子忠。初，龜茲王建爲匈奴所立，倚恃虜威，據有北道，攻殺疏勒王，立其臣兜題爲疏勒王。班超從間道至疏勒，逆遣吏田慮先往降之，敕慮曰：「兜題本非疏勒種，國人必不用命。若不即降，便可執之。」慮既到，兜題見慮輕弱，無降意。慮因其無備，遂前劫縛兜題，左右出其不意，皆驚懼奔走。慮馳報超，超即赴之，悉召疏勒將吏，説以龜茲無道之狀，因立其故王兄子忠爲王，國人大悦。超問忠及官屬：「當殺兜題邪，生遣之邪？」咸曰：「當殺之。」超曰：「殺之無益於事，當令龜茲知漢威德。」遂解遣之。

夏，五月，百官上壽。公卿百官以威德懷遠，祥物顯應，並集朝堂，奉觴上壽。制曰：「天生神物，以應王者；遠人慕化，實由有德。朕以虚薄，何以享斯！唯高祖、光武聖德所被，不敢有辭，其敬舉觴，太常擇吉日策告宗廟。」仍推恩賜民爵及粟有差。

冬，十一月，遣竇固等擊車師，降之，復置西域都護、戊己校尉。遣奉車都尉竇固、駙馬都尉耿秉、騎都尉劉張出敦煌昆侖塞，擊西域，秉、張皆去符傳以屬固，合兵萬四千騎，擊破白山虜於蒲類海上，遂進擊車師。車師前王，即後王之子也，其廷相去五百餘里。固以後王道遠，山谷深，士卒寒苦，欲攻前王。秉以爲先赴後王，并力根本，則前王自服。固計未決，秉奮身而起曰：「請行前。」乃上馬引兵北入，衆軍不得已，並進，斬首數千級。後王安得震怖，走出門迎秉，脱帽抱馬足降，秉將以詣固。其前王亦歸命，遂定車師而還。於是固奏復置西域都護及戊己校尉，以陳睦爲都護，司馬耿恭爲戊校尉、屯後王部金蒲城；謁者關寵爲己校尉，屯前王部柳中城。

乙亥（七五）

十八年。

春，二月，竇固軍還。

北匈奴擊車師後王安得，殺之，遂攻戊校尉耿恭，恭擊却之。北單于遣左鹿蠡王率二萬騎擊車師，耿恭遣司馬將兵三百人救之，皆爲所没，匈奴遂破殺車師後王安得而攻金蒲城。恭以毒藥傅矢，語匈奴曰：「漢家箭神，其中瘡者必有異。」虜中矢者，視創皆沸，大驚。會天暴風雨，隨雨擊之，殺傷甚衆。匈奴震怖，相謂曰：「漢兵神，真可畏也。」遂解去。

夏，六月，有星孛于太微。

秋，八月，帝崩。帝崩於東宫前殿，年四十八。遺詔：「無起寢廟，藏主於光烈皇后更衣别室。」帝遵奉建武制度，無所變更，后妃之家不得封侯與政。館陶公主爲子求郎，不許，而賜錢千萬，謂羣臣曰：「郎官上應列宿，出宰百里，苟非其人，則民受其殃，是以難之。」公車以反支日不受章奏，帝聞而怪曰：「民廢農桑，遠來詣闕，而復拘以禁忌，豈爲政之意乎！」於是遂蠲其制。尚書閻章二妹爲貴人，章精力曉舊典，久決當遷重職，帝爲後宫親屬，竟不用。是以吏得其人，民樂其業，遠近畏服，户口滋殖焉。

太子炟即位。尊皇后曰皇太后。葬顯節陵。

冬，十月，以趙憙爲太傅，牟融爲太尉，並録尚書事。

十一月，以第五倫爲司空。倫爲蜀郡太守，在郡公清，所舉吏多得其人，故帝自遠郡用之。

西域攻没都護陳睦，北匈奴圍己校尉關寵，車師叛，與匈奴共圍耿恭。詔酒泉太守段彭將兵救之。焉耆、龜兹攻没都護陳睦，北匈奴圍關寵於柳中城。會中國有大喪，救兵不至，車師復叛，與匈奴共攻耿恭。恭率厲士衆禦之，數月，食盡窮困，乃煮鎧弩，食其筋革。恭與士卒推誠同死生，故皆無二心，而稍稍死亡，餘數十人。單于知恭已困，欲必降之，遣使招恭。恭誘其使上城，手擊殺之，炙諸城上。單于大怒，更益兵圍恭，不能下。關寵上書求救，詔公卿會議，司空倫以爲不宜救；司徒鮑昱曰：「今使人於危難之地，急而棄之，外則縱蠻夷之暴，内則傷死難之臣，誠令權時，後無邊事可也。匈奴如復犯塞，爲寇，陛下將何以使將。又二部兵人裁各數十，匈奴圍之，歷旬不下，是其寡弱力盡之效也。可令敦煌、酒泉太守各將精騎二千，以赴其急。」帝然之。乃遣征西將軍耿秉屯酒泉，行太守事，遣酒泉太守段彭與謁者王蒙、皇甫援發張掖、酒泉、敦煌三郡及鄯善兵合七千餘人以救之。

是月晦，日食。

以馬廖爲衛尉，防爲中郎將，光爲越騎校尉。太后兄弟終明帝世未嘗改官。帝以廖爲衛尉，防爲中郎將，光爲越騎校尉。廖等傾身交結，冠蓋之士爭赴趣之。第五倫上疏曰：「臣聞書曰：『臣無作威作福，其害于而家，凶于而國。』近世光烈皇后雖友愛天至，而抑損陰氏，不假以權勢。其後梁、竇之家，互有非法，明帝即位，竟多誅之。今之議者，復以馬氏爲言。竊聞衛尉廖以布三千匹，城門校尉防以錢三百萬私贍三輔衣冠，知與不知，莫不畢給。又聞臘日亦遺其在洛中者錢各五千。越騎校尉光，臘用羊三百頭，米四百斛，肉五千斤。臣愚以爲不應經義，皇恐，不敢不以聞。臣今言此，誠欲上忠陛下，下全后家也。」

校勘記

〔一〕日昃　「昃」原作「昊」，據月崖本、成化本、殿本、通鑑卷四一漢紀三十三漢光武帝建武三年閏正月改。

〔二〕復遣中郎將竇固監捕虜將軍馬武等二將軍四萬人討之　「竇」原作「鄧」，據後漢書卷二漢孝明帝紀、通鑑卷四四漢紀三十六漢光武帝中元二年冬十一月改。

〔三〕夏　「夏」字原脱，據月崖本、成化本、殿本補。

資治通鑑綱目卷十

起丙子漢章帝建初元年，盡乙丑漢安帝延光四年，凡五十年。

丙子（七六）

肅宗孝章皇帝建初元年。

春，正月，詔廩贍饑民。

詔二千石勸農桑，慎選舉，順時令，理冤獄。時承永平故事，吏政尚嚴切。尚書陳寵以帝新即位，宜改前世苛俗，乃上疏曰：「臣聞先王之政，賞不僭，刑不濫，與其不得已，寧僭無濫。往者斷獄嚴明，所以威懲奸慝。奸慝既平，必宜濟之以寬。夫爲政猶張琴瑟，大弦急者小弦絶。陛下宜隆先王之政，蕩滌煩苛之法，以濟群生，全廣至德。」帝深納寵言，每事務於寬厚。第五倫亦上疏曰：「光武承王莽之餘，頗以嚴猛爲政，後代因之，遂成風化。郡國所舉，類多辦職俗吏，殊未有寬博之選以應上求者也。陳留令劉豫，冠軍令駟協，並以刻薄之姿，務爲嚴苦，吏民愁怨，莫不疾之。而議者反以爲能，違天心，失經義，非徒應坐豫、協，亦宜譴舉者。務進仁賢以任時政，不過數人，則風俗自化矣。又聞諸王主貴戚，驕奢踰制，京師尚然，何以示遠？故曰：『其身不正，雖令不行。』以身教者從，以言教者訟。」上善之。倫雖天性峭直，然常疾俗吏苛刻，論議每依寬厚云。

關寵敗没，段彭擊車師，匈奴走，車師復降。罷都護及戊己校尉官，班超留屯疏勒。段彭等擊車師，斬獲數千，北匈奴驚走，車師復降。會關寵已没，欲引兵還。耿恭軍吏范羌時在軍中，固請迎恭。諸將不敢前，乃分兵二千人與羌，迎恭俱歸。吏士饑困，發疏勒時，尚有二十六人，隨路死没，三月至玉門，唯餘十三人。中郎將鄭衆上疏曰：「恭以單兵守孤城，當匈奴數萬之衆，鑿山爲井，煮弩爲糧，殺傷醜虜數百千計，卒全忠勇，不爲大漢耻，宜蒙顯爵，以厲將帥。」詔拜恭騎都尉，悉罷戊己校尉及都護官，徵還班超。超將發還，疏勒憂恐，其都尉黎弇曰：「漢使棄吾，吾必復爲龜兹所滅耳。」以刀自剄。至于窴，王侯以下皆號泣，抱超馬脚不得行。超亦欲遂其本志，乃還疏勒。疏勒兩城已降龜兹，與尉頭連兵。超捕斬反者，擊破之，疏勒復安。

地震。

秋，七月，詔以上林池籞賦與貧民。

八月，有星孛于天市。

丁丑（七七）

二年。

哀牢王反，郡兵擊斬之。

春，三月，詔三公糾非法。詔曰：「貴戚奢縱無度，有司莫舉。三公宜明糾非法，在事者備爲之禁。」

罷伊吾盧屯兵，匈奴復守其地。

夏，四月，還坐楚、淮陽事徙者四百餘家。

大旱。上欲封爵諸舅，太后不聽。會大旱，言事者以爲不封外戚之故。太后詔曰：「王氏五侯同日俱封，黄霧四塞，不聞澍雨之應。夫外戚貴盛，鮮不傾覆。故先帝防慎舅氏，不令在樞機之位，又言『我子不當與先帝子等』，今有司奈何欲以馬氏比陰氏乎！我夙夜累息，常恐虧先后之法，有毛髮之罪吾故不釋，言之不舍晝夜，而親屬犯之不止，治喪起墳，又不時覺，是吾言之不立而耳目之塞也。吾爲天下母，而身服大練，食不求甘，左右但著帛布，無香薰之飾者，欲身率下也。以爲外親見之，當傷心自敕；但笑言『太后素好儉』。前過濯龍門上，見外家問起居者，車如流水，馬如游龍，倉頭衣綠褠，領袖正白，顧視御者，不及遠矣。故不加譴怒，但絶歲用，冀以默愧其心，猶懈怠無憂國忘家之慮。知臣莫若君，況親屬乎！吾豈可上負先帝之旨，下虧先人之德，重襲西京敗亡之禍哉！」帝省詔悲歎，復重請之，太后曰：「吾豈徒欲獲謙讓之名而使帝受不外施之嫌哉！高祖約，無軍功不侯。今馬氏無功於國，豈得與陰、郭中興之后等邪！常觀富貴之家，禄位重疊，猶再實之木，其根必傷。吾計之孰矣，勿有疑也！夫至孝之行，安親爲上。今數遭變異，穀價數倍，憂惶晝夜，不安坐卧，而欲先營外家之封，違慈母之拳拳乎！若陰陽調和，邊境清静，然後行子之志。吾但當含飴弄孫，不能復關政矣。」上乃止。太后嘗詔三輔：諸馬昏親有屬託郡縣、干亂吏治者，以法聞。其有謙素義行者，輒假借溫言，賞以財位。美車服、不遵法度者，便絕屬籍，遣歸田里。於是內外從化，被服如一。置織室，蠶於濯龍中，數往觀視，以爲娛樂。常與帝言政事及教授小王論語經書，述叙平生，雍和終日。馬廖上疏曰：「昔元帝罷服官，成帝御浣衣，哀帝去樂府，然而侈費不息，至於衰亂者，百姓從行不從言也。夫改政移風，必有其本。傳曰：『吳王好劍客，百姓多創瘢；楚王好細腰，宫中多餓死。』長安語曰：『城中好高結，四方高一尺；城中好廣眉，四方且半額；城中好大袖，四方全匹帛。』斯言如戲，有切事實。前下制度未幾，後稍不行。雖或吏不奉法，良由慢起京師。今陛下素簡所安，發自聖性，誠令斯事一竟，則四海誦德，聲薰天地，神明可通，況於行令乎！」太后深納之。

詔齊國省冰紈方空縠。

燒當羌反。秋，八月，遣將軍馬防、校尉耿恭擊之。第五倫上疏曰：「貴戚可封侯以富之，不當任以職事。何者？繩以法則傷恩，私以親則違憲。馬防今當西征，臣以太后恩仁，陛下至孝，恐卒有纖介，難爲意愛。」帝不從。

十二月，有星孛于紫宮。

戊寅（七八）

三年。

春，宗祀明堂。

馬防、耿恭擊羌，大破之。詔徵防還，下恭獄，免其官。防既徵還，留恭擊餘寇，所降凡十三種數萬人。以言事忤防，監營謁者承旨，奏恭不憂軍事，坐徵下獄，免官。

三月，立貴人竇氏爲皇后。后，勳之女也。

夏，四月，罷治虖沱〔一〕、石臼河。初，顯宗之世，治虖沱、石臼河，從都慮至羊腸倉，欲令通漕。連年無成，死者不可勝算。帝以謁者鄧訓監領其事。訓考量隱括，知其難成，具以上言。詔罷其役，更用驢輦，歲省費億萬計，全活數千人。訓，禹之子也。

冬，十二月，以馬防爲車騎將軍。

有司奏遣諸王歸國，不許。上性友愛，不忍與諸弟乖離，故皆留京師。

己卯（七九）

四年。

春，二月，太尉融卒。

夏，四月，立子慶爲皇太子。

五月，封馬廖等爲列侯，以特進就第。有司請封諸舅。帝以天下豐稔，方垂無事，從之。太后聞之曰：「吾少壯時，但慕竹帛，志不顧命。今雖已老，猶戒之在得，故日夜惕厲，思自降損。何意老志不從，萬年之日長恨矣。」廖等辭讓，不許。乃受爵而辭位，許之。皆以特進就第。

以鮑昱爲太尉，桓虞爲司徒。

六月，皇太后馬氏崩。帝既爲太后所養，專以馬氏爲外家，故賈貴人不登極位，親族無受寵榮者。及太后崩，但加貴人王赤綬，安車一駟，宫人二百，雜帛黄金，錢二千萬而已。

秋，七月，葬明德皇后。

冬，十一月，詔諸儒會白虎觀，議五經同異。楊終言：「章句之徒，破壞大體。宜如宣帝石渠故事，永爲後世則。」詔太常：「將、大夫、博士、郎官及諸儒會白虎觀，議五經同異。」使五官中郎將魏應承制問，侍中淳于恭奏，帝親稱制臨決，作白虎議奏，丁鴻、樓望、成封、桓郁、班固、賈逵及廣平王羨皆與。固，超之兄也。

庚辰（八〇）

五年。

春，二月，朔，日食。舉直言極諫。詔所舉以巖穴爲先，勿取浮華。

夏，五月，以直言士補外官。詔曰：「朕思遲直士，側席異聞，其先至者，各已發憤吐懣，略聞子大夫之志矣。皆欲置於左右，顧問省納。建武詔書又曰：『堯試臣以職，不直以言語筆札。』今外官多曠，並可以補任。」

太傅憙卒。

遣弛刑義從就班超平西域。班超欲遂平西域，上疏請兵曰：「西域諸國莫不向化，唯焉耆、龜兹獨未服從。今宜拜龜兹侍子白霸爲其國王，以步騎數百送之，與諸國連兵，歲月之間，龜兹可禽。以夷狄攻夷狄，計之善者也！莎車、疏勒田地肥廣，草牧饒衍，不比敦煌、鄯善間。兵可不費中國而糧食自足。臣超區區特蒙神靈，竊冀未便僵仆，目見西域平定，陛下舉萬年之觴，薦勳祖廟，布大喜於天下。」書奏，帝知其功可成，議欲給兵。平陵徐幹上疏，願奮身佐超，帝以幹爲假司馬，將弛刑及義從千人就超。先是，莎車以爲漢兵不出，遂降於龜兹，而疏勒都尉番辰亦叛。超遂與幹擊番辰，大破之。欲進攻龜兹，以烏孫兵强，宜因其力，乃上言：「烏孫大國，控弦十萬。可遣使招慰，與共合力。」帝納之。

辛巳(八一)

六年。

夏，六月，太尉昱卒。

是月，晦，日食。

秋，七月，以鄧彪爲太尉。

以廉范爲蜀郡太守。成都民物豐盛，邑宇逼側。舊制，禁民夜作以防火災，而更相隱蔽，燒者日屬。范乃毁削先令，但嚴使儲水而已。百姓以爲便，歌之曰：「廉叔度，來何暮！不禁火，民安作。昔無襦，今五絝。」

壬午(八二)

七年。

春，正月，沛王輔等來朝。帝以諸王將入朝，遣謁者賜貂裘、食物、珍果，又使大鴻臚持節郊迎。帝親自循行邸第，豫設帷牀，錢帛器物無不充備。既至，詔沛、濟南、東平、中山王贊拜不名；升殿乃拜，上親答之。每入宮，輒以輦迎，至省閤乃下。上爲之興席改容，皇后親拜於内，皆鞠躬辭謝不自安。

三月，歸國。詔留東平王蒼京師。

夏，六月，廢太子慶爲清河王，立子肇爲皇太子。初，帝納扶風宋揚二女爲貴人，大貴人生太子慶。梁竦之女亦爲貴人，小貴人生皇子肇。竇皇后無子，養肇爲子。謀陷宋氏，誣言欲爲厭勝之術，乃廢慶爲清河王，以肇爲皇太子。出宋貴人，使小黄門蔡倫案之，皆飲藥自殺。慶時雖幼，亦知避嫌畏禍，言不敢及宋氏。帝更憐之，敕皇后令衣服與太子齊等，太子亦親愛慶，入則共室，出則同輿。

秋，八月，東平王蒼歸國。有司復奏遣蒼歸國，手詔蒼曰：「骨肉天性，誠不以遠近爲親疏；然數見顔色，情重昔時。念王久勞，思得還休，欲署大鴻臚奏，不忍下筆，顧授小黄門。中心戀戀，惻然不能言。」於是車駕祖送，流涕而訣。

九月，帝如偃師，遂至河内。詔曰：「車駕行秋稼，觀收穫，因涉郡界，皆精騎輕行，無它輜重。不得輒修道橋，遠離城郭，遣吏逢迎，刺探起居，出入前後，以爲煩擾。動務省約，但患不能脱粟瓢飲耳。」

封蕭何末孫熊爲酇侯。

癸未（八三）

八年。

春，正月，東平王蒼卒。初，帝欲爲原陵、顯節陵起縣邑，蒼上疏諫曰：「竊見光武皇帝躬履儉約之行，深覩始終之分，勤勤懇懇，以葬制爲言。孝明皇帝大孝無違，承奉遵行。謙德之美，於斯爲盛。臣愚以園邑之興，始自强秦。古者丘隴且不欲其著明，況築郭邑、建都郛哉！上違先帝聖心，下造無益之功，虛費國用，動揺百姓，非所以致和氣、祈豐年也。陛下履有虞之至性，追祖禰之深思，臣蒼誠傷二帝純德之美，不暢於無窮也！」帝乃止。自是朝廷每有疑政，輒驛使諮問，蒼悉心以對，皆見納用。至是薨，謚曰獻。中傅封上王自建武以來章奏，並集覽焉。

下梁竦獄，殺之。太子肇之立也，梁氏私相慶，皇后以是忌梁貴人，數讚之。諸竇遂作飛書，陷竦以惡逆，竦死獄中，家徙九真，兩貴人皆以憂死。

馬廖、馬防有罪，免官，就國。馬廖謹篤自守，而性寬緩，不能教勒子弟，皆驕奢不謹。楊終與廖書，戒之曰：「黄門郎年幼，血氣方盛，既無長君退讓之風，而要結輕狡無行之客，覽念前往，可爲寒心。」廖不能從。防、光大起第觀，食客常數百人。防又多牧馬畜，賦斂羌、胡。帝數加譴敕，禁遏甚備。由是權勢稍損，賓客亦衰。廖子豫投書怨誹。於是有司并奏防、光兄弟，悉免就國。詔曰：「舅氏一門俱就國封，四時陵廟無助祭先后者，朕甚傷之。其令許侯思僭田廬，以慰朕渭陽之情。」光比防稍爲謹密，故帝特留之。後復有詔還廖京師。諸馬既得罪，竇氏益貴盛。皇后兄憲、弟篤喜交通賓客。第五倫上疏曰：「竇憲，椒房之親，典司禁兵，出入省闥，年盛志美，卑讓樂善。然諸出入貴戚者，類多瑕釁禁錮之人，尤少守約安貧之節。更相販賣，雲集其門，蓋驕佚所從生也。三輔論議者至云，『以貴戚廢錮，當復以貴戚浣濯之，猶解酲當以酒也』。臣愚願陛下、中宮嚴敕憲等閉門自守，無妄交通士大夫，防其未萌，令憲永保福禄，此臣之所至願也。」憲以賤直請奪沁水公主園田，主逼畏不敢計。後帝出過園，指以問憲，憲陰喝不得對。後發覺，帝大怒，召憲切責曰：「深思前過奪主田園時，何用愈趙高指鹿爲馬！久念使人驚怖。貴主尚見枉奪，況小民哉！國家棄憲，如孤雛腐鼠耳。」憲大懼，皇后爲毀服深謝，良久乃得解。使以田還主。

司馬公曰：人臣之罪，莫大於欺罔，是以明君疾之。孝章責憲善矣，然卒不能罪憲，則姦臣安所懲哉！夫人主之於臣下，患在不知其姦，苟或知之而不能討，彼知其不足畏也，則放縱而無所顧矣。是故知善而不能用，知惡而不能去，人主之深戒也。

下洛陽令周紆獄，尋赦出之。周紆爲洛陽令，下車先問大姓主名，吏數閭里豪强以對。紆厲聲曰：「本問貴戚若馬、竇等輩，豈能知貴菜傭乎！」於是部吏爭以激切爲事，貴戚跼蹐，京師肅清。竇篤夜至止姦亭，亭長拔劍肆詈。詔遣劍戟士收紆，送廷尉詔獄，數日，貰出之。

以班超爲西域將兵長史。帝拜班超爲將兵長史，以徐幹爲軍司馬，別遣衛候李邑護送烏孫使者。邑到于寘，不敢前，因上書陳西域之功不可成，又盛毀超：「擁愛妻，抱愛子，安樂外國，無内顧心。」超聞之，歎曰：「身非曾參而有三至之讒，恐見疑於當時矣！」遂去其妻。帝知超忠，乃切責邑，令詣超受節度，超即遣邑將烏孫侍子還京師。幹謂超曰：「邑前毁君，欲敗西域，今何不緣詔書留之，更遣它吏送侍子乎？」超曰：「是何言之陋也！以邑毁超，故今遣之。内省不疚，何恤人言！快意留之，非忠臣也。」

以鄭弘爲大司農。舊交阯貢獻皆從東冶泛海，沈溺相係。弘奏開零陵、桂陽嶠道，自是夷通。在職二年，所省以億萬計。遭天下旱，邊方有警，民食不足，而帑藏殷積。弘又奏宜省貢獻，減徭費以利饑民。帝從之。

甲申(八四)

元和元年。

夏，六月，詔議貢舉法。陳事者多言郡國貢舉，率非功次，故守職益懈而吏事寖疏。詔公卿朝臣議。大鴻臚韋彪曰：「夫國以簡賢爲務，賢以孝行爲首，是以求忠臣必於孝子之門。夫人才行少能相兼，是以孟公綽優於趙、魏老，不可以爲滕、薛大夫。忠孝之人，持心近厚；鍛練之吏，持心近薄。士宜以才行爲先，不可純以閥閲。然其要歸，在於選二千石。二千石賢，則貢舉皆得其人矣。」彪又上疏曰：「天下樞要，在於尚書。而閒者多從郎官超升此位，雖曉習文法，長於應對，然察察小慧，類無大能。宜鑒嗇夫捷急之對，深思絳侯木訥之功。」帝皆納之。

秋，七月，詔禁治獄慘酷者。詔曰：「律云：『掠者唯得榜、笞、立。』又令丙，箠長短有數。自往者大獄以來，掠者多酷，鉆鑽之屬，慘苦無極。念其痛毒，怵然動心。宜及秋冬治獄，明爲其禁。」

八月，太尉彪罷。以鄭弘爲太尉。

帝南巡。詔：「所經道上郡縣，無得設儲跱。命司空自將徒支拄橋梁。有遣使奉迎，探知起居，二千石當坐。」

冬，十月，至宛。以朱暉爲尚書僕射。暉嘗爲臨淮太守，有善政，民歌之曰：「强直自遂，南陽朱季。吏畏其威，民懷其惠。」時坐法免，家居，故上召而用之。後尚書張林上言：「縣官經用不足，宜自煮鹽，修均輸法。」暉曰：「王制，天子不言有無，諸侯不言多寡，食禄之家不得與百姓爭利。均輸之法與賈販無異，鹽利歸官，則下民窮怨，誠非明主所宜行。」帝怒，切責諸尚書，暉等皆自繫獄。三日，詔敕出之，曰：「國家樂聞駮議，黄髮無愆，詔書過耳，何故自繫？」暉因稱病篤，不肯復署議。尚書令以下惶怖，謂暉曰：「今臨得譴讓，奈何稱病。」暉曰：「行年八十，蒙恩得在機密，當以死報。若心知不可而順旨靁同，負臣子之義。」遂閉口不復言。諸尚書共劾奏暉。帝寢其事。詔直事郎問暉起居，太醫治疾，太官賜食。暉乃起。

十一月，還宫。

以孔僖爲蘭臺令史。魯國孔僖、涿郡崔駰同遊太學，相與論「武帝始崇聖道，號勝文、景，及後恣己，忘其前善。」鄰房生上書，告駰、僖誹謗先帝，刺譏當世。事下有司。僖以書自訟曰：「凡言誹謗者，謂實無此事而虚加誣之也。至如孝武皇帝，政之美惡，顯在漢史，是爲直説書傳實事，非虚謗也。夫帝者，爲善爲惡，天下莫不知，斯皆有以致之，故不可以誅於人也。陛下即位以來，政教未過，德澤有加，臣等獨何譏刺哉！假使所非實是，則固應悛改，儻其不當，亦宜含容，又何罪焉？臣等受戮，死即死耳。顧天下之人，必回視易慮，以此事闕陛下心，自今以後，苟見不可之事，終莫復言者矣。齊桓公親揚其先君之惡以唱管仲，然後羣臣得盡其心。今陛下乃欲爲十世之武帝遠諱實事，豈不與桓公異哉！臣恐卒然蒙枉，不得自敘，使後世論者擅以陛下有所比方，寧可復使子孫追掩之乎！謹詣闕伏待重誅。」書奏，詔勿問，拜僖蘭臺令史。

賜毛義、鄭均穀各千斛。廬江毛義、東平鄭均，皆以行義稱於鄉里。南陽張奉慕義名，往候之，坐定而府檄適至，以義守安陽令，義捧檄而入，喜動顏色。奉心賤之，辭去。後義母死，徵辟皆不至。奉乃歎曰：「賢者固不可測。往日之喜，乃爲親屈也。」均兄爲縣吏，頗受禮遺，均諫不聽，乃脱身爲傭，歲餘得錢帛，歸以與兄曰：「物盡可復得，爲吏坐臧，終身捐棄。」兄感其言，遂爲廉潔。均仕爲尚書，免歸。帝下詔褒寵義、均，賜穀各千斛，常以八月長吏問起居，加賜羊酒。

詔除妖惡禁錮者。詔曰：「往者妖言大獄，所及廣遠，一人犯罪，禁至三屬，如有賢才，没齒無用，朕甚憐之。諸以前妖惡禁錮者，皆蠲除之。」

乙酉（八五）

二年。

春，正月，詔賜民胎養穀，著爲令。詔曰：「諸懷姙者，賜胎養穀人三斛，復其夫勿筭一歲。著爲令。」

詔戒俗吏矯飾者。詔曰：「俗吏矯飾外貌，似是而非，朕甚饜之，甚苦之。安静之吏，悃愊無華，日計不足，月計有餘。如襄城令劉方，吏民同聲謂之不煩，雖未有它異，斯亦殆近之矣。夫以苛爲察，以刻爲明，以輕爲德，以重爲威，四者或興，則下有怨心。吾詔書數下，冠蓋接道，而吏不加治，民或失職，其咎安在？勉思舊令，稱朕意焉。」

二月，行四分曆。太初曆施行百有餘年，曆稍後天。上命編訢等綜校，作四分曆施行之。

帝東巡。帝之爲太子也，受尚書於汝南張酺。至是東巡，酺爲東郡太守。帝幸東郡，引酺及門生掾史會庭中，先備弟子之儀，使酺講尚書一篇，然後修君臣之禮。行過任城，幸鄭均舍，賜尚書禄以終其身，時人號爲「白衣尚書」。

耕於定陶。柴告岱宗。宗祀明堂。三月，至魯，祠孔子。帝祠孔子及七十二弟子於闕里，作六代之樂，大會孔氏男子六十二人。帝謂孔僖曰：「今日之會，寧於卿宗有光榮乎？」對曰：「臣聞明王聖主，莫不尊師貴道。今陛下親屈萬乘，辱臨敝里，此乃崇禮先師，增煇聖德。非臣家之私榮也。」帝大笑曰：「非聖者子孫，焉有斯言乎？」拜僖郎中。

至東平，祠獻王陵。帝至東平，追念獻王，謂其諸子曰：「思其人，至其鄉；其處在，其人亡。」因泣下沾襟。遂幸獻王陵，祠以太牢，親拜祠坐，哭泣盡哀。獻王之歸國也，驃騎府吏丁牧、周栩以王愛賢下士，不忍去，遂爲王家大夫數十年，事祖及孫。帝聞之，皆引見，擢爲議郎。

夏，四月，還宫。假于祖禰。

秋，七月，詔定律，無以十一、十二月報囚。詔曰：「春秋重三正，慎三微。其定律無以十一月、十二月報囚，止用冬初十月而已。」

冬，南單于與北匈奴戰，破之。北匈奴衰耗，黨衆離畔。南部攻其前，丁零寇其後，鮮卑擊其左，西域侵其右，不復自立，乃遠引而去。至是，南單于與戰於涿邪山，斬獲而還。武威太守孟雲上言：「北虜前既和親，而南部復往抄掠，北單于謂漢欺之，謀欲犯塞，謂宜還南所掠，以慰安之。」詔百官議。鄭弘、第五倫等以爲不可，桓虞、袁安等以爲當與之。虞廷叱弘，倫亦變色。司隸舉奏弘等，皆免冠謝。詔報曰：「事以議從，策由衆定，誾誾侃侃，得禮之容。寢嘿抑心，非朝廷福。君何尤而深謝！其各冠履。」帝乃下詔曰：「江海所以能長百川者，以其下之也。今與匈奴君臣分定，貢獻累至，豈宜違信，自受其曲！其敕度遼及中郎將倍雇南部所得生口以還北虜，其南部斬首獲生，計功受賞如常科。」

丙戌（八六）

三年。

春，正月，詔嬰兒無親屬及有子不能養者，廩給之。

帝北巡，耕于懷。敕侍御史、司空曰：「方春所過，無得有所伐殺。車可以引避，引避之；騑馬可輟解，輟解之。」

三月，還宫。

夏，四月，收太尉弘印綬。弘自繫獄，出之而卒。鄭弘數陳竇憲權勢太盛，奏憲黨張林、楊光貪殘。吏與光舊，因以告之。憲奏弘漏泄密事，帝詰讓弘，收印綬。弘自詣廷尉，詔敕出之，因乞骸骨歸，未許。病篤，上書曰：「竇憲姦惡，貫天達地，海内疑惑，謂憲何術以迷主上！近日王氏之禍，昞然可見。陛下處天子之尊，保萬世之祚，而信讒佞之臣，不計存亡之機。臣雖命在晷刻，死不忘忠，願陛下誅四凶之罪，以厭人鬼憤結之望。」帝省章，遣醫視弘病，比至，已薨。

以宋由爲太尉。

五月，司空倫罷。第五倫以老病乞身，賜策罷，以二千石俸終其身。倫奉公盡節，言事無所依違。性質慤，少文采，在位以貞白稱。或問倫曰：「公有私乎？」對曰：「昔人有與吾千里馬者，吾雖不受，每三公有所選舉，心不能忘，而亦終不用也。吾兄子病，一夜十往，退而安寢。吾子有疾，雖不省視，而竟夕不眠。若是者豈可謂無私乎？」

程子曰：兄弟之子猶子也，而倫視之有異焉，是即私矣，何待安寢與否，然後爲私邪？

以袁安爲司空。

燒當羌反。燒當羌迷吾及其弟號吾寇隴西，郡兵追獲之，號吾曰：「誠得生歸，必不復犯塞。」太守張紆放遣之，羌即解散。

疏勒王忠詐降，班超斬之。南道遂通。

詔侍中曹褒定漢禮。博士曹褒請著漢禮，班固以爲宜廣集諸儒，共議得失。帝曰：「諺言：『作舍道邊，三年不成。』會禮之家，名爲聚訟，互生疑異，筆不得下。昔堯作大章，一夔足矣。」乃拜褒侍中，授以叔孫通漢儀十二篇，曰：「此制散略，多不合經。今宜依禮條正，使可施行。」

丁亥（八七）

章和元年。

春，三月，護羌校尉傅育擊羌，敗死。

夏，六月，司徒虞免。以袁安爲司徒，任隗爲司空。

鮮卑擊北匈奴，斬優留單于。

護羌校尉張紆擊羌，斬其帥迷吾。其子迷唐據大、小榆谷以叛。

改元。是時，屢有嘉瑞，言者咸以爲美，遂詔改元章和。太尉掾何敞獨惡之，謂宋由、袁安曰：「夫瑞應依德而至，災異緣政而生。今異鳥翔於殿屋，怪草生於庭際，不可不察！」由、安懼不敢答。

八月，日食。

北匈奴五十八部來降。

曹褒奏所撰制度。曹褒依準舊典，雜以五經、讖記之文，撰次天子至於庶人冠婚吉凶終始制度，凡百五十篇，奏之。帝以衆論難一，故但納之，不復令有司平奏。

班超發諸國兵擊莎車，降之。班超發于寘諸國兵二萬人擊莎車，龜兹王發温宿等兵合五萬人救之。超曰：「今兵少不敵，可各散去。須夜鼓聲而發。」陰緩所得生口。龜兹王聞之，自以萬騎於西界遮超，温宿王將八千騎於東界徼于窴。超知二虜已出，密召諸部勒兵，鷄鳴馳赴莎車營。胡大驚亂，犇走，莎車遂降，龜兹等各退散。自是威震西域。

戊子(八八)

二年。

春，正月，濟南王康、中山王焉來朝。上篤於親親，故二王入朝，特加恩寵，及諸昆弟不遣就國。賞賜過度，倉帑爲虚。何敞奏記宋由曰：「比年水旱，公私屈竭。此實損膳節用之時。而賞賚過度，損耗國資。夫公家之用，皆百姓之力。明君賜賚，宜有品制。忠臣受賞，亦應有度。明公位尊任重，責大憂深，宜先正己以率羣下，還所得賜，因陳得失，奏王侯就國，除苑囿之禁，節省浮費，賑恤窮孤，則恩澤下暢，黎庶悦豫矣。」由不能用。尚書宋意上疏曰：「陛下隆寵諸王，禮敬過度。春秋之義，諸父、昆弟，無所不臣，所以尊尊卑卑，强幹弱枝者也。西平王羡等久磐京邑，驕奢僭擬，損上下之序，失君臣之正。宜割情不忍，以義斷恩，發遣歸藩，以塞衆望。」

帝崩。年三十一。遺詔：「無起寢廟，一如先帝法制。」

范曄曰：魏文帝稱明帝察察，章帝長者。章帝素知人，厭苛切，事從寬厚，盡心孝道。平傜簡賦，而民賴其慶。又體之以忠恕，文之以禮樂。謂之長者，不亦宜乎！

太子肇即位。年十歲。

尊皇后曰皇太后。

三月，葬敬陵。

太后臨朝。竇憲以侍中内幹機密，出宣誥命。弟篤、景、瓌皆在親要。崔駰以書戒憲曰：「傳曰：『生而富者驕，生而貴者傲。』生富貴而能不驕傲者，未之有也。昔馮野王稱爲賢臣，近陰衛尉克己復禮。外戚所以獲譏於時，垂愆於後者，蓋在滿而不挹，位有餘而仁不足也。漢興，外家二十，保族全身，四人而已。書曰：『鑒于有殷。』可不慎哉！」

以鄧彪爲太傅，録尚書事，百官總己以聽。竇憲以彪有義讓，先帝所敬，而仁厚委隨，故尊崇之。其所施爲，輒外令彪奏，内白太后，事無不從。彪在位，修身而已，不能有所匡正。憲性果急，睚眦之怨，莫不報復。以韓紆嘗劾父勳獄，令客斬紆子，以首祭勳冢。

諸王始就國。

夏，四月，以遺詔罷鹽鐵之禁。

旱。

冬，十月，侍中竇憲殺都鄉侯暢。太后以憲爲車騎將軍，使擊北匈奴以贖罪。北匈奴饑亂，降南部者歲數千人。南單于上言：「宜出兵討伐，破北成南，令漢家長無北念。」太后以示耿秉。秉言可許，太后欲從之。尚書宋意上書曰：「戎狄簡賤禮義，無有上下，强者爲雄，弱即屈服。漢興以來，征伐數矣，其所克獲，曾不補害。光武皇帝因其來降，羈縻畜養，邊民得生，勞役休息，於兹四十餘年矣。今鮮卑奉順，斬獲萬數，中國坐享大功而百姓不知其勞，蓋鮮卑侵伐匈奴，正是利其抄掠。及歸功聖朝，實由貪得重賞。今若聽南虜還都北庭，則不得不禁制鮮卑。鮮卑外失暴掠，內無功賞，豺狼貪婪，必爲邊患。今北虜西遁，請求和親，宜因其歸附，以爲外扞。若引兵費賦，以順南虜，則坐失上略，去安即危矣。」會都鄉侯暢來弔國憂，太后數召見之，竇憲懼暢分宫省之權，遣客刺殺暢於屯衛之中，而歸罪於暢弟剛。使侍御史與青州刺史雜考之。尚書韓稜以爲賊在京師，不宜捨近問遠，恐爲姦臣所笑。何敞説宋由曰：「敞備數股肱，職典賊曹，欲親至發所，以糾其變。而二府執事以爲故事，三公不與賊盜。敞請獨奏案之。」於是推舉，具得事實。太后怒，閉憲於内宫。憲懼誅，因自求擊匈奴以贖死。乃以憲爲車騎將軍，執金吾耿秉爲副，發兵伐北匈奴。

以鄧訓爲護羌校尉，擊迷唐，破之。公卿舉鄧訓代張紆。迷唐率兵來脅小月氏胡。訓擁衛胡，令不得戰。議者咸以羌、胡相攻，縣官之利，不宜禁護。訓曰：「張紆失信，衆羌大動。今因其迫急，以德懷之，庶能有用。」遂開城悉驅羣胡妻子内之，嚴兵守衛。羌即解去。由是湟中諸胡皆言：「漢家常欲鬭我曹。今鄧使君待我以恩信，乃是得父母也。」咸歡喜叩頭曰：「唯使君所命！」訓遂撫養教諭，莫不感悦。賞賂諸羌，使相招誘，號吾將其種人八百户來降。訓因發秦、胡、羌兵掩擊迷唐，破之。迷唐乃去大、小榆，衆悉離散。

己丑(八九)

孝和皇帝永元元年。

春，鄧訓掩擊迷唐，大破之，諸羌皆降。迷唐欲復歸故地，鄧訓發湟中六千人，縫革船置箄上，渡河掩擊，大破之，一種殆盡。迷唐收餘衆西徙千餘里。燒當豪帥稽顙歸死，餘皆款塞納質，於是訓綏接歸附，威信大行。遂罷屯兵，唯置弛刑徒二千餘人，屯田修塢壁。

下尚書僕射郅壽吏，壽自殺。竇憲將行，公卿詣朝堂上書諫，以爲：「匈奴不犯邊塞，而無故勞師遠涉，損費國用，徼功萬里，非社稷之計。」書連上，輒寢，宋由諸卿稍自引止。唯袁安、任隗免冠固爭，前後十上，衆皆危懼，安、隗正色自若。侍御史魯恭上疏曰：「萬民者，天之所生；天愛其所生，猶父母愛其子，一物有不得其所者，則天氣爲之舛錯，況於人乎。故愛民者，必有天報。夫戎狄者，四方之異氣也，與鳥獸無別。是以聖王之制，羈縻不絶而已。今匈奴遠藏，去塞數千里，而欲乘其虚耗，利其微弱，是非義之所出也。今始徵發，而大司農調度不足，上下相迫，民間之急，亦已甚矣。羣僚百姓咸曰不可，陛下獨奈何以一人之計，棄萬人之命，不恤其言乎！上觀天心，下察人志，足以知事之得失。臣恐中國不爲中國，豈徒匈奴而已哉！」太后不聽。又詔使者爲篤、景起邸第。侍御史何敞上疏曰：「今匈奴無逆節之罪，漢朝無可慚之耻，而盛春東作，興動大役，復爲篤、景繕修館第，彌街絶里，非所以垂令德示無窮也。宜且罷工匠，以憂邊恤民。」書奏，不省。竇憲嘗使門生齎書詣尚書僕射郅壽，有所請託，壽送詔獄，上書陳憲驕恣，引王莽以誡國家。又因朝會，厲音正色，譏憲等以伐匈奴、起第宅事。憲怒，陷壽以誹謗，下吏當誅。敞上疏曰：「壽機密近臣，匡救爲職，若懷默不言，其罪當誅。今壽違衆正議以安宗廟，豈其私邪！忠臣盡節，以死爲歸。臣誠不欲聖朝行誹謗之誅，以杜塞忠直，垂譏無窮。」壽得減死，徙合浦，未行，自殺。

夏，六月，竇憲擊北匈奴，大破之。登燕然山，刻石勒功而還。竇憲、耿秉出朔方塞，與北單于戰於稽落山，大破之。單于遁走，斬獲甚衆，降二十餘萬人。出塞三千餘里，登燕然山，命中護軍班固刻石勒功，紀漢威德而還。遣司馬吴氾奉金帛遺北單于於西海上，以詔致賜，單于稽首拜受。

秋，七月，會稽山崩。

九月，以竇憲爲大將軍。舊，大將軍位在三公下。至是，詔憲位次太傅下，三公上。竇氏兄弟驕縱，而景尤甚，奴客奪人財貨，篡取罪人，妻略婦女，擅發緣邊突騎。袁安劾景擅發邊兵，驚惑吏民，二千石不待符信，輒承景檄，當伏顯誅。又奏司隸校尉河南尹阿附貴戚，不舉劾，請免官案罪。並寢不報。瓌獨好經書，節約自修。尚書何敞上封事曰：「愛而不教，終至凶戾。猶飢而食之以毒，適所以害之也。伏見大將軍憲，兄弟專朝，虐用百姓，奢侈僭偪，誅戮無罪。臣敞區區，誠不欲上令皇太后損文母之號，陛下有誓泉之譏，下使憲等得長保其福祐。駙馬都尉瓌，比請退身，願抑家權，可與參謀，聽順其意，誠宗廟至計，竇氏之福。」時濟南王康尊貴驕甚，憲乃白出敞爲濟南太傅。康有違失，敞輒諫爭。康雖不能從，然素敬重敞，無所嫌牾焉。

大水。

庚寅（九〇）

二年。

春，二月，日食。

竇憲遣兵復取伊吾地。車師遣子入侍。

月氏遣使奉獻。初，月氏求尚公主，班超拒還其使，由是怨恨，遣其副王謝將兵七萬攻超。超衆少，皆大恐。超曰：「月氏兵雖多，然數千里踰葱嶺來，非有運輸，何足憂邪！但當收穀堅守，彼飢窮自降，不過數十日決矣！」謝攻不下，鈔掠無所得。超度其必從龜兹求食，乃遣兵數百於東界要之，謝果遣騎賂龜兹，伏兵遮擊，盡殺之，持其首示謝。謝大驚，請罪，由是歲奉貢獻。

封齊武王孫無忌爲齊王，威爲北海王。初，北海哀王無後，肅宗以齊武王首創大業，遺詔令復二國。至是皆封。

秋，七月，竇憲出屯凉州。

九月，北匈奴款塞求朝。冬，竇憲遣使迎之，復遣兵襲擊破之。北單于遣使款塞稱臣，欲入朝見。憲遣班固迎之。會南單于求滅北庭，憲復遣中郎將耿譚將騎出塞襲擊北單于。單于被創，僅而得免。南部黨衆益盛，領户三萬四千，勝兵五萬。

辛卯(九一)

三年。

春，正月，帝冠。始用曹褒新禮，擢褒監羽林左騎。

二月，竇憲遣兵擊北匈奴於金微山，大破之。單于走死。竇憲以北匈奴微弱，欲遂滅之，遣左校尉耿夔圍北單于於金微山，大破之，獲其母閼氏名王已下五千餘級，單于逃走，不知所在。出塞五千餘里而還，自漢出師所未嘗至也。

竇憲殺尚書僕射樂恢。竇憲以耿夔、任尚爲爪牙，鄧疊、郭璜爲心腹，班固、傅毅典文章，刺史守令多出其門，賦斂吏民，共爲賂遺。袁安、任隗舉奏，貶四十餘人，竇氏大恨。但安、隗素行高，未有以害之。尚書僕射樂恢上疏曰：「陛下富於春秋，纂承大業，諸舅不宜幹正王室，示天下之私。若上能以義自割，下能以謙自引，則四舅可長保爵土之榮，而皇太后永無慚負宗廟之憂矣。」書奏，不省。恢乞骸骨歸，憲風州郡，迫脅恢飲藥死。於是朝臣震慴，無敢違者。袁安以天子幼弱，外戚擅權，每朝會進見及與公卿言國家事，未嘗不喑嗚流涕。天子大臣皆恃賴之。

冬，十月，帝如長安，竇憲來會。帝幸長安，詔竇憲與車駕會長安。憲至，尚書以下議欲拜之，伏稱萬歲，尚書韓稜正色曰：「夫上交不諂，下交不黷。禮無人臣稱萬歲之制！」議者皆慚而止。左丞王龍私奏記、上牛酒於憲，稜舉奏，論爲城旦。

龜兹、姑墨、温宿諸國皆降。

十二月，以班超爲西域都護、騎都尉。

帝還宫。

壬辰（九二）

四年。

春，正月，立北匈奴於除鞬爲單于。初，北單于既亡，其弟於除鞬自立，遣使款塞。竇憲請立爲單于，置中郎將領護，如南單于故事。事下公卿議，袁安、任隗以爲：「光武招懷南虜，非謂可永安内地，正以權時之算，可得扞禦北狄故也。今宜令南單于反北庭，領降衆，無緣復更立於除鞬以增國費。」安又獨上封事曰：「南單于屯先父舉衆歸德，四十餘年，屯又首唱大謀，空盡北虜，輟而弗圖，更立新降。以一朝之計，違三世之規，失信所養，建立無功，百蠻不敢復保誓矣。況烏桓、鮮卑新殺北單于，今立其弟，豈不懷怨。且漢故事，供給南單于費直歲一億九十餘萬，西域歲七千四百八十萬。今北庭彌遠，其費過倍，是乃空盡天下而非建策之要也。」詔下其議，安又與憲更相難折。憲負勢驕訐，稱光武誅韓歆、戴涉故事，安終不移，然上竟從憲策。初，廬江周榮辟袁安府，安舉奏竇景及爭立北單于事，皆榮所具草，竇氏客脇榮曰：「竇氏悍士，刺客滿城中，謹備之矣！」榮曰：「榮，江、淮孤生，得備宰士，縱爲所害，誠所甘心！」因敕妻子：「若卒遇飛禍，無得殯殮，冀以區區腐身覺悟朝廷。」

三月，司徒安卒。以丁鴻爲司徒。

夏，四月，竇憲還京師。

六月，朔，日食。丁鴻上疏曰：「昔諸吕握權，統嗣幾移；哀、平之末，廟不血食。今天下遠近惶怖承旨，背王室，向私門，上威損，下權盛，人道悖於下，效驗見於天。雖有隱謀，神照其情，垂象見戒，以告人君。禁微則易，救末則難。恩不忍誨，義不忍割。去事之後，未然之明鏡也。夫天不可以不剛，不剛則三光不明；王不可以不强，不强則宰牧從横。宜因大變，改正匡失，以塞天意。」

地震。

旱，蝗。

大將軍竇憲伏誅。竇氏父子兄弟並爲卿校，充滿朝廷，鄧疊及弟磊母元與憲婿郭舉及父璜共相交結。舉得幸太后，遂謀爲逆。帝知其謀，而外臣莫由親接，以鈎盾令鄭衆謹敏有心幾，不事豪黨，遂與衆定議誅憲。使清河王慶私求外戚傳，夜，獨内之。明日，幸北宫，詔執金吾、五校尉勒兵屯衛南、北宫，閉城門，收璜、舉、疊、磊誅之，收憲大將軍印綬，更封冠軍侯，與篤、景、瓌皆就國，選嚴能相迫令自殺。初，河南尹張酺數以正法繩景，及竇氏敗，酺上疏曰：「方憲等寵貴，羣臣阿附，唯恐不及。今嚴威既行，皆言當死，不復顧其前後。臣伏見夏陽侯瓌每存忠善，檢敕賓客，未嘗犯法。臣聞王政骨肉之刑，有三宥之義，過厚不過薄，宜加貸宥，以崇厚德。」帝感其言，由是瓌獨得全。

胡氏曰：竇氏根據已生逆謀，誠欲誅之，未易舉手。和帝年纔十四，乃能選用祕臣，密求故事，勒兵收捕，中外肅清，足以繼孝昭之烈矣。所可恨者，三公不與大政，而鄭衆有功。由是宦者用權，馴致亡漢，可勝歎哉！

竇氏宗族賓客皆免歸故郡，班固死獄中。固嘗著漢書，尚未就。詔固女弟曹壽妻昭踵成之。

華嶠曰：固之序事，不激詭，不抑抗，贍而不穢，詳而有體，使讀之者亹亹而不厭，信哉其能成名也！固譏司馬遷是非頗謬於聖人，然其論議，常排死節，否正直，而不叙殺身成仁之爲美，則輕仁義，賤守節甚矣！

初，竇憲納妻，郡國皆有禮慶。漢中郡當遣吏，户曹李郃諫曰：「竇將軍不修德禮而專權驕恣，危亡可翹足而待。願明府一心王室，勿與交通。」太守固遣之，郃請自行，遂所在遲留，至扶風而憲就國。凡交通者皆坐免，太守獨不與焉。

帝賜清河王慶奴婢、輿馬、錢帛、珍寶，充牣其第。慶或時不安，帝朝夕問訊，進膳藥，所以垂意甚備。慶亦小心恭孝，自以廢黜，尤畏事慎法，故能保其寵禄焉。

以宦者鄭衆爲大長秋。帝策勳班賞，衆每辭多受少，帝由是賢之，常與之議論政事，宦官用權自此始矣。

秋，七月，太尉由有罪策免，自殺。以黨於竇氏故也。

八月，司空隗卒。以尹睦爲太尉。録尚書事劉方爲司空。初議立北單于，惟方、睦同袁安議。及竇氏敗，帝思前議，故策免由而用方、睦焉。

護羌校尉鄧訓卒，迷唐復反。鄧訓卒，吏民羌胡旦夕臨者日數千人。前烏桓吏士皆奔走道路，至空城郭。吏執，不聽，以狀白校尉徐傿，傿歎息曰：「此爲義也！」乃釋之。遂家家爲訓立祠。聶尚代訓爲校尉，欲以恩懷諸羌，乃詔迷唐，使還居大、小榆谷。迷唐遣祖母詣尚，尚自送至塞下，令譯護送之。迷唐遂與諸種屠譯以盟，復寇金城塞。尚坐免。

癸巳(九三)

五年。

春，正月，太傅彪卒。

隴西地震。

北單于畔，遣兵追斬滅之。竇憲既立於除鞬爲北單于，欲輔歸北庭，會憲誅而止。於除鞬自畔還北，詔討斬之，破滅其衆。

鮮卑徙據北匈奴地。鮮卑既據匈奴故地，匈奴餘種十餘萬落皆自號鮮卑，鮮卑由此漸盛。

冬，十月，太尉睦卒。以張酺爲太尉。酺與尚書張敏等奏：「曹褒制漢禮，亂聖術，宜加刑誅。」帝寢其奏，而漢禮遂不行。

梁王暢有罪，詔削二縣。暢與從官卞忌祠祭求福，忌云：「神言王當爲天子。」有司奏請徵詣詔獄。帝不許，但削二縣。暢上疏深自刻責，請還爵土。上優詔不聽。

護羌校尉貫友攻迷唐，走之。貫友攻迷唐於大、小榆谷，夾逢留大河築城塢，作大航，造河橋，欲以渡兵。迷唐遠徙，依賜支河曲。

南匈奴單于屯屠何死，單于宣弟安國立。安國初爲左賢王，無稱譽。及爲單于，左谷蠡王師子以次轉爲左賢王。師子素勇黠多知，數將兵擊北庭，受賞賜，國中盡敬師子而不附安國，安國欲殺之。諸新降胡，初在塞外數爲師子所驅掠，多怨之。安國因是與同謀議。師子覺其謀，乃别居五原界。

甲午（九四）

六年。

春，正月，使匈奴中郎將杜崇等殺安國，立左賢王師子爲單于。安國與崇不相平，上書告崇。崇斷其章，因與度遼將軍朱徽上言：「安國親近新降，欲殺左賢王師子，起兵背畔。」下公卿議，皆以爲宜遣有方略使者之單于庭，與崇、徽并力，責其部衆爲邊害者，共平罪誅。若不從命，令爲權時方略，亦足以威示百蠻。帝從之。於是徽、崇遂發兵造其庭。安國驚去，舉兵欲誅師子。師子悉將廬落入曼柏城。安國追到城下，徼遣吏曉譬，不聽。崇、徽因發諸部騎追赴之，安國舅喜爲等恐并誅，乃殺安國而立師子。

司徒鴻卒。以劉方爲司徒，張奮爲司空。

秋，旱。

班超發八國兵討焉耆，斬其王廣。初，龜兹諸國既降，焉耆猶懷二心，至是討之。於是西域五十餘國悉納質内屬，至于海濱四萬里外，皆重譯貢獻。

北匈奴降者脇立屯屠何子逢侯叛，走出塞。遣將軍鄧鴻等擊之，不及。鴻及杜崇等皆坐誅。鴻坐逗留，崇及朱徽坐失胡和，致胡反，皆徵，下獄死。

乙未(九五)

以陳寵爲廷尉。寵性仁矜，數議疑獄，每附經典，務從寬恕，刻敝之風，於此少衰。

七年。

夏，四月，朔，日食。

秋，七月，易陽地裂。

九月，地震。

丙申（九六）

八年。

春，二月，立貴人陰氏爲皇后。

夏，蝗。

丁酉（九七）

九年。

春，三月，隴西地震。

夏，六月，旱，蝗。除田租及山澤税。

閏月，皇太后竇氏崩。初，梁貴人既死，宫省事祕，莫有知帝爲梁氏出者。舞陰公主子梁扈奏記三府，求得申議。太尉張酺言狀，帝感慟良久，酺因請追上尊號，存録諸舅。帝從之。會貴人姊上書自訟，乃知貴人枉殁之狀。三公奏請貶竇太后尊號，不宜合葬先帝。帝手詔曰：「竇氏雖不遵法度，而太后常自減損。朕奉事十年，深惟大義。禮，臣子無貶尊上之文，恩不忍離，義不忍虧，其勿復議。」

葬章德皇后。

迷唐寇隴西。遣將軍劉尚討破之。

九月，司徒方策免，自殺。

冬，十月，追尊梁貴人爲恭懷皇太后，葬西陵。

以吕蓋爲司徒。

司空奮罷。以韓稜爲司空。

戊戌（九八）

十年。

夏，五月，大水。

秋，七月，司空稜卒。以巢堪爲司空。

冬，十月，雨水。

十二月，迷唐詣闕貢獻。劉尚坐畏懦，免。謁者耿譚設購賞，諸種頗來附。迷唐恐，乃降。

以劉愷爲郎。初，居巢侯劉般薨，子愷當嗣，稱父遺意，讓其弟憲，遁逃十餘歲。有司奏請絶其國，賈逵上書曰：「孔子稱『能以禮讓爲國乎何有』。有司不原樂善之心，而繩以循常之法，非所以長克讓之風，成含弘之化也。」詔聽憲嗣爵，徵愷爲郎。

南單于師子死，單于長之子檀立。

己亥（九九）

十一年。

春，二月，遣使循行稟貸。

庚子（一〇〇）

十二年。

夏，四月，秭歸山崩。

秋，七月，朔，日食。

太尉鬴免，以張禹爲太尉。

迷唐復叛。迷唐既入朝，其餘種人不滿二千，飢窘不立，入居金城。帝令還大、小榆谷。迷唐以漢作河橋，兵來無常，故地不可復居，辭不肯出。校尉吴祉等促使出塞，迷唐復叛，寇鈔而去。

辛丑（一〇一）

十三年。

春，正月，帝幸東觀。帝因朝會，召見諸儒，魯丕、賈逵、黄香等相難數事，帝善丕説，特賜衣冠。

丕因上疏曰：「説經者，傳先師之言，非從己出，若規矩權衡之不可枉也。難者必明其據，説者務立其義，浮華無用之言，不陳於前，故精思不勞而道術愈章。法異者各令自説師法，博觀其義，無令幽遠獨有遺失也。」

秋，迷唐寇金城，郡兵擊破之。迷唐復還賜支河曲，將兵向塞。金城太守侯霸擊破迷唐，種人瓦解，迷唐遂弱，遠踰賜支河首，依發羌居。久之，病死。其子來降，户不滿數十。

雨水。

冬，詔邊郡舉孝廉。詔曰：「幽、并、凉州户口率少，邊役衆劇，束脩良吏進仕路狹。撫接夷狄，以人爲本，其令緣邊郡口十萬以上，歲舉孝廉一人；不滿十萬，二歲一人；五萬以下，三歲一人。」

鮮卑寇右北平、漁陽。

司徒蓋致仕。以魯恭爲司徒。

巫蠻反，寇南郡。巫蠻許聖以郡收税不均，怨恨，遂反。

壬寅（一〇二）

十四年。

春，安定羌反，郡兵擊滅之，復置西海郡。安定降羌燒何種反，郡兵擊滅之。自是西海及大、小榆谷左右無復羌寇，隃麋相曹鳳上言：「燒當種居大、小榆谷，土地肥美，有西海魚鹽之利，阻大河以爲固。又近塞内諸種，故犯法者常從此起。宜及此時，建復西海郡縣，規固二榆，廣設屯田，隔塞羌、胡交關之路，遏絶狂狡窺欲之源。又殖穀富邊，省委輸之役，國家可以無西方之憂。」上從之，繕修故西海郡，拜鳳爲金城西部都尉戍之。增廣屯田，列屯夾河，合三十四部。其功垂立，會永初中，諸羌叛，乃罷。

夏，四月，荆州兵討巫蠻，大破降之。

六月，皇后陰氏廢死。陰后妬忌恚恨，有言后挾巫蠱道者，后坐廢，以憂死。

大水。

徵班超還京師。班超年老乞歸，久之未報。超妹曹大家上書爲超求哀，帝感其言，乃徵超還。八月至洛陽，九月卒。任尚代爲都護，謂超曰：「小人猥承君後，任重慮淺，宜有以誨之！」超曰：「塞外吏士，本非孝子順孫，皆以罪過徙補邊屯。而蠻夷懷鳥獸之心，難養易敗。今君性嚴急，水清無大魚，察政不得下和，宜蕩佚簡易，寬小過，總大綱而已。」超去後，尚私謂所親曰：「我以班君當有奇策，今所言平平耳。」尚後竟失邊和，如超言。

冬，十月，立貴人鄧氏爲皇后。初，鄧禹嘗謂人曰：「吾將百萬之衆，未嘗妄殺一人，後世必有興者。」其子訓有女曰綏，性孝友，好書傳，常晝修婦業，暮誦經典。選入宮爲貴人，恭肅小心，動有法度，承事陰后，接撫同列，常克己以下之，雖宮人隸役，皆加恩借，帝深嘉焉。嘗有疾，帝特令其母、兄弟入視醫藥，貴人辭曰：「宮禁至重，而使外舍久在内省，上令陛下有私幸之譏，下使賤妾獲不知足之謗，上下交損，誠不願也。」每有讌會，諸姬競自修飾，貴人獨尚質素，其衣有與陰后同色者，即時解易，若並時進見，則不敢正坐離立。每有所問，常逡巡後對。帝數失皇子，貴人數選進才人。及爲皇后，郡國貢獻，悉令禁絶，歲時但供紙墨而已。帝每欲官爵鄧氏，后輒哀請謙讓，故兄騭終帝世不過中郎將。

司空堪罷。以徐防爲司空。防上疏，以爲漢立博士十有四家，設甲乙科，以勉學者。今太學試博士弟子，皆以意説，不修家法，不依章句，妄生穿鑿，輕侮道術，寖以成俗，誠非詔書實選本意。改薄從忠，三代常道；專精務本，儒學所先。臣以爲博士策試，宜從其家章句，開五十難以試之，解釋多者爲上第，引文明者爲高説。若不依先師，義有相伐，皆正以爲非。」上從之。

封鄭衆爲鄛鄉侯。宦者封侯自此始。

癸卯（一〇三）

十五年。

夏，四月，晦，日食。時帝遵肅宗故事，兄弟皆留京師。有司以日食陰盛，奏遣諸王就國。詔曰：「甲子之異，責由一人。諸王幼稚，早離顧復，常有蓼莪、凱風之哀。選懦之恩，知非國典，且復宿留。」

雨水。

冬，十月，帝如章陵。十一月，還宮。時太尉張禹留守，聞車駕當幸江陵，以爲不宜冒險遠遊，驛馬上諫。詔報曰：「祠謁既訖，當南禮大江。會得君奏，臨漢回輿。」

詔太官勿受遠國珍羞。嶺南舊獻生龍眼、茘枝，十里一置，五里一候，晝夜傳送。臨武長唐羌上書曰：「臣聞上不以滋味爲德，下不以貢膳爲功。南州炎熱，惡蟲猛獸，不絕於路。獻生龍眼、茘枝者，觸犯死亡，不可勝數。死者不可復生，來者猶可救也。」詔曰：「遠國珍羞，本以薦奉宗廟。苟有傷害，豈愛民之本，其敕太官勿復受獻。」

十六年。

甲辰（一〇四）

秋，七月，旱。

司徒恭免。以張酺爲司徒。八月，卒。以徐防爲司徒，陳寵爲司空。

北匈奴請和親。帝以其舊禮不備，未許，而厚加賞賜，不答其使。

元興元年。

乙巳（一〇五）

春，高句驪寇遼東。

冬，十二月，帝崩。太子隆即位。初，帝失皇子十數，後生者輒隱祕養於民間，羣臣無知者。及帝崩，皇后乃收皇子於民間。長子勝有痼疾；少子隆，生始百餘日，迎立以爲太子，即位。

尊皇后曰皇太后，太后臨朝。

洛陽令王渙卒。渙居身平正，能以明察發擿姦伏，外猛内慈，人皆悦服。至是卒官，百姓莫不流涕，爲立祠作詩，弦歌以祭。太后詔曰：「夫忠良之吏，國家所以爲治也。求之甚勤，得之至寡，其以涣子石爲郎中。」

丙午（一〇六）

孝殤皇帝延平元年。

春，正月，以張禹爲太傅，徐防爲太尉，參録尚書事。太后以帝在繦褓，欲令重臣居禁内。乃詔禹舍宫中，五日一歸府。每朝見，特贊，與三公絶席。

封帝兄勝爲平原王。

以梁鮪爲司徒。

三月，葬慎陵。

胡氏曰：和帝幼冲能誅竇憲，自是威權不失，無大過舉。尊信儒術，友愛兄弟，禮賢納諫，中國又安。方之章帝，實過之矣。

清河王慶就國，特加殊禮。慶子祜，年十三，太后以帝幼弱，遠慮不虞，留祜與嫡母耿姬居清河邸。姬，况孫也。

夏，四月，罷祀官不在禮典者。太后雅不好淫祠。

鮮卑寇漁陽，太守張顯戰没。鮮卑入寇，張顯率數百人出塞追之。掾嚴授諫不聽，進兵，遇虜伏發，士卒悉走，唯授力戰而死。主簿衛福、功曹徐咸皆自投赴顯，俱没於陳。

以鄧騭爲車騎將軍，儀同三司。

司空寵卒。

五月，河東垣山崩。

以尹勤爲司空。

雨水。

減用度，遣宫人。太后詔減太官、導官、尚方、内署諸服御、珍膳、靡麗難成之物，自非陵廟米，不得導擇，朝夕一肉飯而已。郡國所貢，皆減過半，斥賣上林鷹犬。離宫别館儲峙米炭，悉令省之。又詔免遣掖庭宫人及宗室没入者，皆爲庶民。

秋，七月，詔實覈傷害，除其田租。詔曰：「間者水災害稼，朝廷憂懼，而郡國欲獲虚譽，遂多張墾田，競增户口，掩匿盗賊，貪苛慘毒，延及平民。刺史垂頭塞耳，阿私下比，不畏于天，不愧于人。自今以後，將糾其罰。其各實覈所傷害，爲除田租。」

八月，帝崩。太后迎清河王子祜入即位，太后猶臨朝。后與鄧騭定策禁中，迎祜拜長安侯，立以爲和帝嗣。

詔檢敕鄧氏賓客。詔司隸校尉、河南尹、南陽太守曰：「每覽前代，外戚賓客濁亂奉公，爲民患苦，咎在執法怠懈，不輒行其罰故也。今宗門廣大，姻戚不少，賓客姦猾，多干禁憲，其明加檢敕，勿相容護。」自是親屬犯罪，無所假貸。

九月，大水。

葬康陵。以連遭大憂，百姓苦役，方中祕藏及諸工作，減十之九。

隕石于陳留。

冬，十月，大水，雨雹。

十二月，清河王慶卒。

罷魚龍曼延戲。

詔舉隱逸，選博士。樊準上疏曰：「臣聞人君不可以不學。光武皇帝受命中興，不遑啓處，然猶投戈講藝，息馬論道。孝明皇帝庶政萬機，無不簡心，而垂情古典，游意經藝，正坐自講，諸儒並聽，化自聖躬，流及蠻荒。今學者益少，遠方尤甚，博士倚席不講，儒者競論浮麗。宜博求幽隱，寵進儒雅，以俟聖上講習之期。」太后深納其言，詔：「公卿中二千石各舉隱士大儒，務取高行，以勸後進。妙簡博士，必得其人。」

丁未（一〇七）

孝安皇帝永初元年。

春，二月，司徒鮪卒。

三月，日食。

夏，四月，封鄧騭及弟悝、弘、閶皆爲列侯。騭辭不受。自和帝之喪，鄧騭兄弟常居禁中。騭不欲久在内，連求還第，太后許之。至是辭讓不獲，逃避使者，上疏自陳，至於五六，乃許之。

五月，以魯恭爲司徒。恭言：「舊制，立秋乃行薄刑。自永元以來，改用孟夏。上逆時氣，下傷農業。案月令『孟夏斷薄刑』者，謂輕罪已正，不欲久繫，故時斷之也。孟夏之制，可從此令。其決獄案考，皆以立秋爲斷。章帝定令斷獄皆以冬至之前，而小吏入十一月得死罪賊，不問曲直，便即格殺，雖有疑罪，不復讞正。可令大辟之科，盡冬月乃斷。」從之。

六月，罷西域都護及伊吾盧、柳中屯田。西域都護段禧等保龜兹，道路隔塞，檄書不通。公卿議者以爲：「西域阻遠，數有背叛，吏士屯田，其費無已。」於是罷之。

諸羌復叛。諸降羌布在郡縣，皆爲吏民豪右所徭役，積以愁怨。及罷都護，發羌數千騎迎之，羣羌散叛，諸郡發兵邀遮，或覆其廬落。於是諸種犇潰，大爲寇掠，遂斷隴道。然歸附既久，無復器甲，或持竹竿木枝，或負板案以爲楯，或執銅鏡以象兵，郡縣畏懦不能制，乃赦其罪。

秋，九月，以寇賊、雨水，策免太尉防、司空勤。三公以災異免，自此始。

仲長統曰：光武愠數世之失權，忿强臣之竊命，矯枉過直，政不任下，雖置三公，事歸臺閣。自此以來，三公之職，備員而已。至於中世，權移外戚，寵被近習，用其私人，殘擾百姓，使四夷乖叛，怨氣並作，陰陽失和，三光虧缺，怪異數至，水旱爲災。而反以策讓三公，至於死免，豈不寃哉！又，中世之選三公也，務於清慤謹慎，循常習故者，是乃婦女之檢柙，鄉曲之常人耳，惡足以居斯位耶！昔文帝愛鄧通，而猶展申屠嘉之志。至如近世，外戚宦豎，請託不行，立能陷人於不測之禍，惡可得而彈正者哉！光武奪三公之重，至今而加甚。不假后黨以權，數世而不行。蓋親疏之勢異也！人主誠專委三公，分任責成，而在位病民，百姓不安，天地多變，然後可以分此罪矣！

詔減黄門鼓吹及廄馬半食。

冬，十一月，司空周章自殺。鄭衆、蔡倫等皆秉勢豫政，周章數進直言，太后不能用。初，太后以平原王勝有痼疾，而貪殤帝孩抱，養爲己子，故立焉。及殤帝崩，羣臣以勝疾非痼，意咸歸之。太后恐勝終怨，乃迎帝而立之。周章以衆心不附，密謀誅騭兄弟及衆、倫等，廢太后及帝而立勝，事覺自殺。

十二月，詔鄧騭及校尉任尚將兵屯漢陽以備羌。

地震，大水，大風，雨雹。是歲郡國十八地震，四十一大水，二十八風雹。

戊申（一〇八）

二年。

春，正月，鄧騭擊鍾羌，大敗。

以公田賦與貧民，遣使稟貸冀、兖流民。御史中丞樊準上疏：「請減無事之物，省官吏作者。被災之郡，百姓凋殘，恐非賑給所能勝贍。可遣使持節慰安，尤困乏者徙置荆、揚熟郡。」太后從之，悉以公田賦與貧民，即擢準爲光禄大夫，使冀州；遣議郎吕倉使兖州，禀貸，流民咸得蘇息。

夏，旱，五月，太后親録囚徒。皇太后幸洛陽寺及若盧獄，録囚徒。洛陽有囚實不殺人而被考自誣，羸困輿見，畏吏不敢言，將去，舉頭若欲自訴。太后呼還問狀，具得枉實，即收令抵罪。行未還宫，澍雨大降。

六月，大水，大風，雨雹。

秋，七月，太白入北斗。

冬，任尚與先零羌滇零戰，大敗。詔遣謁者龐參督諸軍屯。鄧騭使任尚與先零别種滇零等戰於平襄，尚軍大敗，羌衆遂大盛，朝廷不能制。湟中粟石萬錢，死亡不可勝數，而轉運難劇。故左校令龐參先坐法輸作若盧，使其子俊上書曰：「萬里運糧，遠就羌戎，不若總兵養衆，以待其疲。鄧騭宜且振旅，留任尚使督凉州士民，轉居三輔。休徭役以助其時，止煩賦以益其財，令男得耕種，女得織紝，然後畜精鋭，乘懈沮，出其不意，攻其不備，則邊民之仇報，犇北之耻雪矣。」書奏，會樊準上疏薦參，太后即擢參於徒中，召拜謁者，使西督三輔諸軍屯。

十一月，徵鄧騭爲大將軍。鄧騭在位，頗能推進賢士，薦何熙、李郃等列於朝廷。又辟弘農楊震、巴郡陳禪等，置之幕府，天下稱之。震，孤貧好學，通達博覽，諸儒爲之語曰：「關西孔子楊伯起。」教授二十餘年，不答州郡禮命，衆人謂之晚暮，而震志愈篤。騭聞而辟之，時震年已五十餘，累遷荆州刺史、東萊太守。當之郡，道經昌邑，故所舉荆州茂才王密爲令，夜懷金遺震。震曰：「故人知君，君不知故人，何也？」密曰：「暮夜無知者。」震曰：「天知，地知，我知，子知，何謂無知者！」密愧而出。子孫常蔬食、步行，故舊或欲令爲開産業，震曰：「使後世稱爲清白吏子孫，以此遺之，不亦厚乎！」

地震。

滇零僭稱天子，寇鈔三輔，校尉梁慬破走之。

己酉（一〇九）

三年。

春，正月，帝冠。

京師大饑，民相食。

司徒恭罷。恭再在公位，選辟高第至列卿、郡守，而門下耆生或不蒙薦舉，有怨望者。恭聞之曰：「學之不講，是吾憂也。」終不借之議論。學者受業，必窮核問難，道成，然後謝遣之。

夏，四月，令吏民入錢穀，得拜官賜爵有差。從三公之請也。

南匈奴反。漢人韓琮隨單于入朝，既還，説云：「關東水潦，人民饑餓死盡，可擊也。」單于遂反。

秋，九月，海賊張伯路寇濱海九郡。

烏桓、鮮卑、南匈奴合兵寇五原。

冬，十一月，南匈奴圍中郎將耿种於美稷。遣中郎將龐雄將兵討之。

十二月，地震。

有星孛于天苑。

雨水。

并、凉大饑，人相食。

詔饗遣衛士勿設戲作樂，減逐疫侲子之半。

庚戌（一一〇）

四年。

春，正月，元會，徹樂，不陳充庭車。

遣御史中丞王宗、青州刺史法雄討張伯路。

度遼將軍梁慬、遼東太守耿夔擊南匈奴，破走之。

詔以凉州牧守子弟爲郎。龐參説鄧騭，徙邊郡不能自存者入居三輔，騭然之。欲棄凉州，并力北邊。乃會公卿集議，騭曰：「譬若衣敗壞，一以相補，猶有所完，若不如此，將兩無所保。」公卿皆以爲然。郎中虞詡言於太尉張禹曰：「若大將軍之策，不可者三：先帝開拓土宇，劬而後定，今憚小費，舉而棄之，一也。凉州既棄，即以三輔爲塞，園陵單外，二也。喭曰：『關西出將，關東出相。』烈士武臣，多出凉州。土風壯猛，便習兵事。今羌、胡所以不敢入據三輔爲心腹之害者，以凉州在後故也。凉州士民所以推鋒執鋭，父死子戰，無反顧之心者，爲臣屬於漢故也。今割而棄之，民庶安土重遷，必引領而怨曰：『中國棄我於夷狄！』如卒然起謀，因天下之饑敝，驅氐、羌以爲前鋒，席卷而東，則函谷以西，園陵舊京非復漢有，三也。議者喻以補衣猶有所完，詡恐其疽食侵淫而無限極也！」禹以爲然。詡因説禹：「收羅涼土雄桀，引其牧守子弟於朝，外以勸厲答其功勤，内以拘致防其邪計。」禹善其言，更集四府，皆從詡議。於是辟西州豪桀爲掾屬，拜牧守長吏子弟爲郎，以安慰之。

以虞詡爲朝歌長，討縣境羣盜，平之。

鄧騭以前議惡虞詡，欲以法中之。會朝歌賊數千人攻殺長吏，屯聚連年，州郡不能禁，乃以詡爲朝歌長。故舊皆弔之，詡笑曰：「事不避難，臣之職也。不遇槃根錯節，無以别利器，此乃吾立功之秋也！」始到，謁河内太守馬稜。稜曰：「君儒者，當謀謨廟堂，乃在朝歌，甚爲君憂之。」詡曰：「此賊犬羊相聚，以求温飽耳。願明府不以爲憂！」稜曰：「何以言之？」詡曰：「朝歌背太行，臨黄河，去敖倉不過百里，而青、冀之民流亡萬數。賊不知開倉招衆，劫庫兵，守成皋，斷天下右臂，此不足憂也。今其衆新盛，難與爭鋒。兵不厭權，願寬假轡策，勿令有所拘閡而已。」及到官，設三科以募壯士，掾史以下各舉所知，攻劫者爲上，傷人偷盗者次之，不事家業者爲下，收得百餘人。貰其罪，使入賊中誘令劫掠，乃伏兵以待之，殺數百人。又潛遣貧人能縫者傭作賊衣，以采線縫其裾，有出市里者，吏輒禽之。賊由是駭散，縣境皆平。

三月，南匈奴降。

龐雄等連營稍前，單于大恐，讓韓琮曰：「汝言漢人死盡，今是何等人也！」乃遣使乞降，脱帽徒跣，對雄等拜。於是赦之，遇待如初。

先零羌寇漢中，太守鄭勤戰死。勤戰，大敗，主簿段崇、門下史王宗、原展以身扞刃，與勤俱死。

地震。

夏，蝗。

張伯路降，復叛，入海島。王宗、法雄與伯路連戰，破走之。會赦到，賊以軍未解甲，不敢降。議者皆以爲當遂擊之，雄曰：「不然。兵凶器，戰危事，勇不可恃，勝不可必。賊若乘船入島，攻之未易也。及有赦令，可且罷兵以慰誘其心，勢必解散，然後圖之，可不戰而定也。」宗善其言，即罷兵。賊乃還所略人，而東萊郡兵獨未解甲，賊復驚走海島上。

秋，七月，大水。九月，地震。

冬，十月，太后母新野君卒。新野君病，太后幸其第，連日宿止。三公上表固爭，乃還宫。及薨，鄧騭等乞身行服，太后欲不許，曹大家勸后許之。及服除，詔騭復還輔朝政，更授前封，騭等叩頭固讓，乃止。於是並奉朝請，有大議，與公卿參謀。

辛亥(一一一)

五年。

春，正月，朔，日食。

地震。

羌寇河内。詔遣兵屯孟津。三月，徙緣邊郡縣避寇。遣侍御史任尚擊羌，破之。先零羌寇河内，百姓多奔渡河，使朱寵將五營士屯孟津，詔魏、趙、常山、中山作塢堠六百所。羌既轉盛，而緣邊二千石、令、長多内郡人，無守戰意，皆爭上徙郡縣以避寇，詔皆從之。百姓戀土，遂刈其禾稼，發徹室屋，夷營壁，破積聚。時連旱蝗饑荒，而驅蹙劫掠，流離分散，隨道死亡，或棄捐老弱，或爲人僕妾，喪其大半。復以任尚爲侍御史，擊羌於上黨羊頭山，破之，乃罷孟津屯。

蝗，雨水。

秋，漢陽人杜季貢寇陷上邽。

法雄擊張伯路，破斬之。

壬子(一一二)

六年。

春，正月，省薦新物二十三種。詔曰：「凡供薦新味，多非其節，或鬱養强孰，或穿掘萌芽，味無所至而夭折生長，豈所以順時育物乎！自今皆須時乃上。」凡所省二十三種。

三月，蝗。

夏，詔封建武功臣。

五月，旱。

六月，豫章員谿原山崩。

滇零死，子零昌以杜季貢爲將軍。

癸丑（一一三）

七年。

春，正月，太后率大臣命婦謁宗廟。

二月，地震。

夏，四月，晦，日食。

秋，蝗。

甲寅（一一四）

元初元年。

春，二月，日南地坼。長百餘里。

三月，日食。

遣兵屯河内以備羌。

夏，旱，蝗。

六月，河東地陷。

羌豪號多掠漢中，斷隴道。校尉侯霸與戰，破之。

冬，十月，朔，日食。

地震。

乙卯（一一五）

二年。

春，號多降。校尉龐參以恩信招誘諸羌，號多等降。參遣詣闕，賜侯印，遣之。參始還治令居，通河西道。

零昌寇益州，遣中郎將尹就討之。

夏，四月，立貴人閻氏爲皇后。后性妬忌，後宫李氏生皇子保，后鴆殺李氏。

五月，旱，蝗。

八月，遼東鮮卑圍無慮。

是月，晦，日食。

校尉班雄等擊零昌，大敗。詔班雄屯三輔，司馬鈞督關中兵，龐參將羌、胡，分道並擊零昌。參兵至勇士城東，爲杜季貢所敗，引退。鈞等獨進，攻拔丁奚城，季貢率衆僞逃。鈞令仲光收羌禾稼。光等散兵深入，羌設伏要擊之，光等兵敗並没。

遣中郎將任尚屯三輔。懷令虞詡説尚曰：「兵法：弱不攻强，走不逐飛，自然之勢也。今虜皆馬騎，日行數百里，來如風雨，去如絶弦。以步追之，勢不相及。所以雖屯兵二十餘萬，曠日而無功也。爲使君計，莫如罷諸郡兵，各令出錢數千，二十人共市一馬，以萬騎之衆，逐數千之虜，追尾掩截，其道自窮。便民利事，大功立矣！」尚即上言，用其計，遣輕騎擊杜季貢於丁奚城，破之。

以虞詡爲武都太守，擊羌，破之。太后聞虞詡有將帥之略，以爲武都太守。羌衆數千遮詡於陳倉崤谷，詡即停軍不進，而宣言「上書請兵，須到當發」。羌聞之，乃分鈔傍縣。詡因其兵散，日夜進道，兼行百餘里，令吏士各作兩竈，日增倍之，羌不敢逼。或問曰：「孫臏減竈而君增之，兵法日行不過三十里，而今日且二百里，何也？」詡曰：「虜衆多，吾兵少，徐行則易爲所及，速進則彼所不測。虜見吾竈日增，必謂郡兵來迎，衆多行速，必憚追我。孫臏見弱，吾今示强，勢有不同故也。」既到郡，兵不滿三千，而羌衆萬餘，攻圍赤亭數十日。詡乃令軍中强弩勿發，而潛發小弩。羌以爲矢力弱，不能至，并兵急攻。詡於是使二十强弩共射一人，發無不中，羌大震，退。詡因出城奮擊，多所傷殺。明日，悉陳其兵衆，令從東郭門出，北郭門入，貿易衣服，回轉數周。羌不知其數，更相恐動。詡計賊當退，乃潛遣五百餘人於淺水設伏，候其走路。虜果大犇，因掩擊，大破之，斬獲甚衆，賊由是敗散。詡乃占相地勢，築營壁百八十所，招還流亡，假賑貧民，開通水運。始到郡，穀石千，鹽石八千，見户萬三千。視事三年，米石八十，鹽石四百，民增至四萬餘户，人足家給，一郡遂安。

十一月，地震。

前虎賁中郎將鄧弘卒。弘性儉素，治歐陽尚書，授帝禁中。有司奏贈弘驃騎將軍，太后追弘雅意，不許，但賜錢布，騭辭不受。將葬，有司復奏發五營輕車騎士，太后不聽，但白蓋雙騎，門生輓送。

丙辰（一一六）

三年。

春，地震。

三月，日食。

夏，四月，旱。

度遼將軍鄧遵率南單于擊零昌，破之。任尚又擊破之。

初聽大臣行三年喪。舊制，公卿、二千石、刺史不得行三年喪，司徒劉愷以爲「非所以師表百姓，宣美風俗」。乃詔聽大臣行三年喪。

地震。

十二月，任尚擊零昌，殺其妻子。

丁巳（一一七）

四年。

春，二月，朔，日食。

武庫災。

任尚遣羌殺杜季貢。

夏，四月，策免司空袁敞。敞自殺。敞廉勁不阿權貴，失鄧氏旨。尚書郎張俊有私書與敞子，怨家封上之。敞坐策免，自殺。

六月，雨雹。

遼西鮮卑入寇，郡兵擊破之。

秋，七月，雨水。

益州刺史張喬討叛羌，羌皆降散。

任尚募羌殺零昌。

越巂夷封離等反。

任尚擊先零羌狼莫，大破走之。西河虔人種羌降，隴右平。

地震。

戊午(一一八)

五年。

春，旱。

永昌、益州、蜀郡夷叛。三郡夷叛應封離，衆至十餘萬，破壞二十餘縣，殺長吏，焚掠百姓，骸骨委積，千里無人。

秋，八月，朔，日食。

冬，十月，鮮卑寇上谷。

鄧遵募羌殺狼莫，封遵爲武陽侯。徵任尚，棄市。自羌叛十餘年間，軍旅之費，凡用二百四十餘億，死者不可勝數，并、涼二州遂至虛耗。及零昌、狼莫死，諸羌瓦解，三輔、益州無復寇警。詔封鄧遵爲武陽侯。遵以太后從弟故，爵封優大。任尚與遵爭功，檻車徵，棄市。

地震。

己未(一一九)

六年。

春，二月，地震。

夏，四月，大風，雨雹。

旱。

秋，七月，鮮卑寇馬城塞。鄧遵率南單于擊破之。

冬，十二月，朔，日食，既。

地震。

豫章芝草生。豫章有芝草生，太守劉祇欲上之，以問郡人唐檀，檀曰：「方今外戚豪盛，君道微弱，斯豈嘉瑞乎！」祇乃止。

益州夷降。益州刺史張喬遣從事楊竦將兵擊封離等，大破之，斬首三萬餘級。封離等乞降，竦厚加慰納，其餘三十六種皆來降附。竦因奏長吏姦猾，侵犯蠻夷者九十人，皆減死論。

敦煌遣吏屯伊吾，車師、鄯善復降。初，西域諸國既絶於漢，北匈奴復以兵威役屬之，與共爲邊寇。敦煌太守曹宗患之，乃上遣行長史索班將千餘人屯伊吾以招撫之。於是車師前王及鄯善王復來降。

庚申（一二〇）

永寧元年。

春，三月，北匈奴、車師後王共殺漢吏。詔復置都護屯兵。北匈奴率車師後王軍就共殺索班，擊走前王，略有北道。曹宗請出兵擊匈奴以報之，因復取西域。公卿多以爲宜閉玉門關。太后聞軍司馬班勇有父風，召問之。勇上議曰：「昔孝武皇帝開通西域，論者以爲奪匈奴府藏，斷其右臂。光武中興，未遑外事，故匈奴驅率諸國，河西城門晝閉。孝明皇帝深惟廟策，命將出征，然後匈奴遠遁，邊境得安。閒者羌亂，西域復絶，北虜遂遣責諸國逋租，高其價直，嚴以期會，鄯善、車師皆懷憤怨，思樂事漢，其路無從。然今曹宗徒欲報雪匈奴，而不尋出兵故事，要功荒外，萬無一成，兵連禍結，悔無所及。

況今府藏未充，師無後繼，臣愚以爲不可許也。宜於敦煌復置營兵三百人及護西域副校尉，遣長史將五百人屯樓蘭，西當焉耆、龜茲徑路，南强鄯善、于寘心膽，北扞匈奴，東近敦煌，既爲胡虜節度，又禁漢人侵擾，如此誠便。」公卿難曰：「前所以棄西域者，以其無益而難供也。今欲通之，班將能保北虜不爲邊害乎？」勇對曰：「今置州牧以禁盜賊，若州牧能保盜賊不起者，臣亦願以要斬保匈奴之不爲邊害也。今通西域，則虜勢必弱，爲患微矣。孰與歸其府藏，續其斷臂哉！若棄而不立，則西域望絕，屈就北虜，恐河西城門必須復有晝閉之儆矣。今不廓開朝廷之德，而拘屯戍之費，豈安邊久長之策哉！」難者又曰：「西域遣使，求索無厭。一旦爲匈奴所迫，當復求救，則爲役大矣。」勇對曰：「今設以西域歸匈奴，而使其恩德大漢，不爲鈔盜，則可矣。如其不然，則是富仇讎之財，增暴夷之勢。且西域來者，不過稟食。今若拒絕，勢歸北屬，夷虜并力以寇并、涼，則中國之費不止十億。置之誠便。」於是從勇議，復營兵，置副校尉居敦煌。雖以羈縻西域，然亦未能出屯。其後匈奴果數與車師入寇，河西大被其害。

沈氏、當煎、燒當羌入寇。

夏，四月，立子保爲皇太子。

校尉馬賢討羌，破之。

秋，七月，朔，日食。

大水。

以楊震爲司徒。

遼西鮮卑降。

地震。

免越騎校尉鄧康官，遣就國。太后從弟康，以太后久臨朝政，宗門盛滿，數上書諫，言甚切至。太后不從，康謝病不朝。太后大怒，免康官，遣歸國，絶屬籍。

辛酉（一二一）

建光元年。

春，三月，皇太后鄧氏崩。封鄧騭爲上蔡侯，葬和熹皇后。太后自臨朝以來，水旱十載，四夷外侵，盗賊内起，每聞民飢，或達旦不寐，躬自减徹，以救災戹，故天下復平，歲還豐穰。嘗徵濟北、河間王子男女五歲以上四十餘人，及鄧氏近親子孫三十餘人，爲開邸第，教以經書，躬自監試。詔從兄豹、康等曰：「末世貴戚食禄之家，温衣美食，乘堅驅良，而面牆術學，不識臧否，斯故禍敗所從來也。」然帝已年長，久不還政，潁川杜根嘗上書言之，太后大怒，盛以縑囊撲殺之，載出城外得蘇，逃竄爲宜城山中酒家保，積十五年。平原成翊世亦坐諫太后不歸政抵罪。至是尚書陳忠薦之，帝拜根侍御史，翊世尚書郎。或問根曰：「往者遇禍，何至自苦如此？」根曰：「周旋民間，非絶跡之處，邂逅發露，禍及親知，故不爲也。」

追尊清河孝王曰孝德皇，皇妣曰孝德后。

夏，高句麗、鮮卑寇遼東，太守蔡諷戰歿。掾龍端、公孫酺以身扞諷，俱歿於陳。

尊嫡母耿姬爲甘陵大貴人。

詔舉有道之士。尚書陳忠以詔書既開諫爭，慮言事者必多激切，致不能容，乃上疏豫廣帝意曰：「臣聞仁君廣山藪之大，納切直之謀，忠臣盡謇諤之節，不畏逆耳之害。今明詔引咎克躬，諮訪羣吏，言者見杜根、成翊世等新蒙表録，顯列二臺，必承風響應，争爲切直。若嘉謀異策，宜輒納用。如其管穴，妄有譏刺，雖苦口逆耳，不得事實，且優遊寬容，以示聖朝無諱之美。」從之。

以薛包爲侍中，不拜。初，汝南薛包，少有至行，父娶後妻而憎包，分出之。包日夜號泣，不能去，至被毆扑，不得已，廬於外，旦入洒掃。父怒，又逐之，乃廬於里門，昏晨不廢。積歲餘，父母慚而還之。及父母亡，弟子求分財異居，包不能止，乃中分其財，奴婢引其老者，曰：「與我共事久，若不能使也。」田廬取其荒頓者，曰：「吾少時所治，意所戀也。」器物取朽敗者，曰：「我素所服食，身口所安也。」弟子數破其産，輒復賑給。帝聞其名，令公車特徵，至，拜侍中。包以死自乞，有詔賜告歸，加禮如毛義。

徙封鄧騭爲羅侯，遣就國。騭自殺。貶平原王翼爲都鄉侯。帝少號聰明，故鄧太后立之。及長，多不德，稍不可太后意。太后徵濟北、河間王子詣京師，以河間王子翼爲平原懷王勝後，留京師。帝乳母王聖慮有廢置，常與中黄門李閏、江京候伺左右，共毁短太后，帝每忿懼。及太后崩，宫人有誣告太后兄弟悝、弘、閶謀立平原王。帝怒，令有司奏悝等大逆無道，遂廢其子西平侯廣宗等爲庶人，騭以不與謀，徙封羅侯，遣就國。宗族免官歸故郡，没入貲産，廣宗等皆自殺。騭不食而死。徵鄧康爲太僕。貶平原王翼爲都鄉侯，遣歸河間。翼謝絶賓客，閉門自守，由是得免。

詔許鄧騭還葬。初，鄧后之立也，三公欲共奏追封后父訓，司空陳寵以無故事，不從。故寵子忠不得志于鄧氏，數上疏陷成其惡。大司農朱寵痛騭無罪，乃肉袒輿櫬上疏曰：「和熹皇后聖善之德，爲漢文母。兄弟忠孝，同心憂國，功成身退，讓國遜位，歷世外戚，無與爲比。而利口傾險，反亂國家，遂令騭等罹此酷濫。逆天感人，率土喪氣。宜收還冢次，寵樹遺孤，奉承血祀，以謝亡靈。」因自致廷尉。忠劾寵，免官。衆庶多爲騭稱枉者，帝意頗悟，乃還葬騭等，諸從昆弟皆得歸京師。

以耿寶監羽林車騎。封宋楊四子及宦者江京、李閏皆爲列侯。帝以耿貴人兄寶監羽林車騎。宋氏封侯，爲卿校侍中者十餘人。閻后兄弟顯、景、耀並典禁兵。江京、李閏皆封列侯，與中常侍樊豐、劉安、陳達及王聖、聖女伯榮扇動内外，競爲侈虐，出入宫掖，傳通姦賂。司徒楊震上疏曰：「臣聞政以得賢爲本，治以去穢爲務。方今九德未事，嬖倖充庭。王聖賤微，得奉聖躬，雖有推燥居溼之助，前後賞惠，過報勞苦，而外交屬託，損辱清朝。宜速出阿母，令居外舍，斷絶伯榮，莫使往來。」帝以疏示聖等，皆忿恚。而伯榮通故朝陽侯劉護從兄瓌，瓌遂爲侍中，得襲護爵。震上疏曰：「經制，父死子繼，兄亡弟及，以防篡也。故朝陽侯劉護同産弟威今猶見在，而以其再從兄瓌襲爵爲侯。且天子專封，封有功；諸侯專爵，爵有德。瓌無他功行，但以配阿母女，既位侍中，又至封侯，不稽舊制，不合經義。陛下宜鑒既往，順帝之則。」尚書翟酺上疏曰：「昔竇、鄧之寵，傾動四方，兼官重紱，盈金積貨。及其破壞，頭顙墮地，願爲孤豚，豈可得哉！夫致貴無漸，失必暴；受爵非道，殃必疾。今外戚寵幸，未有等比，禄去公室，政移私門，覆車重尋，寧無摧折。昔文帝躬行節儉，有譏之者，帝曰：『朕爲天下守財耳，豈得妄用之哉！』今斂天下之財，積無功之家，帑藏單盡，民物彫傷，卒有不虞，危亂可待。願陛下勉求忠貞，誅遠佞諂，割情欲，罷宴私，心存亡國所以失之，鑒觀興王所以得之，庶災害可息，豐年可招矣。」書奏，皆不省。

秋，八月，燒當羌麻奴入寇，馬賢追擊破之。

以劉愷爲太尉。居延都尉范邠犯臧罪[二]，吏議欲增錮二世。劉愷以爲：「春秋之義，善善及子孫，惡惡止其身，所以進人於善也。今以輕從重，懼及善人，非先王詳刑之意也。」詔從之。

鮮卑寇居庸關，殺雲中太守。

帝幸衛尉馮石府，留飲十日。石能取悅當世，故爲帝所寵。

雨水。

冬，十一月，地震。

復斷大臣行三年喪。尚書令祋諷等奏：「孝文定約禮之制，光武絶告寧之典，貽則萬世，誠不可改，宜復斷大臣行三年喪。」陳忠上疏曰：「高祖創制，大臣有寧告之科。建武之初，政趣簡易，禮義之方，實爲彫損。孟子有言：『老吾老以及人之老，幼吾幼以及人之幼，天下可運於掌。』臣願陛下登高北望，以甘陵之思揆度臣子之心，則海內咸得其所。」時宦官不便之，竟寢忠奏。

袁宏曰：古之帝王所以篤化美俗，率民爲善，因其自然而不奪其情，民猶有不及者，而況毀禮止哀，滅其天性乎！

十二月，高句驪王宮圍玄菟，州郡討破之，宮死。高句驪王宮死，玄菟太守姚光上言，欲因其喪，發兵擊之。陳忠曰：「宮前桀黠，光不能討，死而擊之，非義也。宜遣使弔問，因責讓前罪，赦不加誅，取其後善。」帝從之。

壬戌(一二二)

延光元年。

夏，四月，雨雹。大者如斗。

遼東都尉龐奮承僞詔，斬玄菟太守姚光，徵抵罪。玄菟太守姚光、幽州刺史馮煥數糾發姦惡，怨者詐作璽書，譴責煥、光，賜以歐刀。又下龐奮，使速行刑。奮即斬光，收煥。煥欲自殺，其子緄疑詔文有異，止之。煥乃上書自訟，徵奮抵罪。

秋，七月，地震。

高句驪王遂成降。是後東垂少事。

虔人羌與上郡胡反，邊兵擊破之。

九月，地震。

冬，鮮卑寇邊。鮮卑既累殺郡守，膽意轉盛，控弦數萬騎，寇鴈門、定襄、太原。

麻奴降。

雨水。

遣宦者及乳母王聖女伯榮詣甘陵。尚書僕射陳忠上疏曰：「竊聞使者所過，威動郡縣，王侯二千石至爲伯榮獨拜車下，修道繕亭，徵役無度，賂遺僕從，人數百匹。伯榮之威，重於陛下，陛下之柄，在於臣妾，水災之發，必起於此。昔韓嫣託副車之乘，受馳視之使，江都誤爲一拜，而嫣受歐刀之誅。臣願明主嚴天元之尊，正乾剛之位，不宜復令女使干錯萬幾。」書奏，不省。時機事專委尚書，而災變輒免三公。忠上疏曰：「漢典舊事，丞相所請，靡有不聽。今之三公，雖當其名而無其實，選舉誅賞，一由尚書。近以災異，切讓三公。臣忠常獨不安。尚書決事，多違故典，罪法無例，詆欺爲先。宜割而勿聽，上順國典，置方圓於規矩，審輕重於衡石，誠國家之典，萬世之法也。」

汝南黄憲卒。汝南太守王龔，政崇温和，好才愛士。以袁閬爲功曹，引進黄憲、陳蕃等。憲不屈，蕃就吏。閬不修異操，蕃性氣高明，憲世貧賤，父爲牛醫。憲年十四，潁川荀淑遇於逆旅，竦然異之，揖與語，移日不能去，謂曰：「子，吾之師表也。」前見袁閬，未及勞問，逆曰：「子國有顔子，寧識之乎？」閬曰：「見吾叔度邪？」同郡戴良，才高倨傲，而見憲未嘗不正容，及歸，罔然若有失也。其母問曰：「汝復從牛醫兒來邪？」對曰：「良不見叔度，自以爲無不及；既覩其人，則瞻之在前，忽然在後，固難得而測矣。」陳蕃、周舉常相謂曰：「時月之間，不見黄生，則鄙吝之萌復存乎心矣。」太原郭泰，少游汝南，過閬，不宿而退。從憲，累日乃還。或問之，泰曰：「奉高之器，譬諸泛濫，雖清而易挹。叔度汪汪若千頃陂，澄之不清，淆之不濁，不可量也。」憲初舉孝廉，又辟公府。友人勸其仕，憲暫到京師，即還，年四十八終。

范曄曰：黄憲言論風旨，無所傳聞；然士君子見之者靡不服深遠，去玼吝。故余曾祖穆侯以爲：「憲，頹然其處順，淵乎其似道，若及門於孔氏，其殆庶乎！」

癸亥（一二三）

二年。

夏，四月，封王聖爲野王君。

以班勇爲西域長史，將兵屯柳中。北匈奴連與車師寇河西，議者欲復閉玉門、陽關以絶其患。敦煌太守張璫上書曰：「臣在京師，亦以爲西域宜棄，今親踐其地，乃知棄西域則河西不能自存。謹陳三策：北虜呼衍王常展轉蒲類、秦海之間，專制西域，共爲寇鈔。今以酒泉屬國吏士二千餘人集昆侖塞，先擊呼衍，絶其根本，因發鄯善兵五千人脅車師後部，此上計也。置軍司馬，將士五百人，四郡供其犂牛、穀食，出據柳中，此中計也。棄交河城，收鄯善等悉使入塞，此下計也。」朝廷下其議。陳忠請於敦煌復置校尉，增四郡屯兵，以撫諸國。於是復以班勇爲西域長史，將兵五百人出屯柳中。

秋，七月，丹陽山崩。

雨水。

以楊震爲太尉。耿寶薦李閏兄於震曰：「李常侍國家所重，欲令公辟其兄，寶唯傳上意耳。」震曰：「如此，則宜有尚書敕。」寶大恨而去。閻顯亦薦所親，震又不從。司空劉授聞而辟之，震益見怨。時詔遣使者大爲王聖修第，樊豐、周廣、謝惲等傾摇朝廷。震上疏曰：「方今災害滋甚，百姓空虚，三邊震擾，帑藏匱乏，而爲阿母起第，爲費巨億。廣、惲兄弟，依倚近倖，與之分威，屬託州郡，傾動大臣。招徠海内貪汙之人，受其貨賂，復得顯用。白黑溷淆，天下讙譁。臣聞師言，上之所取，財盡則怨，力盡則叛，怨叛之人，不可復使，惟陛下度之。」上不聽。

十二月，地震。

聘處士周燮、馮良，不至。陳忠薦汝南周燮、南陽馮良學行深純，隱居不仕。帝以羔幣聘之，燮宗族勸之曰：「夫修德立行，所以爲國，君獨何爲守東岡之陂乎？」燮曰：「夫修道者度時而動，動而不時，焉得亨乎！」與良皆自載至近縣，稱病而還。

甲子(一二四)

三年。

春，正月，班勇擊走匈奴田車師者，西域復通。班勇至樓蘭，以鄯善歸附，特加三綬。龜茲王白英乃率姑墨、温宿，自縛詣勇，因發其兵到車師前王庭，擊走匈奴於伊和谷。於是前部始復開通，還屯田柳中。

二月，帝東巡。三月，還，未入宫。策收太尉楊震印綬，遣歸故郡，震自殺。樊豐等見楊震連諫不從，無所顧忌，遂詐作詔書，調發司農錢穀、大匠見徒材木，各起冢舍、園池。震復上疏曰：「臣備台輔，不能調和陰陽。去年十二月四日，京師地動，其日戊辰；三者皆土，位在中宫，此中臣、近官持權用事之象也。陛下以邊境未寧，躬自菲薄，宫殿垣屋傾倚，枝拄而已。而親近倖臣，驕溢踰法，唯陛下奮乾剛之德，棄驕奢之臣，以承皇天之戒！」震言轉切，帝既不平，而豐等憤怨。會趙騰上書指陳得失，帝發怒，欲誅騰。震救之曰：「殷、周哲王，小人怨詈，則還自敬德。乞全騰命，以誘蒭蕘輿人之言。」帝不聽，竟殺之。及帝東巡，太尉部掾高舒得豐等所詐下詔書，具奏，須行還上之，豐等惶怖。會太史言星變逆行，遂共譖震云：「自趙騰死後，深懷怨懟。且鄧氏故吏，有恚恨心。」帝然之。及還京師，使時太學，即其夜，遣使者策收震太尉印綬。震於是柴門絶賓客。豐等復惡之，令耿寶奏震恚望。有詔，遣歸故郡。至城西几陽亭〔三〕，乃慷慨謂其諸子、門人曰：「死者，士之常分。吾蒙恩居上司，疾姦臣狡猾而不能誅，惡嬖女傾亂而不能禁，何面目復見日月！身死之日，以雜木爲棺，布單被，裁足蓋形，勿歸冢次，勿設祭祀。」因飲酖而卒。弘農太守移良留停震喪，露棺道側，讁震諸子代郵行書。道路皆爲隕涕。太僕來歷曰：「耿寶傾側姦臣，傷害忠良，禍將至矣！」

胡氏曰：安帝三公，無出震之右者。然人臣以道事君，合則留，違則去。震以三公之尊，兩奏一乳媪而不能動，宜去久矣！至是極言，遂取殺身之禍。忠則忠矣，然其燭理不明，而處義不精，亦不足稱也已。

夏，四月，閬中山崩。

秋，八月，以耿寶爲大將軍。

九月，廢太子保爲濟陰王。王聖、江京、樊豐等譖太子乳母王男、廚監邴吉等，殺之。太子歎息。京、豐懼，乃與閻后讒太子。帝怒，召公卿議廢太子。耿寶等皆以爲當廢，太僕來歷與太常桓焉、廷尉張皓議曰：「經說，年未滿十五，過惡不在其身。且男、吉之謀，皇太子容有不知。宜選忠良保傅，輔以禮義。廢置事重，此誠聖恩所宜宿留！」不從。遂廢太子爲濟陰王，居德陽殿西鍾下。來歷乃要結光禄勳祋諷，宗正劉瑋，將作大匠薛皓，侍中閭丘弘、陳光、趙代、施延，太中大夫朱倀等十餘人，俱詣鴻都門，證太子無過。帝使中常侍詔曰：「父子一體，天性自然。以義割恩，爲天下也。歷、諷等不識大典，而共爲讙譁，外見忠直，而内希後福。朝廷廣開言路，故且一切假貸。若懷迷不反，當顯明刑書。」皓先頓首曰：「固宜如明詔。」歷怫然，廷詰皓曰：「屬通諫何言，而今復背之？大臣乘朝車，處國事，固得輾轉若此乎！」乃各稍自引起。歷獨守闕，連日不肯去。尚書令陳忠劾奏歷等，乃免歷兄弟官，削國租，黜歷母武安公主不得會見。歷，歙之孫也。

是月，晦，日食。

地震，大水，雨雹。

乙丑(一二五)

四年。

春，二月，帝南巡。

三月，朔，日食。

帝崩于葉，還宫發喪。帝崩于乘輿。皇后與閻顯兄弟、江京、樊豐等謀，以濟陰王在内，恐公卿立之，乃僞云帝疾甚，徙御卧車，馳歸。四日至洛陽。

尊皇后曰皇太后。太后臨朝，以閻顯爲車騎將軍，儀同三司。迎北鄉侯懿入即位。太后欲久專國政，貪立幼年，與顯等定策，迎章帝孫濟北惠王子北鄉侯懿爲嗣。濟陰王以廢黜，不得上殿親臨梓宫，悲號不食。内外羣僚，莫不哀之。

樊豐等下獄死，耿寶自殺，王聖、伯榮徙雁門。閻顯忌樊豐、耿寶，風有司奏貶寶爲亭侯，遣就國。寶自殺，豐及謝惲、周廣下獄死。聖母子徙雁門。而以弟景等爲卿校，並處權要，威福自由。

葬恭陵。

秋，七月，班勇擊斬車師後王軍就及匈奴使者。

冬，十月，越巂山崩。

北鄉侯薨。閻顯白太后，祕不發喪，而更徵諸王子，閉宫門，屯兵自守。

地震。

中黄門孫程等迎濟陰王保入即位，誅閻顯等，遷太后於離宫。封程等十九人爲列侯。

初，北鄉侯病，孫程等十九人謀立濟陰王。至是夜，入省門，遇江京、劉安、陳達，斬之。以李閏積爲省内所服，脅與俱迎濟陰王即皇帝位，時年十一。召尚書令以下從輦幸南宫，登雲臺，召公卿百僚，使虎賁羽林士屯南、北宫諸門。閻顯時在禁中，憂迫不知所爲，小黄門樊登勸顯以太后詔召越騎校尉馮詩將兵屯平朔門，且授之印曰：「能得濟陰王者，封萬户侯。」詩皆許諾，辭以衆少。顯使與登迎吏士於門外，詩因格殺登，歸營屯守。顯弟景還外府，收兵。孫程傳召諸尚書使收送廷尉獄，即夜死。明日，遣使者入省，奪得璽綬，乃收顯及其弟耀、晏誅之，家屬皆徙比景。遷太后於離宫。又明日，開門，罷屯兵。封程等皆爲列侯，是爲十九侯。擢程爲騎都尉。初，閻顯辟崔瑗爲吏，瑗以北鄉侯立不以正，知顯將敗，欲説令收江京，廢少帝而立濟陰王。而顯日沉醉，不得見，乃告長史陳禪，欲與共求見言之。禪猶豫未敢從。會顯敗，瑗坐斥。門生蘇祇欲上書言狀，瑗遽止之。禪謂曰：「弟聽祇上書，禪請爲證。」瑗曰：「此譬猶兒妾屏語耳，願勿復出口。」遂辭歸，不復應州郡命。

葬北鄉侯。以諸王禮。

司空劉授策免。以阿附惡逆，舉非其人也。

改葬故太尉楊震，祠以中牢。詔以楊震二子爲郎，贈錢百萬，以禮改葬。葬日，有大鳥高丈餘，集震喪前，郡以狀上。帝感震忠直，詔復以中牢具祠之。

校勘記

〔一〕罷治虖沱　「治」字原脱，據月崖本、成化本、殿本補。

〔二〕居延都尉范邠犯臧罪　「邠」原作「頒」，據殿本、後漢書卷三九劉愷傳、通鑑卷五〇漢紀四十二漢安帝建光元年八月甲子改。

〔三〕至城西几陽亭　「几」，殿本、通鑑卷五〇漢紀四十二漢安帝延光三年三月作「夕」字。按通鑑（中華書局校點本）此條下有校語：「章：甲十六行本『夕』作『几』。」

資治通鑑綱目卷十一

起丙寅漢順帝永建元年，盡丙午漢桓帝延熹九年，凡四十一年。

丙寅（一二六）

孝順皇帝永建元年。

春，正月，帝朝太后於東宮。初，議郎陳禪以爲閻太后與帝無母子恩，宜徙別館，絶朝見。周舉謂司徒李郃曰：「瞽瞍常欲殺舜，舜事之逾謹。鄭莊公、秦始皇怨母隔絶，後感潁考叔、茅焦之言，復修子道，書傳美之。今太后幽在離宫，若悲愁生疾，一旦不虞，主上將何以令於天下！宜密表請率羣臣朝覲。」郃即上疏，帝從之。太后意乃安。

皇太后閻氏崩。二月，葬安思皇后。

隴西鍾羌反。馬賢擊降之。戰於臨洮，斬千餘級，皆率種人降。自是涼州無事。

秋，七月，以來歷爲車騎將軍。

下司隸校尉虞詡獄，尋赦出之，以爲尚書僕射。左雄爲尚書。司隸校尉虞詡到官數月，奏太傅馮石、太尉劉熹，免之。又劾中常侍程璜、陳秉、孟生、李閏等，百官側目。三公劾詡盛夏拘繫無辜，爲吏民患。詡上書自訟曰：「法禁者，俗之隄防；刑罰者，民之銜轡。今州曰任郡，郡曰任縣，更相委遠，百姓怨窮。以苟容爲賢，盡節爲愚。臣所發舉，臧罪非一，三府恐爲臣所奏，遂加誣罪。臣將從史魚死，即以尸諫耳。」又案中常侍張防，屢寢不報。詡不勝憤，乃自繫廷尉，奏言曰：「昔樊豐幾亡社稷，今張防復弄威柄，臣不忍與防同朝，謹自繫以聞。」書奏，坐論輸左校。二日之中，傳考四獄。浮陽侯孫程等乞見曰：「陛下始與臣等造事之時，常疾姦臣，知其傾國。今者即位而復自爲，何以非先帝乎？虞詡盡忠，更被拘繫。張防臧罪明正，反搆忠良。今客星守羽林，其占宮中有姦臣。宜急收防送獄，以塞天變。」時防在帝後，程叱防下殿。奏曰：「陛下急收防，無令從阿母求請！」於是防坐徙邊，即赦出詡。程復上疏言詡有功，語甚激切。帝感寤，徵拜議郎。數日，遷僕射。詡上疏曰：「方今公卿以下，類多拱默，以樹恩爲賢，盡節爲愚，至相戒曰：『白璧不可爲，容容多後福。』伏見議郎左雄，有王臣蹇蹇之節，宜擢在喉舌之官，必有匡弼之益。」由是拜雄尚書。

遣孫程等十九侯就國。 程等坐懷表上殿爭功，免官，徙封遠縣，因遣十九侯就國，促期發遣。司徒掾周舉謂司徒朱倀曰：「朝廷非程等不立。今忘大德，録小過，如道路夭折，使上有殺功臣之譏。宜急表之。」倀曰：「詔指方怒，言必獲譴。」舉曰：「明公年踰八十，位居台輔，不於此時竭忠報國，欲以何求！諫而獲罪，猶有忠貞之名。若舉言不足采，請從此辭。」倀乃表諫，帝從之，復故爵土。

增置緣邊兵屯。 朔方以西，障塞多壞，鮮卑因此數侵南匈奴。單于憂恐，上書乞脩復障塞。詔：

「黎陽營兵出屯中山北界，令緣邊郡增置步兵，列屯塞下，教習戰射。」

班勇發諸國兵擊匈奴，呼衍王走之。是後車師無復虜跡。

丁卯（一二七）

二年。

春，二月，鮮卑寇遼東，郡兵擊破之。

三月，旱。

夏，六月，追尊母李氏爲恭愍皇后。帝母李氏瘞城北，帝初不知。至是，左右白之，感悟發哀，親到瘞所，更以禮殯，葬恭陵北。

遣敦煌太守張朗與班勇討焉耆，降之。徵勇下獄，免。西域皆服，唯焉耆王元孟未降，班勇奏攻之。於是遣敦煌太守張朗將河西四郡兵，與勇發諸國兵，兩道擊之。朗先有罪，欲徼功自贖，遂先期至爵離關。元孟乞降，朗入，受降而還。勇以後期，徵下獄，免。

秋，七月，朔，日食。

以許敬爲司徒。敬仕於和、安之間，當竇、鄧、閻氏之盛，無所屈撓。三家既敗，士大夫多染污者，獨不及敬，當世以此貴之。

聘處士樊英以爲五官中郎將。初，南陽樊英，少有學行，隱於壺山之陽。州郡禮請，公卿舉賢良有道，安帝賜策書徵，皆不赴。是歲，帝復以策書、玄纁，備禮徵之，英固辭疾篤，不聽。英不得已到京，稱疾，强輿入殿，猶不能屈。帝乃設壇，賜几杖，待以師傅之禮，延問得失，拜五官中郎將。數月，英稱疾篤，詔以爲光禄大夫，賜告歸，令在所送穀，以歲時致牛酒。英初被詔命，衆皆以爲必不降志。南郡王逸與書勸使就聘。及後應對無奇謀深策，談者失望。河南張楷謂曰：「天下有二道，出與處也。吾前以子之出，能輔是君也，濟斯民也。而子始以不訾之身，怒萬乘之主，及其享受爵禄，又不聞匡救之術，進退無所据矣。」

司馬公曰：古之君子，邦有道則仕，邦無道則隱。隱非君子之所欲也。人莫己知而道不得行，羣邪共處而害將及身，故深藏以避之。王者舉逸民，揚仄陋，固爲其有益於國家，非以徇世俗之耳目也。是故有道德足以尊主，智能足以庇民，被褐懷玉，深藏不市，則王者當盡禮以致之，屈體以下之，虚心以訪之，克己以從之，然後利澤施于四表，功烈格于上下。其或禮備意勤而不起，則姑内自循省而不敢强致其人，曰：「豈吾德之薄而不足慕乎？政之亂而不可輔乎？羣小在朝而不敢進乎？誠心不至而憂其言之不用乎？何賢者之不我從也？」無是數者，則安有勤求而不至者哉！或者恥不能致，乃誘之以高位，脅之以嚴刑。使彼誠君子邪，則位非所貪，刑非所畏。其可致者，乃貪位畏刑之人耳，烏足貴哉！若乃孝弟謹廉，仕不苟進，潔己安分，優遊卒歲，雖不足以尊主庇民，是亦清修之吉士也。王者當褒優安養，俾遂其志。若孝昭之待韓福，光武之遇周黨，以勵廉恥，美風俗，斯亦可矣。固不當如范升之詆毁，又不可如張楷之責望也。至於飾僞以邀譽，釣奇以驚俗，不食君禄而爭屠沽之利，不受小官而規卿相之位，名與實反，心與迹違，斯乃華士、少正卯之流，其得免於聖王之誅幸矣，尚何聘召之有哉！

以處士楊厚、黄瓊爲議郎。時又徵楊厚、黄瓊。厚至，豫陳漢有三百五十年之戹以爲戒，拜議郎。瓊將至，李固以書逆遺之曰：「伯夷隘，柳下惠不恭。不夷不惠，可否之間，聖賢居身之所珍也。自生民以來，善政少而亂俗多，必待堯、舜之君，此爲士行其志終無時矣。語曰：『嶢嶢者易缺，皦皦者易污。』盛名之下，其實難副。近魯陽樊君被徵初至，朝廷設壇席，猶待神明，雖無大異，而言行所守，亦無所缺。而毁謗布流，應時折減者，豈非觀聽望深，聲名太盛乎！是故俗論皆言處士純盗虚聲。願先生弘此遠謨，令衆人歎服，一雪此言耳！」瓊至，拜議郎，稍遷尚書僕射。數上疏言事，上頗采用之。固，郃之子也。少好學，郃爲司徒，固改姓名，杖策驅驢，負笈從師，不遠千里。每到太學，密入公府，定省，不令同業諸生知其爲郃子也。

戊辰（一二八）

三年。

春，正月，地震。

夏，六月，旱。

己巳（一二九）

秋，九月，鮮卑寇漁陽。

四年。

春，正月，帝冠。

夏，五月，桂陽獻大珠，還之。詔曰：「海内頗有災異，修政減膳，珍玩不御。而桂陽太守文礱，遠獻大珠以求幸媚，今以還之。」

雨水。

秋，九月，詔復安定、北地、上郡。虞詡言：「安定、北地、上郡，山川險阨，沃野千里，土宜畜牧，水可溉漕。頃遭羌亂，郡縣兵荒二十餘年。夫棄沃壤之饒，捐自然之財，不可謂利；離河山之阻，守無險之處，難以爲固。今三郡未復，園陵單外，而公卿選懦計費，不圖其安。宜開聖聽，考行所長。」從之。使謁者督徙者，各歸本縣。繕城郭，置候驛。又浚渠屯田，省費歲一億許。遂令諸郡儲粟周數年。

冬，鮮卑寇朔方。

庚午（一三〇）

五年。

夏，四月，旱，蝗。

定遠侯班始棄市。始尚帝姑陰城公主。主驕淫無道，始積忿殺之。坐要斬，同産皆棄市。

辛未（一三一）

六年。

春，二月，以沈景爲河間相。河間王政傲很不奉法，帝以侍御史沈景有强能，擢爲河間相。景到國，謁王。王不正服，箕踞殿上。侍郎贊拜，景峙不爲禮，問王所在。虎賁曰：「是非王邪！」景曰：「王不正服，常人何别！今相謁王，豈謁無禮者邪！」王慚而更服，景然後拜。出，請王傅責之，曰：「前發京師，陛見受詔，以王不恭，使相檢督。諸君空受爵禄，曾無訓導之義！」因捕諸姦人，奏案其罪，出冤獄百餘人。政遂改節，悔過自修。

三月，復置伊吾司馬，開屯田。帝以伊吾膏腴，傍近西域，匈奴資之以爲鈔暴。復令開設屯田，置司馬一人。

秋，九月，起太學。初，安帝薄於藝文，博士不復講習，朋徒怠散，學舍頹敝，鞠爲園蔬。將作大匠翟酺上疏，請更修繕，誘進後學，帝從之。凡造二百四十房，千八百五十室。

壬申（一三二）

陽嘉元年。

春，正月，立貴人梁氏爲皇后。帝欲立后，而貴人有寵者四人，莫知所建，議欲探籌以定。僕射胡廣等諫曰：「恃神任筮，不必當賢；就值其人，猶非德選。宜參良家，簡求有德，德同以年，年鈞以貌，稽之典經，斷之聖慮。」帝從之。恭懷皇后弟子乘氏侯商之女，選爲貴人，常特被引御，從容辭曰：「夫陽以博施爲德，陰以不專爲義。願陛下思雲雨之均澤，小妾得免於罪。」帝由是賢之，立以爲后。

旱。三月，揚州妖賊章河等作亂〔一〕，殺長吏。

夏，四月，以梁商爲執金吾。

冬，護烏桓校尉耿曄遣烏桓擊鮮卑，大獲。

立孝廉限年課試法。尚書令左雄上疏曰：「寧民之道，必在用賢；用賢之道，必存考黜。吏數變易，則下不安業；久於其事，則民服教化。今俗浸彫敝，巧僞滋萌。典城百里，轉動無常，各懷一切，莫慮長久。謂聚斂整辦爲賢能，以治己安民爲劣弱，視民如寇讎，税之如豺虎。監司項背相望，與同疾疢，見非不舉，聞惡不察，觀政亭傳，責成期月，言善不稱德，論功不據實，虚誕者獲譽，拘檢者離毁。或因罪戾，引高求名，州宰不覆，競共辟召，使姦猾枉濫，輕忽去就。鄉官部吏，職賤禄薄，車馬衣服，一出於民。拜除如流，送迎煩費，損政傷民。和氣未洽，災眚不消，咎皆在此。臣愚以爲守相長吏有顯効者，可就增秩，勿移徙。非父母喪，不得去官。若被劾奏，亡不就法者，徙家邊郡。其鄉部親民之吏，皆用儒生清白任從政者，寬其負算，增其秩禄。吏職滿歲，乃待辟舉。如此，虚僞之端絶，送迎之役損，而民各寧其所矣。」帝詔悉從之，而宦官不便，終不能行。雄又言：「孔子曰〔二〕：『四十不惑。』禮稱强仕。請自今，孝廉年不滿四十，不得察舉。皆先詣公府，諸生試家法，文吏課牋奏，副之端門，練其虚實。若有茂才異行，自可不拘年齒。」帝從之。胡廣駮曰：「選舉因才，無拘定制。前世以來，莫或回革。可宣下百官，參其同異。」帝卒用雄奏，令：「郡國舉孝廉，限年四十以上。諸生通章句，文吏能牋奏，乃得應選。其有茂才異行〔三〕，若顔淵、子奇，不拘年齒。」雄亦公直精明，能審覈真僞，決志行之。頃之，胡廣出爲濟陰太守，與諸郡守十餘人皆坐謬舉免黜。唯汝南陳蕃、潁川李膺、下邳陳球等三十餘人得拜郎中。自是牧守畏慄，莫敢輕舉。迄于永嘉，察選清平，多得其人。

袁宏曰：古者四十而仕，非謂仕必是年也，特舉其大限以爲言耳。且顔淵、子奇，曠代一有，而欲以斯爲格，不亦偏乎！

閏十二月〔四〕，恭陵百丈廡災。

癸酉（一三三）

二年。

春，正月，徵郎顗以爲郎中，不就。上召郎顗，問以災異。顗上章曰：「三公上應台階，下同元首，政失其道，則寒陰反節。今之在位，競託高虛，納累鍾之奉，亡天下之憂。棲遲偃仰，寢疾自逸，被策文，得賜錢，即復起矣，何疾之易而愈之速。以此消伏災眚，興致升平，其可得乎！今選牧守，委任三府。長吏不良，既咎州郡。州郡有失，豈得不歸責舉者。而陛下崇之彌優，自下慢事愈甚，所謂『大綱疏，小綱數』也。」因條便宜七事：「一，園陵火災，宜念百姓之勞，罷繕修之役。二，立春以後，陰寒失節，宜采納良臣，以助聖化。三，今年少陽，春旱夏水，宜務節約。四，去年八月，熒惑出入軒轅，宜簡出宫女。五，去冬有白氣從西方天苑趨參左足，入玉井，恐有羌寇，宜爲備禦。六，近者白虹貫日，宜令中外官司，並須立秋然後考事。七，漢興以來，三百三十九歲，於時三期，宜大蠲法令，有所變更。王者之法，譬猶江河，當使易避而難犯。」復上書薦黄瓊、李固，又言：「自冬涉春，訖無嘉澤。朝廷勞心，廣爲禱祈。

臣聞皇天感物，不爲僞動；災變應人，要在責己。若令雨可請降，水可攘止，則歲無隔并，太平可待。然而災害不息者，患不在此也。」書奏，特拜郎中。辭病不就。

封乳母宋娥爲山陽君。帝之立也，娥與其謀，故封之。又封梁商子冀爲襄邑侯。左雄上封事曰：「高皇帝約，非有功不侯。不宜追録小恩，虧失大典。」帝不聽。雄復諫曰：「臣聞人君莫不好忠正而惡讒諛，然而歷世之患，莫不以忠正得罪，讒諛蒙倖者，蓋聽忠難，從諛易也。夫刑罪，人情之所甚惡；貴寵，人情之所甚欲，是以時俗爲忠者少而習諛者多。故令人主數聞其美，稀知其過，迷而不悟，以至於危亡。臣案尚書故事，無乳母爵邑之制，唯先帝時王聖爲野王君，聖造生讒賊廢立之禍，生爲天下所咀嚼，死爲海内所懽快。今阿母躬蹈儉約，以身率下，而與聖同爵號，懼違本操。乞如前議，歲以千萬給奉阿母，可不爲吏民所怪。梁冀之封，事非機急，宜過災戹之運，然後平議可否。」於是商讓還冀封。

夏，四月，京師地震。詔公卿直言，舉敦樸士。左雄復上疏曰：「先帝封野王君，漢陽地震。今封山陽君，而京城復震。專政在陰，其災尤大。臣前後瞽言，封爵至重。今冀已高讓，山陽君亦宜崇其本節。」雄言切至，娥亦畏懼辭讓，而帝卒封之。是時，大司農劉據以職事被譴，召詣尚書，傳呼促步，加以捶撲。雄上言：「九卿大臣，行有佩玉之節。孝明皇帝始有撲罰，非古典也。」帝納之。

京師地拆。詔引敦樸士對策。洛陽宣德亭地拆八十五丈，帝引公卿所舉敦樸士對策。李固對曰：「漢興以來三百餘年，賢聖相繼十有八主，豈無阿乳之恩，忘貴爵之寵？然上畏天威，俯案經典，知義不可，故不封也。今宋阿母雖有功勤，但加賞賜，足酬其勞。裂土開國，實乖舊典。聞阿母體性謙虛，必有遜讓，陛下宜許其辭國之高，使成萬安之福。夫妃后之家所以少完全者，豈天性當然？但以爵位尊顯，顓總權柄，天道惡盈，不知自損，故至顛仆。今梁氏子弟羣從，榮顯兼加，永平、建初故事，殆不如此。宜令還居黄門之官，使權去外戚，政歸國家。又，詔書所以禁侍中、尚書、中臣子弟不得爲吏、察孝廉者，以其秉威權，容請托故也。而中常侍在日月之側，聲埶振天下，子弟禄任，曾無限極，謟僞之徒，望風進舉。今可爲設常禁，同之中臣。長水司馬武宣、開陽城門候羊迪，無他功德，初拜便真，此雖小失而漸壞舊章。先聖法度，所宜堅守，政教一跌，百年不復。陛下之有尚書，猶天之有北斗。斗爲天喉舌，尚書亦爲陛下喉舌。斗斟酌元氣，運乎四時；尚書出納王命，賦政四海，權尊勢重，責之所歸，宜擇其人，以毗聖政。今與陛下共天下者，外則公卿、尚書，内則常侍、黄門，譬猶一門之内、一家之事，安則共其福慶，危則通其禍敗。刺史二千石，外統職事，内受法則。夫表曲者景必邪，源清者流必潔，猶叩樹本，百枝皆動也。由此言之，本朝號令，豈可蹉跌！夫人君之有政，猶水之有隄防；隄防完全，雖遭霖潦，不能爲變。政教一立，蹔遭凶年，不足爲憂。今隄防雖堅，漸有孔穴。譬之一人之身，本朝者，心腹也；州郡者，四支也。心腹痛則四支不舉。故臣之所憂，在腹心之疾，非四支之患也。苟堅隄防，務政教，先安心腹，整理本朝，雖有寇賊、水旱之變，不足介意。不然，則雖無水旱之災，天下固可憂矣。又宜罷退宦官，去其權重，裁置常侍二人，方直有德者省事左右。小黄門五人，才智閑雅者給事殿中。如此，則論者厭塞，升平可致也。」扶風功曹馬融對曰：「今科條品制，四時禁令，所以承天順民者，備矣，悉矣，不可加矣。然而天猶有不平之効，民猶有咨嗟之怨者，百姓屢聞恩澤之聲而未見惠和之實也。古之足民者，非能家贍而人足之，量其財用，爲之制度。故嫁娶之禮儉，則婚者以時矣；喪制之禮約，則終者掩藏矣；不奪其時，則農夫利矣。夫妻子以累其心，産業以重其志，舍此而爲非者，必不多矣。」太史令張衡對曰：「自初舉孝廉，迄今二百歲，皆先孝行，行有餘力，始學文法。辛卯詔書，以能章句、奏案爲限，雖有至孝，猶不應科，此棄本而取末也。曾子長於孝，然實魯鈍，文學不若游、夏，政事不若冉、季。今欲使一人兼之，苟外有可觀，内必有闕矣。」上覽衆對，以李固爲第一，即時出阿母還舍，諸常侍悉叩頭謝罪，朝廷肅然。以固爲議郎，而阿母、宦者皆疾之，詐爲飛章以陷其罪。事從中下，大司農黄尚、僕射黄瓊救之，久乃得釋，出爲洛令，棄官歸漢中。衡才高於世，而無驕尚之情。通貫六藝，尤致思於天文、陰陽、曆算，作渾天儀，著靈憲。性恬憺，不慕當世，所居之官，輒積年不徙。阿母後竟坐構姦誣罔，收印綬，還里舍。

秋，七月，太尉龐參免。參在三公中最名忠直，數爲左右所毀。司隸承風案之，參稱疾。廣漢上計掾段恭上疏曰：「伏見道路行人、農夫、織婦皆曰：『太尉參竭忠盡節，不能曲心，孤立羣邪之間，自處中傷之地。』夫以讒佞傷毁忠正，此天地之大禁，人主之至誡也！國以賢治，君以忠安。今天下咸欣陛下有此忠賢，願卒寵任以安社稷。」書奏，詔遣小黄門視參疾，致羊酒。後參夫人疾前妻子，殺之。洛陽令奏參罪，竟以災異免。

甲戌（一三四）

鮮卑寇馬城。是後其至鞬死，鮮卑抄盗差稀。

三年。

夏，四月，車師後部擊破北匈奴，獲單于母。

五月，旱。上露坐德陽殿東廂請雨，問尚書周舉以消變之術。舉對曰：「臣聞陰陽閉隔，則二氣否塞。風雨不時，水旱成災。陛下廢文帝、光武之法，而循亡秦奢侈之欲，内積怨女，外有曠夫。自枯旱以來，彌歷年歲。未聞陛下改過之効，徒勞至尊暴露風塵，誠無益也。宜推信革政，崇道變惑，出後宫不御之女，除太官重膳之費。慎官人，去貪佞。」帝曰：「貪佞者爲誰乎？」對曰：「臣從下州超備機密，不足以别羣臣。然公卿大臣數有直言者，忠貞也；阿諛苟容者，佞邪也。」張衡亦言：「前年京師地震土裂，裂者，威分；震者，民擾也。願陛下思惟所以稽古率舊，勿令刑德八柄不由天子。然後神望允塞，災消不至矣。」衡又以中興之後，儒者爭學圖緯，上疏言：「圖讖成於哀、平之際，皆虚僞之徒以要世取資，欺罔較然，莫之糾禁。且律曆、卦候、九宫、風角，數有徵効，世莫肯學，而競稱不占之書。譬猶畫工惡圖犬馬而好作鬼魅，誠以實事難形而虚僞不窮也。宜收藏圖讖，一禁絶之，則朱紫無所眩，典籍無瑕玷矣。」

秋，七月，鍾羌寇隴西、漢陽。冬，十月，校尉馬續擊破之。

十一月，司徒劉崎、司空孔扶免。用周舉之言也。

乙亥（一三五）

四年。

春，二月，初聽中官得以養子襲爵。御史張綱上書曰：「竊尋文、明二帝，德化尤盛，中官常侍不過兩人，近倖賞賜，裁滿數金。惜費重民，故家給人足。而頃者以來，無功小人皆有官爵，非所以愛民重器，承天順道也。」書奏，不省。

旱。

遣謁者馬賢擊鍾羌，大破之。

夏，四月，以梁商爲大將軍。商稱疾不起且一年，帝遣使奉策就第即拜〔五〕，商乃詣闕受命。商少通經傳，謙恭好士，辟李固爲從事中郎。固以商柔和自守，不能有所整裁，乃奏記曰：「數年以來，災怪屢見。孔子曰：『智者見變思形，愚者覩怪諱名。』天道無親，可爲祇畏。誠令王綱一整，道行忠立，明公踵伯成之高，全不朽之譽，豈與此外戚凡輩耽榮好位者同日而論哉！」商不能用。

秋，閏八月，朔，日食。

冬，十月，烏桓寇雲中。

十二月，地震。

丙子（一三六）

永和元年。

冬，十二月，以王龔爲太尉。龔疾宦官專權，上書極言其狀。諸黄門使客誣奏龔罪，上命龔亟自實。李固奏記於梁商曰：「王公以堅貞之操，横爲讒佞所構，衆人聞知，莫不歎慄。夫三公尊重，無詣理訴冤之義，纖微感概，輒引分決，是以舊典不有大罪，不至重問。王公卒有他變，則朝廷獲害賢之名，羣臣無救護之節矣。語曰：『善人在患，飢不及餐。』斯其時也！」商即言之，事乃得釋。

以梁冀爲河南尹。冀嗜酒逸遊，居職縱暴。商客吕放以告商，商讓之，冀遣人殺放而推疑放之怨仇，捕滅其宗親賓客百餘人。

武陵蠻反。初，武陵太守言蠻夷率服，可增租賦。虞詡曰：「自古聖王不臣異俗。先帝舊典，貢稅多少，所由來久矣。今猥增之，必有怨叛。計其所得，不償所費，必有後悔。」帝不從。至是蠻果爭貢布非舊約，遂殺鄉吏，舉種反。

丁丑(一三七)

二年。

春，以李進爲武陵太守，討平之。進簡選良吏，撫循蠻夷，郡境遂安。

夏，四月，地震。

象林蠻反。象林蠻區憐等攻縣寺，殺長吏。交阯刺史樊演發交阯、九真兵萬餘人救之，兵士憚遠役，反攻其府。府雖擊破反者，而蠻勢轉盛。

冬，十月，帝如長安。徵處士法真，不至。扶風法真博通内外學，隱居不仕。帝欲致之，四徵不屈。友人郭正稱之曰：「真名可聞，身難得見。逃名而名我隨，避名而名我追，可謂百世之師者矣。」

地震。太尉王龔以中常侍張昉等專弄國權，欲奏誅之。宗親有以楊震事諫之者，龔乃止。

十二月，還宫。

戊寅(一三八)

三年。

春，二月，地震，金城、隴西山崩。

夏，閏四月，地震。

以祝良爲九真太守，張喬爲交阯刺史，招降蠻寇，嶺外悉平。侍御史賈昌與州郡討區憐等，歲餘不克。帝召百官，問以方略，皆議遣大將，發荆、揚、兖、豫四萬人赴之。李固駁曰：「荆、揚盜賊磐結不散，長沙、桂陽數被徵發，如復擾動，必更生患。兖、豫之人，遠赴萬里，詔書迫促，必致叛亡。南州温暑，加有瘴氣，致死亡者十必四五。遠涉萬里，士卒疲勞，比至嶺南，不復堪鬭。軍行日三十里，而兖、豫去日南九千餘里，三百日乃到，計人稟五升，用米六十萬斛，不計將吏驢馬之食。設軍所在，死亡必衆，既不足禦敵，當復更發，此爲刻割心腹以補四支。九真、日南相去千里，發其吏民猶尚不堪，何況乃苦四州之卒，以赴萬里之艱哉！前中郎將尹就討益州叛羌，益州諺曰：『虜來尚可，尹來殺我。』後就徵還，以兵付刺史張喬。喬因其將吏，旬月之間破殄寇虜。此發將無益之效，州郡可任之驗也。宜更選有勇略仁惠任將帥者以爲刺史、太守，徙日南吏民，北依交阯。還募蠻夷使自相攻，轉輸金帛以爲其資。有能反間致頭首者，許以封侯列土之賞。故并州刺史祝良，性多勇決；張喬前有破虜之功，皆可任用。」四府悉從固議，即拜良爲九真太守，喬爲交阯刺史。喬至，開示慰誘，並皆降散。良到九真，單車入賊中，設方略，招以威信，降者數萬人，皆爲良築起府寺。嶺外復平。

秋，九月，詔舉武猛任將帥者。初，左雄薦周舉爲尚書。至是雄爲司隸校尉，舉馮直任將帥。直嘗坐臧受罪，舉以此劾奏雄。雄曰：「詔書使選武猛，不使選清高。」舉曰：「詔書使君選武猛，不使君選貪污也！」雄曰：「進君，適所以自伐也。」舉曰：「昔趙宣子任韓厥爲司馬，而厥戮其僕，宣子謂諸大夫曰：『可賀我矣！』今君不以舉之不才誤升諸朝，不敢阿君以爲君羞；不寤君之意與宣子殊也。」雄悦，謝曰：「是吾過也。」天下益以此賢之。是時，宦官競賣恩勢，唯大長秋良賀清儉退厚。及詔舉武猛，賀獨無所薦。帝問其故，對曰：「臣生自草茅，長於宫掖，既無知人之明，又未嘗交加士類。昔衛鞅因景監以見，有識知其不終。今得臣舉者，匪榮伊辱，是以不敢。」

冬，十月，燒當羌那離寇金城，校尉馬賢擊破之。

十二月，朔，日食。

己卯(一三九)

四年。

春，正月，中常侍張逵等伏誅。梁商以小黄門曹節等用事於中，遣冀與交，而中常侍張逵等忌其寵，反共譖商及曹騰、孟賁圖廢立。帝曰：「必無是，但汝曹共妒之耳。」逵懼，矯詔收縛騰、賁。帝怒，收逵等下獄，伏誅，辭所連染，延及大臣。商上疏曰：「春秋之義，功在元帥，罪止首惡。大獄一起，無辜者衆，死囚久繫，纖微成大，非所以順迎和氣，平政成化也。宜早訖竟，以止逮捕之煩。」帝納之。

三月，地震。

夏，四月，馬賢擊那離等，斬之。

秋，八月，太原旱。

庚辰（一四〇）

五年。

春，二月，地震。

南匈奴吾斯、車紐等反。夏，五月，詔度遼將軍馬續招降之。南匈奴吾斯、車紐等反，寇西河，招誘右賢王合兵圍美稷，殺長吏。馬續等發兵掩擊，破之。天子遣使責讓單于。單于本不預謀，乃脱帽避帳謝罪。中郎將陳龜以單于不能制下，迫令自殺，降者遂更狐疑。龜坐免。大將軍商曰：「馬續素有謀謨，典邊日久，深曉兵要。宜令續深溝高壁，以恩信招降，宣示購賞，明爲期約，如此，則醜類可服，國家無事矣！」帝乃詔續招降畔虜。商又移書續等曰：「中國安寧，忘戰日久。良騎野合，交鋒接矢，決勝當時，戎狄之所長而中國之所短也。强弩乘城，堅營固守，以待其衰，中國之所長而戎狄之所短也。宜務先所長以觀其變，設購開賞，宣示反悔，勿貪小功以亂大謀。」於是右賢王部萬三千口皆詣續降。

是月，晦，日食。

且凍、傅難種羌寇三輔，以馬賢爲征西將軍討之。初，那離等既平，朝廷以來機、劉秉爲并、涼刺史。機等虐刻，多所擾發，羌遂復反。

羌寇武都，燒隴關。

匈奴吾斯立車紐爲單于，引烏桓、羌、胡寇邊。十二月，遣中郎將張耽將兵擊降之。

辛巳（一四一）

六年。

春，正月，馬賢與羌戰，敗没。東、西羌遂大合。閏月，鞏唐羌寇三輔，燒園陵。初，上命馬賢討西羌，大將軍商以爲賢老，不如太中大夫宋漢，帝不從。賢到軍，稽留不進。武都太守馬融上疏曰：「今雜種諸羌轉相鈔盜，宜及其未并，亟遣深入，破其支黨。而馬賢等處處留滯，羌、胡百里望塵，千里聽聲，今逃匿避回，漏出其後，則必侵寇三輔，爲民大害。臣願請賢所不可，用關東兵五千，裁假部隊之號，盡力率厲，埋根行首以先吏士，三旬之中，必克破之。臣又聞吴起爲將，暑不張蓋，寒不披裘。今賢野次垂幕，珍肴雜遝，兒子侍妾，事與古反。臣懼賢等專守一城，言攻於西而羌出於東，且其將士將不堪命，必有高克潰叛之變也。」安定人皇甫規亦見賢不恤軍事，審其必敗，上書言狀。朝廷皆不從，至是果敗。

二月，有星孛于營室。

武都太守趙冲擊破鞏唐羌。詔冲督河西四郡兵。安定上計掾皇甫規上疏曰：「羌戎潰叛，皆因邊將失於綏御，乘常守安則加侵暴，苟競小利則致大害，微勝則虚張首級，軍敗則隱匿不言。軍士勞怨，困於猾吏，進不得快戰以徼功，退不得溫飽以全命，餓死溝渠，暴骨中原。徒見王師之出，不聞振旅之聲。酋豪泣血，驚懼生變，是以安不能久，叛則經年。願假臣屯列坐食之兵五千，出其不意，與趙冲共相首尾，可不煩方寸之印，尺帛之賜，高可滌患，下可納降。若謂臣年少官輕，不足用者，凡諸敗將，非官爵之不高，年齒之不邁。臣不勝至誠，没死自陳。」帝不能用。

鞏唐羌寇北地。

秋，八月，大將軍梁商卒。初，商以上巳會賓客，讌于洛水。酒闌，繼以薤露之歌，周舉聞之歎曰：「此所謂哀樂失時，非其所也。殃將及乎？」至是病篤，敕冀等曰：「吾生無以輔益朝廷，死何可耗費帑藏！衣衾、飯含、玉匣、珠貝之屬，何益朽骨，宜皆辭之。」薨，諸子欲從其誨，朝廷不聽。

以梁冀爲大將軍，不疑爲河南尹。

以周舉爲諫議大夫。初，梁商疾篤，帝親臨幸，問以遺言。對曰：「臣從事中郎周舉，清高忠正，可重任也。」由是用之。

九月，諸羌寇武威。

是月，晦，日食。

冬，十月，徙安定、北地郡。

十一月，遣車騎將軍張喬屯三輔。

徙荆州刺史李固爲泰山太守。荆州盜起，彌年不定。以李固爲刺史。固到，遣吏勞問境內，赦寇盜前釁，與之更始。於是賊帥自縛歸首，固皆原之，遣還相招。半歲間，餘類悉降。奏南陽太守高賜等臧穢，賜等重賂梁冀，冀爲之千里移檄〔六〕，而固持之愈急，冀遂徙固爲泰山太守。時泰山盜賊屯聚歷年，郡兵常千人追討，不能制。固到，悉罷遣歸農，但選留任戰者百餘人，以恩信招誘之。未滿歲，賊皆弭散。

壬午（一四二）

漢安元年。

秋，八月，吾斯等復反。

遣八使分行州郡。遣杜喬、周舉、周栩、馮羡、欒巴、張綱、郭遵、劉班分行州郡，表賢良，顯忠勤。其貪污有罪者，刺史二千石驛馬上之，墨綬以下便輒收舉。喬等受命之部，張綱獨埋其車輪於洛陽都亭，曰：「豺狼當路，安問狐狸！」遂劾奏大將軍冀、河南尹不疑無君之心十五事，京師震竦。帝雖知綱言直，不能用也。佗使所劾，亦多冀及宦者親黨，事皆寢遏。侍御史种暠疾之，復行案舉。乃更考正其罪。

以李固爲將作大匠。杜喬奏李固政爲天下第一，故有是命。

以張綱爲廣陵太守。梁冀恨張綱，思有以中傷之。時廣陵賊張嬰寇亂揚、徐間積十餘年，乃以綱爲廣陵太守。綱單車徑詣嬰壘門，嬰大驚，走閉壘。綱於門外罷遣吏兵，留十餘人，以書諭嬰，請與相見。嬰乃出拜謁。綱延置上坐，譬之曰：「前後二千石多肆貪暴，故致公等懷憤相聚，二千石信有罪矣，然公所爲者又非義也。主上仁聖，欲以文德服叛，故遣太守來，今誠轉禍爲福之時也。若聞義不服，天子震怒，荆、揚、兖、豫大兵雲合，身首橫分，血嗣俱絶。二者利害，公其深計之！」嬰聞，泣下曰：「荒裔愚民，不堪侵枉，相聚偷生，若魚遊釜中，知其不可久，且以喘息須臾間耳。今聞明府之言，乃嬰等更生之辰也。」乃辭還營。明日，將所部萬餘人與妻子面縛歸降。綱單車入壘，置酒爲樂，散遣部衆，任從所之。親爲卜居宅、相田疇，子弟欲爲吏者，皆引召之。人情悦服，南州晏然。論功當封，梁冀遏之。在郡一歲，卒。嬰等五百餘人爲之制服行喪，送到犍爲，負土成墳。時二千石長吏有能政者，有洛陽令任峻、冀州刺史蘇章、膠東相吴祐。洛陽自王涣之後，皆不稱職。峻能選用文武，各盡其用。發姦不旋踵，民間不畏吏，其威禁猛於涣，而文理政教不如也。章有故人爲清河太守。章行部，欲按其姦臧，乃爲設酒甚歡。太守喜曰：「人皆有一天，我獨有二天。」章曰：「今夕蘇孺文與故人飲者，私恩也。明日冀州刺史案事者，公法也。」遂舉正其罪，州境肅然。後以摧折權豪，坐免。時天下日敝，民多愁苦，論者日夜稱章，朝廷不能復用也。祐政崇仁簡，民不忍欺。嗇夫孫性，私賦民錢，市衣以進其父，父得而怒曰：「有君如是，何忍欺之！」促歸伏罪。性慚懼自首，具談父言。祐曰：「掾以親故受污穢之名，所謂『觀過知仁矣』。」使歸謝其父，還以衣遺之。

癸未（一四三）

冬，罕羌降，罷張喬軍屯。

二年。

夏，四月，以趙冲爲護羌校尉，擊燒當羌，破之。

冬，十一月，使匈奴中郎將馬寔遣人刺吾斯，殺之。

地震。涼州自九月以來，地百八十震，山谷拆裂，壞敗城寺，民壓死者甚衆。

增孝廉爲四科。尚書令黄瓊以左雄所上孝廉之選，專用儒學文吏，於取士之義猶有所遺。乃奏增孝悌及能從政者爲四科，帝從之。

甲申(一四四)

建康元年。

春，趙冲討羌，戰歿。冲追叛羌，遇伏，戰死。而前後多所斬獲，羌由是亦衰耗。

夏，四月，馬寔擊南匈奴左部，破之。胡、羌、烏桓悉降。

立子炳爲皇太子。太子居承光宫，帝使侍御史种暠監其家。中常侍高梵從中單駕出迎太子，時太傅杜喬等疑不欲從而未決，暠乃手劍當車曰：「太子，國之儲副，人命所係。今常侍來，無詔信，何以知非姦邪？今日有死而已。」梵辭屈，不敢對，馳還奏之。詔報，太子乃得去。喬退而歎息，愧暠臨事不惑。帝亦嘉其持重，稱善者良久。

秋，八月，揚、徐羣盜范容等作亂，遣御史中丞馮緄督州兵討之。

帝崩，太子炳即位。年二歲。尊皇后曰皇太后。太后臨朝。

以李固爲太尉，録尚書事。

九月，葬憲陵。

地震。詔舉賢良方正之士，策問之。皇甫規對曰：「陛下攝政之初，拔用忠貞，遠近翕然望見太平，而災異不息，寇賊縱横，殆以姦臣權重之所致也。其常侍尤無狀者，宜亟黜遣，以答天誡。大將軍冀、河南尹不疑，亦宜增修謙節，而輔以儒術，省去遊娱不急之務，割減廬第無益之飾。夫君者，舟也；民者，水也。羣臣，乘舟者也；將軍兄弟，操楫者也。若能平志畢力，以度元元，所謂福也。如其怠弛，將淪波濤，可不慎乎！夫德不稱禄，猶鑿墉之趾以益其高，豈安固之道哉！凡諸宿猾、酒徒、戲客，皆宜貶斥，以懲不軌。」冀忿之，以規爲下第，拜郎中。託疾，免歸。

揚州刺史尹耀討范容，敗殁。

冬，十月，交阯蠻夷復反，刺史夏方降之。

九江盜馬勉稱帝於當塗。羣盜發憲陵。

乙酉（一四五）

孝冲皇帝永嘉元年。

春，正月，帝崩。梁太后以揚、徐盜賊方盛，欲須所徵諸王侯到乃發喪。太尉李固曰：「帝雖幼少，猶天下之父。今日崩亡，人神感動，豈有人子反共掩匿乎！秦皇沙丘之謀，近日北鄉之事，皆天下大忌，不可之甚者也！」太后從之，即暮發喪。

徵清河王蒜及勃海孝王子纘至京師。大將軍冀白太后，迎纘入即位，罷蒜歸國。蒜、纘皆章帝曾孫。蒜爲人嚴重，動止有法度，公卿皆歸心焉。而纘年八歲。李固謂梁冀曰：「立帝宜擇長年有德，任親政事者。願將軍審詳大計，察周、霍之立文、宣，戒鄧、閻之利幼弱。」冀不從，與太后定策禁中，迎纘入南宫，即皇帝位，蒜罷歸國。葬懷陵。將卜山陵，李固曰：「今處處寇賊，軍興費廣，新創憲陵，賦發非一。帝尚幼小，可起陵於憲陵塋内，如康陵制度。」太后從之。太后委政李固，宦官爲惡者一皆斥遣，而梁冀尤疾之。初，順帝時除官多不以次，固奏免百餘人。此等遂作飛章，言固離間近戚，自隆支黨。冀以白太后，太后不聽。

廣陵張嬰據郡反。嬰既降，至是復反。

二月，叛羌皆降，隴右復平。西羌叛亂積年，費用八十餘億。諸將多盗牢稟，貨賂左右，不恤軍事，白骨相望，左馮翊梁並以恩信招誘叛羌，離湳、狐奴等五萬餘户皆詣並降，隴右復平。

三月，九江都尉滕撫擊馬勉、范容等，斬之。太后以徐、揚盗賊益熾，博求將帥。三公舉撫有文武才，詔拜九江都尉，助馮緄討之。廣開賞募，錢邑有差。撫等破斬馬勉、范容等，拜撫中郎將，督揚、徐二州事。

詔康陵在恭陵上。詔曰：「殤帝即位踰年，安帝承襲統業，而前世令恭陵在康陵之上，失其次序，今其正之。」

冬，十一月，歷陽盜華孟稱帝。滕撫進擊張嬰及孟，皆破斬之。東南悉平。撫性方直，不交權勢，爲宦官所惡。後論功當封太尉，胡廣承旨，奏黜之，遂卒於家。

丙戌（一四六）

孝質皇帝本初元年。

夏，四月，詔郡國舉明經詣太學，受業者歲滿課試，拜官有差。自是公卿皆遣子受業遊學，增盛至三萬餘生。

海水溢。

閏六月，大將軍冀進毒弑帝。白太后，策免太尉固。迎蠡吾侯志入即位，太后猶臨朝。帝少而聰慧，嘗因朝會，目梁冀曰：「此跋扈將軍也。」冀深惡之。使左右置毒於煑餅以進，帝苦煩甚，召李固。固入前問，帝曰：「食煑餅。腹悶，得水尚可活。」冀曰：「恐吐，不可飲水。」語未絕而崩。固伏尸號哭，推舉侍醫。議立嗣，固與司徒胡廣、司空趙戒先與冀書曰：「先世廢立，未嘗不詢訪公卿，廣求羣議，令上應天心，下合衆望。傳曰：『以天下與人易，爲天下得人難。』至憂至重，可不熟慮！悠悠萬事，唯此爲大。國之興衰，在此一舉。」冀乃召百官入議。固、廣、戒及大鴻臚杜喬皆以爲清河王蒜明德著聞，又屬最尊親，宜立爲嗣。而中常侍曹騰嘗謁蒜，蒜不爲禮，由此惡之。初，平原王翼既貶歸河間，其父請分蠡吾縣以侯之。翼卒，子志嗣。太后欲以女弟妻志，徵到夏門亭。會帝崩，冀欲立之，騰又夜往説冀曰：「將軍累世椒房，秉攝萬機，賓客縱横，多有過差。清河嚴明，若果立，則將軍受禍矣。不如立蠡吾侯，富貴可長保也。」冀然其言。明日，重會公卿，冀意氣凶凶，廣、戒懾憚，皆曰：「惟大將軍令！」獨固、喬堅守本議。冀厲聲罷會。說太后，策免固。迎蠡吾侯志入南宫，即位，時年十五。太后猶臨朝政。大將軍掾朱穆戒梁冀曰：「願將軍專心公朝，割除私欲，廣求賢能，斥遠佞惡。爲皇帝置師傅，宜得小心忠篤之士，與之參勸講授。」又薦种暠、欒巴等，冀不能用也。

秋，七月，葬靜陵。

九月，追尊河間孝王爲孝穆皇，蠡吾先侯曰孝崇皇。冬，十月，尊母匽氏爲博園貴人。

丁亥（一四七）

孝桓皇帝建和元年。

春，正月，朔，日食。

三月，黄龍見譙。

夏，四月，地震。

六月，以杜喬爲太尉。自李固之廢，内外喪氣，羣臣側足而立。唯喬正色無所回撓，由是朝野皆倚望焉。

論定策功，益封梁冀萬三千户，又封其子弟及宦者劉廣等，皆爲列侯。杜喬諫曰：「陛下即位，不急忠賢之禮，而先左右之封，梁氏一門，宦者微孽，並帶無功之紱，裂勞臣之土，其爲乖濫，胡可勝言。苟遂斯道，豈伊傷政爲亂而已，喪身亡國，可不慎哉！」書奏，不省。

八月，立皇后梁氏。初，永昌太守劉君世鑄黄金爲文蛇以獻梁冀。益州刺史种暠糾發其姦，冀恨暠，因以佗事陷之。李固上疏伸理，太后赦暠，免官，以金蛇輸官。冀從大司農杜喬借觀，喬不與。冀小女死，令公卿會喪，喬獨不往。至是立后，冀欲以厚禮迎之，喬又據舊典不聽。冀屬喬舉氾宮爲尚書，喬以宮爲臧罪，不用。由是日忤冀。

九月，地震。策免太尉喬。

冬，十一月，貶清河王蒜爲尉氏侯，徙桂陽。蒜自殺。下李固、杜喬獄，殺之。宦者唐衡、左悺等共譖杜喬，帝亦怨之。會劉文等謀共立清河王蒜，劫其相謝暠，殺之。蒜坐貶爵爲尉氏侯，徙桂陽，自殺。梁冀因誣李固、杜喬，云與文交通，收固下獄。門生王調貫械上書，趙承等數十人要鈇鑕詣闕通訴，太后詔赦固。及出獄，京師市里皆稱萬歲。冀聞之，大驚，畏其終爲己害，乃更奏前事。長史吴祐爭之，不從。從事中郎馬融爲作章表，祐謂曰：「李公之罪，成於卿手。李公若誅，卿何面目視天下人！」冀怒，起，入室，祐亦徑去。固遂死獄中。臨命，與胡廣、趙戒書曰：「梁氏迷謬，公等曲從，漢家衰微，從此始矣。公等受主厚禄，顛而不扶，後之良史豈有所私！固身已矣，於義得矣，復何言哉！」廣、戒悲慚，長歎流涕。冀使人脅杜喬，使自引決。喬不聽，收繫之，亦死獄中。冀暴固、喬尸，令：「有敢臨者加其罪。」固弟子郭亮未冠，左提章鉞，右秉鈇鑕，詣闕上書，乞收固尸，不報。與董班俱往，臨哭不去。

喬故掾陳留楊匡，號泣星行至洛，著故赤幘，託爲夏門亭吏，守護尸喪，積十二日。詣闕上書，并乞二公骸骨，太后許之。匡送喬喪還家，葬訖，行服，遂與亮、班皆隱匿，終身不仕。吴祐亦自免歸，卒於家。

戊子（一四八）

二年。

春，正月，帝冠。

三月，白馬羌寇廣漢。

夏，五月，北宮火，帝徙居南宮。

改清河爲甘陵。梁冀惡清河名，乃改焉。

秋，大水。

己丑（一四九）

三年。

夏，四月，晦，日食。

秋，八月，有星孛于天市。

大水。

九月，地再震，山崩。

前朗陵侯相荀淑卒。淑少博學有高行，李固、李膺等皆師宗之。嘗舉賢良，對策譏刺貴幸，梁冀忌之，出爲朗陵相。涖事明治，稱爲神君。有子八人，儉、緄、靖、燾、汪、爽、肅、專，並有名稱，時人謂之八龍。潁陰令苑康更命其里曰高陽里。膺性簡亢，唯以淑爲師，以同郡陳寔爲友。爽嘗謁膺，因爲其御，既還，喜曰：「今日乃得御李君矣。」寔出單微，同郡鍾皓以篤行稱，九辟公府，年輩遠在寔前，引與爲友。皓爲郡功曹，辟司徒府。太守高倫問：「誰可代卿者？」皓曰：「明府欲必得其人，西門亭長陳寔可。」倫從之。中常侍侯覽託倫用吏，寔懷檄請見，曰：「此人不宜用，而覽不可違，寔乞從外署，不足以塵明德。」於是鄉論怪其非舉，寔終無所言。倫後被徵，乃謂人曰：「吾前爲侯常侍用吏，陳君密持教還而於外白署，陳君可謂『善則稱君，過則稱己』者也。」寔固自引愆，由是天下服其德。後爲太丘長，修德清靜，百姓以安。鄰縣民歸附者，寔輒訓導令還。司官行部，吏慮民有訟者，白欲禁之。寔曰：「訟以求直，禁之，理將何申！」亦竟無訟者。以沛相賦斂違法，解印綬去，吏民追思之。皓素與淑齊名，膺常歎曰：「荀君清識難尚，鍾君至德可師。」皓兄子瑾，好學慕古，有退讓風，與膺同年，俱有聲名。其母，膺之姑也。膺祖太尉脩常言：「瑾似我家性，『邦有道，不廢；邦無道，免於刑戮。』」復以膺妹妻之。膺謂瑾曰：「弟何太無皂白邪！」瑾以白皓，皓曰：「國武子好招人過，以致怨惡。今豈其時邪！必欲保身全家，爾道爲貴。」

庚寅（一五〇）

和平元年。

春，正月，太后歸政。二月，崩。

三月，帝還北宮。

葬順烈皇后。

封大將軍冀妻孫壽爲襄城君。壽善爲妖態，冀寵憚之。冀愛監奴秦宫，出入壽所，刺史二千石皆謁辭之。冀、壽對街爲宅，殫極土木，互相誇競〔七〕。起兔苑，亘數十里，移檄調生兔，刻毛爲識，人有犯者，罪至死。冀用壽言，多斥奪諸梁在位者，外以示謙讓，而孫氏宗親爲侍中、卿、校、郡守者十餘人，皆貪饕凶淫，所在怨毒。侍御史朱穆奏記曰：「將相大臣，均體元首，共輿而馳，同舟而濟，輿傾舟覆，患實共之。豈可以去明即昧，履危自安，主孤時困而莫之恤乎！宜時易宰守非其人者，减省第宅園池之費，拒絶郡國諸所奉送，内以自明，外解人惑。使挾姦之吏無所依託，司察之臣得盡耳目。憲度既張，遠邇清一，則將軍身尊事顯，德耀無窮矣！」冀不納。冀雖專朝，而猶交結宦官，任其子弟以爲要職，欲以自固。穆又奏記極諫，冀報書云：「如此，僕亦無一可邪？」冀遣書詣樂安太守陳蕃請託，不得通。使者詐稱佗客，蕃笞殺之。坐左轉脩武令。

夏，五月，尊博園匽貴人曰孝崇后。

秋，七月，梓潼山崩。

辛卯（一五一）

元嘉元年。

春，正月，朔。尚書張陵劾大將軍冀罪，詔以俸贖。羣臣朝賀，大將軍冀帶劍入省。尚書張陵叱出，敕羽林、虎賁奪劍。冀跪謝，陵不應，即劾奏冀，請廷尉論罪。有詔以一歲俸贖，百僚肅然。河南尹不疑嘗舉陵孝廉，謂曰：「舉君，適所以自罰也！」陵曰：「明府不以陵不肖，誤見擢序，今申公憲以報私恩！」不疑有愧色。不疑好經書，喜待士，冀疾之，轉爲光禄勳，以其子胤爲河南尹。胤年十六，容貌甚陋，不勝冠帶。不疑自恥兄弟有隙，遂讓位歸第，與弟蒙閉門自守。冀不欲令與賓客交通，陰使人變服至門，記往來者。南郡太守馬融初除，過謁不疑。冀諷有司奏融貪濁，髡笞徙朔方。

夏，四月，帝微行至河南尹梁胤府舍。是日大風拔樹，晝昏。尚書楊秉上疏曰：「臣聞瑞由德至，災應事生，天不言語，以災異譴告王者。至尊出入有常，警蹕而行，静室而止。自非郊廟之事，則鑾旗不駕。故諸侯入諸臣之家，春秋尚列其誡；况於以先王法服而私出槃游，降亂尊卑，等威無序，侍衛守空宫，璽紱委女妾。設有非常之變，任章之謀，上負先帝，下悔靡及！」帝不納。秉，震之子也。

京師旱，任城、梁國饑，民相食。

北匈奴寇伊吾。

冬，十一月，地震。詔舉獨行之士。涿郡崔寔以獨行舉，詣公車，稱病，不對策。退而論世事，名曰政論。其辭曰：「凡天下所以不治者，常由人主承平日久，俗漸敝而不悟，政寖衰而不改，習亂安危，怢不自覩。或荒耽耆欲，不恤萬機；或耳蔽箴誨，厭僞忽真；或猶豫岐路，莫適所從；或見信之佐，括囊守禄，或疏遠之臣，言以賤廢，是以王綱縱弛於上，智士鬱伊於下。悲夫！自漢興以來，三百五十餘歲矣，政令垢翫，上下怠懈，百姓囂然，咸復思中興之救矣！且濟時拯世之術，在於補綻決壞，枝柱邪傾，隨形裁割，要措斯世於安寧之域而已。故聖人執權，遭時定制，俗人拘文牽古，不達權制，奇偉所聞，簡忽所見，烏可與論國家之大事哉！凡爲天下者，自非上德，嚴之則治，寬之則亂。何以明其然也？近孝宣皇帝明於君人之道，審於爲政之理，故嚴刑峻法，破姦軌之膽，海内清肅，天下密如，算計見效，優於孝文。及元帝即位，多行寬政，卒以墮損，威權始奪，遂爲漢室基禍之主。政道得失，於斯可監。故聖人能與世推移，而俗士苦不知變，以爲結繩之約，可復治亂秦之緒；干戚之舞，足以解平城之圍。蓋爲國之法，有似治身，平則致養，疾則攻焉。夫刑罰者，治亂之藥石也；德教者，興平之粱肉也。夫以德教除殘，是以粱肉治疾也；以刑罰治平，是以藥石供養也。自數世以來，政多恩貸，馭委其轡，馬駘其銜，四牡横犇，皇路險傾，方將拑勒鞬輈以救之，豈暇鳴和鑾，清節奏哉！昔文帝雖除肉刑，當斬右趾者棄市，笞者往往至死。是文帝以嚴致平，非以寬致平也。」實，瑗之子也。山陽仲長統嘗見其書，嘆曰：「凡爲人主，宜寫一通，置之坐側。」

司馬公曰：漢家之法已嚴矣，而實猶病其寬，何哉？蓋衰世之君，率多柔懦，凡愚之佐，唯知姑息，是以權幸之臣有罪不坐，豪猾之民犯法不誅。仁恩所施，止於目前；姦宄得志，紀綱不立。故崔實之論，以矯一時之枉，非百世之通義也。孔子曰：「政寬則民慢，慢則糾之以猛；猛則民殘，殘則施之以寬。寬以濟猛，猛以濟寬，政是以和。」斯不易之常道也。

詔加大將軍冀殊禮，增封賜第〔八〕。帝欲褒崇梁冀，使議其禮。胡廣等咸稱冀勳德宜比周公，錫之山川、土田、附庸。司空黄瓊獨曰：「可比鄧禹，合食四縣。」於是有司奏：「冀入朝不趨，劍履上殿，謁讚不名，禮儀比蕭何。增封四縣，比鄧禹。賞賜金錢、奴婢、綵帛、車馬、衣服、甲第，比霍光。每朝會，與三公絶席。十日一入，平尚書事。」冀猶以所奏禮薄，意不悦。

壬辰（一五二）

二年。

春，正月，西域長史王敬殺于寘王建。于寘攻敬，殺之。初，西域長史趙評在于寘，病癰死。拘彌王成國與于寘王建素有隙，謂評子曰：「于寘王令胡醫持毒藥著創中，故致死耳。」評子以告敦煌太守馬達。會敬代爲長史，馬達令敬隱覈于寘事。敬貪立功名，前到于寘，設供請建，坐定，建起行酒，敬叱左右執之。吏士並無殺建意，獨成國主簿秦牧持刀出前，斬建。于寘侯、將輸僰等遂會兵攻敬，斬之，而自立爲王，國人殺之。馬達聞之，欲擊于寘。帝不聽，以宋亮代達。亮到，開募于寘，令自斬輸僰。時輸僰已死，乃斷死人頭送敦煌。亮後知其詐，而竟不能討也。

地震。

夏，四月，孝崇皇后匽氏崩。以帝弟平原王石爲喪主，斂送制度比恭懷皇后。

五月，葬博陵。

秋，七月，日食。

冬，十月，地震。

癸巳(一五三)

永興元年。

秋,七月,蝗。

河溢,民饑。以朱穆爲冀州刺史。尋徵下獄,輸作左校。冀州民饑,流冗數十萬户。詔以朱穆爲刺史。令長聞穆濟河,解印綬去者四十餘人。及到,奏劾諸郡貪污者,有至自殺,或死獄中。宦者趙忠喪父,歸葬,僭爲玉匣。穆下郡案驗,吏發墓剖棺出之。帝聞,大怒,徵穆詣廷尉,輸作左校。太學生劉陶等數千人詣闕上書訟穆曰:「中官近習,竊持國柄,手握王爵,口含天憲,運賞則使餓隸富於季孫,呼噏則令伊、顏化爲桀、跖。而穆獨亢然不顧身害,非惡榮而好辱,惡生而好死也,徒感王綱之不攝,懼天綱之久失,故竭心懷憂,爲上深計。臣願黥首繫趾,代穆校作。」帝乃赦之。陶又上疏曰:「夫天之與帝,帝之與民,猶頭之與足,相須而行也。陛下目不視鳴條之事,耳不聞檀車之聲,天災不有痛於肌膚,震食不即損於聖體,故蔑三光之謬,輕上天之怒。使羣醜刑隸,芟割小民。使死者悲於窀穸,生者戚於朝野,是愚臣所爲咨嗟長懷歎息者也!臣聞危非仁不扶,亂非智不救。竊見朱穆、李膺,履正清平,貞高絶俗,斯實中興之良佐,國家之柱臣。宜還本朝,挾輔王室。」書奏,不省。

甲午(一五四)

二年。

春,二月,復聽刺史二千石行三年喪。

地震。

夏，蝗。

東海朐山崩。

封乳母馬惠子初爲列侯。

秋，九月，朔，日食。

冬，十一月，帝校獵上林苑，遂至函谷關。

泰山、琅邪盜起。

乙未（一五五）

永壽元年。

春，二月，司隸、冀州饑，人相食。

夏，南陽大水。

巴、益郡山崩。

秋，南匈奴左薁鞬臺耆等反，屬國都尉張奐擊破降之。南匈奴左薁鞬臺耆等反，東羌復舉種應之。安定屬國都尉張奐初到職，壁中唯有二百許人，聞之，即勒兵出。軍吏叩頭爭止之，不聽。遂進屯長城，收兵，遣將王衛招誘東羌，因據龜茲縣，使匈奴不得交通。東羌諸豪遂相率與奐共擊薁鞬等，破降之。羌豪遺奐馬二十匹，金鐻八枚。奐以酒酹地曰：「使馬如羊，不以入廄；使金如粟，不以入懷。」悉以還之。前此八都尉率好財貨，爲羌所患苦。及奐正身潔己，無不悦服，威化大行。

丙申（一五六）

二年。

春，三月，蜀郡屬國夷反。

秋，鮮卑檀石槐寇雲中。以李膺爲度遼將軍。初，鮮卑檀石槐勇健有智略，部落畏服。施法禁，平曲直，無敢犯者。遂推以爲大人，立庭於彈汗山，去高柳北三百餘里，東、西部大人皆歸焉。因南抄緣邊，北拒丁零，東却夫餘，西擊烏孫，盡據匈奴故地，東西萬四千餘里。至是入寇。以故烏桓校尉李膺爲度遼將軍。膺到邊，羌、胡皆望風畏服，先所掠男女，悉詣塞下送還之。

以韓韶爲嬴長。公孫舉等聚衆至三萬人，寇青、兖、徐州，討之，連年不克。尚書選能治劇者，以韶爲嬴長。賊聞其賢，相戒不入境。流民萬餘户入縣界，韶開倉賑之，主者爭不可。韶曰：「長活溝壑之人，而以此伏罪，含笑入地矣。」韶與同郡荀淑、鍾皓、陳寔皆嘗爲縣長，以德政稱，時人謂之「潁川四長」。

遣中郎將段熲擊泰山、琅邪羣盜，平之。初，鮮卑寇遼東，屬國都尉段熲率所領馳赴之。既而恐賊驚去，乃使驛騎詐齎璽書詔熲，熲僞退設伏，虜入追熲，因大縱兵，悉斬獲之。至是，詔選將帥有文武材者。司徒尹頌薦熲，拜中郎將。擊二郡賊，大破之，斬其帥公孫舉、東郭竇，獲首萬餘級，餘黨降。

封潁爲列侯。

冬，十二月，地震。

丁酉（一五七）

三年。

夏，四月，九真蠻夷反，討破之。

閏月，晦，日食。

蝗。或言：「民貧，宜鑄大錢。」事下四府羣僚及太學能言之士議之。劉陶曰：「當今之憂，不在於貨，在乎民飢。蓋民可百年無貨，不可一朝有飢。議者不達農殖之本，多言鑄冶之便。蓋萬人鑄之，一人奪之，猶不能給；況今一人鑄之，則萬人奪之乎！雖以陰陽爲炭，萬物爲銅，役不食之民，使不飢之士，猶不能足無厭之求也。夫欲民殷財阜，要在止役禁奪，則百姓不勞而足。願陛下寬鍥薄之禁，後治鑄之議，聽民庶之謠吟，瞰三光之文耀。天下之心，國家大事，粲然皆見，無有遺惑者矣。今地廣而不得耕，民衆而無所食，羣小競進，呑噬無厭。誠恐卒有役夫窮匠，投斤遠呼，使愁怨之民響應雲合，雖方尺之錢，何能有救其危也！」遂不改錢。

長沙蠻反。

戊戌（一五八）

延熹元年。

夏，五月，晦，日食。太史令陳授陳「日食之變，咎在梁冀」。冀收考授，死於獄中。帝由是怒冀。

蝗。

大雩。

秋，七月，太尉瓊免。

冬，十月，帝校獵廣成，遂至上林苑。

十二月，南匈奴、烏桓、鮮卑入寇。以陳龜爲度遼將軍，除并、涼一年租賦。龜臨行上疏曰：「臣聞三辰不軌，擢士爲相；蠻夷不恭，拔卒爲將。臣無文武之才而忝鷹揚之任，雖殁軀體，無所云補。西州地埆民貧，數更寇虜，屢被災荒。雖含生氣，實同枯朽。陛下以百姓爲子，焉可不垂撫循之恩哉！牧守不良，招致災害；胡虜凶悍，因衰緣隙；而將帥不忠，聚姦玩寇，使倉庫單竭，功業無效。宜改任牧守，去斥姦殘，更選將校，簡練文武，除并、涼今年租、更，寬赦罪隸，掃除更始，則善吏知奉公之祐，惡者覺營私之禍，胡馬可不窺長城，塞下無候望之患矣。」帝乃更選幽、并刺史、太守，下詔爲陳將軍除并、涼一年租賦。龜到職，州郡震栗，省息經用，歲以億計。

以張奐爲北中郎將。匈奴、烏桓燒軍門，屯赤阬，煙火相望，兵衆大恐。奐安坐帷中，講誦自若。潛誘烏桓，使斬匈奴、屠各渠帥，襲破其衆，諸胡悉降。

徵陳龜還。龜不食而卒。梁冀與陳龜素有隙，徵還代之。冀暴虐日甚，龜上疏請誅之，不省，遂不食而死。

以种暠爲度遼將軍。暠到營所，先宣恩信，不服，然後加討。羌虜質郡縣者，悉遣還之。誠心懷撫，信賞分明，由是羌、胡皆來順服。乃去烽燧，除候望，邊方晏然無警。

己亥（一五九）

二年。

春，二月，鮮卑寇雁門。

蜀郡夷寇蠶陵。

三月，復斷刺史二千石行三年喪。

夏，大水。

秋，七月，皇后梁氏崩。梁后恃姊兄勢，奢靡妒忌，寵衰無子。宮人孕育，鮮得全者，帝益疏之，憂恚而崩。葬懿獻皇后於懿陵。

八月，大將軍梁冀伏誅。太尉胡廣、司徒韓縯、司空孫朗皆以罪免爲庶人。梁氏七侯，三后，六貴人，二大將軍，卿將尹校五十七人。冀專擅威柄，凶恣日積，宮衛近侍，並樹所親，禁省起居，纖微必知。四方貢獻，皆先輸上第於冀，乘輿乃其次焉。百官遷召，皆先到門謝恩，然後敢詣尚書。吳樹爲宛令，之官辭冀，冀以賓客爲託，樹曰：「小人姦蠹，比屋可誅。明將軍處上將之位，宜崇賢善以補朝闕。自侍坐以來，未聞稱一長者，而多託非人，非樹所敢聞也。」到縣，遂誅冀客數十人。後還謁冀，冀鴆之，出，死車上。帝嫡母耿貴人薨，冀從其從子求珍玩，不得，怒，族其家。崔琦作外戚箴以風，冀怒。琦曰：「管仲樂聞譏諫之言，蕭何乃設書過之吏。今將軍不能結納貞良以救禍敗，反欲鉗士口，蔽主聽，使馬鹿易形乎！」冀殺之。冀秉政幾二十年，以私憾殺人甚衆，威行内外，天子拱手。鄧香妻宣，生女猛，香卒，宣更適孫壽舅梁紀。壽引猛入掖庭爲貴人，冀因認爲己女，遣客殺宣。登屋欲入，宣家覺之，馳入白帝。帝大怒，因如廁，獨呼小黄門史唐衡，問：「左右與外舍不相得者，誰乎？」衡對：「單超、左悺與梁氏有隙；徐璜、具瑗亦忿疾之。」於是帝呼超、悺入室定議，帝齧超臂出血爲盟。冀心疑之，使中黄門張惲入宿，以防其變。瑗收惲，請帝御前殿，使尚書令尹勳持節勒丞郎以下皆操兵守省閤，斂諸符節送省中，使瑗將廐騶、虎賁、羽林、都候劍戟士合千餘人，與司隸張彪共圍冀第，收大將軍印綬。冀、壽皆自殺，悉收梁氏、孫氏，無長少皆棄市。胡廣、韓縯、孫朗皆坐阿附，減死，免爲庶人。故吏賓客免黜者三百餘人，朝廷爲空。百姓稱慶。收冀財貨，縣官斥責，合三十餘萬萬，以充王府用，減天下稅租之半，散其苑囿，以業窮民。

立貴人鄧氏爲皇后，追廢梁后爲貴人。

封宦者單超等五人爲列侯。世謂之五侯。

以黄瓊爲太尉。時新誅梁冀，天下想望異政。瓊首居公位，乃舉奏州郡貪污，死徙十餘人。辟汝南范滂。滂少厲清節，嘗爲清詔使，案察冀州。登車攬轡〔九〕，慨然有澄清天下之志。守令臧汙者，皆望風解印綬去。奏權豪之黨二十餘人，尚書責滂所劾猥多，對曰：「臣之所舉，自非叨穢姦暴，深爲民害，豈以汙簡札哉！閒以會日迫促，故先舉所急，其未審者，方更參實。臣聞農夫去草，嘉穀必茂；忠臣除姦，王道以清。若臣言有貳，甘受顯戮。」尚書不能詰。

徵處士徐穉、姜肱、袁閎、韋著、李曇，皆不至。尚書令陳蕃薦五處士，以安車玄纁徵之，不至。穉，豫章人，家貧，常自耕稼，非其力不食，恭儉義讓，所居服其德。屢辟不起。蕃爲太守，以禮請署功曹，穉既謁而退。蕃性方峻，不接賓客。穉來，特設一榻，去則縣之。後舉有道，家拜太原太守，皆不就。穉雖不應諸公之辟，然聞其死喪，輒負笈赴弔。常豫炙一雞，以酒漬緜一兩，暴乾裹之，到冢隧外，以水漬緜，白茅藉飯，以雞置前，醊畢留謁，不見喪主而行。肱，彭城人。與二弟仲海、季江俱以孝友著聞，常同被而寢。嘗俱詣郡，夜遇盜，欲殺之，肱曰：「弟年幼，父母所憐，又未聘娶，願殺身濟弟。」季江曰：「兄年德在前，家之珍寶，國之英俊，乞自受戮，以代兄命。」盜兩釋焉，但掠奪衣資而已。既至，郡中見肱無衣服，怪問其故，肱託以佗辭，終不言盜。盜聞而感悔，就肱叩頭謝罪，還所略物。肱不受，勞以酒食而遣之。既徵不至，詔圖其形狀。肱卧於幽闇，以被韜面，言眩疾畏風，工竟不得見。閎，汝南人，安之玄孫也。苦身修節，以耕學爲業。著，京兆人。隱居講授。曇，潁川人。繼母酷烈，曇奉之謹。帝又徵安陽魏桓，其鄉人勸之行，桓曰：「夫干祿求進，所以行其志也。今後宮千數，其可損乎？廄馬萬匹，其可減乎？左右權豪，其可去乎？」皆對曰：「不可。」桓乃慨然歎曰：「使桓生行死歸，於諸子何有哉！」遂隱身不出。

封皇后兄子鄧康、宦者侯覽等爲列侯，殺白馬令李雲、弘農掾杜衆。帝既誅梁冀，故舊恩私多受封爵：封后兄子康、秉皆爲列侯，宗族皆列校、郎將，賞賜巨萬。侯覽上縑五千匹，封高鄉侯。又封小黄門八人爲鄉侯。自是權勢專歸宦官矣。五侯尤貪縱，傾動内外。時災異數見，白馬令李雲露布上書，移副三府曰：「梁冀雖持權專擅，虐流天下，今以罪行誅，猶召家臣搤殺之耳，而猥封謀臣萬户以上，高祖聞之，得無見非！西北列將，得無解體！帝者，諦也。今官位錯亂，小人諂進，財貨公行，政化日損；是帝欲不諦乎！」帝怒，逮雲送獄，使管霸考之。弘農掾杜衆傷雲以忠諫獲罪，上書願與雲同死，帝愈怒，并下之獄。大鴻臚陳蕃、太常楊秉、洛陽市長沐茂、郎中上官資並上疏爲請，皆坐免黜。管霸亦言：「雲、衆狂戇，不足加罪。」帝曰：「『帝欲不諦』，是何等語，而常侍欲原之邪！」遂皆死獄中。黄瓊稱疾不起，上疏曰：「陛下即位以來，未有勝政，諸梁秉權，豎宦充朝，李固、杜喬既以忠言横見殘滅，而李雲、杜衆復以直道繼踵受誅，海内傷懼，益以怨結，朝野之人，以忠爲諱。尚書周永，素事梁冀，黄門與冀共構姦軌。臨冀當誅，乃陽毁示忠，以要爵賞，復與忠臣並時顯封。四方聞之，莫不憤歎。」書奏，不省。

冬，十月，以宦者單超爲車騎將軍。

燒當羌反，校尉段熲擊破之。

以陳蕃爲光禄勳。時封賞踰制，内寵猥盛。蕃上疏曰：「夫諸侯上象四七，藩屏上國。而左右以無功傳賞，至乃一門之内，侯者數人，故緯象失度，陰陽謬序。又，采女數千，食肉衣綺，脂油粉黛，不可貲計。鄙諺言：『盜不過五女門。』以女貧家也。今後宫之女，豈不貧國乎！」帝頗采其言，爲出宫女五百人，封侯者降爲鄉侯。

以楊秉爲河南尹，尋坐論作左校。單超兄子匡爲濟陰太守，負勢貪放。兗州刺史第五種使從事衛羽案之，得臧五六千萬，奏并劾超。匡賂客刺羽，羽覺之，捕繫洛陽。匡密令突獄亡走。尚書詰秉，對曰：「乞檻車徵匡，考覈其事，則姦慝蹤緒，必可立得。」秉竟坐論作左校。種亦以佗罪徙朔方。種，倫之曾孫也。

以爰延爲五官中郎將。帝問侍中爰延：「朕何如主？」對曰：「陛下爲漢中主。」帝曰：「何以言之？」對曰：「尚書令陳蕃任事則治，中常侍黄門與政則亂，是以知陛下可與爲善，可與爲非。」帝曰：「敬聞闕矣。」拜五官中郎將。會客星經帝坐，帝密以問延，延曰：「天子動静以禮，則星辰順序；意有邪僻，則晷度錯違。陛下以鄧萬世有龍潛之舊，封侯引見，與之對博。上下媟黷，有虧尊嚴。夫愛之則不覺其過，惡之則不知其善。故王者賞必酬功，爵以甄德。善人同處，則日聞嘉訓；惡人從游，則日生邪情。邪臣惑君，亂妾危主，惟陛下遠讒諛之人，納謇謇之士，則災變可除。」帝不能用。延稱病免歸。

庚子（一六〇）

三年。

春，正月，詔求故太尉李固後。初，固知不免，遣子基、兹、燮歸鄉里。燮年十三，姊文姬爲同郡趙伯英妻，密與二兄謀，豫匿燮，託言還京師，人不之覺。有頃難作，州郡收基、兹，皆死獄中。文姬乃告父門生王成曰：「君執義先公，有古人之節。今委君以六尺之孤，李氏存滅，其在君矣！」成乃將燮乘江東下，入徐州界，變姓名爲酒家傭，而成賣卜於市，各爲異人，陰相往來。積十餘年，梁冀既誅，燮乃還鄉里，追行喪服，姊弟相見，悲感傍人。姊戒燮曰：「吾家血食將絶，弟幸而得濟，豈非天邪！宜杜絶衆人，勿妄往來，慎無一言加於梁氏。加梁氏則連主上，禍重至矣，唯引咎而已。」燮謹從其誨。後成卒，燮以禮葬之，每四節爲設上賓之位而祠焉。

單超卒。

賜超東園秘器、棺中玉具。及葬，發五營騎士、將作大匠起冢塋。其後四侯轉横，天下爲之語曰：「左回天，具獨坐，徐卧虎，唐雨墮。」皆競起第宅，以華侈相尚。兄弟姻戚，宰州臨郡，辜較百姓，與盗無異，虐徧天下，民不堪命，故多爲盗賊焉。左悺兄爲河東太守，皮氏長京兆趙岐恥之，即日棄官西歸。唐衡兄玹爲京兆尹，收岐家屬宗親，陷以重法，盡殺之。岐逃難四方，自匿姓名，賣餅北海市中。安丘孫嵩見而異之，載與俱歸，藏於複壁中。及諸唐死，遇赦，乃敢出。

閏月，西羌寇張掖，段熲破降之。

羌晨薄段熲軍。熲下馬大戰，至日中刀折矢盡，虜亦引退。熲追之，且鬬且行，晝夜相攻，割肉食雪四十餘日，遂至積石山，出塞二千餘里，斬燒何大帥，降其餘衆而還。

夏，五月，漢中山崩。

秋，七月，長沙零陵蠻反。

冬，十一月，九真餘寇復反。以夏方爲交阯刺史，降之。

方威惠素著，賊相率降。

泰山賊殺都尉。以皇甫規爲太守，討平之。

辛丑(一六一)

四年。

春，正月，南宮嘉德殿火。

大疫。

二月，武庫火。

夏，以劉矩爲太尉。初，矩爲雍丘令，以禮化民，民皆感悟自革。有訟者，常引之於前，提耳訓告，以爲忿恚可忍，縣官不可入，使歸更思。訟者感之，輒各罷去。

五月，有星孛于心。

雨雹。

六月，地震。

岱山及博尤來山裂。

秋，七月，減百官奉，貣王侯半租，賣關内侯以下官。

九月，以劉寵爲司空。寵嘗爲會稽太守，除煩苛，禁非法，郡中大治。被徵，有五六老叟自若耶山谷間出，人齎百錢送寵曰：「山谷鄙生，未嘗識郡朝，佗守時，吏發求民間，至夜不絕，或狗吠竟夕，民不得安。自明府下車以來，狗不夜吠，民不見吏。年老遭值聖明，今聞當見棄去，故自扶奉送。」寵曰：

「吾政何能及公言邪！勤苦父老！」爲人選一大錢受之。

冬，諸羌復反。徵段熲下獄，遣中郎將皇甫規擊破降之。羌寇并、凉，段熲將湟中義從討之。凉州刺史郭閎貪共其功，稽固熲軍，使不得進。義從役久叛歸。閎歸罪於熲，熲坐徵下獄，輸作左校。羌遂陸梁，寇患轉盛。皇甫規上疏曰：「臣生長邠岐，年五十九，昔爲郡吏，再更叛羌，豫籌其事，有誤中之言。頗乞冗官，備單車一介之使，勞來三輔，宣國威澤，以所習地形兵勢佐助諸軍。且臣窮居孤危，坐觀郡將已數十年矣。力求猛敵，不如清平。勤明孫、吳，未若奉法。前變未遠，臣誠戚之，是以越職盡其區區。」詔以規爲中郎將，持節監關西兵擊羌，破之。羌慕規威信，相勸降者十餘萬。

五年。

壬寅（一六二）

春，三月，皇甫規討沈氐羌，降之。沈氐羌寇張掖、酒泉，皇甫規發先零諸種羌，共討隴右，而道路隔絶，軍中大疫，死者十三四。規親入庵廬，巡視將士，三軍感悦。東羌遂降。凉州復通。規條奏牧守貪暴、殺降、老不任職、倚恃權貴者數人，或免或誅。羌人聞之，翕然反善，十餘萬口皆詣規降。

夏，零陵賊入桂陽，艾縣賊攻長沙。

地震。

冬，十月，武陵蠻反。蠻寇江陵，南郡太守李肅走，主簿胡爽扣馬諫曰：「蠻夷見郡無備，故敢乘間而進。明府爲國大臣，連城千里，舉旗鳴鼓，應聲十萬，奈何委符守之重，而爲逋逃之人乎！」肅殺爽而走。徵肅〔一〇〕，棄市。復爽門閭，拜家一人爲郎。

以馮緄爲車騎將軍，討諸蠻降之。先是，所遣將帥，宦官多陷以折耗軍資，往往抵罪，緄請中常侍一人監軍財費。尚書朱穆奏「緄以財自嫌，失大臣節」。有詔勿劾。緄請前武陵太守應奉與俱。十一月，至長沙，賊悉降。進擊武陵蠻夷，斬首四千，受降十餘萬，荆州平定。緄推功於奉，薦以爲司隸校尉。

以楊秉爲太尉。

下皇甫規獄，論輸左校。皇甫規還督鄉里，既無私惠，而多所舉奏，又惡絶宦官，不與交通。於是遂共誣規貨賂群羌，令其文降，璽書誚讓。規上疏自訟曰：「臣前奏李翕等五臣，支黨半國，所連及者復有百餘。吏託報將之怨，子思復父之恥，交構豪門，競流謗讟，云臣私報諸羌，讎以錢貨。若臣以私財，則家無擔石；如物出於官，則文簿易考。就臣愚惑，信如言者，前世尚遺匈奴以宮姬，鎮烏孫以公主；今臣但費千萬以懷叛羌，何罪之有？自永初以來，將出不少，覆軍有五，動資巨億，有旋車完封，寫之權門，而名成功立，厚加爵封。今臣還督本土，糾舉諸郡，絶交離親，戮辱舊故，衆謗陰害，固其宜也。」帝乃徵規還，拜議郎，論功當封。而徐璜、左悺欲從規求貨，規終不答。璜等陷以前事，下吏。官屬欲賦斂請謝，規誓而不聽，遂論輸左校。諸公及太學生張鳳等三百餘人詣闕訟之，會赦，歸家。

癸卯（一六三）

六年。

夏，五月，鮮卑寇遼東。

秋，武陵蠻復反，郡兵討平之，馮緄坐免。七月，武陵蠻復反，宦官素惡馮緄，以軍還盜賊復發，免之。

冬，十月，帝校獵廣成，遂至上林苑。陳蕃上疏諫曰：「安平之時，遊畋宜有節，況今有三空之戹哉！田野空，朝廷空，倉庫空。加之兵戎未戢，四方離散，是陛下焦心毁顔，坐以待旦之時也。豈宜揚旗曜武，騁心輿馬之觀乎！又前秋多雨，民始種麥。今失其勸種之時，而令給驅禽除路之役，非賢聖恤民之意也。」書奏，不省。

十二月，以周景爲司空。時宦官方熾，任人充塞列位，景與太尉楊秉上言：「内外吏職，多非其人。舊典，中臣子弟，不得居位。請皆斥罷。」帝從之。於是條奏牧守以下五十餘人，或死或免，天下肅然。

以張奐爲度遼將軍，皇甫規爲使匈奴中郎將。初，張奐坐梁冀故吏，免官禁錮，凡諸交舊，莫敢爲言。唯規薦舉，前後七上。及規爲度遼將軍，到營數月，上書薦奐「才略兼優，宜正元帥，自乞冗官，以爲奐副」。從之。

以段熲爲護羌校尉。西州吏民守闕爲段熲訟冤者甚衆。會羌益熾，凉州幾亡，乃復以熲爲校尉。

尚書朱穆卒。朱穆疾宦官恣横，上疏曰：「按漢故事，中常侍參選士人，建武以後，乃悉用宦者。

自延平以來，浸益貴盛，權傾海內，寵貴無極，放濫驕溢，漁食百姓。臣以爲可悉罷省，更選海内清淳之士明達國體者，以補其處。」不納。後復口陳曰：「臣聞漢家舊典，置侍中、中常侍各一人，省尚書事。黄門侍郎一人，傳發書奏。皆用姓族。自和熹太后以女主稱制，不接公卿，乃以閹人爲常侍，小黄門通命兩宫。自此以來，權傾人主，窮困天下，宜皆罷遣，博選耆儒宿德，與參政事。」帝怒，不應。穆伏不肯起，左右傳「出」！良久，乃趨而去。自此中官數因事稱詔詆毁之。穆素剛，憤懣發疽卒。

甲辰（一六四）

七年。

春，二月，邟鄉侯黄瓊卒。瓊薨，謚曰忠。四方名士會其葬者六七千人。初，瓊教授於家，徐穉從之咨訪大義，及瓊貴，穉絶不復交。至是，往弔，進酹，哀哭而去，人莫知者。諸名士曰：「必徐孺子也。」於是選能言者陳留茅容輕騎追及，爲沽酒市肉，穉爲飲食。容問國家事，穉不答。更問稼穡，穉乃答之。容還，以語諸人，或曰：「可與言而不與言，孺子其失人乎？」太原郭泰曰：「不然。孺子之爲人，清潔高廉，飢不可得食，寒不可得衣，而爲季偉飲食，此爲已知季偉之賢故也！所以不答國事者，是其智可及，其愚不可及也！」泰博學，善談論。初游洛陽，時人莫識。陳留符融一見嗟異，因以介於河南尹李膺。膺與爲友。後歸鄉里，諸儒送至河上，車數千兩，膺唯與泰同舟而濟。泰性明知人〔一一〕，好奬訓。茅容年四十餘，耕於野，與等輩避雨樹下，衆皆夷踞，容獨危坐。泰見而異之，因請寓宿。旦日，容殺雞食母，餘半庋置，自以草蔬與客同飯。泰曰：「卿賢哉遠矣！郭林宗猶減三牲之具以供賓旅，而卿如此，乃我友也。」起，對之揖，勸令從學。鉅鹿孟敏，荷甑墮地，不顧而去。泰見問之，對曰：「甑已破矣，視之何益！」泰以爲有分決，亦勸令遊學。陳留申屠蟠爲漆工，鄢陵庾乘爲門士，泰奇之，後皆爲名士。自餘或出於屠沽、卒伍，因泰獎進成名者甚衆。或問范滂曰：「郭林宗何如人？」滂曰：「隱不違親，貞不絶俗，天子不得臣，諸侯不得友，吾不知其佗。」泰舉有道，不就，或勸之仕，泰曰：「吾夜觀乾象，晝察人事，天之所廢，不可支也，吾將優遊卒歲而已。」然猶周旋京師，誨誘不息。徐穉以書戒之曰：「夫大木將顛，非一繩所維，何爲棲棲不遑寧處？」泰感寤曰：「謹拜斯言，以爲師表。」濟陰黄允，以儁才知名，泰見而謂曰：「卿高才絶人，足成偉器。然當深自匡持，不然，將失之矣！」後司徒袁隗欲爲從女求姻，見允，歎曰：「得婿如是，足矣。」允聞而黜遣其妻。妻請大會宗親，數允隱慝而去，允由是廢。初，允與漢中晉文經恃其才智，徵辟不就。託言療病京師，不通賓客，公卿大夫遣門生問疾，郎吏雜坐其門。三公辟召，輒以訪之。符融謂李膺曰：「二子行業無聞，以豪桀自置，遂使公卿問疾，王臣坐門，融恐其小道破義，空譽違實，特宜察焉。」膺然之，後並以罪廢。陳留仇香，至行純嘿，鄉黨無知者。年四十，爲蒲亭長。勸人生業，爲制科令，令子弟就學，賑恤窮寡，期年大化。民有陳元，獨與母居，母詣香告元不孝，香驚曰：「吾近日過元舍，廬落整頓，耕耘以時，此非惡人，當是教化未至耳。母守寡養孤，苦身投老，奈何以一旦之忿，棄歷年之勤乎？且母養人遺孤，不能成濟，若死者有知，百歲之後，當何以見亡者！」母涕泣而起。香乃親到元家，爲陳人倫，譬以禍福，元感悟，卒爲孝子。考城令王奐署香主簿，謂之曰：「聞在蒲亭，陳元不罰而化，得無少鷹鸇之志邪？」香曰：「以爲鷹鸇不若鸞鳳，故不爲也。」奐曰：「枳棘非鸞鳳所集，百里非大賢之路。」乃以一月奉資香，使入太學，與符融比宇。融賓客盈室，香常自守，融謂之曰：「今英雄四集，志士交結之秋。」香正色曰：「天子設太學，豈但使人游談其中耶？」高揖而去。融以告郭泰，因就房謁之。泰嗟歎起拜牀下曰：「君，泰之師，非泰之友也。」香雖宴居，必正衣服，妻子事之若嚴君。妻子有過，免冠自責，妻子庭謝思過，香冠，妻子乃敢升堂，終不見其喜怒聲色之異。不應徵辟，卒於家。

三月，隕石於鄠。

夏，五月，雨雹。

荆州刺史度尚擊桂陽艾縣賊，平之。度尚募諸蠻夷擊艾縣賊，大破之，降者數萬。桂陽宿賊卜陽、潘鴻等逃入深山，尚破其三屯，多獲珍寶。欲遂擊之，而士卒驕富，莫有鬭志。尚乃宣言：「兵少未可進，當須諸郡所發悉至，乃并力攻之。」申令軍中恣聽射獵，兵喜皆出，尚乃密使人焚其營，獵者來還，莫不泣涕。尚人人慰勞，深自咎責，因曰：「陽等財寶足富數世，諸卿但不并力耳，所亡少少，何足介意。」衆咸憤踴。尚敕令秣馬蓐食，明旦，徑赴賊屯，陽等自以深固，不復設備，吏士乘鋭，遂破平之。尚出兵三年〔一二〕，羣寇悉定，封右鄉侯。

冬，十月，帝如章陵。時公卿貴戚車騎萬計，徵求費役，不可勝極。護駕從事胡騰言：「天子無外，乘輿所幸，即爲京師。臣請以荆州刺史比司隸校尉，臣自同都官從事。」帝從之。自是肅然，莫敢干擾。詔書多除人爲郎，太尉楊秉上疏曰：「太微積星，名爲郎位，入奉宿衛，出牧百姓，宜割不忍之恩，以斷求欲之路。」於是乃止。

段熲擊當煎羌，破之。

十二月，還宮。

乙巳(一六五)

八年。

春，正月，遣中常侍左悺之苦縣祠老子。

是月，晦，日食。詔舉賢良方正。

中常侍侯覽免，左悺自殺，貶具瑗爲都鄉侯。侯覽弟參爲益州刺史〔一三〕，殘暴貪婪，累臧億計。楊秉奏檻車徵參，於道自殺。秉因奏曰：「臣案舊典，宦官本在給使省闥，司昏守夜，而今猥受過寵，執政操權。中常侍侯覽弟參，貪殘元惡，自取禍滅。覽知釁重，必有自疑之意，臣愚以爲覽宜急屏斥，送歸本郡。」書奏，尚書召秉掾屬詰之曰：「三公統外，御史察内。今越奏近官，經典、漢制何所依據？其開公具對。」秉使對曰：「春秋傳曰：『除君之惡，唯力是視。』鄧通懈慢，申屠嘉召詰責之。漢世故事，三公之職，無所不統。」尚書不能詰，帝不得已，免覽官。司隸韓縯因奏左悺罪惡，及其兄太僕稱，皆自殺。又奏具瑗兄恭臧罪，瑗貶都鄉侯。

廢皇后鄧氏，幽殺之。帝多内寵，鄧氏驕忌，廢送暴室，以憂死。

詔李膺、馮緄、劉祐，輸作左校。宛陵羊元羣罷北海郡，臧汙狼藉，郡舍溷軒有奇巧，亦載以歸。

河南尹李膺表按其罪，元羣行賂宦官，膺竟反坐。單超弟遷爲山陽太守，以罪繫獄，廷尉馮緄考致其死，中官飛章誣緄以罪。中常侍蘇康、管霸，固天下良田美業，州郡不敢詰，大司農劉祐移書所在，依科品没入之。帝大怒，三人俱坐輸作左校。

詔壞諸淫祀。特留洛陽王渙、密縣卓茂二祠。

夏，五月，太尉楊秉卒。以劉瑜爲議郎。秉爲人清白寡欲，嘗稱：「我有三不惑：酒、色、財也。」秉既没，所舉賢良劉瑜乃至上書言：「中官不當裂土傳爵。又，嬖女冗食，傷生費國。第舍增多，窮極奇巧，掘山攻石，促以嚴刑。州郡考事，公行賕賂，民愁入賊，官輒誅討，貧民或賣首級以要賞，父兄相代殘身，妻孥相視分裂。陛下又好微行近習之家，賓客市買，因此暴縱。惟陛下開廣諫道，博觀前古，遠佞邪之人，放鄭、衛之聲，則政致和平矣。」詔問災咎之徵。執政者欲令瑜依違其辭，乃更策以佗事，瑜對愈切，拜爲議郎。

桂陽賊攻零陵，度尚擊斬之。桂陽賊胡蘭等攻零陵，太守陳球固守。掾史白球遣家避難，球怒曰：「太守分國虎符，受任一邦，豈顧妻孥而沮國威乎！復言者斬！」乃弦大木爲弓，羽矛爲矢，引機發之，多所殺傷。賊激流灌城，球輒於内因地勢，反決水淹賊，相拒十餘日不能下。時度尚徵還，詔以爲中郎將，討擊斬之。復以尚爲荆州刺史。餘黨南走蒼梧，交阯刺史張磐擊破之，賊復還入荆州。尚懼爲己負，乃僞言蒼梧賊入州界，於是徵磐下廷尉。會赦，磐不肯出，磐曰：「磐實不幸，赦無所除；如以苟免，永受侵辱。」乃徵尚面對，辭窮，受罪，以先有功，原之。

段熲擊西羌，破之。段熲擊破西羌，進兵窮追，展轉山谷，自春及秋，無日不戰，虜遂敗散，斬首二萬，獲數萬人，降萬餘落。封都鄉侯。

秋，七月，以陳蕃爲太尉。蕃讓於太常胡廣、議郎王暢、弛刑徒李膺，不許。暢，龔之子也。嘗爲南陽太守，奮厲威猛，大姓有犯，或使吏發屋伐樹，堙井夷竈。功曹張敞諫曰：「發屋伐樹，將爲嚴烈，雖欲懲惡，難以聞遠。懇懇用刑，不如行恩；孳孳求姦，未若禮賢。舜舉皋陶，不仁者遠，化人在德，不在用刑。」暢深納其言，更崇寬政，教化大行。

八月，初斂田畝稅錢。

九月，地震。

立貴人竇氏爲皇后。采女田聖有寵，帝將立以爲后。時竇融之玄孫武有女亦爲貴人。陳蕃及司隸應奉皆以田氏卑微，竇族良家，争之甚固。帝不得已，立竇后，拜武爲特進，封槐里侯。

以李膺爲司隸校尉。陳蕃數言李膺、馮緄、劉祐之枉，請加原宥，誠辭懇切，以至流涕。帝不聽。應奉上疏曰：「夫忠賢武將，國之心膂。立政之要，記功忘失。緄前討蠻荆，均吉甫之功；祐數臨督司，有不吐茹之節；膺著威幽、并，遺愛度遼。今三垂蠢動，王旅未振，乞原膺等，以備不虞。」書奏，乃悉免其刑。久之，李膺復拜司隸校尉。時小黄門張讓弟朔爲野王令，貪殘無道，畏膺威嚴，逃還京師，匿於兄家合柱中。膺率吏卒破柱取朔，付獄受辭畢，即殺之。讓訴冤，帝召膺詰之。對曰：「昔仲尼爲魯司寇，七日而誅少正卯。今臣到官已積一旬，私懼以稽留爲愆，不意獲速疾之罪。自知釁責，死不旋踵，乞留五日，尅殄元惡，退就鼎鑊，始生之願也。」帝顧讓曰：「汝弟之罪，司隸何愆。」自此諸宦官皆鞠躬屏氣，休沐不敢出宮省。帝問其故，並叩頭泣曰：「畏李校尉。」時朝廷日亂，綱紀頹弛，而膺獨持風裁，以聲名自高，士有被其容接者，名爲登龍門云。

以劉寬爲尚書令。寬歷典三郡，温仁多恕，雖在倉卒，未嘗疾言遽色。吏民有過，但用蒲鞭罰之，示辱而已，終不加苦。有功善推之於下，有災異則引躬自責。每見父老，慰以農里之言；少年，勉以孝悌之訓，人皆悦而化之。

丙午（一六六）

九年。

春，正月，朔，日食。詔舉至孝。太常趙典所舉至孝荀爽對策曰：「昔者聖人建天地之中而謂之禮。禮者，所以興福祥之本，止禍亂之源也。衆禮之中，昏禮爲首。陽性純而能施，陰體順而能化，以禮濟樂，節宣其氣，故能豐子孫之祥，致老壽之福。及三代之季，淫而無節，陽竭於上，陰隔於下，故周公之戒曰：『時亦罔或克壽。』傳曰：『截趾適屨，孰云其愚，何與斯人，追欲喪軀。』誠可痛也。臣竊聞後宮采女六千，侍使復在其外，空賦不幸之民，以供無用之女，百姓窮困於外，陰陽隔塞於内，故感動和氣，災異屢臻。臣愚以爲諸未幸御者，一皆遣出，使成妃合，此誠國家之大福也。」詔拜郎中。

司隸、豫州饑。死者什四五。

以皇甫規爲度遼將軍。規欲求退，數上病，不見聽。會友人喪至，規越界迎之，因令客密告并州刺史胡芳，言規擅遠軍營，當急舉奏。芳曰：「威明欲避第仕塗，故激發我耳。吾當爲朝廷愛才，何能申子此計邪！」遂無所問。

夏，四月，河水清。

帝親祠老子於濯龍宫。以文罽爲壇飾，淳金釦器，設華蓋之坐，用郊天樂。

六月，南匈奴、烏桓、鮮卑寇掠九郡。

秋，七月，諸羌復反。

以張奂爲護匈奴中郎將，督幽、并、涼州。

殺南陽太守成瑨、太原太守劉瓆，捕司隸校尉李膺、太僕杜密，部黨二百餘人下獄。遂策免太尉蕃。初，帝爲蠡吾侯，受學於甘陵周福。及即位，擢福爲尚書。時同郡房植有名當朝，鄉人爲之謡曰：「天下規矩房伯武，因師獲印周仲進。」二家賓客互相譏揣，遂成尤隙。由是甘陵有南北部，黨人之議自此始矣。汝南太守宗資以范滂爲功曹，南陽太守成瑨以岑晊爲功曹，皆委心聽任，使之褒善糾違，肅清朝府。滂尤剛勁，疾惡如讎。滂甥李頌，素無行，唐衡以屬資，用爲吏。滂不召。資捶書佐朱零，零仰曰：「范滂清裁，零寧受笞而死，滂不可違。」資乃止。於是二郡爲謡曰：「汝南太守范孟博，南陽宗資主畫諾；南陽太守岑公孝，弘農成瑨但坐嘯。」太學諸生三萬餘人，郭泰、賈彪爲其冠，與李膺、陳蕃、王暢更相褒重。學中語曰：「天下模楷李元禮，不畏强禦陳仲舉，天下俊秀王叔茂。」於是中外承風，競以臧否相尚，自公卿以下，莫不畏其貶議，屣履到門。宛有富賈張汎，恃後宫中官，用勢縱横。岑晊勸瑨收捕，既而遇赦，瑨竟誅之，後乃奏聞。小黄門晉陽趙津，貪横放恣，太原太守劉瓆亦於赦後殺之。於是侯覽使汎妻上書訟冤，宦官因緣譖訴瑨、瓆。帝大怒，徵下獄。有司承旨，奏當棄市。山陽太守翟超，以張儉爲督郵。侯覽家在防東，殘暴百姓，大起塋冢。儉舉奏覽，破其冢宅，藉没資財。徐璜兄子宣爲下邳令，求故汝南太守李暠女不得，遂將吏卒至暠家，載其女歸，射殺之。東海相黄浮收宣家屬，無少長，悉案棄市。於是宦官訴冤，帝大怒，超、浮並坐髡鉗輸作。陳蕃與司空劉茂共諫請四人罪，帝不悦。茂不敢復言。蕃獨上疏曰：「今寇賊在外，四支之疾；内政不理，心腹之患。臣寢不能寐，食不能飽，實憂左右日親，忠言日疏，内患漸積，外難方深。小家畜産百萬之資，子孫尚恥失其先業，況乃産兼天下，受之先帝，而欲懈怠以自輕忽，誠不愛己，不當念先帝得之勤苦邪！劉瓆、成瑨誠心去惡，而令伏歐刀；翟超、黄浮奉公不橈，並蒙刑坐。昔申屠嘉召責鄧通，董宣折辱公主，文帝從而請之，光武加以重賞，未聞二臣有專命之誅。陛下深宜割塞近習與政之源，引納尚書朝省之士，簡練清高，斥黜佞邪。則天和於上，地洽於下矣。」帝不納。宦官由此疾蕃彌甚，選舉奏議，輒以中詔譴卻，長史已下多至抵罪。平原襄楷上疏曰：「臣聞皇天不言，以象設教。臣竊見太微，天庭五帝之坐，而金、火罰星揚光其中，於占，天子凶。又俱入房、心，法無繼嗣。前冬大寒，竹柏傷枯。臣聞於師曰：『柏傷竹枯，不出三年，天子當之。』今春夏霜雹大雨雷電，臣作威作福，刑罰急刻之所感也。劉瓆、成瑨，志除姦邪，而遠加考逮；三公乞哀，而嚴被譴讓。漢興以來，未有拒諫誅賢，用刑太深如今者也！按春秋以來及古帝王，未有河清。臣以爲河者，諸侯位也。清者，屬陽；濁者，屬陰。河當濁而反清者，陰欲爲陽，侯欲爲帝也。唯京房易傳曰：『河水清，天下平。』今天垂異，地吐妖，人癘疫，三者並時而有河清，猶春秋麟不當見而見，孔子書之以爲異也。願賜清閒，極盡所言。」書奏，不省。復上書曰：「黄門常侍，天刑之人。陛下愛待，兼倍常寵，係嗣未兆，豈不爲此！又聞宫中立黄老、浮屠之祠，黄老清虚，貴尚無爲，好生惡殺，省慾去奢。浮屠不三宿桑下，不欲久生恩愛，精之至也。其守一如此，乃能成道。今陛下淫女豔婦，極天下之麗；甘肥飲美，單天下之味。嗜欲不去，殺罰過理，奈何欲如黄老、浮屠乎？」尚書奏楷違經誣上，司寇論刑。自永平以來，臣民雖有習浮屠術者，而天子未之好。至帝，始篤好之，常躬自禱祠，由是其法浸盛，故楷言及之。瑨、瓆竟死獄中。瑨、瓆素剛直，有經術，知名當時，天下惜之。岑晊逃竄，親友競匿之。賈彪獨閉門不納，曰：「傳言『相時而動，無累後人』。公孝以要君致釁，自遺其咎，吾可容隱之乎！」晊竟獲免。彪嘗爲新息長，小民困貧，多不養子。彪嚴爲其制，與殺人同罪。城南有盜劫害人者，北有婦人殺子者，彪出案驗，掾吏欲引南，彪怒曰：「賊寇害人，此則常理；母子相殘，逆天違道！」遂驅車北行，案致其罪。賊聞之，亦面縛自首。數年間，人養子者以千數。曰：「此賈父所生也。」皆名之爲賈。河南張成者，善風角，推占當赦，教子殺人。李膺收捕，逢宥，竟案殺之。宦官教成弟子牢脩上書，告：「膺等養太學遊士，共爲部黨，誹訕朝廷，疑亂風俗。」於是天子震怒，班下部國，逮捕黨人，布告天下，使同忿疾。案經三府，陳蕃卻之曰：「今所案者，皆海内人譽、憂國忠公之臣，此等猶將十世宥也，豈有罪名不章而致收掠者乎！」不肯平署。帝愈怒，遂下膺等北寺獄，辭連太僕杜密及陳寔、范滂之徒二百餘人。或逃遁不獲，皆懸金購募，使者四出。寔曰：「吾不就獄，衆無所恃。」乃往請囚。陳蕃復上書極諫，帝諱其言切，託以辟召非人，策免之。時黨獄所染，皆天下名賢。皇甫規自以西州豪桀，恥不得與，乃自上言：「臣前薦故大司農張奐，是附黨也。太學生張鳳等上書訟臣，是爲黨人所附也。臣宜坐之。」朝廷不問。密素與李膺名行相次，時人謂之李、杜。嘗爲北海相，行春，到高密，見鄭玄爲鄉嗇夫，知其異器，即署郡職，遣就學，卒成大儒。去官還家，每謁守令，多所陳託。同郡劉勝，亦自蜀郡告歸鄉里，閉門埽軌，無所干及。太守王昱謂曰：「劉季陵清高士，公卿多舉之者。」密對曰：「劉勝位爲大夫，見禮上賓，而知善不薦，聞惡無言，隱情惜己，自同寒蟬，此罪人也。今志義力行之賢而密達之，違道失節之士而密糾之，使明府賞刑得中，令問休揚，不亦萬分之一乎！」昱慚服，待之彌厚。

以竇武爲城門校尉。武在位，多辟名士，清身疾惡，禮賂不通。妻子衣食裁足而已，得兩宮賞賜，悉散與太學諸生及匄施貧民，由是衆譽歸之。

匈奴烏桓降，鮮卑走出塞。匈奴烏桓聞張奐至，皆相率還降，奐誅其首惡，慰納之，唯鮮卑出塞去。朝廷患檀石槐不能制，遣使持印綬封爲王，欲與和親。檀石槐不肯受，而寇抄滋甚。自分其地爲三部：從右北平以東至遼東，接夫餘、濊貊爲東部；從右北平以西至上谷爲中部；從上谷以西至烏孫爲西部，各置大人領之。

校勘記

〔一〕揚州妖賊章河等作亂　「河」原作「何」，據月崖本、成化本、殿本、後漢書卷六孝順帝紀、通鑑卷五一漢紀四十三漢順帝陽嘉元年三月改。

〔二〕孔子曰　「曰」字原脱，據月崖本、成化本、殿本、通鑑卷五一漢紀四十三漢順帝陽嘉元年冬十二月補。

〔三〕其有茂才異行　「行」原作「術」，據月崖本、成化本、殿本、通鑑卷五一漢紀四十三漢順帝陽嘉元年冬十二月改。

〔四〕閏十二月　「二」字原脱，據月崖本、成化本、殿本、後漢書卷六孝順帝紀補。

〔五〕帝遣使奉策就第即拜　「奉」原作「舉」，據月崖本、成化本、殿本、通鑑卷五二漢紀四十四漢順帝陽嘉四年夏四月改。

〔六〕冀爲之千里移檄　「冀」字原脱，據殿本、通鑑卷五二漢紀四十四漢順帝永和六年十一月補。

〔七〕互相誇競　「競」字原脱，據月崖本、成化本、殿本、通鑑卷五三漢紀四十五漢桓帝和平元年三月甲午補。

〔八〕增封賜第　月崖本、成化本、殿本作「增封四縣賜以甲第」。

〔九〕登車攬轡　「攬」原作「攬」，據月崖本、成化本、殿本、通鑑卷五四漢紀四十六漢桓帝延熹二年八月改。

〔一〇〕徵肅　「肅」字原脱，據月崖本、成化本、殿本、通鑑卷五四漢紀四十六漢桓帝延熹五年冬十月補。

〔一一〕泰性明知人　「性明」原作「名」字，據月崖本、成化本、殿本、通鑑卷五五漢紀四十七漢桓帝延熹七年春二月改補。

〔一二〕尚出兵三年　「兵」字原脱，據殿本、通鑑卷五五漢紀四十七漢桓帝延熹七年五月補。

〔一三〕侯覽弟參爲益州刺史　「弟」原作「兄」，據殿本、後漢書卷五四楊秉傳改。

資治通鑑綱目卷十二

起丁未漢桓帝永康元年，盡癸酉漢獻帝初平四年，凡二十七年。

丁未(一六七)

永康元年。

春，正月，東羌復反，段熲擊破之。

夫餘寇玄菟。

夏，四月，羌寇三輔。

五月，地裂。

是月，晦，日食。

六月，赦黨人歸田里，禁錮終身。陳蕃既免，朝臣震栗，莫敢復爲黨人言者。賈彪曰：「吾不西行，大禍不解。」乃入洛陽，説竇武及尚書霍諝等，使訟之。武上疏曰：「膺等建忠抗節，志經王室，此誠陛下稷、卨、伊、吕之佐；而虚爲姦臣賊子所誣枉，天下寒心，海内失望。惟陛下留神澄省，時見理出，以厭人鬼喁喁之心。今臺閣近臣，尚書朱寓、荀緄、劉祐、魏朗、劉矩、尹勳等，皆國之貞士，朝之良佐；尚書郎張陵、嬀皓、苑康、楊喬、邊韶、戴恢等，文質彬彬，明達國典。而陛下委任近習，專樹饕餮，外典州郡，内幹心膂，宜以次貶黜，案罪糾罰；信任忠良，平決臧否，使邪正毁譽，各得其所。如此，咎徵可消，天應可待。間者有嘉禾、芝草、黄龍之見。夫瑞生必於嘉士，福至實由善人，在德爲瑞，無德爲災。陛下所行不合天意，不宜稱慶。」書奏，因以病上還城門校尉、槐里侯印綬。霍諝亦爲表請。帝意稍解，使中常侍王甫就獄訊黨人。甫詰曰：「卿等更相拔舉，迭爲脣齒，其意如何？」范滂曰：「滂欲使善善同其清，惡惡同其汙，謂王政之所願聞，不悟更以爲黨。身死之日，願埋滂於首陽山側，上不負皇天，下不愧夷、齊。」甫愍然爲之改容，乃得並脱桎梏。膺等又多引宦官子弟，宦官懼，請帝以天時宜赦。遂赦，改元，黨人二百餘人皆歸田里，書名三府，禁錮終身。滂往候霍諝而不謝。或讓之，滂曰：「昔叔向不見祁奚，吾何謝焉！」滂歸汝南，南陽士大夫迎之者，車數千兩，鄉人殷陶、黄穆侍衛於旁，應對賓客。滂曰：「是重吾禍也。」遂遁還。初，詔書下舉鉤黨，郡國所奏，多至百數，唯平原相史弼獨無所上。詔書迫切州郡，髡笞掾史。從事坐傳舍責曰：「青州六郡，其五有黨。平原何治而得獨無？」弼曰：「先王疆理天下，畫界分境，水土異齊，風俗不同。佗郡自有，平原自無，胡可相比。若承望上司，誣陷良善，則平原之人，户可爲黨。相有死而已，所不能也。」從事大怒，即舉奏弼。會黨禁中解，所脱者甚衆。竇武所薦楊喬，容儀偉麗，數言政事，帝愛其才貌，欲妻以公主，喬固辭，不聽，遂不食而死。

秋，八月，巴郡言黄龍見。初，郡人欲就池浴，見池水濁，因戲相恐：「此中有黄龍。」語遂行，太守欲上之。郡吏傅堅諫曰：「此走卒戲語耳。」太守不聽。

大水，海溢。

冬，十月，羌寇三輔。張奐遣司馬董卓擊破之。奐論功當封，以不事宦官故不果。拜董卓爲郎中。卓，隴西人，性粗猛有謀，羌胡畏之。

十二月，帝崩。尊皇后曰皇太后。太后臨朝。初，竇后既立，御見甚稀，唯采女田聖等有寵。后素忌忍，帝梓宮尚在前殿，遂殺田聖。

遣使迎解瀆亭侯宏。竇武召侍御史河間劉儵，問以國中宗室之賢者，儵稱孝王曾孫宏。武白太后，定策禁中，以儵守光禄大夫，持節奉迎宏，時年十二。

戊申（一六八）

孝靈皇帝建寧元年。

春，正月，以竇武爲大將軍，陳蕃爲太傅，與司徒胡廣參録尚書事。時新遭大喪，國嗣未立，諸尚書畏懼，多託病不朝。陳蕃移書責之曰：「古人立節，事亡如存。今帝祚未立，諸君奈何委荼蓼之苦，息偃在牀乎？」諸尚書惶怖，皆起視事。解瀆亭侯宏至，入即位。

二月，葬宣陵。

段熲擊東羌於高平，大破之。以熲爲破羌將軍。初，熲既定西羌，而東羌先零等種猶未服，皇甫規、張奐招之連年，既降又叛。桓帝詔以問熲，熲上言曰：「東羌降於皇甫規者已二萬落，餘寇無幾。今張奐躊躇久不進者，當慮外離内合，兵往必驚。且羌虜人畜疲羸，有自亡之勢，欲更招降，坐制强敵耳。臣以爲狼子野心，難以恩納，勢窮雖服，兵去復動。計所餘三萬餘落，近居塞内，路無險折，而久亂并、凉，累侵三輔、西河、上郡，已各内徙，安定、北地，復至單危。自雲中、五原，西至漢陽二千餘里，匈奴、諸羌並擅其地，是爲癰疽伏疾，留滯脅下，如不加誅，轉就滋大。若以騎五千、步萬人、車三千兩，三冬二夏，足以破定，無慮用費爲錢五十四億，如此，則可令羣羌破盡，匈奴長服，内徙郡縣，得反本土。伏計永初中，諸羌反叛十有四年，用二百四十億。永和之末，復經七年，用八十餘億。費耗若此，猶不誅盡。今不暫疲民，則永寧無期。臣庶竭駑劣，伏待節度。」帝許之。熲於是將兵萬餘人，齎十五日糧，從彭陽直指高平，與先零諸種戰。虜兵盛，衆皆恐。熲乃令軍中長鏃利刃，長矛三重，挾以强弩，列輕騎爲左右翼，謂將士曰：「今去家數千里，進則事成，走必盡死，努力共功名！」因大呼，衆皆應聲騰赴，馳騎於傍，突而擊之，虜衆大潰，斬首八千餘級。太后賜詔褒美，賜錢二十萬，以家一人爲郎中。敕中藏府增助軍費，拜熲破羌將軍。

閏月，追尊皇祖爲孝元皇，夫人爲孝元后，考爲孝仁皇，尊母董氏爲慎園貴人。

五月，朔，日食。

六月，大水。

録定策功，封竇武爲聞喜侯。涿郡盧植説武曰：「足下建立聖主，四海有繫，論者以爲吾子之功，於斯爲重。夫同宗相後，披圖案牒，以次建之，何勳之有！宜辭大賞以全身名。」武不能用。植身長八尺二寸，音聲如鍾，性剛毅，有大節。少事馬融，融性豪侈，多列女倡歌舞於前，植侍講積年，未嘗轉眄，融以是敬之。

封陳蕃爲高陽鄉侯，不受。太后以蕃舊德，特封之。蕃固讓不受。

段熲追擊東羌，連戰破之。段熲將輕兵追羌，出橋門，晨夜兼行，與戰連破之。又戰於靈武谷，羌遂大敗。餘寇四千落，悉散入漢陽山谷間。張奐上言：「東羌雖破，餘種難盡，宜以恩降，可無後悔。」詔書下熲，熲復上言：「臣本知東羌雖衆，而輭弱易制，所以比陳愚慮，思爲永寧之算。而張奐説虜强難破，宜用招降。聖朝明監，信納瞽言。奐遂猜恨，言『羌一氣所生，不可誅盡，血流汙野，傷和致災』。臣伏念先零雜種，累以反覆，攻剽發冢，禍及生死，上天震怒，假手行誅。動兵涉夏，連獲甘澍，歲時豐稔，人無疵疫。上占天心，不爲災傷；下察人事，衆和師克。昔先零作寇，趙充國徙令居内，煎當亂邊，馬援遷之三輔，始服終叛，至今爲鯁。今傍郡户口單少，數爲羌所創毒，而欲令降徒與之雜居，是猶種枳棘於良田，養虺蛇於室内也。故臣奉大漢之威，建長久之策，欲絶其本根，不使能殖。本規三歲之費，用五十四億。今適期年，所耗未半，而餘寇殘燼，將向殄滅。臣每奉詔書，軍不内御，願卒斯言，一以任臣，臨時量宜，不失權便。」

秋，九月，太傅陳蕃、大將軍竇武奏誅宦者曹節等，節等殺之，遂遷太后於南宮。初，竇太后之立也，陳蕃有力焉。及臨朝，政無大小，皆委於蕃。蕃與竇武同心戮力，以奬王室。徵天下名賢李膺、杜密、尹勳、劉瑜等，皆列於朝廷，與共參政事。於是天下之士，莫不延頸想望太平。而帝乳母趙嬈及諸女尚書，旦夕在太后側，中常侍曹節、王甫等共相朋結，諂事太后，太后信之，數出詔命，有所封拜。蕃、武疾之，嘗共會朝堂，蕃私謂武曰：「曹節、王甫操弄國權，濁亂海内，今不誅之，後必難圖。」武深然之。蕃大喜，以手推席而起。武乃引尚書令尹勳共定計策。會有日食之變，蕃謂武曰：「昔蕭望之困一石顯，況今石顯數十輩乎！蕃以八十之年，欲爲將軍除害，今可因此斥罷宦官，以塞天變。」武乃白太后曰：「故事，黄門、常侍但當給事省内門户，主近署財物耳。今乃使與政事，任重權，子弟布列，專爲貪暴。天下匈匈，正以此故。宜悉誅廢，以清朝廷。」太后曰：「故事，世有宦官，但當誅其有罪者，豈可盡廢耶！」時中常侍管霸，頗有才略，專制省内，武先白收霸及蘇康等，皆坐死。武復數白誅節等，太后允豫未忍，蕃上疏言：「侯覽、曹節、公乘昕、王甫、鄭颯等，與趙夫人、諸尚書並亂天下，今不急誅，必生變亂。願出臣章，宣示左右，并令天下諸姦知臣疾之。」太后不納。是月，太白犯房之上將〔一〕，入太微。劉瑜惡之，上書皇太后曰：「案占書，宫門當閉，將相不利，姦人在主傍。願急防之。」又與武、蕃書，勸以速斷大計。於是武、蕃以朱寓爲司隸校尉，劉祐爲河南尹，虞祁爲洛陽令。奏免黄門令魏彪，以所親小黄門山冰代之，收長樂尚書鄭颯，送北寺獄。蕃曰：「此曹子便當收殺，何復考爲！」武令冰與尹勳雜考，辭連曹節、王甫。勳、冰即奏收節等，使劉瑜内奏。九月，武出宿歸府。典中書者先以告長樂五官史朱瑀，瑀盜發武奏，罵曰：「放縱者，自可誅耳！我曹何罪，而當盡見族滅！」因大呼曰：「陳蕃、竇武奏白太后廢帝，爲大逆。」乃夜召所親共普等十七人，歃血共盟。曹節請帝出御前殿，拔劍踊躍，趙嬈等擁衛左右，閉諸禁門，召尚書官屬，脅以白刃，使作詔板，拜王甫爲黄門令，持節至北寺獄，收勳、冰，殺之，出颯。還兵劫太后，奪璽綬。使颯等持節收武等。武馳入步兵營，召會北軍五校士數千人屯都亭，下令軍士曰：「黄門常侍反，盡力者封侯重賞。」陳蕃聞難，將官屬諸生八十餘人，並拔劍突入尚書門，攘臂呼曰：「大將軍忠以衛國，黄門反逆，何云竇氏不道耶！」王甫使劍士收蕃，蕃拔劍叱甫，辭色逾厲。遂被執，送北寺獄。即日殺之。時張奂徵還，節等以奂新至，不知本謀，矯制使奂率五營士討武。甫將千餘人出與奂合，使其士大呼武軍曰：「竇武反，汝皆禁兵，當宿衛宫省，何故隨反者乎！」營府素畏服中官，於是武軍稍稍歸甫，自旦至食時，兵降略盡。武自殺，梟首都亭。收捕宗親賓客，悉誅之。及劉瑜、馮述，皆夷其族。遷皇太后於南宫，徙武家屬於日南，門生故吏皆免官禁錮。議郎巴肅始同謀，節等不知，但坐禁錮，後乃知而收之。肅自載詣縣，縣令解印綬，欲與俱去。肅曰：「爲人臣者，有謀不敢隱，有罪不逃刑。」遂被誅。曹節遷長樂衛尉，與王甫等六人皆封列侯。蕃友朱震收葬蕃尸，匿其子逸，事覺，繫獄。震受考掠，誓死不言，逸由是得免。武掾胡騰殯斂武尸，行喪，亦坐禁錮。武孫輔，年二歲，騰詐以爲己子，與令史張敞共匿之，亦得免。張奂遷大司農，封侯。奂深病爲節等所賣，固辭不受。

楊氏曰：曹節、王甫竊弄神器，固天下所同疾。竇武以至親操重柄，招延耆德，相與協謀，勦除姦凶，其勢易矣。然而身敗功頹，貽國後患者，幾事不密，而禍成於尤豫也。張奂，北州人豪，素非中人之黨。武不能乘機決策，收爲己用，而乃遲回達旦，使逆賊得以欺奂而使之，豈不惜哉！

冬，十月，晦，日食。

十二月，鮮卑、濊貊寇幽、并。

烏桓稱王。烏桓大人上谷難樓有衆九千餘落，遼西丘力居有衆五千餘落，自稱王。遼東蘇僕延有衆千餘落，自稱峭王。右北平烏延有衆八百餘落，自稱汗魯王。

己酉（一六九）

二年。

春，正月，尊慎園貴人董氏爲孝仁皇后，以其兄子重爲五官中郎將。

夏，四月，青蛇見御坐上。大風雨，雷雹。詔公卿言事。張奐上疏曰：「昔周公葬不如禮，天乃動威。今武、蕃忠貞，未被明宥，妖眚之來，皆爲此也。宜急爲改葬，徙還家屬，其從坐禁錮，一切蠲除。又，皇太后雖居南宮，而恩禮不接。宜思大義顧復之報。」上深嘉其言，而爲宦者所制，不得從也。奐又與尚書劉猛等共薦王暢、李膺可參三公之選，節等疾其言，遂下詔切責之。皆自囚廷尉，數日得出，以俸贖罪。郎中謝弼上封事曰：「皇太后幽隔空宮，如有霧露之疾，陛下當何面目以見天下！孝和皇帝不絶竇氏之恩，前世以爲美談。禮：『爲人後者爲之子。』今以桓帝爲父，豈得不以太后爲母哉！台宰重器，國命所繫。今之四公，唯劉寵斷斷守善，餘皆素餐致寇之人，必有折足覆餗之凶，可因災異，並加罷黜。徵王暢、李膺並居政事，庶災變可消，國祚唯永。」左右惡之，以他罪收弼，掠死於獄。光禄勳楊賜曰：「王者心有所想，雖未形顔色，而五星以之推移，陰陽爲其變度。夫皇極不建，則有龍蛇之孽。詩云：『惟虺惟蛇，女子之祥。』惟陛下思乾剛之道，别内外之宜，抑皇甫之權，割艷妻之愛，則蛇變可消，禎祥立應。」賜，秉之子也。

六月，以劉囂爲司空。囂素附諸常侍，故致位公輔。

秋，七月，段熲大破東羌，平之。封熲爲新豐侯。詔遣謁者馮禪説降漢陽散羌。段熲以羌雖暫降，必復爲盗，不如乘虚放兵，勢必殄滅。於是進營，去羌所屯四五十里，遣田晏、夏育將五千人先進，擊破之。羌衆東犇射虎谷，分兵守谷上下門，熲規一舉滅之，不欲復令散走。遣千人於西縣結木爲栅，廣二十步，長四十里遮之。分遣晏、育等將七千人銜枚夜上西山，結營穿塹，去虜一里許。又遣張愷將三千人上東山，虜乃覺之。熲因與愷等挾東、西山，縱兵奮擊，追至谷上下門，窮山深谷之中，處處破之，斬其渠帥以下萬九千級。馮禪等所招降四千人，分置安定、漢陽、隴西三郡。於是東羌悉平。熲凡百八十戰，斬三萬八千餘級，獲雜畜四十二萬四千餘頭，費用四十四億，軍士死者四百餘人。更封新豐縣侯，邑萬户。

司馬公曰：蠻夷戎狄，氣類雖殊，其就利避害，樂生惡死，亦與人同耳。御之得其道則附順服從，失其道則離叛侵擾，固其宜也。是以先王之政，叛則討之，服則懷之，處之四裔，不使亂禮義之邦而已。若不分臧否，不辨去來，悉艾殺之，豈作民父母之意哉！且夫羌之所以叛者，爲郡縣所侵冤故也。叛而不即誅者，將帥非其人故也。苟使良將驅而出之塞外，擇良吏而牧之，則疆埸之臣也，豈得專以多殺爲快耶！夫御之不得其道，雖華夏之民，亦將蠭起而爲寇，又可盡誅耶！然則段紀明之爲將，雖克捷有功，君子所不與也。

九月，江夏蠻反，州郡討平之。

丹陽山越反，郡兵擊破之。

冬，十月，復治鉤黨，殺前司隸校尉李膺等百餘人。初，李膺等雖廢錮，天下士大夫皆高尚其道而汙穢朝廷，更相標榜，爲之稱號：以竇武、陳蕃、劉淑爲三君，君者，言一世之所宗也；李膺、荀昱、杜密、王暢、劉祐、魏朗、趙典、朱寓爲八俊，俊者，言人之英也；郭泰、范滂、尹勳、巴肅、宗慈、夏馥、蔡衍、羊陟爲八顧，顧者，言能以德行引人者也；張儉、翟超、岑晊、苑康、劉表、陳翔、孔昱、檀敷爲八及，及者，言其能導人追宗者也；度尚、張邈、王孝、劉儒、胡母班、秦周、蕃嚮、王章爲八厨，厨者，言能以財救人者也。及陳、竇用事，復舉拔膺等；陳、竇誅，膺等復廢。宦官疾惡膺等，每下詔書，輒申黨人之禁。詔刊章捕儉侯覽怨張儉尤甚。覽鄉人朱並上書告儉與同鄉二十四人别相署號，共爲部黨，圖危社稷。詔刊章捕儉等。十月，曹節諷有司奏諸鉤黨者虞放、李膺、杜密、朱寓、荀翌、翟超、劉儒、范滂等，請下州郡考治。是時，上年十四，問節等曰：「黨人何用爲惡而欲誅之耶？」對曰：「相舉羣輩，欲爲不軌。」上曰：「不軌欲如何？」對曰：「欲圖社稷。」上乃可其奏。或謂李膺曰：「可去矣！」對曰：「事不辭難，罪不逃刑，臣之節也。吾年已六十，死生有命，去將安之！」乃詣詔獄，考死。門生故吏並被禁錮。侍御史景毅子顧爲膺門徒，未有録牒，不及於譴。毅慨然曰：「本謂膺賢，遣子師之，豈可以漏脱名藉，苟安而已！」遂自表免歸。汝南督郵吴導受詔捕范滂，至征羌，抱詔書閉傳舍，伏牀而泣，一縣不知所爲。滂聞之曰：「必爲我也。」即自詣獄。縣令郭揖大驚，出，解印綬，引與俱亡，曰：「天下大矣，子何爲在此！」滂曰：「滂死則禍塞，何敢以罪累君。又令老母流離乎！」其母就與之訣，曰：「汝今得與李、杜齊名，死亦何恨！」滂跪受教，再拜而辭。凡黨人死者百餘人，妻子皆徙邊，天下豪桀及儒學有行義者，宦官一切指爲黨人；有怨隙者，因相陷害，睚眦之忿，濫入黨中。或有未嘗交關，亦離禍毒，其死徙廢禁者又六七百人。郭泰聞之，私爲之慟曰：「詩云：『人之云亡，邦國殄瘁。』漢室滅矣，但未知『瞻烏爰止，于誰之屋』耳！」泰雖好臧否，而不爲危言覈論，故能處濁世而怨禍不及焉。張儉亡命困迫，望門投止，莫不重其名行，破家相容。後流轉東萊，止李篤家。外黃令毛欽操兵到門，篤引欽就席曰〔二〕：「張儉負罪，豈得藏之。若審在此，此人名士，明廷寧宜執之乎？」欽因起撫篤曰：「蘧伯玉恥獨爲君子，足下如何專取仁義！」篤曰：「今欲分之，明廷載半去矣。」欽歎息而去。篤導儉出塞。其所經歷伏重誅者以十數，連引收考徧天下。儉與魯國孔褒有舊，亡抵褒，不遇，褒弟融，年十六，匿之。事泄，儉亡走，國相收褒、融送獄，未知所坐。融曰：「保納舍藏者，融也。」褒曰：「彼來求我，非弟之過。」吏問其母，母曰：「家事任長，妾當其辜。」一門爭死，郡縣疑不能決，乃上讞之，詔獨坐褒。及黨禁解，儉乃還鄉里。夏馥聞儉亡命，歎曰：「孽自己作，空汙良善，一人逃死，禍及萬家，何以生爲！」乃自翦鬚變形，入林慮山中，隱姓名，爲冶家傭，親突煙炭，形貌毀瘁，積二三年，人無知者。馥弟静載縑帛追餉之，馥不受，曰：「弟奈何載禍相餉乎！」初，中常侍張讓父死，歸葬潁川，雖一郡畢至，而名士無往者，讓恥之，陳寔獨弔焉。及誅黨人，讓以寔故，多所全宥。初，太尉袁安子敞爲司空，孫湯復爲太尉。湯三子，成、逢、隗，成生紹，逢生術。至是，逢爲司空，隗亦顯官。中常侍袁赦以逢、隗相家，與之同姓，推崇以爲外援，故袁氏貴寵於世，富奢甚，不與他公族同。紹壯健有威容，愛士養名，賓客輻湊。術亦以俠氣聞。逢從兄子閎，少有操行，以耕學爲業，逢、隗數饋之，無所受。閎見時方險亂，而家門富盛，常對兄弟歎曰：「吾先公福祚，後世不能以德守之，而競爲驕奢，與亂世爭權，此即晉之三郤矣。」及黨事起，閎欲投迹深林，以母老，不忍去，乃築土室四周於庭，不爲户，自牖納飲食。母思閎時，往就視。母去，便自掩閉，兄弟妻子莫得見也。潛身十八年，卒於土室。初，范滂等非訐朝政，自公卿以下皆折節下之，太學生爭慕其風。申屠蟠獨歎曰：「昔戰國之世，處士横議，列國之王至爲擁篲先驅，卒有坑儒燒書之禍，今之謂矣。」乃絶迹於梁、碭之間，因樹爲屋，自同傭人。居二年，滂等果罹黨錮之禍。

司馬公曰：天下有道，君子揚于王庭以正小人之罪，而莫敢不服。天下無道，君子囊括不言以避小人之禍，而猶或不免。黨人生昏亂之世，不在其位，四海横流，而欲以口舌救之，以至身被淫刑，禍及朋友，士類殲滅而國隨以亡，不亦悲乎！夫唯郭泰既明且哲，以保其身；申屠蟠見幾而作，不俟終日，卓乎其不可及已！

是月，晦，日食。

鮮卑寇并州。

庚戌(一七〇)

三年。

春，三月，晦，日食。

徵段熲爲侍中。熲在邊十餘年，未嘗一日蓐寢，與將士同甘苦，故皆樂爲死戰，所嚮有功。

辛亥(一七一)

四年。

春，正月，帝冠。

赦。唯黨人不赦。

二月，地震。海溢。

三月，朔，日食。

大疫。

立貴人宋氏爲皇后。

冬，十月，朔，帝朝太后於南宫。帝以竇太后有援立之功，率羣臣朝南宫，親饋上壽。黄門令董萌因此數爲太后訴冤，帝深納之，供養資奉，有加於前。曹節、王甫疾之，誣萌以謗訕永樂宫，下獄死。

鮮卑寇并州。

壬子(一七二)

熹平元年。

春，正月，帝謁原陵。司徒掾蔡邕曰：「吾聞古不墓祭。朝廷有上陵之禮，始謂可損。今見威儀，察其本意，乃知孝明皇帝至孝惻隱，不易奪也。禮有煩而不可省者，此之謂也。」

胡氏曰：墓藏體魄，而致生之，是不智也；廟以宅神，而致死之，是不仁也。故聖人制禮，專於廟享，而不祭於墓，其於理義精矣。明帝之舉，蔡邕之議，豈其不考於此而失之與！

三月，太傅胡廣卒。廣周流四公三十餘年，歷事六帝，禮任極優，所辟多天下名士，練達故事，明解朝章，京師諺曰：「萬事不理問伯始，天下中庸有胡公。」然温柔謹慤，常遜言恭色以取媚於時，無忠直之風，天下以此薄之。

宦者侯覽有罪，自殺。覽爲長樂太僕，坐專權驕奢，策收印綬，自殺。

六月，大水。

皇太后竇氏崩。秋，七月，葬桓思皇后。竇太后母卒於比景，太后憂思感疾，崩於雲臺。宦者積怨竇氏，以衣車載其尸置城南市舍。數日，曹節、王甫欲用貴人禮殯。帝不可，於是發喪成禮。節等欲別葬太后，而以馮貴人配祔。詔公卿大會朝堂，令中常侍趙忠監議。太尉李咸時病，扶輿而起，擣椒自隨，謂妻子曰：「若皇太后不得配食桓帝，吾不生還矣！」既議，坐者瞻望中官，莫肯先言。廷尉陳球曰：「皇太后以盛德良家，母臨天下。遭時不造，援立聖明。因遇大獄，遷居空宮，家雖獲罪，事非太后，今若別葬，誠失天下之望。且馮貴人無功於國，何宜上配至尊！」李咸曰：「臣本謂宜爾，誠與意合。」於是公卿以下皆從球議。節、甫猶爭之，咸復上疏曰：「章德虐害恭懷，安思家犯惡逆，而和帝無異葬之議，順朝無貶降之文。今長樂尊號在身，親嘗稱制，援立聖明，光隆皇祚。太后以陛下爲子，陛下豈得不以太后爲母！子無黜母，臣無貶君，宜合葬宣陵，一如舊制。」帝從之。

詔司隸校尉劉猛論輸左校。有人書朱雀闕，言：「曹節、王甫幽殺太后。」詔司隸劉猛逐捕。猛以其言直，不肯急捕。詔以段熲代猛。熲乃四出逐捕，及太學游生繫者千餘人。奏猛，論輸左校。

冬，十月，殺勃海王悝。初，渤海王悝以不道貶爲癭陶王，因王甫求復國，許謝錢五千萬。既而桓帝遺詔復之，悝以非甫功，不與。甫以中常侍鄭颯等與悝交通，乃使段熲收颯等，而奏颯等謀迎立悝。詔冀州刺史收悝，迫令自殺。妃妾子女傅相以下百餘人皆被誅。甫等十二人以功封列侯。

十一月，會稽妖賊許生稱帝。

鮮卑寇并州。

癸丑（一七三）

二年。

春，正月，大疫。

夏，六月，地震。

秋，七月，以唐珍爲司空。珍，中常侍衡之弟也。

鮮卑寇幽、并。

甲寅（一七四）

是月，晦，日食。

三年。

冬，十一月，吴郡司馬孫堅討許生，斬之。堅，富春人。召募精勇，得千餘人，助州郡討許生，大破斬之。

十二月，鮮卑入北地，又寇并州。

乙卯（一七五）

四年。

春，三月，立石經于太學門外。詔諸儒正五經文字，命議郎蔡邕爲古文、篆、隸三體書之，刻石，立于太學門外，使後學取正焉。碑始立，觀視摹寫者車乘日千餘兩。

夏，四月，大水。

鮮卑寇幽州。初，朝議以州郡相黨，人情比周，乃制昏姻之家及兩州人士不得對相監臨。至是復有三互法，禁忌轉密，選用艱難，幽、冀二州久缺不補。蔡邕上疏曰：「伏見幽、冀舊壤，鎧馬所出，比年凶饑，漸至空耗。今者闕職經時，吏民延屬，而三府選舉，云避三互。十一州有禁，當取二州而已。又，二州之士或復限以歲月，狐疑遲淹，兩州懸空，萬里蕭條，無所管繫。昔韓安國起自徒中，朱買臣出於幽賤，並以才宜，還守本邦，豈復顧循三互，繫以末制乎！臣願蠲除近禁，其諸州刺史器用可換者，無拘日月、三互，以差厥中。」不從。

司馬公曰：叔向有言：「國將亡，必多制。」明王之政，謹擇忠賢而任之，中外之臣，有功則賞，有罪則誅，無所阿私，法制不煩而天下大治。及其衰也，百官之任不能擇人，而禁令益多，防閑益密，有功者以閡文不賞，爲姦者以巧法免誅，上下勞擾而天下大亂矣。孝靈之時，刺史二千石貪如豺虎，暴殄蒸民，而朝廷方守三互之禁。以今視之，豈不適足爲笑而深可爲戒哉！

六月，螟。

五年。

丙辰（一七六）

夏，益州夷反。

大雩。

殺永昌太守曹鸞。更考黨人，禁錮五屬。永昌太守曹鸞上書曰：「夫黨人者，或耆年淵德，或衣冠英賢，皆宜股肱王室，左右大猷者也。而久被禁錮，辱在塗泥。謀反大逆尚蒙赦宥，黨人何罪，獨不開恕乎！所以災異屢見，水旱荐臻，皆由於斯。宜加沛宥，以副天心。」帝大怒，檻車收鸞送獄，掠殺之。於是詔州郡更考黨人門生故吏、父子兄弟在位者，悉免官禁錮，爰及五屬。

鮮卑寇幽州。

六年。

丁巳（一七七）

夏，四月，大旱，蝗。以旱蝗，詔令三公條奏長吏苛酷貪污者，罷免之。平原相陽球坐嚴酷，徵詣廷尉。帝以球前爲九江太守討賊有功，特赦之，拜議郎。

鮮卑寇三邊。

以宣陵孝子爲太子舍人。 市賈小民有相聚爲宣陵孝子者數十人，詔皆除太子舍人。帝好文學，自造皇羲篇五十章，引諸生能爲文賦者並待制鴻都門下。後諸爲尺牘及工書鳥篆者，皆加引召，遂至數十人。侍中祭酒樂松、賈護多引無行趣勢之徒置其間，憙陳閭里小事，帝甚悦之，待以不次之位。又久不親行郊廟之禮。會詔羣臣各陳政要，蔡邕上封事曰：「夫迎氣五郊，清廟祭祀、養老辟雍，皆帝者之大業，祖宗所祗奉也。而有司數以蕃國疏喪，宫内産生，及吏卒小汙，廢闕不行。忘禮敬之大，任禁忌之書，拘信小故，以虧大典。自今齋制宜如故典。國之將興，至言數聞，内知己政，外見民情。當使抱忠之臣展其狂直。又，古者取士，必使諸侯歲貢。孝武之世，郡舉孝廉，又有賢良、文學之選，於是名臣輩出，文武並興。漢之得人，數路而已。夫書畫辭賦，才之小者，匡國治政，未有其能。陛下游意篇章，聊代博奕，非以爲教化取士之本。而諸生競利，作者鼎沸。連偶俗語，有類俳優；或竊成文，虚冒名氏，皆見拜擢，難復收改。但不可復使治民及在州郡。昔孝宣會諸儒於石渠，章帝集學士於白虎，通經釋義，其事優大，文武之道，所宜從之。宣陵孝子，虚僞小人，本非骨肉，羣聚山陵，假名稱孝，義無所依，至有姦軌之人，通容其中。太子官屬，宜搜選令德，豈有但取丘墓凶醜之人？其爲不祥莫大焉。宜遣歸田里，以明詐僞。」書奏，帝乃親迎氣北郊及行辟雍之禮。又詔宣陵孝子爲舍人者，悉改爲丞、尉焉。

秋，八月，遣校尉夏育等擊鮮卑，敗績。 護烏桓校尉夏育上言：「鮮卑寇邊，自春以來三十餘發，請徵幽州諸郡兵出塞擊之。一冬二春，必能禽滅。」先是，護羌校尉田晏坐事論刑，欲立功自効，乃請王甫求得爲將。乃拜晏爲破鮮卑中郎將，大臣多不同者，乃召百官議。蔡邕議曰：「自匈奴遁逃，鮮卑强盛，據其故地，稱兵十萬，才力勁健，意智益生。加以關塞不嚴，禁網多漏，精金良鐵，皆爲賊有，漢人逋逃爲之謀主，兵利馬疾，過於匈奴。今育、晏虛計二載，自許有成。若禍結兵連，豈得中休，當復徵發，轉運無已，是爲耗竭諸夏，并力蠻夷。夫邊垂之患，手足之疥搔；中國之困，胸背之瘭疽。方今郡縣盗賊尚不能禁，況此醜虜而可伏乎！天設山河，以別内外，苟無蹙國之患則可矣，豈與蟲蛆之虜，校往來之數哉！今乃欲以齊民易醜虜，皇威辱外夷，就如其言，猶已危矣，況得失不可量邪！」帝不從。八月，遣育出高柳，晏出雲中，各將萬騎，出塞二千餘里。檀石槐命三部大人各帥衆逆戰，育等大敗，喪其節傳輜重，各將數十騎犇還，死者什七八。檻車徵下獄，贖爲庶人。

冬，十月，朔，日食。

地震。

鮮卑寇遼西，太守趙苞破之。遼西太守趙苞到官，遣使迎母，道經柳城，值鮮卑萬餘人入塞寇鈔，劫質苞母，載以擊郡。苞出戰對陳，賊出母示苞，苞悲號，謂母曰：「爲子無狀，欲以微禄奉養朝夕，不圖爲母作禍。昔爲母子，今爲王臣，義不得顧私恩，毁忠節，唯當萬死，無以塞罪。」母遥謂曰：「人各有命，何得相顧以虧忠義，爾其勉之！」苞即時進戰，賊悉摧破，其母爲賊所害。苞歸葬訖，謂鄉人曰：「食禄而避難，非忠也；殺母以全義，非孝也。如是，有何面目立於天下！」遂歐血而死。

程子曰：以君城降賊而求生其母，固不可矣，然亦當求所以生母之方，奈何不顧而遽戰乎？必不得已，身往降之可也，徐庶於此，蓋得之矣。

戊午(一七八)

光和元年。

春，正月，合浦、交阯烏滸蠻反。

二月，朔，日食。地震。

置鴻都門學。鴻都門學諸生，皆敕州郡、三公舉用辟召，或出爲刺史、太守，入爲尚書、侍中，有封侯賜爵者。士君子皆恥與爲列焉。既而詔爲鴻都文學樂松等圖象立贊，尚書令陽球諫曰：「松等皆出於微蔑，斗筲小人，依憑承睫，徼進明時。而形圖丹青，有識掩口。今太學、東觀足以宣明聖化。願罷鴻都之選，以銷天下之謗。」書奏不省。

以張顥爲太尉。顥，中常侍奉之弟也。

夏，四月，地震。

侍中寺雌雞化爲雄。

六月，有黑氣墮温德殿庭中。氣如龍，長十餘丈。

秋，七月，青虹見玉堂殿庭中。上以災異詔問消復之術。光禄大夫楊賜對曰：「今妾媵、閹尹共專國朝，鴻都羣小並各拔擢。樂松處常伯，任芝居納言，以便辟之性，受不次之寵，而令搢紳之徒，委伏畎畮，口誦堯、舜之言，身蹈絶俗之行，委捐溝壑，不見逮及。冠履倒易，陵谷代處，幸賴皇天垂象譴告。周書曰：『天子見怪則修德，諸侯見怪則修政，卿大夫見怪則修職，士庶人見怪則修身。』唯陛下斥遠佞巧之臣，速徵鶴鳴之士，斷絶尺一，抑止槃游，冀上天還威，衆變可弭。」賜，秉之子也。蔡邕對曰：「臣伏思諸異，皆亡國之怪也。天於大漢殷勤不已，故屢出祅變以當譴責，欲令人君感悟，改危即安。蜺墮雞化，皆婦人干政之所致也。前者乳母趙嬈，讒諛驕溢，門史霍玉，依阻爲姦。今道路紛紛，復云有程大人者〔三〕，察其風聲，將爲國患。宜高爲隄防，明設禁令，深惟趙、霍，以爲至戒。今太尉張顥，爲玉所進；光禄勳偉璋，有名貪濁。又長水趙玹，屯騎蓋升，並叨時幸，榮富優足。廷尉郭禧，純厚老成；光禄大夫橋玄，聰達方直；故太尉劉寵，忠實守正；並宜爲謀主，數見訪問。夫宰相大臣，君之四體，委任責成，優劣已分，不宜聽納小吏，雕琢大臣也。聖朝既自約厲，左右亦宜從化。人自抑損，以塞咎戒，則天道虧滿，鬼神福謙矣。」章奏，帝覽而歎息。因起更衣，曹節於後竊視之，悉宣語左右。中常侍程璜使人飛章言邕私事，下洛陽獄，劾大不敬，棄市。中常侍河南呂彊愍邕無罪，力爲伸請，詔：「減死一等，與家屬髡鉗徙朔方，不得以赦令除。」璜女夫陽球又與邕叔父有隙，遣客刺邕，客感其義，反以其情告之，由是得免。

八月，有星孛于天市。

廢皇后宋氏，幽殺之。后無寵，而姑爲渤海王悝妃，王甫恐后怨之，因譖后挾左道祝詛。帝信之，策收璽綬。后自致暴室，以憂死。父酆及兄弟並被誅。

是月，晦，日食。尚書盧植上言：「黨錮多非其罪，可加赦宥。宋后家屬無辜，不得斂葬，宜敕收拾，以安遊魂。郡守刺史一月數遷，縱不九載，可滿三歲。請謁希求，一宜禁塞，選舉之事，責成主者。天子無私，宜弘大務，蠲略細微。」不省。

鮮卑寇酒泉。

初開西邸賣官。初開西邸賣官，二千石二千萬，四百石四百萬，其以德次應選者半之，或三分之一。令長隨縣豐約有賈，富者先入，貧者到官倍輸。又私令左右賣公卿，公千萬，卿五百萬。嘗問侍中楊奇曰：「朕何如桓帝？」對曰：「陛下之於桓帝，亦猶虞舜比德唐堯。」帝不悦曰：「卿强項，真楊震子孫，死後必復致大鳥矣。」奇，震曾孫也。

己未（一七九）

二年。

春，大疫。

太尉橋玄罷。玄幼子遊門次，爲人所劫，登樓求貨，玄不與。司隸河南圍守玄家，不敢迫。玄瞋目呼曰：「姦人無狀，玄豈以一子之命而縱國賊乎！」促令攻之，子死。玄因上言：「天下凡有劫質，皆并殺之，不得贖以財寶，開張姦路。」由是劫質遂絶。

地震。

夏，四月，朔，日食。

宦者王甫伏誅。太尉段熲有罪，自殺。王甫、曹節等姦虐弄權，段熲以輸貨得太尉，阿附之。節、甫父兄子弟爲卿校牧守者布滿天下，所在貪暴。養子吉爲沛相，尤殘酷。視事五年，凡殺萬餘人。尚書令陽球常附髀發憤曰：「若陽球作司隸，此曹子安得容乎！」既而果遷司隸。甫使門生於京兆界辜摧官財物七千餘萬，京兆尹楊彪發之。彪，賜之子也。球奏甫、熲等罪惡，悉收送洛陽獄，及甫子萌、吉。自臨考之，五毒備極。萌乃罵曰：「前奉事吾父子如奴，奴敢反汝主乎！」父子悉死杖下。熲亦自殺。乃僵磔甫尸於夏城門，大署牓曰：「賊臣王甫。」盡没入其財産，妻子皆徙比景。球遂欲以次表誅節等，乃敕中都官從事曰：「且先去權貴大猾，若公卿豪右，從事自辦之，何須校尉耶！」節等聞之，不敢出沐。會送虞貴人葬，節見磔甫尸，慨然抆淚，直入省白帝曰：「陽球故酷暴吏，好妄作，不宜使在司隸，以騁毒虐。」帝乃徙球爲衛尉。於是曹節、朱瑀等權勢復盛。郎中審忠上書極言：「瑀等罪惡，請與考驗，有不如言，願受湯鑊之誅。」不報。

封中常侍呂彊爲都鄉侯，不受。彊清忠奉公，帝以衆例封爲都鄉侯，彊固辭不受，因上疏曰：「宦官品卑人賤，妄授茅土，開國承家，小人是用，陰陽乖剌，罔不由兹。采女數千，衣食之費日數百金，終年積聚，豈無憂怨。蔡邕對問，毁剌貴臣，譏呵宦官。陛下不密其言，令羣邪咀嚼，致邕刑罪。今羣臣皆以邕爲戒，臣知朝廷不復得聞忠言矣！段熲武勇冠世，勳烈獨昭。一身既斃，而妻子遠播，天下惆悵，功臣失望。宜徵邕授任，反熲家屬，則忠貞路開，衆怨弭矣。」帝知其忠而不能用。

詔黨錮從祖以下皆釋之。上禄長和海上言：「禮，從祖兄弟别居異財，恩義已輕，服屬疏末。

而今黨人錮及五族，乖謬常法。」於是黨錮自從祖以下皆得解釋。

中郎將張脩殺匈奴單于。秋，七月，徵下獄，死。

冬，十月，殺司徒劉郃、少府陳球、尚書劉納、衛尉陽球。初，郃兄侍中儵死於陳、竇之難。至是永樂少府陳球復説郃曰：「曹節等放縱爲害，可表徙衛尉陽球爲司隸，以次收節等誅之。」郃曰：「凶竪多耳目，恐事未會，先受其禍。」尚書劉納曰：「爲國棟梁，傾危不持，焉用彼相邪！」郃許諾，與陽球結謀。球小妻，程璜之女，由是節等聞知，共白帝曰：「郃等交通書疏，謀議不軌。」帝大怒。郃及陳球、劉納、陽球皆下獄死。

巴郡板楯蠻反。

鮮卑寇幽、并。

庚申（一八〇）

三年。

夏，四月，江夏蠻反。

秋，地震。

冬，有星孛于狼、弧。

鮮卑寇幽、并。

十二月，立貴人何氏爲皇后。后本南陽屠家，以選入掖庭，生皇子辯，故立之。徵其兄進爲侍中。後王美人生皇子協，后酖殺美人。帝怒，欲廢后，中官固請，得止。

作罼圭、靈昆苑。司徒楊賜諫曰：「先王造囿，裁足以修三驅之禮，薪萊芻牧，皆悉往焉。先帝左開鴻池，右作上林，不奢不約。今廢田園，驅居人，畜禽獸，殆非『若保赤子』之義。宜惟卑宮露臺之意〔四〕，以慰民勞。」帝欲止，侍中任芝、樂松曰：「昔文王之囿百里，人以爲小；齊宣五里，人以爲大。今與百姓共之，無害於政也。」帝悦，遂爲之。

蒼梧、桂陽賊攻零陵，太守楊琁擊破之。蒼梧、桂陽賊攻郡縣，零陵太守楊琁制馬車數十乘，以排囊盛石灰於車上，繫布索於馬尾。又爲兵車，專彀弓弩。及戰，令馬車居前，順風鼓灰，賊不得視，因以火燒布然，馬驚，犇突賊陣，因使後車弓弩亂發，鉦鼓鳴震，羣盗波駭破散，追斬無數，梟其渠帥，郡境以清。

辛酉（一八一）

四年。

春，正月，調郡國馬，置騄驥廐丞以領之。時豪右辜摧馬匹，至二百萬。

交阯梁龍反，以朱儁爲刺史擊斬之。

六月，雨雹。

秋，九月，朔，日食。

鮮卑檀石槐死。子和連代立，才力不及父而貪淫，出攻北地，人射殺之。子騫曼幼，兄子魁頭立，後騫曼與魁頭爭國，衆遂離散。魁頭死，弟步度根立。

作列肆於後宮。是歲，帝作列肆於後宮，使諸采女販賣，更相盜竊爭鬭。帝著商賈服，從之飲宴爲樂。又於西園弄狗，著進賢冠，帶綬。又駕四驢，躬自操轡。京師轉相倣傚，驢價遂與馬齊。好爲私稸，每郡國貢獻，先輸中署，名爲「導行費」。呂彊上疏諫曰：「天下之財，莫不生之陰陽，歸之陛下，豈有公私。今中尚方斂諸郡之寶，中府積天下之繒，西園引司農之藏，中廄聚太僕之馬，而所輸之府，輒有導行之財，調廣民困，費多獻少，姦吏因其利，百姓受其敝。舊典：選舉委任三府，尚書但受奏御，受試任用，責以成功，功無可察，然後付尚書舉劾，下廷尉案罪。於是三公每有所選，參議掾屬，咨其行狀，度其器能。然猶有曠職廢官，荒穢不治。今但任尚書，或有詔用，如是，三公得免選舉之負，尚書亦復不坐，責賞無歸，豈肯空自勞苦乎！」書奏，不省。

壬戌（一八二）

五年。

春，正月，詔公卿舉刺史二千石爲民害者。太尉許馘、司空張濟承望内官，受取貨賂，其宦者子弟、賓客貪穢，皆不敢問，而虛糾邊遠小郡清修有惠化者二十六人，吏民詣闕陳訴。司徒陳耽上言：「公卿所舉，率黨其私，所謂放鴟梟而囚鸞鳳。」帝以讓馘、濟，諸坐徵者悉拜議郎。

二月，大疫。

夏，四月，旱。

秋，七月，有星孛於太微。

板楯蠻寇巴郡，以曹謙爲太守，降之。板楯蠻寇亂巴郡，連年討之，不能克。帝欲大發兵，以問益州計吏程包，對曰：「板楯七姓，自秦世立功，復其租賦。其人勇猛善戰。永初、建和，羌虜入寇，皆賴板楯連摧破之。馮緄南征，倚以成功。近益州郡亂，亦以板楯討而平之。忠功如此，本無惡心。長吏鄉亭更賦至重，僕役箠楚，過於奴虜，亦有嫁妻賣子，或乃至自剄割。陳冤州郡，不爲通理，闕庭悠遠，不能自聞。故邑落相聚以致叛戾，非有謀主僭號，以圖不軌。今但選明能牧守，自然安集，不煩征伐也。」帝從其言，選用太守曹謙，遣宣詔赦之，即時皆降。

八月，起四百尺觀。

冬，帝校獵上林苑。

以桓典爲侍御史。典爲御史，宦官畏之。典常乘驄馬，京師爲之語曰：「行行且止，避驄馬御史！」

癸亥（一八三）

六年。

夏，大旱。

秋，金城河溢。

五原山岸崩。

甲子（一八四）

中平元年。

春，二月，黄巾賊張角等起。初，鉅鹿張角事黄、老，以妖術教授，號「太平道」，自稱「大賢良師」。呪符水以療病，令病者跪拜首過，遣弟子遊四方，轉相誑誘，十餘年間，徒衆數十萬，自青、徐、幽、冀、荆、揚、兖、豫，莫不畢應，填塞道路。郡縣反言角以善道教化，爲民所歸。楊賜上言：「宜敕州郡，簡别流民，護歸本郡，以孤弱其黨，然後誅其渠帥，可不勞而定。」事留中。司徒掾劉陶復上疏申賜前議，帝殊不爲意，方詔陶次第春秋條例。角遂置三十六方，方，猶將軍也，大方萬餘人，小方六七千，各立渠帥。訛言「歲在甲子，天下大吉」。以白土書京城寺門及州郡官府，皆作「甲子」字。大方馬元義等先收荆、揚數萬人，以中常侍封諝、徐奉等爲内應，約以三月五日内外俱起。至是，角弟子唐周告之，於是收元義車裂。詔三公、司隸案驗宫省直衛及百姓事角道者，誅殺千餘人。下冀州逐捕。角等知事已露，馳敕諸方，一時俱起，皆著黄巾爲幟。角自稱天公將軍，弟寶稱地公將軍，梁稱人公將軍，所在燔劫，長吏逃亡，旬月之間，天下響應。

三月，以何進爲大將軍，屯都亭，赦黨人，遣中郎將盧植討張角，皇甫嵩、朱儁討潁川黄巾。帝召羣臣會議。北地太守皇甫嵩以爲宜解黨禁，益出中藏錢、西園廄馬以班軍士。吕彊曰：「黨錮久積，人情怨憤，若不赦宥，與角合謀，爲變滋大。請先誅左右貪濁，大赦黨人，料簡牧守能否，則盜無不平矣。」帝懼而從之。發天下精兵，遣中郎將盧植討張角，皇甫嵩、朱儁討潁川黃巾。嵩，規之子也。

殺中常侍吕彊、侍中向栩、郎中張鈞。時趙忠、張讓等貴寵，上常言：「張常侍是我公，趙常侍是我母。」由是宦官無所憚，第宅擬宫室。上嘗欲登永安候臺，宦官恐望見其居處，乃使人諫曰：「天子不當登高，登高則百姓虛散。」上自是不敢復升臺榭。及諝、奉事發，上詰責諸常侍曰：「汝曹常言黨人欲爲不軌，皆令禁錮。今黨人更爲國用，汝曹反與角通，爲可斬未？」皆叩頭求退，徵還宗親在州郡者。已而更共譖吕彊，云與黨人共議朝廷，數讀霍光傳。帝使中黃門持兵召彊。彊怒曰：「丈夫欲盡忠國家，豈能對獄吏乎！」遂自殺。侍中向栩譏刺左右，讓誣栩與角爲内應，殺之。郎中張鈞上書曰：「張角所以能興兵作亂，萬民所以樂附之者，其源皆由十常侍宗親賓客典據州郡，辜搉財利，侵掠百姓，百姓冤無所訴，故聚爲盜賊。宜斬十常侍，縣頭南郊，以謝百姓，遣使者布告天下，可不須師旅而大寇自消。」帝以鈞章示諸常侍，皆免冠徒跣頓首，乞自致洛陽詔獄，並出家財以助軍費。有詔，皆冠履視事如故。帝怒鈞曰：「此真狂子也！十常侍固當有一人善者不！」御史遂誣奏鈞學黃巾道，收掠，死獄中。

夏，四月，太尉楊賜免。帝問賜以黃巾事，賜所對切直，帝不悦。坐寇賊免。

汝南太守趙謙討黃巾，敗績。謙擊黃巾，軍敗。門下袁祕、功曹封觀等七人以身扞刃，皆死。謙以得免。

五月，皇甫嵩、朱儁與騎都尉曹操合軍討三郡黃巾，破平之。朱儁與賊波才戰，敗。賊遂圍皇甫嵩於長社，依草結營。會大風，嵩敕軍士皆束苣乘城，使鋭士間出圍外，縱火大呼，城上舉燎應之，嵩從城中鼓譟而出，犇擊賊陳，賊驚亂犇走。會騎都尉沛國曹操將兵適至，合軍與戰，大破之，斬首數萬，遂討汝南陳國黄巾，皆破之，三郡悉平。操父嵩爲中常侍曹騰養子，不能審其生出本末，或云夏侯氏子也。操少機警，有權數，而任俠放蕩，不治行業。時人未之奇也，唯橋玄及南陽何顒異焉。玄謂操曰：「天下將亂，非命世之才，不能濟也。能安之者，其在君乎！」顒見操，歎曰：「漢家將亡，安天下者，必此人也。」時汝南許劭與從兄靖有高名，好共覈論鄉黨人物，每月輒更其品題，故汝南俗有月旦評焉。嘗爲郡功曹，府中莫不改操飾行。操往造劭而問之，曰：「我何如人？」劭鄙之，不答。操劫之，劭曰：「子治世之能臣，亂世之姦雄。」操喜而去。後舉孝廉爲郎。至是平賊，遷濟南相，奏免長史阿附贓污者八人。

朱儁護軍司馬傅燮上疏曰：「臣聞天下之禍不由於外，皆興於内。是故虞舜先除四凶，然後用十六相，明惡人不去，則善人無由進也。今張角起趙、魏，黄巾亂六州，此皆釁發蕭墻而禍延四海者也。臣奉辭伐罪，戰無不克。黄巾雖盛，不足爲廟堂憂也。臣之所懼，在於治水不自其源，末流彌增其廣。誠使張角梟夷，黄巾變服，臣之所憂，甫益深耳。何者？夫邪正不宜共國，亦猶冰炭不可同器。彼知正人之功顯而危亡之兆見，皆將巧辭飾説，共長虚僞。若不詳察，忠臣將復有杜郵之戮矣！陛下宜思四罪之舉，速行讒佞之誅，則善人思進，姦凶自息。」趙忠惡之。燮功當封，忠譖之，帝猶識燮言，不之罪，然亦竟不封也。

交阯吏民作亂，以賈琮爲刺史平之。交阯多珍貨，前後刺史多無清行，故吏民怨叛，執刺史及合浦太守。三府選賈琮爲刺史。琮到部，移書告示，各使安其資業，招撫荒散，蠲復傜役，誅斬渠帥，簡選良吏。歲間蕩定，百姓以安，爲之歌曰：「賈父來晚，使我先反；今見清平，吏不敢飯。」

盧植圍張角於廣宗，檻車徵還，遣中郎將董卓代之。植連破張角，斬獲萬餘，角走廣宗。植築圍鑿塹，垂當拔之。帝遣小黄門左豐視軍，求賂不得，還言於帝曰：「廣宗賊易破耳，盧中郎固壘息軍，以待天誅。」帝怒，檻車徵植，減死一等，遣卓代之。

秋，七月，巴郡張脩反。脩以妖術爲人療病，其法略與張角同，令病家出五斗米，號「五斗米師」。聚衆寇郡縣，時人謂之「米賊」。

八月，遣皇甫嵩討張角。角死。冬，十月，與角弟梁、寶戰，皆破斬之。以嵩爲車騎將軍，領冀州牧。董卓以無功抵罪，乃詔遣嵩。時角已病死，嵩與其弟梁戰，梁衆精勇，嵩不能克。乃閉營休士，伺賊小懈，潛夜勒兵，雞鳴馳赴其陳，戰至晡時，大破之，斬梁，獲首三萬，溺死五萬人。剖角棺，傳首京師。復攻梁弟寶於下曲陽，斬之，斬獲十餘萬人。嵩能温卹士卒，每軍行頓止，須營幔修立，然後就舍。軍士皆食，爾乃嘗飯，故所嚮有功。

先零羌及凉州羣盜北宮伯玉等反。北地先零羌及枹罕、河關羣盜反，共立湟中義從胡北宫伯玉爲將軍。金城人邊章、韓遂素著名西州，羣盜誘而劫之，使專任軍政，殺太守，燒州郡。初，武威太守倚恃權貴，恣行貪暴，凉州從事蘇正和案致其罪。刺史梁鵠懼，欲殺正和以自解，訪於漢陽長史蓋勳。

勳素與正和有仇，或勸勳因此報之，勳曰：「謀事殺良，非忠也；乘人之危，非仁也。」乃諫鵠曰：「夫紲食鷹隼，欲其鷙也。鷙而亨之，將何用哉！」鵠乃止。正和詣勳求謝，勳不見，曰：「吾爲使君謀，非爲正和也。」怨之如初。後刺史左昌盜軍穀數萬，勳諫之。昌怒，使與從事別屯阿陽以拒賊，欲以軍事罪之，而勳戰輒有功。至是羣盜圍昌於冀，昌召勳等自救，從事疑不肯赴，勳怒曰：「昔莊賈後期，穰苴奮劍。今之從事豈重於古之監軍哉！」從事懼而從之。勳至，誚讓羣盜，乃解圍去。勳遂救校尉夏育於畜官，爲羌所敗。勳餘衆不及百人，身被三創，堅坐不動，羌滇吾以身扞衆曰〔五〕：蓋長史賢人，汝曹殺之爲負天。」勳仰罵之。滇吾下馬與勳，勳不肯上，羣羌服其義勇，送還漢陽。

朱儁擊南陽黃巾，連破之。

南陽黃巾餘黨更以趙弘爲帥，衆十餘萬，據宛城。朱儁圍之，不拔。有司奏徵儁。司空張溫曰：「臨軍易將，兵家所忌。宜假日月，責其成功。」帝乃止。儁擊弘，斬之。賊帥韓忠復據宛拒儁，儁鳴鼓攻其西南，賊悉衆赴之；儁自將精卒掩其東北，乘城而入。忠乃退保小城乞降，諸將欲聽之，儁曰：「兵固有形同而勢異者。昔秦、項之際，民無定主，故賞附以勸來耳。今海內一統，唯黃巾造逆。納降無以勸善，而更開逆意，使賊利則進戰，鈍則乞降，縱敵長寇，非良計也。」因急攻，不尅。登土山望之，顧謂司馬張超曰：「吾知之矣。賊今外圍周固，内營逼急，乞降不受，欲出不得，所以死戰也。萬人一心，猶不可當，況十萬乎！不如徹圍，并兵入城，忠見圍解，勢必自出，自出則意散，易破之道也。」既而解圍，忠果出戰，儁因擊，大破斬之。餘衆復奉孫夏爲帥，還屯宛。儁急攻之，司馬孫堅率衆先登，拔城。夏走，儁追破之。於是黃巾破散，其餘州郡所誅，一郡數千人。

豫州刺史王允討黄巾，破之。徵下獄，減死論。允破黄巾，得張讓賓客書，與黄巾交通，上之。帝責怒讓，竟不能罪也。讓由是以事中允，下獄，會赦，還故官。旬日間復以它罪捕。楊賜不欲使更楚辱，遣客謝之曰：「張讓凶慝難量，幸爲深計！」諸從事好氣決者，共流涕奉藥而進之。允厲聲曰：「吾爲人臣，獲罪於君，當伏大辟以謝天下，豈有乳藥求死乎！」投杯而起，出就檻車。既至廷尉，大將軍進與楊賜、袁隗共請之，得減死論。

乙丑(一八五)

二年。

春，正月，大疫。

二月，南宫雲臺災。張讓、趙忠説帝斂天下田，畮十錢，以修宫室，鑄銅人。樂安太守陸康上疏諫曰：「昔魯宣税畮而蝝災自生，哀公增賦而孔子非之，豈有聚集民物以營無用之銅人，捐捨聖戒，自蹈亡王之法哉！」内倖譖康援引亡國以譬聖明，大不敬，檻車徵詣廷尉。侍御史劉岱表陳解釋，得免歸田里。康，續之孫也。又詔發州郡材木文石。黄門常侍輒令譴呵不中者，因强折賤買，僅得本賈十一。復貨之，中者亦不即受，材木腐積，宫室連年不成。刺史、太守復增私調，百姓呼嗟。又令西園騶分道督趣，恐動州郡，多受賕賂。牧守、茂才、孝廉遷除，皆責助軍、修宫錢。當之官者，皆先至西園諧價，然後得去。鉅鹿太守司馬直以有清名，減三百萬。直悵然曰：「爲民父母而反割剥百姓以稱時求，吾不忍也。」辭疾，不聽。行至孟津，上書極言，吞藥自殺。書奏，帝爲暫絶修宫錢。

黑山賊褚燕降。自張角之亂，所在盜賊並起。博陵張牛角、常山褚飛燕及黃龍、左校、于氐根、張白騎、劉石、左髭丈八、平漢大計、司隸緣城、雷公、浮雲、白雀、楊鳳、于毒、五鹿、李大目、白繞、眭固、苦蝤之徒，不可勝數。張牛角死，令其衆奉飛燕爲帥。部衆寖廣，殆至百萬，號黑山賊，河北並被其害，朝廷不能討。燕乃遣使乞降，遂拜燕平難中郎將，使領河北諸山谷事。

三月，以崔烈爲司徒。時三公往往因常侍、阿保入錢西園而得之，段熲、張温等雖有功勤名譽，然亦以輸貨得之。烈本冀州名士，至是因傅母入錢五百萬，故得爲司徒，而聲譽頓衰。

北宫伯玉等寇三輔，遣皇甫嵩討之。時涼州兵亂不解，徵發天下役賦無已，崔烈以爲宜棄涼州。詔會公卿百官議之，議郎傅燮厲言曰：「斬司徒，天下乃安！」尚書劾之，帝召問狀，燮對曰：「涼州天下要衝，國家藩衛。今牧御失和，使一州叛逆。烈爲宰相，不思所以弭之之策，乃欲割棄一方萬里之土。若使左衽之虜得居此地，士勁甲堅，因以爲亂，此天下之至慮，社稷之深憂也。」帝從之。

夏，四月，大雨雹。

六月，封宦者張讓等十二人爲列侯。以討張角功也。

秋，七月，螟。

八月，罷皇甫嵩，遣車騎將軍張温代之。皇甫嵩之討張角也，過鄴，見趙忠舍宅踰制，奏没入之。又，張讓私求錢，不與。二人奏嵩無功費多，徵還，收印綬。以司空張温爲車騎將軍，討北宫伯玉。拜董卓爲破虜將軍，統於温。

冬，十月，司空臨晉侯楊賜卒。初，賜既免，帝閲故事，得賜與劉陶所上張角奏，乃封賜臨晉侯、陶中陵鄉侯。至是復以賜爲司空，薨，謚曰文烈。

殺諫議大夫劉陶、前司徒陳耽。陶上疏陳八事，大較言天下大亂，皆由宦官。宦官共讒陶，收下黄門北寺獄，閉氣而死。耽爲人忠正，宦官怨之，亦誣陷死獄中。

張温擊凉州賊邊章、韓遂，不利。十一月，將軍董卓破走之。張温將兵十餘萬屯美陽，與邊章、韓遂戰，輒不利。十一月，董卓等攻破之，章、遂走榆中。温遣周慎追之。參軍事孫堅説慎曰：「賊城中無穀，當外轉糧食，堅願得萬人斷其運道，將軍以大兵繼後，賊必困乏走入羌中，并力討之，則凉州可定也。」慎不從，章遂反斷慎運道。慎懼，棄車重而退。温又使董卓討羌。卓糧絶，乃於所渡水中僞立堰以捕魚，而潛從堰下過軍，比賊追之，決水已深，不得度，遂還屯扶風。温以詔書召卓，良久乃至。温責讓之，卓應對不順。孫堅前耳謂温曰：「卓不怖罪而鴟張大語，宜以召不時至，陳軍法斬之。」温曰：「卓素著威名於河、隴之間，今日殺之，西行無依。」堅曰：「明公親率王師，威震天下，何賴於卓！卓輕上無禮，一罪也；沮軍疑衆，二罪也；受任無功，應召稽留，三罪也。古之名將仗鉞臨衆，未有不斷斬以成功者。今明公垂意於卓，不即加誅，虧損威刑，於是在矣。」温不忍發。

造萬金堂。帝造萬金堂於西園，引司農金錢、繒帛牣積堂中，復藏寄中黄門、常侍家錢各數千萬，又買田起第於河間。

丙寅（一八六）

三年。

春，二月，江夏兵趙慈反。

遣使就拜張温爲太尉。三公在外始於温。

以宦者趙忠爲車騎將軍。帝使忠論討黄巾之功，執金吾甄舉謂曰：「傅南容前在東軍，有功不侯，天下失望。今將軍親當重任，宜進賢理屈，以副衆心。」忠遣弟延致殷勤於傅燮曰：「南容少答我常侍，萬户侯不足得也！」燮正色拒之曰：「遇不遇，命也。有功不論，時也。傅燮豈求私賞哉！」忠愈恨，然憚其名，不敢害，出爲漢陽太守。

修南宫，鑄銅人。帝使繕修南宫玉堂，鑄四銅人、四鍾，又鑄天禄、蝦蟇，轉水入宫。又作翻車、渴烏，灑南北郊路，以爲可省百姓灑道之費。

五月，晦，日食。

六月，荆州刺史討趙慈，斬之。冬，十月，武陵蠻反，郡兵討破之。

鮮卑寇幽、并。

徵張温還。

丁卯（一八七）

四年。

春，二月，滎陽盜起，河南尹何苗討破之。以苗爲車騎將軍。苗，進之弟也。

韓遂圍隴西，涼州殺刺史以應之，遂圍漢陽，太守傅燮與戰，死之。韓遂殺邊章及北宮伯玉，擁兵十餘萬，進圍隴西。涼州刺史耿鄙率兵討遂。鄙任治中程球，球通姦利，士民怨之。傅燮謂鄙曰：「使君統政日淺，民未知教。賊聞大軍將至，必萬人一心。不若息軍養德，明賞必罰，賊謂我怯，羣爭勢離。然後率已教之民，討成離之賊，其功可坐而待也！」不從。行至狄道，別駕反應賊，殺球及鄙，賊遂進圍漢陽。城中兵少糧盡，燮子幹年十三，言於燮曰：「國家昏亂，遂令大人不容於朝。今兵不足以自守，宜還鄉里，徐俟有道而輔之。」言未終，燮慨然歎曰：「汝知吾必死邪！聖達節，次守節。殷紂暴虐，伯夷不食周粟而死。吾遭世亂，不能養浩然之志，食人之禄，又欲避其難乎！吾行何之，必死於此！汝有才智，勉之勉之！主簿楊會，吾之程嬰也。」狄道人王國使人説燮曰：「天下已非漢有，府君寧有意爲吾屬帥乎？」燮按劍叱之，遂麾左右進兵，臨陳戰歿。謚曰壯節侯。耿鄙司馬馬騰亦擁兵反，與韓遂合，共推王國爲主，寇掠三輔。

漁陽張舉、張純反。故中山相張純與故泰山太守張舉及烏桓大人丘力居等連盟，劫略薊中，殺校尉、太守，衆至十餘萬，屯肥如。舉稱天子，純稱彌天將軍，移書州郡，告天子避位，敕公卿奉迎。

冬，十月，長沙區星反。以孫堅爲太守，討平之。封堅烏程侯。

前太丘長陳寔卒。寔在鄉閭，平心率物，其有爭訟，輒求判正，曉譬曲直，退無怨者。至乃歎曰：「寧爲刑罰所加，不爲陳君所短！」楊賜、陳耽每拜公卿，羣僚畢賀，輒歎寔未登大位，愧於先之。及卒，海内赴弔者三萬餘人。

戊辰（一八八）

五年。

春，二月，有星孛于紫宫。

黄巾餘賊寇太原、河東。

屠各胡寇并州，殺刺史張懿。

以劉焉爲益州牧，劉虞爲幽州牧。太常劉焉見王室多故，建議以爲：「四方兵寇，由刺史威輕，且用非其人所致。宜改置牧伯，選清名重臣，以居其任。」侍中董扶私謂焉曰：「京師將亂，益州分野有天子氣。」會刺史郤儉賦斂煩擾，謡言遠聞，而耿鄙、張懿皆爲盗所殺，朝廷遂從焉議，選列卿、尚書爲州牧，各以本秩居任。以焉爲益州，虞爲幽州。州任之重自此始。焉，魯恭王之後；虞，東海恭王五世孫，嘗爲幽州刺史，民夷懷其恩信，故用之。焉入蜀，會賊殺郤儉，從事賈龍等破走之，選吏迎焉，徙治綿竹，務行寬惠，以收人心。

南匈奴右部反，殺其單于羌渠。詔發南匈奴兵配劉虞討張純，單于羌渠遣左賢王將騎詣幽州。國人恐發兵無已，於是右部醯落反，與屠各胡合，凡十餘萬人，攻殺羌渠。

大水。

冀州刺史王芬自殺。陳蕃子逸與襄楷會於冀州刺史王芬坐，楷曰：「天文不利宦者，黄門、常侍真族滅矣。」逸喜。芬曰：「若然者，芬願驅除。」因上書言黑山賊攻劫郡縣，欲以起兵。會帝欲北巡河間舊宅，芬等謀以兵誅諸常侍，因廢帝而立合肥侯，以告曹操。操曰：「夫廢立之事，天下之至不祥也。古人有權成敗、計輕重而行之者，伊、霍是也。然皆懷至忠之誠，據宰輔之勢，因秉政之重，同衆人之欲，故能計從事立。今諸君徒見曩者之易，未覩當今之難，而造作非常，欲望必克，不亦危乎！」會北方夜半有赤氣，東西竟天，太史言：「北方有陰謀，不宜北行。」帝乃止。敕芬罷兵，俄而徵之。芬懼，自殺。

八月，置西園八校尉。以小黄門蹇碩爲上軍校尉，袁紹、鮑鴻、曹操、趙融、馮芳、夏牟、淳于瓊等七校尉皆統於碩。帝自黄巾之起，留心戎事。碩壯健有武略，帝親任之，雖大將軍亦領屬焉。

冬，十月，青、徐黄巾復起。

講武平樂觀。望氣者以爲京師當有大兵，兩宫流血。帝欲厭之，乃發四方兵，講武於平樂觀，起大壇，建華蓋。帝躬擐甲、介馬，稱無上將軍，行陳三匝而還。問討虜校尉蓋勳曰：「吾講武如是，何如？」對曰：「臣聞先王曜德不觀兵。今寇在遠而設近陳，不足昭果毅，祇黷武耳！」帝曰：「善。恨見君晚，羣臣初無是言也。」勳謂袁紹曰：「上甚聰明，但蔽於左右耳。」與紹謀共誅嬖倖，蹇碩懼，出勳爲京兆尹。

十一月，凉州賊王國圍陳倉。以皇甫嵩爲左將軍討之。

己巳（一八九）

遣騎都尉公孫瓚討漁陽賊，走之。

六年。

春，二月，皇甫嵩擊王國，大破之。董卓謂皇甫嵩曰：「陳倉危急，請速救之。」嵩曰：「不然，百戰百勝，不如不戰而屈人兵。是以先爲不可勝，以待敵之可勝。陳倉雖小，城守固備，未易可拔。王國雖强，攻陳倉不下，其衆必疲，疲而擊之，全勝之道也。」國攻陳倉八十餘日，不拔。疲敝解去，嵩進兵擊之。卓曰：「窮寇勿迫，歸衆勿追。」嵩曰：「不然。前吾不擊，避其鋭也；今而擊之，待其衰也。所擊疲師，非歸衆也。國衆且走，莫有鬬志，以整擊亂，非窮寇也。」遂獨進連戰，大破之，斬首萬餘級。卓大慚恨，由是與嵩有隙。

三月，劉虞討漁陽賊，斬張純，餘衆降散。劉虞到部，遣使至鮮卑中，告以利害，責使送張舉、張純首，厚加購賞。丘力居等聞虞至，喜，各遣譯自歸。虞罷諸屯兵，但留公孫瓚將萬人屯右北平。三月，純客殺純，送首於虞。瓚志欲掃滅烏桓，而虞欲以恩信招降，由是有隙。

夏，四月，朔，日食。

即拜劉虞爲太尉。遣大將軍進討韓遂。蹇碩忌大將軍進，與諸常侍共説帝遣進西擊韓遂，帝從之。進知其謀，奏遣袁紹收徐、兖二州兵，須還而西，以稽行期。

帝崩，皇子辯即位，尊皇后曰皇太后。太后臨朝，封皇弟協爲陳留王。初，帝數失皇子，何后生辯，養於道人史子眇家，號曰「史侯」。王美人生協，董太后自養之，號曰「董侯」。羣臣請立太子。帝以辯輕佻無威儀，欲立協，猶豫未決。會疾篤，屬協於蹇碩，欲先誅何進而立協。使人迎進往，碩司馬潘隱迎而目之，進驚，馳歸營，引兵入屯百郡邸，稱疾不入。辯即位，年十四，太后臨朝，封協爲陳留王，年九歲。

以袁隗爲太傅，與大將軍進參録尚書事。進收宦者蹇碩誅之。進既秉政，忿蹇碩圖己，袁紹因勸進悉誅諸宦官。進以袁氏累世貴寵，而紹與從弟術皆爲豪桀所歸，因信用之。復博徵智謀之士何顒、荀攸、鄭泰等二十餘人，與同腹心。碩不自安，與趙忠等謀誅進。中常侍郭勝，進同郡人，以告進。進使黄門令收碩，誅之。因悉領其屯兵。

五月，遷孝仁皇后於河間。驃騎將軍董重自殺。六月，后暴崩。驃騎將軍董重與何進權勢相害，中官挾重爲助。董太后每欲參干政事，何太后輒禁塞之，董后忿駡曰：「汝今輈張，怙汝兄耶！吾敕驃騎斷何進頭，如反手耳！」何太后告進。進與三公共奏孝仁皇后交通州郡，辜較財利。故事，藩后不得留京師，請遷宫本國。」舉兵圍驃騎府，收重，免官，重自殺。董后憂怖，暴崩。民間由是不附何氏。

葬文陵。何進懲蹇碩之謀，稱疾，不入陪喪，又不送山陵。

大水。

秋，七月，大將軍進召董卓將兵詣京師〔六〕。太后詔罷諸宦官。八月，宦官張讓等入宫殺進，劫太后。帝出至河上。司隸校尉袁紹捕宦官，悉誅之。帝還宫，以卓爲司空。袁紹説何進曰：「前竇武欲誅内寵而反爲所害者，但坐言語漏泄；五營兵士皆服畏中人，而竇氏反用之，自取禍滅。今將軍兄弟並領勁兵，部曲將吏皆英俊名士，樂盡力命，事在掌握，此天贊之時，不可失也。」進乃白太后，請盡罷中常侍以下，以三署郎補其處。太后曰：「中官統領禁省，漢家故事也。且先帝新棄天下，我奈何楚楚與士人共對事乎！」進難違太后意，且欲誅其放縱者。而太后母舞陽君及弟苗受宦官賂遺，數白太后，爲其障蔽，言：「大將軍專殺擅權，以弱社稷。」太后以爲然。進又新貴，素敬憚中官，雖外慕大名而内不能斷，故事久不決。紹等又爲畫策，多召四方猛將，使並引兵向京城，以脅太后，進然之。主簿陳琳諫曰：「諺稱『掩目捕雀』。夫微物尚不可欺以得志，況國之大事，其可以詐立乎！今將軍總皇威，握兵要，龍驤虎步，高下在心，此猶鼓洪爐燎毛髮耳。但當速發雷霆，行權立斷，則天人順之。而反委釋利器，更徵外助，大兵聚會，强者爲雄，所謂倒持干戈，授人以柄，功必不成，衹爲亂階耳！」進不聽。曹操聞而笑曰：「宦者之官，古今宜有，但世主不當假之權寵，使至於此。既治其罪，當誅元惡，一獄吏足矣。何至紛紛召外兵乎！欲盡誅之，事必宣露，吾見其敗也。」初，靈帝徵董卓爲少府，卓上書言：「所將湟中義從及秦、胡兵，皆詣臣言：『稟賜斷絶，妻子饑凍。』牽挽臣車，使不得行。」及帝寢疾，璽書拜卓并州牧，令以兵屬皇甫嵩。卓復上書言：「士卒戀臣畜養之恩，乞將之北州，效力邊垂。」嵩從子酈説嵩曰：「大人與卓怨隙已結，勢不俱存。卓被詔委兵而上書自請，此逆命也。彼度京師政亂，故敢躊躇不進，此懷姦也。且凶戾無親，將士不附。大人今爲元帥，杖國威以討之，無不濟也。」嵩曰：「違命雖罪，專誅亦有責也。不如顯奏，使朝廷裁之。」乃上書以聞。帝以讓卓。卓亦不奉詔，駐兵河東。至是何進召之，使將兵詣京師。尚書鄭泰、盧植皆諫，進不從。泰乃棄官去，謂荀攸曰：「何公未易輔也。」進使騎都尉鮑信募兵泰山，并召東郡太守橋瑁屯成皋，使武猛都尉丁原將數千人寇河内，燒孟津，火照城中，皆以誅宦官爲言。董卓聞召，即時就道，并上書曰：「張讓等竊倖承寵，濁亂海内。臣聞揚湯止沸，莫若去薪，潰癰雖痛，勝於内食。今輒鳴鍾鼓如洛陽，請收讓等以清姦穢！」太后猶不從。何苗謂進曰：「始以貧賤依省内以致富貴，國家之事，亦何容易。宜深思之。」卓至澠池，而進更狐疑，遣使宣詔止之。袁紹懼進變計，因脅之曰：「交構已成，形勢已露，將軍復欲何待而不早決之乎？事久變生，復爲竇氏矣！」進於是以紹爲司隸校尉，王允爲河南尹。紹促董卓使馳驛上奏，欲進兵平樂觀。太后乃恐，悉罷中常侍、小黄門，使還里舍，皆詣進謝罪，唯所措置。進謂曰：「天下匈匈，正患諸君耳。今董卓垂至，諸君何不早各就國。」袁紹勸進便於此決之，再三不許。謀頗泄。張讓子婦，太后之妹也。讓叩頭謂曰：「老臣得罪，當與新婦俱歸私門。顧復一入直，得暫奉望太后顏色，然後退就溝壑，死不恨矣。」太后乃詔皆復入直。八月，進入長樂宫白太后，請盡誅諸常侍。張讓、段珪相謂曰：「大將軍稱疾，不臨喪，不送葬，今欻入省，此意何爲？」使潛聽，具聞其語。乃率其黨數十人持兵伏省户下，斬進。即爲詔，以樊陵爲司隸，許相爲河南尹。尚書疑之，曰：「請大將軍出共議。」中黄門以進頭擲與曰：「何進謀反，已伏誅矣。」進部曲將吴匡引兵燒南宫青瑣門，讓等將太后、少帝及陳留王，劫省内官屬，從複道走北宫。尚書盧植執戈於閣道窗下，仰數段珪，珪懼，乃釋太后。太后投閣得免。袁紹矯詔，召樊陵、許相斬之。引兵屯闕下，捕得趙忠等，斬之。吴匡等怨苗不與進同心，乃令軍中曰：「殺大將軍者，即車騎也。」吏士能爲報讎乎？」皆流涕曰：「願致死！」遂攻殺苗。紹遂閉北宫門，勒兵捕諸宦者，無少長皆殺之，凡二千餘人，或有無須而誤死者。進攻省内，讓、珪等困迫，遂將帝與陳留王數十人步出穀門，夜至小平津，六璽不自隨，公卿無從者，唯盧植及河南中部掾閔貢夜至河上。貢厲聲責讓等，因手劍斬數人。讓等惶怖，叩頭向帝辭曰：「臣等死，陛下自愛。」遂投河而死。貢扶帝與陳留王夜逐螢光還至洛舍，明日，帝乘一馬，陳留王與貢共乘一馬南行，公卿稍有至者。董卓亦到，因與公卿奉迎於北芒阪下。帝見卓兵卒至，恐怖涕泣。羣公謂卓曰：「有詔却兵。」卓曰：「公諸人爲國大臣，不能匡正王室，至使國家播蕩，何却兵之有！」卓與帝語，語不可了。乃更與陳留王語，問禍亂之由，王答，自初至終，無所遺失。卓大喜，以爲賢，且自以與董太后同族，而王爲后所養，遂有廢立之意。是日，帝還宮，失傳國璽。鮑信募兵適至，説紹曰：「董卓將有異志，今不早圖，必爲所制。及其新至疲勞，襲之可禽也。」紹不敢發。信乃引兵還泰山。卓步騎不過三千，率四五日輒夜潛出。明旦，乃大陳旌鼓而還，以爲西兵復至，洛中無知者。俄而進及弟苗部曲皆歸之，卓又陰使丁原部曲吕布殺原而并其衆。於是諷朝廷，以久雨，策免司空劉弘而代之。蔡邕亡命江海，積十二年。卓聞其名而辟之，稱疾不就。卓怒，駡曰：「我能族人。」邕懼而應命，到，署祭酒，甚見敬重，三日之間，周歷三臺，遷爲侍中。

九月，袁紹出奔冀州。卓廢帝爲弘農王，奉陳留王協即位，遂弑太后何氏。董卓謂袁紹曰：「天下之主，宜得賢明，每念靈帝，令人憤毒。董侯似可，今欲立之，能勝史侯否？爲當且爾，劉氏種不足復遺！」紹曰：「漢有天下四百許年，恩澤深渥，兆民戴之。今上富於春秋，未有不善宣於天下。公欲廢嫡立庶，恐衆不從公議也。」卓按劍叱紹曰：「豎子敢然！天下之事，豈不在我。爾謂董卓刀爲不利乎！」紹勃然曰：「天下健者豈惟董公。」引佩刀，横揖，徑出。縣節於上東門，逃犇冀州。卓大會百寮，奮首而言曰：「皇帝闇弱，不可以奉宗廟爲天下主。今欲依伊尹、霍光故事，更立陳留王，何如？」皆惶恐莫敢對。卓又曰：「有敢沮大議，皆以軍法從事！」坐者震動。盧植獨曰：「太甲不明，昌邑多罪，故有廢立之事。今上行無失德，非前事之比也。」卓大怒，免植官。植遂逃隱於上谷。卓以議示袁隗，隗報如議。卓遂脅太后策廢少帝爲弘農王，立陳留王協爲帝。隗解帝璽綬，扶下殿，北面稱臣。太后鯁涕，羣臣含悲，莫敢言者。卓又議：「太后踧迫永樂宮，至憂死，逆婦姑禮。」乃遷永安宮，酖殺之。公卿以下不布服。

除公卿子弟爲郎。補宦官侍殿上。

即拜劉虞爲大司馬。

卓自爲太尉，領前將軍事。加節傳、斧鉞、虎賁，更封郿侯。

遣使弔祭陳蕃、竇武及諸黨人，復其爵位。董卓與三公詣闕上書，追理蕃、武及諸黨人，悉復爵位，遣使弔祠，擢用子孫。

自六月雨，至于是月。

冬，十月，葬靈思皇后。公卿會葬，素衣而已。

十一月，卓自爲相國，贊拜不名，入朝不趨，劍履上殿。

十二月，徵處士申屠蟠，不至。以黄琬爲太尉，楊彪爲司徒，荀爽爲司空。初，尚書周毖，城門校尉伍瓊説董卓矯桓、靈之政，擢用天下名士，以收衆望，卓從之。於是徵荀爽、申屠蟠等，就拜爽平原相，行至宛陵，遷光禄勳，視事三日，進拜司空。自徵至是，九十五日。爽等皆畏卓之暴，無敢不至。獨蟠得徵書，人勸之行，笑而不答，竟以壽終。卓又以韓馥爲冀州牧，劉岱、孔伷爲兗、豫刺史，張邈、張咨爲陳留、南陽太守。

以袁紹爲勃海太守。

洛中貴戚，室第相望，卓放兵剽虜，妻略婦女，不避貴賤。人情崩恐，不保朝夕。卓購求袁紹急，周毖、伍瓊曰：「紹恐懼出奔，非有它志。今急購之，勢必爲變。袁氏樹恩四世，門生故吏徧天下，若收豪桀以聚徒衆，則山東非公之有也。不如赦之，拜一郡守，紹喜於免罪，必無患矣。」卓乃即拜紹勃海太守。又以紹從弟術爲後將軍，曹操爲驍騎校尉。術犇南陽，操變易姓名，間行東歸，至陳留，散家財，合兵得五千人。是時，豪桀多欲起兵討卓者，袁紹在勃海，韓馥遣數部從事守之，不得動摇。東郡太守橋瑁詐作三公移書州郡，陳卓罪惡，徵兵赴難。馥得移，請諸從事問曰：「今當助袁氏耶？助董氏耶？」治中從事劉子惠曰：「興兵爲國，何謂袁、董。」馥有慚色。乃作書與紹，聽其起兵。

庚午(一九〇)

孝獻皇帝初平元年。

春，正月，關東州郡起兵討卓，推袁紹爲盟主。

紹自號車騎將軍，與河内太守王匡屯河内，韓馥留鄴給軍糧。孔伷屯潁川，劉岱、張邈、邈弟廣陵太守超、山陽太守袁遺、濟北相鮑信與橋瑁、曹操俱屯酸棗，袁術屯魯陽，衆各數萬。豪桀多歸心袁紹者，鮑信獨謂操曰：「君略不世出，殆天之所啓乎！」

卓弑弘農王。

卓奏免太尉琬、司徒彪，以王允爲司徒。殺城門校尉伍瓊、尚書周毖。卓議大發兵以討山東。尚書鄭泰曰：「夫政在德，不在衆也。」卓不悦曰：「如卿此言，兵爲無用邪！」泰曰：「非謂其然也。以爲山東不足加大兵耳。明公出自西州，少爲將帥，閑習軍事。袁本初公卿子弟，生長京師；張孟卓東平長者，坐不闚堂；孔公緒清談高論，噓枯吹生，並無軍旅之才，臨鋒決敵，非公之儔也。況王爵不加，尊卑無序，不肯同心共膽，與齊進退。且山東承平日久，民不習戰。天下所畏者，無若并、凉之人與羌、胡義從。而明公擁之以爲爪牙，譬猶驅虎兕以赴犬羊，鼓烈風以掃枯葉，誰敢禦之！無事徵兵以驚天下，使患役之民相聚爲非，棄德恃衆，自虧威重也。」卓乃悦。既而又以山東兵盛，欲遷都以避之。表河南尹朱儁爲己副，使者召拜，儁辭不受，因曰：「國家西遷，必孤天下之望，以成山東之釁，臣不知其可也。」卓大會公卿議之。楊彪曰：「關中殘破，都洛已久，今無故捐宗廟，棄園陵，恐百姓驚動，必有糜沸之亂。天下動之至易，安之甚難，惟明公慮焉。」卓作色曰：「公欲沮國計邪！」黄琬曰：「此國之大事，楊公之言，得無可思。」卓不答。以災異奏免琬、彪等，以王允爲司徒。伍瓊、周毖固諫遷都，卓大怒曰：「卓初入朝，二君勸用善士，故卓相從，而諸君到官，舉兵相圖，此二君賣卓，卓何用相負。」收斬之。彪、琬皇恐謝罪。

卓徵蓋勳爲議郎，皇甫嵩爲城門校尉。蓋勳爲京兆尹，左將軍皇甫嵩將兵三萬屯扶風。勳密與嵩謀討卓。卓素怨嵩，徵爲城門校尉，欲因殺之。嵩將行，長史梁衍説嵩曰：「卓寇掠京邑，廢立從意，今徵將軍，大則危禍，小則困辱。今卓在洛陽，天子來西，以將軍之衆迎接至尊，奉令討逆，袁氏逼其東，將軍迫其西，此成禽也。」嵩不從而就徵。動以衆弱，不能獨立，亦還京師。

三月，卓遷都長安，燒洛陽宫廟，發諸帝陵〔七〕，車駕西遷。董卓收諸富室，以罪惡誅之，没入其財物，死者不可勝計。悉驅徙其餘民數百萬口於長安，步騎驅蹙，更相蹈藉。飢餓寇掠，積尸盈路。卓自留屯畢圭苑中，悉燒宫廟、官府、居家，二百里内，無復雞犬。又使吕布發諸帝陵及公卿冢墓，收其珍寶。三月，帝至長安，董卓未至，朝政大小皆委之王允。允外相彌縫，内謀王室，甚有大臣之度，自天子及朝中皆倚允。允屈意承卓，卓亦雅信焉。

卓殺太傅袁隗，滅其家。

長沙太守孫堅舉兵討卓，將軍袁術據南陽，表堅領豫州刺史。孫堅起兵殺荆州刺史王叡。前至南陽已數萬人，殺太守張咨；至魯陽，與袁術合兵。術由是得據南陽，表堅行破虜將軍、領豫州刺史。堅與官屬會飲於魯陽城東，董卓步騎數萬猝至，堅方行酒談笑，整頓部曲，無得妄動。後騎漸益，堅徐罷坐，導引入城，乃曰：「向堅所以不即起者，恐兵相蹈藉，諸君不得入耳。」卓兵見其整，不敢攻而還。

以劉表爲荆州刺史。時寇賊縱横，道路梗塞，表單馬入宜城，請南郡名士蒯良、蒯越，與之謀曰：「今江南宗賊甚盛，各擁衆不附，若袁術因之，禍必至矣。吾欲徵兵，恐不能集，其策焉出？」越曰：「袁術驕而無謀，宗賊帥多貪暴，爲下所患，若使人示之以利，必以衆來。使君誅其無道，撫而用之，一州之人有樂存之心，聞君威德，必襁負而至矣。兵集衆附，南據江陵，北守襄陽，荆州八郡可傳檄而定。公路雖至，無能爲也。」表曰：「善！」乃使越誘宗賊帥，至者五十五人，皆斬之而取其衆。遂徙治襄陽，鎮撫郡縣，江南悉平。

曹操與卓兵戰于滎陽，不克，還屯河内。袁紹等諸軍畏董卓之强，莫敢先進。曹操曰：「舉義兵以誅暴亂，大衆已合，諸君何疑！向使董卓倚王室，據舊京，東向以臨天下，雖以無道行之，猶足爲患。今焚燒宫室，劫遷天子，海内震動，不知所歸，此天亡之時也，一戰而天下定矣。」遂引兵西，將據成皋。至滎陽，遇卓將徐榮，與戰，操兵敗，爲流矢所中，馬亦被創。從弟洪以馬與操，曰：「天下可無洪，不可無君。」遂夜遁還酸棗。諸軍十餘萬，日置酒高會，不圖進取，操責讓之，因爲謀曰：「諸君聽吾計，使勃海引河内之衆臨孟津，酸棗諸將守成皋，據敖倉，塞轘轅、太谷，全制其險。使袁將軍率南陽之軍軍丹、析，入武關，以震三輔，皆高壘深壁，勿與戰，益爲疑兵，示天下形勢，以順誅逆，可立定也。今兵以義動，持疑不進，失天下望，竊爲諸君耻之。」邈等不能用。操乃還屯河内。頃之，酸棗食盡，衆散，劉岱殺橋瑁。

袁紹以臧洪領青州。青州刺史焦和亦起兵，務及諸將西行，不爲民人保障。兵始濟河，黄巾已入其境。青州財賦兵盛，和每望寇奔北。好卜筮，信鬼神，入見其人，清談干雲，出觀其政，賞罰淆亂，州遂蕭條，悉爲丘墟。頃之，病卒，袁紹使廣陵功曹臧洪領青州以撫之。

夏，四月，以劉虞爲太傅。先是，幽部應接荒外，資費甚廣，歲常割青、冀賦調二億有餘以足之。時處處斷絶，委輸不至，而虞敝衣繩屨，食無兼肉，務存寬政，勸督農桑。開上谷胡市之利，通漁陽鹽鐵之饒，民悦年登，穀石三十。青、徐士庶避難歸虞者百餘萬口，虞皆收視温恤，爲安立生業，流民皆忘其遷徙焉。至是，拜太傅，而道路壅塞，命不得通。

司空荀爽卒。爽見卓忍暴滋甚，必危社稷。其所舉辟，皆取才略之士，將共圖之。亦與王允及卓長史何顒等爲内謀，會病薨。

卓壞五銖錢，更鑄小錢。悉取洛陽及長安銅人、鍾虡、飛廉、銅馬之屬以鑄，由是貨賤物貴，穀石至數萬錢。

省孝和以下廟號。初，孝和廟號穆宗，孝安號恭宗，孝順號敬宗，孝桓號威宗，至是蔡邕議，以爲宜皆省去，從之。

以公孫度爲遼東太守。度到官，以法誅滅郡中名豪大姓百餘家，郡中震慄，乃東伐高句驪，西擊烏桓，分遼東爲遼西、中遼郡，各置太守。越海收東萊諸縣，置營州刺史。自立爲遼東侯、平州牧。立漢二祖廟，承制，郊祀天地，藉田，乘鸞路，設旄頭羽騎。

辛未（一九一）

二年。

春，正月，關東諸將奉大司馬劉虞爲帝，虞不受。關東諸將議：以朝廷幼沖，逼於董卓，遠隔關塞，不知存否。幽州牧劉虞，宗室賢儁，欲共立爲主。曹操曰：「吾等所以舉兵而遠近莫不嚮應者，以義動故也。今幼主微弱，制於姦臣，非有昌邑亡國之釁，而一旦改易，天下其孰安之！諸君北面，我自西向。」韓馥、袁紹以書告袁術，術陰有不臣之心，不利國家有長君，乃外託公義以拒之。馥、紹竟遣故樂浪太守張岐等齎議上虞尊號。虞厲色叱之曰：「今天下崩亂，主上蒙塵，吾被重恩，未能清雪國耻。諸君各據州郡，宜共戮力王室，而反造逆謀以相垢汙邪！」馥等又請虞領尚書事，承制封拜，復不聽，欲犇匈奴以自絕；紹等乃止。

二月，卓自爲太師。位在諸侯王上。

孫堅進兵擊卓，卓敗西走。堅入洛陽，修塞諸陵而還。孫堅進屯陽人，卓遣步騎迎戰，堅擊破之，梟其都督。或謂袁術曰：「堅若得洛，不可復制，此爲除狼而得虎也。」術疑之，不運軍糧。堅夜馳見術曰：「所以出身不顧者，上爲國家討賊，下慰將軍家門之私讎。而將軍受浸潤之言，還相嫌疑，何也？」術踧踖，即調發軍糧。卓遣説堅，欲與和親。堅曰：「卓逆天無道，今不夷汝三族，縣示四海，則吾死不瞑目，豈將與乃和親邪！」復進軍大谷，距洛九十里。卓自出與戰，敗走，却屯澠池。堅進至洛陽，掃除宗廟，祠以太牢，得傳國璽於城南甄官井中。分兵邀卓，卓謂長史劉艾曰：「關東軍敗數矣，皆畏孤，無能爲也。惟孫堅小戇，頗能用人，當語諸將，使知忌之。」乃使董越屯澠池，段煨屯華陰，牛輔屯安邑，以禦山東。而自引兵還長安。孫堅修塞諸陵，引軍還魯陽。

夏，四月，卓至長安。卓至長安，公卿迎拜車下。卓因抵手謂皇甫嵩曰：「義真，怖未乎？」嵩曰：「明公以德輔朝廷，大慶方至，何怖之有？若淫刑以逞，將天下皆懼，豈獨嵩乎？」

六月，地震。

袁紹逐冀州牧韓馥，自領州事。初，何進遣張楊募兵并州，會進敗，楊留上黨，有衆數千人。至是歸袁紹於河内，與南單于屯漳水。韓馥以豪桀多歸心袁紹，忌之。陰節其糧，欲使離散。紹客逢紀謂紹曰：「將軍舉大事而仰人資給，不據一州，無以自全。韓馥庸才，可密要公孫瓚使取冀州，馥必駭懼，因遣辯士爲陳禍福，馥迫於倉卒，必有遜讓。」紹以書與瓚，瓚遂引兵至，馥與戰不利。會董卓入關，紹還軍延津，使馥所親辛評、荀諶、郭圖等説馥曰：「公孫瓚將燕、代之卒乘勝來南，其鋒不可當。袁車騎引軍東向，其意亦未可量也，竊爲將軍危之。」馥懼曰：「然則爲之奈何？」諶曰：「君自料寬仁容衆，孰與袁氏？智勇過人，孰與袁氏？世布恩德，孰與袁氏？」馥曰：「皆不如也。」諶曰：「袁氏一時之傑，將軍資三不如之勢，久處其上，彼必不爲將軍下也。夫冀州，天下之重資也，彼若與公孫瓚并力取之，危亡可立而待也。然袁氏，將軍之舊，且爲同盟，當今之計，若舉冀州以讓袁氏，彼必厚德將軍，瓚亦不能與之争矣。是將軍有讓賢之名，而身安於泰山也。」馥性恇怯，因然其計。馥長史耿武、别駕閔純、治中李歷聞而諫曰：「袁紹孤客窮軍，仰我鼻息，譬如嬰兒在股掌之上，絶其哺乳，立可餓殺，奈何欲以州與之！」馥曰：「吾袁氏故吏，且才不如本初，度德而讓，古人所貴，諸君獨何病焉！」馥乃避位讓紹，從事皆棄馥去，獨武、純杖刀拒紹，紹皆殺之。承制以馥爲奮威將軍，而無所將御。以沮授爲奮武將軍，使監護諸將。審配、田豐並以正直不得志於馥，紹以豐爲别駕，配爲治中，及許攸、逢紀、荀諶皆爲謀主。紹又以朱漢爲都官從事。漢嘗爲馥所不禮，於是發兵圍馥第，收馥大兒，折其兩足。紹收漢，殺之。馥猶憂怖，去依張邈。後紹使至，與邈耳語，馥謂圖己，遂自殺。

袁紹表曹操爲東郡太守。鮑信爲曹操曰：「袁紹爲盟主，因權專利，將自生亂，是復有一卓也。抑之，則力不能制，且可規大河之南以待其變。」操善之。會黑山、白繞等十餘萬衆略東郡，操引兵擊破之。袁紹因表操爲東郡太守，治東武陽。

卓以張楊爲河内太守。南單于劫楊以叛袁紹，屯黎陽，故卓因而用之。

冬，十月，卓殺衛尉張温。太史望氣，言當有大臣戮死者。董卓使人誣告温罪，笞殺以應之。

黄巾寇勃海，校尉公孫瓚擊破之。

公孫瓚攻袁紹，以劉備爲平原相。劉虞子和爲侍中，帝使逃歸，令虞以兵來迎。袁術留和，使以書與虞，虞遣騎請和，公孫瓚亦遣其弟越以騎詣術，教術執和，奪其兵，虞、瓚由是有隙。是時，關東州郡務相兼并以自强大，袁紹、袁術亦自相離貳。術遣孫堅擊董卓未返，紹遣周昂襲奪堅陽城。堅歎曰：「同舉義兵，將救社稷，逆賊垂破而各若此，吾當誰與戮力乎！」引兵擊昂，走之。袁術遣公孫越助堅攻昂，越爲流矢所中死。公孫瓚怒曰：「余弟死，禍起於紹。」遂出軍屯磐河，數紹罪惡，進兵攻之。冀州諸城多畔從瓚。初，涿郡劉備，中山靖王之後也。少孤貧，與母以販履爲業。有大志，少語言，喜怒不形於色。嘗與瓚同師盧植，因往依瓚。至是，瓚使與其將田楷徇青州有功，因以爲平原相。備少與河東關羽、涿郡張飛友善，以羽、飛爲别部司馬，分統部曲。備與二人寢則同牀，恩若兄弟，而稠人廣坐，侍立終日，隨備周旋，不避艱險。常山趙雲爲郡將兵詣瓚，瓚曰：「聞貴州人皆願袁氏，君何獨迷而能反乎？」雲曰：「天下訩訩，未知孰是，民有倒縣之厄。鄙州論議，從仁政所在，不爲忽袁公，私明將軍也。」劉備見而奇之，深加接納，雲遂從備至平原，爲備主騎兵。

袁術使孫堅擊劉表，表軍射殺之。初，袁術得南陽，户口數百萬，而術奢淫肆欲，徵斂無度，百姓苦之，稍稍離散。既與袁紹有隙，各立黨援以相圖。術結公孫瓚而紹連劉表，術使孫堅擊表，表遣其將黄祖逆戰堅，擊破之，遂圍襄陽。表夜遣黄祖潛出發兵，欲還，堅逆與戰，祖敗走，堅乘勝夜追祖，祖部兵射堅，殺之。堅所舉孝廉桓階詣表請堅喪，表義而許之。術由是不能勝表。

河南尹朱儁移書州郡徵兵討卓。初，董卓入關，留儁守洛陽，而儁潛與山東諸將通謀，東屯中牟，移書州郡，徵兵討卓。徐州刺史陶謙遣精兵三千助之，餘州郡亦有所給。

劉焉殺漢中太守，斷斜谷閣。焉在益州陰圖異計。沛人張魯自祖父陵以來世爲五斗米道，客居于蜀。焉以爲督義司馬，與合兵掩殺漢中太守，斷斜谷閣，殺害漢使，作乘輿車。時焉子璋爲奉車都尉，在長安。帝使璋喻焉，焉留不遣。

管寧、邴原、王烈適遼東。公孫度威行海外，中國人士避亂者多歸之。北海管寧、邴原、王烈皆往依焉。寧少時與華歆爲友，嘗共鋤菜，見地有金，寧揮鋤不顧，歆捉而擲之，人以是知其優劣。邴原遊學八九年而歸，師友以原不飲酒，會米肉送之。原曰：「本能飲酒，但以荒思廢業，故斷之耳。今當遠别，可一飲。」於是共飲，終日不醉。寧、原俱以操尚稱，度虚館以候之。寧既見度，乃廬於山谷，避難者漸來從之，旬月而成邑。寧每見度，語唯經典，不及世事。還山，專講詩、書，習俎豆，非學者無見也。由是度安其賢，民化其德。邴原性剛直，清議以格物，度已下心不安之。寧謂原曰：「潛龍以不見成德。

言非其時，皆招禍之道也。」密遣原逃歸，度亦不復追也。烈器業過人，善教誘。有盜牛者，主得之，盜請罪曰：「刑戮是甘，乞不使王彦方知也。」烈聞而使人謝之，遺布一端。或問其故，烈曰：「盜懼吾聞其過，是有耻惡之心。既知耻惡，則善心將生，故與布以勸爲善也。」後有老父遺劍於路，行道一人見而守之，至暮，老父還，尋得劍，怪之，以事告烈。烈使推求，乃先盜牛者也。諸有爭訟曲直將質之於烈，或至塗而反，或望廬而還，皆相拒以直，不敢使烈聞之。度欲以爲長史，烈辭之，爲商賈以自穢，乃免。

壬申（一九二）

三年。

春，正月，卓遣校尉李傕、郭汜、張濟擊朱儁於中牟，破之。遂掠潁川。初，荀淑有孫曰彧，少有才名，何顒見而異之曰：「王佐才也。」及天下亂，彧謂父老曰：「潁川四戰之地，宜亟避之。」鄉人多懷土不能去，彧獨率宗族去依韓馥。會袁紹已奪馥位，待以上賓之禮。彧度紹終不能定大業，聞曹操有雄略，乃去從操。操與語，大悦，曰：「吾子房也。」以爲奮武司馬。至是傕、汜既破中牟，遂掠潁川，其鄉人留者，多爲所殺。

袁紹擊公孫瓚於界橋，大敗之。袁紹自出拒公孫瓚，戰於界橋南二十里。瓚兵三萬甚鋭，紹令麴義領精兵八百先登，强弩千張夾承之。瓚輕其兵少，縱騎騰之。義兵伏楯下不動，未至數十步，一時同發，讙呼動地，大敗瓚軍，斬其將嚴綱。追至瓚營，拔其牙門，餘衆皆走。初，兖州刺史劉岱與紹、瓚連和，紹令妻子居岱所，瓚亦遣從事范方將騎助岱。及瓚破紹軍，語岱令遣紹妻子，敕方：「若岱不遣紹家，將騎還。」岱問程昱，昱曰：「棄近援而求遠助，此假人於越以救溺子之説也。瓚非紹敵，終爲所禽。」岱從之。方將其騎歸，未至而瓚敗。

夏，四月，王允使中郎將呂布誅董卓。詔允録尚書事，以布爲奮威將軍，共秉朝政。

董卓以其弟旻爲左將軍，兄子璜爲中軍校尉，皆典兵事，宗族内外並列朝廷。侍妾懷抱中子皆封侯，弄以金紫。車服僭儗，召呼三臺，尚書以下詣府啓事。築塢於郿，高厚皆七丈，積穀三十年儲，自云：「事成，雄據天下；不成，守此足以畢老。」卓忍於誅殺，諸將言語有蹉跌，便戮於前，人不聊生。司徒王允與司隸校尉黄琬、僕射士孫瑞密謀誅卓。中郎將呂布，便弓馬，膂力過人，卓愛信之，誓爲父子。然卓性剛褊，嘗小失卓意，卓拔手戟擲布，布拳捷避之，卓意亦解。允素善待布，布見允言狀，允因以誅卓之謀告之，使爲内應。布曰：「如父子何？」曰：「君自姓呂，本非骨肉。擲戟之時，豈有父子情邪？」布遂許之。四月，帝有疾新愈，大會未央殿。卓朝服乘車而入，陳兵夾道，屯衛周匝，令呂布等扞衛前後。王允使士孫瑞自書詔以授布，布令勇士十餘人僞著衛士服，守北掖門。卓入，以戟刺之。卓衷甲，不入，傷臂墮車，顧大呼曰：「呂布何在？」布曰：「有詔討賊臣！」應聲持矛刺卓，趣兵斬之。即出懷中詔版以令吏士曰：「詔討卓耳，餘皆不問。」吏士皆稱萬歲。百姓歌舞於道，士女賣衣裝市酒肉相慶，宗族在郿皆爲其羣下所殺。暴卓尸於市，卓素充肥，守吏爲大炷，置臍中然之，光明達曙，如是積日。塢中有金二三萬斤，銀八九萬斤，錦綺奇玩積如丘山。以王允録尚書事，呂布爲奮威將軍、假節、儀比三司，封温侯，共秉朝政。卓之死也，蔡邕在王允坐，聞之驚歎。允勃然叱之曰：「董卓，國之大賊，幾亡漢室，君爲王臣，所宜同疾，而懷其私遇，反相傷痛，豈不共爲逆哉！」即收付廷尉。邕謝曰：「身雖不忠，願黥首刖足，繼成漢史。」太尉馬日磾謂允曰：「伯喈曠世逸才，多識漢事，當續成後史，爲一代大典。而所坐至微，誅之，無乃失人望乎！」允曰：「昔武帝不殺司馬遷，使作謗書流於後世。方今國祚中衰，戎馬在郊，不可令佞臣執筆在幼主左右，既無益聖德，復使吾黨蒙其訕議。」日磾退而告人曰：「王公其無後乎！善人，國之紀也；制作，國之典也；滅紀廢典，其能久乎？」邕遂死獄中。初，黄門侍郎荀攸、尚書鄭泰、侍中种輯等謀曰：「董卓驕忍無親，雖資强兵，實一匹夫耳，可直刺殺也。」事垂就而覺，收繫獄。會卓死得免。

黄巾寇兖州，殺刺史劉岱。曹操入據之，自稱刺史。青州黄巾寇兖州，劉岱欲擊之，濟北相鮑信諫曰：「今賊衆百萬，百姓皆震恐，士卒無鬬志，不可敵也。然賊軍無輜重，唯以鈔略爲資，今不若畜士衆之力〔八〕，先爲固守。彼欲戰不得，攻又不能，其勢必離散，然後選精鋭，據要害，擊之可破也。」岱不從，遂與戰，果爲所殺。曹操部將陳宫謂操曰：「州今無主，而王命斷絶，宫請説州中綱紀，明府尋往牧之，資之以收天下，此霸王之業也。」宫因往説别駕、治中，迎操領兖州刺史。賊衆精悍，操兵寡弱，操撫循激勵，明設賞罰，承間設奇，晝夜會戰，戰輒禽獲，賊遂退走。鮑信戰死。操追至濟北，悉降之，得卒三十餘萬，收其精鋭，號青州兵。詔以金尚爲兖州刺史，將之部，操逆擊之，尚犇袁術。

李傕、郭汜等舉兵犯闕，殺司徒王允，吕布走出關。初，吕布勸王允盡殺董卓部曲，允曰：「此輩無罪，不可。」布欲以卓財物班賜公卿、將校，允又不從。允素以劍客遇布，布負其功勞，多自誇伐，既失意望，漸不相平。允性剛稜疾惡，初懼董卓，故折節下之。卓既殲滅，自謂無復患難，頗自驕傲，以是羣下不甚附之。允始與士孫瑞議，特下詔赦卓部曲，既而疑曰：「部曲從其主耳。今若名之惡逆而赦之，恐適使深自疑，非所以安之也。」乃止。又議悉罷其軍，或説允曰：「涼州人素憚袁氏而畏關東，今若一旦解兵開關，必人人自危。可以皇甫義真爲將軍，就領其衆，因使留陝以安撫之。」允曰：「不然。關東舉義兵者，皆吾徒也。今若距險屯陝，雖安涼州，而疑關東之心，不可也。」時百姓訛言當悉誅涼州人，卓故將校遂轉相恐動，皆擁兵自守。李傕等還至陝，遣使詣長安求赦，不得。傕等益懼，欲各解散，間行歸鄉里。校尉賈詡曰：「諸君若棄軍單行，則一亭長能束君矣。不如相率而西，以攻長安，爲董公報仇。事濟，奉國家以正天下。若其不合，走未後也。」傕等然之，乃相與結盟，率軍數千，晨夜西行。隨道收兵，比至長安，已十餘萬。與卓故部曲樊稠、李蒙等合圍長安城，城峻不可攻，守之八日。呂布軍有叟兵内反，引傕衆入城，放兵虜掠。呂布與戰，不勝，將數百騎駐馬青瑣門外，招王允同去。允曰：「若蒙社稷之靈，上安國家，吾之願也。如其不獲，則奉身以死之。朝廷幼少，恃我而已。臨難苟免，吾不忍也。努力謝關東諸公，勤以國家爲念。」太常种拂戰死。傕、汜屯南宫掖門，王允扶帝上宣平門避兵，傕等於城門下伏地叩頭，曰：「董卓忠於陛下，而無故爲呂布所殺，臣等爲卓報讎，非敢爲逆也。請事畢詣廷尉受罪。」圍門樓，共表請王允出，問太師何罪。允窮蹙，乃下見之。傕等收司隸黄琬，殺之。王允以宋翼爲馮翊，王宏爲扶風，傕等欲殺允，乃先徵翼、宏。宏遣使謂翼曰：「汜、傕以我二人在外，故未危王公。今日就徵，明日俱族，計將安出？」翼曰：「雖禍福難量，然王命，所不得避也。」宏曰：「關東義兵鼎沸，欲誅董卓，今若舉兵共討傕等，與山東相應，此轉禍爲福之計也。」翼不從，宏不能獨立，遂俱就徵。傕收允及翼、宏，并殺之，尸王允於市，莫敢收者。故吏趙戩棄官收葬之。吕布自武關犇南陽，袁術待之甚厚。布恣兵鈔掠，術患之，布不自安，去從張楊於河内。傕等購求布急，又逃歸袁紹。既而復歸楊。始，允自專討卓之勞，士孫瑞歸功不侯，故得免於難。

司馬公曰：易稱「勞謙君子有終吉」，士孫瑞有功不伐，以保其身，可不謂之智乎！

秋，七月，遣太傅馬日磾、太僕趙岐和解關東。

九月，李傕、郭汜、樊稠、張濟自爲將軍。傕、汜、稠筦朝政，濟出屯弘農。

以馬騰爲將軍，屯郿。董卓入關，召韓遂、馬騰與圖山東。至，會卓死，傕等皆以爲將，遣遂還，留騰屯郿。

冬，十月，以劉表爲荆州牧。

曹操遣使上書。曹操辟毛玠爲治中從事，玠言於操曰：「今天下分崩，乘輿播蕩，生民廢業，饑饉流亡，公家無經歲之儲，百姓無安固之志，難以持久。夫兵義者勝，守位以財，宜奉天子以令不臣，修耕植以畜軍資，如此，則霸王之業可成也。」操納其言，遣使詣河内太守張楊，欲假塗西至長安，楊不聽。董昭説楊曰：「袁、曹雖睦，勢不久羣。曹今雖弱，然實天下之英雄也。宜通其上事，并表薦之，若事有成，永爲深分。」楊從之。昭乃爲操作書與傕、汜等致殷勤。傕、汜議留操使，黄門侍郎鍾繇説曰：「方今英雄並起，各矯命專制，唯曹兗州乃心王室，而逆其忠款，非所以副將來之望也！」傕、汜從之。繇，皓之曾孫也。

徵朱儁爲太僕。陶謙與諸守相共奏記，推朱儁爲太師，因移檄牧伯，欲以同討李傕，奉迎天子。會李傕用尚書賈詡策，徵儁入朝，儁乃辭謙議而就徵，復爲太僕。

范曄曰：皇甫嵩、朱儁並以上將之略，當倉卒之時，而舍格天之大業，蹈匹夫之小諒，卒狼狽虎口，爲智士笑。豈天之長斯亂也，何智勇之不終乎？

癸酉（一九三）

四年。

春，正月，朔，日食。

袁術進兵封丘，曹操擊破之。術走壽春，自領揚州事。術爲劉表所逼，進兵北向，爲曹操所破，走歸，逐所置揚州刺史陳瑀，據壽春，領州事。李傕欲術爲援，以爲左將軍。

袁紹以其子譚爲青州刺史。袁紹與田楷連戰二年，士卒疲困，糧食並盡。互掠百姓，野無青草。紹以其子譚爲青州刺史，楷與戰，不勝。會趙岐來和解，瓚乃與紹和親，各引兵去。

二月，魏郡兵與黑山賊于毒等共覆鄴城。

以陶謙爲徐州牧。徐州治中王朗勸刺史陶謙遣使奉貢，故有是命。仍以朗爲會稽太守。

夏，六月，大雨雹。

華山崩裂。

袁紹擊于毒、左髭丈八等，皆斬之。

秋，曹操擊徐州，陶謙走保郯。前太尉曹嵩避難在琅邪，其子操迎之。嵩輜重百餘兩，陶謙別將守陰平，掩襲嵩於華、費間，殺之。秋，操引兵擊謙，攻拔十餘城，至彭城，大戰，謙敗走郯，操坑殺男女數十萬口於泗水。攻郯，不克，乃去，攻破城邑，皆屠之，雞犬亦盡，墟邑無復行人。

冬，十月，地震。

有星孛于天市。

大司馬劉虞討公孫瓚，不克，見殺。虞與瓚積不相能，虞遣使奉章陳其暴掠之罪，瓚亦上虞廩糧不周。二奏交馳，互相非毁，朝廷依違而已。瓚乃築小城於薊城東南以居，虞恐其終爲亂，乃率兵十萬討之。時瓚部曲放散在外，倉卒掘城欲走。虞兵無部伍，不習戰，又愛民廬舍，不聽焚燒，戒軍士曰：「無傷餘人，殺一伯珪而已。」攻圍不下。瓚乃簡募鋭士數百人，因風縱火，直衝突之。虞衆大潰，瓚執虞。會詔遣使者段訓增虞封邑，瓚乃誣虞前與袁紹等謀稱尊號，脇訓斬虞及妻子於薊市。傳首京師，故吏尾敦於路劫，歸葬之。虞以恩厚得衆心，北州流舊莫不痛惜。初，虞欲遣使奉章詣長安，而難其人。衆咸曰：「右北平田疇年二十二，年雖少，然有奇才。」虞乃備禮，請以爲掾而遣之。疇選家客二十騎，循間道至長安致命。詔以爲騎都尉，不受。得報，馳還，比至，虞已死。疇謁祭虞墓，陳發章表，哭泣而去。瓚怒，購求獲疇，謂曰：「汝不送章報我，何也？」疇曰：「漢室衰頽，人懷異心，唯劉公不失忠節。章報所言，於將軍未美，恐非所樂聞，故不進也。且將軍既滅無罪之君，又讎守義之臣，疇恐燕、趙之士將皆蹈東海而死，莫有從將軍者也。」瓚乃釋之。疇北歸無終，率宗族及他附從者數百人，埽地而盟曰：「君仇不報，吾不可以立於世！」遂入徐無山中，營深險平敞地而居，躬耕以養父母，百姓歸之，數年間至五千餘家。疇謂其父老曰：「今衆成都邑，而莫相統一，又無法制以治之，恐非久安之道。疇有愚計，願與諸君共施之，可乎？」皆曰：「可。」疇乃爲約束，相殺傷、犯盜、諍訟者，隨輕重抵罪，重者至死，凡二十餘條。又制爲婚姻嫁娶之禮，興學校講授之業，班行於衆，衆皆便之，至道不拾遺。北邊翕然服其威信，烏桓、鮮卑各遣使致饋遺，疇悉撫納，令不爲寇。

十二月，地震。

校勘記

〔一〕太白犯房之上將　「房」原作「旁」，據月崖本、成化本、殿本、通鑑卷五六漢紀四十八漢靈帝建寧元年八月改。

〔二〕篤引欽就席曰　「就」原作「並」，據殿本、通鑑卷五六漢紀四十八漢靈帝建寧二年冬十月改。

〔三〕復云有程大人者　「大」原作「夫」，據月崖本、成化本、殿本、後漢書卷六〇蔡邕傳、通鑑卷五七漢紀四十九漢靈帝光和元年秋七月改。

〔四〕宜惟卑宫露臺之意　「惟」原作「推」，據殿本、後漢書卷五四楊賜傳、通鑑卷五七漢紀四十九漢靈帝光和三年十二月改。
〔五〕羌滇吾以身扞衆曰　「身」，通鑑卷五八漢紀五〇漢靈帝中平元年十一月作「兵」，疑是。
〔六〕大將軍進召董卓將兵詣京師　「詣京師」三字原脱，據月崖本、成化本、殿本補。
〔七〕發諸帝陵　「帝」字原脱，據月崖本、成化本、殿本補。
〔八〕今不若畜士衆之力　「若」原作「共」，據月崖本、成化本、殿本、通鑑卷六〇漢紀五十二漢獻帝初平三年夏四月改。

資治通鑑綱目卷十三

起甲戌漢獻帝興平元年，盡戊子漢獻帝建安十三年，凡一十五年。

甲戌（一九四）

興平元年。

春，正月，帝冠。

二月，追尊母王夫人爲靈懷皇后。有司奏立長秋宮。詔曰：「皇妣宅兆未卜，何忍言後宮之選乎！」於是三公奏改葬皇妣王夫人，追上尊號曰靈懷皇后。

劉備救陶謙，謙表備爲豫州刺史。陶謙告急於田楷，楷與備救之。備遂歸謙，謙表領豫州，屯小沛。曹操軍食亦盡，引兵還。

夏，四月，曹操復攻陶謙，還擊劉備，破之。陳留太守張邈迎呂布以拒操，操還攻之。曹操使荀彧、程昱守鄄城，復往攻陶謙，所過殘滅。還，擊破劉備於郯東。謙恐，欲走歸丹陽。會張邈叛操，操乃引還。初，邈少時，好游俠，袁紹及操皆與之善。及紹爲盟主，有驕色。邈正議責紹，紹怒使操殺之，操不聽，而邈終不自安。前九江守邊讓素有才名，操以譏議己而殺之，由是兗州士大夫皆恐懼。陳宮剛直壯烈，内亦自疑，乃與邈弟超共謀叛操，説邈曰：「今天下分崩，雄傑並起，君以千里之衆，當四戰之地，撫劍顧眄，亦足以爲人豪，而反受制於人，不亦鄙乎！今州軍東征，其處空虚，呂布壯士，善戰無前，若權迎之，共牧兗州，觀天下形勢，以俟時事之變，此亦縱横之一時也。」邈從之。遂迎布爲兗州牧。彧知邈爲亂，即勒兵設備，急召東郡守夏侯惇於濮陽。布遂據濮陽。豫州刺史郭貢率衆數萬來至城下，或言與布同謀。貢求見彧，彧將往，惇曰：「君一州鎮也，往必危。」彧曰：「貢與邈等分非素結也，今來速，計必未定，及其未定説之，縱不爲用，可使中立。若先疑之，彼將怒而成計。」貢見彧無懼意，謂鄄城未易攻，遂引兵去。是時，兗州郡縣皆應布，唯鄄城、范、東阿不動。降者言：「宮欲自將取東阿，又使氾嶷取范。」彧謂昱曰：「今舉州皆叛，唯有此三城，宮等以重兵臨之，非有以深結其心，三城必動。君，民之望也，宜往撫之。」昱乃歸過范，説其令靳允曰：「聞呂布執君母弟妻子，孝子誠不可爲心。今天下大亂，英雄並起，必有命世能息天下之亂者，此智者所宜詳擇也。夫布粗中少親，剛而無禮，匹夫之雄耳。宫等以勢假合，不能相君也。曹使君智略不世出，殆天所授。君必固范，我守東阿，則田單之功可立。孰與違忠從惡而母子俱亡乎？」允流涕許之。遂殺氾嶷，勒兵自守。

徐衆曰：允於曹公未成君臣。母至親也，於義應去。衛公子開方仕齊，積年不返，管仲以爲不懷其親，安能愛君！是以求忠臣必於孝子之門。允宜先救至親。徐庶母爲曹公所得，劉備遣庶歸北，欲爲天下者恕人子之情也，曹公亦宜遣允。

昱又遣别騎絶倉亭津，宮不得渡。至東阿，令棗祗已拒城堅守，卒完三城以待操。布攻鄄城不能下，西屯濮陽。操曰：「布不能據東平，斷亢父、泰山之道，乘險要我，而乃屯濮陽，吾知其無能爲也。」乃進攻之。

五月，將軍郭汜、樊稠並開府如三公。

六月，分凉州置雍州。河西四郡以去凉州治遠，隔以河寇，求别置州。詔以邯鄲商爲雍州刺史。

京師地再震。

是月，晦，日食。

秋，七月，以楊定爲將軍，開府。

自四月不雨，至于是月。穀一斛直錢五十萬，長安中人相食。帝令侍御史侯汶出太倉米豆爲貧人作糜，餓死者如故。帝取米豆各五升於御前作糜，得二盆。乃杖汶五十，於是悉得全濟。

九月，曹操攻吕布，不克，還走鄄城。吕布有别屯在濮陽西，曹操夜襲破之。布至博戰，相持甚急。司馬典韋將應募者進當之，矢至如雨，韋不視，謂等人曰：「虜來十步，乃白。」曰：「十步。」又曰：「五步乃白。」等人懼，疾言虜至。韋持戟大呼而起，所抵無不應手倒者。操乃得引去，遂入濮陽，燒其東門，示無反意。及戰，軍敗，布騎得操而不識，釋之。操突火而出，進，復攻之，與布相守百餘日。糧盡，各引去。操還鄄城，布屯山陽。袁紹使人説操，欲使遣家居鄴。操將許之，程昱曰：「意者將軍殆臨事而懼，不然，何慮之不深也！夫袁紹有并天下之心，而智不能濟也。將軍自度能爲之下乎？今兖州雖殘，尚有三城，能戰之士，不下萬人。以將軍之神武，與文若、昱等收而用之，霸王之業可成也。願將軍更慮之。」操乃止。

劉焉卒，以其子璋爲益州牧。天火燒緜竹城，劉焉徙治成都，疽發背而卒。州大吏趙韙等貪焉子璋溫仁，共上以爲刺史，詔以爲益州牧。

陶謙卒，劉備兼領徐州。謙疾篤，謂別駕麋竺曰：「非劉備不能安此州。」謙卒，竺率州人迎備。備未敢當，曰：「公路四世五公，海内所歸。今近在壽春，君可以州與之。」典農校尉陳登曰：「公路驕豪，非治亂之主。今欲爲使君合步騎十萬，上可以匡主濟民，下可以割地守境。若使君不見聽許，登亦未敢聽使君也。」北海相孔融謂備曰：「袁公路豈憂國忘家者邪！冢中枯骨，何足介意。今日之事，百姓與能；天與不取，悔不可追。」備遂領徐州。

馬日磾卒於壽春。初，日磾與趙岐俱奉使至壽春，岐守志不撓，袁術憚之。日磾頗有求於術，術借節視之，因奪不還，求去，不遣。日磾嘔血而死。

袁術表孫策爲懷義校尉。初，孫堅娶錢唐吴氏，生四男策、權、翊、匡及一女。堅從軍於外，留家壽春。策年十餘歲，已交結知名。舒人周瑜與策同年，亦英達夙成，自舒來造，推結分好，勸策徙居舒。推道南大宅與策，升堂拜母，有無通共。及堅死，策年十七，還葬曲阿已，乃渡江，居江都，結納豪俊，有復讎之志。術上策舅吴景領丹陽太守，從兄賁爲都尉。策往見術，涕泣言曰：「亡父昔從長沙入討董卓，與明使君會於南陽，同盟結好，不幸遇難，勳業不終。策感惟舊恩，欲自憑結，願明使君垂察其誠！」術甚奇之，然未肯還其父兵，謂曰：「丹陽精兵之地，可往召募。」策遂迎其母詣曲阿依舅氏，召募得數百人。爲涇縣大帥祖郎所襲，幾至危殆，於是復往見術，術以堅餘兵千餘人還策，表拜懷義校尉。許以爲九江太守，已而更用陳紀。又使攻廬江太守陸康，謂曰：「今若得康，廬江真卿有也。」策攻拔之，術復用其故吏劉勳，策益失望。

以劉繇爲揚州刺史。繇，岱之弟也。素有盛名，詔用爲揚州。以袁術已據壽春，欲南渡江，吳景、孫賁迎置曲阿。久之，繇以景、賁本術所置，迫逐之。景、賁退屯歷陽，繇遣將屯橫江以招之。

乙亥(一九五)

二年。

春，正月，曹操敗吕布於定陶。

即拜袁紹爲右將軍。

二月，李傕殺樊稠，攻郭汜，刦帝入其營。董卓初死，三輔民尚數十萬户。傕等放兵刦略，加以饑饉，二年之間，民相食略盡。李傕、郭汜、樊稠矜功爭權，傕以稠勇而得衆，忌之，請稠會議，於坐殺之。由是諸將轉相疑貳。傕、汜各治兵相攻，傕遂將兵圍宫，以車三乘迎帝，放兵入略宫人、御物，并取金帛，遂放火燒宫殿、官府，居民悉盡。帝復使公卿和傕、汜，汜留太尉楊彪、大司農朱儁等十人以爲質。儁憤懣發病死。

夏，四月，立貴人伏氏爲皇后。

郭汜攻李傕。傕遷帝於北塢。郭汜議攻李傕。楊彪曰：「群臣共鬭，一人刦天子，一人質公卿，可乎？」汜怒，欲手刃之。彪曰：「卿尚不奉國家，吾豈求生耶！」汜乃止。傕召羌、胡數千，以御物與之，許以宫人，欲令攻汜。汜遂將兵，夜攻傕門，矢及帝帷。傕復移乘輿幸北塢，使校尉監塢門，内外隔絶，侍臣皆有饑色。帝求米及牛骨以賜左右，傕以臭牛骨與之。司徒趙温與傕書曰：「公前屠陷王城，殺戮大臣，今争睚眦之隙，以成千鈞之讎，朝廷欲令和解，詔命不行，而復欲轉乘輿於黄白城，此誠老夫所不解也。於易，一爲過，再爲涉，三而弗改，滅其頂，凶。不如早共和解。」傕大怒，欲殺温，其弟應諫之，數日乃止。閏月，帝使謁者僕射皇甫酈和傕、汜。酈先請汜，汜從命。又請傕，傕不肯，曰：「君觀我方略士衆，足辦郭多否？多又刦質公卿，而君茍欲左右之邪！」酈曰：「近者董公之强，將軍所知也。吕布受恩而反圖之，此有勇而無謀也。今汜質公卿而將軍脇主，誰輕重乎！張濟與汜有謀，楊奉知將軍所爲非是，將軍雖寵之，猶不爲用也。」傕呵之出。酈詣省門，白「傕不肯奉詔，辭語不順」。帝恐傕聞之，亟令酈去。

李傕自爲大司馬。

曹操攻拔定陶，吕布走歸劉備，留廣陵太守張超守雍丘。吕布將薛蘭、李封屯鉅野，曹操攻之，斬蘭等。操以陶謙已死，欲遂取徐州，還乃定布。荀彧曰：「昔高祖保關中，光武據河内，皆深根固本以制天下。進足以勝敵，退足以堅守，故雖有困敗而終濟大業。將軍本以兖州首事，且河、濟天下之要地，是亦將軍之關中、河内也，不可以不先定。今分兵東擊陳宫，以其間收熟麥，一舉而布可破也。若舍而東，多留兵則不足用，少留兵則布乘虚寇暴，民心益危，是無兖州也。若徐州不定，將軍當安所歸乎！且謙雖死，徐州未易亡也。彼懲往年之敗，必堅壁清野以待將軍，攻之不拔，略之無獲，不出十日，則十萬之衆未戰而自困耳。前討徐州，威罰實行，其子弟念父兄之耻，必無降心，就能破之，尚不可有也。夫事固有棄此取彼者，以大易小可也，以安易危可也，權一時之勢，不患本之不固可也。今三者莫利，願將軍熟慮之。」操乃止。布復與陳宫將萬餘人來戰，操兵皆出收麥，在者不能千人，屯西有大隄，操隱兵隄裏，出半兵挑戰。既合，伏發，大破之，攻拔定陶，分兵平諸縣。布東奔劉備，張邈從之，留弟超守雍丘。布見備，甚尊敬之，請備於帳中坐婦牀上，令婦向拜，酌酒飲食，名備爲弟。備見布語言無常，外然之而内不悦。

六月，將軍張濟迎帝東歸。秋，七月，發長安，以濟爲票騎將軍開府。李傕、郭汜相攻連月，死者以萬數。傕將楊奉謀殺傕，事泄，叛去。傕衆稍衰。張濟自陜至，欲和傕、汜，遷乘輿權幸弘農。帝亦思舊京，遣使宣諭，十反，汜、傕許和，計未定，而羌、胡數來闚省門，曰：「天子在此中耶！李將軍許我宫人，今皆何在？」帝患之，使謂將軍賈詡曰：「卿前奉職公忠，故升榮寵。今羌、胡滿路，宜思方略。」詡乃召羌、胡大帥飲食之，許以封賞，羌、胡皆引去，傕由此單弱。七月，車駕東出，夜到霸陵，從者皆飢。張濟賦給有差。傕出屯池陽。郭汜欲令帝幸高陵，公卿及濟以爲宜幸弘農，議之不決。帝遣使喻汜曰：「弘農近郊廟，勿有疑也。」汜不從。帝遂終日不食。汜聞之曰：「可且幸近縣。」八月，幸新豐。汜復謀脅帝還都郿，侍中种輯知之，密告楊定、董承、楊奉令會新豐。汜自知謀泄，乃棄軍入南山。

八月，曹操圍雍丘，張邈爲其下所殺。

冬，十月，以曹操爲兗州牧。

十二月，帝至弘農，張濟與傕、汜合，追帝至陝。帝渡河入李樂營。郭汜黨復謀脅乘輿西行。楊定、董承將兵迎天子幸楊奉營，東至華陰，將軍段煨具服御資儲，欲上幸其營。煨與楊定有隙，定黨言煨欲反，楊彪、趙温、劉艾皆曰：「段煨不反，臣等敢以死保之。」帝疑之，定將與奉、承攻煨，請帝爲詔。帝曰：「煨罪未著，奉等攻之，而欲令朕有詔耶！」固請，弗聽。奉等乃輒攻煨營，不下。煨供給御膳，稟贍百官，無二意。詔和解之，定等還營。李傕、郭汜聞定攻煨，相招共救之，因欲劫帝而西。楊定單騎亡走荆州。張濟與奉、承不相平，乃復與傕、汜合。車駕遂幸弘農，濟、傕、汜共追乘輿，大戰於東澗，承、奉軍敗，百官士卒死者不可勝數，棄御物、符策、典籍，略無所遺。露次曹陽，承、奉乃譎傕等與連和，而密遣間使至河東，招故白波帥李樂、韓暹、胡才及南匈奴右賢王去卑，並率其衆數千騎來，共擊傕等，大破之。車駕發東，傕等復來戰，奉等大敗，死者甚於東澗。李樂曰：「事急矣，陛下宜御馬上。」曰：「不可舍百官而去，此何辜哉！」兵相連綴四十里，至陝，乃結營自守。虎賁羽林不滿百人，李樂懼，欲令車駕御船過砥柱，出孟津。楊彪以爲河道險難，乃使樂夜渡，具船舉火爲應。上與公卿步出營，皇后兄伏德扶后，御船同濟者，楊彪以下纔數十人。到大陽，幸李樂營。河内太守張楊使數千人負米來貢餉，上御牛車，幸安邑，河東太守王邑奉獻綿帛，悉賦公卿以下。羣帥競求拜職，刻印不給，至乃以錐畫之。乘輿居棘籬中，門户無關閉。帝又遣太僕韓融與傕、汜等連和，傕乃放百官，歸宫人。已而糧盡，張楊來朝，謀以乘輿還洛陽，諸將不聽。是時長安城空四十餘日，强者四散，羸者相食，二三年間，關中無復人跡。沮授説袁紹曰：「將軍累葉台輔，世濟忠義。今州域粗定，兵强士附，西迎大駕，即宮鄴都，挾天子而令諸侯，畜士馬以討不庭，誰能禦之！」郭圖、淳于瓊曰：「漢室陵遲，爲日久矣。今欲興之，不亦難乎！且英雄並起，先得者王。今迎天子自近，動輒表聞，從之則權輕，違之則拒命，非計之善者也。」授曰：「今迎朝廷，於義爲得，於時爲宜，若不早定，必有先之者矣。」紹不從。

孫策擊劉繇於曲阿，破走之。孫堅舊將丹陽朱治見袁術政德不立，勸孫策歸取江東。策説術曰：「家有舊恩在東，願助舅討横江。横江拔，因投本土召募，可得三萬兵，以佐明使君定天下。」術知其恨，而以劉繇據曲阿，王朗在會稽，謂策未必能定，乃許之。表策爲折衝校尉。將兵千餘人，騎數十匹，行收兵，比至歷陽，衆五六千。周瑜自丹陽將兵迎之，助以資糧，進攻横江，拔之。渡江轉鬬，所向皆破，莫敢當其鋒者。百姓聞孫郎至，皆失魂魄。及策至，軍士奉令，不敢虜略，雞犬菜茹，一無所犯，民乃大悦，競以牛酒勞軍。策爲人，美姿顔，能笑語，性闊達聽受，善用人，是以士民見者莫不盡心，樂爲致死。策攻劉繇於曲阿。繇使太史慈偵視輕重。獨與一騎卒遇策於神亭，策從騎十三，慈便前鬬，正與策對，策擎得慈手戟，慈亦得策兜鍪。會兩家兵騎來赴，於是解散。繇兵敗走，策入曲阿，勞賜將士，發恩布令，告諭諸縣：「樂從軍者，一身行，復除門户；不樂者不强。」旬日之間，四面雲集，得見兵二萬餘人，馬千餘匹，威震江東。術表策行殄寇將軍。策將吕範言於策曰：「今將軍事業日大，士衆日盛，而紀綱猶有不整者，範願暫領都督，佐將軍部分之。」策曰：「子衡既士大夫，加手下已有大衆，豈宜復屈小職，知軍中細事乎！」範曰：「不然。今捨本土而託將軍者，非爲妻子也，欲濟世務也。譬猶同舟涉海，一事不牢，即俱受其敗。此亦範計，非但將軍也。」策笑。範出，便釋褠，著袴褶，執鞭詣閤下啓事，自稱領都督，自是軍中肅睦，威禁大行。策以張紘爲正議校尉，彭城張昭爲長史，常令一人居守，一人從征討。待昭以師友之禮，文武之事，一以委之。每得北方士大夫書疏，專歸美於昭，策歡笑曰：「昔管子相齊，一則仲父，二則仲父，而桓公爲霸者宗。今子布賢，我能用之，其功名獨不在我乎！」劉繇將犇會稽，許劭曰：「會稽富實，策之所貪，且窮在海隅，不可往也。不如豫章，北連豫壤，西接荆州。若收合吏民，遣使貢獻，足下受王命，孟德、景升必相救濟。」繇從之。

劉繇攻豫章，笮融走死。以華歆爲太守。初，陶謙以笮融爲下邳相，使督廣陵、下邳、彭城糧運。融遂斷以自入，大起浮屠祠，課人讀佛經，招致旁郡好佛者至五千餘户。每浴佛，設食布席數十里，費以巨億計。及曹操擊破陶謙，融乃將男女萬口走廣陵，太守趙昱待以賓禮。融利廣陵資貨，遂乘酒酣殺昱，放兵大掠。走依彭城相薛禮於秣陵，復殺禮。又詐殺豫章太守朱皓而領其郡。劉繇討之，融敗走，死。詔以華歆爲太守。

孫策遣其將朱治據吳郡。丹陽都尉朱治逐吳郡太守許貢而據其郡，貢南依山賊嚴白虎，後策皆擊殺之。

雍丘潰，張超自殺。袁紹圍東郡，執太守臧洪殺之。張超在雍丘，曹操圍之急。超曰：「惟臧洪當來救吾。」衆曰：「袁、曹方睦，洪爲袁所表用，必不敗好以招禍。」超曰：「子源天下義士，終不背本。但恐見制强力，不相及耳。」洪時爲東郡太守，徒跣號泣，從紹請兵，將赴其難。紹不與，請自率所領以行，亦不許。雍丘遂潰，超自殺。洪由是怨紹，絶不與通。紹興兵圍之，歷年不下。令陳琳以書諭之，洪復書曰：「僕小人也，中因行役，蒙主人傾蓋，遂竊大州。自謂究竟大事，共尊王室。豈悟本州被侵，郡將遘厄，請師見拒，辭行被拘，使洪故君遂至淪没，區區微節，無所獲申。斯所以忍悲揮戈，收淚告絶者也。行矣孔璋，足下徼利於境外，臧洪投命於君親。吾子託身於盟主，臧洪策名於長安。子謂余身死而名滅，僕亦笑子生而無聞焉！」紹遂增兵急攻。城中糧穀已盡，洪呼將吏士民謂曰：「洪於大義，不得不死。諸君無事，可先城未敗，將妻子出。」皆垂泣曰：「明府與袁氏本無怨隙，今爲本朝郡將之故，自致殘困。吏民何忍當舍明府去也。」初尚掘鼠煑筋角，後無可復食者。内厨有米三升，以爲薄糜，徧班士衆。又殺其愛妾以食之。將士流涕，無能仰視。男女七八千人，相枕而死，莫有離叛者。城陷，生執洪，謂曰：「今日服未？」洪據地瞋目曰：「諸袁事漢，四世五公，可謂受恩。今王室衰弱，無扶翼之意，欲因際會，希冀非望，多殺忠良以立姦威。惜洪力劣，不能推刃爲天下報仇，何謂服乎！」紹殺之。洪邑人陳容，少親慕洪，時在紹坐，起謂紹曰：「將軍舉大事，欲爲天下除暴，而先誅忠義，豈合天意！」紹慚，使人牽出，謂曰：「汝非臧洪儔，空復爾爲！」容顧曰：「仁義豈有常，蹈之則君子，背之則小人。今日寧與臧洪同日而死，不與將軍同日而生也。」遂復見殺，在坐無不歎息，竊相謂曰：「如何一日殺二烈士！」

劉虞故吏鮮于輔迎虞子和，攻公孫瓚，破之。

公孫瓚既殺劉虞，盡有幽州，恃其才力，不恤百姓，記過忘善，睚眦必報。衣冠善士有材秀者，必抑困使在窮苦之地。或問其故，瓚曰：「衣冠皆自以職分當貴，不謝人惠。」故所寵愛，類多商販、庸兒，所在侵暴，百姓怨之。劉虞從事鮮于輔等以燕國閻柔素有恩信，推爲烏桓司馬，招誘胡、漢數萬人，與瓚所置漁陽太守鄒丹戰，斬之。烏桓峭王亦率種人及鮮卑七千餘騎，隨輔南迎虞子和，與袁紹將麴義合兵十萬共攻瓚，破瓚於鮑丘，斬首二萬餘級。於是代郡、廣陽、上谷、右北平各殺瓚所置長吏，瓚軍屢敗。先是，有童謡曰：「燕南垂，趙北際，中央不合大如礪，唯有此中可避世。」瓚自謂易地當之，遂徙鎮易，爲圍塹十重，築京高十丈，爲樓其上。以鐵爲門，專與姬妾居。疏遠賓客，無所親信，謀臣猛將，稍稍乖散。自此之後，希復攻戰。或問其故，瓚曰：「我昔謂天下指麾可定。至於今日，兵革方始，觀此，非我所決。不如休兵力耕，以救凶年。兵法，百樓不攻。今吾諸營樓櫓數十重，積穀三百萬斛，食盡此穀，足以待天下之事矣。」

丙子（一九六）

建安元年。

春，二月，修洛陽宫。董承、張楊欲以天子還洛陽，楊奉、李樂不欲，由是諸將更相疑貳。張楊使董承先繕修洛陽宫。五月，帝遣使至楊奉、李樂、韓暹營，求送至洛陽，奉等從詔。

夏，六月，劉備與袁術戰於盱眙。吕布襲取下邳，備降於布，遂與并兵擊術。袁術攻劉備以争徐州。備使司馬張飛守下邳，自將拒術於盱眙、淮陰，相持經月，更有勝負。術與吕布書，勸令襲下邳，許助以軍糧。布引軍東下，飛敗走，布虜備妻子及將吏家口。備收餘兵東取廣陵，與術戰，又敗。饑餓困踧，請降於布。布亦忿術運糧不繼，乃召備，復以爲豫州刺史，與并勢擊術，使屯小沛。布自稱徐州牧。

秋，七月，帝還洛陽。楊奉、韓暹奉帝東還，張楊以糧迎道路。七月，至洛陽。張楊謂諸將曰：「天子當與天下共之，朝廷自有公卿，楊當出扞外難。」遂還野王，楊奉亦出屯梁，韓暹、董承留宿衛。時宮室燒盡，百官披荆棘，依墻壁間。州郡委輸不至，尚書郎以下自出採稆，或飢死墻壁間，或爲兵士所殺。

曹操入朝，自爲司隸校尉，録尚書事。曹操在許，謀迎天子。衆以爲山東未定，韓暹、楊奉負功恣睢，未可卒制。荀彧曰：「昔晉文公納周襄王而諸侯景從，漢高祖爲義帝縞素而天下歸心。自天子蒙塵，將軍首唱義兵，徒以山東擾亂，未遑遠赴。今鑾駕旋軫，東京榛蕪，誠因此時，奉主上以從人望，大順也。秉至公以服天下，大略也。扶弘義以致英俊，大德也。四方雖有逆節，其何能爲？若不時定，使豪桀生心，後雖爲慮，亦無及矣。」操乃遣曹洪將兵西迎天子，董承等拒之，洪不得進。議郎董昭以楊奉兵馬最强而少黨援，作操書與奉曰：「方今羣凶猾夏，四海未寧，必須衆賢，以清王軌。將軍當爲内主，吾爲外援，今吾有糧，將軍有兵，有無相通，足以相濟，死生契闊，相與共之。」奉得書喜，語諸將共表操爲鎮東將軍。韓暹矜功專恣，董承患之，因潛召操。操乃將兵詣洛陽。既至，奏韓暹、張楊之罪。帝以暹、楊有功，詔勿問。以操領司隸校尉，録尚書事。操於是誅有罪，賞有功，矜死節，封董承等十三人爲列侯。

曹操遷帝于許，自爲大將軍，封武平侯。操引董昭問計，昭曰：「此下諸將，人殊意異，今留匡弼，事勢不便，惟有移駕幸許耳。然朝廷播越，新還舊京，跂望獲安，今復徙駕，不厭衆心。夫行非常之事，乃有非常之功，願將軍算其多者。」操曰：「此孤本志也。」乃奉車駕東遷，自爲大將軍，封武平侯。始立宗廟社稷於許。自是政歸曹氏，天子守位而已。

孫策取會稽，太守王朗降。孫策引兵渡浙江，會稽功曹虞翻説太守王朗曰：「策善用兵，不如避之。」朗不從。發兵拒策於固陵。策數戰不克。策叔父靜説策曰：「朗負阻城守，難可卒拔。查瀆南去此數十里，宜從彼據其内，所謂攻其無備，出其不意者也。」策從之。夜，多然火爲疑兵，分軍投查瀆道，襲高遷屯。朗大驚，遣周昕逆戰，策破斬之。朗遁走，策追擊，大破之，朗乃降。策自領會稽太守，復命翻爲功曹，待以交友之禮。策好游獵，翻諫曰：「明府喜輕出微行，從官不暇嚴，吏卒常苦之。夫白龍魚服，困於豫且。願少留意。」策曰：「君言是也。」然不能改。

冬，十月，曹操攻楊奉，走之。車駕東遷，楊奉自梁欲邀之，不及。操征奉，奉南犇袁術。

以袁紹爲太尉，曹操自爲司空。詔書下紹，責以地廣兵多，而不聞勤王之師，但擅相討伐。紹上書陳愬。乃以紹爲太尉。紹耻班在曹操下，辭不受。操懼，請以大將軍讓紹，而自爲司空，行車騎將軍事。

曹操以荀彧爲侍中、尚書令，荀攸爲軍師，郭嘉爲祭酒。操以荀彧爲侍中、守尚書令，問以策謀之士，彧薦其從子攸及潁川郭嘉。操徵攸，與語，大悦，曰：「公達，非常人也。吾得與之計事，天下當何憂哉！」以爲軍師。初，郭嘉往見袁紹，紹甚敬禮之，居數十日，謂辛評、郭圖曰：「袁公徒欲効周公之下士，而不知用人之機，多端寡要，好謀無決，欲與共濟天下大難，定霸王之業，難矣。吾將更舉以求主，子盍行乎？」二人不寤，嘉遂去之。操召見，與論天下事，喜曰：「使孤成大業者，必此人也。」嘉出亦喜曰：「真吾主也。」操表嘉爲司空祭酒。

以孔融爲將作大匠。北海太守孔融志在靖難，而才疏意廣，訖無成功。高談清教，可玩而誦，論事考實，難可悉行。但能張磔網羅，而目理甚疏；造次能得人心，久久亦不願附也。所任多剽輕小才。至於尊事名儒鄭玄，執子孫禮，易其鄉名曰鄭公鄉，及清雋之士左承祖、劉義遜等，皆備在座席，而不與論政，曰：「此民望，不可失也。」時袁、曹、公孫首尾相連，融孤立不與通。承祖勸融自託强國，融不聽而殺之，義遜棄去。青州刺史袁譚攻融，自春至夏，戰士餘數百人，流矢交集，而融猶隱几讀書，談笑自若。城陷，乃犇東山。曹操與融有舊，徵爲將作大匠。譚既破融，威惠甚著，其後信任羣小，肆志奢淫，聲望遂衰。

募民屯田許下，州郡並置田官。中平以來，民棄農業，諸軍並起，率乏糧穀，饑則寇略，飽則棄餘，瓦解流離，無敵自破者，不可勝數。袁紹軍仰桑椹，袁術取給蒲蠃。棗祗請建置屯田，曹操從之，以祗爲屯田都尉，任峻爲典農中郎將。募民屯田許下，得穀百萬斛。於是州郡例置田官，所在倉廩皆滿。故操征伐四方，無運糧之勞。

呂布復攻劉備，備走歸許。詔以爲豫州牧，遣東屯沛。袁術畏呂布，乃爲子求婚，布許之。術遣將紀靈等攻劉備，備求救於布。布曰：「術若破備，則北連泰山諸將，吾爲在術圍中，不得不救也。」馳往赴之。謂靈等曰：「玄德，布弟也，爲諸君所困，故來救之。」靈等乃罷。備合兵得萬餘人，布惡之，攻備。備敗走，歸曹操，操厚遇之，以爲豫州牧。或謂操曰：「備有英雄之志，今不早圖，後必爲患。」操以問郭嘉，嘉曰：「有是。然公起義兵，爲百姓除暴，推誠杖信以招俊傑，猶懼其未也。今備有英雄名，以窮歸己而害之，是以害賢爲名也。如此，則智士將自疑，回心擇主，公誰與定天下乎！夫除一人之患以阻四海之望，安危之機也，不可不察。」操笑曰：「君得之矣！」遂益其兵，給糧食，使東至沛，收散兵以圖呂布。初，備在豫州，舉袁渙茂才。至是爲布所留，使作書罵辱備，渙不可，布大怒，以兵脅之。渙顔色不變，笑而應之曰：「渙聞唯德可以辱人，不聞以罵！使彼固君子邪，且不耻將軍之言。彼誠小人邪，將復將軍之意，則辱在此不在彼。且渙他日之事劉將軍，猶今日之事將軍也。如一旦去此，復罵將軍，可乎？」布慚而止。

張濟攻穰城，敗死。族子繡以其衆歸荆州。張濟自關中引兵入荆州，攻穰城，中流矢死。荆州官屬皆賀，劉表曰：「濟以窮來，主人無禮，至於交鋒，此非牧意，牧受弔，不受賀也。」使人納其衆。衆聞之喜，皆歸心焉。濟族子繡代領其衆，屯宛。初，帝既出長安，賈詡往依段煨。至是歸繡，説繡使附劉表，繡從之。詡往見表，表以客禮待之。詡曰：「表，平世三公才也，不見事變，多疑無決，無能爲也。」

劉表立學校，作雅樂。劉表愛民養士，從容自保，境内無事，學士歸之者以千數。表乃起立學校，講明經術，命故雅樂郎杜夔作雅樂。欲庭觀之，夔曰：「今將軍號不爲天子，合樂而庭作之，無乃不可乎！」表乃止。杜襲、繁欽避亂荆州，表俱待以賓禮。欽數見奇於表，襲喻之曰：「吾所以與子俱來者，徒欲全身以待時耳。豈謂劉牧當爲撥亂之主，而規長者委身哉！子若見能不已，非吾徒也，吾與子絶矣。」欽慨然曰：「請敬受命。」禰衡少有才辯，而尚氣剛傲，孔融薦之於操。衡罵辱操，操怒曰：「禰衡豎子，孤殺之，猶雀鼠耳！顧此人素有虚名，遠近將謂孤不能容之。」乃送與劉表，衡稱表之美盈口，而好譏貶其左右，左右譖之。表怒，以江夏太守黄祖性急，送衡與之。後衡衆辱祖，祖殺之。

丁丑（一九七）

二年。

春，正月，曹操擊張繡，降之。繡叛襲操，殺其子昂。曹操討張繡，軍于淯水，繡舉衆降。操納張濟之妻，繡恨之，襲擊操軍，殺操長子昂。操中流矢，敗走，諸軍大亂。平虜校尉于禁獨整衆而還，道逢青州兵劫掠人，禁數其罪而擊之。青州兵走詣操，禁既至，先立營壘，不時謁。或謂禁宜促詣公辨之。禁曰：「今賊在後，追至無時，不先爲備，何以待敵！」徐鑿塹安營訖，乃入謁，具陳其狀。操曰：「淯水之難，吾猶狼狽，將軍在亂能整，討暴堅壘，有不可動之節，雖古名將，何以加之。」於是封益壽亭侯。

以鍾繇爲司隸校尉，督關中諸軍。袁紹與操書，辭語驕慢。操謂荀彧、郭嘉曰：「今將討不義而力不敵，何如？」對曰：「劉、項之不敵，公所知也。今紹有十敗，公有十勝，紹雖强，無能爲也。紹繁禮多儀，公體任自然，此道勝也。紹以逆動，公奉順以率天下，此義勝也。桓、靈以來，政失於寬，紹以寬濟寬，故不攝；公糾之以猛，而上下知制，此治勝也。紹外寬内忌，用人而疑之，所任唯親戚子弟；公外易簡而内機明，用人無疑，唯才所宜，不聞遠近，此度勝也。紹多謀少決，失在後事；公得策輒行，應變無窮，此謀勝也。紹高議揖讓，以收名譽，士之好言飾外者多歸之；公以至心待人，不爲虚美，士之忠正遠見而有實者皆願爲用，此德勝也。紹見人饑寒，恤念之，形於顔色，其所不見，慮或不及；公於目前小事，時有所忽，至於大事，與四海接，恩之所加，皆過其望，雖所不見，慮無不周，此仁勝也。紹大臣爭權，讒言惑亂，公御下以道，浸潤不行，此明勝也。紹是非不可知；公所是進之以禮，所不是正之以法，此文勝也。紹好爲虚勢，不知兵要；公以少克衆，用兵如神，軍人恃之，敵人畏之，此武勝也。」操笑曰：「如卿所言，孤何德以堪之。」嘉又曰：「紹方北擊公孫瓚，可因其遠征，東取吕布。若紹爲寇，布爲之援，此深害也。」或亦曰：「不先取吕布，河北未易圖也。」操曰：「然。吾所惑者，又恐紹侵擾關中，西亂羌、胡，南誘蜀、漢，是我獨以兖、豫抗天下六分之五也，爲將奈何？」彧曰：「關中將帥以十數，莫能相一，唯韓遂、馬騰最强。今若撫以恩德，遣使連和，雖不能久安，比公安定山東，足以不動。侍中鍾繇有智謀，若屬以西事，公無憂矣。」操乃表繇以侍中守司隸校尉，持節督關中諸軍，特使不拘科制。繇至長安，移書騰、遂等，爲陳禍福。騰、遂各遣子入侍。

袁術稱帝。殺故兖州刺史金尚。

袁術以讖言「代漢者當塗高」，自云名字應之。又以袁氏出陳爲舜後，以黄代赤，德運之次，遂有僭逆之謀。聞孫堅得傳國璽，拘堅妻而奪之，議稱尊號。主簿閻象進曰：「昔周自后稷至于文王，積德累功，參分天下有其二，猶服事殷。明公雖弈世克昌，未若有周之盛；漢室雖微，未若殷紂之暴也。」術默然。術聘處士張範，範使其弟承謝之。術謂曰：「孤以土地之廣，士民之衆，欲徼福齊桓，擬迹高祖，何如？」承曰：「在德不在强。夫用德以同天下之欲，雖由匹夫之資而興霸王之功，不足爲難；若苟欲僭擬于時而動，衆之所棄，誰能與之！」術不悅。孫策聞之，與術書曰：「湯武雖有聖德，假使時無失道，無由逼而取也。今主上非有惡於天下，徒以幼小脇於强臣，異於湯武之時。且董卓貪淫驕陵，志無紀極，至於廢主自興，亦猶未也，而天下同心疾之，況效尤而甚焉者乎。忠言逆耳，駮議致憎，苟有益於尊明，無所敢辭。」術始料策必與己合〔一〕，及得其書，愁沮發疾，策遂絶之。至是僭號於壽春，自稱仲家，置百官，郊祀天地。沛相陳珪，少與術遊，術質其子，而以書召之。珪答書曰：「足下陰謀不軌，以身試禍，欲吾營私阿附，有死不能也。」術欲以金尚爲太尉，尚不許而逃去，術殺之。

三月，以袁紹爲大將軍，兼督冀、青、幽、并四州。

夏，五月，蝗。

以呂布爲左將軍。布擊袁術兵，破之。袁術遣使以稱帝告呂布，因求迎婦，布遣女隨之。陳珪恐徐、揚合從，爲難未已，往説布曰：「曹公奉迎天子，輔贊國政，將軍宜與協同策謀，共存大計。今與術結昏，必受不義之名，將有累卵之危矣！」布亦怨術初不已受也，女已在塗，乃追還絶昏，械送其使，梟首許市。珪欲使子登詣曹操，布固不肯。會詔以布爲左將軍，操復遺布手書，深加慰納。布大喜，即遣登奉章謝恩，并答操書。登見操，因陳布勇而無謀，輕於去就，宜早圖之。操即增珪秩中二千石，拜登廣陵太守，令陰合部衆爲内應。始，布因登求徐州牧不得，登還，布怒，拔戟斫几曰：「卿父勸吾協同曹操，絶婚公路。今吾所求無獲，而卿父子顯重，但爲卿所賣耳！」登不爲動，徐對之曰：「登見曹公言：『養將軍譬如養虎，當飽其肉，不飽則將噬人。』公曰：『不如卿言。譬如養鷹，飢即爲用，飽則颺去。』其言如此。」布意乃解。袁術遣其大將張勳等與韓暹、楊奉步騎數萬，七道攻布。布懼不敵，珪曰：「暹、奉與術，卒合之師耳。謀無素定，不能相維，子登策之，比於連雞，勢不俱棲，立可離也。」布用珪策，與暹、奉書曰：「二將軍親拔大駕，而布手殺董卓，俱立功名，今奈何與袁術同爲賊乎！不如相與并力破術，爲國除害。」且許悉以術軍資與之。暹、奉大喜，從布進軍。暹、奉兵同時叫呼，並到勳營，勳等散走，殺傷墮水死者殆盡。泰山賊帥臧霸破莒，得其資實，布自往求之。其督將高順諫曰：「將軍威名遠近所畏，何求不得，而自行求賂！萬一不克，豈不損邪！」布不從。霸等拒之，無獲而還。順爲人清白有威嚴，少言辭，所將七百餘兵，號令整齊，每戰必克。布後疏順，以魏續有内外之親，奪其兵以與續，當戰則復令順將，順亦終無恨意。布性決易，所爲無常。順每諫曰：「將軍舉動，不肯詳思，忽有失得，動輒言誤，誤豈可數乎！」布知其忠而不能從。

袁術遣盜殺陳王寵。初，陳王寵有勇，善射。黄巾賊起，寵治兵自守，國人畏之，不敢離叛。國相駱俊素有威恩，鄰郡人多歸之，有衆十餘萬。袁術求糧，俊拒絶之，術遣客詐殺俊及寵，陳由是破敗。

以孫策爲會稽太守，討袁術。

秋，九月，曹操擊袁術，破走之。曹操東征袁術。術棄軍走，留其將橋蕤等拒操。操擊斬之。術走渡淮，時天旱歲荒，士民凍餒，術由是遂衰。沛國許褚，勇力絶人，聚衆歸操，操曰：「此吾樊噲也。」即日拜都尉。

下故太尉楊彪獄，尋赦出之。楊彪與袁術昏姻，曹操惡之，奏收下獄，劾以大逆。孔融聞之，不及朝服，往見操曰：「楊公四世清德，海内所瞻。父子兄弟，罪不相及，況以袁氏歸罪楊公乎！」操曰：「此國家之意。」融曰：「假使成王殺召公，周公可得言不知邪？」操使許令滿寵按彪獄，融與荀彧皆屬寵勿加考掠。寵無所報，考訊如法。數日，求見曰：「楊彪考訊，無他辭語。此人有名海内，若罪不明白，必大失民望。竊爲明公惜之。」操即日赦出彪。彪見漢室衰微，政在曹氏，遂稱脚攣，積十餘年不行，由是得免於禍。

以金尚子瑋爲郎中。馬日磾喪至京師，朝廷議欲加禮，孔融曰：「日磾以上公之尊，秉髦節之使，而曲媚姦臣，爲所牽率。聖上哀矜，未忍追案，不宜加禮。」朝廷從之。尚喪至，詔百官弔祭，拜其子瑋爲郎中。

劉備誘楊奉，殺之。韓暹、楊奉寇掠徐、揚閒，劉備誘奉斬之。暹與郭汜、胡才皆爲人所殺，李樂病死。

戊寅（一九八）

三年。

春，曹操復擊張繡。荀攸曰：「繡與劉表相恃爲强，然繡以遊軍仰食於表，表不能供也，勢必乖離。不如緩之，可誘而致也。若急之，其勢必相救。」操不從，圍繡於穰。

夏，四月，詔將軍段煨等討李傕，夷三族。

曹操引兵還。五月，劉表救張繡，操擊破之。繡復追敗操軍。初，袁紹每得詔書，患其有不便於己者，欲移天子自近，使説曹操以許下埤溼，洛陽殘破，宜徙都鄄城以就全實；操拒之。田豐曰：「徙都之計，既不克從。宜早圖許，奉迎天子。動託詔書，號令海内，此算之上者。不爾，終爲人所禽，雖悔無益也。」紹不從。而亡卒有以豐謀白操者，操解穰圍而還，張繡率衆追之。劉表遣兵救繡，屯於安衆，守險以絶軍後。操與荀彧書曰：「吾到安衆，破繡必矣！」及到安衆，操軍前後受敵，操乃夜鑿險僞遁。表、繡悉軍來追，操縱奇兵夾攻，大破之。他日，彧問其故，操曰：「虜遏吾歸師，而與吾死地，吾是以知勝矣。」繡之追操也，賈詡止之，繡不聽。敗還，詡登城謂曰：「促更追之，更戰必勝。」繡從之，果以勝還。乃問詡曰：「繡以精兵追退軍而公曰必敗，以敗卒擊勝兵而公曰必克，悉如公言，何也？」詡曰：「將軍雖善用兵，非曹公敵也。曹公軍新退，必自斷後，故知必敗。曹公既無失策，力未盡而一朝引退，必國内有故也。已破將軍，必輕軍速進，留諸將斷後，諸將雖勇，非將軍敵，故雖用敗兵而戰必勝也。」繡乃服。

秋，九月，吕布復攻劉備。冬，曹操擊布，殺之。吕布復與袁術通，遣高順、張遼攻劉備。九月，破沛城，虜備妻子，備單身走。曹操欲自擊布，諸將皆曰：「劉表、張繡在後，而遠襲吕布，其危必也。」荀攸曰：「表、繡新破，勢不敢動。布驍猛，又恃袁術，若從横淮、泗間，豪桀必應之。今乘其初叛，衆心未一，往可破也。」操曰：「善。」比行，泰山屯帥臧霸等皆附於布。操與劉備遇於梁，進至彭城。陳宫謂布：「宜逆擊之，以逸擊勞，無不克也。」布曰：「不如待其來攻，蹙著泗水中。」十月，操屠彭城。廣陵太守陳登率郡兵爲操先驅，進至下邳。布屢戰皆敗，還保城，不敢出。欲降，陳宫曰：「曹操遠來，勢不能久。將軍若以步騎出屯於外，宫將餘衆閉守於内，若向將軍，宫引兵而攻其背；若但攻城，則將軍救於外。不過旬月，操軍食盡，擊之可破也。」布然之。布妻曰：「宫與高順素不和，必不同心共守。如有蹉跌，將軍當於何自立乎！且曹氏待公臺如赤子，猶舍而歸我。今將軍厚公臺不過曹氏，而欲委全城，捐妻子，孤軍遠出，若一旦有變，妾豈得復爲將軍妻哉！」布乃止。張楊素與布善，欲救之，不能，乃出兵遥爲之勢。十一月，楊將楊醜殺楊以應操，别將眭固復殺醜，將其衆北合袁紹。楊性仁和，無威刑，下人謀反發覺，對之涕泣，輒原不問，故及於難。操圍下邳久，疲敝欲還。荀攸、郭嘉曰：「吕布勇而無謀，今屢戰皆北，鋭氣衰矣。三軍以將爲主，主衰則軍無奮意。陳宫有智而遲，今及布氣之未復，宫謀之未定，急攻之，布可拔也。」乃引沂、泗灌城，月餘，布益困迫。十二月，布將魏續等共執陳宫、高順，率其衆降。布見操曰：「明公之所患不過於布，今已服矣。若令布將騎，明公將步，天下不足定也。」操命緩布縛，劉備曰：「不可。明公不見吕布事丁建陽、董太師乎！」操頷之。操謂宫曰：「奈卿老母妻子何？」宫曰：「宫聞以孝治天下者，不害人之親；施仁政於天下者，不絶人之祀。老母妻子存否，在明公，不在宫也。」操未復言。宫請就刑，遂出，不顧。操爲之泣涕，并布、順皆縊殺之。召宫母養之，終其身，嫁宫女，撫視其家，皆厚於初。張遼、臧霸等皆降。初，操在兖州，以徐翕、毛暉爲將。及兖州亂，翕、暉皆叛，亡命投霸。操語備，令霸送二首。霸曰：「霸所以能自立者，以不爲此也。霸受主公生全之恩，不敢違命；然王霸之君，可以義告，願將軍爲之辭。」備以霸言白，操歎息謂霸曰：「此古人之事，而君能行之，孤之願也。」陳登以功加伏波將軍。

以劉備爲左將軍。 備從操還許，操表以爲左將軍，禮之愈重。

以孫策爲討逆將軍，封吳侯。 孫策遣張紘獻方物，曹操欲撫納之，表策爲討逆將軍，封吳侯；以紘爲侍御史。袁術以周瑜爲居巢長，臨淮魯肅爲東城長。瑜、肅知術無成，棄官渡江從策。策自將討祖郎於陵陽，禽之。謂曰：「爾昔襲孤，斫孤馬鞍，今創軍立事，除棄宿恨，汝勿恐怖。」即破械，署門下賊曹。又討太史慈於勇里，禽之，解縛，捉其手曰：「寧識神亭時邪？若卿爾時得我云何？」慈曰：「未可量也。」策大笑曰：「今日之事，當與卿共之。聞卿有烈義，天下智士也，但所託未得其人耳。孤是卿知己，勿憂不如意也。」即署門下督。軍還，祖郎、太史慈俱在前導軍。會劉繇卒於豫章，揚州士衆萬餘人，欲奉華歆爲主。歆以爲：「因時擅命，非人臣所宜。」謝遣之。其衆未有所附。策命慈往撫安之，謂曰：「劉牧往責吾爲袁氏攻廬江，吾先君兵數千人，盡在公路許。吾志在立事，安得不屈意以求之乎！其後不遵臣節，諫之不從，丈夫義交，苟有大故，不得不離，吾交求公路及絶之本末如此，恨不及其生時與共論辨也。今兒子在豫章，卿往視之，并宣孤意於其部曲，樂來者與俱來，不樂來者且安慰之。并觀華子魚所以牧御方規何如。卿須幾兵，多少隨意。」慈曰：「兵不宜多，將數十人足矣。」左右皆曰：「慈必不還。」策曰：「子義捨我，當復從誰！」子義雖氣勇有膽烈，然非縱横之人，其心秉道義，重然諾，一以意許知己，死亡不相負，諸君勿憂也。」果如期而慈反，謂策曰：「華子魚，良德也，然無他方規，自守而已。僮芝自擅廬陵，番陽別立宗部海昏上繚，不受發召。子魚但視之而已。」策拊掌大笑，遂有兼并之志。

袁紹攻公孫瓚，圍之。袁紹連年攻公孫瓚，不能克。欲與釋憾連和，瓚不答而增修守備。紹於是大興兵以攻瓚。先是，瓚別將有爲敵所圍者，瓚不救，曰：「救一人使後將恃救，不肯力戰。」及紹來攻，瓚南界别營知不見救，或降或潰，紹軍徑至其門。瓚衆日蹙。

己卯（一九九）

四年。

春，三月，瓚自焚死。黑山帥張燕率兵救瓚，瓚密使人齎書使起火爲應，瓚欲自内出戰。紹候得其書，如期舉火。瓚遂出戰，紹設伏擊之，瓚大敗，復還自守。紹爲地道，穿其樓下，燒之，樓輒傾倒，稍至京中。瓚乃悉縊其姊妹妻子，然後引火自焚。

詔漁陽太守鮮于輔都督幽州。漁陽田豫説太守鮮于輔曰：「曹氏奉天子以令諸侯，終能定天下，宜早從之。」輔乃率其衆以奉王命。詔以輔爲建忠將軍，都督幽州六郡。

袁紹承制，以烏桓蹋頓爲單于。初，烏桓王丘力居死，子樓班年少，從子蹋頓有武略，代立。袁紹攻公孫瓚，蹋頓助之。紹承制皆賜以單于印綬。又以閻柔得烏桓心，因加寵慰，以安北邊。其後諸部奉樓班爲單于，以蹋頓爲王，然蹋頓猶秉計策。

以董承爲車騎將軍。

夏，袁術北走。詔劉備將兵邀之，術還走，死。術既稱帝，淫侈滋甚，媵御數百，無不兼羅紈，厭粱肉。自下飢困，莫之收恤。既而資實空盡，不能自立，乃燒宫室，犇其部曲陳簡，復爲簡所拒，士卒散走，不知所爲。乃遣使歸帝號於紹。袁譚迎術，欲從下邳北過。曹操遣劉備邀之。復走壽春。六月，至江亭，坐簀牀而歎曰：「袁術乃至是乎！」因憤慨，嘔血死。術從弟胤率其部曲奉術柩及妻子犇廬江太守劉勳於皖城。故廣陵太守徐璆得傳國璽，獻之。

秋，八月，曹操進軍黎陽。九月，還許，分兵守官渡。袁紹益驕，貢御稀簡。簡精兵十萬，騎萬匹，欲以攻許。沮授諫曰：「近師出歷年，百姓疲敝，倉庫無積，未可動也。宜務農息民，遣使獻捷。若不得通，乃表曹操隔我王路，然後進屯黎陽，漸營河南，益作舟船，繕修器械，分遣精騎抄其邊鄙，令彼不得安，我取其逸，如此，可坐定也。」郭圖、審配曰：「以明公之神武，引强衆以伐曹操，易如覆手，何必乃爾。」授曰：「夫救亂誅暴，謂之義兵；恃衆憑强，謂之驕兵。義者無敵，驕者先滅。曹操奉天子以令天下，今舉師南向，於義則違。且廟勝之策，不在强弱。曹操法令既行，士卒精練，非公孫瓚坐而受攻者也。今棄萬安之術而興無名之師，竊爲公懼之。」圖、配曰：「武王伐紂，不爲不義；況兵加曹操，而云無名。且以公今日之强，將士思奮，不及時以定大業，所謂『天與不取，反受其咎』，監軍之計在於持牢而非見時知機之變也。」紹納圖言。圖等因是譖授曰：「授監統内外，威震三軍。」紹乃分授所統，使與郭圖、淳于瓊各典一軍。許下諸將聞紹南兵皆懼，曹操曰：「吾知紹之爲人，志大而智小，色厲而膽薄，忌克而少威，兵多而分畫不明，將驕而政令不一，土地雖廣，糧食雖豐，適足以爲吾奉也。」孔融謂荀彧曰：「紹地廣兵强，田豐、許攸智士也，爲之謀；審配、逢紀忠臣也，任其事；顔良、文醜勇將也，統其兵，殆難克乎！」彧曰：「紹兵雖多而法不整，豐剛而犯上，攸貪而不治，配專而無謀，紀果而自用，此數人者，勢不相容，必生内變。顔良、文醜，一夫之勇耳，可一戰而禽也。」八月，操進軍黎陽，使臧霸等入青州，于禁屯河上。九月，操還許，而分兵守官渡。

冬，十一月，張繡來降。袁紹遣人招張繡，并與賈詡書結好。繡欲許之，詡於繡坐上，顯謂紹使曰：「歸謝袁本初，兄弟不能相容，而能容天下國士乎！」繡謂詡曰：「若此，當何歸？」詡曰：「不如從曹公。」繡曰：「袁强曹弱，又先與曹爲讎，從之何如？」詡曰：「此乃所以宜從也。夫曹公奉天子以令天下，其宜從一也；紹强盛，我以少衆從之，必不以我爲重，曹公衆弱，其得我必喜，其宜從二也；夫有霸王之志，固將釋私怨以明德於四海，其宜從三也。願將軍無疑。」十一月，繡率衆降，操執手歡宴，拜揚武將軍，表詡爲執金吾。

復置鹽官。徙司隸校尉治弘農。關中諸將以袁、曹方爭，皆中立顧望。凉州牧韋端使從事楊阜詣許，阜還，諸將問袁、曹勝敗，阜曰：「袁公寬而不斷，好謀而少決。不斷，則無威；少決，則後事。今雖强，終不能成大業。曹公有雄才遠略，決機無疑，法一而兵精，能用度外之人，所任各盡其力，必能濟大事者。」操使御史衛覬鎮撫關中，時四方大有還民，諸將多引爲部曲。覬書與荀彧曰：「關中膏腴之地，頃遭荒亂，人民流入荆州者十萬餘家。今歸者無以自業，諸將各競招懷以爲部曲，郡縣貧弱，不能與爭，兵家遂强，一旦變動，必有後憂。夫鹽，國之大寶也。亂來放散，宜如舊置使者監賣，以其直益市犁牛，若有歸民，以供給之，勤耕積粟以豐殖關中。遠民聞之，必日夜競還。又使司隸留治關中以爲之主，則諸將日削，官民日盛，此强本弱敵之利也。」彧以白，操從之。關中由是服從。

劉表遣從事中郎韓嵩詣許。袁紹使人求助於劉表，表許之而竟不至，亦不援曹操。從事中郎韓嵩曰：「今兩雄相持，天下之重在於將軍。若欲有爲，起乘其敝可也。如其不然，固將擇所宜從。曹操善用兵，賢俊多歸之，其勢必舉袁紹，然後移兵以向江、漢，恐將軍不能禦也。今莫若舉荆州以附曹操，操必重德，長享福祚，此萬全之策也。」表狐疑不斷，乃遣嵩詣許，曰：「君爲我觀其釁。」嵩曰：「聖達節。嵩，守節者也。夫君臣名定，以死守之。今策名委質，唯將軍所命，雖赴湯蹈火，死無辭也。將軍能上順天子，下歸曹公，使嵩可也；如其猶豫，嵩至京師，天子假嵩一職，不獲辭命，則成天子之臣，將軍之故吏耳。在君爲君，則嵩守天子之命，義不得復爲將軍死也。惟加重思，無爲負嵩。」表强之。至許，詔拜嵩侍中、零陵太守。及還，盛稱朝廷之德，勸表遣子入侍。表大怒，以爲懷貳，大會，陳兵，將斬之。嵩不爲動，徐曰：「將軍負嵩，嵩不負將軍。」具陳前言。表乃囚之。

孫策襲廬江，取之。徇豫章，太守華歆降。廬江太守劉勳以袁術部曲衆多，不能贍，遣從弟偕求米於上繚諸宗帥，不能滿數，偕召勳使襲之。孫策惡勳兵强，僞卑辭以事勳，請出兵以爲外援。劉曄曰：「上繚雖小，城堅池深，攻難守易，不可旬日而舉也。兵疲於外而國內虛，策乘虛襲我，則後不能獨守。是將軍進屈於敵，退無所歸。若軍必出，禍今至矣。」勳不聽，遂伐上繚。至海昏，宗帥皆逃，了無所得。時策引兵西擊黃祖，行及石城，聞勳在海昏，策乃與周瑜襲皖城，克之，得術、勳妻子撫視之，及其部曲三萬餘人。攻勳破之，勳北歸許。策收其餘兵，得二千餘人，及船千艘。遂進擊祖。劉表遣將來救，策與戰，大破之，獲船六千艘。策盛兵將徇豫章，屯于椒丘，謂虞翻曰：「華子魚自有名字，然非吾敵也。若不開門讓城，金鼓一震，不得無所傷害。卿便在前，具宣孤意。」翻乃往見華歆曰：「竊聞明府與鄙郡故王府君齊名中州，常懷瞻仰。」歆曰：「孤不如王會稽也。」翻復曰：「不審豫章資糧器仗，士民勇果，孰與鄙郡？」歆曰：「大不如也。」翻曰：「明府言不如王會稽，謙光之譚耳。精兵不如會稽，實如尊教。孫討逆智略超世，用兵如神，前定劉揚州，君所親見；南走鄙郡，亦君所聞也。今守孤城，資糧不足，不早爲計，悔無及也。今大軍已次椒丘，明日日中迎檄不至者，與君辭矣。」歆乃夜作檄，明旦，遣吏賫迎。策便進軍，歆葛巾迎策。策曰：「府君年德名望，遠近所歸；策年幼稚，宜修子弟之禮。」便向歆拜，禮爲上賓。收載劉繇喪，善遇其家。

孫盛曰：歆既無夷、皓韜邈之風，又失王臣匪躬之節，撓心交臂，位奪節墮，咎孰大焉！

功曹魏騰忤策意，策將殺之，策母吳夫人倚大井謂曰：「汝新造江南，其事未集，方當優賢禮士，捨過録功。魏功曹在公盡規，汝今日殺之，則明日人皆叛汝，吾不忍見禍之及，當先投此井中耳。」策大驚，釋之。

曹操復屯官渡。

劉備起兵徐州討曹操。操遣兵擊之。初，董承稱受帝衣帶中密詔，與劉備謀誅曹操。操從容謂備曰：「今天下英雄，惟使君與操耳。本初之徒，不足數也。」備方食，失匕箸，值雷震，備因曰：「聖人云『迅雷風烈必變』，良有以也。」遂與承及种輯等同謀。會操遣備邀袁術，備遂殺徐州刺史，留關羽守下邳，身還小沛，郡縣多叛操爲備。備衆數萬人，遣使與袁紹連和。操遣長史劉岱擊之，不克。備謂曰：

「使汝百人來，無如我何。曹公自來，未可知耳。」

庚辰(二〇〇)

五年。

春，正月，操殺車騎將軍董承，遂擊備，破之。備奔冀州。董承謀洩，操殺承等，皆夷三族。操欲自討劉備，諸將皆曰：「與公爭天下者，袁紹也。今紹方來而棄之東，紹乘人後，若何？」操曰：「劉備，人傑也。今不擊，必爲後患。」郭嘉曰：「紹性遲而多疑，來必不速。備新起，衆心未附，急擊之，必敗。」操師遂東。田豐説袁紹曰：「曹、劉連兵，未可卒解。公舉軍而襲其後，可一往而定。」紹辭以子疾，豐舉杖擊地曰：「嗟乎！遭難遇之時，而以嬰兒病失其會，惜哉！事去矣！」操擊劉備，破之。獲其妻子；進拔下邳，禽關羽。備犇青州歸袁紹。紹去鄴二百里迎之。駐月餘，亡卒稍歸之。

二月，曹操還官渡，袁紹進軍黎陽。夏，四月，紹遣兵攻白馬，操擊破之，斬其將顏良、文醜。操還官渡，紹乃議攻許。田豐曰：「曹操既破劉備，則許下非復空虛。且操善用兵，衆雖少，未可輕也。今不如以久持之。外結英雄，内修農戰，然後簡其精鋭，乘虛迭出，救右則擊其左，救左則擊其右，使我未勞而彼已困，不及三年，可坐克也。今釋廟勝之策，而決成敗於一戰，若不如志，悔無及也。」紹不從。豐强諫，紹械繫之。於是移檄州郡，數操罪惡。二月，進軍黎陽。沮授臨行，會其宗族，散財與之，曰：「勢存則威無不加，勢亡則不保一身，哀哉！」紹遣顔良攻白馬，沮授曰：「良性促狹，雖驍勇，不可獨任。」紹不聽。四月，操救白馬，荀攸曰：「今兵少不敵，必分其勢乃可。公到延津，若將渡兵向其後者，紹必西應之，然後輕兵襲白馬，掩其不備，顏良可禽也。」操從之。紹分兵西。操乃引軍兼行趣白馬，良來逆戰。關羽望見良麾蓋，策馬刺良於萬衆之中，斬其首而還，紹軍莫能當。遂解白馬之圍，徙其民而西。紹渡河追之，沮授曰：「勝負變化，不可不詳。今宜留屯延津，分兵官渡，若其克獲，還迎不晚，設其有難，衆弗可還。」紹弗從。授臨濟歎曰：「上盈其志，下務其功，悠悠黃河，吾其濟乎！」遂以疾辭。紹不許而意恨之。軍至延津南，操勒兵駐營南阪下，令騎解鞍放馬。是時白馬輜重就道，諸將以爲敵騎多，不如還保營。荀攸曰：「此所以餌敵，如何去之！」操顧攸而笑。紹騎將文醜與劉備將五六千騎前後至。諸將曰：「可上馬。」操曰：「未也。」有頃，騎至稍多，或分趣輜重。操曰：「可矣。」乃皆上馬，縱擊大破之，斬醜。醜、良皆紹名將，再戰，禽之，紹軍奪氣。初，操壯關羽之爲人，而察其無留意，使張遼以其情問之。羽歎曰：「吾極知曹公待我厚；然吾受劉將軍恩，誓以共死，不可背之。要當立效以報曹公乃去耳。」遼以報操，操義之。及殺良，操知其必去，重加賞賜。羽盡封其所賜，拜書告辭，而犇劉備於袁軍。左右欲追之，操曰：「彼各爲其主，勿追也。」操還軍官渡，閻柔遣使詣操，操以柔爲烏桓校尉。鮮于輔來見，操以爲度遼將軍，還鎮幽土。

孫策卒，弟權代領其衆。策欲乘虛襲許，部署未發。會先所殺吳郡太守許貢奴客因其出獵，伏篁竹中射之，中頰，創甚。召張昭等謂曰：「中國方亂，以吳、越之衆，三江之固，足以觀成敗，公等善相吾弟。」呼權，佩以印綬，謂曰：「決機於兩陳之間，與天下爭衡，卿不如我；舉賢任能，各盡其心，以保江東，我不如卿。」遂卒，時年二十六。權悲號，未視事。昭曰：「孝廉，此寧哭時邪！」乃易權服，扶上馬，使出巡軍。上表朝廷，下移屬城，中外將校，各令奉職。周瑜自巴丘將兵赴喪，留與張昭共掌衆事。時策雖有會稽、吴郡、丹陽、豫章、廬江、廬陵，然深險之地，猶未盡從，流寓之士，皆以安危去就爲意，未有君臣之固，而昭、瑜等謂權可與共成大業，遂委心而服事焉。

袁紹遣劉備略汝、潁，曹操擊走之。備復以紹兵至汝南。汝南黄巾劉辟等叛曹操應袁紹，紹遣劉備將兵助辟，郡縣多應之。陽安都尉李通急録户調，朗陵長趙儼以書與荀彧曰：「今陽安百姓困窮，鄰城並叛，易用傾蕩，乃一方安危之機也。且此郡人執忠守節，在險不貳，以爲國家宜垂慰撫，而更急斂緜絹，何以勸善！」彧即白操，悉以緜絹還民，上下歡喜，郡内遂安。時操制新科，下州郡，頗增嚴峻，而調緜絹方急。長廣太守何夔言於操曰：「先王辨九服之賦以殊遠近；制三典之刑以平治亂。愚以爲此郡宜依遠域新邦之典，其民間小事，使長吏臨時隨宜，上不背正法，下以順百姓之心。比及三年，民安其業，然後乃可齊之以法也。」操從之。劉備略汝、潁之間，操使曹仁擊破走之，盡復收諸叛縣。備還説紹南連劉表。紹遣備復至汝南，操遣將擊之，爲備所殺。

九月，朔，日食。

袁紹攻曹操於官渡。冬，十月，操襲破其輜重，紹軍大潰。袁紹軍陽武，沮授説曰：「北兵雖衆而勁果不及南，南兵雖精而資儲不如北。南幸於急戰，北利在緩師。宜徐持久，曠以日月。」紹不從。八月，紹進營稍前，東西數十里。操亦分營與相當，出兵戰，不勝，復還堅壁。紹爲高櫓，起土山，爲地道攻之，操衆少糧盡，士卒疲乏，百姓多叛。操與荀彧書，議欲還許，以致紹師。彧報曰：「紹悉衆聚官渡，欲與公決勝敗。公以至弱當至强，若不能制，必爲所乘，是天下之大機也。且紹，布衣之雄耳，能聚人而不能用。以公之神武明哲而輔以大順，何向而不濟。今穀雖少，未若楚、漢在滎陽、成皋間也。是時劉、項莫肯先退者，以爲先退則勢屈也。公以十分居一之衆，畫地而守之，搤其喉而不得進，已半年矣。情見勢竭，必將有變。此用奇之時，不可失也。」操乃堅壁持之。紹運穀車數千乘至官渡，操擊燒之。十月，紹復遣車運穀，使淳于瓊等將兵送之。沮授説紹：「可別爲支軍於表，以絶曹操之鈔。」許攸曰：「曹操悉師拒我，許下勢必空弱。若分遣輕軍，星行掩襲，許可拔也。許拔，則奉迎天子以討操，操成禽矣。如其未潰，可令首尾犇命，破之必也。」紹皆不從。會攸家犯法，審配收繫之，攸怒，遂犇操。操聞其來，跣出迎之，撫掌笑曰：「子卿遠來，吾事濟矣！」既入坐，謂操曰：「袁氏軍盛，何以待之？今有幾糧乎？」操曰：「可支一月，爲之奈何？」攸曰：「袁氏輜重萬餘乘，在故市、烏巢。屯軍無嚴備，若以輕兵襲之，燔其積聚，不過三日，袁氏自敗也。」操大喜，乃留荀攸、曹洪守營，自將步騎五千，用袁軍旗幟，銜枚縛馬口，夜從間道出，人抱束薪，至屯放火急擊之。紹聞操擊瓊，謂其子譚曰：「就操破瓊，吾拔其營，彼固無所歸矣！」乃使其將高覽、張郃等攻操營。郃曰：「曹公兵精，往必破瓊。請先救之。」郭圖固請攻操營。郃曰：「曹公營固，攻之必不拔。若瓊等見禽，吾屬盡爲虜矣。」紹但遣輕騎救瓊，而以重兵攻營，不能下。騎至烏巢，操大破之，斬瓊等，盡燔其糧穀。紹軍恟懼，郭圖慚，復譖張郃，郃遂與覽焚攻具，詣操營降。於是紹軍驚擾，大潰。紹及譚等幅巾乘馬，與八百騎渡河，操追之不及，盡收其輜重圖書珍寶。餘衆降者，操盡阬之，前後所殺七萬餘人。沮授爲操軍所執，大呼曰：「授不降也。」操與之有舊，遂赦而厚遇焉。授尋謀歸袁氏，操乃殺之。操收紹書中，得許下及軍中人書，皆焚之，曰：「當紹之强，孤猶不能自保，況衆人乎！」冀州城邑多降於操。紹走至黎陽北岸，入其將蔣義渠營，義渠避帳而處之，使宣號令。衆聞紹在，稍復歸之。或謂田豐曰：「君必見重矣。」豐曰：「公貌寬而内忌，不亮吾忠。若勝而喜，猶能赦我；今戰敗而恚，吾不望生。」紹謂逢紀曰：「田別駕前諫止吾，吾亦慚之。」紀曰：「豐聞將軍之退，拊手大笑，喜其言之中也。」紹於是謂僚屬曰：「吾不用田豐言，果爲所笑。」遂殺之。紹爲人寬雅，有局度，喜怒不形於色，而性矜愎自高，短於從善，故至於敗。

有星孛於大梁。

以劉馥爲揚州刺史。廬江梅乾等聚衆數萬在江、淮間，曹操表馥刺揚州。時揚州獨有九江，馥單馬造合肥空城，建立州治，招懷乾等，恩化大行，流民歸者以萬數。於是廣屯田，興陂堨，官民有畜，乃聚諸生，立學校。又高爲城壘，多積木石，以修戰守之備。

以孫權爲討虜將軍。曹操聞孫策死，欲因喪伐之。張紘諫曰：「乘人之喪，既非古義，若其不克，成讎棄好，不如因而厚之。」操即表權爲討虜將軍，領會稽太守。操欲令紘輔權内附，乃以紘爲會稽都尉。紘至吴，太夫人以權年少，委紘與張昭共輔之。紘思惟補察，知無不爲。魯肅將北還，周瑜止之，因薦於權曰：「肅才宜佐時，當廣求其比以成功業。」權即見肅，與語悦之。賓退，獨引肅合榻，對飲問計，肅曰：「漢室不可復興，曹操不可卒除。爲將軍計，惟有保守江東，以觀天下之釁耳。若因北方多務，勦除黄祖，進伐劉表，竟長江所極，據而有之，此王業也。」張昭毁肅年少粗疏，權益貴重之。權料諸小將兵少而用薄者，并合之。別部司馬呂蒙軍容鮮整，士卒練習。權大悅，增其兵，寵任之。功曹駱統勸權尊賢接士，勤求損益，饗賜之日，人人別進，問其燥濕，加以密意，誘諭使言，察其志趣，權納用焉。

劉表攻長沙、零陵、桂陽〔二〕，皆下之。

劉表攻長沙、零陵、桂陽，皆平之。於是表地方數千里，帶甲十餘萬，遂不供職貢，郊祀天地，居處服用，僭擬乘輿焉。

益州司馬張魯據漢中，從事趙韙作亂。

張魯以劉璋闇懦，遂據漢中。初，南陽、三輔民流入益州者數萬家，劉焉悉收以爲兵。璋性寬柔無威略，東州人侵暴舊民，璋不能禁。趙韙素得人心，因士民之怨，遂作亂，攻璋，賂荊州與連和，蜀郡、廣漢、犍爲皆應之。

辛巳（二〇一）

六年。

春，三月，朔，日食。

夏，四月，曹操擊袁紹倉亭軍，破之。

曹操以袁紹新破，欲以其閒擊劉表。荀彧曰：「紹既新敗，其衆離心，宜乘其困，遂定之。而欲遠師江、漢，若紹收其餘燼，承虛以出人後，則公事去矣。」操乃揚兵河上，擊紹倉亭軍，破之。

秋，九月，擊劉備於汝南，備奔荊州。

操擊備於汝南，備奔劉表。表聞備至，自出郊迎，以上賓禮待之。益其兵，使屯新野。備在荊州數年，嘗於表坐起至廁，慨然流涕。表怪，問備，備曰：「平常身不離鞍，髀肉皆消。今不復騎，髀裏肉生。日月如流，老將至矣，而功業不建，是以悲耳。」

趙韙圍成都，敗死。韙既敗死，其黨巴郡太守龐羲欲爲亂，遣吏程祁宣旨於其父漢昌令巍，不

得。義怒，使人謂巍曰：「不從太守，禍將及家。」巍曰：「樂羊食子，非無父子之恩，大義然也。今雖羹祁以賜巍，巍啜之矣。」義乃止。

張魯取巴郡。詔以魯爲漢寧太守。張魯以鬼道教民，使病者自首其過，爲之請禱；實無益於治病。然小人昏愚，競共事之。犯法者，三原，然後行刑。不置長吏，皆以祭酒爲治。民夷便樂之。後遂襲取巴郡，朝廷力不能征，遂就寵魯爲漢寧太守，通貢獻而已。民有地中得玉印者，羣下欲尊魯爲漢寧王，閻圃諫曰：「漢川之民，户出十萬，財富土沃，四面險固。上匡天子，則爲桓、文，次及竇融，不失富貴。今承制署置，勢足斬斷，不煩於王。願且不稱，勿爲禍先。」魯從之。

壬午（二〇二）

七年。

春，正月，曹操復進軍官渡。夏，五月，袁紹卒，幼子尚襲行州事，長子譚出屯黎陽，操攻敗之。袁紹慚憤，發病嘔血薨。初，紹有三子：譚、熙、尚。紹後妻劉氏愛尚，紹欲以爲後，乃以譚繼兄後，出爲青州刺史。沮授諫曰：「世稱萬人逐兔，一人獲之，貪者悉止，分定故也。譚當爲嗣，而斥使居外，禍其始此矣。」紹曰：「吾欲令諸子各據一州以視其能。」於是以熙爲幽州刺史，甥高幹爲并州刺史。逢紀、審配素爲譚所疾，辛評、郭圖皆附於譚，而與配、紀有隙。及紹薨，衆以譚長，欲立之。配等恐譚立而評等爲害，遂矯紹遺命，奉尚爲嗣。譚至，不得立，自稱車騎將軍，屯黎陽。尚少與之兵，而使紀

隨之。譚求益兵，配等不與，譚怒，殺紀。曹操攻譚，尚自將助之，與操相拒。譚、尚數敗。

袁尚遣郭援、高幹徇河東，鍾繇擊破之，斬援。尚遣其將郭援、高幹共攻河東，發使與馬騰等連兵。援所經城邑皆下，河東郡吏賈逵守絳，援攻之急，父老約援不害逵，乃降，援許之。既而以兵劫之，欲使爲將，逵不動。左右使叩頭，逵叱之曰：「安有國家長吏爲賊叩頭。」援怒，將斬之，或伏其上以救之。吏民皆乘城呼曰：「負約殺我賢君，寧俱死耳！」乃囚之壺關。有祝公道者，夜盗出之。操使鍾繇圍南單于於平陽，未拔而援至。繇使張既説馬騰，爲言利害。騰疑未決。傅幹説曰：「智者轉禍爲福。今曹公與袁氏相持，而高幹、郭援合攻河東，曹公雖有萬全之計，不能禁河東之不危也。將軍誠能引兵討援，内外擊之，其勢必舉。是將軍一舉，斷袁氏之臂，解一方之急，曹公必重德將軍，將軍功名無與比矣！」騰乃遣子超將兵與繇會。初，諸將以郭援衆盛，欲釋平陽去。繇曰：「袁氏方强，援之來，關中陰與之通，所以未悉叛者，顧吾威名故耳。若棄而去，示之以弱，所在之民，誰非寇讎，縱吾欲歸，其得至乎！此爲未戰先自敗也。且援剛愎好勝，必易吾軍，若渡汾爲營，及其未濟擊之，可大克也。」援至，果徑前渡汾，未半，繇擊，破之。南單于亦降。援，繇之甥也。校尉龐德斬之，繇見其頭而哭，德謝繇，繇曰：「援雖我甥，乃國賊也。何謝之有！」

曹操責孫權任子。權不受命。曹操下書責孫權任子，權召羣僚會議，張昭等猶豫不決。權引周瑜詣吴夫人前定議，瑜曰：「昔楚國初封，不滿百里，繼嗣賢能，廣土開境，遂據荆、揚，至於南海，傳業延祚，九百餘年。今將軍承父兄餘資，兼六郡之衆，兵精糧多，將士用命。鑄山煑海，境内富饒，有何偪迫而欲送質？質一入，不得不與曹氏相首尾，與相首尾，則命召不得不往，如此，見制於人。極不過一侯印，僕從十餘人，車數乘，馬數匹，豈與南面稱孤同哉！不如勿遣，徐觀其變。若曹氏能率義以正天下，將軍事之未晚；若爲暴亂，彼自亡之不暇，焉能害人。」吴夫人曰：「公瑾議是也。公瑾與伯符同年，小一月耳。我視之如子，汝其兄事之。」遂不送質。

八年。

癸未(二〇三)

春，二月，曹操攻黎陽，譚、尚敗走。夏，四月，操追至鄴而還。譚攻尚，不克。曹操攻黎陽，譚、尚敗走，還鄴。操追至鄴，諸將欲遂攻之，郭嘉曰：「袁紹愛此二子，莫適立也。今權力相侔，各有黨與，急之則相保，緩之則爭心生。不如南向荆州，以待其變，變成而後擊之，可一舉定也。」操曰：「善。」留賈信守黎陽而還。譚謂尚曰：「今操軍退，人懷歸志，及其未濟，出兵掩之，可令大潰，此策不可失也。」尚疑之，譚大怒，攻尚。譚敗，引兵還南皮。譚別駕王脩自青州來救，譚欲更還攻尚，脩曰：「兄弟者，左右手也。今與人鬭而斷其右手，曰『我必勝』，其可乎？夫棄兄弟而不親，天下其誰親之！彼讒人離間骨肉以求一朝之利，願塞耳勿聽也。若斬佞臣數人，復相親睦，以御四方，可横行於天下。」譚不從。

秋，八月，操擊劉表。尚圍譚於平原。冬，十月，操還軍救却之。操擊劉表，軍于西平。袁尚攻袁譚，大破之。譚犇平原，尚圍之急。譚遣辛評弟毗詣曹操請救。劉表以書諫譚曰：「君子違難不適讎國，交絕不出惡聲，況忘先人之讎，棄親戚之好，而爲萬世之戒，遺同盟之耻哉！若冀州不弟，君當降志辱身，以濟事爲務，事定之後，使天下平其曲直，不亦爲高義耶！」又與尚書曰：「青州天性峭急，迷於曲直。君當先除曹操以卒先公之恨，事定之後，乃議曲直之計，不亦善乎！若迷而不反，則是韓盧、東郭自困於前而遺田父之獲也。」譚、尚皆不從。毗至西平，操群下多以爲劉表方强，宜先平之。荀攸曰：「天下方有事，而劉表坐保江、漢之間，其無四方之志可知矣。袁氏據四州之地，帶甲數十萬，紹以寬厚得衆心。使二子和睦以守其成業，則天下之難未息也。今兄弟遘惡，其勢不兩全，若有所并則力專，力專則難圖也。及其亂而取之，天下定矣。此時不可失也。」操從之，謂毗曰：「譚必可信，尚必可克不？」毗對曰：「明公無問信與詐也，直當論其勢耳。袁氏兄弟相伐，本謂天下可定於己。而一旦求救於明公，此可知也。今其兵革敗於外，謀臣誅於內，兄弟讒鬩，國分爲二，連年戰伐，介冑生蟣蝨，加以旱蝗，饑饉並臻。今往攻鄴，尚不還救，即不能自守。還救，即譚踵其後。此乃天亡尚之時也。天以尚與明公，明公不取而伐荆州，荆州豐樂，國未有釁。二袁不務遠略而內相圖，朝不謀夕。民命靡繼，而不綏之，欲待他年。他年或登，又自知亡而改修厥德，失所以用兵之要矣。今因其請救而撫之，利莫大焉。且四方之寇，莫大於河北，河北平，則六軍盛而天下震矣。」操曰：「善。」乃許譚平。十月，至黎陽。尚聞操渡河，乃釋平原還鄴。操引軍還。

孫權遣兵討山越，平之。

孫權西伐黃祖，破其舟軍，而山寇復動。權還，使呂範等討之，又以呂蒙等守劇縣令長，悉平之。賀齊討建安，料出兵萬人，權以爲平東校尉。

甲申(二〇四)

九年。

春，二月，袁尚復攻譚。夏，四月，曹操攻鄴。秋，七月，尚還戰，敗走幽州。操遂入鄴，自領冀州牧。

正月，曹操濟河，遏淇水入白溝以通糧道。二月，尚復攻譚於平原，留審配守鄴。操爲土山地道以攻之。又攻絶其糧道。五月，鑿塹圍城，周回四十里。初令淺，示若可越。配望見，笑之，不出爭利。操一夜濬之，廣深二丈，引漳水灌之，城中餓死者過半。七月，尚將萬餘人還救鄴，先使主簿李孚入城。孚著平上幘，投暮詐稱都督，歷北圍而東，呵責守圍將士，隨輕重行罰。遂歷操營前，至南圍，責怒守者，收縛之，因開其圍，馳到城下，呼城上人得入。操聞笑曰：「此非徒得入也，方且復出。」孚知圍不可復冒，乃請配悉出城中老弱以省穀，夜，持白幡出降，孚隨輩出突圍得去。尚兵既至，配出兵城北，操逆擊之，敗還。尚亦破走，依曲漳爲營，操遂圍之。尚懼求降，不聽，衆潰，犇中山。審配殺辛毗家屬，令士卒堅守死戰，伏弩射操，幾中。配兄子榮開門内操兵。配拒戰被執，毗以馬鞭擊其頭而罵之，配顧曰：「狗輩，正由汝曹，破我冀州，恨不得殺汝也。且汝今日能生殺我耶！」操引見配，欲活之。配意氣壯烈，終無撓辭，遂斬之。操乃臨祀紹墓，哭之流涕。慰勞紹妻，還其家人寶物，賜繒絮稟食。初，紹與操共起兵，紹問操曰：「若事不輯，則方面何所可據？」操曰：「足下意以爲何如？」紹曰：「吾南據河，北阻燕、代，兼戎狄之衆，南向以爭天下，庶可以濟乎！」操曰：「吾任天下之智力，以道御之，無所不可。」九月，詔以操領冀州牧，操讓還兗州。初，尚遣從事牽招至上黨，聞尚走，説高幹以并州迎之，不從。

招乃詣操，復爲從事。操又辟崔琰爲别駕，謂曰：「昨案户籍，可得三十萬衆，故爲大州也。」對曰：「今九州幅裂，二袁尋戈，冀方蒸庶，暴骨原野，未聞王師存問風俗，救其塗炭，而唯以校計甲兵爲先，斯豈鄙州士女所望於明公哉！」操改容謝之。許攸恃功驕嫚，操竟殺之。

冬，十月，有星孛於東井。

高幹以并州降，復以爲刺史。

十二月，曹操攻平原，拔之。袁譚走保南皮。袁譚復背曹操，操與書責之，然後進討。譚拔平原，走保南皮。操入平原，略定諸縣。

公孫度卒，子康襲行郡事。曹操表度爲武威將軍，封永寧鄉侯。度曰：「我王遼東，何永寧也！」藏印綬於武庫。是歲卒，子康嗣。

丹陽郡吏殺其太守孫翊，翊妻徐氏討殺之。丹陽督嬀覽、丞戴員殺太守孫翊，覽欲逼取翊妻徐氏，徐紿之曰：「乞須晦日，設祭除服，然後聽命。」潛使所親語翊舊將孫高、傅嬰等與共圖覽，高、嬰涕泣許諾，密呼翊時侍養者二十餘人與盟誓合謀。晦日，設祭，徐哭泣盡哀，畢，乃除服，薰香沐浴，言笑懽悦。覽密覘，無復疑意。徐呼高、嬰置户内，使人召覽入。適得一拜，徐大呼：「二君可起！」高、嬰俱出，共殺覽，餘人即就外殺員。徐氏乃還縗絰，奉覽、員首以祭翊墓，舉軍震駭。孫權族誅覽、員餘黨，擢高、嬰爲牙門。

乙酉（二〇五）

十年。

春，正月，曹操攻南皮，克之，斬袁譚。曹操攻南皮，袁譚出戰，士卒多死。操欲緩之，議郎曹純曰：「今縣師深入，難以持久，若進不能克，退必喪威。」乃自執桴鼓以率攻者，遂克之。譚出走，追斬之。告諭吏民，各安故業。斬郭圖等及其妻子。王脩詣操，乞收葬譚尸，許之，辟爲司空掾。郭嘉説操多辟青、冀、幽、并名士爲掾屬，操從之。官渡之戰，袁紹使陳琳爲檄書，數操罪惡，連及家世，極其醜詆。及是琳歸操，操曰：「卿昔爲本初移書，但可罪狀孤身，何乃上及父祖邪！」琳謝罪，操釋之，使與阮瑀俱管記室。

幽州將吏逐刺史袁熙，遣使降操。熙、尚俱犇烏桓。袁熙爲其將焦觸、張南所攻，與尚俱犇遼西烏桓。觸自號幽州刺史，驅率守令背袁向曹，陳兵數萬，殺白馬而盟，令曰：「敢違者斬！」衆莫敢仰視，各以次歃。别駕韓珩曰：「吾受袁公父子厚恩，今其破亡，智不能救，勇不能死，於義闕矣。若乃北面曹氏，所不能爲也。」一坐失色。觸曰：「夫舉大事，當立大義，事之濟否，不待一人，可卒珩志，以厲事君。」乃捨之。

夏，四月，黑山賊帥張燕降。

冬，十月，高幹復叛，詔以杜畿爲河東太守。高幹復以并州叛，守壺關口。河内張晟，衆萬餘人，寇崤、澠間。河東太守王邑被徵，郡掾衛固、范先等詣鍾繇，請留之。繇不許。固等與幹通謀。曹操謂荀彧曰：「關西諸將外服内貳，張晟寇亂，南通劉表，固等因之，將爲深害。當今河東，天下之要地也，君爲我舉賢才以鎮之。」彧曰：「京兆杜畿，勇足以當難，智足以應變。」操乃以畿爲河東太守。固等使兵絶陜，纖至數月不得渡。操遣夏侯惇討固等，未至，纖曰：河東有三萬户，非皆欲爲亂也。今兵迫之急，欲爲善者無主，必懼而聽於固。固等勢專，必以死戰，討之不勝，爲難未已；討之而勝，是殘一郡之民也。且固等未顯絶王命，外以請故君爲名，必不害新君，吾單車直往，出其不意，固爲人多計而無斷，必僞受吾，吾得居郡一月，以計縻之，足矣。」遂詭道從郖津渡。范先欲殺纖，乃於門下斬殺主簿已下三十餘人，纖舉動自若。於是固曰：「殺之無損，徒有惡名；且制之在我。」遂奉之。纖曰：「衛、范，河東之望也，吾仰成而已。然君臣有定義，成敗同之，大事當共平議。」以固爲都督，行丞事，領功曹；將校吏兵三千餘人，皆先督之。固欲大發兵，纖曰：「今大發兵，衆情必擾，不如徐以貲募兵。」固以爲然，從之，得兵甚少。纖又曰：「人情顧家，諸將掾史，可分遣休息，急緩召之不難。」固等惡逆衆心，又從之。於是善人在外，陰爲己援；惡人分散，各還其家。會白騎攻東垣，高幹入濩澤。纖乃單將數十騎赴堅壁而守之，吏民多舉城助纖者。固等與幹、晟共攻不下，略無所得。會操徵馬騰等至，擊晟、固等，破斬之。於是纖務崇寬惠，民有辭訟，爲陳義理，遣歸諦思之，父老皆自相責怒，不敢訟。勸耕桑，課畜牧，百姓豐實。然後興學校，舉孝弟，修戎事，講武備，河東遂安。纖在河東十六年，常爲天下最。

以荀悦爲侍中。時政在曹氏，悦志在獻替，而謀無所用，故作申鑒五篇，奏之。其大略曰：「爲政之術，先屏四患，乃崇五政。僞亂俗，私壞法，放越軌，奢敗制，四者不除，則政末由行矣，是謂四患。興農桑以養其生，審好惡以正其俗，宣文教以章其化，立武備以秉其威，明賞罰以統其法，是謂五政。人不畏死，不可懼以罪；人不樂生，不可勸以善。故在上者，先豐民財以定其志，是謂養生。善惡要乎功罪，毁譽効於準驗，聽言責事，舉名察實，無或詐僞以蕩衆心。故俗無姦怪，民無淫風，是謂正俗。榮辱者，賞罰之精華也，故禮教榮辱以加君子，化其情也；桎梏鞭撲以加小人，化其形也。若教化之廢，推中人而墜於小人之域，教化之行，引中人而納於君子之塗，是謂章化。在上者必有武備以戒不虞，安居則寄之内政，有事則用之軍旅，是謂秉威。賞罰，政之柄也。人主不妄賞，非愛其財也；賞妄行，則善不勸矣。不妄罰，非矜其人也；罰妄行，則惡不懲矣。賞不勸，謂之止善；罰不懲，謂之縱惡。在上者能不止下爲善，不縱下爲惡，則國法立矣。是謂統法。四患既蠲，五政又立，行之以誠，守之以固，簡而不怠，疏而不失，垂拱揖讓，而海内平矣。」悦，爽之兄子也。

丙戌(二〇六)

十一年。

春，正月，有星孛于北斗。

曹操擊高幹，斬之。以梁習爲并州刺史。時荒亂之餘，胡狄雄張，吏民亡叛，入其部落。兵家擁衆，各爲寇害。習到官，誘喻招納，皆禮召其豪右，稍薦舉，使詣幕府。次發諸丁强以爲義從。又因大軍出征，令諸將分請以爲勇力。吏兵已去之後，稍移其家，前後送鄴，凡數萬口；其不從命者，興兵致討。單于恭順，名王稽顙，服事供職，同於編户。邊境肅清，百姓布野，勤勸農桑，令行禁止。習乃貢達名士常林、楊俊之徒，後皆顯名。

以仲長統爲尚書郎。初，山陽仲長統遊學至并州，過高幹，幹善遇之，訪以世事。統謂幹曰：

「君有雄志而無雄才，好古而不能擇人，所以爲君深戒也。」幹不悅，統去之。幹死，荀彧舉統爲尚書郎。統嘗著論曰昌言，其略曰：「豪桀之當天命者，未始有天下之分者也，無天下之分，故戰爭者競起焉。角智者皆窮，角力者皆負，形不堪復伉，勢不足復校，乃始羈首繫頸，就我之銜紲耳。及繼體之時，豪桀之心既絶，士民之志已定，貴有常家，尊在一人。當此之時，雖下愚之才居之，猶能使恩同天地，威侔鬼神。彼見天下莫敢與之違，自謂若天地之不可亡也，乃犇其私嗜，騁其邪欲，君臣宣淫，上下同惡，荒廢庶政，棄忘人物。信任親愛者，盡佞諂容説之人；寵貴隆豐者，盡后妃姬妾之家。遂至熬天下之脂膏，斲生民之骨髓，怨毒無聊，禍亂並起，中國擾攘，四夷侵叛，土崩瓦解，一朝而去，昔之爲我哺乳之子孫者，今盡是我飲血之寇讎也。至於運徙勢去，猶不覺悟者，豈非富貴生不仁，沈溺致愚疾邪！存亡以之迭代，治亂從此周復，天道常然之大數也。」

烏桓寇邊。烏桓乘天下亂，略有漢民十餘萬户，蹋頓尤强，爲袁紹所厚，故尚兄弟歸之，數入塞爲寇，欲助尚復故地。操將擊之，先鑿平虜、泉州渠以通運。

丁亥(二〇七)

十二年。

春，二月，曹操封功臣爲列侯。

夏，操擊烏桓。秋，八月，破之，斬蹋頓。袁熙、袁尚犇遼東，公孫康斬之。曹操將擊烏桓。諸將皆曰：「袁尚亡虜耳，夷狄貪而無親，豈能爲尚用。今深入征之，劉備必説劉表以襲許，萬一爲變，事不可悔。」郭嘉曰：「公雖威震天下，胡恃其遠，必不設備，因其無備，卒然擊之，可破滅也。且袁紹有恩於民夷，而尚兄弟生存。今舍而南征，尚因烏桓之資，招其死主之臣，以生蹋頓之心，恐青、冀非己之有也。表坐談客耳，自知才不足以御備，重任之則恐不能制，輕任之則備不爲用，雖虛國遠征，公無憂矣。」操從之。行至易，嘉曰：「兵貴神速。今千里襲人，輜重多，難以趨利。不如輕兵兼道以出，掩其不意。」初，袁紹數遣使召田疇，又即授將軍印，使統其衆，疇皆拒之。然每忿烏桓多殺其本郡冠蓋，意欲討之，而力未能。至是操遣使辟之，疇即至，隨軍次無終。時方夏水雨，而濱海洿下，濘滯不通，虜亦遮守蹊要，軍不得進。疇曰：「此道，秋夏有水，淺不通車馬，深不載舟船，爲難久矣。舊北平郡治在平岡，道出盧龍，達于柳城；自建武以來，陷壞斷絶，尚有微徑。若回軍從盧龍口越白檀之險，出空虛之地，路近而便，掩其不備，蹋頓可不戰而禽也。」操令疇將其衆爲鄉導，上徐無山，塹山堙谷五百餘里，經白檀，歷平岡，涉鮮卑庭，東指柳城。未至二百里，虜乃知之。尚、熙與蹋頓等將數萬騎逆軍。八月，操登白狼山，卒與虜遇，縱兵擊之，虜衆大崩，斬蹋頓，降者二十餘萬。尚、熙犇遼東，尚有數千騎。或勸操遂擊之，操曰：「吾方使公孫康送尚、熙首，不煩兵矣。」九月，引還。康果斬尚、熙首送之。諸將或問操，操曰：「彼素畏尚、熙，吾急之則并力，緩之則自相圖，其勢然也。」操梟尚首，令敢哭者斬！牽招獨設祭悲哭，操義而舉之。時天寒且旱，二百里無水，軍又乏食，殺馬數千匹以爲糧，鑿地三十餘丈方得水。既還，科問前諫者，皆厚賞之，曰：「孤前行，乘危以儌倖，不可以爲常。諸君之諫，萬安之計，是以相賞，後勿難言之。」封田疇爲亭侯。疇曰：「吾始爲劉公報仇，率衆遁逃，志義不立，反以爲利，非本志也。」固讓不受。後操復欲封之，疇上疏陳誠，以死自誓，操使疇所善夏侯惇喻之，疇曰：「疇負義逃竄之人耳，蒙恩全活，爲幸多矣，豈可賣盧龍之塞以易賞祿哉！必不得已，請效死刎首於前。」言未卒，泣涕横流，惇以白操，操知不可屈，乃拜議郎。

操之北伐也，劉備説劉表襲許，表不能用。至是表謂備曰：「不用君言，故爲失此大會。」備曰：「今天下分裂，日尋干戈，事會之來，豈有終極乎！若能應之於後者，則此未足爲恨也。」

冬，十月，有星孛于鶉尾。

孫權母吳氏卒。吳氏病篤，引見張昭，屬以後事而卒。

劉備見諸葛亮於隆中。初，琅邪諸葛亮寓居襄陽隆中，每自比管仲、樂毅；時人莫之許也，惟潁川徐庶、崔州平然之。州平，烈之子也。劉備訪士於襄陽司馬徽。徽曰：「儒生俗士，豈識時務，識時務者在乎俊傑。此間自有伏龍、鳳雛。」備問爲誰，曰：「諸葛孔明、龐士元也。」徐庶亦謂備曰：「諸葛孔明，卧龍也，將軍豈願見之乎？」備曰：「君與俱來。」庶曰：「此人可就見，不可屈致也，將軍宜枉駕顧之。」備由是詣亮，凡三往，乃見。因屏人曰：「漢室傾頹，姦臣竊命，孤不度德量力，欲信大義於天下，而智術淺短，遂用猖蹶，至于今日。然志猶未已，君謂計將安出？」亮曰：「今曹操已擁百萬之衆，挾天子而令諸侯，此誠不可與爭鋒。孫權據有江東，已歷三世，國險而民附，賢能爲之用，此可與爲援而不可圖也。荆州北據漢、沔，利盡南海，東連吳會，西通巴蜀，此用武之國，而其主不能守，此殆天所以資將軍也。益州險塞，沃野千里，天府之土；劉璋闇弱，張魯在北，民殷國富而不知存卹，智能之士思得明君。

將軍既帝室之胄，信義著於四海，若跨有荆、益，保其巖阻，西和諸戎，南撫夷越，外結孫權，内修政理，天下有變，則命一上將將荆州之軍以向宛、洛，將軍身率益州之衆出於秦川，百姓孰敢不簞食壺漿以迎將軍者乎？誠如是，則霸業可成，漢室可興矣。」備曰：「善。」於是與亮情好日密。關羽、張飛不悦，備解之曰：「孤之有孔明，猶魚之有水也。願諸君勿復言。」羽、飛乃止。徽清雅，有知人之鑑。同縣龐德公素有重名，徽兄事之。亮每至其家，獨拜牀下，德公初不令止。士元名統，德公從子也。少樸鈍，未有識者，唯德公與徽重之。德公常謂孔明爲卧龍，士元爲鳳雛，德操爲水鑑；故德操與備語而稱之。

戊子（二〇八）

十三年。

春，正月，曹操還鄴，作玄武池以肄舟師。

孫權擊江夏太守黄祖，破斬之。初，巴郡甘寧將僮客八百人歸劉表，觀表事勢終必無成，欲東入吴。黄祖在夏口，軍不得過，乃留，依祖三年，祖以凡人畜之。孫權擊祖，祖軍敗走，權校尉凌操急追之，寧射殺操，祖得免。軍罷，還營，待寧如初。都督蘇飛數薦寧，不用，乃白以爲邾長。寧遂亡犇孫權。周瑜、吕蒙共薦達之。寧獻策曰：「今漢祚日微，曹操終爲篡盗。南荆形便，誠國之西勢也。寧觀劉表，慮既不遠，兒子又劣，至尊當早圖之，不可後操。圖之之計，宜先取黄祖，祖今昏耄已甚，財穀並乏，左右貪縱，吏士心怨，舟船戰具，頓廢不修，怠於耕農，軍無法伍，至尊今往，其破可必。一破祖軍，鼓行而西，據楚關，大勢彌廣，即可漸規巴、蜀矣。」權深納之。張昭難曰：「今吴下業業，若軍果行，恐必致亂。」寧謂昭曰：「國家以蕭何之任付君，君居守而憂亂，奚以希慕古人乎！」權舉酒屬寧曰：「興霸，今年行討，如此酒矣，決以付卿。但當勉建方略，何嫌張長史之言乎！」權遂西擊黄祖。祖横兩蒙衝，挾守沔口，大紲繫矴，千弩交射，軍不得前。將軍董襲、司馬凌統各將敢死百人，人被兩鎧，乘大船，突入蒙衝裏。襲以刀斷紲，蒙衝乃横，大兵遂進。祖令陳就逆戰。吕蒙親梟就首。於是水陸並進，遂屠其城。祖挺身走，追斬之。又欲殺蘇飛，甘寧下席，叩頭流涕言：「飛舊恩，乞其首領。」權乃舍之。凌操子統欲殺寧，權命統不得讎之，令寧屯它所。

夏，六月，罷三公官。曹操自爲丞相。操以崔琰爲西曹掾，毛玠爲東曹掾，司馬朗爲主簿，弟懿爲文學掾。琰、玠並典選舉，其所舉用皆清正之士，雖有盛名而行不由本者，終莫得進。拔敦實，斥華僞，進沖遜，抑阿黨。由是士以廉節自勵，雖貴寵，輿服不敢過度。長吏還者，垢面羸衣，獨乘柴車，軍吏入府，朝服徒行，吏潔於上，俗移於下。操聞之，歎曰：「用人如此，使天下人人自治，吾復何爲哉！」懿少聰達，多大略。琰謂朗曰：「君弟聰亮明允，剛斷英特，非子所及也。」操聞而辟之，懿辭以風痺。操怒，欲收之，懿懼，就職。操幼子倉舒卒，操傷惜之甚。掾邴原有女早亡，操欲求與倉舒合葬。原辭曰：「嫁殤，非禮也。原之所以自容於明公，公之所以待原者，以能守訓典而不易也。若聽明公之命，則是凡庸也。明公焉以爲哉。」操乃止。

以馬騰爲衛尉。以騰子超爲偏將軍，代統其衆。

秋，七月，曹操擊劉表。

八月，操殺太中大夫孔融，夷其族。融恃其才望，數戲侮曹操，又上書言：「宜準古王畿之制，千里寰内不以封建諸侯。」操疑融所論建漸廣，益憚之。融與御史大夫郗慮有隙，慮承操旨，奏：「融昔在北海，招合徒衆，欲規不軌。與孫權使語，謗訕朝廷。又，與禰衡更相贊揚，衡謂『仲尼不死』，融答『顔回復生』，大逆不道。」操遂收融，并其妻子皆殺之。初，京兆脂習與融善，每戒融剛直太過，必罹世患。及融死，許下莫敢收者。習往撫尸曰：「文舉舍我死，吾何用生爲！」操收習，欲殺之，既而赦之。

劉表卒。九月，操至新野，表子琮舉州降。初，劉表二子，琦、琮。表爲琮娶其後妻蔡氏之姪，蔡氏遂愛琮而惡琦。琦不自寧，與諸葛亮謀自安之術，亮不對。後乃與亮升樓去梯，謂曰：「今日上不至天，下不至地，言出子口，而入吾耳，可以言未？」曰：「君不見申生在内而危，重耳居外而安乎？」琦意感悟。會黄祖死，琦求代其任，表乃以琦爲江夏太守。表卒，琮嗣。未幾曹操軍至，蒯越等曰：「逆順有大體，强弱有定勢。以人臣而拒人主，逆道也；以新造之楚而禦中國，必危也；且將軍自料何如劉備？若備不足禦曹公，則雖全楚不能以自存也；若足禦曹公，則備不爲將軍下也。」琮從之。操至新野，琮舉州降，操遂進兵。

劉備犇江陵，操追至當陽，及之，備走夏口。劉備屯樊，琮降而不以告。備久乃覺，則操已在宛矣。備乃大驚，或勸備攻琮，荆州可得。備曰：「劉荆州臨亡託我以孤遺，背信自濟，死何面目以見劉荆州乎！」將其衆去，過襄陽，呼琮，琮懼，不能起。琮左右及荆州人多歸備。備過辭表墓，涕泣而去。比到當陽，衆十餘萬人，輜重數千兩，日行十餘里，別遣關羽乘船會江陵。或謂備：「宜速行保江陵。今擁大衆，被甲者少，曹公兵至，何以拒之？」備曰：「夫濟大事必以人爲本。今人歸吾，吾何忍棄去！」

習鑿齒曰：玄德顛沛險難而信義愈明，勢偪事危而言不失道。追景升之顧，則情感三軍；戀赴義之士，則甘與同敗。終濟大業，不亦宜乎！

琮將王威曰：「曹操聞將軍既降，劉備已走，必懈弛無備，輕行單進。若給威奇兵數千，徼之於險，操可獲也。獲操，即威震四海，非徒保守今日而已。」琮不納。操以江陵有軍實，恐劉備據之，乃釋輜重，將精騎急追之，及於當陽之長坂。備棄妻子，與諸葛亮、張飛、趙雲等數十騎走。徐庶母爲操所獲，庶辭備，指其心曰：「本欲與將軍共圖王霸之業者，以此方寸地也。今已失老母，方寸亂矣，無益於事，請從此別。」遂詣操。張飛拒後，據水斷橋，瞋目横矛曰：「身是張益德也，可來共決死。」操兵無敢近者。雲抱備子禪，與關羽船會，得濟沔，遇劉琦衆萬餘人，與俱到夏口。

操進軍江陵。曹操進軍江陵，釋韓嵩之囚，以爲大鴻臚。初，袁紹在冀州，遣使迎汝南士大夫。西平和洽以爲冀州土平民强，英傑所利，四戰之地，不如荆州土險民弱，易依倚也。遂從劉表。表以上客待之。洽曰：「所以不從本初，辟爭地也。昏世之主，不可黷近。久而不去，讒慝將興。」遂南之武陵。表辟劉望之爲從事，而其友二人皆以讒誅，望之又以正諫不合，投傳告歸。弟廙謂曰：「趙殺鳴犢，仲尼回輪。今兄既不能法柳下惠和光於内，則宜模范蠡遷化於外，坐而自絶於時，殆不可也。」望之不從，尋亦見害。廣犇揚州。於是操以洽、廙爲掾屬，從人望也。劉璋遣別駕張松致敬於操。松爲人短小放蕩。操已定荆州，走劉備，不存録松。松怨之，歸，勸璋絶操，與劉備相結，璋從之。

習鑿齒曰：昔齊桓一矜其功而叛者九國；曹操暫自驕伐而天下三分。皆勤之於數十年之内，而棄之於俯仰之頃，豈不惜乎！

冬，十月，朔，日食。

曹操東下，孫權遣周瑜、魯肅等與劉備迎擊於赤壁，大破之。操引還。初，魯肅言於孫權曰：「荆州與國鄰接，江山險固，沃野萬里，士民殷富，若據而有之，此帝王之資也。今劉表新亡，二子不協，軍中諸將，各有彼此。劉備，天下梟雄，與操有隙。若與彼協心，上下齊同，則宜撫安，與結盟好。如有離違，宜別圖之，以濟大事。肅請得奉命弔表二子，并慰勞其軍中用事者，及説備使撫表衆，同心一意，共治曹操，備必喜而從命。如其克諧，天下可定也。今不速往，恐爲操所先。」權即遣肅行。到夏口，聞操已向荆州，晨夜兼道，比至南郡，而琮已降。肅遂迎備於當陽長坂，宣權旨，致殷勤之意。且曰：「孫討虜聰明仁惠，敬賢禮士，江表英豪，咸歸附之，已據有六郡，兵精糧多，足以立事。今爲君計，莫若遣腹心自結於東，以共濟世業。」備甚悦。肅又謂諸葛亮曰：「我，子瑜友也。」即共定交。子瑜者，亮兄瑾也，爲權長史。備進住樊口。操將順江東下。亮謂備曰：「事急矣，請奉命求救於孫將軍。」遂與肅俱詣孫權，見於柴桑，説曰：「海内大亂，將軍起兵江東，劉豫州收衆漢南，與曹操並爭天下。今操芟夷大難，略已平矣，遂破荆州，威震四海。英雄無用武之地，故豫州遁逃至此，願將軍量力而處之！若能以吴、越之衆與中國抗衡，不如早與之絶；若不能，何不按兵束甲，北面而事之！今將軍外託服從之名而内懷猶豫之計，事急而不斷，禍至無日矣。」權曰：「苟如君言，劉豫州何不遂事之乎？」亮曰：「田横，齊之壯士耳，猶守義不辱；況劉豫州王室之胄，英才蓋世，衆士慕仰，若水之歸海。若事之不濟，此乃天也，安能復爲之下乎！」權勃然曰：「吾不能舉全吴之地，十萬之衆，受制於人。吾計決矣！非劉豫州莫可以當曹操者；然豫州新敗，安能抗此難乎？」亮曰：「豫州軍雖敗於長坂，今戰士還者及關羽水軍精甲萬人，劉琦合江夏戰士亦不下萬人。曹操之衆，遠來疲敝，聞追豫州，輕騎一日一夜行三百餘里，此所謂『强弩之末，勢不能穿魯縞』者也。故兵法忌之，曰：『必蹶上將軍。』且北方之人，不習水戰；又，荆州之民附操者，偪兵勢耳，非心服也。今將軍誠能命猛將統兵數萬，與豫州協規同力，破操軍必矣。操軍破，必北還；如此，則荆、吴之勢强，鼎足之形成矣。成敗之機，在於今日。」權大悦。時操遺權書曰：「近者奉辭伐罪，劉琮束手。今治水軍八十萬衆，方與將軍會獵於吴。」權以示羣下，莫不失色。張昭等曰：「曹公，豺虎也，挾天子以征四方，拒之不順。且將軍大勢可以拒操者，長江也。今操得荆州水軍，蒙衝鬬艦乃以千數，浮以沿江，水陸俱下，此爲長江之險已與我共之矣，而勢力衆寡又不可論。愚謂大計不如迎之。」魯肅獨不言。權起更衣，肅追於宇下。權知其意，執肅手曰：「卿欲何言？」肅曰：「向察衆人之議，專欲誤將軍，不足與圖大事。今肅可迎操耳，如將軍不可也。何以言之？今肅迎操，操當以肅還付鄉黨，品其名位，猶不失下曹從事，乘犢車，從吏卒，交游士林，累官故不失州郡也。將軍迎操，欲安所歸乎？願早定大計，莫用衆人之議也！」權歎息曰：「諸人持議，甚失孤望。今卿廓開大計，正與孤同。」時周瑜受使至番陽，肅勸權召瑜還。瑜至，謂權曰：「操雖託名漢相，實漢賊也。將軍以神武雄才，兼仗父兄之烈，割據江東，地方數千里，兵精足用，英雄樂業，當橫行天下，爲國家除殘去穢。況操自送死，而可迎之耶！請爲將軍籌之：今北土未平，馬超、韓遂爲操後患；而操舍鞍馬，杖舟楫，與吳、越爭衡；又今盛寒，馬無藁草；驅中國士衆遠涉江湖之間，不習水土，必生疾病。此數者，用兵之患也，而操皆冒行之。將軍禽操，宜在今日。瑜請得精兵數萬人，進住夏口，保爲將軍破之。」權曰：「老賊欲廢漢自立久矣，徒忌二袁、呂布、劉表與孤耳。今數雄已滅，惟孤尚存。孤與老賊勢不兩立，君言當擊，甚與孤合，此天以君授孤也。」因拔刀斫前奏案曰：「諸將吏敢復有言當迎操者，與此案同。」乃罷會。是夜，瑜復見權曰：「諸人徒見操書言水步八十萬而各恐懾，甚無謂也。今以實校之，彼所將中國人不過十五六萬，且已久疲；所得表衆亦極七八萬耳，尚懷狐疑。夫以疲病之卒御狐疑之衆，衆數雖多，甚不足畏。瑜得精兵五萬，自足制之，願將軍勿慮。」權撫其背曰：「公瑾，卿言至此，甚合孤心。子布、元表各顧妻子，深失所望。獨卿與子敬與孤同耳，此天以卿二人贊孤也。已選三萬人，船糧戰具俱辦，卿與子敬、程公便在前發，孤當續發人衆，多載資糧，爲卿後援。」遂以周瑜、程普爲左右督，與備并力逆操。以魯肅爲贊軍校尉，助畫方略。劉備望見瑜船，乘單舸往見瑜，問戰卒有幾？瑜曰：「三萬人。」備曰：「恨少。」瑜曰：「此自足用，豫州但觀瑜破之。」備深愧喜。進與操遇於赤壁。時操軍已有疾疫，初一交戰，操軍不利，引次江北。瑜等在南。周瑜部將黃蓋曰：「今寇衆我寡，難與持久。操軍方連船艦，首尾相接，可燒而走也。」乃取蒙衝鬭艦十艘，載燥荻枯柴，灌油其中，裹以帷幕，上建旌旗，豫備走舸，繫於其尾。先以書遺操，詐云欲降。時東南風急，蓋以十艦最著前，中江舉帆，餘船以次俱進。操軍吏士皆出營立觀，指言蓋降。去北軍二里餘，同時發火，火烈風猛，船往如箭，燒盡北船，延及岸上營落。頃之，煙炎張天，人馬燒溺死者甚衆。瑜等率輕鋭繼其後，雷鼓大進，北軍大壞。操引軍走，遇泥濘，道不通，悉使羸兵負草填之，蹈藉死者甚衆。天又大風，劉備、周瑜水陸並進，追至南郡。操軍死者太半。操乃留曹仁守江陵、樂進守襄陽，引軍北還。甘寧徑進取夷陵，守之。益州將襲肅舉軍降，瑜以肅兵益呂蒙。蒙盛稱肅有膽用，且慕化遠來，於義宜益，不宜奪也。權善其言，還肅兵。曹仁圍甘寧，蒙謂瑜曰：「留凌公績於江陵，蒙與君行，解圍釋急，勢亦不久。蒙保公績能十日守也。」瑜從之，大破仁兵於夷陵。於是將士形勢自倍，瑜乃渡江，屯北岸，與仁相拒。

十二月，孫權圍合肥。

劉備徇荆州江南諸郡，降之。

劉備表劉琦爲荆州刺史，引兵南徇武陵、長沙、桂陽、零陵，皆降。廬江營帥雷緒率部曲數萬口歸備。備以諸葛亮爲軍師中郎將，督諸郡賦税以充軍實。

孫權使其將賀齊討黟賊，平之。

丹陽黟賊帥陳僕等二萬户屯林歷山，四面壁立。齊募輕捷士，夜於隱處以鐵戈拓山而上，縣布以援下人。得上者百餘人，分布四面，鳴鼓角。賊守路者皆驚走還，大軍上攻破之，以其地爲新都郡，齊爲太守。

校勘記

〔一〕術始料策必與己合　「合」字原脱，據殿本補。

〔二〕劉表攻長沙零陵桂陽　「陵」、「陽」二字原缺，據月崖本、成化本、殿本補。

資治通鑑綱目卷十四

起己丑漢獻帝建安十四年，盡丁未漢後主建興五年，凡一十九年。

己丑（二〇九）

建安十四年。

春，三月，孫權引兵還。孫權圍合肥，久不下。率輕騎欲身往突敵，長史張紘諫曰：「夫麾下恃盛壯之氣，忽强暴之虜，三軍之衆，莫不寒心。雖斬將搴旗，威震敵場，此乃偏將之任，非主將之宜也。願抑賁、育之勇，懷霸王之計。」權乃止。操遣兵救合肥，久而不至。揚州别駕蔣濟詐言救至〔一〕，遣使齎書語城中，權軍獲之，遂引兵還。

秋，七月，曹操軍合肥，開芍陂屯田。

冬，十月，荆州地震。

十二月，操軍還譙。操留張遼、樂進、李典屯合肥而還。遼軍中嘗有謀反者，夜驚亂起火，一軍盡擾。遼曰：「是不一軍盡反，必有造變者，欲以驚動人耳。」乃令軍中其不反者安坐，遼將親兵數十人中陳而立，俄頃皆定，即得首謀者殺之。

孫權表劉備領荆州牧。周瑜攻曹仁歲餘，所殺傷甚衆，仁委城走。權以瑜領南郡太守，屯江陵。程普領江夏太守，治沙羨。呂範領彭澤太守，呂蒙領尋陽令。劉備表權行車騎將軍，領徐州牧。會劉琦卒，權以備領荆州牧，周瑜分南岸地以給備。備立營於油口，改名公安。權以妹妻備。妹才捷剛猛，有諸兄風，侍婢百餘人，皆執刀侍立，備每入，心常凛凛。曹操密遣辯士蔣幹布衣葛巾，私行説周瑜。瑜出迎，立謂之曰：「子翼良苦，遠涉江湖，爲曹氏作説客邪？」因延幹與周觀營中，行視倉庫、軍資、器仗訖，還飲宴，示之侍者服飾珍玩之物。因謂幹曰：「丈夫處世，遇知己之主，外託君臣之義，内結骨肉之恩，言行計從，禍福共之，假使蘇、張更生，能移其意乎？」幹但笑，終無所言。還白操，稱瑜雅量高致，非言辭所能間也。

庚寅(二一〇)

十五年。

春，曹操下令求才。掾和洽言於操曰：「天下之人，材德各殊，不可以一節取也。儉素過中，自以處身則可，以此格物，所失或多。今朝廷之議，吏有著新衣、乘好車者，謂之不清；形容不飾、衣裘敝壞者，謂之廉潔。至令士大夫故汙辱其衣，藏其輿服；朝府大吏，或自挈壺飧以入官寺。夫立教觀俗，貴處中庸，爲可繼也。今崇一概難堪之行以檢殊塗，勉而爲之，必有疲瘁，而或容隱僞矣。」操善之。下令曰：「孟公綽爲趙、魏老則優，不可以爲滕、薛大夫。若必廉士而後可用，則齊桓其何以霸世！二三子其佐我明揚仄陋，惟才是舉，吾得而用之。」

二月，朔，日食。

冬，曹操作銅爵臺於鄴。

十二月，操讓還三縣。操下令曰：「孤始舉孝廉，自以本非巖穴知名之士，恐爲人所凡愚，欲好作政教以立名譽，故在濟南，除殘去穢，平心選舉。以是爲豪强所忿，恐致家禍，故以病還鄉里。乃於譙東五十里築精舍，欲秋夏讀書，冬春射獵，爲二十年規，待天下清乃出仕耳。然不能得如意，徵爲典軍校尉，意遂更欲爲國家討賊立功，使題墓道言『漢故征西將軍曹侯之墓』，此其志也。遭值董卓之難，興舉義兵。破降黄巾，又討擊袁術，摧破袁紹，梟其二子，復定劉表，遂平天下。身爲宰相，人臣之貴已極，意望已過矣。設使國家無有孤，不知當幾人稱帝，幾人稱王。或者見孤强盛，妄相忖度，言有不遜之志，每用耿耿。然欲孤便爾委兵歸國，實不可也。何者？誠恐離兵爲人所禍，既爲子孫計，又己敗則國家傾危，是以不得慕虚名而處實禍也！然封兼四縣，食户三萬，何德堪之！今上還陽夏、柘、苦三縣，户二萬，但食武平萬户，且以分損謗議，少減孤之責也！」

孫權南郡守將周瑜卒，權以魯肅代領其兵。劉表故吏士多歸劉備，備以周瑜所給地少，不足以容其衆，乃自詣孫權求都督荆州。瑜上疏曰：「劉備以梟雄之姿，而有關羽、張飛熊虎之將，必非久屈爲人用者。謂宜徙備置吳，盛爲築宫，多其美女玩好，以娛其耳目，而分羽、飛各置一方，使如瑜者挾與攻戰，大事可定也。今猥割土地以資業之，聚此三人俱在疆埸，恐蛟龍得雲雨，終非池中物也。」權不從。

備還乃聞之，歎曰：「天下智謀之士，所見略同。前時孔明諫孤莫行，其意亦慮此也。」瑜詣京見權曰：「今曹操新敗，憂在腹心，未能與將軍連兵相事也。乞與奮威俱進，取蜀而并張魯，因留奮威固守其地，與馬超結援，瑜還與將軍據襄陽以蹙操，北方可圖也。」權許之。奮威者，權從弟瑜也。周瑜還治行裝，道病困，與權牋曰：「修短命矣，誠不足惜。但恨微志未展，不復奉教命耳。今曹操在北，疆埸未靜。劉備寄寓，有似養虎。此朝士旰食之秋，至尊垂慮之日也。魯肅忠烈，臨事不苟，可以代瑜。儻所言可采，瑜死不朽矣！」卒於巴丘。權聞之哀慟，曰：「公瑾有王佐之資，今忽短命，孤何賴哉！」自迎其喪於蕪湖，爲子登娶其女，而以女妻其子循、胤。初，瑜見友於孫策，太夫人又使權以兄奉之。時諸將賓客爲禮尚簡，而瑜便執臣節。程普以年長，數陵侮瑜，瑜折節下之，終不與校。普後自敬服，乃告人曰：「與公瑾交，若飲醇醪，不覺自醉。」權以肅代瑜，肅勸權以荆州借劉備，與共拒曹操，權從之。初，權謂呂蒙曰：「卿今當塗掌事，不可不學。」蒙辭以軍中多務。權曰：「孤豈欲卿治經爲博士邪！但當涉獵，見往事耳。卿言多務，孰若孤？孤常讀書，自以爲大有所益。」蒙乃始就學。及肅過尋陽，與蒙論議，大驚曰：「卿今者才略，非復吴下阿蒙！」蒙曰：「士別三日，即更刮目相待，大兄何見事之晚乎！」肅遂拜蒙母，結交而別。

劉備以龐統爲治中從事。劉備以龐統守耒陽令，不治，免官。肅遺備書曰：「士元非百里才也，使處治中、別駕之任，始當展其驥足耳。」諸葛亮亦言之。備與善譚，大器之，遂用統爲治中，親待亞亮，並爲軍師中郎將。

孫權以步騭爲交州刺史。初，士燮爲交阯太守，表其三弟領合浦、九真、南海太守。燮體器寬厚，中國士人多往依之。雄長一州，震服百蠻。而交州刺史張津好鬼神事，常著絳帕頭，讀道書，爲其將所殺。至是，權以騭爲刺史，燮率兄弟奉承節度，遣子入質。由是嶺南始服於權。

辛卯(二一一)

十六年。

春，正月，曹操以其子丕爲五官中郎將，爲丞相副。

三月，遣鍾繇擊張魯。

馬超、韓遂等反。秋，曹操擊破之。初，操遣鍾繇討張魯，而使夏侯淵等出河東與繇會。倉曹屬高柔諫曰：「大兵西出，韓遂、馬超疑爲襲己，必相扇動。宜先招集三輔，三輔苟平，漢中可傳檄而定也。」操不從。關中諸將果疑之，馬超、韓遂等十部皆反，其衆十萬，屯據潼關。七月，操自將擊之。八月，至潼關。潛遣二將渡蒲阪津，據河西爲營。閏月，操北渡河。兵衆先渡，操獨與虎士百餘人留南岸斷後。馬超將步騎萬餘人攻之，矢下如雨，操猶據胡牀不動。許褚扶操上船，船工中流矢死，褚左手舉鞍蔽操，右手刺船。校尉丁斐放牛馬以餌賊，賊亂，取之，操乃得渡。遂自蒲阪渡西河，循河爲甬道而南。超等退拒渭口，操乃多設疑兵，潛遣兵入渭作浮橋，而夜分兵結營於渭南。超等夜攻營，伏兵擊破之。九月，進軍，悉渡。超等數挑戰，不許。固請割地，送任子，賈詡以爲可僞許之。操復問計，詡曰：「離之而已。」操曰：「解。」韓遂請與操相見，操與遂有舊，於是交馬語移時，不及軍事，但説京都舊故，拊手歡笑。時秦、胡觀者，前後重沓，操笑謂之曰：「爾欲觀曹公邪？亦猶人也，非有四目兩口，但多智耳！」既罷，超等問遂：「公何言？」遂曰：「無所言也。」超等疑之。他日，操與遂書，多所點竄，如遂改定者；超等愈疑遂。操乃與克日會戰，大破之，遂、超奔涼州。操追至安定而還，諸將問曰：「初，賊守潼關，渭北道缺，不從河東擊馮翊而反守潼關，引日而後北渡，何也？」操曰：「若吾入河東，賊必引守諸津，則西河未可渡。吾故盛兵向潼關，使賊悉衆南守，而西河之備虚，故二將得取西河。然後引軍北渡，賊不能與吾爭。連車樹柵，爲甬道而南，既爲不可勝，且以示弱。渡渭爲堅壘，虜至不出，所以驕之也。故賊不爲營壘而求割地。吾順言許之，使不爲備，因畜士卒之力，一旦擊之，所謂疾雷不及掩耳。兵之變化，固非一道也。」始，關中諸將每一部到，操輒有喜色。諸將問其故，操曰：「關中長遠，若賊各依險阻，征之，不一二年不可定也。今皆來集，其衆雖多，莫適爲主，一舉可滅，吾是以喜。」乃留夏侯淵屯長安，以張既爲京兆尹，招懷流民，興復縣邑。

冬，劉璋遣使迎劉備，備留兵守荆州而西。璋使備擊張魯。扶風法正爲劉璋軍議校尉，璋不能用，又爲州里俱僑客者所鄙，邑邑不得志。別駕張松與正善，亦自負其才，忖璋不足與有爲，因勸璋結劉備。璋曰：「誰可使者？」松乃舉正。正辭謝，佯爲不得已而行。還，爲松説備有雄略，密謀奉戴以爲州主。會鍾繇欲向漢中，璋懼。松因説曰：「曹公兵無敵於天下，若因張魯之資以取蜀土，誰能禦之！劉豫州，使君之宗室而曹公之深讎也，善用兵。若使之討魯，魯必破。魯破，則益州强，曹公雖來，無能爲也。今州中諸將，恃功驕豪，欲有外意。不得豫州，則敵攻其外，民攻其内，必敗之道也。」璋然之。遣正迎備。主簿黄權諫曰：「左將軍有驍名，今以部曲遇之，則不滿其心；以客禮待之，則一國不容二君。若客有泰山之安，則主有累卵之危。不若閉境以待時清。」從事王累自倒縣於州門以諫，璋一無所納。正至荆州，陰説備取益州。備疑未決。龐統曰：「荆州荒殘，人物殫盡，東有孫車騎，北有曹操，難以得志。今益州户口百萬，土沃財富，誠得以爲資，大業可成也。」備曰：「今指與吾爲水火者，曹操也。操以急，吾以寬；操以暴，吾以仁；操以譎，吾以忠。每與操反，事乃可成耳。今以小利而失信義於天下，奈何？」統曰：「亂離之時，固非一道所能定也。且兼弱攻昧，逆取順守，古人所貴。若事定之後，封以大國，何負於信！今日不取，終爲人利耳！」備以爲然。乃留諸葛亮、關羽等守荆州，自將步卒數萬而西。孫權聞備西上，遣船迎妹；而夫人欲將備子禪去，張飛、趙雲勒兵截江，乃得禪還。劉璋敕在所供奉，贈遺以巨億計。巴郡太守嚴顔拊心歎曰：「此所謂『獨坐窮山，放虎自衛』者也。」備北詣涪，璋率兵三萬往會之。張松令法正白備，於會襲璋。龐統曰：「如此，則無用兵之勞，而坐定一州，不可失也。」備曰：「初入他國，恩信未著，此不可也。」歡飲百餘日。璋增備兵，厚加資給，使擊張魯。備北到葭萌，厚樹恩德，以收衆心。

壬辰(二一二)

十七年。

春，正月，曹操還鄴。贊拜不名，入朝不趨，劍履上殿。操之西征也，河間民田銀反，扇動幽、冀。世子丕欲自討之，功曹常林曰：「今大軍在遠，外有强敵，將軍爲天下之鎮，輕動遠舉，雖克不武。」乃遣將軍賈信討滅之。餘賊請降，議者皆曰：「公有舊法，圍而後降者不赦。」程昱曰：「此乃擾攘之際，權時之宜。今天下略定，不可誅也。必欲誅之，宜先啓聞。」議者皆曰：「軍事有專無請。」昱曰：「凡專命者，謂有臨時之急耳。今此賊制在賈信之手，故老臣不願將軍行之也。」丕曰：「善。」即白操，操果不誅。既而聞昱之謀，甚悦，曰：「君非徒明於軍計，又善處人父子之間。」故事：破賊文書，以一爲十；居府長史國淵上首級，皆以實數。操問其故，淵曰：「夫征討外寇，多其斬獲之數者，欲以大武功，聳民聽也。河間在封域之内，銀等叛逆，雖克捷有功，淵竊耻之。」操大悦。

夏，五月，誅馬騰，夷三族。

六月，晦，日食。

秋，七月，螟。

鄜賊梁興作亂，左馮翊鄭渾討平之。鄜賊梁興寇略馮翊，諸縣恐懼，皆寄治郡下，議者以爲當移就險阻。馮翊鄭渾曰：「興等破散，藏竄山谷，雖有隨者，率脅從耳。今當廣開降路，宣喻威信，而保險自守，此示弱也。」乃聚吏民，治城郭，爲守備，募民逐賊，得其財物婦女，十以七賞。民大悦，皆願捕賊。賊之失妻子者皆降，渾責其得他婦女，然後還之。於是轉相寇盜，黨與離散。又遣吏民有恩信者告諭之，出者相繼。乃使諸縣長吏各還本治，以安集之。興將餘衆聚鄜城，渾討斬之，餘黨悉平。

孫權徙治建業。初，張紘以秣陵山川形勝，勸孫權以爲治所。劉備亦勸權居之。權於是作石頭城，徙治秣陵，改號建業。

權長史張紘卒。紘還吳迎家，道病，授子靖留牋曰：「自古有國家者，咸欲修德政以比隆盛世，至於其治，多不馨香。非無忠臣賢佐也，由主不勝其情，弗能用耳。夫人情憚難而趨易，好同而惡異，故與治道相反。傳曰：『從善如登，從惡如崩。』言善之難也。人君承基據勢，無假於人；而忠臣挾難進之術，吐逆耳之言，其不合也，不亦善乎！故明君寤之，求賢如飢渴，受諫而不厭，抑情損欲，而以義斷恩也。」權省書，爲之流涕。

權作濡須塢。呂蒙聞曹操欲東兵，說孫權夾濡須水口立塢。諸將皆曰：「上岸擊賊，洗足入船，何用塢爲？」蒙曰：「兵有利鈍，戰無百勝，如有邂逅，敵步騎蹙人，不暇及水，其得入船乎？」權遂從之。

冬，十月，曹操擊孫權，至濡須。侍中、光祿大夫參軍事荀彧自殺。董昭言於曹操曰：「自古已來，人臣匡世，未有今日之功。有今日之功，未有久處人臣之勢者也。今明公耻有慚德，樂保名節；然使人以大事疑己，誠不可不重慮也。」乃與諸將議，以丞相宜進爵國公，九錫備物，以彰殊勳。荀彧以爲：「曹公本興義兵以匡朝寧國，秉忠貞之誠，守退讓之實；君子愛人以德，不宜如此。」操由是不悦。及擊孫權，表請彧勞軍于譙，因輒留彧，以侍中、光祿大夫、持節參丞相軍事。操向濡須，彧以病留壽春，飲藥而卒。彧行義脩整而有智謀，好推賢進士，故時人皆惜之。

十二月，有星孛于五諸侯。

劉備據涪城。備在葭萌，龐統言於備曰：「今陰選精兵，晝夜兼道，徑襲成都，一舉便定，此上計也。楊懷、高沛，璋之名將，各杖强兵，據守關頭，聞數諫璋，使遣將軍還荆州。將軍遣與相聞，說荆州有急，欲還救之。二子喜必來見，因此執之，進取其兵，乃向成都，此中計也。退還白帝，連引荆州，徐還圖之，此下計也。若沈吟不去，將致大困，不可久矣。」備然其中計。及曹操攻孫權，權呼備自救。備貽璋書曰：「孫氏與孤本爲脣齒，而關羽兵弱，今不往救，則曹操必取荆州，轉侵州界，其憂甚於張魯。魯自守之賊，不足慮也。」因求益萬兵及資糧，璋但許兵四千，餘皆給半。備因激怒其衆曰：「吾爲益州征强敵，師徒勤瘁，而積財吝賞，何以使士大夫死戰乎！」張松書與備曰：「今大事垂立，如何釋此去乎！」璋聞之，收斬松，敕關戍勿復得與備通。備大怒，召懷、沛，責以無禮，斬之。勒兵徑至關頭，并其兵，進據涪城。

十八年。

癸巳(二一三)

春，正月，曹操引兵還。操進軍濡須口，號四十萬。孫權率衆七萬禦之，相守月餘。操見其舟船器仗軍伍整肅，歎曰：「生子當如孫仲謀；如劉景升兒子，豚犬耳。」權爲牋與操，説：「春水方生，公宜速去。」操徹軍還。

并十四州爲九州。

徙濱江郡縣。初，曹操在譙，恐濱江郡縣爲孫權所略，欲徙令近内，以問蔣濟曰：「昔軍官渡，徙燕、白馬民，民不得走，賊亦不敢鈔。今欲徙淮南民，何如？」對曰：「是時兵弱賊强，不徙必失之。今明公威震天下，民無他志，人情懷土，實不樂徙，懼必不安。」操不從。既而民轉相驚，户十餘萬皆東渡江，江西遂虛，合肥以南，惟有皖城。

夏，五月，曹操自立爲魏公，加九錫。以冀州十郡封曹操爲魏公，以丞相領冀州牧如故。又加九錫：大輅、戎輅各一，玄牡二駟；衮冕之服，赤舄副焉；軒縣之樂，六佾之舞；朱户以居；納陛以登；虎賁三百人；鈇、鉞各一；彤弓一，彤矢百，玈弓十，玈矢千；秬鬯一卣，珪、瓚副焉。

大雨水。

劉璋遣將吴懿等拒劉備，敗績，皆降。備進圍洛城。益州從事廣漢鄭度謂劉璋曰：「左將軍懸軍襲我，野穀是資，莫若盡驅巴西、梓潼民内涪水以西，其倉廩野穀，一皆燒除，高壘深溝，請戰勿許。不過百日，彼將自走，走而擊之，此必禽矣。」備聞而惡之，法正曰：「璋終不能用，無憂也。」璋果謂其羣下曰：「吾聞拒敵以安民，未聞動民以避敵也。」遣其將吴懿等拒備，皆敗退。懿詣軍降。復遣李嚴、費觀督軍，嚴、觀亦降。備軍益强，分遣諸將平下屬縣。進圍洛城，守將張任出戰，敗死。

秋，七月，魏始建社稷宗廟。

魏公操納三女爲貴人。

八月，馬超入涼州，殺刺史。九月，參軍事楊阜起兵攻之，超奔漢中。初，曹操追馬超至安定，引軍還。參涼州軍事楊阜言於操曰：「超有信、布之勇，得羌、胡心。若不設備，隴上諸郡非國家之有也。」操還，超果率羌、胡擊隴上諸郡，取之，惟冀城固守。自正月至八月，救兵不至。刺史韋康及太守欲降，楊阜號哭諫曰：「阜等率父兄子弟以義相勵，有死無二，以爲使君守此城，今奈何棄垂成之功，陷不義之名乎！」康等不聽，開門迎超。超入，遂殺康等。曹操使夏侯淵來救，超逆戰，敗之。會楊阜喪妻，求假以葬。阜外兄姜叙擁兵屯歷城。阜見叙及其母，歔欷悲甚。叙曰：「何爲乃爾？」阜曰：「守城不能完，君亡不能死，亦何面目以視息於天下！馬超背父叛君，虐殺州將，豈獨阜之憂責，一州士大夫皆蒙其耻。君擁兵專制而無討賊之心，此趙盾所以書弑君也。超強而無義，多釁，易圖耳。」叙母慨然曰：「咄！伯奕，韋使君遇難，亦汝之負，豈獨義山哉！人誰不死，死於忠義，得其所矣。但當速發，我不以餘年累汝也。」叙乃與趙昂、尹奉等合謀，又使人至冀，結梁寬、趙衢，使爲内應。時超已取昂子月爲質，昂謂妻異曰：「吾謀如是，當柰月何？」異厲聲應曰：「雪君父之大耻，喪元不足爲重，況一子哉！」九月，阜與叙、昂、奉討超。衢因譎説超，使自出戰，而與寬閉門，盡殺超妻子。超襲歷城，得叙母，并趙月皆殺之。與阜戰，敗，犇漢中。張魯欲妻之，或曰：「有人若此，不愛其親，焉能愛人！」魯乃止。

冬，十一月，魏初置尚書、侍中、六卿。以荀攸爲尚書令，凉茂爲僕射，毛玠、崔琰、常林、徐奕、何夔爲尚書，王粲、杜襲、衛覬、和洽爲侍中，鍾繇爲大理，王脩爲大司農，袁渙爲郎中令，行御史大夫事，陳羣爲御史中丞。渙得賞賜，皆散之，家無所儲，乏則取之於人，不爲皦察之行，然時人皆服其清。時有傳劉備死者，羣臣皆賀，唯渙獨否。操欲復肉刑，令曰：「昔陳鴻臚以爲死刑有可加於仁恩者，御史中丞能申其父之論乎？」羣對曰：「臣父紀以爲漢除肉刑而增笞法，本興仁惻，而死者更衆，所謂名輕而實重者也。名輕則易犯，實重則傷民。且殺人償死，合於古制；至於傷人，或殘毁其體，而裁翦毛髮，非其理也。若用古刑，使淫者下蠶室，盗者刖其足，則永無淫放穿踰之姦矣。夫三千之屬，雖未可悉復，若斯數者，時之所患，宜先施用。漢律殊死之罪，仁所不及也，其餘逮死者，可易以肉刑。則所刑之與所生足以相貿矣。今以笞死之法，易不殺之刑，是重人支體而輕人軀命也。」議者唯鍾繇與羣議同，餘皆以爲未可行。操以軍事未罷，顧衆議而止。

甲午(二一四)

十九年。

春，張魯遣馬超圍祁山。夏侯淵擊却之。

三月，魏公操進位諸侯王上。改授金璽、赤紱、遠游冠。

夏，四月，旱。

五月，雨水。

閏月，孫權使其將呂蒙攻皖城，破之。初，曹操遣廬江太守朱光屯皖，大開稻田。呂蒙言於孫權曰：「皖田肥美，若一收孰，彼衆必增，宜早除之。」權乃親攻皖城。諸將欲作土山，添攻具，呂蒙曰：「治攻具及土山，必歷日乃成。城備既修，外救亦至，不可圖也。且吾乘雨水以入，若留經日，水必向盡，還道艱難，蒙竊危之。今觀此城，不能甚固，以三軍鋭氣，四面並攻，不移時可拔。及水以歸，全勝之道也。」權從之。蒙薦甘寧爲升城督，寧持練緣城，蒙以精鋭繼之，手執枹鼓，士卒皆騰踊。侵晨進攻，食時破之。獲朱光及男女數萬口。權拜蒙爲廬江太守，還屯尋陽。

馬超奔劉備。備入成都，自領益州牧，以諸葛亮爲軍師將軍。諸葛亮留關羽守荆州，與張飛、趙雲將兵泝流克巴東。破巴郡，獲太守嚴顏，飛呵顏曰：「何以不降？」顏曰：「卿等無狀，侵奪我州。我州但有斷頭將軍，無降將軍也。」飛怒，令牽去斫頭。顏容止不變曰：「斫頭便斫頭，何爲怒邪！」飛壯而釋之，引爲賓客。分遣雲從外水定江陽、犍爲，飛定巴西、德陽。龐統中流矢，卒。法正牋與劉璋曰：「左將軍舊心依依，實無薄意。可圖變化，以保尊門。」璋不答。洛城潰，備進圍成都。亮、飛、雲引兵來會。馬超知張魯不足與計事，亦來請降，備令引軍屯城北，城中震怖。使從事中郎簡雍入説劉璋。時城中尚有精兵三萬人，穀帛支一年，吏民咸欲死戰。璋言：「父子在州二十餘年，無恩德以加百姓。百姓攻戰三年，肌膏草野者，以璋故也，何心能安！」遂開城出降，羣下莫不流涕。備遷璋公安，盡歸其財物，佩以振威將軍印綬。備入成都，自領益州牧。以諸葛亮爲軍師將軍，董和爲掌軍中郎將，並署左將軍府事，馬超爲平西將軍，法正爲蜀郡太守，許靖爲左將軍長史，龐義爲司馬。和爲蜀郡太守，清儉公直，爲民夷所愛信，蜀中推爲循吏，故備舉而用之。備自新野南犇，荆楚羣士從之如雲，而劉巴獨北詣曹操。操辟爲掾，遣招納長沙、零陵、桂陽。會備略有三郡，巴欲由交州道還京師。時諸葛亮在臨蒸，以書招之，巴不從而入蜀，備深恨之。及璋迎備，巴諫曰：「備，雄人也，入必爲害。」既入，巴復諫曰：「若使備討張魯，是放虎於山林也。」璋不聽，巴閉門稱疾。備攻成都，令軍中曰：「有害巴者，誅及三族。」及得巴，甚喜，以爲西曹掾。時益州郡縣皆望風景附，獨黄權閉城堅守，須璋稽服，乃降，備以爲將軍。李嚴本璋所授用；吴懿、費觀等，璋之婚親；彭羕，璋所擯棄；備皆處之顯任，盡其器能。有志之士，無不競勸，益州之民，是以大和。初，劉璋以許靖爲蜀郡太守。成都將潰，靖謀踰城出降，備以此薄之，不用。

法正曰：「天下有獲虛譽而無其實者，許靖是也。然今始創大業，天下之人，不可户説，宜加敬重，以慰遠近之望。」備乃禮而用之。軍用不足，備以爲憂。劉巴請鑄直百錢，平諸物價，令吏爲官市。備從之。數月之間，府庫充實。或欲以成都名田宅分賜諸將。趙雲曰：「霍去病以匈奴未滅，無用家爲。今國賊非但匈奴，未可求安也。須天下都定，各反桑梓，歸耕本土，乃其宜耳。益州人民初罹兵革，田宅皆可歸還，令安居復業，乃可役調，得其歡心。不宜奪之，以私所愛也。」備從之。備留霍峻守葭萌城。璋將向存帥萬餘人，攻圍一年。峻兵纔數百人〔二〕，伺其怠隙，選精鋭出擊，大破斬之。備以爲梓潼太守。法正一飧之德、睚眦之怨，無不報復。或謂諸葛亮曰：「法正太横，宜稍抑之。」亮曰：「主公之在公安也，北畏曹操，東憚孫權，近則懼孫夫人生變於肘腋。法孝直爲之輔翼，令翻然翱翔，不可復制。今奈何禁止孝直，使不得少行其意邪？」亮治頗尚嚴峻，人多怨者。法正謂曰：「昔高祖入關，約法三章，秦民知德。願君緩刑弛禁，以慰此州之望。」亮曰：「君知其一，未知其二。秦以無道，政苛民怨，匹夫大呼，天下土崩。高祖因之，可以弘濟。劉璋暗弱，自焉已來，有累世之恩，文法羈縻，互相承奉，德政不舉，威刑不肅。君臣之道，漸以陵替。寵之以位，位極則賤；順之以恩，恩竭則慢。所以致敝，實由於此。吾今威之以法，法行則知恩；限之以爵，爵加則知榮。榮恩並濟，上下有節，爲治之要，於斯著矣。」備以蔣琬爲廣都長，不治，大怒。亮請曰：「蔣琬，社稷之器，非百里之才也。其爲政以安民爲本，不以修飾爲先，願主公重加察之。」備雅敬亮，乃不加罪。

秋，七月，魏公操擊孫權。操留少子植守鄴，以邢顒爲植家丞。顒防閑以禮，無所屈橈，由是不合。庶子劉楨，美文辭，植親愛之。楨曰：「君侯採庶子之春華，忘家丞之秋實，爲上招謗，其罪不小，愚實懼焉。」

魏荀攸卒。攸深密有智防，謀謨帷幄，時人及子弟莫知其所言。操嘗稱：「荀文若之進善，不進不休；荀公達之去惡，不去不止。」又稱：「二荀論人，久而益信，吾殁世不忘。」

枹罕宋建反。冬，十月，討斬之。諸羌皆降。建自號平漢王。

十一月，魏公操弑皇后伏氏及皇子二人。帝自都許以來，守位而已，左右侍衛莫非曹氏之人者。議郎趙彦嘗爲帝陳言時策，操惡而殺之。操後以事入見殿中，帝不任其懼，因曰：「君若能相輔，則厚；不爾，幸垂恩相捨。」操失色，俛仰求出。舊儀：三公領兵，朝見，令虎賁執刃挾之。操出，汗流浹背，自後不復朝請。董承女爲貴人，操誅承，求貴人殺之。帝以貴人有娠，爲請，不得。伏后懼，與父完書，令密圖之。至是事泄，操使郗慮持節策收皇后璽綬，以尚書令華歆爲之副，勒兵入宮，收后。后閉户，藏壁中。歆壞户發壁，就牽后出。時帝在外殿，后被髮徒跣，行泣，過訣曰：「不能復相活邪？」帝曰：「我亦不知命在何時！」顧謂慮曰：「郗公，天下寧有是邪！」遂將后下暴室，以幽死；所生二皇子，皆酖殺之，兄弟及宗族死者百餘人。

十二月，操以高柔爲丞相理曹掾。舊法，軍征士亡，考竟其妻子，而亡者猶不息。操欲更重其刑，并及父母兄弟。柔啓曰：「士卒亡軍，誠在可疾，然竊聞其中時有悔者。愚謂乃宜貸其妻子，以誘其還心。猥復重之，柔恐自今軍士見一人亡逃，誅將及己，亦且相隨而走，不可復得殺也。此重刑非所以止亡，乃所以益走耳。」操善之。

乙未(二一五)

二十年。

春，正月，立貴人曹氏爲皇后。操之女也。

三月，魏公操擊張魯。

夏，五月，韓遂爲其下所殺。

劉備、孫權分荆州。備使關羽守江陵，權使魯肅屯陸口。初，劉備在荆州，周瑜、甘寧等數勸孫權取蜀。權遣使謂備曰：「劉璋不武，不能自守，若使操得蜀，則荆州危矣。今欲先攻取璋，次取張魯，一統南方，雖有十操，無所憂也。」備報曰：「益州民富地險，劉璋雖弱，足以自守。今曹操方欲觀兵吳會，而同盟無故自相攻伐，使承其隙，非長計也。」權不聽。遣孫瑜率水軍住夏口。備遏之，不得過，謂曰：「汝欲取蜀，吾當被髮入山，不失信於天下也。」權不得已，召瑜還。及備攻璋，留關羽守江陵，與魯肅數生疑貳，肅常以歡好撫之。及備得益州，權令諸葛瑾從備求荆州，備曰：「吾方圖涼州，涼州定，乃盡以荆州相與耳。」權曰：「此假而不反，乃欲以虛辭引歲也。」遂置長沙、零陵、桂陽長吏，羽逐之。權遣呂蒙取三郡，惟零陵太守郝普不降。備自至公安，遣羽爭三郡。孫權進住陸口，使魯肅將萬人屯益陽以拒羽，召呂蒙還助肅。蒙得書祕之，夜，召諸將授以方略。晨，當攻零陵，而詐謂普故人鄧玄之曰：「左將軍在漢中爲夏侯淵所圍，關羽在南郡，至尊身自臨之。彼方首尾倒縣，救死不給，豈有餘力復營此哉！君可見之，爲陳禍福。玄之見普，具宣蒙意，普懼出降。蒙乃赴益陽。魯肅邀羽相見，因責數羽，羽曰：「烏林之役，左將軍身在行間，勠力破敵，豈得徒勞，無一塊土，而足下來欲收地邪！」肅曰：「不然。始與豫州覲於長阪，豫州之衆不當一校，計窮慮極，圖欲遠竄。主上矜愍豫州身無處所，不愛土地士民之力，以濟其患。而豫州私獨飾情，愆德墮好。今已藉手西州，又欲翦并荆土，斯蓋凡夫所不忍行，而況整領人物之主乎！」羽無以答。會聞曹操將攻漢中，備乃求和於權。權令諸葛瑾報命。遂分荆州，以湘水爲界：長沙、江夏、桂陽以東屬權；南郡、零陵、武陵以西屬備。瑾每奉使至蜀，與其弟亮但公會相見，退無私面。

秋，七月，魏公操取漢中，走張魯，留夏侯淵及將軍張郃守之而還。

操至陽平。張魯欲降，其弟衛不肯，率衆拒關堅守。初，操以降人多言張魯易攻，陽平城下南北山相遠，不可守，信以爲然。至是身履，不如所聞，乃歎曰：「他人商度，少如人意。」攻陽平諸屯，山峻難登，士卒傷夷，軍食且盡，操意沮，欲還。會前軍夜迷，誤入張衛別營，營中大驚退散。操進兵攻之，衛等夜遁，魯犇南山，入巴中。左右欲悉燒寶貨倉庫，魯曰：「本欲歸命國家，而意未得達。今避鋒鋭，非有惡意。寶貨倉庫，國家之有。」遂封藏而去。操入南鄭，遣人慰諭之。主簿司馬懿言於操曰：「劉備以詐力虜劉璋，蜀人未附，而遠爭江陵，此機不可失也。今克漢中，益州震動，進兵臨之，勢必瓦解。聖人不能違時，亦不可失時也。」操曰：「人苦無足，既得隴，復望蜀邪！」劉曄曰：「劉備，人傑也，有度而遲。得蜀日淺，蜀人未恃也。今破漢中，蜀人震恐，其勢自傾。因而壓之，無不克也。若少緩之，諸葛亮明於治國而爲相，關羽、張飛勇冠三軍而爲將，蜀民既定，據險守要，則不可犯矣。今不取，必爲後憂。」操不從。居七日，蜀降者説：「蜀一日數十驚，守將雖斬之而不能安也。」操問曄曰：「今尚可擊不？」曄曰：「今已小定，未可擊也。」乃還。以夏侯淵督張郃、徐晃等守漢中。

八月，孫權攻合肥，大敗而還。曹操之征張魯也，爲教與合肥護軍薛悌，署函邊曰：「賊至，乃發。」及是孫權率衆十萬圍合肥，悌發函，教曰：「若孫權至者，張、李將軍出戰，樂將軍守，護軍勿得與戰。」諸將以衆寡不敵，疑之。張遼曰：「公遠征在外，比救至，彼破我必矣。是以教指及其未合逆擊之，折其盛勢，以安衆心，然後可守也。」樂進等莫對。遼怒，將獨出，李典素與遼不睦，慨然曰：「此國家大事，顧君計何如耳，吾豈可以私憾而忘公義乎！請從君而出。」於是夜募敢從之士，明旦陷陣衝壘，入至麾下。權大驚走，徹軍還，至逍遥津北，遼將步騎奄至。甘寧、吕蒙力戰扞敵，凌統率親近扶權出圍，乘駿馬上津橋，橋南已徹，丈餘無版；親近谷利使權持鞍緩控，於後著鞭，遂得超度。賀齊率三千人在津南迎權，入船齊涕泣曰：「至尊人主，常當持重。今日之事，羣下震怖，若無天地，願以此爲終身之誡！」權自前收其淚曰：「大慚，謹已刻心，非但書紳也。」

冬，十月，始置名號侯以賞軍功。

十一月，張魯出降，以爲鎮南將軍，封其屬閻圃爲列侯。

習鑿齒曰：閻圃諫魯勿王，而曹公追封之，將來之人，孰不思順。塞其本源而末流自止，其此之謂與。

劉備遣兵擊巴賨，破之。張魯之走巴中也，黄權言於劉備曰：「若失漢中，則三巴不振，此爲割蜀之股臂也。」備乃使權迎魯。會諸夷帥朴胡、杜濩、任約已降於曹操，而魯亦降，權遂擊胡等，破之。操遣張郃徇三巴，備遣巴西太守張飛擊之，郃走還。

丙申（二一六）

二十一年。

夏，五月，魏公操進爵爲王，操殺其尚書崔琰。初，崔琰薦楊訓，操禮辟之。及操進爵，訓發表稱頌。或笑訓希世浮僞，謂琰失舉。琰取其草視之，與訓書曰：「省表，事佳耳。時乎，時乎，會當有變。」琰本意，譏論者好譴呵而不尋情理。有與琰不平者，白之。操怒，收琰付獄，髡爲徒隸。白者復云：「琰對賓客虬須直視，若有所瞋。」遂賜琰死。毛玠傷琰無辜，心不悦。人復白玠怨謗，亦收付獄。桓階、和洽爲之陳理，操曰：「此捐君臣恩義，妄爲死友怨歎，殆不可忍也。」洽曰：「臣非敢曲理玠以枉大倫也。以玠歷年荷寵，剛直忠公，爲衆所憚，不宜有此。然人情難保，要宜考覈，兩驗其實。今不忍致之于理，更使曲直之分不明。」操曰：「所以不考，欲兩全玠及言事者耳。」洽曰：「玠信有謗言，當肆之市朝；若無此言，言事者誣大臣以誤主聽，臣竊不安。」操卒不窮治，玠遂免黜。時西曹掾丁儀用事，玠之獲罪，儀有力焉；羣下側目。何夔、徐奕獨不事儀，儀譖奕，出之。傅選謂夔宜少下之，夔曰：「爲不義，適足害身，焉能害人。」琰從弟林，嘗與陳羣共論冀州人士，稱琰爲首，羣以智不存身貶之。林曰：「大丈夫爲有邂逅耳，即如卿諸人，良足貴乎！」

五月，朔，日食。

以裴潛爲代郡太守。代郡烏桓三大人皆稱單于，恃力驕恣，太守不能治。至是潛單車之郡，單于讋喜。潛撫以恩威，遂皆讋服。

秋，七月，南匈奴單于入朝于魏，遂留居鄴。初，南匈奴久居塞内，與編户大同而不輸貢賦。議者恐其户口滋蔓，浸難禁制，欲豫爲之防。至是單于呼厨泉入朝于魏，操因留之於鄴，使右賢王去卑監其國。單于歲給綿、絹、錢、穀如列侯，子孫襲號。分其衆爲五部，各立其貴人爲帥，選漢人爲司馬以監督之。

八月，魏以鍾繇爲相國。

丁酉(二一七)

二十二年。

春，正月，魏王操擊孫權，軍居巢。三月，權降。初，權護軍蔣欽與徐盛有隙，至是欽持諸軍節度，每稱其善，權問之，欽曰：「盛忠而勤强，有膽略器用，好萬人督也。今大事未定，臣當助國求才，豈敢挾私恨以蔽賢乎？」權既請降，留將軍周泰督濡須；諸將以泰寒門，不服。權會諸將樂飲，命泰解衣，手指其瘡痕，問之，因把其臂流涕曰：「幼平，卿爲孤兄弟，戰如熊虎，被創數十，吾亦何心不待卿以骨肉之恩，委卿以兵馬之重乎！」諸將乃服。

夏，四月，魏王操用天子車服，出入警蹕。冕十二旒，乘金根車，駕六馬，設五時副車。

六月，魏以華歆爲御史大夫。

冬，十月，魏以世子丕爲王太子。初，操娶丁夫人，無子。妾劉氏，生子昂。卞氏生四子，丕、彰、植、熊。於是出丁夫人，而立卞氏爲繼室。植性機警，多藝能，才藻敏贍，操愛之。操欲以女妻丁儀，丕以儀目眇，止之。儀由是怨丕，與弟廙及楊脩數稱植才，勸操立以爲嗣。操以函密訪於外，尚書崔琰露板答曰：「春秋之義，立子以長。五官將仁孝聰明，宜承正統，琰以死守之。」丕使人問太中大夫賈詡以自固之術。詡曰：「願將軍恢崇德度，躬素士之業，朝夕孜孜，不違子道，如此而已。」它日，操屏人問詡，詡嘿然不對。操問其故，詡曰：「屬有所思，故不即對耳。」操曰：「何思？」詡曰：「思袁本初、劉景升父子也。」操大笑。操嘗出征，丕、植並送，植稱述功德，發言有章，左右屬目，操亦悅焉。丕悵然自失，吳質耳語曰：「王當行，流涕可也。」及辭，丕涕泣而拜，操及左右咸歔欷，於是皆以植多華辭而誠心不及也。植既任性而行，不自彫飾，丕御之以術，矯情自飾，宮人左右並爲之稱説，故遂定爲太子。丕抱議郎辛毗頸而言曰：「辛君知我喜不？」毗以告其女憲英，憲英曰：「太子，代君主宗廟社稷者也。代君，不可以不戚；主國，不可以不懼。宜戚宜懼，而反以爲喜，何以能久，魏其不昌乎！」久之，植乘車行馳道中，開司馬門出。操大怒，公車令坐死。由是重諸侯科禁，而植寵日衰。

劉備進兵漢中。魏王操遣將軍曹洪拒之。法正説劉備曰：「曹操一舉而降張魯，定漢中，不因此勢以圖巴、蜀，而留夏侯淵、張郃屯守，身遽北還，此非其智不逮，而力不足也，必將内有憂偪故耳。今策淵、郃才略，不勝國之將帥，舉衆往討，必可克之。克之之日，廣農積穀，觀釁伺隙，上可以傾覆寇敵，尊獎王室；中可以蠶食雍、涼，廣拓境土；下可以固守要害，爲持久之計。此蓋天以與我，時不可失也。」備乃進兵，遣張飛、馬超、吳蘭等屯下辨。操遣曹洪拒之。

孫權陸口守將魯肅卒，權以呂蒙代之。孫權以嚴畯代肅，督兵鎮陸口。畯固辭以「樸素書生，不閑軍事」。權乃以呂蒙代之。衆嘉畯能以實讓。

權遣陸遜討丹陽山越，平之。吳郡陸遜言於權曰：「克敵寧亂，非衆不濟；而山寇未平，難以圖遠。可大部伍，取其精鋭。」權從之，命遜部伍東三郡，强者爲兵，羸者補户，得精卒數萬人。宿惡盪除，所過肅清，還屯蕪湖。會稽太守淳于式表遜枉取民人。遜後詣都，言次，稱式佳吏。權曰：「式白君，而君薦之，何也？」遜對曰：「式意欲養民，是以白遜，遜豈可復毀式以亂聖聽乎？」權曰：「此誠長者之事，顧人不能爲耳。」

戊戌(二一八)

二十三年。

春，正月，少府耿紀、司直韋晃起兵討魏王操，不克，死之。時有金禕者，自以世爲漢臣，乃發憤與紀、晃起兵，欲挾天子以伐魏，南援劉備，不克而死。

三月，有星孛于東方。

夏，四月，代郡、上谷烏桓反。魏王操遣其子彰擊破之。魏王操召裴潛爲丞相理曹掾，潛曰：「潛於百姓雖寬，於諸胡爲峻。今繼者必以潛爲治過嚴而事加寬惠。彼素驕恣，過寬必弛；既弛又將攝之以法，此怨叛所由生也。以勢料之，代必復叛。」後數十日，反問果至。操使其子彰討之。彰少善射御，膂力過人。操戒曰：「居家爲父子，受事爲君臣，動以王法從事，爾其戒之！」

劉備擊張郃，不克。劉備屯陽平關，攻郃等，不克。急書發益州兵。諸葛亮以問從事犍爲楊洪，洪曰：「漢中，益州咽喉，存亡之機會，若無漢中，則無蜀矣。此家門之禍也，發兵何疑。」時法正從備北行，亮於是表洪領蜀郡太守，衆事皆辦，遂使即真。初，犍爲太守李嚴辟洪爲功曹，嚴未去犍爲而洪已爲蜀郡。洪舉門下書佐何祇有才策，洪尚在蜀郡，而祇已爲廣漢太守。是以西土咸服諸葛亮能盡時人之器用也。

秋，七月，魏王操擊劉備。九月，至長安。

己亥（二一九）

二十四年。

春，正月，劉備擊夏侯淵，破斬之。初，夏侯淵戰雖數勝，魏王操常戒之曰：「爲將當有怯弱時，不可但恃勇也。將當以勇爲本，行之以智計。若但任勇，則一匹夫敵耳。」及與劉備相拒踰年，備自陽平南渡沔水，緣山稍前，營於定軍山。淵引兵爭之。法正曰：「可擊矣。」備使討虜將軍黄忠乘高鼓譟攻之，淵軍大敗，遂斬之。張郃引兵還，督軍杜襲收斂散卒，推郃爲軍主，衆心乃定。

二月，晦，日食。

三月，魏王操出斜谷。劉備將趙雲擊其軍，敗之。夏，五月，操引還。備遂取漢中。操自長安出斜谷，軍遮要以臨漢中。劉備曰：「曹公雖來，無能爲也，我必有漢川矣。」乃斂衆拒險，終不交鋒。操運米北山下，黄忠引兵欲取之，過期不還。趙雲將數十騎出營視之，值操揚兵大出，雲遂前突其陳，且鬭且却。魏兵散而復合，追至營下，雲入營，開門偃旗息鼓。魏兵疑雲有伏，引去。雲以勁弩射魏兵，魏兵驚駭，自相蹂踐，墮水死者甚多。相守積月，魏軍士多亡。五月，操引兵還長安，備遂有漢中。操恐備北取武都氐以逼關中，問雍州刺史張既，既曰：「可勸使北出就穀以避賊，前至者厚其寵賞，則先者知利，後必慕之。」操從之，徙氐五萬餘落出居扶風、天水界。備遣將軍孟達攻房陵，殺其太守。又遣養子中郎將封與達會攻上庸，太守申眈舉郡降。

秋，七月，劉備自立爲漢中王。備設壇場於沔陽，陳兵列衆，羣臣陪位，奏以備爲漢中王，讀訖，備拜受璽綬，御王冠。立子禪爲王太子，拔牙門將軍魏延領漢中太守，以鎮漢川。備還治成都，以許靖爲太傅，法正爲尚書令，關羽、張飛、馬超、黄忠皆進位有差。遣司馬費詩即授羽印綬，羽聞黄忠位與己並，怒曰：「大丈夫終不與老兵同列！」不肯受拜。詩謂羽曰：「夫立王業者，所用非一。昔蕭、曹與高祖少小親舊，而陳、韓亡命後至；論其班列，韓最居上，未聞蕭、曹以此爲怨。今王以一時之功隆崇漢升〔三〕，然意之輕重，寧當與君侯齊乎！且王與君侯譬猶一體，同休等戚，禍福共之。愚謂君侯不宜計官號之高下、爵禄之多少爲意也。僕一介之使，銜命之人，君侯不受拜，如是便還，但相爲惜此舉動，恐有後悔耳。」羽大感悟，遽即受拜。

魏王操號其夫人爲王后。

八月，漢中將關羽取襄陽。關羽使麋芳守江陵，傅士仁守公安〔四〕，羽自率衆攻曹仁於樊。仁使于禁、龐德等屯樊北。八月，大霖雨，漢水溢，平地數丈。禁與諸將登高避水，羽乘大船就攻之，禁等窮迫，遂降。龐德力戰，矢盡，戰益怒，氣愈壯，而水浸盛，吏士盡降。德乘小船欲還仁營，船覆爲羽所得，立而不跪。羽謂曰：「何不早降？」德罵羽，羽殺之。急攻樊城，城多崩壞，衆皆恟懼。或曰：「可及圍未合，乘輕船夜走。」滿寵曰：「山水速疾，冀其不久。聞羽遣別將已在郟下，自許以南，百姓擾擾，羽所以不敢遂進者，恐吾軍掎其後耳。今若遁去，洪河以南，非復國家有也。君宜待之。」仁曰：「善。」乃沈白馬與軍人盟誓，同心固守。城不没者數板。羽乘船臨城，外内斷絶。羽又遣別將圍襄陽，刺史胡脩、太守傅方皆降。操聞龐德死，流涕曰：「吾知于禁三十年，何意臨危反不及龐德耶！」

魏王操殺丞相主簿楊脩。初，楊脩、丁儀謀立曹植爲魏嗣，丕患之，以車載廢簏内吴質，與之謀。脩以白操，丕懼，告質，質曰：「無害也。」明日，復以簏載絹入，脩復白之，推驗，無人。操由是疑。後植以驕縱見疏，脩亦不敢自絶。每當就植，慮事有闕，忖度操意，豫作答教十餘條，敕門下，隨問答之。於是教裁出，答已入。操怪其捷，推問，始泄。遂收殺之。

關中營帥許攸降。攸擁衆不附，而有慢言，操怒，欲伐之。羣臣多諫，操横刀於膝，作色不聽。長史杜襲入欲諫，操逆謂之曰：「吾計已定，卿勿復言。」襲曰：「若殿下計是邪，臣方助殿下成之；若殿下計非邪，雖成，宜改之。殿下逆臣令勿言，何待下之不闡乎？」操曰：「許攸慢吾，如何可置！」襲曰：「今豺狼當路，而狐貍是先。人將謂殿下避强攻弱，進不爲勇，退不爲仁。臣聞千鈞之弩，不爲鼷鼠發機；萬石之鍾，不以莛撞起音。今區區之許攸，何足以勞神武哉！」操曰：「善。」遂厚撫攸，攸即歸服。

冬，十月，孫權使呂蒙襲取江陵。魏王操帥師救樊，關羽走還。權邀斬之。十二月，蒙卒。

自許以南，往往遥應關羽，羽威震華夏。曹操議徙許都以避其鋭，司馬懿、蔣濟曰：「于禁等爲水所没，非戰攻之失，於國家大計未足有損。劉備、孫權，外親内疏，關羽得志，權必不願也。可遣人勸權躡其後，許割江南以封權，則樊圍自解。」操從之。初，魯肅常勸孫權以曹操尚存，宜且撫輯關羽，與之同仇，不可失也。及呂蒙代肅，以爲羽素驍雄，有兼并之心，且居國上流，其勢難久，密言於權曰：「今令征虜守南郡，潘璋住白帝，蔣欽將游兵循江應敵，蒙爲國家前據襄陽，如此，何憂於操，何賴於羽。且羽君臣矜其詐力，所在反覆，不可以腹心待也。」權曰：「今欲先取徐州，然後取羽，何如？」對曰：「今操撫集幽、冀，未暇東顧，徐土往自可克。然地勢陸通，今日取之，操後旬必來爭，雖以七八萬人守之，猶當懷憂。不如取羽，全據長江，形勢益張，易爲守也。」權善之。權嘗爲其子求昏於羽，羽罵其使，不許。至是蒙上疏曰：「羽討樊而多留備兵，必恐蒙圖其後故也。蒙常有病，乞分士衆還建業，以治疾爲名，羽聞之，必撤備兵，盡赴襄陽。大軍浮江晝夜馳上，襲其空虚，則南郡可下而羽可禽也。」遂稱病篤。權乃露檄召蒙還，陰與圖計。下至蕪湖，陸遜謂曰：「關羽接境，如何遠下？」蒙曰：「誠如來言，然我病篤。」遜曰：「羽務北進，未嫌於我。今聞君病，必益無備。若出其不意，羽可禽也。下見至尊，宜好爲計。」蒙曰：「羽素勇猛，未易圖也。」蒙至都，權問：「誰可代卿者？」蒙對曰：「陸遜意思深長，才堪負重，而未有遠名，非羽所忌，無復是過也。若用之，當令外自韜隱，内察形便，然後可克。」權乃召遜代蒙。遜至陸口，爲書與羽，稱其功美，深自謙抑。羽意大安，稍撤兵以赴樊。遜具啓形狀，權遂發兵襲羽。權欲令孫皎與蒙分督左右，蒙曰：「若以征虜能，宜用之；以蒙能，宜用蒙。昔周瑜、程普爲左右督攻江陵，事決於瑜，普恃久將，遂共不睦，幾敗國事，此目前之戒也。」權寤，乃以蒙爲大督。曹操使徐晃屯宛以助曹仁，孫權爲牋與操，請以討羽自效，及乞不漏，令羽有備。羣臣咸言宜密之。董昭曰：「軍事尚權，宜内露之。使羽聞權上，而還自護，則圍速解，且可使兩賊相持，坐待其斃。祕而不露，使權得志，非計之上也。又，圍中將吏，不知有救，儻有他意，爲難不小。露之爲便。且羽爲人强梁，自恃二城守固，必不速退。」操即敕徐晃以權書射著圍裏及羽屯中，圍裏聞之，志氣百倍；羽果猶豫不能去。操自洛陽南救曹仁，駐軍摩陂。晃攻羽，破之。羽撤圍退，然舟船猶據沔水，吕蒙至尋陽，盡伏其精兵𦪇𦨞中，使白衣摇櫓，作商賈服，晝夜兼行，羽所置江邊屯候，盡收縛之。糜芳、士仁素皆嫌羽輕己，羽之出軍，供給軍資不悉相及，羽言還當治之。芳、仁咸懼，於是即降。蒙入江陵，釋于禁，得關羽及將士家屬，皆撫慰之，令軍中不得干歷人家有所求取。蒙麾下同郡人，取民家一笠以覆官鎧，蒙猶以爲犯軍令，垂涕斬之。於是軍中震慄，道不拾遺。旦暮使親近存恤耆老，問所不足，給醫藥，賜衣糧。關羽走還，曹仁會諸將議，咸曰：「今因羽危懼，可追禽也。」趙儼曰：「權、羽連兵，恐我承其兩疲，故順辭求效耳。今羽已孤迸，更宜存之以爲權害。若深入追北，則權將改虞於彼，而生患於我矣。王必以此爲深慮。」仁乃解嚴。操聞羽走，恐諸將追之，果疾敕仁如儼所策。羽數使人與蒙相聞，蒙輒厚遇其使，周游城中，家家致問，或手書示信。使還，人知家門無恙，見待過於平時，皆無鬭心。權至江陵，荆州將吏悉歸附，獨治中從事潘濬稱疾不見。權遣人輿致，濬伏面不起，涕泣交横。權慰諭懇惻，濬起拜謝，即以爲治中，荆州軍事，一以諮之。從事樊伷誘導諸夷西附漢中，外白遣萬人討之。濬曰：「以五千兵往足矣。」權曰：「卿何以輕之？」濬曰：「伷能弄脣吻，而實無才略。嘗爲州人設饌，比至日中，食不可得，而十餘自起，此亦侏儒觀一節之驗也。」權大笑，即遣濬將五千人往，果斬平之。權以蒙爲南郡太守，遜爲右護軍，皆封侯。使遜屯夷陵，守峽口。關羽遁走，兵皆解散，纔十餘騎。權先使潘璋斷其徑路。十二月，獲羽，斬之。遂定荆州。初，全琮上疏陳關羽可取之計，權恐事泄，寢而不答。至是謂琮曰：「君前陳此，孤雖不相答，今日之捷，抑亦君之功也。」權復以劉璋爲益州牧，駐秭歸，未幾而卒。呂蒙未及受封，疾發，亦卒。權哀痛殊甚，後謂陸遜曰：「公瑾雄烈，膽略兼人，遂破孟德，開拓荆州，邈焉寡儔。子敬因公瑾致達於孤，一見便及帝王大略，此一快也。後孟德東下，諸人皆欲迎之，子敬駮言不可，勸孤急呼公瑾，付任以衆，逆而擊之，此二快也。後雖勸吾借玄德地，是其一短，不足以損其二長。故孤常以方鄧禹也。子明少時，孤謂不辭劇易，果敢有膽而已。及身長大，學問開益，籌略奇至，可次公瑾，但言議英發不及之耳。圖取關羽，勝於子敬。子敬云：『羽不足忌。』此内不能辦，外爲大言耳，孤亦恕之，不苟責也。然其作軍屯營，不失令行禁止，路無拾遺，法亦美矣。」曹操欲徙荆州殘民，司馬懿曰：「荆楚輕脆易動，關羽新破，諸爲惡者，藏竄觀望，徙其善者，既傷其意，將令去者不敢復還。」操從之。是後亡者悉還。

以孫權爲票騎將軍，領荆州牧。曹操表孫權爲票騎將軍，假節，領荆州牧，封南昌侯。權上書稱臣於操，稱説天命。操以示外曰：「是兒欲踞吾著爐火上邪！」陳羣等皆曰：「漢祚已終，非適今日。

殿下功德巍巍，羣生注望，故孫權在遠稱臣。此天人之應，異氣齊聲，殿下宜正大位，復何疑哉！」操曰：「若天命在吾，吾爲周文王矣。」

司馬公曰：教化，國家之急務也，而俗吏慢之；風俗，天下之大事也，而庸君忽之。夫惟明智君子，深識長慮，然後知其爲益之大而收功之遠也。光武遭漢中衰，紹恢前緒，征伐四方，日不暇給，乃能敦尚經術，賓延儒雅，開廣學校，修明禮樂。繼以明、章，遹追先志，臨雍拜老，横經問道。自公卿大夫至于郡縣之吏，咸選用經明行修之人，是以教立於上，俗成於下。自三代既亡，風化之美，未有若東漢之盛者也。及孝和以降，可謂亂矣。然上則有袁安、楊震、李固、杜喬、陳蕃、李膺之徒，面引廷爭，用公義以扶其危；下則有符融、郭泰、范滂、許邵之流，立私論以救其敗，是以政治雖濁而風俗不衰。當是之時，苟有明君作而振之，則漢祚未可量也。不幸重以桓、靈之昏虐，保養姦回，過於骨肉；殄滅忠良，甚於寇讎。積多士之憤，蓄四海之怒。於是宗廟丘墟，烝民塗炭，大命隕絶，不可復救。然擁兵專地者，雖互相吞噬，猶未嘗不以尊漢爲辭。以魏武之暴戾强伉，加有大功於天下，其蓄無君之心久矣，乃至没身不敢廢漢而自立，豈其志之不欲哉？猶畏名義而自抑也。由是觀之，教化安可慢，風俗安可忽哉！

程子曰：後漢名節，成於風俗，非自得也。然一變之，則可以至於道矣。

庚子（二二〇）

延康元年。魏文帝曹丕黄初元年。凡僭國一。

春，正月，丞相、冀州牧、魏王曹操還至洛陽，卒。太子丕立，自爲丞相、冀州牧。操知人善察，難眩以僞。識拔奇才，不拘微賤，隨能任使，皆獲其用。與敵對陳，意思安閑，如不欲戰；及決機乘勝，氣勢盈溢。勳勞宜賞，不吝千金；無功望施，分毫不與。用法峻急，有犯必戮，或對之流涕，然終無所赦。雅性節儉，不好華麗。故能芟刈群雄，幾平海内。至是薨。太子丕在鄴，鄢陵侯彰自長安來赴，問璽綬所在。諫議大夫賈逵正色曰：「國有儲副，先王璽綬，非君侯所宜問也。」凶問至鄴，羣臣聚哭，無復行列。太子中庶子司馬孚厲聲於朝曰：「君王晏駕，天下震動，當早拜嗣君，以鎮萬國，而但哭耶！」乃罷羣臣，備禁衛，治喪事。孚，懿之弟也。羣臣以爲太子即位，當俟詔命。尚書陳矯曰：「王薨于外，愛子在側，彼此生變，則社稷危。」乃具官備禮，一夕而辦。明旦，以王后令，策太子即王位，大赦。帝尋遣御史大夫華歆奉策詔，授丞相印綬、魏王璽綬，領冀州牧。尊王后曰王太后。葬武王于高陵。

二月，朔，日食。

魏以賈詡爲太尉，華歆爲相國，王朗爲御史大夫。

魏王丕遣其弟鄢陵侯彰等皆就國。丕遣其弟皆就國。臨菑監國謁者希指奏：「臨菑侯植醉酒悖慢，劫脅使者。」丕貶植爲安鄉侯，誅其黨丁儀、丁廙并其男口。

魏立法，自今宦者官不得過諸署令。作金策，藏之石室。

魏立九品法，置州郡中正。尚書陳羣以天朝選用不盡人才，乃立九品官人之法。州郡皆置中正，擇有識鑒者爲之，區别人物，第其高下。

六月，魏王丕南巡至譙，大饗軍士、父老。丕至譙，大饗六軍及譙父老，設伎樂百戲，吏民上壽，日夕而罷。

孫盛曰：三年之喪，自天子達于庶人。雖三季之末，七雄之敝，未之有廢也。逮于漢文，變易古制，人道之紀，一旦而廢，固已道薄當年，風頽百代矣。魏王處哀而設宴樂，居始而墮化基，及至受禪，顯納二女，是以知王齡之不遐，卜世之期促也。

漢中將孟達以上庸降魏。益州將軍孟達屯上庸，與副軍中郎將劉封不協，率部曲降魏。達有容止才觀，曹丕愛之，引與同輦。合房陵、上庸、西城爲新城郡，以達爲太守。劉曄曰：「達有苟得之心，而恃才好術，必不能感恩懷義。新城與孫、劉接連，若有變態，爲國生患。」丕不聽。遣將軍夏侯尚、徐晃與達襲封，封敗，走還成都。封本寇氏子，漢中王備至荆州，以未有嗣，養以爲子。諸葛亮慮其剛猛，易世之後，終難制御，勸備因此除之；遂賜死。

以賈逵爲豫州刺史。時天下初定，刺史多不能攝郡。逵曰：「州本以六條詔書察二千石以下，故其狀皆言嚴能鷹揚，有督察之才，不言安静寬仁，有愷悌之德也。今長吏慢法，盗賊公行，州知而不糾，天下復何取正乎！」其二千石以下，阿縱不如法者，皆奏免之。外修軍旅，内治民事，興陂田，通運渠，吏民稱之。曹丕曰：「真刺史矣。」布告天下，賜爵關内侯。

冬，十月，魏王曹丕稱皇帝，廢帝爲山陽公。左中郎將李伏、太史丞許芝言：「魏當代漢，見於圖緯。」魏之羣臣因表勸丕篡位。至是，帝乃告祠高廟，遣使持節奉璽綬詔策，禪位于魏。魏王丕上書三讓，乃爲壇於繁陽，升受璽綬，即皇帝位，燎祭天地，改元黄初。奉漢帝爲山陽公，用天子禮樂。追尊武王曰武皇帝，廟號太祖；尊王太后曰皇太后，改相國爲司徒，御史大夫爲司空。山陽公奉二女以嬪于魏。

魏主丕欲改正朔，辛毗曰：「孔子曰：『行夏之時。』左氏曰：『夏數得天。』何必期於相反。」丕從之。

魏主丕欲追封太后父母，陳羣曰：「創業革制，當爲後式。案禮典，婦因夫爵。無分土命爵之制。秦違古法，漢氏因之，非先王令典也。」丕曰：「尚書議是。」其著定制，藏之臺閣。

魏主丕謂侍中蘇則曰：「西域前獻徑寸大珠，可復求市得不？」對曰：「若化洽中國，德流沙幕，即不求自至。求而得之，不足貴也。」丕嘿然。

魏主丕召蔣濟爲散騎常侍。時有詔賜征南將軍夏侯尚曰：「卿腹心重將，特當任使，作威作福，殺人活人。」尚以示濟。濟至，丕問以所聞見，對曰：「未有他善，但見亡國之語耳。」丕忿然，問其故。濟具以答，因曰：「作威作福，書之明誡。天子無戲言，惟陛下察之。」丕即遣追取前詔。

十二月，魏主丕如洛陽營宮室。

魏徙冀州士卒家實河南。

魏主丕欲徙冀州士卒家十萬户實河南。時旱蝗，民饑，羣司以爲不可，而丕意甚盛。侍中辛毗求見，丕作色待之，曰：「卿謂徙民非耶？」毗曰：「誠以爲非。」丕曰：「吾不與卿議。」毗曰：「陛下置臣謀議之官，安得不與臣議。臣所言非私，乃社稷之慮也。安得怒臣。」丕不答，起入内。毗隨引其裾，丕奮衣而去，良久乃出，曰：「佐治，卿持我何太急耶！」毗曰：「今徙，既失民心，又無以食，故臣不敢不力爭。」丕乃徙其半。丕嘗出射雉，顧羣臣曰：「樂哉！」毗對曰：「於陛下甚樂，於羣下甚苦。」丕默然，後爲之稀出。

辛丑(二二一)

昭烈皇帝章武元年。魏黄初二年。

春，正月，魏封孔羡爲宗聖侯。奉孔子祠。

魏復五銖錢。

夏，四月，漢中王即皇帝位。蜀中傳言帝已遇害，於是漢中王發喪制服，謚曰孝愍皇帝。羣下競勸王稱尊號。司馬費詩上疏曰：「殿下以曹操父子篡位，故羈旅萬里，合衆討賊。今大敵未克而先自立，恐人心疑也。」王不悦，左遷之。遂即帝位於武擔之南，大赦，改元。以諸葛亮爲丞相，許靖爲司徒。

司馬公曰：三代之前，海内萬國，有人民社稷者，通謂之君。合萬國而君之者，乃謂之王。王德既衰，方伯連帥，能帥其屬以尊天子，則謂之霸。自漢儒推五德生、勝，以秦爲閏位，在木火之間，霸而不王，於是正閏之論興矣。及三國、五胡、南北之亂，各有國史，互相排黜。朱氏代唐，四方幅裂，朱邪入汴，比之窮、新，運歷年紀，皆棄而不數，此皆偏辭〔五〕，非公論也。故今此書獨以周、秦、漢、晉、隋、唐爲正統，其後子孫雖微弱播遷，然猶承祖宗之業，四方與之爭衡者，皆其故臣也，故猶得用天子之制以臨之。至於天下離析，本非君臣，則皆以列國之制處之，然不可無歲、時、月、日以識事之先後。據漢傳於魏而晉受之，晉傳於宋以至於陳而隋取之，唐傳於梁以至於周而大宋承之，故不得不取其年號以紀諸國之事，非尊此而卑彼，有正閏之辨也。昭烈雖云中山靖王之後，然不能紀其世次，與南唐稱吳王恪後無異，故不敢以後漢、東晉爲比，使得紹漢氏之遺統也。

孫權徙治武昌。權自公安徙都於鄂，更名鄂曰武昌。

立宗廟，祫祭高皇帝以下。

五月，立夫人吳氏爲皇后，子禪爲皇太子。吳氏，將軍懿之妹，故劉璋兄瑁之妻也。

六月，魏殺夫人甄氏。初，魏主丕從太祖入鄴，悅袁熙妻甄氏，太祖爲聘焉，生子叡。及即位，郭貴嬪有寵，甄氏留鄴，失意，出怨言，貴嬪譖殺之。

魏祀太祖於建始殿。魏主丕以宗廟在鄴，祀太祖于洛陽建始殿，如家人禮。

是月，晦，日食。魏有司以日食奏免太尉，詔曰：「災異之作，以譴元首，而歸過股肱，豈禹湯罪己之義乎！其令百官各虔厥職。後有天地之眚，勿劾三公。」

秋，七月，帝自將伐孫權。帝恥關羽之没，將擊孫權。將軍趙雲曰：「國賊曹操，非孫權也。若先滅魏，則權自服。今操雖斃，子丕篡盜，當因衆心，早圖關中，居河、渭上流以討凶逆，關東義士必裹糧策馬以迎王師。不應置魏，先與吳戰。兵勢一交，不得卒解，非良策也。」羣臣諫者甚衆，帝皆不聽。乃留諸葛亮輔太子守成都，而自率諸軍東下。

車騎將軍張飛爲其下所殺。飛雄猛亞於關羽。羽善待卒伍而驕於士大夫，飛愛禮君子而不恤軍人。帝常戒之，飛不悛。至是當率萬人會江州，臨發，爲帳下所殺，以其首犇孫權。帝聞飛營都督有表，曰：「噫，飛死矣！」

孫權請和，不許。遂遣陸遜督諸將拒守。孫權遣使求和，諸葛瑾因致牋曰：「關羽之親，何如先帝？荆州大小，孰與海内？俱應仇疾，誰當先後？若審此數，易於反掌矣。」帝不聽。時吴人或言瑾别遣親人與漢相聞者，權曰：「孤與子瑜，有死生不易之誓。子瑜之不負孤，猶孤之不負子瑜也。」陸遜亦表明瑾必無此，權報曰：「玄德昔遣孔明至吴，孤嘗語子瑜曰：『卿與孔明同産，何不留之？』子瑜言：『亮已委質於人，義無二心。弟之不留，猶瑾之不往也。』其言足貫神明，今豈當有此乎！孤與子瑜可謂神交，非外言所間。知卿意至，輒封來表示之矣。」帝遣吴班、馮習攻破權將李異等於巫，進軍秭歸。權以陸遜爲大都督，督朱然等五萬人拒守。

魏築陵雲臺。

八月，孫權遣使降魏。魏封權爲吴王。權遣使稱臣，送于禁等還。魏朝臣皆賀，劉曄獨曰：「權無故求降，必内有急。恐中國往承其釁，故委地求降，一以却中國之兵，二假中國之援，以强其衆而疑敵人耳。夫吴、蜀各保一州，有急相救，此小國之利也；今自相攻，天亡之也，宜大興師，徑渡江襲之。蜀攻其外，我襲其内，吴之亡不出旬月。吴亡則蜀亦不能久存矣。」魏主不聽，遂受吴降。遣太常邢貞奉策拜權爲吴王，加九錫。劉曄諫曰：「權雖有雄才，故漢票騎將軍、南昌侯耳。官輕勢卑，士民有畏中國心，不可與成所謀也。夫王位去天子一階耳，禮秩服御相亂也。今信其僞降，崇其位號，以封殖之，是爲虎傅翼也。權却蜀兵之後，必外盡禮以事中國，而内爲無禮以怒陛下；陛下伐之，則彼徐告其民曰：『我事中國，不失臣禮，而無故伐我，此必欲殘我國家，俘我人民，以爲僕妾耳。』民信其言，則上下同心，而戰加十倍矣。」魏主丕不聽。貞至吴，吴人以爲宜稱上將軍，九州伯，不當受魏封。權曰：「沛公亦受項羽封爲漢王，蓋時宜耳，何損耶！」遂出都亭候貞，貞入門，不下車。張昭曰：「君敢自尊大，豈以江南寡弱，無方寸之刃乎？」貞即下車。中郎將徐盛忿憤，謂同列曰：「盛等不能奮身出命，爲國家并許、洛，吞巴、蜀，而令吾君與貞盟，不亦辱乎！」因涕泣横流。貞聞之，謂其徒曰：「江東將相如此，非久下人者也。」魏諸將以吴内附，意皆縱緩，獨夏侯尚益修攻守之備。魏主令于禁詣鄴謁高陵，豫於陵屋畫關羽戰克、龐德憤怒、禁降服之狀。禁見，慚恚病死。

司馬公曰：禁將數萬衆，敗不能死，生降於敵，既而復歸，廢之可也，殺之可也，乃畫陵屋以辱之，斯不君矣！

孫權城武昌。

冬，十月，魏以楊彪爲光禄大夫。初，魏主丕欲以彪爲太尉，彪辭曰：「嘗爲漢朝三公，值世衰亂，不能立尺寸之益，若復臣魏，於國之選，亦不爲榮也。」及是，公卿朝朔旦，乃并引彪，待以客禮，賜几杖，使著布單衣、皮弁以見，拜光禄大夫，朝見，位次三公。又令門施行馬，以優崇之。

魏罷五銖錢。以穀貴故也。

孫權遣使如魏。吴遣中大夫趙咨入謝于魏。魏主丕問曰：「吴王何等主也？」咨對曰：「聰明、仁智、雄略之主也。」魏主問其狀，對曰：「納魯肅於凡品，聰也；拔吕蒙於行陳，明也；獲于禁而不害，仁也；取荆州而兵不血刃，智也；據有三州，虎視四方，雄也；屈身於陛下，略也。」丕曰：「頗知學乎？」對曰：「吴王任賢使能，志存經略，雖有餘閑，博覽書史，然不効書生尋章摘句而已也。」曰：「吴可征不？」對曰：「大國有征伐之兵，小國有備禦之固。」曰：「吴難魏乎？」對曰：「帶甲百萬，江、漢爲池，何難之有？」曰：「吴如大夫者幾人？」對曰：「聰明特達者，八九十人；如臣之比，車載斗量，不可勝數。」

魏遣使求珍物於孫權。魏主丕遣使求大貝、明珠、象犀、玳瑁、孔雀、翡翠、鬬鴨、長鳴雞於吴。吴羣臣曰：「荆、揚貢有常典，魏所求非禮，宜勿與。」吴王權曰：「彼所求者，於我瓦石耳，孤何惜焉！且彼在諒闇，而所求若此，寧可與言禮哉！」具以與之。

孫權立子登爲太子。吴王權爲登妙選師友，以諸葛瑾子恪、張昭子休、顧雍子譚、陳武子表爲中庶子，入講詩書，出從騎射，待以布衣之禮，謂之四友。魏欲封登萬户侯，權以年幼辭之。

魏置護鮮卑、烏桓校尉。初，魏太祖既克蹋頓，烏桓浸衰，鮮卑大人軻比能、素利、彌加等因求通市，太祖皆表以爲王。軻比能本小種，以勇健廉平爲衆所服，威制餘部。時自雲中、五原，東抵遼水，皆爲鮮卑庭，分地統御。軻比能近塞，中國叛人多歸之；素利等在塞外，道遠，故不爲邊患。魏主丕以牽招爲護鮮卑校尉，田豫爲護烏桓校尉，使鎮撫之。

壬寅(二二二)

二年。魏黃初三年。吳太帝孫權黃武元年。舊國一，新國一，凡僭國二。

春，正月，朔，日食。

魏除貢士限年法。

二月，魏復置戊己校尉。鄯善、龜茲、于闐各遣使奉獻。是後西域復通，置戊己校尉。

帝進軍猇亭。帝自秭歸將進擊吳，黃權曰：「水軍沿流，進易退難。臣請先驅以當寇，陛下宜爲後鎮。」帝不從，以權督江北諸軍。自率諸將，自江南緣山截嶺，軍於夷道猇亭。吳將皆欲迎擊之。陸遜曰：「彼銳氣始盛，乘高守險，難可卒攻。若有不利，損我大勢，非小故也。今且獎厲將士，以觀其變。彼勢不得展，自當罷於木石之間，徐制其敝耳。」諸將皆以爲怯。帝遂自佷山通武陵，使馬良以金錦賜五谿諸蠻夷，授以官爵。

三月，魏立子弟爲王。魏主丕立子叡爲平原王，弟鄢陵公彰等皆進爵爲王。時諸侯王皆寄地空名，國有老兵百餘人以爲守衛，隔絕千里之外，不聽朝聘，設防輔監國之官以伺察之。雖有王侯之號，而儕於匹夫，皆思爲布衣而不能得。法既峻切，過惡日聞，獨北海王衮謹慎好學，未嘗有失。文學防輔共表稱其美。衮聞大驚，責之曰：「脩身自守，常人之行耳，而諸君乃以上聞，適所以增其累耳，豈所以爲益乎？」

夏，六月，吳陸遜進攻猇亭，諸軍敗績，帝還永安。帝自巫峽建平連營至夷陵界，立數十屯，自正月與吳相拒，至六月不決。遣吳班將數千人於平地立營，吳將帥欲擊之，陸遜曰：「此必有譎，且觀之。」帝知計不得行，乃引伏兵八千從谷中出，遜曰：「所以不聽諸君擊之者，以此故也。」遂上疏吳王權曰：「夷陵，國之關限，失之則荆州可憂。臣初嫌彼水陸俱進，今反捨船就步，處處結營，察其布置，必無他變矣。」遜將進攻漢軍，諸將曰：「攻當在初，今諸要害皆已固守，擊之必無利。」遜曰：「彼更事多，其軍始集，思慮精專，未可干也。今住既久，不得我便，兵疲意沮，計不復生。掎角此軍，正在今日。」乃先攻一營，不利。遜曰：「吾已曉破之之術。」乃敕各持一把茅，以火攻，拔之。遂率諸軍同時俱攻，破四十餘營。帝升馬鞍山，陳兵自繞，遜促兵四面蹙之，土崩瓦解，死者萬數。帝夜遁，僅得入白帝城。舟械軍資略盡，帝大慚恚曰：「吾乃爲陸遜所折辱，豈非天耶！」將軍傅肜爲後殿，兵衆盡死，肜氣益烈。吳人使降，肜駡曰：「吳狗，安有漢將軍而降者！」遂死之。從事祭酒程畿泝江而退，衆勸其走，畿曰：「吾在軍，未習爲敵之走也。」亦死之。遜初爲大都督，諸將或討逆舊將，或公室貴戚，各自矜恃，不相聽從。遜按劍曰：「彼天下知名，曹操所憚，今在境界，乃强對也。僕雖書生，然國家屈諸君使相承望者，以僕尺寸可稱，能忍辱負重耳。各任其事，豈復得辭。軍令有常，不可犯也。」至是諸將乃服。權聞之謂曰：「公何以初不啓諸將違節度者邪？」對曰：「此諸將或任腹心，或堪爪牙，皆國家所當與共定大事者，臣竊慕相如、寇恂相下之義，以濟國事耳。」王乃加遜輔國將軍，領荆州牧。初，諸葛亮與法正好尚不同，而以公義相取，亮每奇正智術。及是正已卒，亮嘆曰：「孝直若在，必能制主上東行。就行，必不危矣。」帝在白帝，吳徐盛等表請再攻之。吳王以問陸遜，遜曰：「曹丕大合士衆，外託助國，内實有姦心，謹決計輒還。」初，魏主丕聞漢兵樹栅連營七百餘里，謂羣臣曰：「彼不曉兵，豈有七百里營可拒敵乎！『苞原隰險阻而爲軍者爲敵所禽』，此兵忌也。孫權上事今至矣。」七日，吳破漢書到。

秋，七月，魏冀州大蝗，饑。

八月，將軍黃權叛，降魏。帝既敗退，黃權在江北，道絶，不得還，率其衆降魏。有司請收權妻子，帝曰：「孤負權，權不負孤也。」待之如初。魏主丕謂權曰：「君欲追蹤陳、韓耶？」對曰：「臣受劉主殊遇，降吳不可，還蜀無路，是以歸命。且敗軍之將，免死爲幸，何古人之可慕也！」丕善之，拜爲鎮南將軍。或云漢已誅權妻子，魏主令權發喪，權曰：「臣與劉、葛推誠相信，明臣本志。竊疑未實。」後得審問，果如所言。馬良亦死於五谿。

九月，魏立法，自今后家不得輔政。詔曰：「婦人與政，亂之本也。自今以後，羣臣不得奏事太后，后族之家不得輔政及横受茅土。後世有背違者，天下共誅之。」時卞太后每見外親，不假以顏色，常言：「吾事武帝四五十年，行儉日久，不能自變爲奢。有犯禁者，吾能加罪一等耳，莫望錢米恩貸也。」

魏立貴嬪郭氏爲后。魏主丕將立郭貴嬪爲后，中郎棧潛上疏曰：「后妃之德，盛衰治亂所由生也。是以聖哲立元妃，必取世家令淑，以統六宮，奉宗廟。易曰：『家道正而天下定。』宗人釁夏云：『無以妾爲夫人之禮。』若因愛登后，使賤人暴貴，臣恐後世下陵上替，開張非度，亂自上起也。」魏主不從。

魏遣將軍曹休等擊孫權。魏主丕遣使責吳任子不至，怒欲伐之。劉曄曰：「彼新得志，上下齊心，而阻帶江湖，不可倉卒制也。」不從。命將軍曹休等出洞口，曹仁出濡須，曹真等圍南郡。吳遣將軍呂範以舟軍拒休，諸葛瑾等救南郡，朱桓拒仁。

冬，十月，魏作壽陵。魏主丕表首陽山東爲壽陵，作終制，務從儉薄，不藏金玉，一用瓦器。

吳王權改元，拒魏。十一月，魏主丕自將擊之。吳王權以揚越蠻夷未平，卑辭上書魏主丕，求自改厲，若必不見置，當奉還土地民人，寄命交州，以終餘年。丕報曰：「朕之與君，大義已定。若登朝到，夕召兵還耳。」於是權改元黃武，臨江拒守。丕自許昌南伐之。

是月，晦，日食。

吳人來聘。遣太中大夫宗瑋報之。

癸卯（二二三）

三年。後主禪建興元年。魏黃初四年，吳黃武二年。

春，魏師攻濡須，別將圍江陵，皆不克。曹仁以步騎數萬向濡須，朱桓兵纔五千人，諸將皆懼。桓曰：「勝負在將，不在衆寡。兵法稱『客倍而主人半』者，謂俱在平原而士卒勇怯等耳。今仁非智勇，士卒甚怯，千里步涉，人馬罷困。桓與諸君共據高城，臨江背山，以逸待勞，以主制客，此百戰百勝之勢，雖曹丕自來，尚不足憂，況仁等邪！」乃偃旗鼓示弱以誘之。仁遣其子泰攻濡須城，分遣常雕、王雙等襲中洲。中洲者，桓部曲妻子所在也。桓遣別將擊雕等，而身自拒泰。泰燒營退，桓遂斬雕，虜雙。初，呂蒙病篤，吳王權問曰：「卿如不起，誰可代者？」蒙曰：「朱然膽守有餘，可任也。」蒙卒，權使然鎮江陵。及曹真等圍之，中外斷絶，城中兵多腫病，堪戰裁五千人。真等起土山，鑿地道，弓矢雨注，將士皆失色。然無恐意，方厲兵，伺間攻破魏兩屯。時江水淺陿，夏侯尚欲乘船將步騎入渚中安屯，作浮橋，南北往來，議者多以爲城必可拔。董昭上疏曰：「令屯渚中，至深也；浮橋而濟，至危也；一道而行，至陿也。三者，兵家所忌，而今行之，恐渚中精鋭將轉而爲吴矣。加江水向長，一旦暴增，何以防禦！」魏主丕即詔尚等促出。吴人兩頭並前，魏兵一道引去，僅而獲濟。吴已作荻筏，欲燒橋，尚退而止。後旬日，江水大漲，丕謂昭曰：「君論此事，何其審也！」會大疫，丕悉召諸軍還洛陽。初，丕問賈詡曰：「吾欲伐不從命以一天下，吴、蜀何先？」對曰：「劉備有雄才，諸葛亮善治國；孫權識虚實，陸遜見兵勢；據險守要，泛舟江湖，皆難卒謀也。用兵之道，先勝後戰，量敵論將，故舉無遺策。今羣臣無備、權對，雖以天威臨之，未見萬全之勢也。」丕不納，軍竟無功。

夏，四月，帝崩于永安。丞相亮受遺詔輔政。五月，太子禪即位，改元，尊皇后曰皇太后，封亮爲武鄉侯，領益州牧。

諸葛亮至永安，帝病篤，命亮輔太子禪，以尚書令李嚴爲副。帝謂亮曰：「君才十倍曹丕，必能安國，終定大事。嗣子可輔，輔之；如其不才，君可自取。」亮涕泣曰：「臣敢不竭股肱之力，効忠貞之節，繼之以死。」帝又詔敕禪曰：「勿以惡小而爲之，勿以善小而不爲。惟賢惟德，可以服人。汝父德薄，不足効也。汝與丞相從事，事之如父。」亮奉喪還成都，以嚴爲中都護，留鎮永安。禪即位，時年十七。大赦，改元，封亮爲武鄉侯，領益州牧，政事咸取決焉。亮乃約官職，修法制，發教與羣下曰：「夫參署者，集衆思，廣忠益也。若遠小嫌，難相違覆，曠闕損矣。違覆而得中，猶棄敝蹻而獲珠玉。然人心苦不能盡，惟徐元直處兹不惑。又，董幼宰參署七年，事有不至，至于十反，來相啓告。苟能慕元直之十一，幼宰之勤渠，有忠於國，則亮可少過矣。」又曰：「昔初交州平，屢聞得失；後交元直，勤見啓誨；幼宰每言則盡；偉度數有諫止。雖資性鄙暗，不能悉納，然與此四子終始好合，亦足以明其不疑於直言也。」偉度者，亮主簿胡濟也。亮嘗自校簿書，主簿楊顒諫曰：「爲治有體，上下不可相侵。請爲明公以作家譬之：今有人，使奴執耕，婢典爨，雞司晨，犬吠盜，牛負重，馬涉遠，私業無曠，所求皆足，雍容高枕，飲食而已。忽一旦盡欲以身親其役，形疲神困，終無一成。豈其智之不如奴婢雞狗哉？失爲家主之法也。是故古人稱『坐而論道，謂之王公；作而行之，謂之士大夫。』丙吉不問死人，陳平不知錢穀，彼誠達於位分之體也。今公躬校簿書，流汗終日，不亦勞乎！」亮謝之。及顒卒，亮垂泣三日。

六月，魏大水。

益州郡耆帥雍闓等以四郡叛。初，益州郡耆帥雍闓殺太守，求附於吴，又使郡人孟獲誘扇諸夷，牂牁、越嶲皆叛應闓。丞相亮以新遭大喪，撫而不討，務農殖穀，閉關息民，民安食足而後用之。

秋，八月，魏以鍾繇爲太尉。時三公無事，希與朝政。廷尉高柔上疏曰：「公輔，國之棟梁，而不使知政，遂各偃息養高，鮮有進納，誠非朝廷崇用大臣，大臣獻可替否之義也。古者刑政有疑，輒議於槐、棘之下。自今有疑議大事，宜訪三公。三公朝朔、望日，可特延論，博盡事情，庶有補益。」魏主丕嘉納之。

遣尚書鄧芝使吴。芝言於丞相亮曰：「上初即位，宜申吴好。」亮曰：「吾思之久矣，未得其人，今日始得之耳。」芝問爲誰，亮曰：「即使君也。」乃遣芝修好于吴。時吴王猶未與魏絶，不時見芝。芝請見曰：「臣今來，亦欲爲吳，非但爲蜀也。」吳王權見之曰：「孤誠願與蜀和親，然恐蜀主幼國小，爲魏所乘，不自全耳。」芝曰：「大王命世之英，諸葛亮一時之傑。蜀有重險，吳有三江。共爲脣齒，進可并兼天下，退可鼎足而立。今若委質於魏，魏必望大王入朝，求太子内侍，若不從命，則奉辭伐叛，蜀亦順流見可而進，如此，則江南之地非復大王有也。」權默然良久曰：「君言是也。」遂絶魏，專與漢連和。

立皇后張氏。后，飛之女也。

甲辰(二二四)

二年。魏黃初五年，吳黃武三年。

夏，四月，魏立太學。初平以來，學道廢墜。至是初立太學，置博士，依漢制設五經課試之法。

吳人來聘，復遣鄧芝報之。吳使張温來聘，自是信使不絶。時事所宜，吳王權常令陸遜語諸葛亮；又刻印置遜所，每與帝及亮書，必以示遜，有不安輒改而封之。鄧芝至吳，權謂曰：「若天下太平，二主分治，不亦樂乎？」芝對曰：「天無二日，土無二王。如并魏之後，大王未識天命，君各茂其德，臣各盡其忠，則戰爭方始耳。」權大笑曰：「君之誠款乃當爾耶！」

秋，八月，魏主丕以舟師伐吳，臨江而還。魏主丕欲大興軍伐吳，辛毗諫曰：「天下新定，土廣民稀，而欲用之，未見其利。今日之計，莫若養民屯田，十年然後用之，則役不再舉矣。」丕不從。留尚書僕射司馬懿鎮許昌，親御龍舟，循蔡、潁，浮淮如壽春，至廣陵。吳將軍徐盛列舟艦于江，而植木衣葦爲疑城假樓，自石頭至于江乘，聯緜數百里，一夕而就。時江水盛長，丕臨望嘆曰：「魏雖有武騎千羣，無所用之，未可圖也。」會暴風至，龍舟幾覆。丕問羣臣：「權當自來否？」劉曄曰：「彼謂陛下欲以萬乘之重牽己，而超越江湖者在於别將，必勒兵待事，未有進退也。」既而吴王權果不至，於是旋師。

吴尚書暨豔、郎徐彪有罪，自殺。吴張温少以俊才有盛名，顧雍以爲當今無輩。温薦同郡暨豔爲選部尚書。豔好爲清議，彈射百僚，覈奏三署，貶高就下，十不存一。其居位貪鄙，志節汙卑者，皆以爲軍吏，置營府處之。多揚人暗昧之失，以顯其讁。陸遜弟瑁與書曰：「聖人嘉善矜愚，忘過記功，以成美化。今王業始建，乃漢高棄瑕録用之時。汝、潁月旦之評，恐未易行也。」朱據謂豔曰：「舉清厲濁，足以沮勸；若一時貶黜，懼有後咎。」豔皆不聽。於是怨憤盈路，言豔及選曹郎徐彪用情憎愛，皆坐自殺。温斥還本郡以卒。始，温方盛用事，虞俊嘆曰：「張惠恕才多智少，華而不實，怨之所聚，有覆家之禍，吾見其兆矣。」未幾果敗。

冬，十一月，晦，日食。

乙巳(二二五)

三年。魏黄初六年，吴黄武四年。

春，三月，丞相亮南征。亮率衆討雍闓等，問計於參軍馬謖。謖曰：「南中恃其險遠，不服久矣。今日破之，明日復反。今公方北事强賊，彼知内虚，其反必速。若殄盡遺類以除後患，又非仁者之情也。用兵之道，攻心爲上，攻城爲下；心戰爲上，兵戰爲下。願公服其心而已。」亮納之。謖，良之弟也。

夏，五月，魏主丕以舟師伐吴。魏主丕復以舟師伐吴，羣臣大議。鮑勛諫以往年龍舟飄蕩，宗廟幾覆，今又勞兵襲遠，虛耗中國，竊爲不可。」丕怒，左遷之。勛，信之子也。

六月，吳以顧雍爲丞相。初，吳當置相，衆議歸張昭。吳王權曰：「方今多事，職大者責重，非所以優之也。」乃以孫邵爲丞相。至是卒，百僚復舉昭，王曰：「孤豈於子布有愛乎！顧丞相事煩，而此公性剛，所言不從，怨咎將興，非所以益之也。」乃以雍爲相。雍爲人寡言，舉動時當。權嘗嘆曰：「顧公不言，言必有中。」至宴樂之際，左右恐有酒失，雍必見之，是以不敢肆情。權亦曰：「顧公在坐，使人不樂。」其見憚如此。初領尚書令，封侯還而家人不知。及爲相，所用文武吏，各隨其能，心無適莫。時訪逮民間及政職所宜，輒密以聞，用則歸之於上，不用終不宣泄，王以此重之。其於公朝有所陳及，辭色雖順而所執者正；軍國得失，非面見不言。王常令中書郎詣雍有所咨訪，若事可施行，即與反覆究論，爲設酒食；如不合意，正色不言。權曰：「顧公歡悦，是事合宜；其不言者，孤當重思之。」江邊諸將，各欲立功自効，多陳便宜，有所掩襲。雍曰：「兵法戒小利。此等欲邀功名而爲其身，非爲國也。不宜聽。」王從之。

秋，七月，丞相亮討雍闓，斬之。遂平四郡。亮至南中，所在戰捷。由越巂入，斬雍闓等。孟獲素爲夷漢所服，收餘衆拒亮。亮募生致之，既得，使觀於營陳之間，獲曰：「向者不知虛實，故敗。今祇如此，即易勝耳。」乃縱，使更戰。七縱七禽，而亮猶遣獲，獲止不去，曰：「公，天威也，南人不復反矣！」遂至滇池。益州、永昌、牂牁、越巂四郡皆平，亮即其渠率而用之。或以諫亮，亮曰：「留外人，則當留兵，兵留則無所食，一不易也；夷新傷破，父兄死喪，留外人而無兵，必成禍患，二不易也；又，夷累有廢殺之罪，自嫌釁重，留外人，終不相信，三不易也。今吾欲使不留兵，不運糧，而綱紀粗定，夷漢粗安故耳。」於是悉收其俊傑孟獲等以爲官屬，出其金、銀、丹、漆、耕牛、戰馬以給軍國之用。終亮之世，夷不復反。

冬，十月，魏師臨江而還。八月，魏主丕以舟師自譙循渦入淮。蔣濟言水道難通，不從。十月，如廣陵故城，臨江觀兵，戎卒十餘萬，旌旗數百里，有渡江之志。吳人嚴兵固守。時大寒，冰，舟不得入江。丕見波濤洶涌，嘆曰：「嗟乎，固天所以限南北也！」遂歸。吳孫韶等率敢死士於徑路夜要丕，獲副車、羽蓋。於是戰船數千皆滯不得行，議者欲留兵屯田，蔣濟以爲：「東近湖，北臨淮，若水盛時，賊易爲寇，不可安屯也。」丕從之，即還，留船付濟。濟鑿地爲四五道，蹴船令聚；豫作土豚，遏斷湖水，皆引後船，一時開遏入淮中，乃得還。

冬，十二月，吳番陽賊彭綺反。

丙午(二二六)

四年。魏黃初七年，吳黃武五年。

春，正月，中都護李嚴移屯江州。丞相亮欲出軍漢中，李嚴當知後事，移屯江州，留護軍陳到駐永安，而統屬於嚴。

吳令諸將屯田。陸遜以所在少穀，表請諸將增廣農畝。吳王權報曰：「甚善！孤父子親受田，車中八牛，以爲四耦，雖未及古人，亦欲與衆均勞也。」

魏殺其執法鮑勛，免將軍曹洪官。魏主丕之爲太子也，郭夫人弟有罪，西部都尉鮑勛治之〔六〕，請不能得。及即位，勛數直諫，丕益忿之。及伐吴，還屯陳留界。勛爲治書執法，太守孫邕過勛，時營壘未成，但立標埒，邕行不從正道，營令史欲推之，勛解止不舉。丕聞之，詔曰：「勛指鹿作馬，收付廷尉。」法議，正刑五歲；三官駁，依律，罰金。丕大怒曰：「勛無活分，而汝等欲縱之！收三官已下付刺姦，當令十鼠同穴！」鍾繇、華歆、陳羣、辛毗、高柔等並表勛父信有功於太祖，求免勛罪，帝不許。柔固執不奉詔，丕怒甚，召柔詣臺，遣使誅勛。然後遣柔還寺。票騎將軍曹洪富而吝，丕在東宮，嘗從貸絹，不稱意。至是以舍客犯法，下獄當死，羣臣救莫能得。卞太后責帝曰：「梁、沛之間，非子廉無今日。」又謂郭后曰：「洪今日死，吾明日敕帝廢汝。」於是郭后泣請，乃得免官，削爵土。

夏，五月，魏主丕卒。初，郭后無子，魏主丕使母養平原王叡；以叡母被誅，故未建爲嗣。叡事后甚謹，后亦愛之。丕與叡獵，見子母鹿，既射其母，命叡射其子；叡泣曰：「陛下已殺其母，臣不忍復殺其子。」丕釋弓矢，爲之惻然。及是疾篤，立爲太子。召中軍大將軍曹真、鎮軍陳羣、撫軍司馬懿，並受遺詔輔政而卒。太子叡即位，尊皇太后曰太皇太后，皇后曰皇太后，追謚甄夫人曰文昭皇后。葬文帝于首陽陵，廟號世祖。

陳壽曰：文帝下筆成章，博聞强識。若加曠大之度，勵公平之誠，邁志存道，克廣德心，則古之賢主，何遠之有！

初，太子在東宮，不交朝臣，不問政事，惟潛思書籍。即位後，羣下想聞風采。居數日，獨見侍中劉曄，語盡曰。曄出，或問何如？曰：「秦皇、漢武之儔，才具微不及耳。」蒞政之始，陳羣首上疏曰：「臣下雷同，是非相蔽，固國之大患。然若不和睦，則有讎有黨，而毀譽失實。二者不可不深察也。」

秋，八月，吳王權圍魏江夏，不克。吳王權聞魏喪，自將攻江夏，太守文聘堅守。魏朝議欲發兵救之。魏主叡曰：「權習水戰，今敢陸攻者，冀掩不備也。已與文聘相拒；攻守勢倍，終不敢久。」未幾果退。

吳攻襄陽，魏撫軍司馬懿擊破之。

冬，吳王權令陸遜、諸葛瑾損益科條。吳陸遜陳便宜，勸吳王權以施德緩刑，寬賦息調。於是權令有司盡寫科條，使郎中褚逢齎以就遜及諸葛瑾，意所不安，令損益之。

魏徵處士管寧，不至。寧在遼東三十七年，魏主丕徵之，乃浮海西歸。以爲太中大夫，不受。至是，華歆爲太尉，讓位於寧，不許。徵爲光禄大夫，敕青州給安車吏從，以禮發遣，寧復不至。

吳吕岱誘交趾守士徽，殺之。吳交趾太守士燮卒，吳王權以其子徽領九真太守，而以校尉陳時代燮。徽自署交趾太守，發兵拒之。交趾刺史吕岱督兵三千，浮海討徽。以燮弟子輔爲師友從事，遣往說徽。徽率其兄弟六人出降，岱皆斬之。又遣從事南宣威命，徼外扶南、林邑諸王，各遣使入貢於吳。

孫盛曰：柔遠能邇，莫善於信。吕岱殺降以要功，君子是以知吕氏之不延也。

丁未（二二七）

五年。魏明帝曹叡太和元年，吳黄武六年。

春，正月，吳討彭綺，禽之。初，綺自言爲魏討吳，議者以爲因此伐吳，必克。魏主以問中書令孫資，資曰：「番陽宗人，數有舉義者，衆弱謀淺，旋輒乖散。昔文皇嘗密論賊形勢，言洞浦殺萬人，得船千數，數日間，船人復會。江陵被圍歷月，權裁以千數百兵住東門，而其土地無崩解者；是有法禁上下相維之明驗也。以此推綺，未能爲權腹心大疾。」至是果敗。

二月，魏大營宮室。魏司徒王朗如鄴，見百姓貧困，而魏主叡方營宮室，上疏諫曰：「昔大禹欲拯天下之患，故卑宮儉食；勾踐欲廣禦兒之疆，故約其身以及家，儉其家以及國；漢文欲恢祖業，故罷露臺，衣弋綈；霍去病中才之將，猶以匈奴未滅，不治第宅。明卹遠者略近，事外者簡内也。今建始之前，足列朝會；崇華之後，足序内宮；華林、天淵，足展游宴。宜且先成象魏，修城池，餘悉廢罷，專以勤耕農、習戎備爲事，則民充兵强，而寇戎賓服矣。」

三月，丞相亮率諸軍出屯漢中，以圖中原。亮率諸軍北駐漢中，使長史張裔、參軍蔣琬統留府事。臨發，上疏曰：「先帝創業未半而中道崩殂，今天下三分，益州疲敝，此誠危急存亡之秋也。然侍衛之臣，不懈於内，忠志之士忘身於外者，蓋追先帝之殊遇，欲報之於陛下也。誠宜開張聖聽，以光先帝遺德，恢弘志士之氣；不宜妄自菲薄，引喻失義，以塞忠諫之路也。宮中、府中，俱爲一體，陟罰臧否，不宜異同。若有作姦犯科及爲忠善者，宜付有司論其刑賞，以昭陛下平明之理，不宜偏私，使内外異法也。侍中、侍郎郭攸之、費禕、董允等，此皆良實，志慮忠純，是以先帝簡拔以遺陛下。愚以爲宮中之事，事無大小，悉以咨之，然後施行，必能裨補闕漏，有所廣益。將軍向寵，性行淑均，曉暢軍事，試用於昔日，先帝稱之曰能，是以衆議舉寵爲督。愚以爲營中之事，悉以咨之，必能使行陳和睦，優劣得所。親賢臣，遠小人，此先漢所以興隆也；親小人，遠賢臣，此後漢所以傾頽也。先帝在時，每與臣論此事，未嘗不嘆息痛恨於桓靈也。侍中、尚書、長史、參軍，此悉端良死節之臣，願陛下親之，信之，則漢室之隆，可計日而待也。臣本布衣，躬耕於南陽，苟全性命於亂世，不求聞達於諸侯。先帝不以臣卑鄙，猥自枉屈，三顧臣於草廬之中，諮臣以當世之事；由是感激，遂許先帝以驅馳。後值傾覆，受任於敗軍之際，奉命於危難之間，爾來二十有一年矣。先帝知臣謹慎，故臨崩寄臣以大事也。受命以來，夙夜憂嘆，恐託付不効，以傷先帝之明。故五月渡瀘，深入不毛。今南方已定，兵甲已足，當獎率三軍，北定中原，庶竭駑鈍，攘除姦凶，興復漢室，還于舊都，此臣所以報先帝，而忠陛下之職分也。至於斟酌損益，進盡忠言，則攸之、禕、允之任也。願陛下託臣以討賊興復之効，不効，則治臣之罪以告先帝之靈，責攸之、禕、允等之慢以彰其咎。陛下亦宜自謀，以諮諏善道，察納雅言，深追先帝遺詔，臣不勝受恩感激。今當遠離，臨表涕零，不知所言。」遂行，屯于沔北陽平石馬。辟廣漢太守姚伷爲掾，伷並進文武之士，亮稱之曰：「忠益莫大於進人，而進人者各務其所尚。今姚掾並存剛柔，可謂博雅矣。」魏主叡聞亮在漢中，欲大發兵攻之，以問孫資，資曰：「昔武皇取張魯，危而後濟，數言『南鄭直爲天獄，中斜谷道爲五百里石穴。』今若進軍南鄭，道既險阻，計用精兵及轉運、鎮守南方，遏禦水賊，用十五六萬人，必當更有所興，天下騷動，此宜深慮。不若但以見兵分命大將據諸要險，亦足以鎮靜疆埸，百姓無事。數年之間，中國日盛，吳、蜀必自敗矣。」乃止。

夏，四月，魏復行五銖錢。初，文帝罷五銖錢而用穀帛，人多巧僞，競以濕穀薄絹爲市，嚴刑不能禁，故復之。

十二月，魏立貴嬪毛氏爲后。初，魏主叡爲平原王，納虞氏爲妃。至是不得爲后，卞太后慰勉之，虞氏曰：「曹氏自好立賤，未有能以義舉者。然后職内事，君聽外政，其道相由而成。苟不能以善始，未有能令終者也，殆必由此亡國矣。」虞氏遂絀還鄴宫。

魏議復肉刑，不果行。太傅鍾繇上言：「宜如孝景之令，其當棄市欲斬右趾者，許之；其黥、劓、左趾、宫刑者，自如孝文易以髡笞，可以歲生三千人。」詔公卿以下議。司徒朗以爲：「恐所减之文未彰於百姓之目，而肉刑之問已宣於寇讎之耳，非所以來遠人也。可按繇所欲輕之死罪，使减死髡刑，嫌其輕者，可倍其居作之歲數，内有以生易死之恩，外無以刖易鈦之駭。」議者多與朗同。魏主叡亦以吴蜀未平，且寢。

魏孟達以新城來歸。魏將軍司馬懿帥兵攻之。初，達爲文帝所寵，至是心不自安。數與諸葛亮通書，陰謀歸蜀。魏興太守申儀密表告之。達惶懼欲叛，時司馬懿鎮宛，以書慰解而潛軍進討。初，達與亮書曰：「宛去洛八百里，去吾一千二百里。聞吾舉事，當表上，比相反覆，一月間也，則吾城已固，諸軍足辦。吾所在深險，司馬公必不來，諸將無足患者。」懿倍道兼行，八日而兵至城下。

校勘記

〔一〕揚州别駕蔣濟詐言救至　「别駕」原作「司馬」，據月崖本、成化本、殿本、三國志卷一四魏書蔣濟傳、通鑑卷六六漢紀五十八漢獻帝建安十四年春三月改。

〔二〕峻兵纔數百人　「數」字原脱，據成化本、殿本、通鑑卷六七漢紀五十九漢獻帝建安十九年五月補。

〔三〕今王以一時之功隆崇漢升　「升」原作「室」，據三國志卷四一蜀書費詩傳、通鑑卷六八漢紀六十漢獻帝建安二十四年秋七月改。

〔四〕傅士仁守公安　「傅」，三國志卷三六蜀書關羽傳（中華書局校點本）、通鑑卷六八漢紀六十漢獻帝建安二十四年八月（中華書局點校本）均謂此字爲衍字。

〔五〕此皆偏辭　「皆」原作「者」，據月崖本、成化本、殿本、通鑑卷六九魏紀一魏文帝黄初二年三月臣光曰改。

〔六〕西部都尉鮑勛治之　「部」原作「郡」，據三國志卷一二魏書鮑勛傳、通鑑卷七〇魏紀二魏文帝黄初七年春正月改。